纪　念

第三代人诗歌三十周年

如果没有诗歌，我们的言说是没有意义的。或者说有意义，这个意义也与我们没有任何关系。说一句傻话，回顾人类历史，上下五千年，是什么使短暂的 20 世纪 80 年代突现出来的？又是什么使它值得被记下，甚至被张扬？

我肯定地说：这就是诗歌。第三代人的诗歌。

第三代人志　万夏　主编

灿烂

第三代人的写作和生活

杨黎　著

中华工商联合出版社

1982 年秋天，四川五所大学的一群二十岁左右的诗人齐聚重庆。在西南师范大学的桃园，他们给自己这代诗人正式命名为第三代人。三十年过去了，"第三代人"这一开始就产生巨大的争议的观念已扩展到诗歌以外，变成了意义更为繁复、泛指整个八十年代文学艺术的代名词。今天出版的这套书，分别从诗歌、叙事、批评、影像四个方面，谨以此作为纪念。

原版序

诗歌与梦想

少年时代，我看见周围的很多人和事皆失公正，就下决心改变。大学时代，立下的宏大抱负变成了一腔空怀的热血洒在了八十年代初那些冰冷的细雨中，这时候，我找到了诗歌和酒，她们给了我梦想，让我体味到了人生的至高境界：听到老虎走进翠玉的脚步声，大雪中推窗一刻的伟大风景，爱人怀里最香软之风儿，拍案绝尘而去将美人和黄金抛撒一地……谢谢诗歌，不仅让我做梦，也使我迷狂和沉醉。她带给我幻灭的顿悟以及虚无的荣耀，她被我反复提倡，被我激情参与，被我冷冷弃绝，被我终生念念不忘。

诗歌、梦想、青春、爱情，二十年匆匆逝去，像完成其他事情一样，我草草做完了这二十年，但足够了——我有幸读到了这个时代伟大的诗篇，与我为伍者不缺乏大诗人。我的预言已经兑现：诗歌已成了我们的生活方式，像诗人一样活着，这是最重要的。

不惑之年了，内人发华，儿子天天向上，幸而茶酒饭肉不改，只是多想独饮罢了。

万夏
2002 年于北京

再版序

礼 物

 我和万夏商量，我们基本认定 1983 年为中国第三代诗歌运动的发生年。因为在那一年，韩东写出了《有关大雁塔》，胡冬和万夏发起了莽汉运动，于坚在写"作品"系列，我写了《怪客》，宋炜写了《大佛》，赵野发起了大学生诗歌运动。那一年，我们都很年轻。韩东 22 岁，我和万夏 21 岁，胡冬才 20 岁，宋炜和赵野才 19 岁，也就于坚老一点，马上就 30 了。

 所以，2013 年就是第三代诗歌运动 30 周年的纪念年。为了纪念，万夏亲自主编出版四卷本文集《第三代人志》。我 10 年前所著《灿烂》，作为其中唯一再版的书，与另外新编的诗选、文选和图选三本一起，有幸成为献给青春时代的礼物。那真是一个梦幻样的时代，可遇而不可求。

 《灿烂》记录的就是这样一个梦幻样的时代，只是在今天它仿佛又像这个时代的某一部分。它告诉我们，梦幻和现实有时候分得很清楚，有时候又根本就不可分。我喜欢它分得清楚，但是我愿意置身于它的不可分。30 年过去了，好远，而"王啊，就剩下他自己了"（万夏《枭王》）。我想是。

杨黎
2012 年于北京

目录

第一章

解：1983年，我坐火车去重庆

　　解是解放的解。在这里，准确地讲，是指发端于1979年中国的思想解放运动。整个第三代人的自我成长期，都是在这场运动中开始、发展和壮大的。它包括我们的意识，我们的生活和性经验，更包括我们的酒量和诗歌。

　　万夏有一次说马松："这个屁儿虫，如果不是写诗，啥子都不是。"当时万夏在生气。气一生完，他又补充了一句："当然，我如果不写诗，也啥子都不是。"把他的话做一个文化的表述，应该是这样的：没有诗歌，我们这一代人将什么也不是。

　　思想解放运动，无疑是中国历史上最有价值的一场运动。这主要是因为它发端于刚刚结束的"文革"之后。这场运动给予我们这一代人的东西，不像新文化运动给予当时的青年人的东西那样，全部是正面的，说到底，它包含了太多的腐烂。其中有外部的，但主要是内部的：过早的成熟，使我们承担了太多的风雨；而没有包袱，没有复杂的人生经历，又使我们的成熟显得空荡而不实在；当然，最重要的还是我们幼小的心灵中神圣偶像的突然毁灭，使我们目空一切——包括这场思想解放运动想恢复的东西。那是一个什么样的时代啊，我的一个朋友曾经这样表述了我们的感觉。她说："在此之前，我一直以为毛主席是不会上厕所的。"就是在这样的情况下，我们回到了诗歌。

　　如果没有诗歌，我们的言说是没有意义的。或者说有意义，这个意义也与我们没有任何关系。说一句傻话，回顾人类历史，上下五千年，是什么使短暂的 20 世纪 80 年代突现出来的？又是什么使它值得被记下，甚至被张扬？

我肯定地说：这就是诗歌。第三代人的诗歌。

所以，我将首先从第三代人说起。

一、少女帅青的故事

几乎没有人能够告诉我少女帅青是谁。几乎没有人。当我们又开始重新言说"第三代人"的时候，当我们又开始谈论上个世纪 80 年代的诗歌和诗人的时候——我们表现出对他们的怪异、反抗和天才那么多的兴趣——可是，我们却不知道一个叫帅青的少女。我们不知道她今天在哪里，我们不知道她的头发有多长（包括现在和过去）。我们同样不知道一场大雨过后，她推开窗户时看见了什么，又想到了什么。我们更不会知道——不知道她和轰动中国 20 世纪 80 年代的"第三代"诗歌运动的关系——那种微妙的关系，简单而又说不清楚的神秘的关系。我敢说，就是她自己也不知道这种关系。她当时不知道，她现在也不知道。如果我不说出来的话，她可能永远也不知道。

但这的确是真的，虽然它更像一个故事。

1982 年夏天，潮湿而又闷热的成都。是的，就在成都。少女帅青正在向她梦幻般的青年时代走过去。她可能已经 20 岁了，她可能还没有满 20 岁。但是，无论她是满了还是没有满，这都是一个迷人得不能再迷人的年龄啊。我曾经无数次地幻想着这个年龄，我是说在我还小的时候。当然，我更无数次地追忆着这样的年龄，特别是在我离它越来越远的时候，越来越远，远得连它的背影都已经模糊不清了。是的，我说的就是 1982 年夏天，少女帅青坐在成都商业场旁边一家灯光明亮的国营冷饮店里。这是成都最早的一家冷饮店，有一点像现在的咖啡店，但远比现在的咖啡店要明亮和宽大得多。它的一小部分临街而开，而它更多的地方是延伸在后面一片更加广阔的空地上。1982年夏天，这里的夜晚是成都最鲜艳的地方。青春和激情，最早的欲望和最初的时尚，都和少男少女们一起来到了这里。情人们来到这里，正在成为情人的人们也来到这里。一些寂寞的人啊，也悄悄地来到了这里。1982年成都市最早流行的一个词，就是从这里、从这里寂寞的人的口中说出来的。这个词叫"挂眼科"。关于这个词，它最准确的解释，就是悄悄地偷看女人们亮出的大腿和胳膊（胸脯是后面的事了），借以医治自己的眼睛。挂是挂号的挂，看病前需要办理的一项手续，也和偷看的动作有一点联系。当然，关于这个词，以及更多的这一类词，我现在暂时不说。我先要说的，还是我们的少女帅青的故事。

少女帅青是不是来得太早了一点？我是说1982年夏天，那个潮湿而又闷热的晚上。国营冷饮店的灯刚刚亮起来，天色正在慢慢地暗下去。恍恍惚惚的街的对面，古老的春熙路看上去就像它本来那么恍恍惚惚。我们的少女帅青，穿着一件淡蓝色的连衣裙，安静地坐在能够看见春熙路的位子上。这个时候，冷饮店的客人还那么稀少。

这个时候，有两个风华正茂的少年，正穿过春熙路，向她走来。

他们就是万夏和胡冬。长头发、牛仔裤和一件随便的衬衫。

后来又来了一个人，年龄和万夏、胡冬一样大，身高和万夏、胡冬一样高，而且也是那么英俊，那么意气风发。只是我不知道，他是不是也穿的牛仔裤，是不是也留着长头发。少女帅青向万夏和胡冬介绍说，他是廖希。

十二年后，诗人柏桦在他的自传《左边》（英国牛津大学出版社2000年版）里，把由少女帅青组织的这次聚会说成是"第一次诗歌新麦的收割仪式"。我不知道柏桦为什么要用"新麦"这样一个词。它一方面读起来那么不舒服，写起来也那么不顺手。另一方面，我更不明白的是，诗人柏桦在激情飞扬地盛赞这次聚会的同时，却在不经意间，忘了这次聚会真正的主人。这个忘，在我看来是非常不应该的。它甚至改变了这次聚会的真实意义。我是这样理解的：如果有了这个主人，1982年夏天的聚会，就理所当然地成了"第三代人"的第一次"亲密"

接触；相反，如果没有这个主人，没有少女帅青，那个夏天的晚上，基本上和其他晚上差不了多少。不就是几个热血青年嘛，为了所谓的理想，甚至是为了出人头地，像他们的前辈一样，坐在一起，秘密地策划了一场革命。

"第三代人"不是这样的。"第三代人"是因为一个美丽的女人，因为一次说不清楚的幽会（或者说是想象中的幽会），才偶然地走到了1982年夏天的那个晚上。到今天，只有我们重新看清这次聚会的真实原因，我们才能看清"第三代人"真正的内容：他们的本来面目，他们的本质和他们的前无古人。

少女帅青是一个美丽的少女，是万夏中学时代的同学。1982年那个炎热的暑假，已经是大学二年级学生的万夏，兴奋地敲开了他的女同学的门。像他那个年龄的大多数人一样，带着一种可能的冲动。仅仅是一种冲动，青春的，没有其他任何的意义，甚至没有目的。她对他说："晚上我们在春熙路（国营冷饮店地址）见。"她对他说这句话的时候，根本就没有想到后面的事情。

而后面的事情，就从那天晚上的聚会开始了。

胡冬作为万夏最好的朋友和诗友，陪同万夏一起去了那家国营冷饮店。这种陪同在我们那个时代是非常正常的，甚至也是必要的。而廖希，作为少女帅青的男朋友，也被帅青叫了过来。诗人柏桦说的三个方面的代表，就在那天晚上，就在那家国营冷饮店，就在少女帅青的面前，在她青春和美丽的召唤下，坐在了同一张桌子旁。

那次聚会是安静的。它和后面轰轰烈烈的运动差异太大了。当然，它其实也是那场运动一个合理的部分。在反抗的旗帜下，在反文化、反崇高、反英雄的激情之下，在怪异的20世纪六七十年代像一本连环画一样翻过之后，"第三代人"打一开始，就和所有的革命表现出了不同的方式。

所以，直到现在我都在怀念少女帅青。

所以，当我准备开始我的工作之前，我必须把这个故事讲给大家听。1985年的冬天，在成都寒冷的街边小酒店里，胡冬半醉半醒地对我说："你一定要记着，那是偶然的。"他说的就是1982年夏天的那次聚会，他和万夏认识了廖希。我理解他的意思。但是，我更愿意这样来看这件事：因为少女帅青，使"第三代人"有了一个好的开始。

我们本来就是喜欢美女的一代。

二、封面

关于重庆，我突然发现我有许多话要说。它的山，它的火锅和女人，它和第三代人，它和我，它和我的《怪客》和《中午》……太多了，以至我不知道从何说起。

在此之前，我其实并没有想到这一点。我没有想到关于重庆，会把我搞得那么复杂，就像它复杂的内部一样。我是指它的山，以及和这本书的写作，让我无从下手。

在少女帅青的引见下，万夏、胡冬和廖希认识了。第二个月之后，万夏带着他的南充方面军来到了重庆，胡冬和赵野带着他们的成都方面军也来到了重庆。在重庆西南师范大学，廖希带着重庆的弟兄们，热情地接待了成都和南充的兄弟们。

十多年后，诗人柏桦在他的《左边》里，对这次聚会做了如下描述。他写道："这是一次盛况空前的青春飞行聚会，一次诗歌最红色的火线聚会。近三十名诗人聚集在西南师范大学桃园学生宿舍。学生们变卖衣服，收集饭票，腾空房间，以这种学生特有的、80年代初的隆重方式欢迎这批诗歌中的'红军之鹰'。他们一道唱起了《少年先锋队之歌》和《青年近卫军之歌》。"也就是在这个聚会上，'第三代人'被正式提出。在这座一座山和一座山组成的城市里，在这座大雾可以延迟到中午之后的城市里，一个简单的概念，就这样被复杂地提了出来。但是，就是在那时，韩东也没有写出他的《有关大雁塔》，"莽汉"没有诞生，我也没有写出《怪客》和《中午》。第三代人诗歌，正在新婚的床边。

无论从哪一个角度考虑，韩东的《有关大雁塔》都是第三代人的第一首诗。这首写于 1983 年 5 月 4 日的诗，是第三代人秘密的初夜。和那个时代我们的性生活一样，都要被推迟在一些日子之后，才能走进婚姻的殿堂，或者民政局。

是不是说远了？我还是讲讲我的三次重庆之行。

1. 你便是怪客

就在韩东写出他的《有关大雁塔》的前三天，5 月 1 日在成都，我被我的前女友送上了开往重庆的火车。那是我有生以来第一次坐火车，也是我第一次离开成都 50 公里之外。我记得太清楚了，上火车的时候，我的前女友对她的列车员朋友说，我是第一次出门，希望他多多照顾。就是这句话，注定了我那次出游的失败。

其实我的那次出游是经过我精心安排和设计的。我准备了钱（500 元），准备了假（7 天），准备了许多关于艳遇的幻想，准备了十多年远足的决心和冲动。可是，那真是一次失败和丢人的出游。当我第三天早上回到家时，我的前女友说："你给我一点思念好不好？"

我真不知道该怎样回答她的幽默。准确地讲，我那次在重庆待了一个晚上和一个白天，也就是二十四小时。当时我在重庆一个人都不认识。我之所以要到重庆，是想从重庆坐船去武汉。我的整个兴奋点，主要还是在船上面。到了重庆后，已经是晚上 9 点钟左右。我问了路，坐上去重庆市人民银行的公共汽车，直奔解放碑而去。到了解放碑之后，我找到了重庆市人民银行。我找银行，是因为我当时也是银行的。我想去银行的招待所住宿，这是那个时候一个国家银行的职工在计划经济时代最普通和合理的想法。我虽然是天才，大家都这么说，但在那时，还是渺小和无能的。这个无能，在紧接着发生的事件中，更是得到了淋漓尽致的表现。

重庆市人民银行的招待所已经拆了，正在重新修一栋大楼。这是那天晚上，守银行大门的老大爷看了我的工作证之后告诉我的。他还从房间里走出来，指着不远处的一块空地对我说："你看嘛。"我的确看见了。

　　后来我去了朝天门码头。码头售票处和所有办公的地方都关了门。只有等待坐船的人，乱七八糟地躺得一地都是。从候船大厅到外面，我想找一个地方下脚都没有找到。

　　开始的时候我并没有想找地方住下，我更想在朝天门东走西看。对于这个新地方，我有非常大的兴趣。除此之外，我还以为我会有什么意外发生。只是后来，我越来越疲倦，街上的人越来越少，我以为的意外越来越空，我才觉得我该先找一个地方睡觉。就是在这个时候，我发觉我根本找不到一个能够放下我的背的床。

　　我在朝天门码头和解放碑之间，一直走到天亮。

　　我太累了。

　　我躺在地上就可以睡着。

　　天一亮，我就跑到码头旁边的一家招待所去登记房间。除了我之外，起码还有十多个也是登记房间的人。登记房间的过程非常复杂。每个人要排队到登记处的一号窗口，出示自己的证件后，才能领取一张登记表。领到表后，就去旁边把它填好。然后再重新站队到登记处的二号窗口，交给里面的工作人员。我也先去登记处一号窗口，领了一张登记表，在一旁老老实实地把它填好，填好表后，再排在登记房间的人的后面，在二号窗口办理住宿手续。我想象着即将让我躺下的床，眼睛再也无法睁开。

　　但是我没有登记到房间。工作人员看了我的所有证件之后，问我有没有介绍信，我说没有，他说那不行。我问他为什么，他说："你没有介绍信，我们知道你出来是干什么呢？"

　　介绍信对于今天来说，已经非常陌生了，在我们的生活中，完全找不到和我们应有的关系。但在当时，在重庆那个非常困倦的上午，我却非常需要它，也非常憎恨它。

　　从招待所出来之后，我直接去了码头的售票处。我当时的想法是，直接去武汉。我想，在船上我依然可以美美地睡上一觉。但这个想法也破灭了：去武汉的船只有三天以后的了。那是一个计划经济的时代啊，计划经济的特点就是什么也不方便，不给你方便。当然，我也怪我笨。我后来想，我怎么就没有想到去涪陵呢？或者万县也行啊！1983年5月1日，我唯一能够原谅自己的是，我还没有满21岁。

我开始重新走，从朝天门向解放碑走。

那天上午重庆的太阳特别的大，解放碑的街上人头攒动，就像过节的样子。我随着人流，有一步无一步地往前走。我根本无心观看重庆的风景，包括早已听说过的它的女人迷人的身材。灰心、困倦和愤怒（不知道为什么），把我搞得对什么都失去了兴趣。

我决定回家。

我坐上了去火车站的公共汽车，去了火车站。在售票处，我很顺利地买到了回成都的一张卧铺车票。但是，这张车票是晚上8点钟的。当时还是上午，也就是说，我还得在重庆待上八九小时。对于一个已经心灰意懒的人，一个疲倦至极的人，它是多么的长啊。

后来我又重新回到了解放碑，这对我后面《怪客》和《中午》的写作是非常重要的。特别是《中午》，它的写作的被触发，就是在这个中午。

解放碑有一家宾馆，叫什么会仙楼。在会仙楼的楼顶，开着一家露天的店子：像卖咖啡的咖啡店，又像卖酒的酒吧，也同时卖一些饮料什么，而且主要是卖饮料。我从火车站出来后，就到了这里。我要了一杯什么呢？是咖啡，还是啤酒？我早就搞忘了。我只记得，我在上面一坐就坐了两三小时，或者说，是坐着睡了两三小时。

我是被强烈的阳光晒醒的。我感到非常的热。睁开眼睛，整个宽大的会仙楼楼顶，除了我之外，什么人也没有，甚至连卖东西的服务员也看不见。我的旁边，是一把又一把椅子和桌子。所有的椅子都是空的，而有的桌子上还摆着少许空杯子。阳光完全照在上面，杯子的阴影，围绕在杯子的旁边。场面是静止的，没有声音。

在这样的情况下，我走出了会仙楼。

下午2点的解放碑，变得出奇的安静。整条整条的大街上，和会仙楼楼顶一样空荡。街边的树木，是那种新栽的小树，在阳光下，在空荡的大街上，显得那么的单薄。一个人也没有，一个能够动的东西都没有。远处偶尔的车辆，在远处驶过，也像没有动一样。

我感到害怕：在阳光下，在大街上。

从重庆回到成都之后，我先写了《中午》，然后又写了《怪客》。

2. 种烟叶的女人

已经是 1985 年了，接近 1986 年。

其实我到重庆远远不止三次。我在这里讲的我三进山城的故事，说的仅仅是我最初去重庆的事情。在我二进山城时，就是我即将讲述的我和小安的事。

我是通过整体主义诗人刘太亨认识她的。她是刘太亨的同学，一个从乡下来的女兵，悄悄的诗歌爱好者。当时她叫安学蓉。

我第一次看见小安时，是看见的几个穿军装的女人。我对她个人的感觉是不存在的，我的感觉仅仅是这些统一的服装非常吸引人。刘太亨说，她们都喜欢诗。在那时，喜欢诗歌的人非常的多。有一句流行的话是这样说的：如果一根竹竿打下来，在沙平坝（重庆的一个区）肯定全都会打到诗人头上。所以，对于一个喜欢诗的人，当然没有她本人更让我有兴趣。我开玩笑地问刘太亨，是不是一竹竿打到的人？

小安无疑被我的话刺伤了。她说了一句什么，我已经记不清楚了。但是，也就因为她的那句话，让我从那些统一的军装中，把她独立出来。

我第二次看见小安，已经喝醉了。人和人之间，肯定有什么莫名其妙的东西牵连着。就说那次，我们好多人在喝酒。其中有一个四川外语学院的女生，把我扶到床边上坐着，然后在我的面前跳那种扭屁股的舞。我当时是醉了，但我感觉得到她在勾引我。以我那时的脾气，这种勾引显然是很有效果的。换句话说，那时的杨黎还需要这样的勾引嘛！但是，我不知道是什么原因，只是那样冷静地坐着。

我没有反应。

这个时候，小安进来了。

后来我听朋友们说，我把小安追得满院子跑，把她的军帽都跑掉了。刘太亨在我和小安的关系中，起了非常重要的作用。对于小安那样的人，如果没有刘太亨以一个媒人的身份在中间周旋的话，我们要想有决定性的发展，是需要很长的时间的。而在当时，我们一个在成都，一个在重庆，这种条件基本上不存在。所以说，我第三次见小安，已经是她同意了的男朋友。

小安的诗歌才华在现在是大家公认的。然而，我那次见她的时候，她还正在困惑之中。我记得非常清楚，当时我到她的寝室里去，看见她的桌子上正摊开着一本黑格尔的《美学》。我问她："你看这个干什么？"她说："写诗啊。"请不要笑安学蓉同志，在当时，她的诗歌才华，完全被她身边的刘太亨以及他们的整体主义所淹没。

设置难度，扼杀天才，这就是早期的知识分子所做的事情。

我和小安在一起后，对她在诗歌方面做的事情，和我对整个中国诗歌界所做的事情是一样的，那就是以我的诗歌态度和观念，以我的诗歌写作，解放她与生俱来的创造才能。知识分子津津乐道的"遮蔽"，其实就是知识本身。自《诗经》之后，中国诗歌所要做的事情，不是为了写出更好的诗歌，而是为了满足创造能力平乏的文人的怪癖。这种情况，在唐诗宋词中发展到登峰造极的地步。甚至是天才的李白，在这样的发展中，都不得不受到伤害。另一方面，从对诗歌应有的阅读和理解上，一大批把持着特权的混蛋，不是（也不能）站出来揭露这一事件的内部秘密，而是加强了它的错误。

诗歌离诗歌越来越远。

诗歌永远是不容置疑的诗歌，写作永远是不容置疑的写作。寻求文化的支持，是导致诗歌和写作被质疑的主要原因。第三代人所做的事，就是重新回到诗歌，并且坚信写作。那是一种全新的写作，脱离了文化对它的控制和影响。

我和小安认识几个月不到，1986年年初，小安开始写诗，并且很快写出十几首来。当时我们恰好在办《非非》，我从中选了几首，刊发出来。就这几首不太成熟的诗，却大大地显露了她在诗歌创作上的才华。于坚、何小竹等人看了后，给了她很高的评价。事隔一个月，当《非非》正在全国产生影响的时候，小安写出了《种烟叶的女人》。

同样是从重庆出来的湖南诗人张枣，有一次我偶然地和他谈到了小安的诗歌，他用了一句十分内行的话说："没有技术。"这已经是1999年的事了，他的话，加强了我对他诗歌的不屑。当然，这种不屑早在80年代就非常牢固。

我们想一想，技术这个平庸的东西，对于一个诗人究竟有什么价值？它对于一个油漆匠而言，可能是非常重要的。它对于张枣，对于他的写作，对于他那首在柏桦的《表达》直接影响下而写出的《何人斯》，以及同类的许多东西，技术是必然的。重复对他人的阅读，把别人的写作烂熟于胸，使A这一方法转化为B，又把B那种方法演变成C，最后成为《镜中》，成为《灯芯绒幸福的舞蹈》。写作对于他们来说，的确是一门艰深的学问。只是在这样的学问里，被放弃的恰好就是诗歌。小安没有这样的学问，她只有独立面对诗歌的本事，以及眼睛和心灵。所以，从《种烟叶的女人》到《死了一个和尚》，她所有的诗歌，都是空穴来风，天然而成。有这种才华的诗人是真正的诗人，但他们大多被80年代吵吵闹闹的那一面所淹没。比如于小韦、吉木狼格和马松。

3. 诗歌是语言的虚

我说的第三次到重庆，是1987年那一次。那一次，我是和吉木狼格一起去的。我们去一家学校印刷厂，印《非非评论》第二期。

这是一件很简单的工作，所以我们更多的时间里是到处耍。喝酒，吃火锅，绕女，奔波在重大、重师和四川美院之间。和我们天天在一起的，有吉木狼格非常要好的一个朋友，"大侠米建华"。我们平时都叫他拐拐，西昌的彝族，正在重庆中医院进修。我们去重庆的当天，就找到了他，然后，发发气气（注：痛痛快快）地大吃大喝了一顿。

关于这次的重庆之行，有三件事是有趣的。

第一件事是拐拐的咒语。

1983年"严打"期间，拐拐因为在西昌的一家电影院和香港人打架，被抓了进去。这本来是一件小事，但在"严打"时却非常严重。有的人要把他杀了，有的人要把他判个无期。谁知就在这样的争论中，"严打"结束了。所以，我们的朋友拐拐，就只判了三年。在里面的三年，他跟着一个老彝胞学会了几句咒语（彝族巫术）。

我们在一家火锅店吃火锅。酒足饭饱时，拐拐把一根拇指那么粗的铁棒，放在炉火上烧。没有多久，他拿出那根已经烧红的铁棒，把烟点燃。然后，他又用手在烧红的铁棒上抹了抹，伸出舌头，在红红的铁棒上舔去舔来。铁棒和舌头之间，发出"吱吱"的响声。

我完全被他的举动吓呆了。我以为他喝醉了，火锅店的老板也以为他喝醉了。他们还为他端来一杯冷水，并且站在旁边问这问那的。这时，吉木狼格说话了。他说："没事。"然后他补充："他懂咒语。"我和火锅店的老板，再次表现出惊讶。火锅店的老板，也是一个好奇心非常强的人，他不相信这样的事，或者说他非常愿意看见这样的事。他说他拿这顿火锅打赌，希望拐拐重新表演一下。当然，他要求那根铁棒由他亲自来烧。

重要的不是我们免费吃了那顿火锅，重要的是我从那一瞬间开始，对我先前思考的问题有了新的发现。特别是后来，吉木狼格告诉我这是假的之后，我更知道了语义的价值和它的欺骗性，我更知道了诗歌是多么的无用：当它把语义变为符号时，世界，这个已经铁定的格局，就重新发生了应该的变化。在这样的意义上，我愿意把咒语理解成诗歌的虚。

因为我更关心的是语言的假，不是存在的实。

第二件事发生在川美。

那个时候重庆还是四川的一座城市，所以四川美术学院就在重庆。有一天，几个朋友邀请我们去川美耍，拐拐也和我们一起去了。一个常常混迹于美院的女人，也被我们的朋友喊来了。十几个人，坐在一间大寝室的地上喝酒。那个女人，显然是那种比较随便的女人，或者说是见过世面的女人。对于羞怯而又阳刚的彝族人拐拐，她表现出了大胆的挑逗。拐拐的确很害羞，话都不敢说，呆呆地坐在我的旁边。

但是，我感觉得到了他的变化，吉木狼格也感觉到了他的变化。我们是从他喝酒的速度上感觉到的。他基本上是一口一两往他的肚子里倒，他希望他快点醉。

酒里面有名堂。这是蓝马 80 年代的一句口头禅。彝族人说，酒就是话匣子。一个不爱说话的人，喝了酒后，就变得滔滔不绝。一个羞怯的人，喝了酒后，就变成胆大的人。是酒啊，使爱情有了光彩。也是酒，使兄弟情谊变成手和足。生活中的空和生活中的茫然，都在一杯酒后，荡然无存。

所以，万夏说："一个不喝酒的人，他写的诗可以不看。"

几杯酒下肚，拐拐完全变了一个人。他先是给那个女人说："我们干一杯。"接着，他又对那个女人说："你坐过来。"那个女人很大方，也很听话，就坐到了他的旁边来。然后，事情发生到她希望但又没有想到的地步。

拐拐突然把她抱了起来，抱到离我们喝酒几步远的一张床上。在那里，在我们大家的眼睛下面，拐拐把她的裙子撩开。

据说这个女人和拐拐还有联系。当然，那是后来的事情，后来的事情我们没有看见。我们看见的，仅仅是当时发生的事：拐拐把她干了。

第三件事，是指我和重庆师范学院的一个女生的事。那是发生在我们之间短暂的爱情。至少我认为是爱情，真的是啊。在我们在一起的时间里，我没有骗她。

晚上我们喝醉了酒，我和吉木狼格，还有拐拐，就跑到重师去找女同学耍。这好像是我们那个时候的一种方式：结束一天的一种方式。一般情况下，我们是敲开一间女生寝室，被别人臭骂几句，就灰溜溜地滚回家。

当然，有时运气不错，也可能有些收获。

那天就是我的运气不错。

我们那天之所以去重师，并不是完全没有目的的。我们去重师，是因为尚仲敏的女朋友在那里。她成了我们很好的理由。如果她尔住的话，那就太完美了。而那天，她恰好不在。

接待我们的，就是她的两个同寝室的同学。其中一个我叫她 B 好了。

她就是我即将讲到的我在重师短暂（一天）的爱情故事。

当天晚上其实什么事也没有发生。我只是趁着酒意，和她在校园里溜达了几圈。在这个过程中发生的事情，比如，我们之间的谈话，我都记不清楚了。我记得的是，我对她说，我爱她。她说："等你酒醒后再对我说。"

我把她的这句话，理解成对我的接受。

我们约好第二天见。

第二天早上 11 点钟，我来到了她的学校。我们见面后，她对我说："我以为你是说着玩的。"我们的那一天，我们短暂的爱情，就这样开始。

我们几乎在一起待了十小时，就在重师后面的沙平坝公园里。我必须承认，开始的时候，我并没有爱情的目的。甚至说，爱情本身就是不可能有计划和目的的。我只是对一个女人有兴趣。不是她，是另外的女人我也会有兴趣。只是在这短短的交流之中，我发现我已经爱上了她。当我亲吻她的时候，我并不是简单地在寻求性的刺激。

天逐渐黑了下来，公园里好像只剩下我们两人。有风吹来，我感到凉爽。

爱情不是这样的，爱情也不是那样的，爱情就是你感觉到的一切。1987 年 5 月的一个下午，从下午开始，我真的爱上了 B。我知道，她也肯定爱上了我。我把她紧紧地搂抱在我的怀里，我感觉她的颤抖是那样的真实。

因为它太强烈了，使我不可怀疑。

其实我是不愿意离开那里的，我是说我们一起待着的地方。我好希望时间就静止在那里，在我和她之间，再也不要动了。不要重新面对现实，不要婚姻，不要往前发展。

我这样说并不是要伤害小安，我也不是说我和小安在 1987 年的感情生活中有什么矛盾。那个时候，我们非常好。这就像一棵树和另一棵树一样，完全没有关系。我和小安，以及我和 B，我敢说我都是真诚的。在我和 B 的短暂时间里，我没有谈到小安，B 也没有问我。我想，如果她问我，我可能也不会老实交代。为什么？

因为我不愿意回到现实。

我和 B 的爱情，是我整个 80 年代唯一一次没有实现的爱情。它的虚幻，它的短暂，它超乎寻常的颤抖，甚至它的遥远，都让我无法忘却。直到现在，还历历在目。

以及我们美丽的约会，我们希望的达县之行。

晚上 11 点，当我们依依分手后，我知道我又必须回到现实之中。

我实际上非常难受，为 B，为她突然面对的现实。当尚仲敏的女朋友把我的情况告诉她之后，我想那天夜里，她是不是哭了？说到底啊，现实是爱情最大的敌人。1988 年 5 月，为了纪念我和 B 的 5 月，我特别在她的家乡（她已经分回家乡教书）的一本刊物上，发表了两首写给她的爱情诗。

后来她告诉我，她看见了。我非常感谢，她原谅了我的欺骗。如果她真的认为我欺骗过她的话。当然，我更希望的是，她和我重新认识那一个下午，直到晚上。

三、阳光下的《鼠疫》

1.《鼠疫》并不是一本有影响的刊物，准确地说，它还算不上是一本刊物。甚至《鼠疫》根本就没有人知道，它仅仅是我少年时代一次完全游戏性的文学活动。如果不是因为我的原因，这一所谓的文学活动，就像在那个时候很多相同的活动一样，根本就不可能再被言说。就算有的人企图说一下，也只会成为一件好笑的事情。几十年后，它顶多是一件非常的圈子秘史，被几个老人作为下酒的旧话有一句没一句地说着。因为在全国像这样的某某文学社太多了，它们在当时都有自己的刊物。

我现在需要重提一卜《鼠疫》，是想清理我自己的文学经历。从某种意义上讲，它应该是我们这一代人的另一种发展方式。我是说它的自发性、地下性和独立性。

2. 我和我的几个中学同学王镜、魏国、铁蛋和童柯，在性意识开始明白和显现的那一年，就莫名其妙地爱上了文学。我一直不清楚他们有没有家学渊源，或者是有没有遗传基因，至少我是没有的。回顾我漫长的童年生活，我感觉能够和文学发生一点关系的，就是我比较喜欢看小说。但是那是非常有限的几本小说，不应该成为我人生的方向和目标。

共同的爱好，使我和我的几个同学的友谊保持下来。这是重要的，也是我必须记住的。我后面发生的一些事情，都和这份友谊不可分割。

3. 高考一完，我就像被释放的犯人一样，一下子感到了天地的宽阔和人生的自由。早已压抑不住的创作激情，哗哗哗地就奔了出来。我把自己关在家里，一口气写了三个月的小说。三个月之后，我找到了我的同学王镜和铁蛋。

1980 年，我开始认真写诗。

经过简单的几十首练习后，我在当年的 6 月写出了我个人诗歌历史上值得称赞的代表作。那是一首典型的惠特曼似的诗歌，它是我人生中第一次三角恋的结果。那首诗，让我自己和我的朋友们高兴了好久。与此同时，我的朋友王镜也写出了让我们惊讶的作品。其中有一首《竖立在雪地上的镜子》，远远超过了当时流行的诗歌。就在这个月，我们几个开始筹办《鼠疫》。当然，名字是 10 月份才定下来的。

4. 我和惠特曼的相遇其实非常短暂，也非常偶然。那是 1979 年年初，我在成都市孙中山铜像后面的书籍自由交换市场，因为一本臧克家的《中国新诗选》，认识了马上就要在《诗刊》发表《不满》的骆耕野。他当时非常想要我的《中国新诗选》这本书，愿意拿莱蒙托夫的《当代英雄》和我交换。我想无论是过去还是现在，这笔生意都应该是划算的。所以，我乐意陪他去他的家里取那本书。

由于我们在短短的接触中谈得比较愉快，到了他家里之后，他给我看了他一本已经发黄的《草叶集》。我必须承认，那是我第一次看见这本书，也是第一次知道这本书的名字。但是，那时已经中午，我坐在骆耕野家门前的一把小竹椅上，一下读了进去。有回锅肉的香味，从别人的家里飘过来，飘进我的鼻子里。我非常想换他的这本书，他没有同意。

一年之后，当我处于极端的情感冲突中时，一种宽阔的语感开始在我的心中奔涌。在骆耕野家里看见的惠特曼的诗句，零零星星地跳了出来。只能是零星的。因为在那一个世俗的院子，在那飘着回锅肉香的中午，我只匆匆一瞥。我铺开纸，写下了这样七个字：

我是太阳的情人。

5. 杭州的梁晓明对我说，他之所以写诗，主要就是看了《草叶集》的原因。《草叶集》对他诗歌的影响，直到今天都依然存在。他说他当时并没有看见北京的《今天》，对于（当时）诗歌界"朦胧诗"的争论，也没有机会关心和注意。等他能够全面了解这些时，他的诗歌写作已经完全自我化了。我相信他的话。

因为我也没有看见过《今天》（2001年11月之前），我也基本上没有受过"朦胧诗"的影响。如果硬要说我对他们的印象的话，我反而比较喜欢顾城的一部分东西。

6. 其实我最难以理解的是食指的诗，而我最难以接受的是食指现象。如果说他的诗因为写得早，我们就可以原谅他诗歌本身的不足的话，这似乎是有点太欺负人了。先不要说比他早的诗人，早就有比他好的诗歌，就是和他同时代的人相比，他那首《相信未来》也只能算是二流的作品。最多就是二流的。

再说食指现象，那就更是可悲的了。简单地讲，它就是北京的几个人，为北岛去斯德哥尔摩而设置的路障。如果说因为北岛曾经受过食指的影响，（我相信）食指就具有和北岛相同的价值的话，那么，我想告诉大家一个秘密，我曾经受我外婆的影响很大，是不是我外婆也该算一个诗人呢？历史上，一个一流的作家，可能受一个二流甚至三流作家的影响，这应该是大家都知道的常识。忽视这一常识，然后来理直气壮地谈论文学史的价值、意义和真实，我真的不知道这是可耻的还是可悲的。当然，我的话可能有点偏激。我愿意这样理解，有好大一批人，仅仅是因为食指个人不幸的经历，想为他做一点事而已。如果真的是这样的话，我想是不是给他一个好的生活，这样还要来得直接和必要一些。

我并不是说食指今后写不出一流的作品，我只是说迄今为止，我并没有看见食指写出一流的作品。

7. 我们的《鼠疫》在 1980 年 10 月就全部编完了，然后交给一个姐姐是打字员的朋友帮我们打印。结果这一印，就拖到了第二年的 2 月。那一年的 2 月，天气还是那么冷。我记得非常清楚，真的很冷。

其实我们的《鼠疫》最多也就印了十本。由于当时我们几个人都和外界完全没有交流，就这少得不能再少的十本，都不知道拿来干什么。就在这样的情况下，我突然想起了一年多前的《野草》，那是我在成都的"民主墙"上看见的。那是一个靠墙壁发表自己观点的时代，是"文革"留给"思想解放"运动的一笔遗产。

1981 年 2 月的一个早晨，非常早，我的女朋友把我从睡梦中摇醒。然后，我们拿上昨天晚上已经准备好的一本《鼠疫》和一桶糨糊，从新二村出门，骑着自行车来到了春熙路的成都新华书店门前。我们的另一个朋友童柯已经等候在那里。

《鼠疫》贴出来的当天上午 10 点钟，我就偷偷地跑去观看。我看见有二三十人围在那里，心怦怦直跳。我甚至不敢走近，好像怕别人认出我一样。我远远地站着，喜悦地欣赏着自己的杰作。然而，好景不长。11 点过，就来了几个公安局的人，把我们的作品全部撕走。那天阳光很好，我和我的女友，就在旁边吃了中午饭。

几天以后，不到一周吧，成都市公安局的几个工作人员找到了我们。他们是通过我们在刊物上留下的地址找来的。三两个 18 岁左右的小男孩，让他们忙了一些日子，这是我心里常常不安的事。1985 年，当我再次和他们见面的时候，我表达了我的不安。

8. 我没有意思要在这里谈论《鼠疫》的艺术价值，如果我这样说的话，那我的脑袋里真的是有乒乓。我今天想说一点的，或者说有兴趣说它的，是因为它完全和"朦胧诗"不一样。许多年之后，我非常惊讶人们的一个说法，就是北京的《今天》为我们接上了曾经被"文革"中断的诗歌之路。我们所有关于诗歌的感觉和传统，都从北京的几个人开始。因为这些世界上的平庸者，他们根本不相信天才的横空出世，更不可能理解某些感觉的突发性、偶然性和多面性，以及天才们面对这些感觉的自我处理和发展。

我并不是说我是天才，因为我的诗歌是有出处的。至少在1980年，在我刚刚写诗的那一段时间里。比如，我前面说到的惠特曼，说到我的那首《我是太阳的情人》。

和这首诗同时写作的，还有一首《我从灰色的大街上走过》。这两首诗究竟谁先谁后，我现在已经记不清楚了。反正在同一个月里，准确地说，肯定在1980年9月之前。这首诗的写作，是我直接从金斯伯格那里学习过来的。其实我那个时候也没有看过金斯伯格的完整的东西，我不可能看到。

我仅仅是因为一个非常偶然的机会，在一本破烂不堪的《中国青年》杂志上，看见一篇批判性介绍美国"垮掉一代"的小文章。在那一篇文章里，除了让我知道美国有一群吸毒和搞同性恋的人之外，最让一个诗歌少年震撼的是文章中引用的一句金斯伯格的诗："我看见我三条腿在走路。"在这句诗的后面，那篇小文章的作者说，这是诗人吸了大麻后的幻觉。我想如果是的话，那么，这句诗本身对我而言，就是一支产生幻觉的大麻。

那是一本60年代（或者50年代）的《中国青年》，我是在读高中（1978年）时看见的。时过两年，我模仿着这句话，写出了《我从灰色的大街上走过》。那不是一首好诗，和另一首一样。我不会因为我的年龄和写作的时间，而认为它们应该是一首好诗。我只是说，它们和当时流行的"月朦胧、鸟朦胧"完全不一样。

9. 第三代人基本上是这样开始的。在写"莽汉"诗之前，李亚伟仅仅是徘徊在普希金的抒情世界里。用万夏的话说，他（指李亚伟）是一个非常硬的抒情诗人。而胡冬，我老实说，我没有看过他在"莽汉"之前的东西。但我深信，在"莽汉"之前，胡冬肯定经历了和我近似的诗歌碰撞。他对语言的感觉，绝对不会伸向"朦胧"之中。

《鼠疫》很快成为我生活中的过去，不单是指那个文学社，而是指那种激情。它给我留下的影响，使我早期的爱情中，包含了许多革命的色彩。

这种包含，这种革命的色彩，不光丰富了我的平淡的经历，更主要的，还是它直接影响着我的写作。

1981 年冬天，重要的阅读在我的生命中真正地发生了。

和我一起搞《鼠疫》的王镜，在四川大学图书馆工作。1981 年冬天，一、二月份，一个寒冷的晚上，他给我送来了一本白皮皮的《窥视者》。那是一本内部交流的书，它开始进入我的身体。

在此之前，我根本不知道什么法国新小说，更不知道一个叫葛里耶的作家。我打开它的那一瞬，也不知道它会对我产生那么深的作用。到现在，我都还记得我初次的感觉：我刚刚读了两页之后，合上书，抬起头，眼睛看向很远的地方；比天空还远，比阳光还远，就在我身边的房屋和房屋之间。当天晚上，我非常激动地把它推荐给我的女友。她坐在床上，台灯在她的头上，《窥视者》在她的怀里，她已经睡着了。

我承认我也从来没有把这本书看完过，我似乎没有过这种冲动和要求。我对我所有喜爱的书，（我喜爱的不多）都是持这种态度。每当我有阅读需要时，我就把它们拿出来，然后随便翻到一页，开始慢慢地读。基本上是一个字一个字地读，一直读到我已经想起了其他的事情。然后，我会把书合上。补充一点，我是 1983 年写出《怪客》和《中午》的。我先写《中午》，后写《怪客》，先完成《怪客》后完成《中午》。这两首诗，以及后面的《街景》和《小镇》系列，都被人们说成是受葛里耶的影响。是啊，我承认，就像我把我的诗歌献给他一样。我不需要隐瞒他对我的深刻作用。但是，我想说的是，谁又看出了这一影响它究竟在什么地方？

这么久了，谁听我说过？

四、慢三步的时代

慢三步是一种舞曲，是 1982 年开始在成都流行的一种"交际舞"。有时候我们叫它"贴面舞"，有时候我们又叫它"黑灯舞"。它一般是在一个圈子里跳，隐秘地，回避着公开和对外交流。这样的圈子，基本上由当时的先锋青年组成。

但是，我今天对它的回忆却只能是辛酸的。我一个非常有才华（音乐上）的朋友，我就叫她音好了，就因为跳这样的舞，毁掉了她远大的前程和美丽的梦想。

1983 年，往事不堪回首。

随着 70 年代末各种各样的思潮和生活方式悄悄地进入了我们的时代和社会。特别是我们这一代人，整个青春期都被深深地置放其中，反叛、极端和怪异，成了我们的标志。另一方面，乃至各个不同阶层的压制，又使我们的思想和行为充满了激情和神秘性。留长头发，穿奇装异服，听邓丽君，聚众看录像，最后就是跳跳"贴面舞"。比起那些吸毒和裸奔的外国"愤青"，我们土得非常有特色。但是，我们的精神是绝对的。我们不像北岛他们那样，"在没有英雄的地方，只想做一个人"。

聚众观看录像是最早被激烈反对的，就像现在反对聚众赌博一样。由于它的特殊形式，由于它的"两难——比如有了录像带又没有录放机，找到录放机又没有录像带，所以说它也是最激动人的秘密行为。至少我个人是非常喜欢这件事，它成了我上个世纪 80 年代初生活中最大的乐趣之一。

我和音就是聚众看录像认识的。

我其实是先认识音的父亲，一个性格活泼的火车司机。当时我有一盘非常难得的录像带，在另一个老文学青年的介绍下，我们一行五个人来到了音的家。音当时只有 18 岁，正准备考音乐学院。我们去的时候，音和她父母都在家。

音并没有和我们一起看录像，她的父亲不许她看。现在想来，其实我那盘录像带也没有什么，就是到女人的全裸那一步。最多再加一些声音，比如，女人的呻吟和男人的喘息。

音后来告诉我，她其实非常想看。特别是她在外面听见那些声音，简直有点控制不住了。所以，第三天上午吧，她就跑到我们银行来找到我。

她的父亲跑车去了，而她的母亲（一个小学老师）要晚上才回家。

她说:"你借给我看怎样?"我是下午 1 点钟准时到的她家,同时还带了一对朋友去。那是一个画画的人和他的女友。音小心地关好门窗,我们四个开始看录像。

当年我 19 岁,音 18 岁,我那两个朋友,也就 20 岁左右。四个青年人,八只燃烧的眼睛,在那个关好门窗的黑屋子里,被诱惑着。世界向我们打开着另外的一面,腐朽的生活在吸引着我们青春的身体。那是一个需要烂掉的日子。

我们的日子。

音很快地进入了我的圈子,并且也把我带入了她的圈子。我们断断续续地交往,秘密地交往,直到 1983 年。

1983 年春天,是一个残酷的春天。成都罕见的倒春寒,使许多早开的鲜花凋谢。我们的音,就是其中的一朵。早在她凋谢的前几个月,1982 年 11 月,我就预感到了这场灾难的降临。我为她写下了我诗歌生涯中的第一首长诗。在这首《诗歌 1 号》的近两千行诗句里,我反复吟唱着旗子、坦克、夜晚、小巷、树叶和花朵。我用我天赋的悲悯,呼唤着奇迹的出现。烂啊,烂啊,烂了之后是什么呢?

应该是漫。是烂漫。但是音是烂掉了。我非常的难受。哪里仅仅是难受呢,那几乎是我生命中不可承受的巨大打击,第一次巨大打击。

我非常感谢我的前女友 A,感谢这个我早年的伴侣,是她使我避开了这次灾难。当然,这也可能是我的命数,是我必须漫起来的原因。所以,准确地表述应该是,我感谢上天给了我 A,给了我避开灾难的可能。好些日子里,我唯一敢做的就是暗自庆幸。少年的轻狂已经荡然无存,永远无存。我是心灵的沉默者。

音已经给我打了三次以上的电话,她热情地邀请我去参加他们的"贴面舞会"。她甚至在电话里,向我描述了在慢三步中,我们将怎样相拥着,感受生命的变化。她还说,两个人和三个人不一样,三个人和四个人又不同。老实说,我完全被她吸引了。

但是我没有去成。我没有去,就是因为 A。在那几个月的时间里,她似乎对我特别的依恋。天天守着我,基本上可以说是寸步不离。她的这种爱，已经使我非常烦。后来我问过她，我是说当我们快分手时，她说她也不知道，也许是被鬼迷了吧。在那样的夜里，在那样的雨中，在那样难言的一天又一天。

音被抓起来时，和她在一起的还有另外三男一女。当时，她还赤裸着身体，坐在一个男人的身上。公安一脚踢开了门，把他们当场抓获。作为一个积极的主持者，一个更积极的参与人，音可能要判死刑。我为什么说可能要判死刑，是因为还没有判，音就疯掉了。

音在精神病院待了一年。在这一年中，我去看过她几次。开始时，我是远远地看她。后来形势好转，我还给她送过东西。但她完全不行了，像另一个人：本来是明亮的眼睛，已经混浊不清；本来是丰满的身材，也已臃肿不堪；本来是银铃一样的声音，更是嘶哑难听。她看着我，只是傻笑，或者说几句下流话。

关于她后面的情况我不愿意再说，关于她后面的事情，我也不知道。我把我对她的记忆，远远地储存在1983年春天，甚至更早。我把我和她的交往，用我的《诗歌1号》作为永远的纪念，被尘封的纪念。正如我二十年前写的那样——

花儿凋谢了
是一朵
彻底、完全的凋谢
树叶落下了
是一部分树叶
另一部分
还在1982年的风中

我讨厌旗子啊
以及它的招展
和鲜艳

第二章

开：流动的风景

开放啦，改革啦，美好的日子降临啦。与此同时，第三代人诗歌，正在全国迅速地"一点一点"生长。首先是西安，那座古老的城市，那一座更古老的大雁塔。韩东扔出了他的白手套。其次是遥远的大西北，兰州那个偏僻的地方，一本《飞天》，把好多大学生集合起来。这里面包括更遥远、更偏僻的于坚。永远和响亮的于坚。最后是四川，一群"秃头青年"，一群莽汉。混乱，坚决，冲动，还有什么呢？

我庆幸我生在其中。

时间在慢慢地流逝。现在想起来很快，但当时就是觉得它慢。到了 1984 年，第三代人应该行动了。在这个时候，我认识了周伦佑和万夏。认识周伦佑，基本上为我的行动找到了机会。而认识万夏，是我们开始行动的第一步。

周伦佑肯定不是第三代人：他的观念不是，他的年龄也不是，他的诗歌更不是。但是，就是这样一个人，就是这不是不是的不是，我们和他一起，开始了第三代人最初的合作。我、万夏、蓝马、何小竹、吉木狼格，还有尚仲敏。十多年后，周伦佑的孪生哥哥周伦佐说：历史决定了，第三代人必须由一个非第三代人来领导。当然，这句话从道理上来说是武断的。如果从实际的情况上讲，它又是客观的。正如蓝马在回忆《非非》创办时所说的，他一开始，必须找到周伦佑。想一想啊，一个四川西昌的无名之辈，又待在那样一个地方，蓝马不找他，又找谁呢？再加上周伦佑的年龄和年龄表现出来的成熟，送他一句他喜欢听的话吧：客观地说，历史选择了他。

在此之前，周伦佑作为《星星》诗刊的新人，正在被四川省作协重点培养。也许像他说的，由于观念的不同，他无法和主流融合在一起。或者说，是一种大气候的影响，使他也受到了必然的冲击。当然，我们也不排除是人生的另一次选择（不太公平的安排）。总之，1983 年，他和黎正光、廖亦武一起，组成了后来他们自己说的三剑客。与骆耕野、欧阳江河的成都"朦胧"诗群一样，他们成了成都又一伙非官方的文学活动群体。

就在这个时候，我和周伦佑认识了。

我的前女友是他们文学活动中的一员，我是通过她认识周伦佑的。那是 1984 年的夏天了，她把周伦佑带到我的家里来。在此之前，周伦佑已经在她那里看了我的《怪客》和《中午》等诗。后来他说，他本来准备把我引入他们的"三剑客"之中，但由于廖亦武的反对，他只有重新作出选择。

他选择了我。

由于他的选择，后来的一系列堪称重大的事情，才有了发生的条件。比如四川省青年诗人协会，比如《非非》。时间一晃就快二十年了，这些事，仿佛还在眼前，包括我第一次见周伦佑的场景，我成都的家，我家里的花茶。

那么，我就从四川省青年诗人协会说起好了。

一、四川省青年诗人协会

万夏最先见到的并不是周伦佑，而是他的孪生哥哥周伦佐。我记得当我们正在准备把成立诗协提上日程时，周伦佑和蓝马才从西昌坐火车来。当时我和万夏在周伦佐的带领下，到成都火车北站去接他们，万夏握着周伦佐的手，不停地说：好像哦。

他说的是周伦佑和周伦佐的长相。

这件事情必须从一个大背景讲起。1984 年，在各省级共青团的领导下，成立了许多青年组织。在四川省团委下面，当时已经成立了四川省智力开发工作者协会和四川省青年经济工作者协会。周伦佐就是因为朋友的介绍，去了省智协。一方面他在各大学办讲座，讲他的《人格心理学》；另一方面，他在省智协办公室，协助当时省智协的陈礼蓉工作。就是因为这样的因缘，我在一天晚上，对周伦佐提出了办四川省青年诗人协会的事情。十几年后，他提起这件事。他说，我当时向他提起办协会。我觉得这不重要，重要的事情发生在后面。有许多无人知道的秘密，我将首次披露。

我先说诗协成立之后。

诗协成立之后，周伦佑就回到了西昌。他是满意的，一切情况都在他的掌握之中，更按着他的要求在发展。由于诗协是挂在智协的下面，智协艺术部部长陈礼蓉自然成了诗协会长。骆耕野、欧阳江河、黎正光和周伦佑本人，当选为副会长。这基本上是一个名誉机构，除了周伦佑之外，其他人都仅仅是挂名而已。整个诗协的具体工作，完全控制在我们之中。周伦佑兼任诗协秘书长，我以副秘书长的身份兼任组织部长；万夏以副秘书长的身份兼任宣传部长。当时石光华和我们的关系还不好，周伦佑给了他一个创作部长的虚名。当然，这是一个非常有面子的虚名。

关键的是，这样一个庞大的组织成立之后，它却什么也没有干。周伦佑回去没有几天，周伦佐也离开了成都。据说他和陈礼蓉之间还发生了一些不愉快。当然，这件事情我并不知道，我只是从后来陈礼蓉的态度上推断而知。

陈礼蓉后来和万夏是好朋友。

冬天的时候，万夏从外面回来。当时我还在银行上班，他给我打了一个电话，开口就问我，诗协垮了没有。我说："你他妈这两个月跑哪儿去了？"然后又说，垮什么呢？只要我们还在。

就是那天晚上，一个重要的晚上，万夏来到了我家楼下。我们家只有三间屋，我父母一间，我外婆一间，我和我女朋友住一间。所以，我和万夏那个重大的"阴谋"，是在我家楼下的寒风中商定的。我的下面穿着一条春秋裤，上面披着一件毛衣。我们谈了十分钟，决定了以下三件事：

A. 改组诗协领导班子；
B. 尽快（马上）使诗协合法化（而且这件事由我具体办理）；
C. 创办刊物。

改组领导班子的事情，马上得到了诗协上下的完全赞同。首先是陈礼蓉，他因为对周氏兄弟的意见，以及和万夏建立的友谊，迅速成了这次改组的中心人物。然后，再加上我们和骆耕野的关系，把他选为会长，得到他的支持。然后是赵野，当时诗协的学生部部长，左右着成渝两地十来所大学的诗歌团体。他也很快成了我们的中心人物。三天左右，万夏对我说："一切搞定。"

剩下来就是我的事情，而我的事情总是拖着无法进展。一方面是我没有时间，（我在上班）另一方面是省团委的批文总拿不下来。当时我请了一个人，找他帮我办。但是，已经过了一周了，他还没有办好。没有办法，我想，我只有旷工，亲自出面。

必须先拿下批文。我记得有一天晚上，我在一个朋友的介绍下，直端端地就跑到了省团委一个负责这一工作的副书记家里，把我们的情况选择一些她爱听的讲给了她听。然后，拿出早已经准备好的文件，请她批示。她认为我们的事情很好，在大力推荐了傅天琳并得到我们的认同后，在我给她的请示报告上面，签上了"同意办理"和她的名字。

第二天一早，我就和我的一个朋友来到了省团委，找到了具体的办理人员。那个人是一个小姑娘，她看了有副书记签名的报告后，很茫然地问我："你们究竟要我们办什么？"

其实就是一个公章。

和我一起去的我的朋友，长得很帅。可以这样说。而且，他对女人特别有办法，三句四句，就把那个小姑娘搞晕了。当然，也不是什么小姑娘，当时的年龄也不比我们小。这件事后，我的那个朋友，还和她有一些往来。所以，当时这个小姑娘在自己都不太明白的情况下，为我们开了一张刻公章的介绍信。

拿到这张介绍信后，我们就高高兴兴地跑到了新华西路的公安局办理刻公章的地方。但是，事情并不是这样简单。我们的介绍信完全不符合公安局的要求。而且，如果要按他们的要求的话，我们基本上是没有希望的。时间那么紧迫，那么多的希望都寄托在我的身上。这个时候，我天生的野性爆发了。我决定自己去刻。

我的想法马上得到了我的朋友的支持。

三天之后，我们拿到了我们需要的公章。它的全称是：四川省青年诗人协会。骆耕野拿着这枚公章，看了半天，说了一句：比我们公司的还大。当时，他作为成都最早一批下海的文人，创办了一家新潮股份公司。关于这家公司和一些相关的事，我下面再说。

还是回到诗协的事吧。

有了公章之后，我们立即召开了诗协的改组大会。我记得会议是由陈礼蓉主持的。他非常会说话，先从他自己批评起，承认了前面的工作的失误，然后，提出了新的改革方案。他说他辞去会长一职，并由此推出改组建议。然后，改组马上进行。

万夏第一个发言。他直接地说，他要做秘书长。我记得他当时很激动，对他的自荐，还讲了一大堆道理。用现在的话说，就是发表了竞选演说。

最后我们肯定胜利了，诗协三十多人的理事会以压倒性多数选择了改组。万夏当选为副会长兼秘书长，我和赵野当选为副会长。但是，我们的胜利是不是太容易了？我们是不是忘了另外的几个关系？比如黎正光、杨远宏和石光华？开始他们也是赞同改组的，但后来不知什么原因把他们选掉了，他们自然成了反对派。据说是他们给周伦佑发了一封电报，说什么清君侧灭小人。现在想起来，真是非常中国的时代啊。

后来的情况是这样的，周伦佑急匆匆地从西昌跑到了成都。就他自己而言，他认为他是跑来"肃反"的。他把诗协的改组称为"政变"。而这个时候，我和万夏正在紧张地筹备着成都首次大型的迪斯科晚会。我们准备了酒，准备了音乐。

现在想起来，整个诗协都是失败的，因为它让诗人陷入了世俗的纠纷之中。但同时也可以说是成功的，因为诗协，因为我们创办的《现代主义同盟》，使轰轰烈烈的第三代人诗歌运动，第一次大规模地以一种公开的、整体的形式出现。而我们的"政变"，刚好是加速了它的出现。

回过头来再想一想当初，如果不是我和万夏的挺身而出，这个鸟诗协它究竟能干什么呢？骆耕野，他已经出名，而且整天忙着他的生意，怎么可能有精力、有时间来承担这样的大事？况且是以一个传统的官方诗人的身份，为第三代人做最具体的事，这基本上是天方夜谭。而另一个人，比如欧阳江河，他最大的爱好是说话。他不可能做事，不可能站在流着臭汗的工作第一线。再说，以他当时的圈子和诗歌兴趣，他更不可能为第三代人做事。如果叫他来办刊物，那肯定是一本"后朦胧"专刊。

唯一能够做事的是周伦佑。

但周伦佑在诗协成立之后，就回到了西昌。一个每天在单位报到上班、有家有室的人，我们能希望他多作些什么贡献呢？希望他控制着权力，让我们办每一件事都要向远在几百公里外的西昌的他请示吗？希望他去私刻公章？希望他来办一本第三代人的刊物？如果真能这样也行。而周伦佑，恰好是在诗协成立之后，态度有点暧昧，一副大业已成、万事可休矣的样子。促使我和万夏联手的原因，其实就是他的这一转变。他可能已经忘了，在我们谈到今后诗协的刊物时，他对我说："还是应该多考虑考虑，像你的《怪客》这类东西，还是先暂时不忙发。"这句话使我感到了失望，也使我开始重新寻找我们自己的方式。

再说"政变"，这根本是一个错误的词。无论从哪方面讲，那都是一次"合法"的改组。有会长主持会议，有几乎全部的成都理事以上的人参加。而当说到罢免周伦佑的秘书长时，所有到会的人都举了手了，甚至包括那些后来给他发电报的人。但我理解周伦佑的意思。准确地表述，应该是说我和万夏背叛了他。因为在他的意识里面，我和万夏是他的人。

结果出现了意料不到的转折。

石光华，一个能够被大家暂且接受的人，出任代秘书长。我记得那是在骆耕野的公司召开的会议。他的公司在一所中学里。万夏的秘书长被免了，但保留了他的副会长一职。而我和赵野的副会长被免去了，只保留了我们的常委理事。会议完后，已经是很晚了。我和万夏、赵野漫步在黑漆漆的川大校园里，我们决定，我们自己办刊物，就叫"第三代人同盟"。自己选择自己的道路，自己为自己做主，自己办自己的刊物。万夏说，这也是陈礼蓉的意思，他会在经济上给予我们大力的支持。深冬的夜晚，风很冷，我们的脸却热乎乎的。

真他妈热啊。我们需要的方向，已经明确地摆在了我们的路上。

结果总是出人意料的。包括这次改组。

石光华上任的第二天，就跑到了万夏的家。也许他觉得只有我们才能做事，也许他的气味本来就和我们很相近。所以，除了一些人事变化外，一切还是按"既定方针办"。四川省青年诗人协会的路，刚刚三四个月，眼看着就要走完。在我们真正走上诗歌之路前，为我们开了一个不大不小的玩笑。

当然，好笑的还在后面。

二、现代主义同盟（现代诗内部交流资料）

这是万夏和我搞的那本杂志的名字。

没有什么好笑的。真的没有什么好笑的。现在搞一本诗集，不管是出版社也好，还是自己印也好，再简单不过。但在二十年前，一本第三代人自己的诗集，打一开始，就被各种各样的人与事搞得来面目全非。这是不是预示第三代人命运的多变？或者说，这是不是因为第三代人本身就是一锅大杂烩？甚至，我现在想，它开始就是一个错误。

其实，早在 1982 年由廖希、胡冬和万夏他们提出第三代人的时候，是根本没有任何道理的。他们的提出，以及他们提出之后的表述，和我心目中理解的第三代人都不是一回事。最早见诸文字的《第三代人》民刊，那本由成都北望主编、赵野打主力的诗歌集子，完全和后来我们指称的第三代人的诗歌判若两人。

当然，这也没有什么。

重要的是，当我们三个人，万夏，赵野和我，我们商定的第二天，由于石光华的介入，它的性质彻底被改变了。在我写这本书的时候，我分别和李亚伟和万夏谈到了这件事。李亚伟的意思是说，这是一次妥协，它导致的是混乱，是让本来应该更好的第三代人，被那些二代和二代半瓜分了。而万夏，他自己也无法对这件事作出坚定的判断。他说，是啊，也许更好，但也许会不好。相反，被改良的那本刊物，它至少做到了肯定好。这是万夏的风格，一以贯之的风格。

后来这本既定的刊物，名字叫"现代主义同盟"。

石光华出任代秘书长后，迅速和万夏结成了同盟，并且建立了深厚的友谊。这本《现代主义同盟》，打一开始，石光华就已经直接参与了。从栏目设计，甚至到栏目名称的确定，都应该是万夏和他共同努力的结果。在这之后，我基本上退出了编辑工作。

改版后的这本刊物，准确地讲，在确定第三代人作为 80 年代的一个诗歌流派上，应该说是更加明白。在 80 年代，一方面有北岛为首的"朦胧诗"，另一方面应该是以江河、杨炼为首的"史诗"，再有就是我们——第三代人。当时我的理解是，这不是代与代的问题，这是在同一个时代的三种诗歌态度和创作方向。直到现在，我也愿意认为我的观点是准确的，非常的准确。所以，顺便说一句，从这个方面而言，从来就没有什么"第二代""二代半"和"第四代""第五代"一说。

所以，再来一个"所以"，我认为石光华的加入是一件好事。我是说，我现在这样认为。我和李亚伟、万夏的观点都不一样，并不是因为石光华现在也是我的好朋友，我才这样认为。我没有这么俗气，石光华也没有这么小气。主要的原因，是我们开始时本身就不纯粹。比如赵野，除了他的年龄之外，他的诗歌就一点都不"第三代"。与其搞一个不纯粹的第三代人，不如就来一个大杂烩。当然，如果当时我们和全国的第三代人有所接触的话，比如说韩东、于坚，那么它的情况应该是另一个样子。但那是不可能的。

这个时候，我想把刊物的事情停一下，重新来说说诗协。因为，它牵扯着为什么《现代主义同盟》又变成了《现代诗内部交流资料》。还是要从石光华出任代秘书长说起。石光华上任之后，就他自己而言，他只干了两件事。第一件事是和万夏联手，第二件事是把宋炜从沐川喊到成都来。就这两件事看，当时的石光华是准备大干一场。这是一种很好的人生态度，也是一种很好的心情。作为他现在的血亲兄弟，（马松语）我以为当时的他，远远比现在的他要积极多了。我们是追求享乐的人，这是对的。但是，享乐永远是积极的、阳光的和开放的。消沉、阴暗和封闭，肯定不是我们的享乐。

按照我和万夏既定的方案，四川省青年诗人协会在1985年春天，寒冬刚刚过去，举办了成都有史以来第一场大型的迪斯科晚会。这场晚会就像一声巨大的春雷，炸响了整个沉闷的成都。如果单就它在一个地区的影响力而言，这场晚会肯定超过了我们后来办的刊物。当然，这实际上不应该是我们的事情，我们的事情还是我们的诗歌。

晚会一直开到半夜12点后，差不多大家都疯了。充满激情的音乐，悄悄加了白酒的通化红葡萄酒，青春乱射的女人，狂放的男人，迷幻的灯光。所有的一切，都是那么的自然，那么的快活，又那么的蓬勃向上。

这里面只有石光华是不高兴的。他正忧心忡忡地等待着这场晚会的结束。或者说，他在等万夏从兴奋中冷静下来。

晚会完后，不知道由于什么原因，有几个人去了我家。石光华和万夏也去了。他们在我的楼下先谈了一会，又把我叫下去。他们严肃的样子，使我一下就预感到有事情发生。果然，石光华说，骆耕野要把公章收过去。

我那天可能多喝了点，也可能是太兴奋，究竟说了一些什么事情，我到现在都不太清楚。总而言之，是诗协又有什么变动。反正第二次开会的时候，骆耕野撤销了石光华的代理秘书长一职，宣布钟鸣为诗协秘书长。

那次会议是在骆耕野家的院子里召开的。在会上，他一反先前的沉默，不仅亲自主持会议，还从头到尾把我们彻底地批了一通。我记得很清楚，他说欧阳江河的诗歌是什么哲学的肉化，宋炜的诗歌是现代大赋，万夏他们是青春期冲动，而我呢无非是什么假叙事，而周伦佑就根本不值一提。我们全坐在他的院子里，黑压压的，谁也看不见谁的脸色，谁也没有说话。一个传统的诗人讨论诗歌，根本不是我们的兴趣所在，当然也不是他的兴趣所在。

他的目的是诗协的改组，收回那枚公章。

那枚我花了 30 元钱偷刻的公章。

这次会议对于骆耕野来说，肯定是失败的。他不仅没有拿到他所需要的公章，反而加快了我们的工作。《现代主义同盟》由大张旗鼓，变成了相对秘密。

但是，关于那枚公章的争夺，依然在紧张地进行。

在万夏家里。从晚上 8 点开始，整整一个夜晚，直到第二天早晨才结束。

那个常务理事会我们先去，骆耕野稍晚才来。他还没来之前，有人提出把他开除算了。这个提议应该是正确的，基本上大家都比较赞同。其中包括欧阳江河。我记得他说，是，这个也是一个问题。他的观点是因为骆耕野比较忙，在做生意，顾不上诗协的事。但是，当骆耕野来了之后，他又公开地支持骆。他自己说："我不想得罪谁。"

在万夏家里的会议上和骆耕野对着干的人，是宋炜。我基本上是一句话都没有说。我没有说话，就是因为那枚公章。我不想把事情搞大了，怕出问题。当然，就那个会而言，究竟又说了些什么，锤子大爷才听得清楚，更记不清楚。只有文质彬彬的宋炜，反而给我留下了很深的印象。他和骆耕野基本上骂起了娘。事情非常简单，宋炜说话爱带"他妈的"，骆耕野就认为他是骂他。骆耕野问："你说啥子？"宋炜说："我说他妈的。"骆耕野说："那我还说你娘的呢？"宋炜说："你随便。"

其实那天来开会，骆耕野就已经摆出了"不拿不散"的架势，和我们大家磨时间。我记得一个很清楚的细节，到了后半夜，当我们被磨得已经不行了，把公章交给他后，他马上把它揣进他的经理包里。当时他可能是有点尿急，要去解手。他站起来走了两步，又立即反身，把他的经理包拿上。他的这个动作，让我们都笑了。

快到早晨的时候，大家都很饿了。万夏就到厨房去，为我们一人煮了一碗面条，当然也包括骆耕野的。吃完面，会议就结束了。这时大家开始闲聊，骆耕野就对万夏说，他有一批麻袋，看万夏他母亲那里能不能找到买家。万夏说，他问一下。一整晚的争吵，的确是太累了，谈点生意吧，大家轻轻松松。

虽然，那时除了骆耕野之外，大家都还没有做生意。

天亮了，大家各自回家。骆耕野先走，然后是欧阳江河。石光华指着刚才骆耕野坐的地方，对我们说："你们看。"我们顺着他手指的方向看过去，一地的稻草。他坐在万夏的床尾，一个晚上，他的手都不停地在撕着万夏铺床的草垫。石光华说："这个人在扯稻草。"

回到《现代主义同盟》。

石光华的代理秘书长被撤销后，我们的刊物依然在进行。没有几天，万夏就把它编完了，并亲自设计了封面，送到了印刷厂。对外的联系和征订工作，在宋炜的帮助下，顺利地开展起来。用万夏的话说，当时的宋炜基本上是一本活地图，全国各地的诗人他全都有联系。所以，宋炜为这本刊物的后期做了大量工作。

这是次要的。重要的是，在为这本刊物出来的操作中，万夏和宋炜建立了非同寻常的关系，也就是马松说的血亲兄弟的关系。这一关系的建立，对宋炜和万夏而言，都是值得他们终身纪念的。血性的、粗野的万夏，对严谨的、文弱的宋炜，无疑是一包药。宋炜吃了这包药，一步一个脚印，走得比万夏还远。而宋炜的诗歌趣味，他的中国传统文化修养，又反过来对刚刚从"莽汉"中抽身而出的万夏指明了方向。万夏在短短的摸索和学习之后，很快找到了自己的结合点：是古文化的，但又有现代气息；是神秘的，但又有"莽汉"的粗野；是整体的，但又流淌着他自己的血。从某种意义上讲，万夏比石光华更适合这种写作。

宋炜是一个天才，这是石光华和万夏共同的认识，也是我的认识。宋炜是一个奇怪的人，他以前的二十几年和他现在的十几年，差别太大了。万夏说，在宋炜以前的二十几年里，他是一个非常纯粹的乡村知识分子。而现在，如果你说宋炜是一个"莽汉"，李亚伟都不敢接纳他。于坚在 90 年代末曾经见过宋炜一次，他是这样对我说的：宋炜看上去那么颓废，怎么写的诗歌又是那样呢？哪样的呢？我并没有问于坚，因为我完全知道他的意思。

就诗歌而言，宋炜也是奇怪的。单从我看见的宋炜的诗，我可以肯定地说，他对语言的直接感悟能力，在我们那一批诗人中，绝对不会排在五个人之下。但是，我非常讨厌这个"但是"，但是我又必须说出这个"但是"，宋炜的诗歌方向是错误的。这种错误，基本上毁掉了他的才华。他曾经追随"史诗"，并且在 17 岁到 20 岁出尽风头，这是他的第一个硬伤。他内心中天赋的血性和极端，使他的许多"现代大赋"成为混乱的文字，甚至是面具。这些面具，影响了他后面的写作。当他从繁复的世界回到简单时，他又不敢取下这一面具。他宁可把自己包裹在虚幻的传统之中，希望"在房山书院相遇红楼中人"。这应该是多么酸腐的兴趣啊，又是多么的落魄：而且是语言的落魄，我记得有一次何小竹和石光华在一个叫"夜渡"的酒吧喝酒时，谈到了宋炜的写作。何小竹说宋炜为什么不能这样写呢？比如"在染房街买布，在夜渡喝酒"。我觉得这话很对宋炜的路。

我愿意宋炜三思。

在这次采访中，我没有见到宋炜，或者说我没有采访宋炜，我把它理解为是有意的回避。宋炜现在的状态，我真的不愿意多说。对于一个天上的人，（宋炜语）我是钦佩的。当我写下这句话时，我向毛主席保证，这完全是心里话。从我个人的性格上说，我不太喜欢那些脚踏实地的人。虚幻一点的，随便一点的和"形而上坐着"（宋炜诗句）的，我从骨子里喜欢。所以，我对宋炜抱有期望。再说一次，这不是大话。

这是一个兄弟对另一个兄弟的肺腑之言。

还是回到《现代主义同盟》，给你们讲讲它为什么变成了《现代诗内部交流资料》，就像变魔术一样。我并不是说它好玩，而是说它太好玩了。

其实我本来不想写这一篇的，不想来揭这个疮疤。这么多年过去了，大家都不容易。曾经的迷狂，曾经的冲突，包括曾经的幼稚，还说那么多干什么呢？生活在同一块天空下，生活在同一座城市，生活在同一个时间里，总的来讲，那是我们的缘分。而且，随着时间的流逝，斗转星移，沧海桑田，我真的不想说。

那就从孙文波说起。我和孙文波认识是在 1984 年，当时他在一家工厂当工人。和他一起的，有一个叫敬晓东的人。我和敬晓东是好朋友，所以我认识了孙文波。

最初，孙文波和我的关系非常一般。他最早和四川大学的胡小波在一起耍，后来又爱和欧阳江河耍。搞诗协那阵子，他跟骆耕野跟得比较紧。他酷爱诗歌，勤奋写作，也非常喜欢看书和偷书。他在成都火车北站旁边有一套房子，我也去过，除了一间床外，基本上全是书。石光华被骆耕野撤了职后，孙文波好像在协助钟鸣工作。

2001 年的最后几天，在李亚伟公司旁边的一家火锅店里，我和孙文波、李亚伟、萧开愚一起吃火锅。三杯过后，说起了我正在写的这本书。

我说："关于钟鸣和你（孙文波）当时的事情，我真的不好说，我的话刚一说完，哪知孙文波反而非常激动，他说："我要说，这件事情我一定要说。"

孙文波自己说过这件事，我早就知道。而另一个人，就是钟鸣，虽然在几年前写过一本巨大的自传，对这事却只字未提。曾经有人开玩笑说，钟鸣说了那么多，基本上都是假的；而唯一一件真实的事情，他却没有说。

当时，骆耕野以诗协的名义，给我们下过一个文件，要我们停止印刷《现代主义同盟》。为什么？我不知道。我想万夏、石光华也不会知道。这个文件对于我们而言，肯定是一张废纸。它也必须是一张废纸。否则，我们又太他妈不是东西了。

眼看自己的红头文件不起作用，骆耕野终于做出了完全错误的决定：他让钟鸣和孙文波去成都市公安局，举报我们正在印刷非法刊物。

这个决定，把他和他的诗协都推向了丢人的地步。在他的指示下，市公安局政治处勒令我们停印诗刊。从此以后，四川的诗歌和诗人，与这个处结下了不解之缘。

我所知道的就这么多。至于他们当时是怎么想的，骆耕野是怎么想的，钟鸣是怎么想的，或者说孙文波又是怎么想的，只有去问他们自己。

最后在有关部门的帮助和协调下，我们刊物得改了名字后才得以印刷。这肯定是最好的结果。

我是一年多后才知道这件事情。

好在它已经过去了。

三、Y 咖啡

Y，这个英文字母大家都认识，它的读音在成都话里面代表一个字。

这个字有以下几种意思：假的，不正经的和歪门邪道的。当然，也有自我调侃的味道。1985 年的最后一个月，在成都西大街 18 号，我和万夏办了一家书店咖啡店。咖啡店的名字就叫"Y咖啡"。

开始的时候，是骆耕野找我去他的公司帮忙。当时他的公司，正从一个高峰往下跌。他和他的合伙人因为什么事情而发生了矛盾，使刚刚开张不久的一家餐馆白白地送给了人家。为了夺回这家餐馆，骆耕野以公司的名义，率领我们去大打了一架。几番周折，几番激昂，到头来依然是两手空空。为了这件事，我还带着骆耕野的信，坐着火车第一次到了北京，帮他找人打官司。关于这件事，曾经有一个叫什么朱小羊的人，写了一篇文章，刊发在1986年的某一期《中国青年》上。我没有看过这篇文章，不知道它究竟说了一些什么。我只是听一些朋友告诉我，说把什么骆耕野"转"惨了。这真是一个天大的玩笑。朱小羊是骆耕野的朋友，是骆耕野找他来帮忙出气的。我记得他到我家来采访时，还骑着骆耕野的自行车。西大街18号先是我们常常开会的地方，有十几平方米。后来骆耕野对我说，他有一张书店的执照，叫我办一家书店。我欣然领命。

除了一张执照和一间空房子外，骆耕野什么也没有给我。当时是1985年12月了，我必须在1986年元旦开张。一个月的时间，我必须办理的是以下几件事：简单的装修，做招牌，进书和找书架。同时，为了开张，我还得搞一个诗人签名售书活动。可以自豪地说，我非常成功地完成了这些事，在1986年1月1日如期开业。十多年后，在我们创办"橡皮文学网"时，我经常忍不住要把这件事讲给乌青听。我不知道，他究竟听明白没有。当然，我也绝对不是骆耕野。我只是想说一种可能和精神。

书店的装修由万夏来做。在做装修的过程中，我们发现这间房子晚上完全可以利用起来。就这样，我们决定办一家咖啡店，或者说，是一家圈子味非常浓的咖啡店。这一发现，使我们高兴了好久。

咖啡店和书店同一天开张。准确地说，书店是上午开张的，而咖啡店是晚上开张的。咖啡店的名字，是石光华帮我们取的。

书店的生意并不怎么好，而咖啡店的生意，却叫人大吃一惊。房间里的三张桌子，基本上天天都是满的。天气好一些，我们就得在外面多摆两张桌子。当时我们走的是帅哥路线，靠两个长得人模狗样的男人吸引女青年来喝咖啡。

咖啡店里最大的品牌产品是"爱情咖啡"，它由咖啡和苦丁茶做成。一口喝下去，简直是苦不堪言。这一道咖啡，一晚上要卖二十多杯。而喝这道咖啡的基本上是女人，有没有谈过恋爱的，也有爱情的阿姨。她们喝着这样的咖啡，和我们的男招待探讨着人生和爱情。她们问："你认为这就是爱情吗？"这个时候，我们的男招待会坐在她们的旁边，让她们帮他叫一杯同样的咖啡，和她们就这个问题，谈谈自己的看法。

有一天下午，快吃晚饭的时候，来了一个贵州人，叫薛什么明。个子不高，留着长头发和大胡子。他是来找万夏的。当时，万夏还没有来，我就主动地去接待他。我对他说，我是杨黎。当时《现代诗内部交流资料》已经出来几个月了，我以为他应该知道我。结果他的表情让我非常失望。

我的一个朋友刚好在旁边，他看出了我的失望，就对那个贵州人说：《怪客》的作者。那个贵州人听了以后，才一副恍然大悟的样子，不停地说："知道，知道。"接着还背了我的一句诗，以证明他的话不假。他说："对于你来说，我便是怪客。"

我无疑高兴起来。

那是一个虚荣的时代，我说我自己。一个刚刚抛头露面的青年诗人，非常渴望这样的感觉。我记得也是那时，一个从外省来成都工作的诗人，我和万夏去找他喝酒，他不在，他老婆给我们开的门。他老婆问："你们是谁啊？"万夏说："我是万夏。"一看对方没有反应，万夏又指着我说："他是杨黎。"对方还是没有反应。

这是一个笑话，可是它并不好笑。

那个贵州人让我高兴了。所以，我马上把他拉到旁边的"苍蝇馆"去喝酒。几杯下肚，我们就像多年的老朋友一样。这是那时的特征，一个写诗的和另一个写诗的，虽然都不认识，但只要几杯酒下肚，立刻就成了好朋友。渴望交流，渴望认同，渴望三朋四友。所有的青春和热情，都在几杯酒之中。

我为那个贵州人取了一个名字，叫"马贼"。不是因为其他，仅仅是因为他从贵州来。而贵州，是一个出马贼的地方。他非常高兴地接受了这个名字，就像他非常高兴地在我们那里住下来一样。一个流浪的人，手里又没有钱，能有一个地方待下去，他怎么会不高兴呢？可能是为了进一步讨我的喜欢，他说，他知道万夏的名字，但是不知道万夏的诗；而他知道我的诗，但是没有记着我的名字。

万夏也并不认识这个叫马贼的人，我更不认识。关于他的来历，关于他过去的一切，都没有人知道。但当天晚上，Y 咖啡关门之后，他和我们一起收拾了东西，就一个人在店子里住了下来。他一住就住了两个月，直到 Y 咖啡和书店关门为止。

1986 年下半年，我收到一封从上海寄来的信。在信里，写信人说他就是在 Y 咖啡住了两个月的那个贵州人。他说他离开成都后，就拿着我们给他写的信，到了上海。在上海他找到了诗人孟浪，并且住了下来。该信结尾的地方，他郑重地签上了"马哲"两个字。他把马贼改为马哲，作为他的笔名。但是，我从来没有看见过他写的东西，除了他在成都和一个小女孩共同写的《结婚合同书》之外。

那个小女孩姓李，叫什么名字我忘了。她从乡下来，是一个熟人的熟人介绍到我们书店的。小女孩长得还马马虎虎，而且有一对丰满的乳房，只是有点土，或者说傻好了。

其实马贼来时，她已经离开了我们的店子。她是自己离开的，跟着一个外省来的诗人，出去耍了两天。回来后，就自己离开了书店。后来她是怎么认识马贼的，怎么写了《结婚合同书》，我都不清楚。那样一个混乱的时间里，一些人来了，一些人又走了，谁清楚过？谁明白过呢？

他被判了三年徒刑。

最后我说一下 Y 咖啡关门的事情。

Y 咖啡关门，是因为万夏走了。万夏之所以走，是因为骆耕野。前面我已经讲了，Y 咖啡的生意还不错。但是，这所谓的不错，并不等于它会好到哪里去。骆耕野有一天晚上找到我，给我算账，要我们交钱。我对他说，没有钱。他就从店里拿了一个水壶出来，并拿了一个杯子。他一边往杯子里倒水，一边对我说："你看，一壶水要倒多少杯？"他的意思是说，我们一天要卖多少咖啡。最后的结果是：万夏走了，去和陈礼蓉另外开了一家咖啡店。

所以，Y咖啡仅仅是我们的一个插曲。

四、办《非非》

1. 突然消失的李瑶

选择李瑶作为我谈论《非非》的开始，是我早在几年前就想好的事情。《非非》的其他事，《非非》的其他人都清楚。而关于李瑶，关于她短暂的诗歌生涯，关于我和她的"心灵情侣"和"肉体哥们儿"的关系，以及她突然的消失，都让我念念不忘。

办诗协的那阵子，我因为旷工，不停地旷工，再也不好意思回去上班，就自动辞职了。我的辞职报告，是我的一个朋友去帮我交的。我对我们的单位，对我们的领导，有一种说不清、道不明的感觉。真的，在90年代，我都还常常梦见他们，梦见我曾经工作过的地方。那是我人生中的一件事，是我唯一的集体生活。

辞职之前，我回过单位。我的几个领导对我莫名其妙的好。他们并没有因为我的旷工，而扣发我的工资，甚至连奖金都发给了我。我非常感动，发誓说再也不旷工了。但是，就在第二天下午，我正在上班，就接到了我的一个女友的电话。她约我出去，想和我谈谈。在电话里，她的声音听起来好像有事。

我不可能拒绝她的，虽然我非常为难。那是1984年年底的事。我放下我的工作，招呼都没有打，就离开了单位。这一走，我就再也没有回去过。而约我出去的这个女友，就是李瑶。

李瑶也是写诗的。《现代诗内部交流资料》和《非非》上都有她的诗。她是一个非常隐秘的诗人，在当时的诗歌圈子里，基本上找不到她的任何影子。她只和我单方面联系。1985 年年初，我和她出了一本打印的诗歌合集。那上面我的诗，基本上是写给她的。

1983 年春天，我的一个朋友请我去参加他们的一个文学活动。在那里，我认识了李瑶。那仅仅是一次普通的见面，我们一句话都没有说。她好像也是第一次去，各自坐在一边，手里抱着一个茶杯，时而喝喝水，时而抬起头看着大家。

那是一双明亮的眼睛。

聚会快完时，我的朋友请我读一首自己的诗。我的朋友想法很简单，就是要让我的东西，冲击一下他们的圈子。我其实并不想这样，但推不了他的热情，就读了。

我读的是我的《阳台》。关于那首诗，我早就忘了。那仅仅是我先前众多"习作"中的一首，是我不愿意让今天的人看见的东西，就像古话说的"悔其少作"。但里面有一句，我却清清楚楚地记得。我当时读这一句的表情，以及李瑶听见时的表情，我都历历在目。直到现在。我不是说这句诗，而是说和李瑶的第一下接触。

我站在我刚才坐的地方，大家依然坐着。我的正对面，就是李瑶。我读诗的时候，是埋着头。这基本上是我的习惯。但是，我读到那关键一句时，却抬起了头。我并不是有意想对着她读，只是我抬起头的那一瞬间，刚好看见她。所以，给她的感觉，或者说给我的感觉，好像我有意要把这句诗送给她一样。

我是乳房的崇拜者。

我当时读。

后来李瑶告诉我，听到我的这一句时，她的脸一下就红了。我说我知道，当时我就知道了。她问我："你怎么知道的呢？"我说我看见的。

我的确看见了她的脸红，特别是当我们的眼睛对着眼睛时。她的眼睛在我的眼睛上停留了一下，短短的一下，然后就轻轻地合上。当她眼睛合上后，她的脸就红了。

我的诗并没有得到大家的喜欢，就像没有得到大家的批判一样。除了我的那位朋友和少数几个人之外，更多的人是用沉默否定了我。这是我意料之中的事，在一群力求上进的文学青年那里，我怎么可能有另外的结果呢？别人没有打我一顿，我已经非常满足了。当然，也并不是一点收获都没有。至少我在那个圈子里，认识了敬晓东。通过敬晓东，我才真正认识了李瑶。

第二天下午，敬晓东就跑到了我的家里来。并且从那以后，他在很长的一段时间里，是我最好的朋友。我们基本上天天在一起，形影不离。他给我的感觉是，他刚刚开始学着写诗。每天一见我，就要拿出新写的诗给我看。而他的那些诗，我全都给否定了。这样的情况，就敬晓东而言，至少有半年。半年以后，他才算有点进入诗歌。

我突然插进几句关于敬晓东的回忆，这是因为敬晓东比我早认识李瑶。他当时就是李瑶的诗歌朋友之一。所以，我其实想说的是，在认识我以前，李瑶的某些情况。而对敬晓东，我将在下面单独谈到。

其实那天下午李瑶把我叫出去，并没有什么重要的急事，她只是心情不好。一个 20 岁的女人，经常会有心情不好的时候。我没有怪她，我甚至不可能想到怪她。当我见到她时，她正在我们单位外面等我。她的背向着我们单位的门，面朝大街。那天成都有太阳，阳光为她单薄的身体，勾画了一圈金色的、细小的轮廓。

我走过去，在她的肩膀上轻轻地拍了一拍。

从某种意义上讲，我和李瑶的交往一直处在被伤害之中。先是我的前女友，她以她的美貌和身高，以一种她与这个社会的友好关系，对李瑶进行伤害。当然，里面也包含着说不清楚的机缘。比如有一次，我和李瑶去一家歌厅喝酒，却莫名其妙地碰到了我的前女友。那是一家可以跳舞的歌厅。前女友和她的另一个女朋友，正在里面跳舞。开始我们并没有看见，当我们已经喝了一会儿之后，才看见她们。那是一曲舞曲之后，我的前女友微笑着向我们走来。她的微笑，在 80 年代初期成都廉价的彩灯照耀下，看不出有什么内容。

那个时候，我和她正在分手之中。

　　整整一个晚上，李瑶坐在那里动都没有动一下，也没有说话。陪我们一起去的我的一个朋友，找了许多理由，企图改变这样的局面，但都没有实现。相反，我的前女友，基本上每一曲舞都没有落下。她不是和我跳，就是被其他人请去跳。在她和别人跳舞时，我试着邀请过李瑶，但是被她拒绝了。

　　时间一下就慢了下来。

　　我本来想走的，但我的前女友没有同意。她说，晚上她要跟我回家。

　　那时，我和她已经分居了，只是偶尔她会到我那里去。

　　我到今天都没有明白，我那天晚上为什么就没有跟李瑶走。而且，当李瑶走时，我只是叫陪我们一起去的那个朋友送她回家。她住得很远，骑自行车要骑半个小时。

　　我想这当然是缘分。

　　我和李瑶就是没有缘分的人。

　　1985 年，我又一次从北京回成都后，急匆匆地跑到李瑶那里去。但我找到她时，她对我说："你真神，我前脚到家，你后脚就跟来了。"我问她："你到哪里去了？"她说："北京。"我感到很惊讶，告诉她我也刚从北京回来。结果两个人一对，居然坐的同一辆火车，还是同一节卧铺车厢。我和她只隔了几张铺，但我们却没有互相看见。

　　"我觉得我们真的是没有缘。"李瑶说。

　　办《非非》第一期时，是我最后见李瑶。在此之前，我们已经有好久没有见面了。现在想起来，应该是 1985 年元旦吧，我一大早就跑到了她的家里。那天，她陪我骑着自行车，到了离成都 50 公里远的新津县去。去干什么？什么也没有干。那天天气不好，阴沉沉的，没有一点过节的样子。

　　李瑶并没有问我为什么，这是她最可爱之处。她仅仅是陪着我，陪着我骑自行车，陪着我喝酒，然后又在第二天陪着我回来。

　　然后，我们的见面就少了。先是十天半月，接着是两个月见一次。在此之前，我差不多是三天两头就要骑半小时的自行车，到她的家里去找她。

或者是她，骑半小时的车，到我这里来。我们一起喝酒，一起喝茶，以及无聊地谈天。一般是华西，当时成都最小资的餐馆。或者是武侯祠，清净优雅的茶铺里。有时候是三五个人，有时候就是我们俩。一杯通化红葡萄酒，那是我们当时最喜欢喝的。一杯幽香的花茶，我们躺在竹椅上。

我和李瑶从来没有谈过我和她的情感问题，就像我们从来没有谈论过诗歌一样。但是，彼此相处，不可能没有感觉和影响。在我和她复杂的交往中，我从她的诗里，看见了我的影子：一个人在另一个人的心灵上的样子。在我写给她的几首诗中，我想，她也能听见她自己的声音。1983 年，我们在我们诗歌的阴影中，小心地成长着。

《非非》第一期之后，我们突然中断了联系。

如果就当时的诗歌而言，李瑶的成就远远在小安之上，甚至放在当时的所谓诗歌界来看，她的极端，她的直接，她天生的反讽精神，以及她的语言的断裂感，都是不可比拟的。如果把她的诗和翟永明的《女人》相比较，可以这样说，李瑶是更能够被今天理解和阅读的。十多年后，诗人巫昂读到了李瑶的《私奔》后，依然非常感动。

对于这样一个诗人，我必须言说；对于这样一个朋友，我非常怀念；对于她突然的消失，我认为是不可挽回的损失。细细想来，她可能和我那些日子腐朽的生活有关系，和我与她的疏远有关系。我想的话。我只能这样想想而已。因为我后来也没有见过她，对她的情况，我不比诗歌圈子的任何一个人知道的多。第二期《非非》怎么就没有她的诗了？我去找过她吗？写到这里，我觉得我脑子里一片模糊。

我希望有机会再见到她。

2. 所有的梭叶子都是仙女

Y 咖啡开张那天，黄昏时分，胡冬在咖啡店门前喊我。他骑着自行车，一只脚就随便地踩在街沿上。我当时正在忙一件什么事，我叫他进来。他说不了，要我出去一下。我放下手里的东西，走了过去。

天色已晚，高大的胡冬埋着他巨大的头，像一幅剪影。

我根本没有想到胡冬给我说的会是这样一句话。所以，他的话一下让我不知所措。我傻乎乎地站在他的旁边，站在西大街 18 号的街沿上。街上有汽车跑过去，也有汽车跑过来。无论是过去的汽车，还是过来的汽车，都那样遥远。我是说，我当时的感觉。

时间过去了五分钟，至少是五分钟，胡冬看了我一眼，猛地踩了一下自行车的脚踏板，就从我的眼前消失了。我抬起头，朝着他消失的方向，看了好久。有风吹来，吹在我的脚边上。我知道，我和胡冬的友谊应该是完了。

那是 1986 年 1 月 1 日的傍晚。

我知道胡冬是在 1984 年秋天。一同知道的，还有李亚伟和马松。这在我谈我和万夏时，具体地谈到过。因为就是万夏，我才知道他们的。

而与此同时，胡冬已经离开成都，去了天津。他为什么要去天津，要到一个在这之前根本就不知道的"天津剧本创作室"，万夏没有说，他自己也没有说。至于他后来为什么要离开天津，跑回成都，我却非常清楚。一方面是因为那里傻，基本上找不到一个说话和喝酒的朋友；另一方面是为了他还在川大读书的女友。那是一个沉静、漂亮的女孩，并且有着让胡冬常常思念的名字。她叫顾乡。

胡冬回到成都以后，我们迅速成为了非常要好的朋友。好得到今天，我都无法想起我们第一次是怎么见面的。这在我的交往史上，可以说是一个特别的现象。我对跟许多好友的第一次见面，都没有出现过这种情况。2002 年 1 月 6 日，当我写到这里时，我才发现了这个问题。我很想问问胡冬，可是他又远在英国。

而且我并没有他的联系方法。

好在这并不重要，重要的是从 1985 年春天开始，我们基本上是天天在一起。这期间除了我的一次近一个月的"远足"外，我们总是一起蜷缩在成都西门的一些"苍蝇馆"里。有时候，也蜷缩在西门汽车站的一家小旅馆的床上。

这期间包含了我太多的心情。

其实我非常感谢胡冬。

1985年一开年，我熟悉的生活出现了巨大的变化。首先是没有了工作，多余的时间整天淹没着我。我后来想了一下，并不是我留恋那个单位，而仅仅是一种多年的习惯。当这一习惯突然改变，每一个人都有点不适应。比如说在上班的时候，觉得时间特别紧：每天要交朋结友，要写东西，还要看书（我那时要看书），还要去学习太极拳。当然恋爱不是问题。我从1980年秋天，就解决了我的性生活。其他穿插在这中间的一些精神游戏，属于我青年时代隐秘的另一部分。而我辞职后，日子就变得松散起来了。这种松散，无疑让我有很深的落空感。在没有找到新的生活方式前，这空是实在的，像一块石头。

影响我的情绪的除了工作之外，最深的、最直接的是我和前女友的彻底分手。经历了一年半的拉锯之后，我们终于在1985年3月结束了我们的爱情。

老实说，我并没有我想象的轻松感。

我在很长的时间里，站在黄昏的阳台上，一直站到天完全黑下来。我后来分析过，其实我是在等待她的回来。我阳台上所能看见的那条路，就是她先前下班时回家的必经之路。1985年3月以后，这条路变得那么陌生了。我是不是一个脆弱的人？我是说我的感情以及我从来不愿意直面的人生。它包括爱与被爱。

"我们分手吧。"1983年夏天，成都多雨。在东城根街一盏昏黄的街灯下，我对我的前女友说。那一年夏天，我写了好多诗，它们都和雨有关系。

"或者说我们暂时分居。"我想缓和一下气氛。

我眼看着她不情愿地离开，真的，又极不情愿地拐进旁边的小巷。我想喊她，但我没有。我不知道我为什么没有，就像我不知道我为什么要和她分手一样。小巷悠长，地面积水泛着微微的光。她的影子，慢慢地远了，再远了。

我是不是有点疲倦？

回到家里，已经是晚上10点钟了。我躺在我们的床上，看着专门为睡觉准备的书，很快就睡着了。有什么东西热乎乎的？是做梦吗？但我分明又听见有声音。我睁开眼睛，她正半趴半坐在我的身边。是她的泪啊，流在我的脸上。

我把她紧紧地抱在我的怀里。

如果说我不爱她，我就真他妈不是东西，是一个混蛋。

我们的开始是极不容易的。就像那时所有的不容易一样，又比所有的不一样更特别。那时她父母尚未回成都，她跟着她的外婆住在一起。那实际上是她舅舅的家。我们在一个银行工作。下班的时候，我们要在外面待好久。当时我们在谈恋爱。

是她舅舅的反对，加快了我们的结合。她舅舅为什么要反对呢？仅仅是因为我们的年龄？也不完全。因为那本身就是一个反对的年代。比如反对接吻，反对写诗，反对留长头发，反对音乐（主要是邓丽君），甚至反对一个人出门。

我们是被反对的全部。

她从她舅舅家出来后，其实我们根本没有地方可以去。我是不能把她带回家的。我是说，我可以把她带回家吃饭，但是我不能把她带回家睡觉。

但是，我又必须把她带回家睡觉。

我们家有三间房子，我父母住最里面一间，我外婆住中间那一间，我住靠近门的那一间。开始那几天，我和她都是在外面玩到很晚才回去。那时我们家里的人都睡了。我先把门打开，然后把自行车推到我外婆的房间里去。在这过程中，她就悄悄地溜进我的房间里去。然后，我才关上门——外面的门和我自己房间的门。在我的房间里，我们小心翼翼地挤在我的小床上。我们不敢发出声音，不论是什么声音。如果要说话，我们就写在纸上。

这样的生活并不长久。几天后，我们回家时，就被我外婆发现了。

后来呢？

后来就是斗争。通过斗争，我们得到了我们应该得到的东西。比如同居。只是在斗争中，我们经历了短暂的磨砺。当然，那是美好的回忆。我们常常漫步在夜里，仅仅是为了寻找做爱的地方。有时候下雨，我们甚至在大街上做。我钻到她的雨衣里面，就站在大街上。雨淋在我们的旁边，阴影笼罩着我们。我们在雨和阴影中成长起来。

还有灯光。有时是昏黄，有时又明亮。

是诗歌使我们结合在一起，又好像是诗歌使我们分开。如果人生可以重来的话，我不知道我是不是要选择另外的路。当我离开她的时候，我才深深地感到我其实非常爱她。少年意气啊，我们在一起的日子里，我好像没有这样表述过。

就在这样的背景下，我认识了胡冬。

胡冬和他父亲的关系不好，我当时并不知道。我只知道，他住在他妈家里。而他妈，就住在离我的家不远的地方。所以，在那段时间里，我每天吃晚饭时，就从我家出发。我走几分钟的路，在通锦桥的口子上，就看见胡冬骑着一个小轮子的自行车，从另外一边摇摇晃晃地过来了。然后，我们一起走进一家小饭馆，开始喝酒。我们一般是切一斤猪头肉，打两斤白酒，一边吃肉，一边喝酒。

胡冬是一个天生腐朽的人，同时又是一个才华广泛的人。除了写诗之外，他对绘画，对音乐（弹吉他和唱民歌），对戏剧，都有着浓厚的兴趣。再加上他一表人才，非常迷人。在生活中，他有许多装模作样的地方。但恰好是他的这些地方，非常吸引当时的我。有时候我去他家找他，在楼下一喊，他就从窗口伸出头来。那时，他一般抱着吉他，大头上戴着一顶草帽，像美国牛仔似的。而更多时，他的嘴里还含着一根雪茄。如果他有钱的话。虽然，那都是当时最廉价的巴山雪茄。

万夏对胡冬的玩法了若指掌。他曾经对我说过，是不是带你去他外婆那里，抓螃蟹，油炸小鱼儿？我说是。胡冬有一个在成都郊外的外婆，他是带我去过那里。老实说，我对这些没有兴趣。我从来对充满童心的游戏没有兴趣。我想，我是不是有点老。

我是说打一开始，我还年轻的时候。

胡冬对语言的感觉非常细腻，这是我喜欢他的又一个原因。作为一个诗人，能够在另一个诗人身上发现相同的才华，这肯定值得高兴和欣赏。在我和他的交往中，我们基本上很少谈论当时其他人的诗。对于那些正在走红的人，他表现出比我还极端的姿态。但我们要谈论诗歌，以及自己对诗歌的理解和发现。我记得很清楚，有一次他对我说，他先前看见一个牌子，上面写着"请不要在小树上钉钉子"。他说，他当时看见时，一下觉得自己的诗歌出了问题。那时候他还在读大二，象征、通感和繁复意象的诗歌，正在中国大行其道。

我没有问他这句话和他的《我想乘一艘慢船到巴黎去》有没有关系，我没有问。我觉得我没有必要这样问。对于一个诗人的感觉，以及这种感觉对他的影响，我们看他的诗就知道了。就像我少年时代偶然看见的一本破烂不堪的杂志上的一句诗一样，它不是自然而然地就在我几年后从内心里生效了吗？对于我和胡冬，我们需要的只是酒。

还有女人。

我基本上两个月没有女人了。

1985 年夏天，我对胡冬说。他问我，怎么会呢？我说我不知道。我的确不知道。打从我和我的前女友彻底分手之后，我说，我就没有女人了。

并不是我找不到女人，而是我突然有一种灰心意冷的感觉。我全部中断了我和我以前的那些女友的联系，甚至包括李瑶。我从内心深处认为，如果我现在跑去找她们，基本上是对她们的不敬。我愿意孤独，守着一间空荡荡的房子。

可能是这个原因吧，有一天我们喝酒的时候，胡冬问我："你还有没有钱？"我说："就只有 10 元了。"我是说我们喝完酒后，我可能只剩 10 元。他失望地低下头。我以为他遇到什么为难的事，赶紧说："我还有一套很好的衣服，可能能够卖 20 左右。"他听了我的话后，眼睛就亮了。于是，我们喝完酒后，趁着天还没有黑完，就从我家里拿上衣服，去了西门车站。

衣服是我在银行工作时做的制服，纯毛料的，在西门车站，很快就以 30 元卖掉了。加上我口袋里的十多元，我们就有了四十多元。当我全部交给他时，他说 30 就够了。我想也行，就用剩下的钱一人买了一包好烟。就是 555 牌，三元五一包。

胡冬拿上钱，把我带到了西门车站旁边的一家又脏又烂又小的旅馆。我记得在去的路上，我还问过他，他说你不要管。所以，我也就什么也没有说，跟着他走了进去。

在一间房间门前，胡冬敲了敲门。门是打开的，有一个女人的声音从里面传来。有些沙哑，听起来像四川乐山那边的口音。那个声音说，进来嘛。胡冬推开门，我们进去。

房间里的光线明显比外面好。我看见两张床上，分别躺着一个女人。两个女人都不怎么样，只是她们露在外面的大腿，让 23 岁的两个月没有碰过女人的我，一下就有了反应，而且是非常强烈的反应。

当然，也不仅仅是这些。在此之前，我虽然也有自己的女人，并且有偶然的外遇，有隐秘的"第三者"，但是，这样赤裸裸的金钱交易，还是第一次。

所有的梭叶子都是仙女。（胡冬的一句诗）

那么，1986 年 1 月 1 日傍晚，在 Y 咖啡门前，胡冬究竟给我说了什么呢？他那句话，在寒风中又停留了多久呢？并且随着那晚的寒风，又吹了多远？

胡冬说："我对朋友就像狗一样。"

我看着他，等待下文。

"所以，我希望朋友也这样对我。"

我还是没有说话。因为，我知道这并不是他的正文。过了一会儿，胡冬看了一眼 Y 咖啡，慢慢说出了他真正想说的话："我没有和万夏耍了，我希望你也不要和他耍。"

当时，万夏正在里面准备开张的事。

3.《街景》，而不是《冷风景》

我几乎用了很多时间，企图消除人们对我的诗歌的误解。但是，直到现在，我还是觉得非常困难。在许多言说中，在许多当代的诗歌选本中，更在许多评论家的笔下，大家似乎更愿意保留这一我认为是严重的误会。

这误会，就是人们非常愿意把我的《街景》说成是《冷风景》。这一误会，始于尚仲敏，成于周伦佑，推广于姜诗元和他当时所在的《诗歌报》。

其实是在《怪客》之后，好像有半年吧，我就开始对诗歌有了一种更新的要求。我非常想把我的诗歌，停留在语言最基本的地方。我先从对激情的思考开始，把所谓诗歌内部的律动做了一番深入的研究。我发现，语言的节奏，或者说是声响，和它的所指有明显的必然联系。那种情绪强烈的声音，往往和青春的冲动，和崇高，和它拼命想表现的内部意义紧密地联系着。而这些东西，我早在80年代初就已经否定了。那么，我怎么能够用我否定了的东西再去表现我的否定呢？我觉得，我首先要从语言的本质上，找准诗歌的出路。

接下来我想到修辞。在所有的修辞手法中，比喻是最基本的。从形而上看，比喻可以说是修辞的全部：全部的价值和全部的意义。所以，我必须从比喻入手。

当时我是这样认为的，是什么使我们的诗歌堕落？是比喻。又是什么使我们反复地相信这个本来并不真实的世界是真实的？也是比喻。同样，又是什么使我们永远离不开语言，走向比它更广阔的空、更实在的虚和更无边的有？我认为，还是比喻。比喻使一个事物和另一个事物产生本来没有而又有了的联系，并把这一联系绝对化、唯一化。比喻想表达的就是这个世界的确定性。仅仅是这个世界的确定性。最可怕的，是它在使快乐真实的同时，也使痛苦真实。就像它使生成为真实的同时，也使死成为了更大的真实。

而我的思考，就是从人为什么要死开始。

我是一个不喜欢理论的人。我认为理论不可能拯救诗歌，它最多只能拯救本来就是诗人的诗人。如果他不可能是一个诗人，那么理论对他而言，基本上是没有作用的。而本来就应该是诗人的人，他没有成为诗人之前，他需要的是自己深入语言的内部，自己去掂量每一个字和每一个字的分量。而理论，更多的时候是把问题搞复杂。特别是在自己都没有把诗写好的前提下，他的理论应该是什么呢？如果他根本就写不好诗，那么我们想一想，他的理论又是什么？当然，这是我以前的观点。那时我还年轻。一个年轻的人，他不可能没有偏激的一面。何况是我，一个第三代诗人。

我现在都偏激。

因为我喜欢这两个字。

1985 年夏天，我觉得我必须出去走一走。因为一笔小小的生意，我有了在当时看来不小的一笔钱。我揣上这笔钱，还有一些诗稿和一个本子，悄悄地离开了家。

实际上我是一个胆小的人，所以说我走不了多远。我第一站去的是西昌，关于这一节，我在后面蓝马的那一章里将会写到。在这里，我就一笔带过好了。我要说的仅仅是，那一次西昌之行，它的外部是隐秘的，它的内部也同样是隐秘的。这隐秘的西昌之行，依然使我受益匪浅。它的天空，的的确确给了我从未有过的感觉。这个感觉，后来在我的西昌朋友们中，在《非非》中找到了印证。在一年多后，西昌进入了我的身体。

离开西昌后，我坐火车北上。火车到楚雄时，我下了车。当时快早晨了，天又冷又黑，我基本上连车站都没有出。一个人坐在候车室的木凳子上，想睡又无法睡，不睡又非常难受。放眼看去，候车室里的人密密麻麻的。各种各样的睡姿、坐姿，简直就像生活本来的那个样子。有几个走去走来的人，目露凶光。

我突然后悔了。

首先我想到了我的前女友，想到我们在一起那些幸福的日子。我想我真不该和她分手，就算她后来有了张三，又有了李四，我都应该珍惜我们的爱。如果我们愿意的话，我们完全有基础，有条件，有彼此共同的可能，言归于好。而现在呢？现在分手了。它意味着我们先前的生活彻底地结束。或者是，它真的有过吗？

然后，我想起了家，想起了我那间有过快乐，有过痛苦的小床。

我想回去。当我这样想的瞬间，我觉得我是一个没有希望的人。我的外婆，以及父母，我承认，他们从来不理解我。这不重要，因为我们的相处，并不需要这种理解。

我这样想。

天还没有亮，又一辆火车过来了，也是到成都方向的，我想都没有想，就跳了上去。说一句实话，我当时是想回成都。至于回成都干什么，我也没有多想。如果硬是要找理由的话，就是回成都去找胡冬喝酒。喝完酒后，又和他去找一个小旅馆，找一个梭叶子。反正一句话，外面我是不能待的了，至少我一个人的时候。

火车上的人不是太多。我上去后，居然找到了一个位子坐。屁股一坐在椅子上，身体一放松，睡意跟着也就上来了。我头靠在椅背上，双手抱在胸前，没有被火车摇几下，就进入了梦乡。当然，我什么都没有梦见。就是梦见了什么，现在也记不得了。

我再次睁开眼睛的时候，火车快到峨眉了。这时的火车里，人要比刚才多一些。我的小腹有点痛，想解大手。于是我站起身，朝厕所走去。到了厕所前，发现里面的门是关着的。我拉一下扶把，正准备走，门居然就打开了。一个非常漂亮的女人从里面走出来。她的确非常漂亮，年龄好像比我大一点点。我这样想。最多一点点。她看了我一眼，侧着身子从我的身边走过。那一眼像是见过的，又非遥远。我几乎被她那一眼定住了，脑子里一下就是空白。而就在这时，她从我身边走过，丰满的胸脯在我的胳膊上轻轻地擦了一下，非常短的一下，比她看我的那一眼短多了。

我不得不回过头去，追寻她即将消失在另一节车厢里的身影。

等我从厕所出来，没有回到我刚才的座位，而是直接去了她的车厢。在车厢的中间，我看见了她。她正站在位子旁整理她的行李，那是一个大包和一个小包。我站在离她几步远的地方，看着她时儿弯下腰，时儿又直起身体。不一会儿，她的行李整理完备，就在位子上坐了下来。当时我正看着她，所以她坐下时，也看见我。那一双眼睛啊，仿佛又熟悉了一些，仿佛更远，同时更迷人。

我对她的整个感觉就是高贵。我突然觉得自己肮脏。特别是想到昨天晚上在西昌火车站的事，就觉得自己更肮脏。除了肮脏外，我还觉得我非常低贱。除了低贱之外，我还强烈地感觉自己不像一个人样子。我好想马上离开她，躲得越远越好。

但是，我发现她又看了我一眼。那双眼睛，又多了一分熟悉，又多了一分遥远。与此同时，我还发觉我的脚似乎不听我的话了。我已经走不动。

没有多久，车到峨眉。她拿起她的行李，把大包背在身上，小包拎在手上，下了火车。下车之前，她回过头来，又看了我一眼。就是这一眼，我急匆匆地追了下去。就是这一眼，我改变了我回成都的决定，去了峨眉。

迄今为止，我都认为这是重要的一眼。因为就是这一眼，使我去了峨眉。而我去峨眉，是我诗歌写作中重要的一个转折。如果我没有去，我可能最多再写出另一篇《怪客》，或者是一篇《傍晚》。西昌的《傍晚》，就像重庆的《中午》一样。

我跟着她下了火车后，什么也没有。我好像是又跟了别人一截，还坐了一辆三轮车。别人坐前面一辆，我坐后面一辆。我坐着三轮车，在峨眉转了几圈，什么也没有。我哈哈地笑了两声，去一家馆子大喝了一台。

下午我去了峨眉山。

我去了峨眉山，但是我并没有上山。我在山的脚下，转了一个下午，直到黄昏降临，游人远去。我买了一瓶酒，称了半斤花生，找了一个山门的台阶，坐下来喝酒，看山。

酒没有喝几口，花生没有吃几颗，山就看不见了。黑夜慢慢地漫过来，从远处。先是远处的山看不见了，再就是近处的山也看不见了，直到最后，无论是远处还是近处，无论是山还是不是山，在黑夜之中，峨眉山脚下的那种黑夜里，我什么也看不见了。

我看不见山，但是山还是依然存在着。这是一个道理。但是，我又说一个"但是"，我看不见山，山是存在着。山的清秀呢？自古以来，人们是这样说的，比如峨眉天下秀。当黑夜漫过来时，我根本就没有看见它的秀。另外一方面，下午我在山脚下闲转时，我深入山的一个局部，它的四周栽着玉米。我看见一个农妇背着东西，正沿着我旁边的一条小路，往上面走。当时我就想，如果我企图说明这一切的话，我无疑会失败。这种失败，就像企图用"秀"这个字来说明峨眉山一样。黑夜越来越黑了，而且还有点冷。我收拾起我的没有喝完的酒，没有吃完的花生，开始往回走。我得去找一个旅馆，好好地睡一觉。

我的背已经两天没有挨床了。

我在一家小旅馆住下后，一边喝酒，一边接着刚才的问题想。如果，如果我企图去表现我刚才看见的山的话，我将怎么入手？我是把它的局部如实地呈现出来吗？如果我单单把它的局部呈现出来，我问自己，这究竟有什么意思？反过来说，我必须进入这山，把我进入后的感觉呈现出来，这样它才有意义。我理解的是，因为它是我的感觉。

慢，慢，我说慢。它真的是我的感觉吗？我突然想到了西昌火车站，想到了我的遭遇，以及我在楚雄和峨眉时对这同一遭遇的不同感觉，我明白了。如果把我的心灵比喻成山的话，它依然有白天和夜晚，有风和雨，也有日出。

关键的还是，我哪怕是把它的某一时候（山的某一方面）呈现出来，究竟有什么意思？它的意思难道仅仅在于谁呈现得好，谁又呈现得差吗？在峨眉山脚下的小旅馆里，我喝完了我的酒，也吃完了我的花生，我依然没有想清楚。

我发现我好像不懂诗。在此之前，我似乎也写过几首现在看来我都还能满意的诗。比如说《看水去》。1997年我在为自己编一本叫《小杨与马丽》的诗集时，本来准备将之收入的，因为一时没有找到，所以就没有选进去。然而，我在峨眉山的那天晚上，我觉得就算有这么一两首，我也还是不能叫懂诗。偶然的获得和自觉的写作，无论在结果还是动机上，都是有很大的差异的。一个诗人，他首先是明白道理，剩下的才是"等待和顺应"。（韩东语）如果一个诗人他不明白道理，而像一头盲虎一样瞎冲一气，我个人认为，他是冲不了多远的。

也冲不了多久。那天晚上我其实睡得很好。第二天起来，我告别了峨眉山，去了乐山。在去乐山的路上，我写了两首五律诗，并且寄给了胡冬。

这是我最长的一次个人旅行。在乐山，我待了两天两夜。我还去了乐山旁边的五通桥。一路上，我什么也没有想，脑子里空空荡荡的。白天我在街上转，晚上我就在小旅馆待着。闻名世界的乐山大佛就在我的旁边，我一抬腿就可以过去，但我没有过去。因为我已经去过了，在五年前。这一次，我并没有要去的愿望。我愿意就这样走走。四川到处都是那些小茶铺，我走累了，就进去歇歇，泡一杯茶吧，再称半斤花生米。

第三天，我离开了乐山，顺着回成都的路走。我一般是坐车，坐一个县就下来。有时候甚至在一个小镇上就下来。我没有目的，只要我愿意的话。

我终于在一个地方下错了车。或者说，我终于在一个地方下对了车。当时好像是在眉山那边的一个小镇，我喝了一点酒，就准备离开那个地方。我在等车的时候，看见了一辆开往绵竹的汽车。我突然兴奋起来，因为绵竹有一个我尚未见过面的好友彭先春。所以，车一停稳，我就跳了上去。

对我要去的地方（彭先春那里）而言，我显然是上错了车。我上车后，售票员问我去哪里，我说绵竹。就这点而言，我没有去错地方。我去的是绵竹，这辆汽车也就是去的绵竹。我应该是上对了车。汽车开了一小时左右，绵竹到了。

我随着大家一起下车。很多人站在那里，我们尚未完全下完，那些人就争着往汽车上挤。没有几分钟，汽车就掉转头，向着我们刚才来的地方开走了。我觉得有点不对。绵竹是四川的一个县，就是剑南春酒的产地。我想，这地方就是再偏远，也不会这么小。我一问，果然错了。

这里是眉山县的一个小镇，也叫绵竹。它和另一个绵竹县是一模一样的两个字。只是一个是县，一个是镇，一个在四川的北边，一个在四川的南边。我问路边的一个老人，他告诉我的。他还说，刚才那一辆汽车，是今天的最后一辆。他说完话后，我抬头看了一眼我眼前的这个所谓的绵竹，基本上一眼就望穿了它。

　　我非常沮丧。但是，就是这一误会，使我突然想到了诗歌。多么简单的事情啊，它不就是语言吗？绵竹就是绵竹的本身，它既不是它的"所指"，也不是它的"能指"，它就是它自己。就像我并没有到错地方（绵竹）一样，我又到错了地方（另一个绵竹）。我到现在都记得非常清楚，当时我有点急了，在那个老人的面前，我说：我是到真绵竹。老人说：这里也是真绵竹。绵竹对绵竹而言，谁真谁假？绵竹就绵竹而言，何错何对？佛家说：所谓名，乃假名，是非名。就是这一瞬间，我发觉我找到了诗歌。当时我是这样表述的：

　　它的材料是语言；它的形式是语言；它的目的还是语言。后来我的表述是：

　　诗从语言开始。

　　这次漫无目的的旅游后，或者说一次语言的旅游后，我写出了《街景》和《小镇》等一系列诗篇。1986 年 4 月，在我们家编《非非》时，我把我的《街景》拿了出来。是手写的，在此之前我根本没有给任何人看过。当时是周伦佑和尚仲敏在看。他们俩一起，坐在我的沙发上，周伦佑拿着我的手稿，尚仲敏坐在他的旁边，侧着头在看。刚刚看了两页，尚仲敏就问我："你写的？"我说："去年。"尚仲敏说："这太好了，出来后肯定会产生覆盖性的影响。"当时尚仲敏要搞点评论，所以他的话很有些评论家的口吻。然后，周伦佑开始和尚仲敏讨论起这首诗，主要是讨论它怎么好法。好是已经肯定了的。尚仲敏说："我读得很冷。"我觉得这是一种读法。当然，主要也是我尚未彻底脱尽我那次旅行时的某些心情。我知道我今后该怎么办。周伦佑说："对头，就是冷。"他接着又对我说："你干脆改名叫《冷风景》好不好？"我想都没有想，就说："不好。"我怎么可能觉得它好呢？我正在拼命地从"修辞"中逃离，生怕走得不远，怎么可能要一个"冷"字来套着自己呢？再说"冷风景"这个词，真的比较俗气。以一个"冷"字，来形容一堆"风景"，我说句实话，是缺少想象力的最好表现。我给你们举个例吧。就在"冷风景"冷的时候，成都有一家火锅店的名字，就叫"热盆景"。我希望大家比较一下，它们之间有什么联系，又有什么差异？

4. 诗歌宗教

敬晓东的眼睛看上去，的确有点与众不同：不柔和，当然也不是凶；不明亮，当然也不是混浊。他笑起来的时候，亲切中包含着妖媚；他不笑的时候，就像后来流行的那个酷。这不仅是我刚认识他时的感觉，更是我和他长期交往的深刻印象。

我和他的第一次碰撞是在我的家里。当时好像是因为他的一首诗，我们争得不可开交。但没有过几分钟，我就发现了我们之间的问题：刚好是那种漫无边际的"神仙话"。所以，我马上打住了话题，对他说：请你把你刚才说过的话，用一、二、三条给我重复一遍。后来我发现，他说完第一点后，就没有了第二点，更不要说第三点。

除此之外，他有一种天生的混乱才华。像那些圈子中的人一样，他会说一种似是而非的格言。比如，他常常说这样一句话，诗歌要有哲学的高度。在那个史诗盛行的年代，又有谁敢说这句话是错的呢？虽然这句话本身的确是错的。他的这种谈话方式，让四川有名的"老三嘴"都领教过，并吃了苦头。这是他自己以为的，至少在那种现场的感觉是这样。

敬晓东还有一种才华，就是他的记忆力特别好。关于他这方面的本事，是他自己在不知不觉中发现的。当时成都在演电影《大浪淘沙》，他说他非常喜欢里面的一首歌，就去看了三次。他本来的意思是想学会这首歌，但三次之后，他还没有学会。这时，他发现他可以把整部电影的台词全部背下来。所以，从那以后，他喜欢上了背电影台词，并且常常成为我们聚会时的一种游戏。

直说吧，敬晓东单位的一些同事，认为敬晓东是疯子。这件事是这样引起的：一天中午，他们车间还未上班，同事们还没有来。他一个人站在车间中间，手里拿着一根棍子，背起了电影《斯得凡大公》的台词。他说他感觉那些机器都像电影里的人物。时间一分钟一分钟地过去了，他越背诵越投入。他已经完全忘了他是在什么地方，或者说他已经完全进入了电影里面。上班的同事越来越多，大家目瞪口呆地看着他，直到他自己突然地回过神来。

从此大家都说他是疯子。

后来他调到另外的部门去了。刚到的那天，他们领导给他布置了一项工作，叫他按名单通知十二个人来开会。人到齐后，他们领导又说不开了。原来他们领导是在考验他，看他是不是像别人说的那样。

这些事情都是他自己讲给我听的。办《非非》的时候，我偏要把他拉进来，并且要让他当副主编。这让周伦佑非常为难。如果你问我为什么？我只有告诉你，锤子大爷才晓得。我不晓得，我只晓得他是我的朋友，并且一直追随在我的身边。一个《非非》有什么了不起，我相信他能够干得下来。

另外的一点，就是当时我很想搞一个诗歌宗教。敬晓东是我的支持者，更是积极的传播和策划人。我重新与周伦佑合作，他本来就有一点不满意。如果再不要他参与，我想他说不定就离开我了。而我，肯定不愿意失去这样的兄弟。

周伦佑的错误是对我的能力估计过高。其实他应该知道，我是一个动口不动手的人。至少在 1986 年以前。但就这样，我还是一个自以为是的人，把很多东西都想象得非常简单。比如印第一期《非非》时，他居然敢把东西编好交给我，就回西昌去了。我把东西送到印刷厂后，就再也不知道该做些什么了。怎样排版，怎样校对，我简直是一头雾水。我曾经和尚仲敏、敬晓东两人一起去看过，我觉得是不太对头，但也依然提不出方法。

所以，在这个问题上，我并不是像周、蓝二人所想的那样，有什么心态。我为什么一定要把《非非》搞差呢？时间到了现在，我们再回头看看吧：

我是不是就被你们的理论吓倒了？

还有一点，加进敬晓东的一篇文章，这也没有什么。之所以在周、蓝走之后再加，是因为他在他们走之后才写出来。作为我们当时的那种关系，我是无法拒绝的。至于我的那几篇文章，是因为那个时候我的房子已经租到，诗歌宗教正在积极的筹备之中。

我认为诗歌应该是宗教，是由来已久的事。在此之前，我之所以没有动，一是因为我自己尚未找到满意的、正确的诗歌的路子，二是自己也没有写出像样的作品。1986年，我自己认为时机已经成熟。如果不是因为搞《非非》，我肯定就搞诗歌宗教了。就是搞了《非非》，我还是落不下我的这个想法。在很多个夜晚，我就像一个识破天机的人，迟迟无法入睡。我怕我一睡着，这只灵性的鸟儿就会飞离我的身体。我想搞啊，我责无旁贷。

再加上敬晓东怂恿，尚仲敏和我们谈了以后，也很感兴趣。这样，一个一直挂在嘴边上的事，就行动起来了。我们在西门的郊区租了一间房子，又买了一些红布和家具，准备开坛设教。那个时候我还小，还没有满24岁。对于各种各样事情，往往都是以快乐原则为主。好在周伦佑和蓝马来了，他们重新排版了《非非》，并且劝阻我们停下尚在装修中的诗歌教堂。我的那几篇文章，也就被这样取消了。不知道为什么，我后来也找不到这几篇文章了。

我想是天意吧，时机还未成熟。

事实上我到现在也坚持着这样一个观点：诗歌应该是宗教。从某种意义上讲，它好像是一个比喻，用宗教比喻诗歌，借以寻求表述诗歌在我们生活中的作用和地位，它的形而上和无用，以及它所乐意关注的兴趣、执意追求的精神。这是正确的。但这还不够。远远不够。如果要够的话，只能这样说：诗歌就是宗教。它不仅仅在其内部具有宗教的本色，在其外部，它也必须有宗教的形式。缺少形式的宗教，不应该算是宗教。至少说是没有成型的宗教。我经常说，文化是文化的全部，而不是文化的一部分。就像白马非马、苹果不是水果一样。那么，诗歌也必须是诗歌（这个宗教）的全部，而不能是它的某一部分。诗歌必须有自己的礼拜，有自己的早课和经书，甚至是有自己的上帝和自己的代言人。建立诗歌的"体行"制度和规则，设计诗歌的终极追求，应该是我们这一代人的"光荣与梦想"。

我们真是幸运的一代。

五、现代诗流派大展

中国是一个诗歌的大国。

我们翻开任何一本关于中国的文学史方面的书，都可以看见这样的一句话。从《诗经》开始，一路下来，经过辉煌的屈原时代、魏晋风范，直至唐诗宋词和元曲。浩如烟海，而且深入人心。比如说宋词，就有这样的一个说法：有水井处，皆有柳词。柳就是柳永的柳，宋朝的一个风流诗人。他的诗（或者叫词）据说为当时的许多青楼女子传阅和吟唱，叫人羡慕至极。所以，若干年之后，同样渴望风流的抒情诗人柏桦，在成都的一家夜总会，拉着一位女孩的手，轻轻地背诵着自己的诗篇。一种白色的情绪，一种无法表达的情绪，使女孩缺少阳光的眼睛，慢慢地变得明亮，变得深刻、幽怨和水灵了。柏桦说，准确地说，是柏桦对石光华说，她有感觉，真的有，我看得出来。

但这还不是全民皆诗的时候，全民皆诗的伟大局面，发生在 20 世纪的新中国。先是民歌运动，和轰轰烈烈的"大跃进"一样，每一个省、每一个市、每一个县，直到每一个乡村，男女老少，人人皆诗（人人也都炼钢铁）。当时的大文豪郭沫若和周扬，把当时的诗歌收集整理了很少的一部分，编了一本叫《红旗歌谣》的书，发行上亿。一时间不是洛阳纸贵，而是中国纸贵。我看过这本书，是我父亲给我的。在我的记忆中，也是我父亲除了《毛泽东选集》之外唯一的一本书。那是 1980年，我父亲偶然看了我的诗后，对我说："你那个也叫诗？你看看别人写的。"我父亲说完，就拿出了他收藏在老木箱里的《红旗歌谣》。

我父亲其实冤枉我了。我早在读中学的时候，就看过类似《红旗歌谣》里的诗，而且还写过。我可能没有里面的写得好，或者说没有被这样编辑出版，以至像我父亲这样的人没有看见。

1986 年由徐敬亚策划、操办的"现代诗群体大展"，在《深圳青年报》和《诗歌报》隆重推出。请注意"隆重推出"四个字，现在我们觉得它们太可笑，但是在当时，它们却是那样的有力量，那样的坚硬和时髦。在此之后，全国上下一片"隆重"：从个人演唱会到美国电影，从一包方便面到壮阳药。这一"隆重"，至少不下十年。

我并没有调侃大展的意思。作为大展的一个参与者，我始终认为大展是积极的，至少它对结束诗歌的"传统"局面，起到了不可替代的作用。

另外，在推动第三代人诗歌的发展中，大展是最直接的一次，也是最公开的一次。大展无疑把以前的诗歌和关于诗歌的神话，彻底地暴露了，也彻底地粉粹了。不论徐敬亚是怎么想的，然后又是怎么做的，大展都完成了它应该完成的使命：在大展以后，诗歌没有了权威；在大展以后，诗歌没有了价值；并且，在大展以后，诗歌没有了"皇帝"——谁要是还梦想当诗歌的"皇帝"，谁就不再是可耻的了，因为他已经可笑。任何一个人，任何一个时候，只要他愿意，他就是诗人，就是他的诗歌帝国的"皇帝"。在他自己的世界里，他称孤道寡，吟风弄月。在大展以后啊，还坚持写诗的，只有两种人：一种是宝器（注：四川方言，与"二百五"同义），另一种也是宝器（是指它本身的意思）。

我是其中一种宝器。

第三代人在徐敬亚的大展中扮演着滑稽的角色，像引领者，又像小丑，其实更像被屠杀的对象。这是第三代人的宿命，也是它最好的归宿。和它置身的世界一起死亡，并且在这一死亡中脱胎换骨，是它唯一的下场。当然也是出路。所以，我从来都认为，第三代人诗歌运动，在1986年就已经结束了，或者说，就应该结束了。后面的三年，只是它必须上演的尾声。在此之后，诗歌以另外的方式出现。在此之后出现的诗歌，是另外的诗歌：它不是大众的，也不是"极少数的"。

顺便说一下90年代的"知识分子写作"。那是对以大展的形式所呈现出的"诗歌死亡"的一种反抗，我们称之为垂死挣扎，是一次"诗歌"的垂死挣扎。企图把已经新生的诗歌，重新引回早就走不通的"人文"路线，这是多么大的阴谋。

第三章

搞：搞活意味着一切

搞活意味着什么呢？

搞活至少意味着解开有了价值。如果没有搞活，解开有什么意义？

当我写下搞活两个字后，心中就像放下了一个巨大的包袱。从解（思想解放）开始，经历了反复多变的开（改革开放），我们终于迎来了搞活的时代。是的，这是一个时代，一个对于古老的中国而言，灿烂的空前的时代。

万夏说，他从重庆出来后，家里什么也没有。那是 1992 年，邓小平正在中国的南方发表他重要的讲话，关于中国历史改变的讲话。邓小平说："搞活意味着一切。"

是啊，都已经 30 岁的万夏，在重庆待了两年，现在虽然出来了，可是一切已经改变。出路在哪里？今后怎么办？是不是就像自己在诗歌里预言的那样，诗人无饭，请喝汤？年老的母亲，已经更加年老。一些房屋在拆除，一些大楼在修建。太阳每天升起，照耀着成都盐市口，以及从盐市口匆匆走过的人群。

搞活就意味着要改变。不仅仅是万夏，其中还包括石光华、宋炜、蓝马、何小竹、吉木狼格、尚仲敏、李亚伟、马松、二毛、柏桦、欧阳江河、翟永明、刘太亨、赵野、胡小波、周伦佑、程小蓓、孙文波、钟鸣、梁乐、文康和陈亚平，以及丁当、于小韦、韩东、郭力家、朱凌波、默默、郁郁、张小波、海客、天游、孟浪、大仙、刑天、野夫、宋词、王寅、梁晓明、封新城、潘家柱、伊蕾……一大群，几乎就是一代人，整整的一代人。

搞活就意味着他们必须改变。

诗人从来就不是一种职业，诗人要活下去，我是说我们这一代诗人，就必须靠自己。否则，下场就只有一个：饿死诗人。（伊沙语）

还有什么呢？

青春是没有选择的。我是说从 90 年代我们重新开始的第二个青春。当我和乌青一起，拿着数码摄像机，从北京出发，寻访一个时代的痕迹时，我们感觉到的，又哪里仅仅是时间的变化呢？包含在这中间的，应该有更深的意义。

我这样想。

一、去东北记

1. 我第一次去东北是 1988 年 1 月初，和周伦佑、蓝马一起。那一次我只去了沈阳。对于想象中的东北和现实中的东北，我都觉得遥远。关于它的记忆，就是沈阳很旧。除此之外，是柳云的友情，他的烤牛肉。

我第二次去东北是 1989 年 6 月 4 日前后，当时我应长春《作家》杂志的邀请，在那里待了十多天。那一次除了长春外，我还去了哈尔滨和牡丹江。对于东北，我有了自己直接的感觉。我是说，关于它宁静如春的初夏。

就第三代人诗歌的发展而言，东北作出了巨大而又实际的贡献。从 1985 年开始，宗仁发就在他主编的《关东文学》上，率先开办了《第三代人诗选》。那应该是一个寒冷的冬天，中国诗歌界，就像东北的冬天那么冷，甚至比它还冷。

在此之前谁知道《关东文学》呢？

在此之前谁又知道第三代人诗歌呢？

或者说，在此之前谁又知道宗仁发？一个偏远地区的青年人，因为一个偶然的原因，开始了他的工作。暗流在冰层下，只有暗流自己知道。

辽源文联狭小的办公室里，25 岁的宗仁发，眉毛和头发长在一起，头发又和胡子长在一起。他正从一张椅子上站起来，把一份改革《关东文学》的报告拿在手上。他必须在今天将它交给辽源文联的主席，否则这个刊物就要停办了。这是一个机会。在当时的中国，其实每天都有这样的机会，但不是每一个人都看见了这样的机会，并且把它牢牢地抓在手里。这需要眼光，还需要胆识。十多年后，可能有好多人都在感叹，是啊，那样的时刻，谁做了就意味着谁成功。仅仅是没有人去做。

我第一次见宗仁发是在成都。已经是 1988 年了，他刚从辽源的《关东文学》调到长春的《作家》杂志社。他需要一个更大的舞台，第三代人诗歌也需要一个更大的舞台。蓝马的家里，还有尚仲敏、小安和刘涛。我对他的印象是吃惊：不修边幅，但凌乱中有一张中心明确的脸；随和，容易接触，但保持着一定的距离；干实事，少言语，但不失开朗和理想。那天我们喝了很多酒，我几乎醉了。那是我们当时的风气，有朋自远方来，一醉乐乎。

第二年 5 月，我去了长春。

我是从深圳过去的。

1989 年 5 月，我和几个朋友一起，准备搞一个公司，围绕着文化做一点生意。这是那个时候的特色，所谓的文化人正在“海”边上散步。他们要不要脱下鞋子，试探着把脚放进水里去，我也像他们中的一员。

我们坐火车去广州，然后又从广州去深圳。火车尚未启动，我就非常兴奋了。那是我第一次去深圳，关于它的传说，我已经听了好多。深圳在当时，是一个象征，也代表无边无际的想象和冲动。1987 年，我和李亚伟曾经从它的旁边走过。

火车启动不久，天就黑了。这列火车将在第二天早晨到达重庆，一些人将下去，更多的人将上来。那是改革的年月，一切都在变化。新的形势正在出现，旧的形式尚未完全被淘汰。我在火车上，36小时之中，目睹了这种新旧的交替。重庆上来的倒爷，贵州上来的闽南方的小姐，外出旅游的机关少妇睁大的眼睛。列车员从我的身边走过，对我们像喝开水一样喝"五粮液"的惊讶和羡慕。

我第一次去深圳就遇到了许多麻烦。我没有身份证，更没有边境证，所以我被挡在了广州火车站。我的两个朋友进去了，他们去找徐敬亚。我第二天才到深圳。

第二天徐敬亚从深圳过来，他要去北海。我们昨天晚上已经在电话里约好了见面的时间和地点。我对徐敬亚说，我穿着什么衣服，个不高，而且还胖。我属于那种一眼就可以认出来的人。徐敬亚说他也好认，谁最丑谁就是他。当我们见面后，我对他说："你不丑嘛。"他笑了起来，也对我说，你也不那么胖。

这是我和徐敬亚第一次见面。我们在广州火车站旁边找了一家大排档坐了下来，徐敬亚要了一瓶白酒。

我已经记不起我们说了些什么，反正那天我们喝得很愉快。差不多喝了两个多小时，我们一起进了火车站。他去北海，我用他给我带出来的我的朋友的身份证和边境证去深圳。在火车站的大厅，他坐在地上，用左手给我写了一张字条。

那是写给他朋友的字条，他请他的朋友关照我。

后来我和徐敬亚又见过几次，分别在深圳、成都和北京。他是一个典型的南方人长相的北方人，所谓北人南相，必成大气。他的妻子王小妮也是如此。作为"朦胧诗"著名的夫妻，他们的身上和诗歌里，都有着和我们难得的相近的东西。这种东西在徐敬亚身上，是他的激情，是他对诗歌大局的眼光和把握的能力。而王小妮，她其实就该是我们这一代的诗人。她本身也就是我们这一代的诗人，如果说她诗歌的成就的话。

我在那次的深圳之行，除了徐敬亚夫妇外，还见到了神交已久的孟浪。那次是我们迄今为止唯一的见面。怎么说呢？他是一个我意想不到的温和的人，与他尖锐、冷酷的诗歌完全不一样。即使他留着一把大胡子，也找不到相似的地方。从某种意义上讲，孟浪和万夏有许多近似。我们一起喝酒，又一起去了一家歌厅。同我一起去深圳的朋友，对孟浪的印象也非常好。

由于我要去长春，在广州的时候，我就和我的两个朋友分了手。他们坐飞机回成都，我坐火车去武汉。我准备在武汉玩几天，再去北京，然后从北京去长春。

到了武汉后，我直接去了罗声远的家里。可能是记忆的错误，我找了好久，才把罗声远找到。我敲门时，听见里面的人是跑着来开门的。来开门的人，就是罗声远。他看见我，先是一惊。我想在那样的日子里，换作我，我也一样会大吃一惊。

我好像在罗声远的家里住了两天。这两天中，罗声远天天陪着我，在武汉的街上走去走来。我们是没有目的的，我们只是愿意看看。可以这样说，基本上比看一场电影还好看。特别是在武汉长江大桥上，我看见几辆大汽车开过来，而且一边开，还一边有人往上面爬。那场面很大，也很热闹。

离开武汉后，我按我的原计划，去了北京。

应该说，这是我到北京最短的一次。我早晨到的，晚上就走了。

我还是想多待一天，见见朋友们。一个四川人，跑一趟北京并不是那么容易的事。为此我去了农展馆路的中国作协大楼。我去《诗刊》找了唐晓渡。

其实我在唐晓渡的办公室也没有待多久，一两小时吧。而这一两小时中，我大半时间是自己待着。我发现他们都很忙，不是工作那种忙，而是紧张的忙。我和刘湛秋握了一个手，和邹静之说了几句话，然后唐晓渡就被他们喊走了。

唐晓渡非常抱歉，对我说"你自己坐一下"，就到刘湛秋的办公室去了。

我当天夜里就离开了北京，并且在第二天早晨，到了长春。到了长春之后，我才知道我们的那个会改期了。原定 5 月 29 日的会，被改在 6 月 7 日才召开。这个会期的改变，已经用电报发到了我们参加会议的人的家里。由于我没有回家，所以我不知道这件事。天才知道，这个改期它又意味着什么。

离会议还有几天时间，我不可能回成都。所以，在长春住了两天后，就在宗仁发那里拿了一点钱，去牡丹江找朱凌波去了。

到长春的第一顿饭是和宗仁发、曲有源、郭力家一起吃的。曲和郭我都是第一次见。曲有源在我的印象中，应该是一个老诗人。我还在读中学时，他好像就发表了一系列有影响的政治抒情诗。我想不到的是，几年后，在诗歌的编辑上，一下变得前卫起来。在他主持的《作家》诗歌版上，基本上"继承"了原来《关东文学》的风格，大批量地刊发第三代人的诗歌。我那首写于 1983 年年底的《怪客》，就是 1988 年 4 月才发在《作家》上的。一首诗，经历了那么长的时间。

对郭力家的感觉和郭力家自己一样。除了他抽的骆驼牌香烟，让我觉得他的有钱（比我）外，其他还是一个第三代哥们儿应该的样子。当时（应该说一直）他就和李亚伟他们的"莽汉"关系深厚，甚至他也被别人认为就是一个东北的"莽汉"。至少我是这样认为的。而且，"莽汉"在整个东北的影响，和他的努力完全分不开。

吃完晚饭后，郭力家带我去了长春的一家歌厅。我们在歌厅里转去转来，时不时地他还用嘴巴，向我指出一个方向。我顺着他的嘴巴看过去，一般而言是会有一个单身的女人坐在那里，或者是站在那里。但是，说句丢人现眼的老实话，我根本就没有勇气过去请别人跳舞，虽然我非常非常地想。

也许是为了不要让哥们儿把我看扁了，也许是确实按不住了，总之，当我偶然看见一个女人正在看我时，（也是偶然的一眼）我麻起胆子走了过去。上面我说过，我刚从深圳那边过来，说话的语调还有一点南方的味道，所以，当我邀请那个女人和我跳舞时，她还以为我是南方人。当然，这是她后来告诉我的。

我们一曲一曲地跳着，就像是一对情侣。每一曲，我们的距离都有所拉近。基本上是三曲之后，我和她就搂在了一起。在这过程中，她知道了我住在什么宾馆，并告诉我她的家就住在这家宾馆对面。于是，她说她要搭我的顺风车回去。我很高兴地答应了。

坐在朱凌波的办公桌前，还没有坐多久，一个长发披肩的年轻人就走了进来。他看着坐在他办公桌前的我，眼光并不是那么诧异，仅仅是探询而已。当我说我是杨黎时，他一下就笑了。他并没有像别人那样和我握手，而是在我的胸前轻轻地打了一拳。

在此之前，我好像和朱凌波通过信，好像又没有。但不管通没有通过信，我和他一见面就成了朋友。这句话不对，应该是没有见面时就已经是朋友。这是当时写诗的人的一般情况和事实，何况是我们俩。

朱凌波在两年以前，曾经写过一篇文章。在那篇文章里，他第一个提出"非非第一诗人"这个说法，并且把这个桂冠戴在了我的头上。他的这篇文章，无疑在"非非"诗歌群体中产生了激烈的反响。周伦佑曾经在私下里说过，朱凌波的文章是我授意写的。我觉得这非常可笑。他的话不仅没有根据，而且对朱凌波还是一个不大不小的嘲讽。再怎么说，别人也是一个流派的掌门人。以我杨黎的资格，凭什么向他授意？就算现在，我和朱凌波是朋友了，我也不可能（也不会）对他有什么这方面的要求。一个成都，一个东北，天远地远的，周伦佑他也真想得出来。就像他现在常常说的，我要是不和他争"非非"第一诗人乃至全国第一诗人的话，我和他应该是好朋友。我真有点糊涂了。说一千，道一万，我就是要争（我肯定争）也不会和你周伦佑争啊。在"非非"内部有何小竹、吉木狼格和小安，在整个中国有韩东、于坚和于小韦。我有什么不好争的？奇怪。

我和朱凌波去了一家饭店的大厅，我们一人要了一杯咖啡，在舒服的沙发上坐了下来。几分钟后，我就睡着了。不知过了多久，肯定很久，我才从沉睡中醒过来。接连一些日子的奔波，不断的新鲜地方和新鲜事情，我太疲倦了。

接下来的日子是快活的日子。我们，我和朱凌波天天都泡在酒里面。没有报纸，也没有电视看。我们好像突然来到了这个世界之外。黄昏时间，我和他正在牡丹江江边上。我们为什么跑到那里去呢？我们又在那里干什么呢？我已经记不清楚了。我只记得，尚未涨水的江边上，有很多人在那里玩耍。有一对情侣我是记得的，因为我用非常羡慕的眼光看着他们。朱凌波说，要是宋词没有走就好了。当时宋词正骑着他的自行车，在前往成都的路上。在黄昏的牡丹江边，还有一对母女我也还记得。就是此时，我写到这里，眼睛里依然有她们的影子。一个年轻的母亲，穿着漂亮的裙子，她的小孩在前面跑，她在后面跟着。她说慢点，慢点，你不要跑。她的声音是那么好听，被牡丹江的风吹过来，直到现在。

远了。我是说我说远了。我们还是回到这一次，2001 年 11 月 3 日，我为了写这本书，第三次去了东北。我现在去东北要比以前容易多了，我现在就在北京。

第三次去东北，我和乌青一起。

我甚至已经搞忘了去长春要那么远，当我买火车票时，我才发现基本上要坐一个晚上的火车。在我的感觉中，北京离东北应该是很近的，就像南京到上海，最多就天津到济南。怎么会坐一个晚上呢？"是不是慢车？"我问卖票的人。

卖票的人是一个女人，她以为我是那些无话找话的家伙，用眼睛白了我一眼，什么也没有说。我只有灰溜溜地走了。

我们出发那天，先去了树才家，并且在他那里吃了晚饭。那天下午，我对莫非、树才进行了采访。整个过程中，莫非都忍不住在骂知识分子诗人，特别是那个什么"九十年代大事记"。他认为这简直是在篡改历史，气愤得笑了起来。

树才反而要平静一些。但他平静得有点出奇，再加上他文质彬彬的样子，使人完全不能找到他诗人的一面。直到我第二次在车前子家里见到他，听他无意中谈到他的宿命，他当时的语气、他的神情，才让我知道了他的关闭的内部：一个诗人的居所，包括他隐秘的期限。我想说，我相信他。诗歌是漫长的。

火车离开北京不久，就到了山海关。我对乌青说，这里就是海子自杀的地方。然后我们把眼睛贴在火车的玻璃上，拼命地往外面看。可是，我们什么也没有看见，除了黑茫茫的一片，还是黑茫茫的一片。远处有一些灯光，在火车的奔驰中晃动着，而且它还是在远处，非常非常远的远处。

在晃动着。

"海子为什么要自杀？"乌青问我。我说我不知道。其实谁又知道呢？没有人知道他为什么要自杀，就像没有人知道他要自杀一样。如果知道他为什么要自杀，就应该帮他把问题解决了，就像知道他要自杀，就应该阻止他自杀一样。所以说，我不关心他为什么要自杀。

"那你关心什么呢？"乌青问我。

我关心他为什么要在 3 月 26 日自杀。你记住，我关心的是，他为什么要在 1989 年 3 月 26 日自杀，而不在 3 月 25 日自杀呢？或者说，是 3 月 27 日？我说这些话时，我和乌青站在车厢与车厢接连处。在那里，我们可以抽烟。

"我懂了。"乌青狠狠地吸了一大口烟，烟子差一点把他呛住。我站在他的面前，静静地看着他，听他说出他懂了的话。火车正在穿过山海关。

我懂了海子他为什么要在山海关自杀，而不是其他地方。比如，不是山海关的前面，也不是在山海关的后面，那么就前面一点点，或者就后面一点点，都不行啊。海子他只能在山海关自杀。他说，镜片后面的眼睛泛着光芒。

是啊，我也轻轻地吸了一口烟。这真是一个让人吸烟的话题，有时轻吸，有时重吸。无论轻吸还是重吸，谈论这个话题时，人们总要吸一口烟。我也不可能例外。我把烟子吐出后，接着说，海子他只能在 1989 年 3 月 26 日自杀于河北山海关。这是不可改变的，因为这是事实。一个完全不可改变的语言事实。

天气刚刚入秋。一阵暴热之后，突然转入凉爽，并且爽得来稍稍有点冷。当然，这只能是在一种比较下才有的感觉，在人们不经意中悄悄出现。对于这个时候还在旅途中的人而言，是最容易感冒的。海子就是在这个时候感冒的。

当时是下午1点左右。阴天。成都那种常有的阴天，对于成都人来说，就像家常便饭一样。它无法让秋高气爽的北京人想象。我正躺在我的床上，眼睛看着天花板发呆。近些日子以来，我常常这样发呆。只不过并不全是躺在自己的床上。

万夏在楼下喊我。

我家住在二楼，又靠着街边。所以，朋友们来找我，一般都会先在楼下喊。我听见后，就跑到阳台上去。无论是他们上来，还是我下去，我都要先跑到阳台上去。

和万夏一起站在楼下的，是海子。

在此之前，我和海子连通信关系都没有。对他的诗我也知之甚少。知道他是写"史诗"的，和石光华、宋炜他们的关系蛮好，诗歌趣味也比较接近，写过什么《亚洲铜》和《源头与鸟》。还有什么呢？就算我孤陋寡闻了。

我们那天先去的是人民公园的一家茶铺。坐下没有多久，不知道什么原因，我们谈到了气功。海子说他已经打通了小周天。对于今天的人，可能对这个术语比较陌生。但是，在上个世纪的80年代，这句话就像今天人们说伊妹儿一样的时髦和易懂。如果你表现出对这个术语的无知的话，就像知识分子没有看过纳博科夫一样，是会被人嘲笑的。

反正我是懂的。我转过头去看万夏，万夏也一副会家子的样子。只是，对于正在流着清鼻涕的海子，万夏表示了他的怀疑。为了证实自己的话，海子愿意马上为万夏表演。他让万夏伸出自己的手，然后将自己的手虚放在万夏的上面。过了一会儿，他问万夏：感觉到没有？万夏说：什么？海子说：气啊。万夏摇了摇头，说：没有。这一套我其实是非常懂的。对于一个刚刚从里面出来的人，我对它的根根底底都摸得很清楚。我曾经有一段时间，非常着迷于打坐、吐纳和

《易经》八卦一类的东西。如果不是诗歌，我可能就是一个狂热的邪教分子。这几乎是第三代人的特殊经历，是他们的青春期所必须上的一课。就像性冲动一样，我把它理解成是一个没有信仰的人的先验需求。这是可怕的需求，一不小心就不能自拔。

所以当时我对万夏说："让我来试试。"

我很快地让万夏感觉到了我的气。并不是为了让海子尴尬，也不是为了证明我比海子强，更不是想揭穿这一技法的虚假性，仅仅是朋友之间聚在一起，找一些话头子而已。海子说："我主要是感冒了。"我觉得很好玩，一个已经打通小周天的人，又怎么会感冒呢？万夏也说："是啊，怎么会感冒呢？"

我对长春这座城市好像没有什么需要说的，我只是觉得它没有我第一次去时的感觉深。是不是这次太匆忙了，或者说是上次的时间要久一点，事情要多一点？而这一次，我几乎是在一台酒和一台酒之间度过的，其中还包括恶鸟（贾冬阳）和他的四平。

下了火车，我和乌青直接叫了一辆出租车，去《作家》编辑部。我知道出租司机找不到这个地方，我对他说的是科苑宾馆。在我最初的印象中，我上次到长春住的这家宾馆是比较有名的。谁知我告诉司机后，他依然不知道。我想了想，就对他说："你直走吧。"

从火车站到《作家》编辑部这条路，在我原来的记忆中，叫斯大林大街，基本上是从街的这头（长春火车站），到街的那头（《作家》所在地）。在我第一次到长春时，我还错误地以为它们是不太长的距离。我记得当时我走出火车站后，一眼就看见了斯大林大街。一方面是为了看看这座城市，另一方面是坐了一晚上的火车后也想走走，所以，当时我选择了步行去《作家》的决定。我的结果当然是很惨的。从火车站到《作家》，从斯大林大街1号到斯大林大街111号，我整整花了近三小时。每一次我都以为快到了，但每一次我都又走了好久。东北人的夸张，在我刚刚到的那一刻，就为我呈现出来。

当然，那里面也包括了东北人本来的广阔。

我该记得那个地方。我像是对乌青说，又像是自言自语。它旁边的建筑物，以及它旁边的小街，它的对面。出租车在长春的早晨非常好的阳光下，往前面开着。像是了，更像是了。我一次一次地感觉强烈。

但是，我们下车之后，依然错了。

我们是一小时后，才见到宗仁发的。我们下车的地方，离我们应该去的地方已经不远。只是下车以后，我们并没有继续找。一个陌生的早晨，对我们而言是有吸引力的。我们先住下，让吵着要大便的乌青大便后，出去吃了一顿早饭。就在大街旁边的小街上，就在我们住的地方不远处。深秋东北的早晨，有一点点冷，有更明亮的阳光。

小店的老板娘是一个典型的东北女人，块头大，热情，非常能够来事。而小店唯一的女工，却有一点的南方。虽然是一个小工的装束，但她仍不失羞怯、苗条，多说一句话都要脸红。也可能是她的脸本来就是红的。阳光从敞开的门窗射进来，使小店明亮得透红，不仅仅是她的脸，以及老板娘的脸和乌青的脸。

我是一个心情脆弱的人。我常常觉得功名和金钱是那么的可笑，虽然它们都离我比较远，但我依然觉得它们可笑。因为它们并不是我所要的。我所要的是什么呢？我所要的也许就是这家小店，当然必须包括它的老板娘和这个小工。我们三人身处闹市一隅，过着得过且过的生活。如果在东北就更好了。东北寒冷的、漫长的夜晚，我们三人同炕而卧，还有什么可求？无论是做梦，还是做爱，还是什么也不做，都行。

主要是这个地方我们谁也不认识。

我又走神了。我几乎五分钟没有说话，一根一根地吃着我的面条。你想什么？乌青早已吃完了他的面，抽起了烟。我抬起头，看见老板娘和她的小工，正站在我旁边的一张桌子旁，一高一矮，一大一小，她们小声地说着什么。

她们说着什么，我根本没有听见。她们究竟说着什么，对这本书也没有意义。甚至她们本身，她们的小店，对于这本书而言，也没有意义。我在这里将这些写出来，仅仅是想告诉大家一件事：我经常想到这些。当然，仅仅是想到为止。

10 点钟，我和乌青见到了宗仁发。折腾了一番后，已经是 11 点半了，我们开始工作。工作完毕，我们就去吃饭。在我们到饭店吃饭时，恶鸟来了。他从四平特意赶来，要请我们去四平玩。这是一个厚道而又颇有灵性的青年人。

我怎么也想不起为什么我在开始工作时，错误地把《关东文学》的所在地辽源，当成了四平。这里面一定有原因。如果它不是过去的某种误记的话，它就应该是未来的一种暗示。由于我的错误，所以，在我的东北之行计划中，就包含了四平这个地方。对于这个错误的发现，是我已经到了东北后由宗仁发指出的。即使是这样，我也必须去四平。

下午曲有源来了。准确地说，应该是吃晚饭的时间，曲有源来了。他正在开会，宗仁发将他从会场上直接接到我们的宾馆。

然后，我们去了一家餐馆。全部是餐馆，我根本记不起每一家餐馆和每一家餐馆的区别。还全部是酒，我也无法记起哪种酒又和哪种酒不同。都是醉。我是说到最后来都是醉。一个地方和另一个地方，上海除外。

曲有源的酒量是有名的。我非常高兴，在第一个晚上的酒桌上，我尚未被他搞趴下。仅仅是朦朦胧胧，或者说昏昏沉沉。据说恶鸟醉了，在曲有源的家里，他痛痛快快地大吐了一场。当然，我并没有看见，我在宾馆。

我只是说错了一句话。我对曲有源说："我想吃吃长春的早饭。"

第二天早晨，很早的早晨，我还在睡梦中，曲有源就来了。他来领我出去吃早饭。我只有强忍着从床上爬起来，迷迷糊糊地跟着他，坐着出租车去一个像菜市场的地方吃早饭。我们一边吃，他还一边对我说："我想了很久，就这个地方才有特色。"然后他补充，"再过几天，这里就没有了。"我问："为什么？"他说："冬天了啊。"哦，东北的冬天，谁那么早起来，谁他妈有病。我摇了摇头，好羡慕这时还在宾馆睡觉的乌青。

他没有跟我们出来吃早饭。

但这顿早饭的确好吃。

吃了早饭，稍稍休息一下，我们就去了曲有源游冬泳的地方。我们去的时候，湖上正在打捞昨天淹死的一个老头。在他们简陋的更衣室里，几个赤身裸体的老人，正在讨论这件事。昨天淹死的是一个年近九十高龄的冬泳爱好者，所以有人就说冬泳还是不好。而另一个人却认为冬泳好，他的观点就是这个被淹死的老头就是因为冬泳，已经活到快 90 岁了。小小的更衣室，围着一个同样小小的火炉，他们讨论得非常热闹。也许是看见了我们的摄像机，其中有一个还羞涩地想用双手遮住下面。

曲有源没有参加他们的讨论。他坐在一边，换着他的衣服。我们要为他拍冬泳的镜头。11 月的长春，虽然还不是那么冷，但也冷了。曲有源说，要是有雪就好了。

曲有源在湖里，乌青在湖边上拍摄，我站在比较远的一块空地上。我的旁边是一棵巨大的银杏树，它的枯黄的树叶正在往下面落。我看着满地的落叶，看着这棵巨大的银杏树，以及它上面的天空。

北方广阔、明亮的天空。

忙乎了一大早，现在刚好是 9 点钟。我昨天已经和邵挪约好，就给他打了一个电话。在电话里，他告诉我什么时间、什么地点，他说他在那里等我们。

邵挪住在军队里面，所以他说：“我必须出来接你们。”

六个人，我和乌青，以及曲有源、恶鸟、邵挪、刘君，我们进了大门，穿过空旷的操场，来到了邵挪的家。那是一栋陈旧的红砖楼房，他住在一楼。

我最早知道邵挪的时候，他还叫邵春光。一个普通的名字，也是一个青春的名字。和他当时的诗一样，抒情，感伤，容易被记下。而现在这个名字，明显地有一点调侃，甚至也有一点取巧。当我们喊他的名字时，他能够从中获得满足。当然，这只是我们的想法，只是这个名字给我们的一个暗示和印象。

而邵挪本身并不想当少爷。

其实我对邵挪也并不是有多了解。关于他的诗歌，我虽然看过一些，但到现在为止，能够让我记住的，还是他在1986年发表在我们《非非》上的几首，其中以《青春的证明》最为深刻。那是一首很煽情的诗，写他卖血办诗刊。从某种意义上讲，这首诗写得自然，朴实，所以看着也没有那么讨厌。事实上的错误是，如果把这件事当成一件事来说，而且是在公开的场合下，那就是可笑的了，甚至可耻。再假如这是一件"虚构"的事，在可笑、可耻之外，还应该加上可怜和可悲。

邵挪有没有卖血办诗刊，我不知道。同时，我也认为这不重要。就他的那首诗而言，我们完全可以理解为是某些情绪的表现。但是，邵挪和他的朋友们养牛办他们的《太阳》诗刊，却是我亲眼目睹的事情。

我到长春的那一天，邵挪正好要去乡下买牛。邵挪和他的朋友，一人出了3000元，办了一个黄牛养殖场。所谓黄牛养殖场，也就是10头牛而已。据他对我说，每一头牛可以赚300元钱，10头牛就是3000元。邵挪说，3000元刚好可以办一本《太阳》。

为了3000元简直没有必要搞得那么轰轰烈烈。所以，我认为这更像邵挪他们搞的诗歌行为艺术。事实上，这也的确是他们的行为艺术。我离开长春没有几天，他们就开了一个名为"对牛谈诗"的诗会。除此之外，邵挪的一张名片，最可以说明这个问题。他的名片是这样的：太阳诗业有限公司黄牛养殖场，邵挪饲养总监。

说到底，邵挪是一个喜欢搞行为艺术的人，而且也善于搞行为艺术。我这次在他的家里，看见他在80年代初搞的一些事情，真让我为好多搞行为艺术的人汗颜。那是他自己的婚礼，完全被他办成了一次行为艺术展。透过那些有限的照片，我还依稀能够看见当时的一些场面。特别是他保留的婚礼请帖，他专门为他的婚礼设计的"婚徽"，不得不让我佩服。当然，如果不佩服也就不佩服。

邵挪同时是一个十分自恋的人，更是一个充满渴望的人。在他的家里，我除了看见我刚才说的那些外，还看见了他数十本大影集。那里面有他从小到大的照片，也有许多别人的照片，特别是许多青年女性的照片。但他为我翻阅这些照片时，我发现他根本可以不看，随口就可以叫出那些照片主人的名字。说一句丢人的话，那里面有一些女人还真他妈不错。如果真像邵挪说的那样，都和他有一腿的话，我非常羡慕他。可惜的是，那里面的文学女青年，除了一个四川的以外，其他我都不认识。

我真为我已经二十年了的文学生涯感到羞愧。

然后又是吃饭。这次吃饭的地方非常奇怪，像我们平时唱歌和找小姐的包间。邵挪说，本来是有小姐的，不过刚才经理说今天不行。这应该算一个长春特色。

老实说，我去过的地方不少，在包间里吃饭还是第一次。好在那天不行，没有找到小姐，否则我还真不知道是吃饭呢，还是吃小姐，或者两样都吃，又两样都不吃。

吃饭的时候，人多了起来，有报社的，也有公安局的。不论是干什么的，他们都是写诗的。其中一个公安局的，叫李磊，还送了我一本他的诗集。非常摇滚，无论是外部的形式，还是里面的内容。一个公安人员，真让我感叹。

后来来了一个女的，是一个彝族，长得很有彝族的味道。也是我喜欢的那种味道，成熟得蛮有风情。她让我想起了大凉山、西昌和吉木狼格。很多时候，我其实真的愿意是彝族。比如在成都，我认识好多彝族的女人，我都对她们说我也是彝族。这一次，在遥远的长春，我当然不会放过这样的机会。更何况我在内心深处，的确有他乡遇故知的感觉。虽然我不是彝族，但我是彝族的感觉。

我必须指出，我看见她后，就其兴奋程度而言，完全个比她在长春看见一个彝族的兴奋程度低。最主要的是，我的这种兴奋和她一样，也是因为她是彝族的原因。

不知道是怎么搞的，她居然完全相信了我就是吉木狼格。她说她知道吉木狼格，也知道杨黎，但是，她不知道吉木狼格就是杨黎。我相信她的相信。从某种意义上讲，我就是吉木狼格，而吉木狼格也就是我。让人遗憾的是我的这种理解，为什么要在到了四平之后才有呢？在长春时，面对她狂热的邀请和挽留，我假了。

接着还是吃饭。

这次吃饭和上次吃饭，对于我而言，仅仅是换了一个店。怎么换的，又换到什么地方，有多远的距离，我不知道。重要的是我没有必要知道。天黑了。渐渐地黑了，不是一下就黑了。或者说，当我跟着她穿过长春的街口，天就在黑。而我出来时，天已经完全黑完。什么也看不见，虽然有灯光。无论是身边，还是前面。当我回头时，后面也有灯光。我们上楼。一间漂亮的房子。有床。床头有一盏台灯。电话响了。我们又去另一间房子。就在这间房子的对面，依然是一家漂亮的房子。我有时候是躺着的，有时候我又坐着。我们一起抽一支烟。在镜子里，我看见我的身体。我出来后，风正从旁边吹过。我问：你冷不冷？

曲有源还在那里喝酒，邵挪也还在那里喝酒。我坐在他们对面，我举起杯："我们干了。"在长春，李磊还为我们找来了出租车。他说："我告诉了司机，只要 100 元，送你们到四平。"他的意思是说，我们还可以喝。

我们就喝吧。

当天半夜我们到了四平，见到了恶鸟又小又温柔的女友，以及他的两条"笨狗"。第二天早上，他一定要请我们吃了一顿晚早饭和早午饭后，和我们一起回了北京。回北京前，我专门在沈阳下了车，去看望了老朋友柳云。

在沈阳我就只待了一顿饭的工夫。柳云本来已经为我准备好了房间，但我告诉他，的确不能多待。关于我的这次出行，一天一天都是安排好了的。我欢迎他有机会来北京找我。我说，近几年我都会待在北京。

恶鸟把沈阳的木桦也叫来了。这个更年轻的诗人，骄傲得还很不自在。但他的整个感觉还不错，包括他的一些诗，也包括他喝酒。和乌青离开北京，三天吧，觉得蛮久的。回北京的时候，除了我和乌青外，还增加了恶鸟和木桦。就此而言，我们是满载而归。去东北，我的确满载而归。

补充几句。邵梆也就是邵春光，几年前已经去世。在这里，我要表达对他的怀念。而李磊我在原来写为李兵，自然搞得没有人明白，这次改过来。这人挺好玩，我从长春回来后，他开始活跃在诗江湖上并以骂人出名。我也是他骂的对象，不过我们并没有仇。他现在在北京，我们还在一起喝过酒。至于恶鸟嘛，我们的贾冬阳兄弟，他现在在海口。

二、从天津出发

从东北回北京后，经过几天的调整和忙碌，我去了天津。从天津出发，开始了我们这次匆匆忙忙的南下。不是为了旅游，也不是简单的采访工作，它更多的还包含着我对许多朋友的思念，以及寻找写作这本书的感觉。我是这样认为的。

但是，为什么选择天津作为我的第一站呢？我不知道。

是不是因为一张照片？一张发黄的照片，刊登在上个世纪 20 年代的《北洋画报》上的照片，青春、快乐、时髦的女性，悠久而又遥远，是我多次梦见过的那种，依稀隐约，若有若无。也可能就是我们说的岁月的流逝，和风。

或者是陈旧的小洋楼。宁静的威廉街上傍晚的景色，叮当当的电车声从远处传来。一对白俄的情侣，漫步在小洋楼的草地上。他们的身后，跟着一条叫宝宝的牧羊犬。宝宝已经跟了他们两年，据说其智商像一个 6 岁的儿童。它常常抬起它的头，眼光越过栅栏，看着偶尔从外面走过的行人。在 1928 年的一个下午。

还有八大天的彩灯，闪烁，迷幻，把北方的夜晚拉得离我很近。我站在舞台的旁边，靠在一把椅子上，一边喝着红葡萄酒，一边看着台上跳草裙舞的姑娘。其中冲着我笑的那个，就是我昨天认识的。我在等她跳完舞后，下来陪我喝酒。

天津，天津，在我来到之前，我想了那么多。

几年前的一个下午，非常冷。在北京方舟书店里，徐江说，天津的女人都很差。他好像是这样说的，至少他需要表述的是这个意思。我笑了笑，然后告诉他："我的现任女友就是天津人。"他侧着头看了我一眼，脑筋急转："当然，能够爱上诗人的，应该除外。"

时间过得真快。一转眼，我已经快到天津了。几年前的事情，仿佛就在昨天。我抽出一支烟，点燃。华秋坐在我的前面，乌青坐在我的旁边。我们坐在一辆汽车里面，汽车正穿过廊坊，奔驰在京津高速公路上。我想起我的女友，她现在在干什么？是不是刚从床上起来？是不是已经坐在了一家茶坊的大藤椅上？一个天津人，生在四川，活在成都。当她想到天津时，她曾经说过：那是一个另外的地方。

没有什么不可能分开的，一个地方和另一个地方；也没有什么不可以分开的，一个人和另一个人。是不是分开了就真的分开了？或者说，没有分开的就真正地在一起？

关于天津，我的开始显得有点伤感。

几年前的那个下午，我认识了两个天津的诗人。一个是朵渔，一个是徐江。朵渔是一个沉静的诗人，正在逐渐地向诗歌的真理接近。这是非常难得的事情。大家都在追求，大家都在"比学赶超"，而真理，诗歌的真理（不是关于诗歌的真理），却被远远地抛弃在一边。朵渔却恰巧相反。他的才华是足够了的，他需要的仅仅是时间。我敢说，几年以后，他的成就绝对不会在他最喜欢的于坚之下。有下半身论，不唯下半身论。

关于徐江，我其实知道得并不多。我读过他的一些诗，其中有一首写"复印店"的，那语气、用词和内部感觉的流动，都非常不错。遗憾的是，他这样的诗似乎少了点。他可能是一个知识蛮多的人，在反对"知识分子写作"期间，做了大量可贵的工作。另一方面，他应该是一个人文主义者，对人民、祖国、民族和正义之类，有特殊的爱好。去年在网上，我们大吵了一架。而在电话里，他又像一个豪气冲天的哥们儿。

有他们俩在，天津近些年会出现一次诗歌的盛会。

我到了天津后，按计划给朵渔打了一个电话。在电话里，我们告诉了朵渔我们的位置。朵渔说："你们就在那等我，我马上来。"那是什么地方呢？我搞忘了。是一家麦当劳的门前。我们还分别进去解了一个小手。我和华秋先去，乌青后去。乌青说："麦当劳欢迎大家进去解手。"我还帮他补充："是解小手。"但我今天写到这里时，却怎么也想不起它的名字。看来对越是近的事情，我越是无法记下。这是不是说我有点老了？真他妈恐怖。我想不是吧。

车到天津。车到天津好一阵了，我都没有感觉到。它阴沉沉的天空，街边布满灰尘的建筑物，脸色忧郁的行人，都无法和我想象中的天津联系在一起。它的梨栈大街在哪里？它的劝业场呢？以及它比比皆是的街边茶摊呢？没有了，完全没有了。相反，它让我想到了成都东郊，同样的萧条和落魄。

肯定无法想起第一次知道天津的原因，那应该是学习的结果。在小学的书本里，作为共和国的三个直辖市之一。但关于天津的印象，在我的记忆里面，却是始于80年代初。有一天，我偶然路过正在修建的成都俯青路立交桥处，看见一幅高高挂在上面的横幅，横幅上写着"要像建设家乡天津一样建设好成都"。就是这一幅横幅，给了我对天津的第一个自己的印象。后来我还听过胡冬讲起天津。那基本上是关于天津的坏话。我记得当时我问他为什么要离开天津，他说那个地方太瓜了。他举了一个例，说数千人在看演出，当演员喊一休哥时，全场居然都在答应。胡冬特别把答应的声音模仿了一下，以加强他的说服力。但是，我总是把他说的和我知道的天津相联系，比如焦菊隐和曹禺，以及奥林匹克剧院。

再次认识天津，已经到了90年代。那是一个女人。我不是说我后来的女友，她对天津的了解，不比我多。我说的是我在北京，偶然接触的一个天津女人。

她比我还要高一点，她是一个天津的歌手，到北京来发展的，因为暂时还没有找到唱歌的地方，所以就来这里坐台。为了让我相信她的话，她说她不要我的小费，她只要我为她点两支歌，并且由她自己为我唱。我同意了。一首歌200元，两首歌就400元，比她的小费高出一半。好在那时我还有钱，也好在她还唱得不错。

现在，我到了天津。

当晚无事。和朵渔、徐江一起喝酒，同桌的还有李伟（一个并不年轻的新诗人）、任知和王光明（徐江说他是天津的食指），后来萧沉也来了。坐在桌子上，大家的态度完全和网上不一样，没有了那种浮躁，更没有了那种刻薄，再加上一点点酒，气氛非常友好。

萧沉一来，就送了我一幅字，上书"非非主帅"四字。然后他谈到我们在成都见面的事，让我感叹。记不起了，真他妈记不起了。就是现在，我还是没有想起我们在成都的见面。那是什么时候？又是什么地方？说了些什么？在一起喝酒没有？

萧沉说，他不喝酒。

第二天，去了伊蕾家。

我和伊蕾一见面，她就问我："我们见过没有？"我说没有。我虽然不是那种让女人都喜欢的美男子，但是，我想我怎么也不会是一个让人记不住的人。特别就女人而言，特别就伊蕾这样的女人而言，哪怕就是坏印象，也会让她深深留下。

伊蕾在80年代后期，以她的一组《独身女人的卧室》的诗歌，刺激了几乎所有的中老年男诗人。我曾经不只在一个地方、一个人那里，听见对她的谈论。不论这种谈论是感叹的、羡艳的，还是愤怒的。作为一个在此之前老老实实的青年女诗人，突然间给诗坛的震荡的确不可低估。十多年后，不管伊蕾怎么说，比如她强调诗歌的美，都无法不让那些惊讶的耳朵，直端端地听见她的呼唤。

伊蕾的言谈举止，让我依稀看见了天津昨日的影子。换句话说，当我们看伊蕾一张性感的照片时，我突然有看《北洋画报》的感觉。她对俄罗斯的迷恋，以及对俄罗斯贵族气质的推崇与模仿，在天津，都让我深感欣慰。特别是在这个阴雨沉沉的时候，拉上窗帘，打开红酒，我们谈论着遥远的冬天。我相信，一座城市应该有一座城市的向度，一座城市更应该有一座城市自己的追求。作为中国最早开放的"租界"，它应该是法国似的、白俄似的，或者维多利亚似的。就像1932年的天津小姐。

至今仍然独身的伊蕾，在天津靠卖画为生。我们去的那天，非常遗憾，她的美术馆尚未开张。她说，还有几天了。是啊，还有几天了，但我们已经定好了下午去济南的火车。我对她说，过些日子，我一定要重新来天津。

中午饭，我们是在伊蕾家吃的，是西餐。除了我和她之外，还有华秋、乌青、朵渔和徐江。说实话，我还是第一次吃西餐，为了给伊蕾留下一个"贵族"的印象，我吃得很文雅，很慢，也很少。这和我一贯的风格不相吻合。但是，我愿意。

对女人的采访是我这次工作中最大的难度，而且，伊蕾还是第一个。所以，在开始的时间里，我们的谈话是比较尴尬的。她可能还自然，我却有点不知所措，比如我想问的很多话，都无法启口。关于她的诗歌，更关于她的生活。

整个屋子都放满了画，只是并不是她曾经说的"裸体的素描"，而是一些头像和一些风景。其中有几幅，让我非常感动。那是她的弟妹的临摹，线条笨拙，色彩大胆，看起来另有一番风味。当然，最有意思的并不在这里，最有意思的是在此之前，她的弟妹仅仅是一个工厂的普通女工。伊蕾说，她（指弟妹）从来没有学过绘画。

为什么要学呢？如果绘画是可以学会的，那不是大家都是画家了？有的人，比如说我，眼睛对色彩的想象、手指对线条的感觉，就永远都不可能成为画家。取消技术，直达心灵，我想这不仅仅是诗歌应该知道的事情。子曰：生而知之，上也。

我们应该拥有这样的期待。

永远。

本来可以以伊蕾的一首俄罗斯歌曲结束我们的天津之行，那是非常符合天津应该的面貌的。但是，我更多的时候是庸俗的。这原因当然该归罪于狗不理包子。

狗不理包子的名声是非常响亮的，它完全成了天津这座城市的代表。虽然，它其实不是天津的代表。刚到天津的时候，我就这个问题问过徐江，徐江的回答基本上是正确的。所谓狗不理包子，是一种非常平民的饮食。对于非常欧化的天津而言（我是说它以前），狗不理包子的确是一个误会。

在火车站，我去解手，乌青、华秋、朵渔和徐江在等我。从厕所出来，路过一家专门卖狗不理包子的地方，我实在忍不住，还是走进去买了几个。在买的同时，还看了看他们挂在那里的介绍，说什么什么，我没有记住。我记住的是，狗不理包子，真的不好吃。其实我是非常爱吃包子的。我对徐江和朵渔说："不好吃。"

乌青说："不好吃。"

华秋也说："不好吃。"

三、上海的故事

1. 路过济南

先点一支烟。

这是今天上午的第一支烟。我开始一边抽，一边写下这些文字。在此之前，我已经写得有几百字了，但突然停电，使它们全部洗白。这些日子以来，北京光熙门北里5号楼，经常停电。作为一个用电脑写作的人，我非常不安。

终于出现了。当它真正出现时，我发现我并没有像我想象的那样焦急和害怕，那样为那些失去的字而伤心。相反，我认为这是天意。在我刚才写作的时候，就一直感到那些文字非常勉强。一般情况是这样的，只要我写得勉强时，我所写的东西就肯定有问题：不是写作本身有问题，就是写作的对象有问题。

刚才我写的是济南。

作为一座城市，济南肯定没有问题。作为生活在这座城市的诗人，我是指普珉、岩鹰和孙基林他们，也肯定不会有什么问题。那么，简单地讲，就是我的写作出了毛病。它自身的兴奋期过了，写作中常有的疲软时间出现了。

我应该休息。

但我不能。我必须在春节前把它写完，这是我一开始就为自己定下的目标。只有依照这个目标去做，我的工作才会变得有趣和有意义。另外一点，因为第一次写作这样的书，我深感我必须一气贯之。否则，我不知道我会不会放弃。

好像是在第一期《非非》出来不久，我在尚仲敏水电校的家里，看见了诗人普珉的名字和他的一首写马克思的诗歌。那是一首散文化的诗（我仅仅是说它的分行形式），其语言的流动感非常强烈。整首诗歌，均围绕着"大胡子卡尔·马克思"推进和展开，大气而又不失细节生动。老实说，关于普珉的这首诗，我只是十多年前在尚仲敏处看了一遍，但印象和感觉都非常深，包括它的缺点，比如有点杂乱，以及就因为它杂乱的原因，使这首诗显得有些长，而失去了诗歌应该的精致和完美。

作为《他们》一个比较隐逸、偏远的诗人，我对他肯定不像对其他《他们》同仁那样熟悉。甚至在我去济南之前，我都不知道他在济南。当然，我更不知道他也是四川成都人（和我一样），也姓杨（还是和我一样），其老婆姓安（和我的前妻小安一样）。当我打电话给孙基林时，他才告诉我，普珉在济南。

按着岩鹰告诉的地址，我们的出租车在济南的一家茶坊门前停了下来。

当时已经是晚上10点了。我们下车后，一个厚实、戴着帽子的男人迎了上来。他问我：杨黎？我说：是。他伸出手，说：我是普珉。这种见面的方式，一下就使双方亲近起来。它太像80年代了，像那个时代诗人和诗人的见面。

跟着普珉上了茶坊，一眼就看见茶坊里的大竹椅子。低级、简单的仿古装饰，依然让一个成都人备感熟悉。从2001年8月离开成都后，就再也没有坐过这样的茶坊了。它仅仅是让我深深地感到了北京开茶坊的人脑子有点笨，仅仅是这个感觉而已。没有其他。对于北京的茶坊，我确实不想在这里多说。

除了普珉外，那天在茶坊里等我们的还有岩鹰和孙磊夫妇。岩鹰是一个山东口音非常浓的人，就像他自己一样。在两天的接触中，他给我留下了很深的印象。这其中包括他听不清楚的普通话，他的豪爽和豪饮，他的诗。对于一个报社的编辑，岩鹰无疑是老老实实的"失败者"。他固执地对我说，他整个的努力，就是为了证明人生是失败的。他有两首诗，如果稍作修改的话，应该是两首相当不错的诗。但是，无论我和他怎么说，他都坚持己见。他的理由非常简单，就是他的"失败论"。

岩鹰告诉我，他曾经在近千米的高原待过两年。我问他："多高呢？"

他说近千米。我生怕我听错了，又反复问了他两次，当我准确地知道他说的高原的高度后，实在忍不住笑了起来。我对他说："你是不是有点幽默？"

他茫然地看着我，问："怎么呢？"我说："当然，这也不能怪你。"对于一个山东人而言，这的确没有什么好笑的。只是对于一个四川人而言，这太可笑了。中国的圣人孔夫子，不是也曾经感叹过什么登泰山而小天下吗？谁也不会嘲笑他的境界，谁也不敢嘲笑他的意思，但是，和岩鹰一样，我所以笑的原因，是因为他们的山太矮了。岩鹰刚刚从四川的峨眉山回来，我问他峨眉山有多高。他想了一下，自己也笑了。

在济南那两天，我们六个人基本上天天都在一起喝酒。不断加入的，还有匆匆从外面赶回的孙基林和吴涛。孙磊年轻的夫人宇向，是我们酒桌上唯一的女人，也是济南新起的颇有才华的女诗人。看得出来，她非常的雅静，也非常的幸福。当然，从她的雅静和幸福里，我也完全感觉到了她的丈夫孙磊的力量。那也是济南的力量。沉默的

"普珉大哥"（孙磊夫人语），正默默地把《他们》的精神深入着，发展着。对于济南，包括整个山东，我们不可能不抱有期待。轩辕轼轲，盛兴。当然更因为鲁力。仅仅是我当时还不知道他也在济南，我是在写到济南时，才听竖告诉我的。

在济南的两天里，我们都在喝酒。每一次喝酒，岩鹰都要说，酒真不错。然后他又补充，酒把喉咙冲开了。他的意思非常简单，就是喝了酒后，我们都变成爱说话的人了。我愿意反过来表述，就是在酒桌上沉默的人，都是坏人。

2. 今天星期几

竖马上要过来，一个和山东、上海都有关系的像我一样的北京人，在我写作《上海的故事》时，即将敲响我的门。

竖的父亲是山东人，竖生在上海，长在上海，其实也就是一个上海人。去年我来北京的第三天，他也来了北京。作为年轻一代最有才华的青年诗人，在大家的帮助下，好不容易找了一个工作。我对他说："竖啊，一定要在北京待下去。"

那么，我的上海的故事就先从竖讲起。我喜欢这样讲，因为我喜欢上海新一辈的诗人，比如竖、果酱、图森、嗡嗡、韩三。至少我和他们一样，我们都非常喜欢最优秀的、天才的于小韦。这个时候，我才发现我的关于上海的讲述有了意义。

一下火车，就看见了果酱拿着数码摄像机在站台上等我们。我和他曾经在北京见过一面，但没有什么印象。后来在橡皮的聊天室也聊过几句，还是没有深入的接触。所以，我真正对他的了解，应该说是从上海开始。

基本上和乌青一样，我是说果酱的身高、胖瘦和脸上的眼镜，以及皮肤的白。他们的差异，也就是长相上的，其明显的地方是，乌青的头要比果酱的大一些。当他们俩跟着我上饭馆，泡酒吧，乘地铁时，像两个年轻的少女。这是在果酱的诱惑下，乌青羞怯和温柔的一面突然得以淋漓尽致的表现。他们讨论着电影、诗歌、音乐和他们的友情。

乌青说，他认识的第一个上海诗人是竖。

用乌青的话说，竖的性格更像我。在我们筹办橡皮文学网期间，乌青一次未遂的辞职表达了这个意思。他给竖发了一封电子邮件，在里面抱怨了我们生活和爱好上的差异。当然，这只能是乌青一时间的意气。正如他不可能像何小竹一样，竖也不可能像我。

和他们这一代人基本相同，竖和乌青是在网上认识的。和他们这一代不相同的是，他们在上网之前，就分别从知识分子的层层封锁中，偶然地寻找到了诗歌的真理和光明。关于这样的事情，我曾经听他们都讲过。

上海90年代初的一个下午，人民广场，虽然天色阴沉，密密麻麻的人群依然是密密麻麻的。在密密麻麻的人群的边上，在人民广场的一个角落，二十出头的竖叼着他喜欢的牡丹烟，正看着这些人群。没劲，他心里想。不仅仅是这些人群没劲，主要是自己没劲。像所有那个年龄的人差不多，强烈的冲动找不到着落。特别是上海，20世纪90年代的上海，一边是积极的发展，一边又在匆忙地丢失。从90年代初到现在，上海建起了好多高楼大厦、高架公路，但是，作为一座大城市而言，除了这些它又什么也没有：我多次走过南京路，高高的建筑物上，耸立着王刚、葛优和赵本山的巨幅头像。曾经的中国文化的中心，曾经的花花世界，曾经的上海。曾经的上海，能够容许几个傻乎乎的北方脑袋挂在那里吗？当我路过陆家嘴时，一群世界最高的建筑物，冷清得使我想起了香港的鬼片。

所以，我能够理解竖的空。

竖对我说，就是那天下午，他穿过人民广场，在一条小街上，南京路旁边的一条小街上，一家书摊，在许许多多花花绿绿的时尚杂志堆中，他看见了《创世纪》。一本西安的杂志，一本有着野心的杂志，从某种意义上讲，的确和其他的杂志不一样。当然，竖说：最让人高兴的是，在这本杂志上，我看见了李亚伟的诗歌。基本上就是从那天开始，竖热爱上了写诗这件事。他的生活开始了。

竖曾经在一家网络公司工作，他的名字几乎天天挂在一个什么网上。什么网呢？我记不清了，或者是乌青根本就没有说。因为他认为这不重要。乌青给我说的是，他以为这是一个网虫，根本就没有理他。只是有一次，他看见竖在和肉聊天时，居然说出了胡冬的《我想乘一艘慢船到巴黎去》。乌青在后来的讲述中，都依然是激动的。他说："我当时真他妈激动，赶紧找他说话。"那个时候，乌青补充，他差不多能够背诵"慢船"。

因为胡冬的诗，竖和乌青成了朋友，同时成为朋友的还有肉。几年之后，他们都成了中国新一代诗人中最顶尖的高手。我写到这里时，竖进来了。他今天刚好写了几首诗，其中有一首叫《今天是星期几》。我认为不错，就顺便用来做了这一节的标题。

3. 不愉快的晚上

这是我的这次采访中唯一一个不愉快的晚上。

说句实话，郁郁是一个非常不舒服的人。不仅仅是说他的性格和为人什么，还有他的诗歌和对诗歌的态度。1985 年他到成都，我对他的印象就不是很好。同样的，胡冬和马松对他的印象也不好。马松多次说到他的一些小事，都不停地摇脑壳。1988 年我分别在上海和武汉见过他，不仅没有改变我对他的印象，反而加深了对他的讨厌。我本来想，这个人看来是一辈子都不会和他打交道了。但是，这次因为写这本书，我不得不再次找他。我找他，主要是想找默默和刘漫流。这么多年没有联系了，我不知道他们在哪里。再加上，作为一个诗歌活动家，这些年里，郁郁手里的资料也确实不少。

我真他妈是一个庸俗的人，有时候我自己都看不起我自己。从某种意义上讲，我也是一个像郁郁一样讨厌的家伙。所以，我又有什么理由去讨厌郁郁呢？

到上海的第一天，我和乌青商量，我们决定休息休息。这有两个原因，一是这些日子以来，我们有一点累了；二呢，是我的牙齿。在南京的最后一天，我喝醉了，醉得把我的一颗假牙都吐掉了。

我缺着一个牙齿，自我感觉非常不好。

所以，在上海的第一天，一大早我就和果酱打着出租车，满浦东地找牙医。在上海，我是住在浦东，张小波的家里。一套豪华的房子，除了没有服务员外，和五星级宾馆也差不了多少。我从北京出发时，张小波把钥匙给了我。他把钥匙给我时，还对我说："不要偷我的书哦。"我说，那谁知道。

一个出租车司机非常好玩，他说他知道哪有牙医。为了证明他所说不假，他说他前不久，才拉了一个台湾人去看牙齿。他讲得绘声绘色的，还用一只手捂着他的一边脸，把那个台湾人的样子学给我们看。他说，那个台湾人一上来，就已经痛得哇哇直叫。

其实那个出租车司机根本不知道哪有牙医。在浦东转了一圈后，他在一个小区门前停了下来。他对我们说，牙医就在里面。我们进去找了好久，也没有找到牙医。

下午图森他们过来了。

是我叫他们过来的，我要请他们喝酒。我本来以为这是一次愉快的聚会，却因为一个郁郁，搞得我很不愉快。现在想来，我一开始对郁郁的微词，可能和这次不愉快的聚会有一点关系。在几个年轻诗人面前，郁郁的做派是让人不愉快的。

我不清楚是郁郁先来，还是图森他们先来。反正我是坐在客厅里和郁郁说话，乌青和图森他们在外面玩。郁郁穿着一身西服，抽着烟斗，说话的声音非常之大，大得旁若无人，大得没有必要，它仅仅使情绪和精力都不太好的我，更加不太好。

天黑了，我们出去吃饭。

是郁郁找的一家馆子，是我埋的单。是一家火锅店，喝啤酒不要钱。所以我菜都没有怎么吃，就喝醉了。(主要是心情不爽)我醉了以后，还因为于小韦和图森他们发生了一点误会。当然，我知道他们不是冲着我而来，他们是冲着郁郁。局面有点尴尬，我只好和郁郁一起先走。在张小波的家里，我记得他好像对我说，什么这帮小孩没有意思。

这样的话，这些日子以来我听多了。凡是稍稍上了一点年纪的人，都爱这样说。而对于郁郁，他没有写过什么好东西，他就更要这样说了。

4. 死亡是语言现象

据说孟浪刚走，这让我非常遗憾。

孟浪的名字在 80 年代常常和郁郁的名字联系在一起，这让人觉得有点奇怪。仅仅因为他们是朋友，或者说仅仅因为他们一起搞过《大陆》？如果是这样的话，其实也就是这样的，中国 80 年代的所谓前卫（孟浪喜欢用这两个字）诗歌，是混乱的。

在上海的那几天，大家都对我说到孟浪刚刚走。默默这样说，郁郁这样说，刘漫流也这样说。孟浪回上海，是为他的母亲奔丧。当他母亲的丧事刚办完，他的父亲也就跟着去世了。所以，孟浪在他为父亲办完丧事后，就匆匆地回了美国。

孟浪已经离开中国好几年了，这是他第一次回来。

是不是我们已经长大成人了？这些日子以来，我常常听到死人的事，甚至常常参加葬礼。在成都，我参加了石光华母亲的葬礼，也参加了我的朋友铁蛋父亲的葬礼，还有二毛的岳父，吉木狼格的岳父，以及我自己的父亲。这些都发生在几个月以内，使我不得不再次想起那个永恒的问题：究竟什么是死亡？

后来北京传来消息，唐晓渡的女友死了。在此之前，他的父亲和他的弟弟，也分别遭遇了不幸。死亡的阴影，笼罩着大地。

这并没有完。就在我正要出发去上海的那天早上，我刚刚打开手机，就接到了万夏的电话。电话里，他告诉我，陆晓涛昨天晚上在成雅高速公路上死了，因为车祸。这是一个令我震惊的噩耗。时至今天，当我写到这里时，心里都非常难受。

陆晓涛是石光华的女友，他们在一起已经六七年了。在这六七年里，我们（万夏、何小竹、王敏等）和她都处得非常的友好和熟悉。突然间祸从天降，它怎么可能让人接受？虽然它的确是一个无法回避的事实。

唐晓渡我还没有见到，孟浪也已经走了。所以，关于这个问题，我只能在成都问石光华。当时我非常小心，我怕我的提问，勾起他的伤感。

我问石光华："什么是死亡？"

石光华说："死了就是死了，肉体的消失。"

这真是一个悲伤的答案。我想起我的父亲被推进火炉时，我想起我抱着我父亲的骨灰回来时，这就是一个真实的答案。死亡只能是死亡本身。

死亡真的只能是死亡本身吗？

万夏在他父亲死了之后，感觉到一种隐秘的东西传达到了他的体内。这一感觉，使少年万夏比与他相同年龄的人，多了一份沉重。同样，也就是这一感觉，使他在多年后终于写出了《宿疾》。《宿疾》既是他对这一感觉的解释，更是他对自身生命的调整。但是，就死亡本身而言，万夏并没有给我们一个满意的回答。

又想到海子。这个已经远离我们的诗人，当他主动躺在山海关的铁轨上时，他是不是知道什么是死亡了？他如果不知道，他躺下去干什么呢？他如果不知道，又是什么支持着他躺下去的呢？他如果知道，他为什么又不告诉我们呢？是不是他知道以后，已经无法再说出来：是无法说，还是不敢说？

不能简单地言说死亡。

当然，也不要复杂地想象死亡，特别是当我们还活着的时候，甚至不能过多地言说死亡。我并不是说我不同意石光华的观点，我只是愿意这样理解它：如果死亡只是肉体的消失，那么，诞生也就仅仅是肉体的出现。在它（消失）之后，或者在它（出现）之前，都和我们这个世界无关。所以，我们这个世界肯定不是唯一的世界。而对于我们都不知道的世界，我们又有什么好说的呢？陆忆敏曾经在一首诗中写道：

可以死去就死去，一如可以成功就成功。

5. 两个"撒娇"的男人

早就听说默默发了。这次一见，果然是发了。不仅是经济上，身体也发了。我把眼前的默默，和1992年来成都的那个默默，总是无法联系在一起。

关于默默，我记忆深刻的有两点：一是他的一篇小说，说什么在结婚前，天天梦见一个非常漂亮的女子，并且在梦中相爱。于是，为了和梦中的女子在一起，就断然退掉了婚约。但打从他退了婚约之后，就再没有梦见过这个女子了。这是一点。另一点，是他的"撒娇"兄弟京不特给我讲述的。说默默夏天常常坐在里弄里，摇着一把芭蕉扇，穿着大内裤，和几个朋友纵论天下大事。准确地说，这不是一件事，这是关于默默的一个印象。京不特说，默默的舌头有点大，话说不太清楚。

可能就是因为舌头大的原因，中国80年代的诗歌中，才有了"撒娇"一派。事情是这样的，默默在和京不特讨论他们要办的诗歌流派时，说了一个接近"莽汉"的名字叫"傻叫"。当时京不特没有听清楚，就把"傻叫"误会为"撒娇"。这一误会，使他们俩高兴了好久。同时，也使1986年徐敬亚的大展有了新鲜的感觉。它至少不太那么严肃，不太那么自以为是。我不是说大展，而是说那些参展的流派。

但是，我不喜欢"撒娇"派的诗。我认为"撒娇"派的诗，根本就不"撒娇"。京不特曾经穿着他的鲜艳的和尚衣服，在我的家里住了一个月。

在那一个月里，他鲜艳的和尚衣服，把我们的邻居搞得莫名其妙。好多人纷纷问我父母，杨黎是不是要出家了。当然，这些事我并不会在意。我现在之所以把它说出来，是因为京不特的诗歌，完全和他的做派有很大的差异。就像他内心深处的老实一样，他的诗歌一点也不张扬：是一首无法被否定的诗，就像它无法被赞扬。虽然里面不失聪明的地方。

我和京不特已经有十多年没有消息了，听说他后来的经历非常坎坷。这些坎坷，我不知道对他的创作有没有影响。作为一个朋友（我们毕竟在一起待了一个月），我还是非常想念他的。这次在上海，听到了他的一些事，为他高兴。

这次在上海，默默说他正准备把"撒娇"重新搞起来。他不只是说说，而且已经这样做了。我在他家里，看见了他的快完成的目录。目录给我的印象不深，除了徐江的名字和一篇关于科学方面的论文外。我没有问他为什么有徐江，我只是想，一个人"撒娇"只能有一次。如果撒第二次，就不好玩了。

记忆中的默默（或者说印象中的默默）一直都有周伯通的风范。从某种意义上讲，这是不是一个上海人应有的幽默？至少就默默而言，是我所愿意理解的那种上海人。这次见面，虽然他看上去已经比较成熟，包括每天所必须服的降压药，但谈话之中，仍不失我对他想象中的影子。

默默最爱提到的是他的那首《在中国长大》，但是我刚好没有看过。就我看到的默默的诗而言，感觉是有才华，但却不是真正的诗歌。准确地讲，他的诗是传统诗歌的必然结果，只不过比许多传统诗人写得更机智，但缺少革命性，缺少断裂感，缺少真正的诗歌应有的态度、节制和细节。当然，这不仅仅是他，甚至是许多上海诗人的通病。在80年代，大家爱将四川、北京和上海并提，称之为中国先锋诗歌的重镇。这看起来好像有道理，其实是一种误会，大大的误会。北京不说了，有北岛、芒克、顾城、江河、杨炼和多多等一大批《今天》诗人，他们的努力和成就，是我们应该敬重的。而上海，它又怎么能够和北京相比呢？所以，我更愿意把南京提上来。80年代真正的诗歌之镇，是北京、四川和南京。南京，不仅仅有韩东、于小韦、小海和小君，还有朱文、吴晨骏、刘立杆、鲁羊、车前子、任辉等，最主要的是还有《他们》，包括于坚、丁当和王寅。

6. 另外的上海

我这次到上海没有见到王寅。这是我预料之中的，又在我预料之外。在北京的时候，我就从赵野那里要到了王寅的电话。另外，考虑到我和他基本上没有交往，我还请他的好友万夏给他打了一个电话，告诉他我将前去拜访他。后来万夏对我说，王寅欢迎我去玩，但他不接受采访。

王寅不接受采访对我来说应该是一个遗憾。他最早发表在《他们》上的诗歌，一直是我所喜欢的诗歌。同样，我也认为是 80 年代中国最好的诗歌。就是今天看，它们依然是最好的诗歌。王寅后面的发展，可能有点偏离自己的方向，我认为，这仍然不能动摇他在第三代人中的地位和价值。包括他的妻子陆忆敏的诗歌，她那些直接对死亡的描写，那些美国妇女杂志，都是我们这个时代不可多得的佳作。

所以，我知道王寅要拒绝我，我还是给他打了一个电话。在电话里，他说的话就像万夏转告我的一样。当时，他正在车上。他说一会儿请我吃饭，叫我等他的电话。那几天我的手机刚好停机，我是用张小波家的电话给他打的。我等了一下，想起还有许多其他的事，就走了。这应该是上海的遗憾。

我后来去了杭州。杭州回来后，我又去了刘漫流的家，并且在他的家里，见到了以前的天游和海客。我为什么要用以前的天游和海客？因为他们自己现在都不用它们。

他们现在叫周泽雄和张远山。

刘漫流我 1988 年见过，似乎是他们那一群人的领袖人物。由于年轻气盛，再加上几个朋友起哄，我们的见面基本上就有了那个时代的特色：争论，没有目的甚至没有主题的争论，为了争论而争论。当然，这种争论，不仅仅没有伤害我们的感情，相反对彼此都有好处。至少就我而言，我是多了几分对他的了解和敬意。

刘漫流是一个典型的知识分子。我是说他的气质和身份，以及他的人生态度和学识，而不是说他的诗歌写作和观点。他深居简出，主要和他的书、躺椅在一起。当然，这也并不是说他没有豪气。我在上海的几天，就和他大喝过一次。

周泽雄和张远山现在都是自由作家，靠写作为生。青年时代可贵的诗歌训练，培养了他们独特的观察能力。这种能力，使他们现在的写作如鱼得水。在读书界，在批评界，甚至在思想界，他们都有所作为。

和他们说了一下午的话，又喝了一晚上的酒，我对他们有了一定的了解。老实坦白，在此之前我对他们和他们的写作，基本上是不知道的。不仅仅是他们，这些年以来，我对所谓的批评界，都缺少了解，我甚至不认为在中国有这么一个界。伊沙说我有文化局限，如果这样理解的话，我认为还是有道理的。我想今后，我要是有时间，有机会，我一定增加一些这方面的知识。虽然，我非常讨厌"知识"和"知识分子"。

还有严力。

我根本就没有想到严力在上海，我以为他应该在纽约，至少是在北京。所以，对于严力，一开始就是误会。我之所以在这里说这个误会，不是因为我喜欢误会，而是因为他的《一行》。当然，更主要的是因为他和年轻一代的关系。

我是非常讨厌《一行》的。我认为，严力办的这本诗刊，是一本没有观点的，没有要求的，没有诗歌目的的刊物，甚至从某种意义上讲，它是一本办在美国的准文学青年民刊。而90年代以来，我不喜欢这种民刊。

并没有和主流本质上的对抗，甚至也没有政治上的差异，仅仅是因为在主流上发表的难度，就仿效80年代的做法，办一本发表自己作品的刊物。这应该是没有错的。错在办刊时把它自称为"民刊"，咬到锤子当香肠，把自己打扮成受迫害的人。我记忆中有一个还颇有影响的"民刊"，在罗列自己的"功绩"时，经常挂在嘴里的是什么《诗刊》又从我这里选了多少，《人民文学》在我的刊物上又选了多少。我真不明白，他办这个"民刊"干什么？还不如大家去给《诗刊》，给《人民文学》投稿算了。

严力和年轻一代的关系，是从他的《一行》开始的。所以，就严力而言，《一行》对他是有意义的。我很晚才看见严力的诗，但我很早就知道了严力。很多人对我说，在《今天》一群中，严力和他们太不一样了。后来在徐敬亚和孟浪编的《中国现代主义诗群大观》一书中，看见了他的两首，我觉得的确不一样。但是，那是两首奇怪的诗，它们写于1981年8月，改于1987年。这至少让我奇怪，这至少在我的诗歌经历中是没有出现过的，并且我也不相信这样的事情。

不在乎谁写得早，主要是谁写得好。我在我的写作中，从来不需要标明时间。因为我只要把它们拿出来，我就同意你们把它们当成我今天的作品：用今天的眼光来看，用今天的要求来评价。就诗歌本身而言，今天难道就比昨天好吗？打死我都不会相信。就像我不相信严力的诗歌一样。写到这里，我停下笔，又去把他的诗歌读了一下。真的，我没有找到他的诗歌的理由，或者说，仅仅是因为我不喜欢而已。

7. 对西湖的怀念

我们先去一下杭州。在上海，因为我要等匆匆从北京赶回来的潘家柱，我空出了两天，所以，我用这两天的时间，去了杭州。我本来就要去的。

1988年夏天，我去过杭州。对于那座著名的城市，我没有深刻的印象，我能够记得的，仅仅是梁晓明和余刚。两个朋友，两个外省的"非非"。

当然，如果按"非非"诗歌的严格要求，按参与《非非》的程度而言，两位杭州朋友，并不是"非非"。我这样说，并不是说他们的诗不好，就像我说谁是"非非"的，并不一定就说他的诗歌就好一样。《非非》里面有那么多人，并不是人人都好。相反，我说韩东、于坚不是"非非"的，难道我就是说他们的诗歌不好吗？我想我没有那么幼稚。

第一次见梁晓明时，梁晓明给我的感觉就像他的诗一样：青春、机灵和充满想象。这次见到他，青春虽然已去，但机灵中添了自信，想象里有了稳重。他是天生的诗人，对于他，我们应该相信和期待。

至少我是这样的。

余刚不一样。不论是我第一次见他，还是这次见他，我都深深地认为他和他的诗完全不一样。他诗歌的极端，尖锐，和他一个处长的身份总是不能联系在一起。有时候他使我想起我的一个朋友，有点像，但又不是。

我到杭州还有一个隐秘的动机，那就是去探望我的一个网友。她也刚到杭州不久，在一家报社工作。由于她的原因，我有幸结识了两个写小说的杭州人。西湖边，依稀的小巷，晃动的人群。大排档的鱼，啤酒，一家即将关门的酒吧。梁晓明说："你上一次到的时候，曾经在这里解过小便。"深秋的风，让我闻到了那一股臊味。

孙昌建来了。见到他是一件高兴的事。作为 80 年代一个比较活跃的诗人，近些年来，主要在从事新闻工作。当然，就是在这样繁忙的情况下，他也没有忘记诗歌，一本刚刚出版的诗集《反对》，表明了这一点。仅仅是远离了喧哗，远离了所谓的诗歌界的喧哗，仅仅是如此而已。我常常认为，那些闹得越凶的，是不是就一定写得好？

这次在杭州最大的遗憾是没有见到宁可。

其实在 80 年代时，我和宁可就有过通信。对于他的诗歌和诗歌观点，我都有很好的印象。而且，他还是孙昌建的好朋友，《反对》一书的序就是他写的。只是他现在改了名，而我又恰恰不知道他的这个名字。我是离开杭州后，才听别人说起他，以及过去和现在的名字。有机会，我愿意再去杭州，到西湖边，和朋友们喝一点。当然，它同样包含着我那个隐秘的动机。

8. 最后的上海：朱大可访谈

我第一次见到朱大可的时候，我们说的第三代人诗歌运动已经彻底结束了。许多人愿意把它的结束说成是 1986 年，《非非》的出现和徐敬亚的"现代诗流派大展"是其标志。但是，就我而言，一方面虽然同意这个观点，另一方面又觉得它应该有一个延缓期：1986—1989 年就是它的延缓期，应该被包括在第三代人诗歌运动之中。我所说的第一次见到朱大可，就是在 1989 年 6 月 6 日。

其实朱大可给我的印象，远远比我给朱大可的印象好。虽然就诗歌方面讲，我一直认为他不懂诗。这个"认为"我在十年后再次见到他时，当面向他表示过。我想，作为一个才华非凡的批评家、一个骄傲的人，朱大可是不会同意我的这个"认为"的。

在1989年6月的长春，朱大可曾经这样对我表达过语言的局限，准确地说应该是语言表达的局限。他说："很多时候，我们看见的、看见时所感觉到的东西，是无法表达出来的，至少是无法全部表达出来的。"在我现在的记忆里面，他当时还为他的观点，寻找了一个意境深远的例子，其中有中午、阳光、空洞的大街和卖冰棍的老太太。我认真地听他讲着，等他讲完后，我对他说："我没有这种感觉。"我记得我当时说了两个理由。一是我从来没有想过要把我看见的，以及看见时所感觉到的表达出来；二是我的诗歌的写作是从语言开始，从一个字、一句话开始：如果我没有写出下一句话，仅仅是我还没有想到下一句话，它和语言的局限、语言表达的局限，根本没有关系。

当然了，这话复杂，并且已经很远。

2001年11月的一个中午，上海难得的好天气（在成都人看来），我和乌青坐地铁去了朱大可的家。当地铁从地下行至地上时，就到了朱大可的楼下。

这是我在上海的最后一个采访。

A. 从现在开始

朱大可：从哪谈？

杨黎：从80年代开始谈。

朱大可：这是一个遥远的话题，它跨越了整个90年代。在90年代我出国了，差不多8年的时间。我在澳大利亚。就上海来讲，基本上是这样的。在90年代，不是投降，就是出国，所谓先锋的文化人，现在所剩无几啊。我算唯一的一个从海外回来的。其他像宋琳，已经跑到阿根廷去了是吧？跑得越来越远，呵呵。

杨黎：阿根廷好啊。如果他喜欢足球的话，阿根廷就更好了。

朱大可：他以前就很喜欢足球。在80年代有影响的诗人，就是说发生很大的变化，这个变化在中国搁在90年代的时间里，然后像跨越一个世纪一样，那么久。所以，回来以后就发现发生了巨大的变化。不仅仅是人的变化，还有更大的变化，恐怕是精神特质上的根本性的变化。那诗歌界就不说了，单从批评界而言，批评界发生巨大的变化就是70年代后出生的评论家，这批现在走红的评论家，可能跟我们那个年代的批评家有非常大的不同，就是，应该讲80年代的批评家有两种，一种就是非常差，一种非常好。而70年代出生的批评家就整体水平来说呢都不高。

杨黎：都有哪些人？

朱大可：现在哪些人呢？现在走红的那些啊。

杨黎：都哪些人走红啊？

朱大可：我知道的也不太多，我是个出土文物。

杨黎：都哪些人走红？这个我不是太清楚。

朱大可：北京的像余杰，哦，这是吧？

杨黎：他们也叫批评家？

朱大可：哦，对啊，都划为批评家了。那么上海的葛红兵嘛，对吧？这个广州谢有顺，是不是？那就是这代人的东西，这个总体来讲，虽然我也给他们写过鼓励性的文章，像葛红兵也给他写过鼓励性的文章。鼓励性的，具体说吧，说了些谎话。但是从整体上讲，对后来就是90年代成长起来的我们都还是采取比较宽容的态度，都是比较宽容的，即使他们的水准不高，我们一般都是鼓励为主。我是指个人的思想，但是这个整体水平相当糟糕。

杨黎：为什么呢？

朱大可：就是根本没有思考。

杨黎：为什么呢？

朱大可：时间。它是一个商业化的时代，写作变得非常功利。都市里人的生活极度紧张，竞争激烈，是吧？所以，必须用这种功夫来对付这个时代才能生存下去。所以那方面的功夫就不算很好，就是批评家的思想和艺术的感受性，就是精神上的灵性、悟性全部退化。既然谈到80年代的优势，就是有几大原因，一个就是经过"文革"的苦难，这个我发现后面几代的批评家非常不认同，就是好像卖弄苦难。其实并不是那样的，完全不用卖弄，这是完全在骨头里面的，迫使我们去求新。

B. 关于"文革"

杨黎：你是哪一年的？

朱大可：我是1957年的，"文革"的时候我是8岁，是1966年。我父亲死在"文革"后期，他临死的时候是肝病，最后肝昏迷，就像精神病一样。因为家庭有问题，没有人来看望，没人来悼念，完全是我和我母亲两个。这个对我整个童年、少年时期的发展，精神的形成有很大的影响。就是整个苦难，我觉得苦难是一种财富，非常重要的财富。就像第二次世界大战以后西方出现了大批非常杰出的作家和音乐家，所以20世纪最杰出的作品是在那个时期形成的，"二战"之后。

杨黎：我们80年代比较活跃的这批人，都是在"文革"以前出生的。实际上我们称之为80年代最活跃的一批，都是1966年以前出生的。那么我们也是经历了"文革"的。不同的是，我们的经历仅仅是我们概念上的那个经历，我敢说我们是用一种童年眼光在看待"文革"，这和成年人经历"文革"和"文革"的参与者的经历应该有一种本质的差异。

朱大可：对。这种差异它最后就造成了我们的思考和他们的思考的差异，我们对"文革"的态度和他们对"文革"的态度的不一样。比如说，我们没有那种现实的苦难感。就是说上一代，就是我父亲他们经历"文革"，甚至经历反右的时候，在那个时候，他们是非常清晰地看到中国当时是一个什么样。他跟我妈说不要说任何话，因为这肯定是不允许的。我父亲是民盟的，上海市民盟一个区的负责人，他本人是教师。但是"文革"他还是没躲过去。他们这代人是在整个意识形态严密的控制下的。我们呢，虽然早期是受到这种意识形态的影响，但那是童年，所以我们的烙印没有他们那么艰苦，我觉得这个很重要，所以说这个烙印我是这样想。

杨黎：这段时间我一直在考虑的这个问题，不是烙印的深浅问题，而是世俗的感受程度和感受方式的问题。你不觉得这两个有什么不同？

朱大可：感受方式。

杨黎：感受程度和感受方式都不一样。

朱大可：那也有可能吧？

杨黎：那么产生的结果就不一样。

朱大可：但是究竟为什么不一样，现在你讲的这个问题。

杨黎：比如说，一件谋杀案。比如现在，我们三个现在一块，旁边还有一个小孩，四五岁，然后我把乌青杀死了，就这件事，你看见了，那个小孩也看见了，但是就你们两个的感受和感受在心理上产生的影响，肯定是不一样的。甚至你的恐惧和小孩的恐惧都不一样。你除了对事件本身的恐惧，说不定还有对自己的恐惧。为什么不敢反抗？为什么不敢救人？是不是同盟？会不会受牵连？下一个会不会是自己？甚至他真的死了吗？他会不会变成厉鬼？死又是什么？等等。但那个小孩，他就是纯粹的那种东西，他仅仅是看见了，或者仅仅是恐惧。也许有更深的影响，但在心灵深处是关于他自己发展的。这段时间我一直在思考这个问题，就这种共同的机会，它产生的感受肯定是有差异的。

朱大可：那么这种差异还可能有其他的机遇。就是在 80 年代之后，我们，哦不，在这之前我们先回忆，"文革"时期我们的阅读和非"文革"时期是不一样的。我记得"文革"时我们的阅读是：好不容易找出一本书，多少人传看，那个书的封面、封底全部都掉了。那个时候吸收的东西跟你现在去看一本书完全不一样，那是这样的。我真正的阅读是在"文革"，主要阅读是在那个时期。包括我在"文革"后期中学的时候读了大量的西方小说，"文革"之后反而没有读。因为已经没有读的乐趣。所有的所谓古典文学的底子，全部是在"文革"期间打的。还有音乐，音乐上的素养。当时我们没有音乐，成天在地下偷听音乐，就是用一种过去的那种 601 的大录像机，就是那种电子管的，你见过没有？

杨黎：在电影里见过。

朱大可：呵呵，在电影里见过，我们当时就用那个。所以说就是这个东西，就是提供了那样一种因为逆境反而促使你去获得，去抓取。所以我觉得一个艺术的敏锐性、敏感性在那个时候成长是特别敏感，对任何一个细小的好玩的东西特别饥渴地去抓住它。所以，少年时候，童年时候形成的这个艺术敏锐性、感受性，我觉得在那个时候是最好的，现在不可能产生。没有那个环境。

C. 整理人插一句话

帮我整理谈话录音的南南是一个 1974 年出生的年轻人，她整理到这里时，问了我一个问题。她说："我们是不是命苦？"我问她："怎么呢？"她说："我们没有生在'文革'，就已经很苦了。因为我们无法深刻。同样，现在我们要看什么书就能看什么书，要听什么音乐就能听什么音乐，那我们哪还有偷偷听和偷偷看的乐趣？如果只有偷着看和偷着听才能培养艺术的敏锐和敏感的话，我们不是太苦了？"

她最后补充了一句：看来我们只有偷人了。

D. 海子与终极价值

朱大可：毫无疑问，有很多人指责我把海子神化了。从现实的层面来讲，如果海子是我的朋友，我跟他在一起吃饭，睡一个寝室的上下铺，这种关系的话，他死了，我肯定不会写成这个样子。这是毫无疑问的。为什么把他神化？我这个人有很大的悲剧性情结，同时也有非常浪漫的情结，这两个东西结合在一起使我对海子非常感兴趣。我是特意在写海子的时候，把他神化了。我这样做的前提是，我比较喜欢他的诗歌，这是肯定的前提。这个也就是诗歌的乌托邦，也是 80 年代的人文理想，一个个人的人文理想。至于他以后被人们在疑问中否认了，那是另外一回事情，因为这是跟我个人价值取向是有很大关系的。最近在网上我看到一篇文章，说海子是精神病，这篇文章还非常清楚地写海子还练什么功，练一种气功，练到走火入魔了，呵呵，出现幻觉，幻听，要不他不会死，还写他自称有一个朋友要追杀他。你看过这篇文章吗？没有看？

杨黎：我不关心这个问题。我关心的是他的诗歌。

朱大可：这个是另外一回事。这个是一个，当然也许这是我们了解的现实中的海子。但我觉得和乌托邦真的没有关系，如果我不写海子，也可能会塑造另外一个人。他是我个人的理想。因为我 80 年代也探讨了一个终极关怀的问题，就是我们在超越大限里面所说的中间价值、基层价值和终极价值，而人类也恰好是在这三条线上走来走去，是不是这样？

杨黎：可以这样认为。

朱大可：所有的人都在营造自己的价值。有一段时间，海子的一种精神气质，跟我当时对个人价值的一种终极意义的探求非常契合，你可能没有走到这一步，你没有，就是说你可能没有去探讨这个问题。而我探讨这个问题，因为我当时有一个基督教家庭。

杨黎：我们一直就不探讨这个问题，我也从来不用价值观念这些术语。至少是 1985 年之后。我知道该在什么地方保持应有的沉默。

朱大可：这是你的观点？

杨黎：所以说我从来不关心你说的终极价值。

朱大可：那么你的终极价值是什么东西呢？

杨黎：我的观点很简单啊，我仅仅认为，如果必须说的话，我把终极价值也视为语言的一个单元，人类的文化的一个组成部分。肯定是。

朱大可：那这个终极价值，是一个终极关怀也好，是一个很大的容器什么都往里面装也好，反正各人有自己的一个。也许你这些孜孜不倦追求的东西，就是你的终极关怀。金钱也可以是一些人的终极关怀，不过到最后他们探求的已经不是金钱本身了——最初钱是可以用来衡量某个东西的，我赚了钱，我可以买东西，买房子，买车子，如此等等，可是到后来追求的步子改变了，钱变成概念，不再是基础价值，而成为终极价值了。比如李嘉诚，从钱本身的基础价值来说，钱对他来讲早就够了，不仅他够了，他以后的十八代都够了。所以钱变成非常抽象的，已经超越了它那个非常具体非常现实的折算成某些物质化的东西，完全是一种理想。这个时候也可以把它看作一种终极价值。

杨黎：如果是人们所说的终极价值，你说得很对啊。那么对诗人来说，你的钱是什么？你的钱不是从别人言说的几句话里面得到的东西，你的钱就是你的诗啊。而且，脱离诗歌来言说终极价值，我认为是可笑的。

朱大可：我知道。在这个意义上可以把诗语言本身作为你的终极价值，我非常理解，一点不误地理解。但是海子，他是把这两个结合在一起的。

杨黎：什么东西？

朱大可：我前面还有一点是，李嘉诚在寻求钱的价值上是极度狂热的一个人，是钱的宗教的信徒。他可以说是这样的。但他需要换算，还是需要换算。这里面还是需要一个换算的过程，今天买了一个码头，明天圈了一块地，后天又买下一个快倒闭的公司，他还需要一个量化的东西。作为衡量他是否扩大他的王国的标志，那这就需要一个具体的东西。海子可能在寻找这样一个东西。对，他需要这样一个具体的量化的东西，否则这个东西太空无了。

杨黎：什么东西？

朱大可：他有死亡情结。

杨黎：哦。

朱大可：这肯定是他与生俱来的东西。

杨黎：但愿我没有。

四、回到成都

回到成都是一件愉快的事情。虽然从 2001 年 8 月 12 日算起，我离开成都也就只有三个月。三个月，我觉得已经好久。这三个月啊，对于我而言，比最近三年所发生的变化还多，还大，还要复杂。所以，也比三年都还要长。

2001 年 8—11 月，我写了好多诗，都非常抒情。

回到成都，既是为了工作（这本书），更是一次充满回忆的旅行。不仅仅是这三个月，它要远远地追忆到三年前，甚至更远。

远得有三十多年。

在北京，在熊猫环岛的一个小区，在高高的 16 楼，我每天呆呆地看着天上的云。这应该是我近四十年来看得最多的时间——我说云，以及比云更轻的心情。记得有一天，当晚霞从窗外消失的那一瞬，我发现孤独又一次真正地进入了我的身体。基本上快二十年了。快二十年前，我一个人在峨眉山下，曾经从脚部开始感觉到这种东西，感觉它正在慢慢地往上爬，当它经过胃的时候，我饿了。

所以，我特别感谢黄南南，感谢她在那天晚上，请我吃的十只大龙虾。

我 1962 年 8 月 3 日生于四川成都。在此之前，我没有离开过这个地方。我是说除了短暂的旅游外，我还没有在外面生活过。虽然我常常有这样的冲动，甚至也为这样的冲动付出过实际的行动。但是，真正地在一个另外的地方待下去，比如北京，是我的第一次。

是不是必须的一次，我现在还不知道。

但肯定是应该的一次：这在我来之前，就已经明白。

一个人在一个地方一待就待四十年，如果他再待四十年，那他就已经是神仙了。在我离开成都前，偶然地和我的母亲路过九眼桥。我母亲说，当年她才 5 岁的时候，我外婆带着她，差一点就从这里上了去宜宾的船。是一个秋天吧。成都九眼桥正是涨水季节，车水马龙，人头攒动。那些匆匆忙忙的人群，那些叫卖的小贩，并没有注意到一个年轻的女人正牵着她幼小的女儿，在岸边上徘徊。丈夫新丧，弟弟被抓了壮丁，偌大的成都对她们母女而言，突然变得陌生起来。

我并没有问我的母亲为什么又没有走，我没有问。但我知道啊，她们如果走了的话，后面的情况不知会是什么样子呢！至少对我来说，它又会是什么样子呢？沿着宁静的九眼桥河边，我和母亲一前一后地走着。

对于我上北京，母亲非常支持。

没有比这种支持更实际的了。在上海，我对乌青说。

1. 打飞机

南京的李樯曾经到过橡皮酒吧。当时韩东还在成都，李樯从南京到成都出差，就来橡皮喝了一次酒。这是理所当然的事情。我们的橡皮，本来就是为朋友们开的。

和李樯一起喝酒的，除了韩东、何小竹和我之外，还有乌青、离。在喝酒的过程中，我们谈到了李樯坐飞机一事。不知道是谁问怎么走，李樯说明天的飞机。这是很正常的事情。可是，乌青却非常惊讶。他用羡慕的口气说："我还没有坐过飞机。"

坐飞机也可以叫打飞机，就像坐出租车也叫打的一样。所以，一个没有坐过飞机的人，特别是男人，我们就愿意说他没有打过飞机。"那你想不想打飞机？"韩东问乌青。"当然想了。"乌青回答。"那很容易啊。"我说。我说完后，我们都把离看着。

离是乌青的女友，何小竹曾经在一首诗中，把他们称为一对革命的小夫妻。当然是一对啊，难道还会是两对吗？他们在网上认识，又一起写诗，一起从外地来成都生活。而且，乌青是沉默的，离也是寡言的。他们常常坐在我们的旁边，坐好久都不说一句话。

乌青看见我们都把离看着，就问离："你能让我打一次飞机吗？""就一次。"乌青补充。

她当然能。这话好像是何小竹说的。他说完后，我们都笑了起来。

在我们的笑声中，乌青也反应过来了。所以，他也笑了起来。只有离，她还不知所云。她茫然地看着我们，说："我怎么能？我又没有钱。"

从某意义上讲，我一定要满足乌青打飞机的愿望。一方面是打天上的飞机，这是乌青非常渴望的事情。另一方面，我还想让他打一下床上的飞机。我对乌青说："只有这样，你才叫打过飞机了。"乌青是一个纯洁的少年，就像他的年龄，而不是我像他那么大时的年龄。他对我说："这个飞机我打过。"

我不相信他打过飞机。我问他："谁给你打的？"果然，他事实上还不太清楚什么叫打飞机。他对我说："自己啊。"我看着他，摇了摇头。

"自己不叫。"我说。

"自己叫什么呢？"乌青问。

来到机场，乌青非常兴奋。对于即将打飞机，他的脸上泛起一层红红的光芒。这对于我来说，是完全理解的事。1993 年年底，当我第一次打飞机的时候，也和他现在一样，甚至比他还多一点紧张。

我们是从上海回成都。为了节约钱，我们买的是晚上 9 点钟的飞机票。上飞机前，我给成都的石光华打了电话。他说："我们都在。"石光华说的都在，是指我成都最好的几个朋友，包括何小竹、蒋荣、龚静染和他自己。我问他王敏呢，他说王敏出事了。

这肯定是一个不好的消息。

其实我 80 年代就认识王敏，只是没有什么往来。对于一个瘦高个、写着软绵绵诗歌的人，我似乎没有愿意交往的冲动。当然，就王敏那方面说，他可能也不把脏兮兮的先锋派放在眼里。总之一句话，我们的友谊，好像必须从 90 年代末才能开始。当然，值得双方庆幸的是，我们总算开始了，而且很好。

单单就爱诗而言，我可以说还没有见过像王敏那么热烈的。在我们刚刚密切的交往中，他多次让我们感到难受。差不多是两三天，他又要拿出十几首出来。最主要的是，他拿出这些诗后，你还必须看，看了还必须说。亲兄弟嘛，亲兄弟就这一点点嗜好，难道做兄弟的都不愿意满足吗？况且是能够满足的。

基本上是半年的时间不到，王敏的诗就发生了巨大的变化。其实不应该是巨大，而应该是本质的变化。一个纯粹的传统诗人，突然写起了与传统截然不同的东西，难道除了"本质"还可能用其他的词来概括吗？我认为不行。王敏诗歌的变化，是伪诗向真正的诗的变化，是一个诗人（如果他真的是诗人的话）必然的变化。没有这样的变化，诗歌的意义和它的乐趣将大大地减少。没有王敏具体的变化，我们所得意的诗歌精神也会黯然无光。从远的到近的，从哥们儿到诗歌，我都会为他的变化骄傲。

有人说王敏的变化是因为他交友不慎，直接说就是因为他交了我这个朋友。其实这完全是打胡乱说。王敏的变化，肯定是、也只能是他自身的需要，是他多年写作的必然结果，是其心灵对外部世界的正常反应。早在我和他深交之前，我就看见了他的一些开始变化的诗。其中有一句"危险的窗户"，给了我很深的印象。一个集团公司的董事长，坐在他下午的办公室里，面对着一扇敞开的窗户，感觉中危机四伏。诗歌，诗歌也在他的危机中悄然而至。不是放弃，那就只能是变化。

王敏选择了后一种。

我对王敏的影响只能说是加快了他的变化，并且坚定了他变化的决心。作为废话写作中的佼佼者之一，王敏有着对诗歌不可动摇的信念。最为可贵的地方是，他的这一信念并没有使他的诗歌变得僵硬。恰恰相反，王敏诗歌的柔软性，是好多成名诗人所无法与之相比的。我更愿意把它看成是王敏的才华。

王敏是集团公司董事长时，有一个非常诗歌的想法。这个想法首先得到了我和何小竹的赞同。特别是我，基本上和王敏一起兴奋了很长一段日子。

这应该是关于房地产的构想，更是一幅诗歌的蓝图。他计划在成都三环以外买一块地，修一个诗人小区。这个小区是庭院式的，但又非常现代。为了诗人的特殊性格，王敏还设想了许多走廊，把每一家联系在一起。他说："比如，你坐在 A 区，吉木狼格坐在 B 区，你们不需要下楼，直接从走廊就可以相互拜访。"我一边听着他的讲述，一边在脑子里想象着那些走廊的弯曲和幽雅。下雨的时候，我从走廊上走过，刚走了一半，就碰见了也走在走廊上的吉木狼格。我问他上哪去，他说找我下围棋。

诗人离不开酒，所以我们的小区一定有酒吧。同样，诗人也离不开茶，那么我们的小区也理所当然有茶坊。除此之外，王敏说："小区里还有一大块草地，有网球场和喷泉。"何小竹建议，还应该有一个乒乓球室。何小竹的体育活动就只是乒乓，虽然他打得也非常差。王敏说："那一定，那一定。"

最令我们高兴的是房子的价格。考虑诗人的收入都不高，王敏说他只收成本费。他掰着指头给我们算了半天，然后确定房钱就在800元左右。我为这个价格欢呼起来，并且一口干下了一大杯全兴。我记得我对韩东说：10万元就可以买100多平方米的房子，过来过来。韩东当时就坐在我旁边，面有难色。他说："我不行啊，我要在南京照顾我妈。"

我顿时觉得这个诗人小区失去了一半的光彩。

后来我们没有办诗人小区，我们办了橡皮文学网。在办橡皮的日子里，我就预感到了王敏将有的困难。果不其然，这一预感现在成了现实。值得庆幸的是，这仅仅是一个小小的困难，可能和他的心性有关，也可能和他的人生态度有关，甚至和他的诗歌有关。在我回到成都的第三天，他就从里面出来了。我们一起喝酒，又一起去龙泉驿的石经寺烧香。不太长的几天中，我深感他的状态很好，就像他的诗一样。

我希望他能到北京发展。

那天晚上，我们的飞机晚点了，一直晚到凌晨3点钟。对于第一次打飞机的乌青，这不能说不是一件遗憾的事。可能也不遗憾，我看见在候机室里，乌青走去走来。对于第一次打飞机的他，候机室并不是简单的候机室。

天还没有亮，我们就到了成都。从新的机场出来，我有一点恍如隔世的感觉。想起三个月前，我离开这里时，还是从旧机场出去的。成都啊，我一踏上你的土地，你就给了我一个新东西。我以为这应该是一种暗示。

当然，对于乌青，他没有这种感觉。

2. 白领馆茶坊

白领馆茶坊在美国领事馆旁边。我们叫美国领事馆为美领馆，所以，这家茶坊叫白领馆。韩东、于坚、伊沙、吴文光、朱文和欧宁，都在这家茶坊喝过茶。它宽大的藤椅，以及宽大的大厅和幽雅的环境，我想以上几个朋友可能都没有忘记的吧？在我们成都，像白领馆这样的茶坊，没有 3000 家的话 200 家是应该有的。

我回到成都的第一个下午，就应石光华之约，去了白领馆。穿过快乐老家和玉龙两家火锅店，十多米处，就是白领馆茶坊。一脸微笑的迎宾小姐，为我拉开了巨大的玻璃门。我点点头，走进去，习惯地往右一拐。石光华已经坐在了那里。准确地说，应该是躺在了那里：整个身子陷在一把椅子上，一双脚放在另一把藤椅上。一切都那么熟悉，绿色植物、竹叶青、白色藤椅，又热又烫的毛巾。这就是他妈的成都。

事实上成都人并不是那么爱喝茶，成都人热爱的是坐茶铺。这是一句老话。这句话不是我说的，是我外婆说的。而所谓茶铺，就是我们现在说的茶坊。坐茶铺的人，包含着这座城市的三教九流。谈生意的，办案子的，摆闲龙门阵的，以及看书的，听书的，下棋的，打牌的，包罗万象。当然，也有呆坐着的，什么也不干。

成都的茶铺是成都的一大特色。这不仅仅因为成都的茶铺在这个世界上都是最多的，还因为围绕着茶铺，成都建立了一整套它颇为独特的消费方式。我是说在茶铺里消费的方式，比如，掏耳朵的人。至少迄今为止，我都还没有在喝茶之外的地方，看见过有这种人。

我最早坐茶铺是在上小学三年级的时候。那是一个冬天，非常的冷，天也亮得非常的晚。我和几个同学，从寒冷的早自习教室里跑出来，跑到我们学校后面的茶铺里去坐着。当时还是在 70 年代，"文革"的暴风骤雨之后，我们偌大一个新二村，就只有这么一家茶铺。它其实也不大，在冬天就更不大了。

一间 50 平方米的房子里，烧着一个巨大的炉子。这个炉子基本上占了这间房子的三分之一，炉子上可以同时烧二十只铜壶。在我们那里，就称这个炉子为老虎灶，甚至也称这个茶铺为老虎灶。灶就是炉子的意思，老虎灶就是很大的炉子。那个时候，烧老虎灶的师傅，是我们那里最洋盘的人之一。

在暖烘烘的老虎灶旁边，我和几个同学刚刚坐下，就被我们的老师看见了。他当时拎着两个八磅的热水瓶，从学校的后门出来打开水。那个时候，不仅仅是我们学校，就是周围的居民和其他单位的人，都要在老虎灶打开水。

不用说，我的第一次坐茶铺的经历，就这样完了。我为它还站了办公室。但是，暖烘烘的老虎灶，却是我每一个寒冷的早晨最大的向往。多年以后，我的梦里都常常会出现这样的地方。我偎缩在它的一角，深感时间过得太快。

夏天的茶铺是另一番景象。

它没有一个足球场那么大，但它有两个足球场那么长。在俯河边上，在一排排梧桐树下，一家一家的茶铺并排着，一把一把的竹椅摆在那里，竹椅上坐着喝茶的人。在已经遥远的青少年时代，许多下午我都是在这里度过的。我和我的朋友，也和我的女友。当然，有时候，我也喜欢在一条幽静的小街上，坐在一间屋子里喝茶。

这是成都非常典型的小茶铺，像家庭似的。

进入 90 年代之后，成都有了茶坊。

我亲眼目睹了这家茶坊的开张，甚至参与了它开张的工作。茶坊的出现，意味着成都人整体生活质量的变化，同时也改变了成都茶文化。我记得当时我为这家茶坊的诞生，用我全部的诗歌才华，给它写了非常煽情的广告词。那是在成都发行的最大的一张报纸上，我这样说：从今天开始,成都人的饮茶习惯将有革命性的变化。

当然这是一句大话。在以后的日子里,成都的茶坊虽然像雨后的春笋一样,但我所说的所谓革命性的变化,却根本没有出现。它可能出现吗?它有吗?或者说喝茶的人有这样的需求吗?我仔细研究过茶坊和茶铺的异同,除了前者比后者好一点外,其他就没有什么不一样的地方。就像以前好多事情都和茶铺联系着一样,现在好多事情也和茶坊联系着。

其中最主要的,就是友情。

在看见石光华之前,我的心里一直在想着这样一件事:对于一个刚刚失去了女友的人,我隐隐有点不敢直面他。其实就我自己而言,我也无法像没事一样。这么多年的朋友了,突然间就离开了这个世界,真让人感叹。

石光华看见我后,从椅子上微微地直了一下身子。他以前就是这样的,他现在还是这样。当我坐下后,我们说了第一句话。我们说的是什么,我已经记不清楚了。我只是记得,我坐下没有多久,他就叫我和他下一盘围棋。以前我们也是这样的,比如,去年的某一天,或者前年的某一天。当他把三颗黑子摆在棋盘上时,我觉得这一切都是那么的熟悉。

它真的那样熟悉,包括每一个动作。

3. 快乐老家

成都的确是一座非常有包容性的城市,如果它认为是它所乐意接受的,它一定会接受。而且,一旦被它接受之后,这东西必将得到发扬光大。在这一点上,我敢向毛主席保证,它绝对不会因为狭隘的地方主义而放弃任何一样好东西。

火锅就是最好的证明。

我说的就是重庆火锅,也只能是重庆火锅。在此之前我们吃的那种毛肚火锅,早就已经不存在了。哦,让我算算,也没有多早。我记得 1985 年我们吃火锅时，还是吃的毛肚火锅。一个小小的锅，一般应该是铜做的，中间燃着火。在电影中我们偶尔还能看见这样的火锅，如果这部电影有下雪的镜头的话。

重庆火锅究竟是哪一天、哪一月、哪一年传到成都的，我没有去做这个调查。我觉得这也没有什么意思。就印象而言，反正已经是 90 年代了，成都的火锅仿佛是一夜间就全面地重庆化了。并且在同样短的时间里，就在这座城市生根，发芽，开花和结果。现在的成都人，基本上已经无法离开火锅。所以，我回成都的第一天，石光华安排的就是吃火锅。吃火锅的地方，就在白领馆外面一点，叫快乐老家。

与茶的淡相比，火锅的浓完全是另一种风格。喜欢坐茶坊的人，他又喜欢吃火锅的话，那么，在他的性格里，肯定包含着激情和闲散两个方面。单就这一点看，成都非常符合：一方面是它的闲散，另一方面是它的激情。只是很多人没有注意到它的激情，很多时候人们忘却了它的这一面。仅仅是因为它太散漫了，太悠闲了，甚至也太阴郁了。

那成都的激情掩藏在什么里面？或者说表现在什么方面？

首先是麻将。

108 张牌，四个人围桌而摸。你从旁边看上去，他们是那么的慢，慢得简直让人无法忍受：从下午开始，一直到第二天早晨；或者是从中午开始，直到第二天中午。时间是凝固的，风景也是凝固的，摸牌人的动作在很多时候同样是凝固的。而且，还不是一个凝固，我可以这样说，是成千上万的凝固。是那种让人惊讶的凝固。我是说，当你穿过这座城市的时候，你会有这样的感觉。

这是激情？这当然不是激情。如果仅仅从它的外部看的话。但是，你再看仔细一点，这其实是对激情最大的期待。应该说，就是掩藏的激情。你以为那么多人在摸牌吗？或者摸的又仅仅是牌？错，而且大错特错。那么多人，默默地坐在那里，手一伸一缩，怎么会就是为了摸一张牌呢？虽然他们的确摸的就是一张牌。只是，这是一张这样的牌：少底浮，杠上花，外加青一色和四个根。就是这张牌，让这座城市都在等待。

等待是最大的激情。

那天我们在快乐老家吃火锅，等了很久，马松最后才到。他是刚刚从麻将桌子上下来。换句话说，用石光华的话说，如果不是给我一个面子，他是不会下来的。坐在桌子上的人，一般而言，是不容易中途退场的，况且像马松这样的新手。

马松打麻将的时间并不长，准确地讲，就是近两年的事情。所以，就麻将而言，现在是马松瘾最大的阶段。在这个阶段里，谁找他喝酒是非常困难的事。石光华对此蛮有意见，经常说马松牌臭瘾大。一般这个时候，马松总是用他特有的幽默笑着说："这么好耍的事，你们都不让哥们儿多耍一下，那咋行呢？况且你早就耍够了，哥们儿又才学会。"

当然，现在的马松已经改耍跑得快了。

不论是打麻将，还是跑得快，形式虽然不同，但其本质却是一样的。说到底，就是在平静之中，等待和寻求从天而降的希望和惊喜，主要是惊喜。因为它比希望渺茫，比希望遥远，同时又比希望更具体和真实。如果我没有说错的话，这应该是这座城市的基本特征，是它闲散的茶坊里，隐藏的非常渴望。

关于这样的事在成都非常的多，比如，成都郊区，有一段时间养海狸鼠成风，几乎每一家有条件饲养的，都在养。而那个海狸鼠，是既不能拿来吃，也不能拿来用，一句话，没有一点饲养的必要。但是，就这么一个废物，一时间还成了成都郊区农民的宝贝。

海狸鼠最大的价值，在于它的生殖速度刚好成为能够被饲养的赚钱物。六个月的时间，不算长，当然也不算短，特别是对于外表平静内心着急的成都人来说。同样，一胎二到四只的数量，也不算少，也不能算多。这一点，对看起来聪明实际上比较笨的人，又是一个合适的理由：如果少了，他会觉得不划算；如果多了，他又觉得不可相信。我曾经听过一个饲养海狸鼠的人给我算一笔账，他说："我买一对海狸鼠3000元，六个月后我至少有两对海狸鼠，就是6000元。那么一年后呢？我不是就有八对海狸鼠了吗？一八得八，二八一十六，哥们儿，"他看着我，得意地问，"三八是多少？"我想了一下，回答他："24000 元。"

养海狸鼠的人在第一年都是这样发了的，甚至第二年、第三年，也都可能发。但是，第三年之后，收购海狸鼠的单位突然消失了。许多人抱着自己的海狸鼠，满城跑去跑来，寻找买家。但是，昨天还到处都有的收购站，一时间全没了踪影。大街小巷除了海狸鼠，还是海狸鼠。当然，这有一点夸张。

我们要了一瓶全兴。吃火锅，喝白酒，让两种辣辣在一起，感觉中是格外的香。那天，在快乐老家，一起的还有何小竹、龚静染和蒋荣。龚静染和蒋荣是我最近才认识的，但其关系非常的兄弟。他们既是诗人，也是商人。但和我一样，主要还是耍家。是一种真正意义上的耍家，有经济基础和精神高度的耍家。我曾经非常迷恋这种生活，现在也迷恋。仅仅是经济基础被动摇了，才不得不暂时离开这种生活。我深信，要不了多长时间，我会回到他们的身边。想一想，人生三万天左右，不过是做一天和尚撞一天钟而已。对那些志存高远、抱负远大的人，我承认在内心中对他们保持着秘密的景仰。当然，说到交朋结友，说到打发日子，我还是喜欢龚静染和蒋荣他们。

就像我喜欢成都。

喜欢成都的不仅仅是我，还有李亚伟、何小竹、马松、柏桦、二毛、梁乐他们一大群。虽然他们也像其他重庆人一样，对成都人说三道四，评头论足，但是他们最终还是选择了在成都落脚。大家通常说的一句话是，过日子还得在成都。

而人生不就是过日子？

4.360 度酒吧

其实昨天晚上大家就在这里等我了。酒吧的老板还说，他准备开车去机场接我。因为飞机晚点，我让大家久等了，更让这次喝酒的意义被改变了。当然，这对于他们来说，并不是一件遗憾的事。相反，可以说是一件好事。至少在今天晚上，当我们再次坐在 360 度时，其理由是那样的充分。不就是杨黎回来了嘛，他已经离开成都三个月了。

80 年代那阵子，成都诗人的热情常常会让远道而来的客人产生误会。特别是那些心理素质较差的，一不小心就把自己想象成一个人物。其实不是。

再说极端一点，也不是成都的诗人有多好客。大家想喝酒，更想聚在一起热闹。所以，当外面有一个谁谁来了，就成了大家的非常美好的理由。用马松的话说，不就是给哥几个搞个下酒菜？耐不住寂寞啊。当然，为什么要耐得住寂寞呢？无论从什么方面讲，寂寞都应该是一件可耻的事情。

和朋友在一起，和几个性情相投的朋友在一起，非常有利于一个人的身心健康。把自己单独关在自己的屋子里，是我惧怕的事。如果有这样的人，就是我惧怕的人。对这样的人，我只能是敬而远之。

三个月的时间不算长，三个月的时间也不算短。小刘还是那么美丽大方，只是她已经成了石光华的妹妹。就这一点，应该是我难以接受的事情。为什么是妹妹呢？为什么不可以是姐姐？另外，成都的这几个兄弟，现在已经不喝啤酒了，他们喝杜松子酒。在我离开成都的这三个月里，他们不仅没有散了酒局，反而越喝越高，甚至江湖上已经传言，石光华和蒋荣在人民南路那边搞了一个酒吧。这个酒吧，就是 360 度。

酒吧是大家的酒吧，或者说是大家的客厅。打从有了酒吧之后，朋友们就再也不去朋友们的家了。几乎所有的聚会，都是在酒吧里面。当然，我是指晚上。白天是在茶坊里。这一点比较准确，就是酒吧和茶坊：白天肯定不喝酒，晚上一般不喝茶；我们说一个人晚上还喝茶，就太腐朽了；如果一个人白天就泡酒吧，那他肯定有问题。为什么？千万不要问我为什么，我锤子大爷才知道。

如果你一定要问，就去问石光华。

成都的酒吧和成都的茶坊相比，在其数量和特色上，都要差一点。当然，这也并不是说成都的酒吧就比茶坊差多少。这是屁话。就我们而言，所谓酒吧和茶坊的差异，就是一个是喝酒的地方，而另一个是喝茶的地方。不同的仅仅是，在选择茶坊上我们比较随便，而在选择酒吧上我们讲究缘分。这一点完全像男女关系。所有搞在一起的人和所有没搞在一起的人，并不存在谁比谁好，谁又比谁差，而只是缘分而已。石光华可能不同意我的这个观点，他认为他选择酒吧是看那里好不好耍。可是，什么是好耍？比如360度，它不就是有小刘吗？小刘和你石光华不就是缘分吗？如果现在不是，今后肯定会是。再如果和你不是，并不等于和其他人也不是。所以，选择酒吧，就是看缘分。

蒋荣天生就是泡酒吧的人。一般情况下，他没什么语言，但是，只要他一坐在酒吧里，他的话就多了起来。作为一个曾经的风云人物，到现在他仍然保持着老大的气度。而另一方面，由于写诗，又使他有着十分得体的分寸感。在很多时候，在很多地方，他都可以让人放心。单就这一点，他和吉木狼格非常的像。

在我所认识的朋友中，有三个人是能给人这种感觉的。一个是吉木狼格，一个是李亚伟，而另一个就是蒋荣。这是一种非常难得的气质，是行走江湖不可缺少的力量，甚至说是一个男人最大的魅力：他不仅仅对女人重要，对兄弟依然如此。从这一点想，我深信蒋荣肯定会写出好诗的。我知道他自己也深信。

第三代人有一个错误的理解，不仅是别人，自己也这样。我曾经在好长一段时间里，竭力反对这一错误。但是，后来我放弃了反对。包括我在写这本书的时候，我虽然没有承认这一错误，但也没有像以前那样极端和绝对。我是这样想的，它既然已经有了这个数字在里面，就可以让人从这方面去理解。说到底，它不就是一个代号吗？而且这一代号已经过时。

所以，应该有"第四代"。如果这个"第四代"是自己的朋友的话，我就觉得它还有了游戏的感觉。这是非常不错的一种感觉。大凡什么事情，如果太严肃了，就是令人讨厌的事情。而一个严肃的人，不敢说他是坏人，至少不是一个舒服的人。

龚静染仅仅编了一本《第四代诗选》，他并不是什么第四代人，就像他不是一个第三代人一样。在我的眼里, 他是一个哥们儿, 一个热爱诗歌的诗人。因为出版社给了他这样一个机会, 他就出来做了这一件事。并没有什么更大的目的, 也不是一定要繁荣什么中国的诗歌事业, 仅仅是为了不要让人太尴尬, 比如"卖得太少", 他使用了这个比较市场的名字。"就算是攀龙附凤吧,"他说,"第三代人也是值得我攀附的龙凤。"

最主要的是, 由他主编的这本《第四代诗选》卖得非常的好。这在经济上虽然和他没有关系, 但是, 这却证明了他的眼光和市场策划能力, 也证明了他对朋友的责任心。

他毕竟不是第三代人。

5. 石经寺

出成都往东 30 多公里, 刚上龙泉山脉不久, 就有一座在成都人心目中非常灵的庙子。这座庙子的名字叫石经寺。这是一座古老的庙子, 据说是三国时期蜀汉大将赵云的家庙。但以成都的悠久和丰富而论, 这座庙子的影响和名气, 都应该算是近几年的事。至少我就是在 90 年代末, 才听说这座庙子的。我之所以听说它, 就是它灵。

如果仅仅是说庙子, 那么成都和成都周围有很多这样的庙子。几十公里之外的峨眉山、乐山、青城山和宝光寺不说, 就是在城里面也有佛家的文殊院和道家的青羊宫。这些庙子无论是影响力、知名度, 还是香火的旺盛、风景的优美, 都在石经寺之上。而就和成都人的关系而言, 以上这些名山名庙, 也远比石经寺深。但是, 这些年以来, 石经寺却异军突起, 在许多善男信女中, 行情一路飙升。究其原因, 还是它灵。

如果说风景的话, 石经寺基本上没有什么风景。如果说寺庙的内容, 除了楚山法师的肉身菩萨外, 也没有更多的东西。它之所以出名, 完全像古人所说那样, 有仙则名, 有龙则灵。那么多的人来到这里, 不就求一个显灵保佑吗? 关于它的神和灵, 最有名、最有力、最可靠、最可查的证据就是万夏。据说万夏在发财前，就到那里去烧过香。

所以，我这次回到成都，就刚好碰上石光华、吴克勤和王敏去石经寺烧香。我非常高兴，就和乌青一起跟着他们去了。我把这件事情理解成一次缘分：并不仅仅是我的工作，还包含着我难得的一次佛缘。人生在世，多缘多善，多结多果。

石光华说他早就想去了，只是忙不过来。石光华要去，我想肯定和陆晓涛的死有关。在去的路上，他亲口对我说过，这些天都梦见她。我没有问石光华烧香的时候心里说了些什么，我也没有问他烧了香后，还梦见过她没有。我觉得这些事情是不能问的，就像不能问烧香有没有用一样。如果问了，真是罪过，罪过。

王敏是应该去烧香的。他本来就是一个虔诚的佛教徒。再加上他刚刚从官司中出来，去扫扫霉气也是好事。况且，这几年以来，王敏一直在走背运。当然，也就是这几年，王敏的诗歌却越写越好。一边是下、下、下、下，另一边却是上、上、上、上，这难道是命？面对他的这种现实，很多时候我都惊得张不开嘴巴，我甚至连为什么都不敢问。

我怕。

另一个去烧香的是吴克勤。

吴克勤是成都第三代人中年轻的老人。说他年轻，是指他自己的年龄；说他是老人，是指他的资格。他最早是画画的，后来认识了石光华才开始写诗。至少我是这样理解的。在认识石光华之前，他写没有写过诗歌，我并不知道，或者说，也不重要。

重要的是吴克勤这个人。在将近二十年的时间里，他一直坚持着自己的写作，那种默默的写作：不急迫的心情，非常淡泊的态度，以及当今社会少有的超然。是不是哦？我突然觉得我必须打住用这样的方式赞美吴克勤，因为我知道很多时候这种赞美是敌人给我们下的药。我们吃了这包药后呼呼大睡，而他们却在四处抢劫。

我还是应该说说吴克勤积极的一面，比如他在找女朋友方面。已经三十好几的他，曾经结过婚，但后来又离了。他的前任夫人我见过，是在已经成为他的情人时。石光华对吴克勤非常羡慕，说他有一种大本事，可以把夫人搞成情人，把情人搞成用人。这个说法有点偏，而他所言说的内容又比较特别，所以我仅仅是把它作为对吴克勤的一个形容，而不是对吴克勤准确的描述和评价。我曾经见过吴克勤的好几个前任女友，他们在一起都非常友好和快乐。我觉得，这个可以作为对他准确的描述和评价。

吴克勤这次去烧香，带着他刚刚认识的新人。那是一个文静而又漂亮的贵州女人，至少我那天看见时是文静的。在我看见她之前，石光华他们都已经和她喝过酒了。据他们说，那天她是喝醉了的。没有人劝她喝，也没有人知道她其实不怎么会喝。如果是这样的女人，我对吴克勤说，那你还找什么呢？我不知道，当我这本书出来之后，他们俩是不是还在一起。也许已经分了？也许已经结婚？就吴克勤而言，谁又说得清楚呢。

反正在我的记忆中，吴克勤是一个激动的人。当然，这必须在他喝得愉快之后。如果喝得不愉快的话，他永远给人沉默寡言的感觉。我和他曾经在一起度过一个中秋，那是我们许多次喝酒中的其中一次。那个中秋，我现在都还记得，没有什么特别的，一点也没有，仅仅是我们喝得舒服而已，所以我还记得。我想他也是应该记得的。关于这一点，他有自己的诗为证。那是写给玉林村夫的。

那天晚上，我自称玉林村夫。

石经寺的香火的确很旺。我们在下午2点钟到的，虽然是一个平常的日子，烧香的人还是挤满了小小的石经寺。人们一个接一个地等待着把手里的香点燃，又等待着把点燃的香插进香台，再等待给佛像磕头。烧香的人群中，有几个给我的印象特别的深。他们在一个叫王书记的带领下，把点燃的香高高地举过头顶，口里默默地念着："请菩萨保佑我们企业今年能够扭亏为盈。"最好玩的是，在另一个佛像前，那个叫王书记的人，转过身去，对站在他身后的一个女人说："财务处长，这个神你要特别地多拜拜。"

那天我们一起去的有九个人，除了石光华和他的新认的妹妹，王敏和他的夫人，吴克勤和他的贵州女友外，还有龚静染、乌青和我。我们在庙子里待了将近 2 个小时，然后从老成渝公路去了百公堰，在那里喝茶至天黑了下来。关于烧香的许多精彩场面，我们的数码摄像机里，都有清楚的记录。

6. 银都花园

A. 银都花园在成都南边，玉林小区的对面，属于成都有名的几个高等社区之一。2001 年的夏天，我常常在它的外面散步，和当时的小孔一起。那是我这一生中最麦城的时候，既没有写作，也没有工作，甚至也没有出去玩耍。现在回想起来，那种宁静简直可怕到了极点。所以，无论怎样，我都非常感谢王镜和小孔，是他们使我开了橡皮酒吧。而橡皮酒吧，是我生命中的一个转折点，是我后来所发生的事情的开始。虽然现在我还在艰苦的奋斗之中，但我必定得到了喘息，找到了方向。如果我有机会的话，我一定得好好地回报他们。当然还包括我的许多好友。他们的名字，我全都牢记在心里，却不敢在这里一一地写出来。

橡皮酒吧就在银都花园的对面。诗人柏桦就住在这里。

B. 是何小竹陪我去的。并不是我不认识柏桦，也不是何小竹能够找到柏桦的家，他之所以陪我去，我想是他愿意和我多待点时间。从 90 年代以来，我们基本上是待在一起的。经历了荣与辱，还经历了平淡和兴奋，甚至包括烦和不可容忍，到今天我们依然是兄弟，真他妈不简单啊。这不简单主要是指何小竹。特别是今天，当我日渐学会了许多人生的道理后，我不得不再次从内心深处理解了他身上的那些美德。

我到了我们约定的地方后，何小竹正从另外一边过来。他走路的姿势使他看上去更年轻，也更轻松随意。只有一个内心大自大在的人，才应该有如此吻合的外形。对这样的人，谁说他的坏话，谁就不是东西——至少是一个分不清南北的人。

C. 柏桦曾经和何小竹住在一个院子里，就在银都花园旁边不远的地方。那个地方应该说非常的幽静，适合一个从事写作的人所需要的一切。

华秋现在就住在那里。

仅仅是为了孩子读幼儿园，柏桦毅然选择了搬家这件事。这不是一件简单的事，它意味着柏桦必须每个月支付 3600 元的房费。对于一个靠写书过日子的人，又究竟意味着什么，我想只有鬼才知道。柏桦曾经对我说："有压力人才不老。"

我不能说柏桦的话没有道理，就像我没有资格对柏桦选择的生活评头论足一样。关于柏桦，他究竟要怎样永远只能是他自己的事。在此，我只是对他选择的"压力"提出我的疑问：柏桦是不是在退却？是不是不敢接受诗歌上出现的更大的压力？

我曾经对柏桦说过一句笑话："我的诗比你的诗好。"柏桦问："咋个比呢？"我说："很简单啊，比如说，在刚开始写诗的时候，我们各自都有点心理上的毛病，你说是不是？"柏桦想了一下，回答我："是这样。"我接着又说："但从写诗到现在来看，我的心理已经没有毛病了，而你的心理的毛病却越来越严重。所以，我特别强调：我的诗比你的写得好。"

柏桦有什么可以说的呢？除非他认为我的心理没有他的健康。以他在诗歌上的修养和才华，他绝对不会愚蠢到认为不健康的才是好的。绝对不可能。虽然柏桦以前在他的诗歌中，不厌其烦地表现过病态的东西。

D. 柏桦后来自己挣钱养自己，是非常令我感动的事情。最主要的是，在市场经济的打磨中，柏桦不是畏缩了，而是坚强起来，真叫我佩服。放眼 80 年代那些风云人物，像柏桦这样的人，我没有看见几个。在他们的面前叫嚣诗歌的理想，叫嚣坚持，真可以说是可耻之徒。欧阳江河曾经说柏桦放弃写作是一个谜，他似乎说得像他谈论的诗歌，但我真想骂一声。就他和柏桦这么多年的交往，难道还不了解柏桦的情况吗？首先是养活自己，是吃饭，是不要饿死。这最起码的东西，无法令今天想象的事情，在上个世纪 90 年代初，却明明白白地摆在许多第三代人的面前。

必须知道当时的难处，它不是一句空话，是真正的难。难死人的难，而不是那些领着国家的工资的人所奢谈的"文化的两难"的难。在这样的背景下，暂时远离了诗歌（其实仅仅是诗坛）又有什么可以诋毁的呢？

我们可以是害人虫，但我们不能是寄生虫。

压力非常之大，并不是寄生虫可以想象的。我曾经听何小竹谈起过柏桦，说他常常半夜三更了，还一个人跑到一家"苍蝇馆"喝闷酒。一个已经快 50 岁的人了，以他的诗歌才华和贡献，应该是什么样呢？但他什么也没有，他只是靠自己的脑子和手，在干着他必须干的工作。如果说他以前的目的非常简单，那么他现在的目的还是非常简单：以前是要让自己活下去，现在是要让自己好好地活下去。

因为现在已经有了孩子。

E. 柏桦的孩子叫柏慢，一个聪明漂亮的小男孩。

何小竹给柏桦打了一个电话，告诉他我们已经到了银都花园门前。柏桦说，他马上下来。果然，没有到三分钟，他就出现在我们面前。基本上还是那个样子，我三个月前见过的样子，我近几年所见到的那个样子。甚至和我第一次见他的样子相比，也没有什么变化。如果硬要说有什么变化的话，可能是比以前平静了一些。

柏桦是一个非常有影响力的人。凡是和柏桦有所接触的人，都多多少少会受到柏桦的影响。比如，说话的方式，思考问题的角度，直到诗歌。接受柏桦这种影响的人，在中国的诗歌圈子里，有很大的一批，其中最著名的，就是张枣。

所以，当柏桦到了南京后，我最担心的是闲梦。我怕他受柏桦的影响，变成无数小柏桦中的一个。这对闲梦来说，肯定不是一件好事。柏桦的诗歌是传统诗歌最后的、必然的结束和结果，谁跟着他学，谁都不可能有出路。而柏桦身上的怪癖，是他的诗歌的基础。没有这些诗歌之后，这些怪癖不仅没有价值，反而是对自己身心的伤害。当然，有了这些诗歌，也是对自己身心的伤害。如果没有大气在身，这种伤害就不只是一句话。这么多年了，我看见很多小柏桦要么不写了，要么写得一塌糊涂——不单是指诗歌，还包括人本身。

当然，并不是所有学柏桦的人都只有这样的下场。其中有一大批虚假的家伙，他们择柏桦之皮毛，装疯卖傻，骨子里完全是一个精明的正常人。对于这个平庸的社会而言，恰好是这样的人和这样的诗，才能得逞。所以，我非常为闲梦担心。因为他绝对不是虚假的家伙，他一学柏桦就肯定是彻头彻尾、彻里彻外地学。好在我的这种担心是不存在的。

闲梦本身的气度，完全把柏桦的影响消解了。在南京那么多时间里，他们的友谊是令人羡慕的，更是文人的、哥们儿的和正常的。

我为他们高兴。

F. 对柏桦的采访基本上没有做。就柏桦而言，只要看过他的《左边》一书的人，还有什么不了解的呢？如果我再在这里饶舌，我不知道会有什么意义。当然了，除了这一面外，还因为我已经为大家准备了更好的关于柏桦的文章。那是诗人覃贤茂写的，我认为写得非常好。

时间已经到了中午，柏桦坚持要请我们吃饭。在他家附近的一个商业区里，我们找到了一家新开张的馆子。交往这么多年，我第一次看见柏桦请客。他的动作虽然还不是那么熟练，但已经开始在接近熟练了。这是一个暗示，一个叫人振奋的暗示：经过自己的努力，我们的柏桦已经走出低谷。我是说在经济上。所以，我希望他能够多用一些时间，在诗歌上另有一番作为。就他的才华，我深信。

下面是覃贤茂写的《柏桦在南京》一文，我感谢他。

2002 年 1 月 7 日晚，杨黎从北京给我打来电话，他正在写一本关于第三代诗人的书，他想约我写一段柏桦在南京生活的文字。杨黎知道，柏桦在南京，我是柏桦最亲密的朋友。虽然我现在的写作日程表安排得很满，我正赶着为出版社写一部书稿，答应出版社春节交稿，但是我还是毫不犹豫地答应了杨黎的稿约。一方面这是杨黎托付的事，我不能不答应，另一方面写一写柏桦，这又是我多年来想做的事。要知道，在我的南京的生活中，柏桦对于我是多么的重要，我和柏桦的那一段友谊，是多么的珍贵和难忘。我觉得，那一段我们共同的经历，已经把我们的生命神奇地联结在了一起，那种生命之间彼此相互渗透的真实烙印已不可抗拒地深入骨髓。

这天晚上，接了杨黎的电话，我的心情就开始变得不平静。我甚至中断了我的日常写作，喝了一点酒，早早地上床去睡。我其实不是想睡，我只是一个人关在卧室里，在黑暗中躺在床上面对着虚空发愣。我能感觉到酒精在我的血液中轻微地燃烧，潜伏在细胞深处的记忆慢慢被唤醒。在一种打开和漂游的沉默中，那些遥远的情绪被重新酝酿和聚集，往事便一幕幕涌上心头。

2002年1月8日，我虽然是整个白天在工厂上班，但从早到晚心里想着的都是要写柏桦在南京的这件事。我在内心默默地梳理着80年代末、90年代初在南京和柏桦交往的一些情景片段，养气，神驰，在做写作前的准备工作。

2002年1月8日晚，我下班回到了家里。晚饭后我拨通了柏桦家里的电话。自从去年夏天我回成都和柏桦相聚痛饮一夜之后，我和柏桦已有近半年没联系过了，现在我很想听听他的声音。

我说："柏桦，是我，贤茂。"柏桦听到我的声音，显得又高兴又惊讶："哎呀哎呀，贤茂，怎么想起给我打电话？好久没有你的消息了。"我说："柏桦，前几天你好像不在家里，朋友们打电话都找不到你。"柏桦说："你不知道，我昨天才回家，我病了，从上月23号到昨天，一直在住院。"我说："怎么搞的，你生什么病了？"柏桦说："十二指肠溃疡，很严重，出了好多血。"我说："现在好些了吧？"柏桦说："反正是出院了，还要静养。"我说："一定要保重啊！你是怎么搞的？是不是酒喝多了的缘故？"柏桦说："主要是药吃错了，我吃了十五服中药，大冬天的，清火，结果糟了，出了大麻烦。"

我说："中药吃不得啊！以前我还专门研究过中医，越研究越糊涂，所以我相信鲁迅、李敖他们对中医的极端态度。我妈妈以前就吃中药，越吃身体越差，我看那些药方，都是清火大寒之药，要不得。我妈妈现在不吃中药了，反而身体好了。"

柏桦说："是啊，我才有切身体会，中药确实是不科学，一大罐药熬起，麻麻杂杂的，是要不得。"我说："你这几天不在家，马松还以为你去领安高诗歌奖了。祝贺你，真的为你高兴。这一阵子你可不要太累了，可以休息休息了。"柏桦说："唉，你是知道的，我的压力还是很大，还有还贷的房款摆起。现在情况只是稍微改观，这一两年的速度可以稍微放慢一些了。你现在呢？"柏桦在成都买了一套极品的高档商品房，上次我回成都时他请我去他的新居参观过。

我说："我的《金庸小说鉴赏宝典》刚刚出版了，一百二十万字，精装本。"柏桦说："那太好了，了不起。你拿了几本样书呢？"我说："不多，才五本。"柏桦说："那我就知道了，没事没事，我知道这些样书你还要有用处。"我说："那是另一回事，春节回来我一定给你送一本来，我怎么能不送给你呢？"柏桦说："那好嘛。你现在又在写什么书呢？"我说："目前我正在写《古龙小说鉴赏宝典》，和《金庸小说鉴赏宝典》是一样的搞法。"柏桦说："你写了好多了？"我说："大约九十万字，剩下不是很多了。唉，你知道的，太累了，经常都写烦了，不过怎么也要把这本书弄完，我初步答应出版社的时间是春节过后交稿。"柏桦说："春节你回成都吧？"我说："要回来。"柏桦说："老婆孩子呢？"我说："都一起回来。"柏桦说："那你们一定来我家里聚一下，把老婆孩子都带来，热闹一下嘛。"我说："那是肯定要来的。"柏桦说："来了在家里吃饭，外面吃饭都可以，反正要高兴一下。"我说："我前几天，元旦，一号到五号，去了北京和杨黎相聚，杨黎几次热烈邀请我，正好北京有个书会，我在那里，杨黎也给引见了一些朋友，谈了一些写作的策划和方案。春节回来再详细摆给你听。"柏桦说："那一定很好，你和杨黎多年的老朋友，见面不容易，你们在一起一定是很高兴的事。"我说："杨黎在写一本关于第三代诗人的书，在这之前，11月他还来了一趟南京。"

柏桦说："我知道，他离开南京随后又回了成都，给我也做了采访，你们见面的事，我也听杨黎说了。"我说："后来我还写了一篇《侧记杨黎在南京》的文字，作为这次杨黎来南京的纪念，这篇文章纯字数都是一万六千字。"柏桦说："哦，那么长，什么时候给我看看。"我说："这次杨黎来南京，他还鼓励和催促我把诗拿出来。我拿出了这些年写的几十首诗，杨黎帮我贴在他们办的橡皮文学网上，小竹和吉木狼格他们都给了我的那些诗极高的评价，我感到很兴奋。"柏桦说："那我也想看看你现在写的诗，我知道何小竹他们眼光是很高的，错不了。"我说："春节我会把这些诗带回来给你看看的。"柏桦说："哎，贤茂，我送给你我的诗集没有？"

我说："大概1991年的时候，你送过一本《表达》给我。"柏桦说："那我新的诗集你还没有，春节你回来我送给你。是台湾出的，出得很精美。"

我说："我还记得那时我看到你出诗集，我很羡慕，说不知什么时候我自己才能出一本。那时你安慰我说，日子还长得很，不用着急，你比我大八岁，八年后谁知道会发生什么奇迹，我会另外有造化的，会有大出息。虽然我知道那时你是在安慰我，但现在想想，那种认识，其实真的深刻啊。"

柏桦说："是啊，每个人只要努力，都会修成一种果。我说的是果实的果。"

我和柏桦在电话中闲聊了快半小时，真的是觉得有许多说不完的话。直到最后，我才说到了正题。我说："柏桦，杨黎写那本书，他约我写一段关于你在南京生活的文字。"

柏桦又是很高兴地说："好的啊，我想你写啊，你随便写，怎么写都可以，你写了都不用拿给我看。（柏桦的意思是写完了不用征求他的意见。）有好多可以写的啊，那时我们经常欢聚在一起，从白天到黄昏，从夜晚到黎明，那些彻夜的长谈，多美啊。真的，那些日子是宝贵和难得的。"

是的，友谊装点了我们的青春，青春的交游多么的幻美。这是柏桦特有的谈话方式，他使用的这些词语，这些句子，我真的很熟悉。

2002年1月9日、10日、11日，晚上睡觉前我躺在床上开始写一些片段的文字。12日，星期六，这是我休息日，我开始正式写这篇文章，回忆柏桦在南京生活的一些精彩的片段。

（1）初次的见面

我是在 1988 年的夏天认识柏桦的。那时我还住在位于南京后宰门的工厂的集体宿舍。有一天，我从外面回到宿舍，同宿舍的学生告诉我有我的四川朋友来找我。我看见一个文质彬彬的青年男子坐在我的床边，一边翻看我放在床上的闲书，一边等我。这就是柏桦。

柏桦那时完全是一副书生的模样，休闲装，黑布鞋，宽边的塑料眼镜，一米七多的中等个头，瘦弱，温和，很斯文的样子。他的容貌有着天才的异相，眉骨、颧骨和鼻骨都比较高，显得眼睛有些深陷，温和克制的眼光，经常又不经意地射出逼人的熠熠神采。

柏桦是从四川的朋友那里得到我在南京的地址的，在此之前他在四川刚刚经历了一场生活中的激烈的极端的白热的变故，使他中止了在四川大学的研究生的学业，工作调动，转到南京农业大学当英语教师。生活在远方，柏桦来到了一座陌生的城市，要开始一种全新的不同的生活，他的激情开始缓慢和疲倦下来，他明显地表现出来的虚弱和隐藏的焦虑，让我对他产生了惺惺相惜之情。

柏桦的诗名我当然也很熟悉，也听到过许多关于他的怪癖和极端的个人神话的传说，但我却很难将眼前的柏桦对上号来。我心目中的柏桦，应该是个激情焚烧、左派狂热、剑走偏锋的狂飙激进的异端天才，但眼前的他却完全不是这样。虽然他比我大了八岁，但在我的眼中他更像一个刚刚受了许多委屈的大男孩，他正处在精神上的失血、脱水的受伤的病态，他很需要休息和营养，很需要关怀、体贴、无微不至的照顾和安慰。

这时的柏桦刚刚到达南京这座对他来说完全神秘而陌生的异乡都市，1985 年我也是这样，也是在和柏桦完全相似的状态下来到南京的，所以我完全理解柏桦当时的那种虚脱的心情。我马上安慰他，尽可能地让他放松下来，告诉他不要紧，我会帮助他安顿下来的，我就是他所需要的朋友，日子很快就会步入正轨，他一定很快就能适应在南京的生活的。

柏桦是坐船从重庆方向沿着长江顺流而下到达南京的。也许是因为我明显的善意，也许是因为在异地他乡遇到了同乡的那份贴近的亲切，柏桦放松了下来。他坦诚地对我敞开心扉，无话不说。他告诉我，他真的是茫然失措，他从南京长江边上的中山码头出来，站在空荡的江岸，感到说不出的悲凉和孤独无助，那真是举目无亲啊，泪水涌上了眼眶，他忍不住就要哭出来。他从来没有这样一个人出远门，在南京他当然没有亲人和熟悉的朋友，没有人到码头接他，现在他的所有的行李都还寄存在码头那里。他也不知道他要去工作和报到的南京农业大学在什么地方，他承认自己料理生活的能力真的是太差。

接下去我便陪柏桦一起去中山码头，取回柏桦的行李，再陪着他一起去南京农业大学报到。中山码头在南京城的北边，南京农业大学在南京城的东郊，这一段距离相当的远。来到了地处卫岗的南京农业大学，柏桦报了到，找到了学校安排给他的宿舍，我帮助他打扫房间，铺好床铺，放好行李。我帮柏桦收拾房间的时候，柏桦从行李中拿出他随身带来的藏书，对我说，他有很多好书，我们今后可以一起慢慢看。我记得他当时拿给我看的书，有张岱的《陶庵梦忆》，还有英文版的《查泰莱夫人的情人》。忙了大半天，总算是顺利地安顿下来，柏桦和我都很高兴，晚上我们一起吃饭，喝酒，继续融洽地交谈，聊天。

(2) 生活在美丽的南京

柏桦渐渐熟悉了南京，他很快对南京这座美丽的城市产生了好感。东郊的风景，那绿色的远山和绵延不绝的树林，那倒映着蓝天白云的明镜似的湖水，那苍凉浑重的古城墙，都给柏桦留下了极深的印象。不久之后，成都的朋友钟鸣帮柏桦出了一本油印的 16 开本诗集，柏桦给这本诗集取的名字就是"我生活在美丽的南京"。异乡那奇异的风土人情，成了柏桦医治心灵创伤的灵丹妙药，成了他心灵最好的美容师。

柏桦和我顺理成章地成了好朋友，我们两个人都很孤独，彼此也迫切地需要这种相濡以沫的朴素的友谊。对于我来说，我的文学生活需要有柏桦这样的可以砥砺和切磋的良师益友。我想对于柏桦来说，他同样需要倾听，需要有恰当的朋友作为交谈的对手，这样可以使他的天才和灵气因为有着适当的刺激而保持着不老的生机。

南京的后宰门和南农大这两个地方，成了我们常来常往的聚会场所。每周都会有好几次，不是我到柏桦住的南农大去，就是柏桦到我住的后宰门来。南农大在卫岗，紧邻南京的中山陵风景区主景区一带，而后宰门与中山陵风景区中的前湖、廖仲恺墓、植物园、石象路、梅花山又只有一道古城墙之隔。从后宰门富贵山的一条近路过去，穿过古城墙的一处人工缺口，用不了几分钟，就到了前湖和廖仲恺墓。高大的梧桐树拱卫着小路，浓荫蔽日，鸟鸣山幽，这是我们在成都生活完全看不到的绝美的景观和邈远的风貌。柏桦和我经常去那里远足和郊游，沉浸在宁静平和的轻快的好心情中。我们顺着植物园走过去，就到了明孝陵的石象路。我们就会充满赞叹和惊喜地欣赏和观摩那些古朴神异的古代雕像和遗迹，啧啧称奇。再穿过梅花山，来到四方城，离卫岗和南农大已经很近，我们就慢慢地散步，回到柏桦在南农大的宿舍，坐下来继续饮酒清谈。

酒当然是必不可少的，但那完全是另一种慢斟细品的喝法，我们喝得平和，随意，并不会刻意地节制，总是要尽兴，但却很少大醉。柏桦看上去斯文，但酒量却是相当的大，似乎他那瘦弱的身体中隐藏着一种秘密的力量，使他恰当地迷醉而不会过分地沉沦。印象中我还没有看到过他有过烂醉的时候。

柏桦生活中的质朴的优秀品质，使我感觉到他更容易相处和接近，使我们之间的日常交往更为平易和生活化。那时我们都没有什么钱，但这却完全没有影响我们的生活与心情，我们甚至都感觉不到我们的贫穷。青春和友谊使我们的生活变得闪亮和丰富，我们生活的总体基调是明快和向上的。

柏桦和我一样，习惯于在清贫的生活中节俭和克制。我们都抽很普通的香烟，对饮食也不做太多的挑剔，喝什么酒也不会讲究。我们比较有钱的时候，就会喝一种江苏连云港出产的山楂酒，那就算是我们的奢侈的享受。

柏桦慢慢从以前的那种受伤的状态中恢复了过来，我也就能在更多的时候看到他潜伏着的咄咄逼人的锋芒和天才犀利的锐气。我很快就熟悉了他的那种独特的谈话方式，以及他观察世界、周围的现实生活的尖锐和超级敏感的认知方式。

(3) 文人式的友谊

用柏桦写我的话来说，就是此后我和他建立了持久的文人式的友谊，而且是二三十年代旧式文人式的友谊。我和柏桦之间，首先是性情相投、声气相求的感情和友谊，然后才是其他的外在的东西。我和柏桦交往中有一个较大的障碍，便是我们之间在诗学和诗歌趣味上的分歧和差别，这导致了我们无法避免的争论和观念上的强烈碰撞，有时甚至是尖锐和不能调和的，我们之间的那种完美的融洽状态，也就会出现不协调的地方。诗人，诗人，怎么可能不谈到诗歌呢？而谈到诗歌，我们的真诚，使我们不可能相互迁就和附和。

很多人，包括我的朋友杨黎，他们所想象不到的是，在我和柏桦的这些诗学上的争论过程中，柏桦对我表现出相当大的宽容，甚至是忍让。我的那些极端而尖锐的观点，我对于杨黎所代表的那种我所认为的正派、健康、革命和独创的诗歌的极端推崇，虽然使柏桦感到惊讶，但他却没有对我的观点表示出任何的轻蔑和忽视，而且他还是以一种极度的耐心来尽量地倾听和理解。在这一点上，我觉得柏桦真正具有一个天才的大智慧和大胸襟。人们总是过多地传说柏桦的极端和怪癖，我要说那是片面的。从我多年和柏桦的交往，以及我对柏桦细致入微的观察来看，我觉得只要是在宽松的环境下，是在没有过敏地感受到来自外界的敌意的平静的气氛中，柏桦是相当的正常和具有超人的理解力和洞察力的。

柏桦不能完全赞同我的诗学观念，也不能完全接受我所推崇的以杨黎的诗歌为代表的诗歌美学，但他却对我和我的朋友们的坚持表示出真诚的敬意。当然我也想到，这也可能是友谊的力量，使柏桦对于我，对于一个年龄上比他小八岁，一个才二十四五岁，往往是会有着盲目的锐气的热血文学青年，表现出豁达和不与计较的包容。

"柏桦是一个非常具有感染力的人。"杨黎说的这句话，我想没有人会怀疑。面对着一个这样才华横溢的天才，其实我并不是没有过彷徨和犹豫的时候。再加上那时我和他有着那么融洽的私人感情，其实有时我真的是很想向他靠拢，跟上他的脚步，和他保持一致。但与很多人想象的相反，柏桦不仅不看轻我的那些关于诗学上的纯洁的理想，他还反过来鼓励我，要我忠实于内心。他对我说，那是另一条道路，另一套高级的招法，坚持下去，是一定能修成正果的。

1989年，我在南京和几个朋友筹办一本铅印诗歌民刊。由于我们在诗歌的写作观念上存在的分歧，这本诗集柏桦当然不会拿出诗来参加。但这不要紧，这并不影响柏桦和我之间的"文人式的友谊"（我经常觉得柏桦的这个说法有些迂阔，但想来想去，却找不出更准确的词语来描述我们之间的友谊）。我完全能感觉出来柏桦对我的好意。我筹办这本民刊，柏桦虽然没有拿出自己的诗来，但他却"友情出演"，将他早年翻译的一篇5000多字的艾略特文稿《叶芝》给了我们刊印，作为友情客串的支持。此外，柏桦还积极为我们要办的刊物出谋划策。这本诗刊的名字"思无邪"，正是柏桦为我们想出来的。这真是柏桦的苦心啊！那时我对诗歌的言谈，三句不离正派、健康、向上，他想出的名字要切中我的题，实在不容易。

（4）从白天到黄昏，从夜晚到黎明

柏桦和我在诗歌认识上的差异，使我们的谈话有时变得敏感和小心翼翼，我们都会有意无意地回避在诗歌观念上短兵相接，我们都会迁就和退让，于是我们就发明了另外的谈话的技巧，我们的话题更多向两个方向发展，一方面是更为日常化的冲淡，一方面是更为极端和怪僻的谈玄。特别是在无数的机智和富于高超技巧的玄机应对的废话中，我们建立了在智力上角逐、对抗和游戏的另一套招数和游戏规则。

这样我们之间的话题就会不断地翻新出奇，我们不断地找到新的兴奋点，不断地因为相互的会心而达成激赏的愉悦，使我们长时间相处，也不会感到厌倦。在我的朋友中，我觉得柏桦最善于倾听，也最善于调动谈话对手的热情，他是谈话艺术的大师。和他对话，是一种对人生进行细细咀嚼和品味的享受，而且不管从正面还是反面的角度来说，都是一种极好的学习、训练和境界拔高的精神体操。

柏桦写过一首著名的诗《望气的人》，这已完全可以说明他内在的神秘主义倾向。我记得那时柏桦最喜欢讲"气场"。我们如果到了一个地方，感觉上不自在或不十分好，柏桦就会说"气场不对"。如果谁和谁之间不能很好地交流，柏桦就会说"他们气场相冲"。柏桦和我经常会相互讨论我们的脸相和面相，过分地关注自己的容貌，这也能成为我们特别的话题。柏桦有时还会长时间地照镜子，而且一边照一边问我："贤茂，你看我是不是气不对？"于是我也就会附和他的话题就此找出种种说法。

和柏桦的神秘主义相呼应，那时的我也另有奇招。我把一本《黄帝内经》中的运气推算部分翻得八九不离十，又把一大本《医宗金鉴》中的"运气要诀"也看得滚瓜烂熟。要把那一套复杂的废话理论运用得头头是道，高深莫测，那确实是要点真工夫，所以在这一点上柏桦不能不佩服我。后来柏桦在他的自传《左边——一个毛泽东时代的抒情诗人》中，写我"精于黄老之术"，实际上讲的就是这些事。

我和柏桦饮酒畅谈，有着超过二十四小时的纪录。有一次，大约是在1991年，那时刚结婚不久，是周末，妻子回娘家去了，我那时的小家便成了我和柏桦欢聚的乐园。我们好像也是有好些时候没有在一起长谈了，那天，真的是从白天到黄昏，从夜晚到黎明，我们不知疲倦地饮酒畅谈，那种青春的热情和幻美，至今想起来都还激动人心。我还清楚地记得，那天晚上我们一共喝了十瓶啤酒。到了黎明，早上5点过，我们才意犹未尽地勉强去睡。然后我们又在早上9点就起床，回到柏桦在南农大的宿舍，又喝着茶，继续昨夜未尽的话题。

从那些交谈中，我对柏桦的理解也就更多和更深。我了解了他的童年生活。柏桦说每一个诗人在某种意义上都有一部心灵的血泪史，这句话给我留下了极深的印象。我还了解了他的诗歌人生，他短暂而不幸的婚姻，以及他来南京之前心灵的惊悸、昏迷和狂乱。他曾被绝美的情人和过命的（注：生死之交的）兄弟背弃，他曾经历所有的朋友都离他远去和饿饭的最绝望和最黑暗的日子。

但那一切都已经过去，新的希望还在向他许诺更多更美的灿烂和辉煌。漓江出版社出版了他的第一本正式的诗集《表达》，虽然出版的过程惊险而周折，但他在 1991 年还是拿到了出版社给他的样书。他送了一本给我。诗集的扉页是他的签名，上面写道："送：友闲梦存正，柏桦 1991.12.2 于南京农大。"

（5）建立诗人村

1988 年、1989 年、1990 年这段时间，我正经历热恋，步入婚姻。我听任青春盲目的指引，任性地嬉游和狂欢着。生活却有着它自己的轨道，现实的忧愁很快就降临了。一边是泪与笑的爱人，一边是遥远的家乡翘首企盼儿子归来的母亲，而我在清贫和无助中无力地挣扎，心被碎成两瓣。这时柏桦对我的友情，就成了我最珍贵的寄托。也只有在柏桦的面前，我才能毫无保留地向他倾吐内心秘密的苦水。

是不是为了对我的忧伤的安慰，我不知道，在我心烦意乱的时候，柏桦向我描述和许诺了一个最幻美的未来的场景，他要在四川的一处乡村倡导和建立一个诗人村。在那里，诗人兄弟们可以过着简单然而自足的生活；在那里，一切外界的压力都不会再让我们窘迫了，因为那里有诗人们集体的力量。我们再也不会孤单，再也不会痛苦，那里是诗人们的天堂和永远的伊甸园。

多么惊艳绝伦的乌托邦和理想国！我真的从内心希望这不是虚幻的梦想。即使是梦想，我们也要把它变为现实。我们本来已是一无所有，即使梦想破灭，我们也不会损失更多，失去的也许只是锁链，而赢得的却可能是全世界。虽然理智上我知道柏桦所描述和许诺的诗人村在现实中是不可能的事，但我还是宁愿自欺欺人，我宁愿这个梦不要醒。

于是在一段时间里，诗人村就成了我和柏桦主要的话题。我们煞有介事地策划和讨论，从全体到细节，从局部到整体。我们非常具体地商量怎样去打动和说服某一个贫困地区的县长，让县长给我们拨一块地，我们可以办学，可以种菜，可以自食其力，还可以为农民兄弟们谋幸福，给农民兄弟们带去文明和现代科技……

诗人村的规划和名气后来已经不只是局限在我和柏桦之间的纸上谈兵，已经不再局限于南京，柏桦还把在重庆和四川的诗人朋友也张罗了进来。参与讨论这件事的，我记得还有柏桦在重庆的朋友漆维，我还和漆维通过信。柏桦说漆维是一个和我一样雪白，但比我更为英俊的才子，这使我对漆维产生了特别的印象。

现在我已经记不清，不久之后我们又是怎样突然只字不提诗人村这件事的。我们好像有一天突然就从白日梦中醒来，然后又一齐为我们的那些显然的幼稚和荒唐的言谈举止而脸红。我们知道我们都疯了一阵，因此我们中的每个人都有意无意地回避，集体地遗忘，就好像那些事从来就没有发生过的一样。柏桦的天才再次被表演和证明，他催眠了他自己，也催眠了热爱他的那些朋友和兄弟。

(6) 神秘的离去

柏桦离开南京，是1992年的事。后来他对我说，那正是邓小平南方谈话的时候，这使得他的离去，多了几分神秘的影子。这是典型的柏桦言说方式，我已很熟悉。不过，柏桦离开南京时，确实是不告而别，许多朋友都不知道。从这个意义上说，柏桦的离去确实是有些神秘。

柏桦对于我生活的意义，我甚至想到，也许即使在今天，也不一定是我完全能把握和理解的。我所认识的柏桦，往往与传说中的柏桦大相径庭，有时候使我自己都感到迷惑和怀疑。但是我完全理解作为一个天才的多样性和丰富性。我自己也知道，柏桦是一个真实和有魅力的天才，但他的魅力又是那样的危险，使我一边为之迷醉，一边又要抗拒和警惕。和他交往，我经常处在这样的矛盾中。我和柏桦之间的友谊也是这样，在生活上，在才智上，在品性和学养上，我们的趣味是那样的相近，有着那么多共同的话题，但我们在诗歌写作的先锋性（独创性）上，又有那么多的分歧。

"君子和而不同。"这句古话，虽然滥俗，但用来说明我和柏桦之间的友情却很贴近。我和柏桦在诗学上的分歧，以及我对杨黎诗歌的极端推崇，这些并没有影响到我和柏桦之间的友情的不断加深。我能感受到，当年的柏桦，对于我的那些毫不附和他的激烈的言论，他更多的是尽量理解和宽容，甚至是忍让。毕竟柏桦比我大八岁啊！那么大的一段年龄上的差距，也许已经能说明问题。和柏桦认识的时候，我才 24 岁，我还太年轻，年轻得也许往往不知天高地厚。那时的柏桦，显然在经验、眼界、见识等方面，完全可以做我的老师。但差异并不重要，我们之间有着的是更多的共同点和友谊的基础：我们都热爱诗歌和文学，都曾狂热地投身过诗歌革命和运动，在南京我们都是异乡人，我们都来自神奇的土地四川，我们的身上都有着传统的书生意气，我们内在的性格都是朴素和谦和，我们都有一颗善良和仁爱的心……

柏桦绝对是一个有着强大魔力和感染力的天才，这也是所有认识柏桦的朋友们的共识。我和他之间的关系是这样的特别和具有不同的意义，他离开南京后，我经常强烈地想念他，经常有想写他的冲动。但怎样写他，怎样把握他天才的意义，又怎样适当地保持我在诗学观念上对他的批判的距离，这在我确实是个难题，是我的一块心病。写柏桦，使我感到一种压力和畏难。即使现在我在写这篇文章的时候，我还能感到这种在分寸上把握的难度。

柏桦离开南京之后，回到了成都。此后我们之间依然保持着联系，我们之间的友谊还因为时间和距离的关系不断地加深。此后我每一次回成都探亲，都肯定要和他欢聚一次，我们喝酒清谈，就会有更多的话题。但那些故事是我要在另外的文章中写的，这篇文字，因为时间上仓促的原因，我写得散漫和随意，也许还不能完全为在南京生活了四年的柏桦准确地描影传神。我希望今后我在有更为从容和悠闲的日子的时候，再来写柏桦，那就会写得更多，写得更好。这篇文章，我就写到这里。

7. 川东老家

　　如果有一条站着的鱼，你们信吗？老实说，就是我都不信。如果有一条好吃的鱼，你们信吗？我想说，除了瓜娃子外，就连我都会相信。一条站着而又好吃的鱼，我却是相信的。不仅仅是相信，而且还看见过，还亲自吃过，在成都，在"莽汉"诗人二毛的"川东老家"。

　　没有人相信二毛会成为一个"莽汉"诗人。这句话是二毛的老乡加好朋友何小竹说的。在涪陵的时候，何小竹说，二毛穿一件中山装，每一颗扣子都扣得巴巴适适（注：妥妥帖帖）的。那是 1983 年，二毛在涪陵师专读书，何小竹在涪陵地区歌舞团拉二胡。两个人是老乡，两个人都不热爱自己的专业，两个人都喜欢写诗。按理说，两个人就应该是好朋友。但是，二毛说："那时不太爱往来。"二毛的意思是说，那个时候何小竹瘦得像一个坏青年。

　　二毛一直是学校里的好学生，这是二毛的高中同学李亚伟说的，那种成绩一直很好的好学生。我注意到李亚伟在谈到这个问题时，使用了两个一直。二毛自己也承认，自己的确是一个好学生。只是考大学时，二毛总是考不好。他考了三次，最后是迫不得已了，才去读了这个烂学校。二毛说，如果他像我一样，一直就在成都，大爷才去读。

　　当何小竹在三个月以后重新看见二毛时，二毛已经穿上了一件大红的羽绒服，写起了刚刚发端的"莽汉"诗。把灰色的中山装和大红的羽绒服放在一起，把郭小川、贺敬之和胡冬、李亚伟放在一起，那不就是一条站着的鱼吗？无论你怎么想，也想象不出来。但是，二毛就是这样的：短短的三个月，当他回到酉阳，仅仅是和刚刚开始的"莽汉"诗人李亚伟待了三个月，就让何小竹目瞪口呆了。二毛不算小

"莽汉"，也不是老"莽汉"，他其实就是李亚伟得力的助手，帮助李亚伟把"莽汉"的旗子高高地举起。单就这一点而言，对于"莽汉"，二毛的作用还在马松之上。1992 年，万夏和萧萧编印《后朦胧诗全集》，选了很多瓜娃子都没有选二毛，这肯定是一个巨大的遗憾。情理都不能通啊，哥们儿。

我根本就没有通知二毛，只是在我回到成都的第三天中午，直接就来到了玉林的川东老家。这里我太熟悉了，它的位置，它的装修，以及它的味道和它的服务员。二毛曾经有一首诗，说"烤鸭蜷缩在他的面前，他蜷缩在老板的面前"，似乎蛮有点心不甘的样子。现在好了，现在我看见他的店子里，每天蜷缩着好多顾客，只是顾客的面前不再是烤鸭，而是鸡杂和站着的鱼，在成都非常有名，甚至比二毛的名还大。

第三代人里面，办馆子的有好几个，而办过馆子的还要多一些。当然，办得好、办得有名气的，却不是太多。二毛的川东老家是一家，香积橱应该是另一家。

香积橱是整体主义诗人刘太亨创办的，现在分别在重庆、昆明和成都有店子。重庆和昆明的是刘太亨在办，成都的是李亚伟在办。由于李亚伟经常在北京，所以日常工作由他的弟弟在管理。那是一家和二毛的川东老家有相同感觉的馆子。这些馆子的特点是，除了卖味道外，主要还卖文化。比如，墙壁上挂着的照片和诗歌，装饰柜里摆着送给客人的书，以及自己办的关于店子和顾客的生动活泼的小杂志。

二毛看见我，明显有点吃惊。他不知道我回来了，更不知道我在干什么。他看见我和乌青手里的数码摄像机，习惯地见到记者的反应。我想二毛啊，他不会把我想成是拉广告的人吧。他不会的。在成都，好像还没有谁跑到他的店子上去拉过广告，因为基本上所有的传媒人员，不认识他也听说过他的名字。

办一家好一点的馆子，一直就是二毛的一个理想，就像写"莽汉"诗是他的又一个理想一样。在所有写诗和做生意的人之中，二毛是我见过的最乐业的人。他似乎已经把他的"莽汉"思想全部放进了他的鸡杂锅儿里面。就我所知，在他那里吃饭的客人，基本上都读过他挂在墙壁上的诗。

只要不是中文系毕业的人，又都喜欢他的这些诗。《莽汉》曾经表示，他们的诗歌就是要为打铁匠和大脚农妇而写。这一点，二毛做得蛮好。

二毛的老乡，四川的新三嘴之一冉云飞曾经写过一篇文章，说他要向国家举报一个人才，那就是二毛。在控诉万恶的旧社会上，冉云飞说，二毛具有别人没有的语言和能力。是这样的，二毛曾经在他的一首名叫"旧社会"的诗里，说"旧社会女人不长乳房"。这的确是非常准确的控诉，不仅我们不答应，就是那些同旧社会一样万恶的嫖客都不会答应。

诗歌就是不要脸的夸张，天才的鬼想象，这就是二毛一贯鼓吹的理论。为什么写？写什么？写作与世界的关系？这些深刻的问题他从来不想，他要想的，也就是他的兄弟李亚伟、马松要想的，所有的难题，就是"语不惊人死不休"。这肯定是真正的诗歌，至少是真正的诗歌之一。我喜欢。

我和二毛正在神吹的兴头上，另一个"莽汉"马松走了进来。两个"莽汉"，两个眼镜，两个曾经数学系的学生，同时，又是两个风格不同的哥们儿。我不是说诗歌，我是说他们待人接物的方式，以及他们交朋结友的分寸。马松是开放的，喜欢说话，是新三嘴之一。二毛是厚实的，话不多，比较注意细节。

我曾经多次说过这样一句话，比喻到马松为止。众所周知，我从来就是一个反对比喻的人。但是，对于马松以及"莽汉"的诗，我压根就没有说过"比喻"的坏话。当比喻到了为了比喻而比喻的时候，马松的诗歌从另一面向我们展示了真正的诗歌必须反对比喻。在这一点上，二毛和马松，似乎要比李亚伟做得更好。作为一个掌门人，李亚伟多多少少染上了当时流行的一些坏习惯，单纯的比喻已经不能支撑他的价值观念了，好像诗歌必须加进一些调味品才能构成。或者相反：比喻仅仅是为了支持他所要表达的意义。这是他身份的局限，是大师意识害了他，是一个天才的悲剧。而他的兄弟马松却不是这样。马松对诗歌的热爱，就像他对女人的热爱是一样的：特别单纯的冲动和快感。也只有这种冲动，也只有这种快感，也只为了快感。当然，我得补充一句，李亚伟毕竟是李亚伟。我最近看见了他几首诗，其状态在回升，其观念在回归，非常不错。

在"莽汉"诗人中，除了万夏外，我见得最早的是马松。当时在万夏家，有好多人。文静、青春的马松进来了，身后还跟着一个女解放军。似乎是人太多了的原因，我们想象中的莽汉还有一点羞怯。他好像没有站多久，就和他的女解放军走了。临出门的瞬间，他还回过头来给我们道了个别，是一句客气的话和一个时髦的手势。

这就是马松给我留下的第一个印象。

马松后来的形象是这样的：胸前挂着一把钥匙，身后背着一个军用书包，书包里放着匕首、诗稿和避孕套。在大半个 80 年代，马松就靠着这三样东西，闯荡江湖。对于他书包里的东西我能够理解，但对于他胸前的那一把钥匙，我却想不太明白。我曾经问过他，他说是家里面的。难道在马松流浪的日子里，他随时都没有忘记过四川雅安的家？当时我并没有这样想。都是后来了，后来马松发了财，我才知道他其实是一个孝子。

马松干过好多事，好多事都和他大有冲突。比如，他耳朵不好，却在舞厅干过调音师。又比如他有色弱，却干了几年的印刷。他曾经亲口对我说过，在和客户谈印刷时，他全部谈的是概念，百分之百的红，或者百分之八十的红。马松啊，他说他从来就没有看见过什么是百分之百的红，什么又是百分之八十的红。

现在马松正在谈诗歌，他和二毛在一起谈。他们俩都是学数学的，在谈诗歌时，大量使用数学术语，让我大开耳界。比如马松非常强调字词的排列组合，他认为哪怕就是一个偏旁部首的变化，也将带来诗歌的无限变化，无穷的大，或者无穷的小。当然，如果大与小变成诗歌的话，就只有无穷的诗歌；如果变成快活的话，就只有无穷的快活；如果不变，它们就仅仅是大与小。无论它们有穷还是无穷。

这绝对不是我的绕口令，这应该是马松的另一个关于兄弟的理论。在马松的理论中，对朋友有哥们儿、铁哥们儿和兄弟的差别。这是现在。更早以前，他的兄弟还有亲兄弟、同父同母兄弟和血统兄弟之分，而且他的这种分别是相当严格的。曾经我目睹过一次，某人要他承认自己和他是兄弟，他坚决没有答应。那个人和他从半夜一直说到天亮，起码喝了三十瓶啤酒，他就是只喊那个人为铁哥们儿。我现在想来，这些可能是他学数学的结果。

3+2=5，三加二就只能等于五。

关于马松，我就暂时说到这里。其实他的故事是非常丰富的，在这本书里，在万夏、李亚伟的许多谈话之中，都涉及他。如果大家有兴趣的话，可以在看完这本书后，掩卷而思，把马松的整体形象做一个"重新组合"。当然，如果没有兴趣的话，那就算了。

马松往涪陵去的时候，曾经在一个朋友家落脚。朋友的老婆给马松煮了一碗醪糟鸡蛋，并且还亲自给他端到手上。当时的马松飘荡在外，对于这种非常家庭的感觉甚感激动。他一边接过醪糟鸡蛋，一边对朋友年轻的老婆说：你太好了，简直就像外婆。

那天我们没在川东老家吃饭。那天马松一定要吃海鲜。他的理由很简单，就是让二毛吃饭的时候就坐在那里吃饭，不要东跑西跑的。如果在川东老家，二毛好像做不到这点。

那天冉云飞也在。我上面说过，他是新三嘴之一。后来另一个新三嘴也来了，我陪他们三个嘴子一起吃饭，简直像吃蜡烛。另一个新三嘴是何小竹。

补记：再版审读时，我突然想对二毛和马松多说两句，其实就是交代一下他们的近况。马松和二毛现在都已经移居北京，马松还是做书，二毛还是办馆子。不同的是，二毛的馆子已经不是川东老家，而是名满京城的天下盐。二毛本人，也不仅仅是成都圈子里的美食家，而且是央视著名电视栏目"舌尖上的中国"里的美食顾问。呵呵，哈哈，传媒名人刘春常常带领一群一群的美食爱好名人，聚餐天下盐，喜读二毛诗。

当然了，马松的影响力就更大。他个人的名气表面看也许没有二毛大，但他产品的名气却不是二毛以及二毛饭桌上的名人可以比的。我曾经随便对北京二三十个中老年妇女进行过采访，基本上全部都购买过马松做的那些《求医不如求己》《不生病的智慧》《健康教母马悦凌》等书。诗人李亚伟说，从这一点看，马松对革命的贡献，远比野夫那些人大。

万夏约，今天晚上去天下盐喝点小酒。几个成都人，第三代的。

第四章

老子是腰间挂着诗篇的豪猪

一、诗人无饭，请喝汤

万夏访谈

1. 没有想好一个名字

（1）关于万夏我首先想到的是柏桦，想到在他的《左边》中关于万夏的那一段。喜欢怪癖而又抒情的柏桦，或者说激动而又敏感的诗人，他对万夏的命名是：宿疾与农事。"宿疾"是万夏一篇小说的名字，"农事"是万夏另一篇小说的名字。

这是典型的柏桦式命名。

但是，我觉得不够。

（2）万夏的父亲在万夏上大学的第二年死于心脏病，这基本上是万夏失去的第一个亲人，是他最直接的一次死亡感受。万夏第一次考大学，因为心脏的原因，没有被录取。所以，这个问题成了少年万夏的宿疾。更准确一点说，是他那些年里生命中巨大的阴影。

这也是万夏的《宿疾》写作的必然理由。

万夏在他的第一篇小说《丧》的开篇第二句便写道："我想起父亲也死于心病，倒在后院的枯井旁边。"

我没有和万夏探讨过这个问题，但我能够从自己的感受中理解万夏。这不仅是因为我和他相近的年龄，还因为我和他有更加相似的生命经历。青春期特殊的焦躁不安，除了暴涨的性冲动之外，最主要的另一个原因，就是如影相随的死亡意识。

其实，后者是前者的必然基础。性冲动越是强烈的人，死亡意识就越是深入。所以说"农事"是不够的，远远不够。

（3）必须指出万夏花花公子的一面，即使他回到古代，也是一个更加全面的花花公子。这可能是大多数人都看见的，这也肯定是大多数人都误解了的。

其中包括柏桦。

1990 年以前的万夏，就是一个花花公子的万夏。他的所有诗歌，无论是"莽汉"的还是"汉诗"的，说到底，都是花花公子的。没有"花花"，他就不足以为公子（最多是一个上进青年），更不可能写出《红瓦》（1982 年的抒情）、《打击乐》（大脚农妇之歌）和《吕布之香》（想象中英雄的另一种唱吟）。特别是《吕布之香》，我认为应该是中国的花花公子最好的诗篇，是"莽汉"和中国才子文化完整的结合。其实也是这种结合，才有了万夏。

不是单一的"莽汉"，单一的莽汉是流氓，也不是单一的才子佳人，单一的才子佳人，有时候可能是一个书呆子，最多不过是一个爱情的瓜娃子，只有是莽汉加才子佳人，才是花花公子。另外一点，就是保证万夏成为花花公子的基础，是他自身隐秘的脂粉气。英雄是社会的。他渴望创造历史，流芳百世，所以，英雄也是可怜的。而英雄多了一点玩世不恭，再有一点脂粉气，就是花花公子，就是我们的朋友万夏。

写到这里，我突然想起了贾宝玉。大观园中那个多愁善感的美少年，原来和万夏有一种非常特殊的联系。我并不是在这里搞说法，我只是突然就有了这个联想，而且觉得它是有道理的。至少我觉得万夏生命中最重要的两个人，比如"莽汉"时期的胡冬和"汉诗"时期的宋炜，就这一点而言，（和万夏相比）没有什么地方能够比他更像贾宝玉。

但是，贾宝玉不是花花公子。

（4）但是，这也仅仅是万夏的一个面。

我是 1984 年夏天认识万夏的。那是一个黄昏，我当时的女朋友把他带到我的家里来，并且在我完全不知道的情况下，我多少有些紧张。除了他的高个子和一头乱七八糟的头发之外，给我留下印象的就是他胸前挂着的一串长长的钥匙。

那个时候我还没有学会和人交往。如果是今天，我将马上请他喝酒。对于一个喜欢喝酒的人，来了一个朋友（或者说客人），请他喝酒是最好的事。一顿酒喝了，大家是否能够交往下去，基本上就可以决定下来了。交得下去是快乐的，交不下去也无所谓。就把这些酒喝了，脱手了事。但我真的不知道，我当时为什么没有这样。若干年后，我回想起这次见面，我都忍不住问自己，我为什么没有请万夏喝酒？或者说我当时想过吗？我想我应该想过的，仅仅是因为不好意思开口，就放弃了这个非常好的想法。柏桦说，1985 年他错过了万夏，我很有同感。

那一次我没有错过万夏，完全是因为万夏的原因。或者说是因为诗歌——我的诗歌和"莽汉"的诗歌。第二天早上，他把我接到他的家里，给我看了胡冬的诗，李亚伟的诗，马松和他自己的诗。

像那个时候所有的友谊一样，我们从诗歌开始。当然，那些诗歌是值得我们交往的。那些诗歌就是在今天，就是在明天，也值得我们交往下去。

那些诗歌是《我想乘一艘慢船到巴黎去》（胡冬），《我是中国》、《硬汉们》（李亚伟），《打击乐》（万夏），《咖啡馆》、《我们流浪汉》（马松），以及我的《怪客》和《中午》。准确地说，那主要还是一个诗歌的年代，酒和女人只能在诗歌其后。

（5）万夏是我这次采访的第三个人。

在采访万夏之前，我把万夏的一些诗歌活动重新回想了一遍，我发现他真是一个重要的人物。如果不信，我们一起来看看。

A．"莽汉"诗歌的发起人之一；

　　B. "莽汉"诗歌的绝对传播者和推动者，李亚伟、马松"莽汉"写作的直接诱发者；

　　C. 第三代人的提出人之一；

　　D. 四川省青年诗人协会创办人之一；

　　E. 《现代诗内部交流资料》主编；

　　F. 《汉诗》创办人之一；

　　G. 《后朦胧诗全集》主编、策划者和出版人。

　　(6) 除此之外，我们对万夏还有什么可以说的呢？

　　我们对万夏可以说的、应该说的和能够说的，还多得很。比如，他的诗歌。更比如，他那四万字左右的小说。只是我不想说，不想在这里说。在这里，我还想说的是，成都的一条名叫古卧龙桥的街。80年代中国诗歌的一条青石铺路的小街。

　　的确是小：四米宽，八十米长。而且古卧龙桥街没有桥。至少是我们去的时候，没有看见有桥，70年代修人防的时候拆掉了。它在成都盐市口的背后，繁华中隐藏着的一条久远的小街。我为什么没有说它是宁静的呢？因为它不宁静。我为什么又说它是久远的呢？因为它上面有许多小酒馆，我们叫它"苍蝇馆"，其中有一家卖荞麦面的小馆子，让人感觉非常久远。万夏就住在这家小面馆的斜对面，街的另一边。

　　万夏坐南朝北，他的左边是整体主义理论家石光华，住在飞龙巷，中间隔了一个青石桥菜市场，而他的右边是"非非主义"创始人蓝马，离他家只有五分钟距离。1988年前后，一个不太清楚的外省诗人来到这条街上，不小心会被狠狠地吓一跳。而从1984年开始，直到1990年万夏在重庆进去，全国各地写诗的人，没有一大半也有一半人来过这条街。那个时候万夏是有名的"小旋风柴进"，他的家被我们戏称为"中国诗歌成都第一接待站"。第二站是我们家。当然是指中国的地下诗歌。

　　"非非"的人一般在街的右端喝酒，而"整体"的人一般在左端喝酒。有一次外省来了一个女诗人，找万夏不遇，万夏他母亲就叫她到街上的几家"苍蝇馆"去看看。她先去的右边一家馆子，看见有几个人很像，结果一问，是蓝马、吉木狼格、何小竹、尚仲敏、小安和刘涛一群。当时我也在，所以我就把她往左边带。在街的左端的一家馆子里，果然找到了万夏。他正和石光华、宋炜、潘家柱、孙文波在一起。于是两边合成一边，再叫来了柏桦、马松、翟永明等人。重新上酒，重新点菜，好不快活。

是夜，这位外省女诗人醉卧古卧龙桥街。当然，这是美好的故事。还有的一些就没有那么好，相反还有一些尴尬。

1986年徐敬亚搞了大展之后，有一个什么突破主义的人，也跑到了万夏家里来。当时还是早上，万夏一边从床上起来，一边热情地和那个人握手，接着去为他倒茶，请他坐。那个人背了一个大包，站在万夏房子中间，对万夏说："我妈还在外面。"他一边说，一边放下包，走了出去。一会儿，万夏后来说："我还没有反应过来，他就领了一个老太婆进来。"

万夏后来把那个人叫到外面，给了他10元钱，对他说："我今天要去东北。"

万夏想走得越远越好。

（7）还有一个故事我是必须讲的，那是万夏和何小竹"恋爱"的故事。

1985年，何小竹看了万夏主编的《现代诗内部交流资料》后，给万夏写了一封信。因为这封信里，何小竹谈到了我的《怪客》，所以，万夏把这封信给我看了。我看了信之后，对万夏说："何小竹是个女的。"万夏问我："咋个是女的呢？"我说："我前几天刚看见过她的诗，在《滇池》上。"我特别补充，在何小竹的名字后面，标明了是女。

涪陵地区文工团，何小竹，再加上我强有力的证据，万夏完全相信何小竹是一个女的。而且对于青年万夏来说，他可能还认为何小竹应该是一个漂亮的女人。在文工团工作，这在当时对于任何一个诗人都充满诱惑。

成都春天寂寞的晚上，万夏坐在他昏暗的台灯下，开始给何小竹写信。他用很大的白纸，红色、蓝色和黑色的笔，写下了好多挑逗的文字。我们必须承认万夏这方面的才华，那的确是一封封能够打动人的信。

非常遗憾，我没有看见过这些信。

李亚伟看过。是何小竹给李亚伟看的。他把信给李亚伟时，还说："你看你们万夏。"我想李亚伟看了后，一定笑得非常开心。但他们究竟说了些什么，我没有听见何小竹讲起过，也没有听见李亚伟讲起过。万夏也不知道。

到夏天了，万夏去了涪陵。

涪陵在长江上游，曾经是比重庆还大的码头。它的修建方式，基本上是阶梯型。就是说，码头那一片，是涪陵最低的地方。涪陵地区文工团，刚好在涪陵最高的地方。万夏下了船后，一路小跑，爬上了文工团。其实，李亚伟说："当时我们都在下面。"

万夏的一个很好的朋友廖亦武，就在码头附近。

但是，万夏直接去了文工团。那天何小竹正在感冒之中，躺在床上似睡非睡。他的房门虚掩着，万夏一脚踢开那扇虚掩的门，站在门前，一边取下戴在眼睛上的墨镜，一边冲着躺在床上的人说："我，万夏。"床上那个人慢慢地爬起来，有气无力地说："我，何小竹。"

那是一个清瘦的男人，只是他的头发有点长。

（8）以上说的那么多，其实也只是万夏的一个面和另一个面。就我所知道的而言，万夏还有很多很多面。比如说，万夏小的时候很胖，别人都叫他万胖娃。关于这一点，除了我之外，后来认识他的人，都说无法想象。而现在，万夏在逐渐地胖起来。

现在的万夏看上去，就像真的一样。

所以说啊，现在的万夏非常能够赚钱。

万夏才 5 岁的时候，就挣了他一生中的第一笔钱。他给我说，当时他和几个小朋友在单位大门口耍，一个老太太，手里拿着一个搪瓷盅盅，很大，上面还写着"广阔天地、大有作为"八个字。他说，那个老太太看了他们好久，就只把他喊过去。她要他在盅盅里屙一泡童子尿，给家里的病人做药引子，然后给了他一毛钱。万夏说：我很愉快地挣了这笔钱。

20 世纪 60 年代的成都，一毛钱对于一个 5 岁的小孩来说，真是一笔大钱。

这是一件非常叫我羡慕的事情，它甚至比万夏的今天还叫我羡慕。人啊，让我感叹一下好不好？人的一切是不是早就注定了？比如，有的有钱，有的有爱，有的有名，有的高贵，有的低贱，有的什么都没有……而有的什么也没有，他是不是也非常愉快？

一个什么也没有的人，他肯定非常愉快。

就像一个人，他正在拥有什么和什么，他也非常愉快。

(9)"那我马上过来。"我在电话里对万夏说。

放下电话，我就和乌青一起出发。我们在罗马花园的路口上喊了一辆出租，然后我告诉他："去望京的大西洋新城。"万夏的办公室和家都在望京。

这是一个有象征意味的地方，它是北京的希望之城。好多像万夏这样的外地人，居住在这个比很多小城市还要大的北京新区。他们说着各种不同的普通话，过着中产阶级的生活。这不是我说的，这是欧阳江河自己说的。因为他就住在万夏的旁边。

欧阳江河常常在很早的时间里，牵着他的狗在院子里散步。守院子的保安觉得他影响了其他人的生活，就劝他不要这样。欧阳江河问保安："你知道这里是什么地方吗？"作为一个在这里工作的人，保安一下被他问得不知所云。他接着对自己的提问，给保安做了一个完全书面的解释："这里是中产阶级社区。"显然，一个北京望京大西洋新城的保安，对中产阶级这四个字表示出了应有的茫然。这个保安还没有反应过来，欧阳江河又问了一个让他更加不可理解的问题。欧阳江河指着他牵的狗，问保安："你知道它是什么吗？"然后在保安的惊诧之下，欧阳江河以他谈论诗歌的那种口气，总结说："它是中产阶级的流动风景。"

这个故事我是听万夏给我讲的。他给我讲的时候，是在讲一个纯粹的笑话，没有一点恶意。在去望京的路上，我把这个故事又讲给了乌青听。我讲给乌青听的时候，也没有一点恶意。只是在我讲完之后，我和乌青笑完之后，出租车还没有进入望京。这个时候，我想到了诗歌。我想啊，本来那么简单的事，是怎样被搞复杂的？

我更想到了，本来是简单的事，为什么要搞复杂？

说多了点。这只是去万夏那里的路上，想到的和说到的一些事，准确讲，和万夏并没有任何关系。作为一个采访者，将它们写在这里，只是为了向大家提供一些万夏的背景。因为就万夏这个人，我真是不能把他说清楚。他的复杂是天生的。

想英雄就英雄。这是万夏。

仅我腐朽的一面，就够你享用一生。这也是万夏。

诗人无饭，请喝汤。这还是万夏。

诗是一生的事情。这更是万夏。

所以，关于万夏，如果你愿意的话，你还是听他自己说。无论从哪个方面，他自己都比我说得更清楚，更仔细，当然更全面和生动。如果你还愿意的话，我想请你去看看他的诗。中国其实有好多人，都没有认真读过他的诗。一个曾经的"莽汉"，后来的"汉诗"，我敢保证，不读他的诗，不是他的损失，但肯定是你的遗憾。

2. 万夏访谈

杨黎：听李亚伟说，你们的认识是因为胡玉。应该是你进了学校的第二年，是胡玉过来主动找你，他后来说的，是觉得你还舒服，看起来像超哥。你们认识并不是因为诗歌。

万夏：是这样的，但胡玉过来是要打我，晓得不？他们想把老子打一顿，他们一起商量好的。我进学校的时候，梳着三七开的头发。我现在没得照片，我屋里倒有好多照片，不然可以边看边说。以前吧最好的是学港派嘛，港式留耳发，留长发留耳发，三七开，这种发型不是分头，不是随便什么人都敢梳的。

杨黎：呵呵。

万夏：你想，一个三七开的头，然后穿了一件青年服，龟儿子时髦得很。领子是这样的，这儿有个包包，两个贴着，卡其布做的青年服，很好看。这个里面衬一件港衫。

杨黎：白衬衫?

万夏：不，尖领。青年服打开，露出颈子，两个领子像两只狗舌头翻在外面，港片里全部是这样的。这种衣服我有两套。穿的这个裤子不叫喇叭裤，叫直管裤。是直的，箍得鸡巴和屁股特别难受。穿的是很尖的火箭皮鞋，很超。这个小子英姿勃发。我们那个学校是很闭塞的地方，大部分的人是农村考来的，中间有两伙娃子不是，一伙是成都的，一伙是重庆的，基本上就他们自己和自己耍。我在那里面很打眼，留长头发什么的。那时候李亚林、胡玉、李亚伟和扬洋是一伙的，因为我们是中文系，79级和80级，四五楼全部是读中文系的，我们住同一层楼上。我住这边第一间，他们住那边头头上，那个狗日的李亚林看老子不顺眼，想打我。因为啥子事情，我都不记得了，可能因为我比他们超嘛。

杨黎：我给你讲李亚伟说的。李亚伟没说是打，李亚伟说觉得那娃儿狗日的有点奇特，有点怪。这胡玉跑来找你，他完全是来讨好的样子。在肩膀上拍了两下，问你："哪儿的呢? "你说："我是中文系的。""我也是中文系的。"他说，"你肯定是80级的。"你说是啊，80级的。79级都认得我，胡玉说，很得意的样子。（万夏："呵呵"。）然后他叫你去耍，我们那儿很好耍，你来耍。（万夏："哈哈"。）他是这样说的。你们就认识了。

万夏：我忘了，我都忘了的。

杨黎：听说你那时候穿牛仔裤，留长头发。

万夏：那时候头发还不是很长，还没有打到脊梁处，稍稍有点长的，一条很正宗、很蓝、蓝得很好看的牛仔裤，现在都没看到了的这种，很好看很漂亮的一条，1980年年初嘛。那时候真是，那路边上有很多裁缝，做喇叭裤，各种各样怪头怪脑的衣服，奇装异服到处都是。

杨黎：你们认识之后才知道大家都是写诗的。比如，你和李亚伟。

万夏：我认识李亚伟是我先认得胡玉他们，因为他们住在楼道那边。因为李亚伟写小说还写电影剧本，也拉手风琴。那时大家还没得大规模地写诗，就是有点诗就拿出来看。我那个时候刚刚进校，何农，你认得。那时，何农他们中文系 77 级贴了一个专栏出来，其中有诗歌散文，那个时候我认为他们中间有些写得好。我把自己写的东西恭恭敬敬地誊写出来，拿给几个老哥哥看，他们说写得好，写得好。

杨黎：是哪种字体誊写的？

万夏：哪种字？

杨黎："莽汉字"。

万夏：哦，你说那种字，那种字体当时是受胡冬影响的，那可能是 1982 年以后了。

杨黎：也就是说，给何农他们抄诗的时候还是老老实实抄的。

万夏：是。"莽汉字"是胡冬影响的。大家相互崇拜，相互影响，那时候有一点儿什么好东西立刻就相互抄。

杨黎：马松呢？

万夏：那是我和胡玉两个一起认识马松的。那时候是 1982 年。有一天我和胡玉从图书馆下来找个人，刚刚下楼，在二楼到一楼之间一个拐弯的地方，就听见有一个人在背后喊我："啊你就是万夏？"我回头一看，一个白白净净的家伙，戴一副眼镜，文质彬彬的，拿一本书。我说："哦，我是。"那个人就说："我叫马松，我是数学系的，是石方他们班上的。"这是第一次认识马松。一个很乖的崽儿，半年后，1982年，大概就是半年不到，比如说，我是春天认识他，他在夏天或秋天的时候就变成一个流氓了。呵呵，一天到晚打架喝酒，然后要装疯。马松为了想和这群人在一起耍，因为他 79 级的，就要毕业了，他就专门喊我们五个人，把他弄到神经病医院去。

我们学校后面有两个怪东西，就是南充市最高的五凤山，半山腰左面是疯人院，路的右面是南充市监狱，就像一对难兄难弟。当时，马松要我们带他到疯人院里去，给他做证，证明他有神经病，他是疯子，而且经常复发，他要降级，要休学，他只要休学半年，就可以到 80 级，哈哈。我们就给他做证。医生说不可能啊。我说真的，他确实有点疯，看他那个样子就有点疯。医生没有办法，就只好给他开了病历。他就拿了疯人院的病历，来学校里给老师说，他要休学半年。好，他回去耍了几个月，然后到了好像是1982年，9月，新开学年的时候，他就指名道姓要到石方他们班上去，他崇拜石方崇拜惨了，打架恶。后来人家给他取了个绰号叫"马疯子"。

杨黎：听说你那时弹吉他，迷倒很多女同学。

万夏：好像是。我是我们学校最早弹的，当时我们学校最早只有两三把吉他，石方有一把吉他，我有一把。我那一把是我女朋友给我买的，凤凰牌。我是我们学校最早几个弹吉他的。

杨黎：那时候你接触啥子音乐呢？

万夏：那时候全国人民能听到的只有邓丽君，我和这代人所有人一样都是邓丽君的崇拜者，她是我们共同的梦中情人。那还有王洁实、谢丽斯啊，不晓得是谁放了一盘在我房间里，好瓜啊。

杨黎：摇滚你没接触？

万夏：摇滚没有，非常少，记得最早听到西方音乐，国外的是约翰·丹佛的乡村音乐。摇滚乐，很奇怪是澳大利亚那边的一个，是尼太·戈尔。

杨黎：尼太戈尔，这应该是1982年啊。

万夏：啊，你知道，其他全部没有，都听不到，就只有邓丽君。

杨黎：最重要的1982年就开始了，1982年夏天。

万夏：啊。

杨黎：听说你们上学时常常打架，喜欢打架吗？

万夏：不喜欢。但我可是为了打架坐了牢的。

杨黎：最不喜欢打架的人，还为打架坐了牢。好玩。

万夏：就是1981年，一拨人跑到外面街上去和人家跳迪斯科，结果跟隔壁的一伙人打起来了，对方其中有一个人的手被砍了。

杨黎：谁砍的？

万夏：不晓得，那个时候锤子才晓得。只记得对方一个家伙从地上找到了自己的小手指，拿在我面前哇哇大哭。

杨黎：你们哪些人去了呢？

万夏：啊，我们五个，石方嘛，我嘛，扬帆、胡玉和邓曙光，五个人。把我们全抓了，抓了以后就决定拘留我和石方，我们是组织者，因为我们是组织者，就把我们拘留了七天，而且是关在我们学校的隔壁，收审所就在我们学校的旁边，打架呵呵。

杨黎：到今天为止，好像你们这拨人都是能喝的人。

万夏：哎呀，都能喝。三天两头在一起只想醉，整个南充市啊，只有二十万人，很朴实的一座古城。嘉陵江从边上流过，有山，我印象中那个地方非常漂亮，很古朴，人也他妈的太朴实，甚至野蛮。青年女性特别多，占了70%。南充有很多绸厂，是中国的四大丝绸基地之一，苏州、杭州和辽宁丹东，还有就是南充。整个的工业农业全部以丝绸为主，你到秋天才能看到，嘉陵江旁边很多支流，很多河，我们学校后面是一条西河，其他全部是丘陵，有点山，都不是很高的，但地势有很大的起伏，一眼望去，真的是沧海桑田，全部是种的桑叶。

杨黎：你吃过桑葚没有呢？

万夏：咋没吃过呢？它那座城市呢叫果城，水果的果，山上丘陵地带，半山腰上全种水果，低地里种桑叶，它不种粮食，全部种柑橘，很安逸，河水很清凉，钓鱼很容易。很安逸的城市。你可以想象一下，每当去江边酒馆找一个临窗桌子一坐，你最想干什么，最聪明的人肯定是一番大醉大卧，这是人生的至高境界，也是诗歌的最高追求。所以我们咋不喝酒呢？所以我几乎不看不饮酒者写的诗歌，我对这类作品抱以最深刻的怀疑。就像你不会相信一个阉人会在风月场上有骄人成绩。

杨黎：一群大学生，美丽采桑女，这些故事多好听啊。

万夏：是，我看到最漂亮的女人就是在这座城市里看到的，很漂亮。

杨黎：你是看到一个还是一群？

万夏：一个嘛，唉。我觉得很漂亮，那座城市突然黯然失色，反正学校的生活，就是几样事情，喝酒啊，写诗，逃学，弹吉他，打架，和女娃子谈恋爱，郊游，卖衣服，卖东西啊，因为入不敷出，大家没得钱，就只有卖东西换钱要。

杨黎：那时候经济来源都是靠家里面？

万夏：家里面。

杨黎：你们追女娃子主要是外面的还是学校里的？

万夏：可能都有。我想写本书，我如果想写个东西的话，我的书的名字就叫"秃头的青春"，1980年到1984年在学校的这段时间，我叫它是秃头的青春。

杨黎：为啥子叫秃头呢？

万夏：我觉得就是秃头的青春，进学校的时候都是十六七岁，像李亚伟16岁进大学，包括赵野，他们读书读得很早的，对这个社会，对国家，对自己，对整个的周围的环境和周围的人充满了希望，对一切充满了正气，就是觉得老子非得干一番啥子事业不可。那时候有许多不满的东西。比如说我，入学前我在家里面待了一年，我突然觉得这个社会有许多不公正，充满了虚伪，应该改变它。我在第一年高考的时候报得相当高，考得也相当好，就是因为体检没读成，第一年我报的是西南政法学院法律系。

杨黎：属于有政治抱负的人。

万夏：哦，我报的是西南政法学院。西南政法学院是第一年招生，中国当时有三所嘛，一所北京政法学院现在的中国政法大学，一所西南政法学院，一所西北政法学院。当时西南政法学院是第一年招生，而且我是属于高分进去的，"文革"刚完，大家很厌恶政治这个东西。我们家里面、我们老师坚决反对我报政法。就是我不理，非得报。为啥呢，原因很简单，我有义务去改变社会中的不公正。现在想起来真是他妈的热血青年。不过当时也喜欢这些，也崇拜有这些能力的人。比如，我们班上一个同学曾广谱，你认识的，我们四川那个公司的董事长，在中学的时候，我们同桌，天天谈论最多的就是如何治理国家，让一个民族的鸡巴硬邦邦的，其他国家看着就板。当时才在高中一年级、二年级的时候，他就开始读"二十四史"了，你想我连哪"二十四史"都不晓得，他就开始读了，经常给我讲，什么年代那个那个咋了咋了，两个人经常长谈。

杨黎：他考了哪个学校？

万夏：川大历史系。绝对的，他不可能报别的，他的分数也是相当高的，他可以报其他系。但是他报历史系，他也是有很多政治上的理想。想变革社会，热血青年就是这样的。我们两个当年就是带着改造社会改造世界的热情走上社会。他读了历史系。

杨黎：那个时候对法官有没得印象？

万夏：完全没得，唯一有印象的就是那个电影⋯⋯

杨黎：《流浪者》？

万夏：呵呵，那里面的那个法官给人印象很深，那时法律刚开始进入中国人的生活，我16岁离高考有半年的时间，报志愿的时候我们就决定了。只是后来没有实现，我是因为身体的原因。

杨黎：你是啥子呢？身体有病？

万夏：体检时发现心脏期前收缩。青春期常有类似的问题，过了之后啥子都没得了。但是，很讨厌，它改变了这个人的命运。

杨黎：要不你可能就是法官。

万夏：可能是。也可能是律师呢。

杨黎：就变成了吃了被告再吃原告的人。

万夏：可能，也许开个律师事务所。

杨黎：那中国就没有一个莽汉主义了。

万夏：不晓得啊，狗日的很多东西就改变了。

杨黎：所以说你还是读中文系的好。

万夏：是啊，很多东西就是这样被改变了，它很怪的，就是改变了。

不然咋会说是"秃头青春"呢？你想一想，一个青年，一个热血青年，十七八岁的时候，肯定是抱着很多理想的，可能现在我的理想都没丢，我觉得是非常上进和可爱的一个东西。只是我们的理想碰了一个大壁头。四年过后，快毕业的时候，你猜想我是啥子样子呢？我打赤脚，我们是7月、8月毕业，我打赤脚就起码打了三个月四个月。穿条烂牛仔裤，可能半年都没有洗。稀巴烂，那条裤子，赤脚，然后上面穿件军衣，的确良那种，呵呵。胡子拉碴，头发乱糟糟披在肩上，完全对这个世界不是说绝望，现在说这是"酷"，其实颓废得不得了，对人生，对爱情，对社会抱一种嘲笑和调侃的东西。然后分配，分配我是拒分的，我是我们学校第一个拒分的。我在一年前就晓得，我不能让别人来支配自己，我要掌握我自己的命运，我也必须掌握自己的命运。

杨黎：他和秃头有啥子关系？《秃头歌女》那个秃头？秃头和《秃头歌女》有没有什么关系？

万夏：有卵个关系！

杨黎：包括和秃头本身有没得关系？万夏：也没得。

杨黎：我和乌青吃饭的时候，我们刚说了秃头的故事。我们说现在的美女都开始剃光头了。啥子呢，就是像尼姑那样，摸起来肯定很舒服。你为啥子要写《秃头的青春》？

万夏：青春是光鲜和美妙的。

杨黎：那秃头呢？

万夏：秃头象征着很多东西，衰老的，绝望的，反叛的，疾病的。

杨黎：就来个秃头。反叛的叫光头，有没有意思是拘留时的剃头发。

万夏：也有这个方面的。

杨黎：你一生剃过几次光头？

万夏：我就一次。

杨黎：有两次吧，后来还不是剃了的。

万夏：一次。

杨黎：重庆那次？

万夏：重庆的剃了的。

杨黎：哦，你重庆的剃了，学校的那次没剃？

万夏：第一次因为打架关进去的时候我是没剃，后来李亚伟、马松那次进去是剃了的。就是秃头青春，秃头的青春，秃头的，我在写的这个东西感觉就这样。我如果写第二本，从1984年到1989年，名字就叫《苍蝇馆》。

杨黎：就是我们在80年代常常喝酒的地方。

万夏：哦，就是就是。

杨黎：接下来该是 1982 年了，美好的夏天就开始了。

万夏：说起这个就话多了。

杨黎：我给你先说点嘛，关于赵野和胡冬的事。赵野先把他的诗写在黑板报上，之后就产生了很大的反响。他说的，最主要的一个反响，就是胡冬主动来找他嘛。当时胡冬就想干一番诗歌上的大事。1982 年 9 月一开学，赵野说，胡冬就去找他，说有大活动，就把这个活动的事告诉他。他说他当时不知道你们暑假结盟的过程，只晓得胡冬说他已经跟南充师院的万夏、西师的廖希联系好了，要到西师去怎么怎么样。胡冬就带了唐炼、唐亚平一起去。

万夏：还有胡小波。

杨黎：没得胡小波。

万夏：哦没的胡小波，胡小波后来才进来的。

杨黎：你那边就是朱自勇。

万夏：朱自勇、李雪明和我，后来来个甘建中，他后来来的，给我们带了很多烧鸭子来，呵呵。

杨黎：暑假曾经发生过什么事？

万夏：暑假是这样子的。我有个同学，一个女娃子，她是我高中同学，哦不是，我们是从小一起长大的。那个时候她考到西师去了，80 级的。1981 年我到西师去了一趟，她是西师的校花，白皙，高挑，洋气。据说钟鸣后来捧她是成都的第一美人。她就指着一个窗子对我说一个成都的崽儿，一直在追她。很多人追她，这个追得最凶。1982 年夏天的时候，那个同学女娃子来找我，叫帅青，说陪她到那崽儿那里去一趟。就在我家对面的省川剧团的宿舍。她不好一个人去，她让我陪她去，我就当了一个电灯泡。原来那个人就叫廖希。一个小崽儿，一个英俊少年。大家都是写诗的，很快就说到了一起。他从柜子里拿了很多东西出来给我看，都是他们办的，他们办《次生林》《普通一代》，很多诗歌刊物。好，那时候我才晓得他们西师有很大一拨人，包括钟鸣他们。从此我们常串门。

杨黎：胡冬那次去了没有？

万夏：那次胡冬没去。后来我介绍他们认识的。然后就说起这代人，大家都很激动。然后就说起来搞活动，具体细节我想不起来了。反正我们还碰了几次头，耍了几次，然后我说那干脆把大家联合起来，成都那么多人，川师，川大，科大，有很多诗社，我们学校有我们一拨，西师还有很多人。我们已经感到，如果我们联合起来，肯定可以和"朦胧诗"打一架了。我们的诗歌毕竟和他们的不一样，他们毕竟比我们大他妈好多，下过乡，受过苦，经历太复杂。然后我们三个都很激动，就约好一开学就聚一次。我负责南充，胡冬负责成都，廖希负责重庆。我们约好就在重庆西师。哦，对了，也是国庆节。和今年国庆一样，也是跟中秋节在一起。好像国庆节和中秋节是一个节，是每 11 年一次。

杨黎：不是 11 年，是 19 年。

万夏：哦，天哪！是 19 年。每 19 年一次，国庆和中秋碰到一起。19 年前也就和今年一样，刚刚就是国庆中秋一起，要放三天假。9 月 1 号开学，一个一个马上传出去，我们要搞事。当时没意识到什么第三代人，第三代人是这次开会才提出来的。国庆节前，我们都准备好了。我们学校的三个，我、李雪明、朱自勇，三个人。成都那边有胡冬、赵野、唐亚平。科大的一个，北望，就是何纪民。然后是重庆，西师，还有一个重大，我忘了。主要是西师，人家那边把所有的房间都腾空了，饭菜票收集起来，手表卖了，好多衣服裤子都卖了，凑了一笔钱，凑酒钱，搞伙食搞活动，房间腾出来，等着我们去，等着革命开始。结果到后来，就是三天后，不欢而散，差点打了一场群架。呵呵。

杨黎：为啥子不欢而散？

万夏：吵架，吵得一塌糊涂。

杨黎：为啥子吵架？

万夏：哎呀，这个东西说起来就太可笑了。好像和年龄有关，和诗歌态度也有关。刚刚去的时候，大家就聚在一起，二十多个人，轰轰烈烈的，把所有诗歌全部摆在桌子上搁起，一大堆啊。还真是一次盛会。我记得我们挤在一张桌子边，床上、桌上、地上全都是诗。我们因为诗歌来到一起，也因为诗歌而发生矛盾。你的风格不同我的风格不同，你写成这样他写成那样，你可能激进些他可能保守些，你可能现代派些他可能传统一些，就是这方面的东西。当然，这还不是最重要的，这个也还没有影响大家想在一起的愿望。矛盾的极端化还是因为名字开始的。

杨黎：什么名字？

万夏：当时有人就问这代人叫个啥子主题，不晓得。就叫这一代吗？就叫普通一代人吗？当时就提了很多的这种问题。其中也就有人提出了就叫第三代人。

杨黎：是谁提出来的？

万夏：不晓得了，而且无从考证。好像第二天决定的。还是在江边，就在嘉陵江边，一伙人在嘉陵江边决定的。我是这样来看的，从诗歌上看。第一代人就是与共和国一起诞生的诗人，像孙静轩他们。另外的呢，像北岛他们应该是第二代。我觉得我们虽然是离他们近了点，但我们和他们在生活上有巨大的差别，完全是本质上的差别，有新一代人的感觉。第三代人，当时具体是哪个说的，就不清楚了。也就因为这个事情大家闹分了。

杨黎：就因为哪个说的闹不清楚就闹分了？

万夏：不，也是。你听我说，这个最后焦点在这个地方。第三代人提出后，大家都觉得好，那就应该是集体的。这肯定没得说头的，不在于哪一个人，这是肯定的。在嘉陵江边最后定下来时，我们就叫第三代人，大家都很高兴。第三天，为了是要出集子，出集子要写前言，廖希他们就出难题了。他们要在前言中说明，第三代人这个词是哪个说的。我们觉得不对，因为不是哪个人说的。第三代人这个提法应该是属于一拨人的，不是哪一个先提出来哪个后提出来的问题。现在想一想确实是廖希、陈林他们中间的一个人提出来的。他们就是要在写前言的时候把这个说出来：西师重庆方面提出了这个第三代人，经大家一致同意就叫第三代人。

后来我们这边就觉得何必要这样子，像搞个专利权一样，非得挂着冠名权，我们这边就有点反感。现在想起来，人家提出来是正确的，也很简单，这个冠名权应该受到尊重。但那个时候不晓得，平均主义在作怪。但当时觉得这个不对。这个是我们共同提出来的。反正就是扯过去扯过来，这本书的名字叫"第三代人"。扯了一晚上，到中途呢又因为赵野的原因，就因为诗歌和西师吵了起来。

杨黎：赵野和他们有诗歌观念上的冲突？

万夏：哦，赵野也超，差点和他们打起来了晓不得？拍桌子打板凳，那个唐亚平呢，就起来帮着赵野一起吵，会上的气氛很火爆，两边吵得一塌糊涂，劝都劝不住，搞得要打架的样子。这个后来发展到互相骂大街的程度，本来讨论这些事情应该是心平气和的，狗日的这个事情到后来就没得终结了。但就这样大家还是觉得要出本集子，还是觉得就这样算了不行，还是要弄个结果。大家说好嘛，这个集子就不采用这个名字，不叫"第三代人"。那叫啥子，叫一个不要争议的。于是就有人出馊主意，我们随便拿本书，大家说翻到哪一页，就用那一页的头两个字。翻出来当然就很滑稽了，哈哈，很荒唐。当时就拿了一本啥子《实验心理学》，铠，一翻开一看叫波尔。呵呵，很怪的名字，它好像是哪个人的名字，这个名字是四个字，啥子啥子波尔，肯定是外国人的。前面的字在上一页。呵呵，大家就说，好好好，行行行。真他妈荒唐，晓得不？准备了大半年，几十个人，闹了三天三夜，第三代人最后变成了"波尔"。很荒唐，呵呵这个事。到最后，就因为这个名字，关系弄得非常紧张，不欢而散。到后来，西师里面就不接待我们了，这些锤子的就把我们撵了出来。都是十七八岁没得 20 岁，就想显示他们的专有权。当然，现在觉得他们还是对，有超前意识。

杨黎：呵呵，品牌的观念。

万夏：超前品牌意识啊，呵呵，那时我们就是觉得他们完全宝器嘛，就是那个唇枪舌剑，叽里呱啦叽里呱啦地闹了几天，真热闹。

杨黎：这之后你们就把西师排除在联系之外了。

万夏：哦，我觉得，就是从感情关系上来说，成都和南充这边确实要亲密一些。是吧，这边要亲密些。那边稍微要远一些。对西师的感觉，就是像当时的红卫兵。后来还打起来了，后来还撵我们走。当时已经很晚了，咋个走吗？先赖一晚上再说。第二天天一亮，我们就灰溜溜地跑了。既然没得结果，我就问廖希咋办？廖希说那就算。既然大家联合不起来，就各办各的，你办你们的，我办我们的，都可以叫"第三代人"。就这样子就行了，我和胡冬商量了一下："我们还是办我们的，过半个月后到了我们学校，我负责起草《第三代人宣言》。我把它写完了，你们马上就过来讨论。他们回了成都，我们回南充。"

杨黎：后来呢？

万夏：后来我写完《第三代人宣言》，他们就来了南充。何纪明、胡冬和赵野他们三个人。在一家茶馆里头，讨论，修改，整整弄了一天，但这个集子却一直都没出来。

杨黎：为啥子没出来呢？

万夏：哎呀，就不晓得搞啥子去了。1982年，秋天过后然后就开始翻年了，就1983年了。大家可能就开始忙了，可能是各写各的诗，各人弄各人的算。

杨黎：是不是和各人的作品有关系？大家还没有写出好东西，比如你们的"莽汉"什么。

万夏：可能有嘛。

杨黎：后来赵野和北望他们搞了一本。

万夏：对，他们出了的。他们的就叫"第三代人"。

杨黎：你和胡冬都没有参加。

万夏：没有嘛。

杨黎：那时候你们有没有外面的人加入，其他学校？其他省份？其他人？有没有？

万夏：没有。

杨黎：那你们看没看过外面的地下杂志？

万夏：我们那里地处偏远，信息极为闭塞，几乎和外界没联系。

杨黎：比如说，《这一代》你们看过没有？

万夏：我只看过《普通的一代》《这一代》。当时这一代好多人在办地下刊物，在 1982 年。就是 1982 年廖希他们和外面有联系。

杨黎：他们和外面的接触广泛些？

万夏：广泛些。西师基本上和全国各地交流都比我们方便。当时川大那里好大一部分人，他们和外界的接触就多一些。

杨黎：那这 1983 年你干了些什么？

万夏：1983 年干了些什么呢？我想想。

杨黎：那 1983 年写了些啥子？

万夏：1983 年写了些啥子我都忘记了。

杨黎：搞"莽汉"没有？

万夏：没有。

杨黎：是不是《红瓦》？

万夏：《红瓦》？《红瓦》是 1982 年写的。

杨黎：1982 年写的。那 1983 年就真的是一个谜了。

万夏：比起 1982 年来，1983 年似乎更麻木了，外表看上去好像稳重了些，给老师和学校添麻烦少了。想一想 1982 年，几乎全在逃学、诗歌、喝酒、谈女朋友、聚斗、夜饮、借债、游行、罢课中度过，还有受处分。

杨黎：《打击乐》是什么时候写的？

万夏：哦，1983 年还是重要。寒假，应该是 1983 年尾巴和 1984 年年初嘛。

杨黎："莽汉"开始了。

万夏：那应该是 1984 年了。

杨黎：1984 年？

万夏：对，"莽汉"，1984 年年初的嘛，1984 年年初。寒假，回家过春节的时候。

杨黎：你 1984 年就毕业了啊。

万夏：我是 1984 年春天写《莽汉》的。对，1983 年年尾，就是春节嘛，春节的时候我回学校，然后一拨人，每个人都开始写"莽汉"

诗。我这个时候写了一批，写了几个月，我就想出个集子，找一个人打印了就出了个集子。

杨黎：叫啥子名字？

万夏："莽汉"。

杨黎："莽汉"？是集子名还是诗名？

万夏：我有一首诗就叫"莽汉"。

杨黎：李亚伟说的是，你跟他谈到的时候说胡冬叫"好汉"，你说叫"莽汉"。你的发音应该是猛，为什么莽汉可以发音为猛汉？

万夏：不对呀，就是"莽汉"。

杨黎：当时他就是这么说。

万夏：哦，不晓得了。

杨黎：然后你说叫"莽汉"。你提出叫"莽汉"就是 1984 年年初了。你个人的诗集印了好多？

万夏：有十几本。

杨黎：你就开始往外寄？

万夏：啊，寄嘛。

杨黎：寄了哪些人，就是你能回想起的？你怎样和东北人建立起的联系？

万夏：东北呀？东北呢我和郭力家是好友，我和郭力家是在大学里面就通信。

杨黎：郭力家说，他也记不清楚是哪个人介绍你们认识的。

杨黎：我记得应该跟徐敬亚有关。

万夏：哦对对，可能跟徐敬亚有关。

杨黎：因为徐敬亚是名人嘛，你给他寄过你的诗集。

万夏：可能是，可能是我寄给徐敬亚。我还可能寄给了很多杂志。

杨黎：也往杂志社寄。

万夏：那种是有点恶作剧的，比如把那个诗写到避孕膜上，写到手纸上，寄到很多编辑部和杂志社。极其恶作剧，那种形式感很多，就是那个东西，全部是抄的"莽汉"诗。

杨黎：真有点行为艺术的感觉。

万夏：哦，就是这个意思。

杨黎：你写了一本，而且还打了集子。但是，在我的印象中，胡冬被我们看到的"莽汉"诗就是开始的那两首，其他就没有了。

万夏：他一开始就是这两首。

杨黎：开始写"莽汉"的时候也就只有你们两个？

万夏：是，到后来就是李亚伟啊，马松啊。

杨黎：李亚伟和马松都是南充的，而胡冬那边基本上就没有人写？

万夏：当时写这种诗遭到了所有人的反对，都觉得很怪的，别人读的时候就是觉得你的诗不是诗。

杨黎：遭到了"传统"的"明白诗"和"先锋"的"朦胧诗"的双重反对。

万夏：对对对，当时诗歌界正在"朦胧"之争，大都反对我们。其实，我们写"莽汉"诗，纯粹就是想写当时的一种生活状态，就是说粗话说大话，反正是很直接。

杨黎：这个时候的诗就已经有开始说粗话的诗了。

万夏：1983年年底1984年年初，胡冬告诉我，人家说我们的诗是他妈的诗，我们就他妈的诗，写的全是粗话。

杨黎：他妈的诗？

万夏：我说我们就叫妈妈的诗嘛，呵呵，很多人不喜欢，他们觉得我们像流氓在写诗。

杨黎：那是一个唯美的时代，"莽汉"的出现，肯定刺伤了那个时代的眼睛。那个时候，你们跟外面的联络多不多？是些什么人？

万夏：我接触的少，完全是胡冬。而他接触的外界，也就是他们学校的那一拨，就是那些在成都写诗的人，他也非常不喜欢这些人。

杨黎：跟其他的，比如，外省的，有没有接触。

万夏：我几乎没得接触，他也可能没有。

杨黎：《飞天》有一个叫"大学生诗选"的栏目，他们比较早了，你们也没看过，也没投过？

万夏：没有。完全没有。

杨黎：据说是有很多后来的第三代人，比如，韩东、于坚，都在那里发诗。

万夏：好像没听说过。

杨黎：四川的宋炜和周伦佑都在上面发过诗的。

万夏：呵呵，是不是哦。

杨黎：我当时是听谁说过，我也没看过。

万夏：我们和你差不多，都没给外面有啥子来往。都是到了最后，我打印了那本《莽汉》，才开始找一些人，看着舒服点的人，寄过去。

杨黎：在当时，你们之间的互相支持还是很重要，比如，李亚伟和马松迅速反应和加入。

万夏：我在南充就晓得，开学过后，我就搞了一个朗诵会。我当时把"莽汉"诗拿出来朗诵的时候，包括我们学校的写诗的和不写诗的，以及社会上一些朋友，全都目瞪口呆。他们就是觉得更像谩骂，哈哈，更像一场谩骂，吵嘴。我说谩骂就是谩骂。后来就是这些反对的人，写的诗歌也开始像这样子了。他们后来想啊，觉得，这些东西恰恰是他们需要的。就在那半年多，人人都在写"莽汉"诗，包括我们学校的这些。李亚伟和马松，就在这个时候起来了。我觉得，李亚伟在这个之前，他写的诗就十分坚硬，那是骨头里面的东西。我不一样，我后来搞多了，就觉得不自然了，觉得做作，所以就不搞了。但李亚伟和马松，我觉得他们完全是骨头里面的硬汉。这么多年了，我们回头再来看，我和胡冬只是一根点燃的导火线，真正的炸弹还是他们。

杨黎：李亚伟写的第一首"莽汉"诗是哪一首？

万夏：我完全记不到了。

杨黎：李亚伟说他写了一批，有《我是中国》，还有《老张和遮天蔽日的爱情》等。他说他写了很多，写完了就寄给朋友们，包括你和胡冬。他说胡玉也写了，也给他寄来。就是马松一直没反应。结果马松在暗暗地写，把自己认为都写得还可以后，才寄出来。李亚伟说，好像是《我们流浪汉》《咖啡馆》等一批。

万夏：对，马松在 5 月份左右。

杨黎：我听你说过你在南师的一个教室里面收到马松的这些诗，就哈哈大笑起来。

万夏：哦，这里面还有一个故事。当时我坐在学校的一张石头桌子旁看书，5 月份吧。因为我在复习，我好像有几科没及格，要留级，马上毕业了我就搞得很紧张。我的一个同学把信给我拿过来，我一看是马松的，就打开看，结果里面就是两首诗。我记得那天学校里面很清净，路边有很多石头桌子，我就坐在一张石头桌子旁，我简直看入迷了。这一封信，我一直都保存着的。

杨黎：现在能找到？

万夏：找不到了，就因为啥子，1990 年那阵都被收走了。很可惜。当时我看了这封信，就读读读，哎呀我大笑起来，晓不得？一个诗人就这样诞生了。写得很好啊，写得太棒了，一个杰出的诗人诞生了。我正在沉醉，这时有人在叫我，我回头一看，一个女生站在我旁边，她是过来拿书包，她的书包就放在我坐的这张桌子上。那时候学校风气相当好的，你放在那里放一天没人拿你的。一个书包放在这张桌子上，我当时没注意。当我转过身来看见是她，就很随便问她："你认得马松不？"她很诧异："马松是哪个？"我说是数学系被开除的那个。她想了想说："哦，我晓得我晓得。"我说他现在变成一个诗人了，一个诗人诞生了。她完全不理解，我就把信拿给她看，我说你拿去看："晚上 8 点钟你在这里等我把诗拿回来。"然后我转身就走。8 点这个女生来了，太有意思了。

杨黎：马松诗为媒呵呵。

万夏：你不要说，马松这个人写东西就是奇怪，他有个名字叫"神子"。

杨黎：我第一次读他的诗他的名字就叫"神子"。

万夏：很长一段时间我们都叫他"神子"，后来我说，锤子神子，还不如叫马松好，非得说是疯子。他的名字像法国诗人的名字。他说是神子嘛一个宝器我觉得，那个诗人就是这样诞生了。我在南充轰轰烈烈搞了半年的诗歌革命，就一下出了李亚伟和马松两个大诗人。

杨黎：那你说说，在莽汉主义里，是你和胡冬重要，还是李亚伟重要？

万夏：很多东西不能这样说，我觉得。

杨黎：你觉得该怎样说？

万夏：没得李亚伟，当时的莽汉主义就终止了。他后面真正发展成为一个主义，成为一个流派，这个是很重要的。因此说，有两个人是不可不说的，一个是李亚伟，一个是马松。你想如果缺少这两个人，两个真正的莽汉，靠我和胡冬这两个中途撤退的家伙，是不可能把这个"莽汉"的旗帜打得很久的，更不要说影响。

杨黎：马松和李亚伟是骨子里的莽汉。

万夏：我觉得是骨子里的。我从前始终强调一个观点：诗歌是一个人的生活方式，即使他停止了写作，他仍是一个诗人。生活就是这样，可能我觉得遗憾的是，"莽汉"最终没出一本好的集子。

杨黎：民间的和正式的都没有出？

万夏：都没有出，至今没出。前几年我们本来想出，就是收一些东西，把它搞出来，结果大家都没有动。李亚伟就是负责找了很多资料，找了半麻布袋子，也就放在哪儿了。哪天真的找一个人来弄。

杨黎：我看见过这些资料，有好多郭力家和马松的通信。哦不对，应该是马松写给郭力家的，郭力家写给马松的我没有看见。

杨黎：你和郭力家通没通信？

万夏：通信的，我咋不通信，通了半年信啊。就是写《莽汉》的时候，我就开始和他通信了。我跑到东北去，然后把两边李亚伟、马松和郭力家全都联系起来了。从东北回来后，我们就开始第一次合作。

杨黎：搞政变。

万夏：我强调一下，我想起来我们原来搞诗协的时候，老是一天到晚开会，莫堂，完全是徒有其名。唉，而我们呢，就是想做点事情嘛。不是我们原来搞了啥子诗歌朗诵会啊，迪斯科晚会啊，出本书，出本杂志，但是大家最根本的呢都是花花肠子。如果当时按他们的想法来做，至今都一事无成。钱，钱凑不起来；人，个个钩心斗角得厉害，哪个当主编哪个当副主编的。很烦啊，简直是搞啥子吗搞。没得人做实事。另外第二个，这本书即使编成了，我们两个，包括第三代人没得任何搞头，肯定是。你的诗，胡冬的诗，李亚伟的诗，包括宋渠宋炜赵野他们的诗。

杨黎：既然你都谈到了这点，我也说一件事。这件事我一直没有说。就是我有一次在和周伦佑谈到杂志内容的时候，他就说，要小心，像《怪客》这些都不能发。

万夏：像这种一眼货的东西都不能发表，那发啥子？

杨黎：我一听心里就有点冷，我想那还搞杂志干什么呢？搞诗协啥子呢？这一点，算是我心里面埋下的最早的一个不满。所以，后来你找我，我马上就答应了。我觉得那就是在观念上，甚至在目的上，我们和他们是不同的。就是你从东北回来后。当时你给我打了一个电话，我当时还在银行上班。晚上很晚了，你又跑到我家楼下，我们站在冷风中谈了很久。就定下了。

万夏：本来就是，一弄就成了。当时我很想打着第三代人的旗子，但的确是有点把握不清楚。

杨黎：李亚伟说，肯定会更好。

万夏：是不是哦？

杨黎：是啊。包括后来办《中国当代实验诗》，如果你和李亚伟坚决点，也不会办成那样。

万夏：也许。但是，我觉得当时那个局面是清楚的。"朦胧诗"一拨，石光华写"史诗"的介于中间，然后是第三代人，我觉得泾渭分明，也是很好的办刊方针。非常清晰，我觉得这个是对的。就说《中国当代实验诗》，我在廖亦武开的名单上，又开了好多名单。每个人都发了信，我起码发了三十封信，全国各地的，因为我当时手上全国的地址都有，像联络图。当然，后来我回成都了，他们有所变化，跟我就没有关系了。

杨黎：你那时候走了很多地方，你带回来很多信息，基本上我和外面的接触都源自你带来的信息。比如说《他们》，还有《大陆》，孟浪和默默，韩东、于坚他们。

万夏：多了，还有贵阳、广州、深圳那边，东北就不说了。

杨黎：那时候没钱的。

万夏：那时候没钱。

杨黎：没钱怎么跑那么多地方？

万夏：不晓得。有时候是边走边要，你知道的，到了一个地方，吃和住都是不要钱的。有时候，还跑点买卖。我 1985 年又去了东北，我就是去卖君子兰。

杨黎：你的走动是相当重要的。我一直是觉得奇怪，我的闭塞是有原因的，不像你们，没在大学里面。但是作为你们的闭塞，我想不清楚。因为早在 1983 年，韩东他们那边就已经很活跃了，但你们基本上没得联系？你知道《他们》也是因为那次出走那次游走后。

万夏：就是那次。你知不知道，在那次之前，我们把《现代诗》的集子寄出去了很多，但都是靠宋渠宋炜他们，他们和全国的联系最多最广，也最早。

杨黎：是他们？

万夏：当然，全国各地他们都联系，起码收到一百个地址。我们那个学校啊，闭塞得很，太偏远了，要坐十几小时的车才能到。

杨黎：川大呢？

万夏：川大要好一些。

杨黎：不好啊，你看我问赵野，他也只知道万夏、廖希、胡冬，是不是四川都比较闭塞。

万夏：四川非常闭塞的，这个四川啊是相当闭塞的。川大可能也是的。当然，它也有个好处，恰恰可能就是四川崽儿在 1980 年那几年的闭塞，后来才冒出那么多。就像四川历代的乡村知识分子。

杨黎：我记得第一次听到张小波的名字，已经是 1985 年了，就是我们编《现代诗内部交流资料》的时候，是石光华说的。石光华有一次说，你们的那些诗怎样哦，比如说张小波，后现代什么。

万夏：张小波这次采访了吗？

杨黎：还没做，在约时间，可能是明天吧。

万夏：和他的交往可能要早和多一些。

杨黎：我觉得1985年之后，你的整个情趣就放到宋渠、宋炜上了，和宋炜的交往那是很重要的，宋炜和你的交流我们也看到了的，也是很重要的，包括石光华本人。你和他们的交往，一方面改变了你的诗歌，一方面也改变了他们的做人。我记得石光华曾经有一句名言，叫什么："人学万夏，诗学宋炜。"喝酒，抽烟，办《汉诗》。

万夏：我和他们的交往的确很重要，我觉得宋炜是一个了不起的人。我把你们的东西带进去，又把他们的东西带出来。我就是这样一个人，你看啊，我说我身上可能要分出几个人才对。我后来分析过我，在学校的时候，我和大家交往，基本上是四五个圈子，我都是他们的中心。

杨黎：社会上耍的，再加弹吉他的，诗人，小说，搞政治的。

万夏：是很复杂啊，一直没想好这个事。现在我恰恰变得有些挑剔起来了，对人啊对啥子，可能态度改变了，也可能看不惯了，我也不想接触。我觉得看不惯，和我没得关系就算，可能年龄大了的原因。对于宋炜四川人非常典型的那种乡村知识分子的形象，就是乡村知识分子，他没得学究气，但是他可以搞得像个学者。

杨黎：渊博？

万夏：是，甚至没得学历，但他智商非常高。他非常喜欢传统的很多东西，又反对所有的东西，跟你相像。我觉得他可能是一种典型的，可能是我心目中某个理想。我们可能相互影响，可能我影响他他影响我也好。你们两个就像两个怪客，一个天才一个怪客。你身上有很多毛病，很多缺点。我是说，每个人都有缺点，哪个都有缺点，每个人都有其他人不能容忍的缺点，甚至缺陷。我觉得对我来说，这是正常的。应该这样讲，除非是一个很瓜的人，正常的人都是这样的。正是由于我这样理解了很多人，容纳了很多人，最后恰恰是我没得棱角了。没得棱角不晓得看起来像什么。所以说，我属于狗日的搞调和啊，个人没得棱角了，就变得，都不晓得是好还是坏了。都无所谓好坏了，唉！我经常想想啊，老子骨头里面到底装些啥子？外面的有些不写小说也不写诗的朋友，很多人呢，永远想不到我可以写出这样的小说。这样的小说，如此细腻，细致到根本无法想象。我给人的感觉是不是很粗？在我内心里有很细很细的，非常细的东西，可能也有粗的时候也有暴力的时候，还有发鬼疯的时候。

杨黎：是啊，你实际上是我们这群人中最细腻的一个，我也觉得是最细腻的，很多东西没想到。

万夏：是不是因为人大了之后，很容易变得唠唠叨叨。所有事情都唠叨，所有事情都是事必躬亲。

杨黎：在当时的四川，很多人都是你的朋友。

万夏：总归一句话，那就是四海之内皆兄弟，呵呵，哎呀。有啥子过节嘛，与其吵架还不如喝点酒好，简单的道理嘛，愉愉快快的。喝了酒，能留就留，不能留就走。哎呀，算，各走各的。下次见到，一年过两年见到，大家一起喝点酒聊个天嘛，有好多人非要拿起刀来杀那啥子嘛。所以我不介入。但现在我不这样看了。

杨黎：我们还是谈谈你的诗歌。你诗歌创作的第二个高峰是不是从《枭王》开始的？

万夏：是从《枭王》开始的。

杨黎：1985 年夏天？

万夏：1985 年夏天，在涪陵。

杨黎：《客》是哪一年？

万夏：1986 年？应该是 1987 年了吧。因为这个时候我已经开始写小说了。

杨黎：你基本上是我们那群人里最早写小说的。当然，我说的是写诗写到一定的时候，不是说最早写作的那种。文学青年的那种，小说和诗歌都是开始一起写。

万夏：我是 1987 年开始的，不知道是不是最早。

杨黎：在我印象里，你还写了一个短篇。我陪你一起交到《青年作家》去的。

万夏：叫《两个游人的一天一夜》，是吧？那个是 1986 年了，那个写得早啊。就是 1984 年冬天我和胡冬到天津去看海，怪就怪在到了海边啥也没看到。

杨黎：就是你去东北的那次？

万夏：对。写了这个后，我就觉得要写就好生写一下了。就在
1987 年写了《丧》，是第一个。

杨黎：你写作有没有边写边喝酒的习惯？

万夏：没得。

杨黎：有没得喝醉酒写的习惯？

万夏：没得。我试了一次，我喝酒了写东西，但写的东西后来认
不到这个字，我就放弃了。

杨黎：不晓得写的啥子字啊？

万夏：认不到，简直认不到。我后来试了好多次，就前些年我也
试了好多次，写了东西就认不到，写起来很舒服，但是就是不知道写
的是什么。

杨黎：哪一年开始办《汉诗》？

万夏：《汉诗》？那是 1986 年。编了两期《汉诗》，我是说那一年，
第一期《汉诗》没有出来。现在《汉诗》上发了啥子都想不起了。

杨黎：第一期《汉诗》我专门新写的，也记不起了。

万夏：我抱起《汉诗》来重庆的时候你也在重庆是吧？

杨黎：我在。

万夏：好像是第三期。有一期没印出来，出事了，就复印了一本
来做纪念。当时要全部复印就好了。编了第三期，等于没有编。

杨黎：为什么要叫《汉诗》？

万夏：当时我们就提出这个《汉诗》，主要还是内容上的。锤子！哪
个又不是用汉语写诗呢？我也写了无数这样的诗。《汉诗》我发的啥子？

杨黎：我记得你发了一组短诗。

万夏：《汉诗》？1986 年？我忘记了。

杨黎：一组短诗。

万夏：短诗？你又发的什么？

杨黎：我是读了《周易》的什么东西。我是在重庆写的，重庆的时

候说办《汉诗》嘛，我就写了。当时我在刘太亨那里，刚和小安在一起。

万夏：对，我好像有印象。

杨黎：后来何小竹写《组诗》的时候，他还引用了我的一句诗，就《汉诗》上的一句诗吧。那个时候引用了一句，我看了看说："这是我写的诗啊？"他说："这是你的，是《汉诗》上的。"我说："我怎么都搞忘了呢？"呵呵。《汉诗》还是热闹了一阵。

万夏：对。《汉诗》啊，大家当时可能意识到一种东西，从传统文化，从《周易》，从古代诗歌里面，要找到点啥子。石光华的《梅花三弄》彻底就复古了，我觉得更多的还是要进到诗歌的骨头里了。你看我还记得《汉诗》全称是《二十世纪编年史1986年卷》，接着是1987年卷，1988年卷。

杨黎：在你和他们两个——宋炜和石光华的交往中，办《汉诗》是一件非常重要的事。

万夏：哦宋炜、石光华哦，可能吧。《汉诗》当时对诗歌带来的我觉得也是比较新的东西，也可能是我骨子里比较喜欢的东西。

杨黎：如果是这样子的话，我认为莽汉主义是李亚伟骨子里面的，而这种东方文化的东西，你也是比较骨子里的，所以你一下子就反应得过来了。

万夏：嗯，应该说这样的东西我会体现得比较好。达到高峰的是我的小说。然后我觉得从诗歌上比较好的，是我的《关于农事的五首诗》。

杨黎：宋炜也是在办《汉诗》时成熟的。

万夏：《户内的诗歌和迷信》那种东西。

杨黎：还有《家语》。

万夏：我觉得《家语》是当时登峰造极的，在这个所有的诗歌中。

（谈到这里，万夏去了一次洗手间，出来后，他对乌青谈到了拍摄的事。）

万夏：我屙尿你应该去拍，这个谁都拍不到，只有你能拍到的。我觉得在拍摄的时候，要多注意这些啊，谁在打电话，谁在干什么都要拍，不是只拍一个人在说话。这种说话采访录下来就可以了，但是对影像来说，这不是最重要的。

杨黎：是，是。我怕别人不准我拍。

万夏：开玩笑，这些拍出来简直吓死人。

杨黎：没什么不许的。你根本没有想到。还是回到我们的谈话，1989年你在干啥子？

万夏：1989年啊？ 1989年的时候，一开年我还是在写东西。在邛崃陈瑞生家里写一个小说，还没写完啊，我才写了一万多字，成都的石光华打电话过来说："出事了，你赶快回来。"

杨黎：3月份吧？

万夏：3月份。就是海子死了。1988年年底我还在北京，我还在和他到处耍嘛，还和他在骆一禾她姐的空房里住了几天。我还在他那个政法大学的一个宿舍里住了两天。这布鞋和袜子当时就穿在脚上。但是这个人死了。我听了这个消息，当时我提了一瓶酒就跑出去，想了半天，第二天我就回成都了。就断了，小说也没写完。他死的头两天，他是26号死的，我刚刚写了一首诗，最后就是谈到写诗的下场，谈到死。那个可能是1989年写的唯一的一首诗。最后一首诗还是。老子写了这么一首诗结束了。然后去了海南和重庆。

杨黎：1988年海子到成都，我见到海子，你把他带到我楼底下来喊我，我们一块到人民公园去玩。然后1989年我到你家里去的时候，你说海子死了，我跟你说他们可能在开玩笑，开玩笑，因为我们收到信的时候刚好是3月29号。那个时候没得电话，那个时候我他妈觉得是4月1号就要来，是愚人节的玩笑。到晚上，当天晚上，才证实了他真的是死了。

万夏：哎呀。1992年你在做啥子呢？

杨黎：我们在办公司，你还过来喝过酒。好生活一直是我们的追求，这是对的。可是那以后你就没有写作了。

万夏：基本没写了。

杨黎：之后呢，你为诗歌做的最重要的一件事就是出了套《后朦胧诗全集》。

万夏：啊，那个是我用做生意挣的第一笔钱出的。原来我是给人写稿子嘛，过得蛮惨，一本书才卖6000块钱。然后我和石光华一分，啥子都没有了，要不得。所以就算了，各人出来干，我自己赌一盘那

个。第一本书就是这个啥子《叶子媚叶玉卿大写真》，叶子媚那个奶奶
大，晓得不，叫波霸。全国红得不得了啊，在香港喊了个哥们儿寄了
些画报过来。哎呀，叶子媚她的那个写真集。那一晚上弄的，写了几
个文字就卖得非常好。爆发了一笔晓得不？挣了十几万。其中前后加
在一起有十二万，用来出这部诗集，这本书到现在也没挣钱，因为只
出了 3000 套，抵一些出版社的债务，抵一些送一些，然后卖了很少一
部分，卖了几百套，现在一套都没得了。当时只想，要把它做成最好
的，豪华精装本《后朦胧诗全集》。当时同时在做的有《朦胧诗全集》，
《前朦胧诗全集》，有 15 个印张，400 多页。

　　《前朦胧诗全集》就是更老的那一拨人；朦胧诗才是北岛杨炼，最
后《后朦胧诗全集》才是我们这一拨人。因为这个更重要，就先出了。
所以，这么多诗人啊真要感谢波霸晓得不？

　　杨黎：90 年代之后，你写了一个《晚上 9 点的夜来香》。

　　万夏：哦哦，那是去年写的，我生娃儿的时候。耍起没得事情，
就写了几首，今年也写了几首。

　　杨黎：还想不想写？

　　万夏：写。

　　杨黎：还可以写。除此之外对所谓的后面的诗人你有没有阅读？

　　万夏：很少看。以前我也是读得非常少的，包括读小说。我是很
懒的一个人，后来一些诗人我好像全部不了解。我只读几个人的诗就
够了，何必要读那么多，我又不是做啥子工作要了解。你是真正的诗
人我可以看。我想我这一生我只读几个人的诗就够了。诗歌是一辈子
的事情，可能也越写越臭。

　　杨黎：个人的事情。

　　万夏：是。为什么非得逼得天天写，我觉得很怪，要天天写诗才
是诗人吗？要一年写 50 首诗才是诗人，写一首诗就不是诗人了？

　　杨黎：但作为一个活着的诗人他承受着这样的压力，就是他必须
写作，这种写作可能就是对自我的重复，但是，他还是得写。

　　万夏：对。但拼命证明自己是臭诗人。

杨黎：因为你如果像海子一样死掉了，人家就不可能要求你再写诗。像活着的，你不写好像你就过去了。现在这个诗歌界还真怪，你不仅要写，还要不断参加活动，否则你也会被人认为是你过去了。比如 90 年代，我们并没放弃写作，仅仅是写了没拿出去张扬，那么从某种意义上就遭到了某种怀疑和质疑了。

万夏：把你搞忘了。有意忘了你。（这时一只苍蝇飞到玻璃上，万夏用一本书去打苍蝇。）

万夏：我在打那个苍蝇，人家苍蝇在理背，理得很安逸，我就不想打，不打了吗？

杨黎：不打了。李亚伟说，他认为读诗读得好的，就只有我们三个。

万夏：哪三个？

杨黎：你嘛，我嘛，他嘛。

万夏：是不是哦？

杨黎：你的朗诵一直是很有名的。

万夏：是不是哦？

杨黎：是啊，哪一天听听？

万夏：有一次朗诵录下的，马高民录的，当时是 1995 年吧。我当时朗诵的是《吕布之香》，我用四川话。老子朗诵完了全部爆炸鼓掌，我说："你们听懂没有？"绝大部分听懂了，有些没有听懂。我说好，我再用普通话朗诵。我又用普通话朗诵一遍，他们说远远不如四川话，还不如不朗诵，呵呵。我很尴尬，我读诗读得好。

杨黎：实际上朗诵对于我们来说就是读，我们不会用普通话去朗诵。

万夏：因为你是用四川话写东西的。

杨黎：肯定是用四川话写东西的。我写作的时候肯定是四川话的写作。但是《他们》你就不能用杭州话写作，那是肯定的。上海人不能用上海话写作，语系完全不一样了。

万夏：那啥子呢？那用什么来写作呢？

乌青：就还是用普通话。

杨黎：普通话。

乌青：那是从教育开始的。

杨黎：实际上我们的语系，我们的成都话和普通话是一个语系的。

万夏：那哪天我们小范围几个人朗诵诗，就用四川话，我觉得我会把它朗诵得非常好。一首屁诗也能朗诵成好诗。

杨黎：那就是朗诵的艺术了。不能用这个理解来读诗。哪天开个朗诵会。

万夏：小范围地开个朗诵会。五六个人，七八个人。

杨黎：把李亚伟他们喊到一起啊。先喝两杯，朗诵朗诵。

万夏：对，我觉得这个可以。再找个场子稍微大点的，是吧？找个酒吧也可以。

杨黎：酒吧里太社会化了，不适合。

乌青：还是要有麦克，我觉得。

万夏：麦克不行。你背不到，你要拿到的。

杨黎：咱们开个小范围的朗诵会。

万夏：就是很舒服的。吃了饭，喝了酒，再过来围着桌子就开始。我要朗诵，马上来朗诵，我的诗呢？说来就来，哎呀，愉快愉快。

杨黎：来来，拍起。《吕布之香》？《诗人无饭喝汤》？

万夏：《吕布之香》48页，朗诵一首。

杨黎：好，听你读了这首诗之后，我觉得呢，其实你读的这首诗，就是你莽汉的气质加你古典的意味。你这个任意修改的过程中有些地方修改得很好。

万夏：主要是在语气方面。

杨黎：你有一句话"而镜子里的人物，一错再错"，你改成了"一错又错"，你搞忘了后面。又接了一个"又"字，就重复了。这样呢，在整个感觉中就不大舒服，其他的呢？

万夏：后面你看不到啊，不晓得是啥子。

杨黎：所以写诗的时候呢就要确立。不过听你一读，我还真觉得这首诗不错。以前我记到"想英雄就英雄"，但我现在重新跟着看了一遍，我觉得啊，这首诗里面最扎实的一句诗是："可能的丈夫泪流满面，不可能的英雄到处寂寞。"我觉得这一句话比"想英雄就英雄"还要扎实。这句话"不可能的英雄到处寂寞",我听到了你"莽汉"诗的一面：他其实是虚构在古代和过去的世界里面。

万夏：搞个朗诵也对的。

杨黎：朗诵嘛，使诗歌重新燃烧起来。小说也可以读啊，你的小说，因为小说的一些章节读起来相当漂亮的。什么东西读长了都不好，你很好的诗哦把它读长了也不好。

（万夏朗诵小说。）

杨黎：听起来舒服哇，像诗一样，我所理解的小说就是像诗一样，它不过是一首长诗。

（万夏继续朗诵了一段小说。）

杨黎：我记得你的小说里有一个词，叫疯长。

万夏：疯长？

杨黎：疯狂地生长。那种感觉很舒服的。

万夏：好好好，妈的。

杨黎：搞个朗诵会？

万夏：搞。

杨黎：现在几点钟了？

万夏：5 点 20 分。

杨黎：那我们到你家里去一趟。

万夏：走嘛。

3. 凯宾斯基的一个夜晚

我发现我在写作这本书的时候，有一点老年人的感觉：总是说一些旧事。并不是我总想说这些旧事，而是它说的好像就是旧事。所以，我决定改变这种情况。我更愿意从我们的现在说起。我们的现在应该是舒服的：依然在喝酒，依然在追女人；而在成都那个地方，我们依然在晒太阳。中国现代纪录片的旗手吴文光对我说："把你的镜头对准你们的现在，都是些四十上下的人，应该是最有看头的时候。""肯定是。"他补充说。

我觉得他说得对。

那么，我就把我的这本书从凯宾斯基的一个夜晚写起，把我的工作从北京的一家五星级饭店开始。这样的写作，使我们的生活和我们的回忆，都有了一个很高的起点。我认为应该是这样的，而且它完全适合我们。就像诗人吉木狼格所说的一样，在我们的生活中，除了酒、阳光和女人之外，还需要什么呢？他的话和他头上的天空一样明亮，也和他身体中流动的血液一样纯粹和高贵。自杀的肯定不是，疯了的也肯定不是，那些躲在社会底层呻吟的仍然不是。真正的诗人，或者说一个第三代诗人，我们需要向大家说明的恰好是，我们是值得信任的人，是女人最好的情人，是父母最好的儿子，甚至是儿女最好的父亲和母亲。喜欢吃香的喝辣的，喜欢健康的而不是变态的。喜欢快乐远远多过痛苦。哦，不是，这好像是错误的表述。正确的应该是，我们喜欢快乐，而不喜欢痛苦。真的不喜欢。虽然我们知道，一个人的一生中不可能没有痛苦。但是，我们还是要说：我们不喜欢它。

2001年秋天的一个晚上，万夏带我到凯宾斯基喝啤酒。穿过灯火通明的大厅，我们在一个半明半暗的地方坐了下来。这是一家啤酒馆，就开在这家饭店的里面。万夏说，这是北京最好的啤酒馆。或者按他的话表述，这里的啤酒是全北京最好喝的啤酒。喝啤酒就要喝最好喝的，现酿的纯正德国啤酒。所以，当一大杯啤酒端在我的面前时，我一口气就喝了半杯。我知道这里的啤酒是80元左右一杯，还不算15%的服务费。我三年前来过这里。

"我们就是要喝好酒，过好日子。"万夏对我说。

这基本上是我们这一群人共同的想法，是一个起码的要求。当我在写这篇文章的时候，我回想起我这次采访中的一些事和一些人的话，比如李亚伟，他就说："追求富裕的物质生活是我们这一代人精神世界的一个部分。"而韩东呢？韩东说："我们就是要荣华富贵，就像我们要最好的诗歌和小说一样。"没有人回避这个问题，没有人会回避物质的诱惑。天才的诗人于小韦是这样的，于坚也是这样的，何小竹更是这样的。一群精神强大得已经没有什么可怕的人，又怎么会怕小车、别墅和美女呢？我想不出来。

当然，并不是今天才这样想，所以我们与众不同；更不是今天才这样做，所以我们的本质是高贵的而不是庸俗的。就是在80年代，在全国人民和我们一样贫穷的那个年代，我们坐在一家烂酒馆里面，也一边梦想着某一天的飞黄腾达，一边享受着眼前的快乐，那不就是一杯"跟斗酒"和几片猪耳朵：有时候是凉拌的，有时候又是卤的。从某种意义上来讲，我们从来就没有穷过。穷在这些年，我说的主要是在一些知识分子诗人那里，基本上是做给外国人看的。他们不是我们。他们是可怜的一群。也可恶。

因为可怜之人，必有可恶之处。古人如是说。

还是回到凯宾斯基好了。在恍惚的灯光下，我看见万夏的脸已经红了起来。当时，我们正在谈论我们自己，谈论我们的80年代，谈论第三代人。我们各人已经喝完了各人的第二杯啤酒。万夏说："再来一杯。"他的意思是我们一人再来一杯。我说："当然。"

这里的啤酒除了好喝之外，还容易醉。

在第三杯啤酒上来的时候，我正和万夏谈到第三代人和少女帅青的关系。万夏听完后，哈哈哈地笑了起来。他的笑声显然过大，旁边的一些人都偏过头来看我们。这并不是有意的，仅仅是因为尽兴而已。一尽兴就搞忘了规矩。在尽兴和规矩之间，我们总是选择前者。过了一会儿，也就是说万夏尽兴完了之后，他小声地说，这个故事有错。但是，万夏基本上认为它的"主题思想"是正确的。他说的有错，是一个面子问题。

这不重要，重要的是第三代人的诗歌完全和女人紧密地联系在一起。是因为一个女人，大家走到一起来了。没有其他的目的，万夏说。这是最重要的。

我也是因为一个女人才来到了北京。

我到北京之后，有三个月的时间，基本上是待在家里。就是熊猫环岛十六楼的一间房子里面。一般的情况下，我是不出门的。我在那里享受着寂寞、孤独，也享受着爱情。就像我在一首诗中所说的一样，在努力学习做一个第三者。

也是在这样的情况下，我被万夏带到了凯宾斯基。

说到女人，万夏说，我给你讲一个笑话。

这个笑话是关于《后朦胧诗全集》的。那是80年代中国先锋诗歌的最大选本，是一部在文学史上无法回避的集子。它创造了很多第一。虽然，那基本上是一本万夏特色的第三代人诗集。除了个别人，像尚仲敏、小安和于小韦之外，所有的第三代人的诗和一些不是第三代人的诗，都大部分地包括了。万夏说："这得感谢两个女人。"我问："哪两个？"他说："叶子媚和叶玉卿。"

真正的诗人总是和女人在一起，就像真正的诗歌总是和女人在一起一样。特别是第三代人，想一想，是不是每一件事情都紧密地联系在一起呢？万夏最早去找帅青，找出了第三代人的最初命名。我是说就诗歌方面而言。然后万夏去找刘涛，又在刘涛那儿看见了我的《怪客》。就这样，我们很快成了朋友，成了诗歌上的同志。

当然，我需要在这里补充一下，刘涛并不是我的女朋友，她是我女朋友的朋友。除了万夏之外，我的女朋友（当时）还给我介绍了周伦佑。

周伦佑，万夏说，他现在在哪儿呢？

他在成都，我说。

1984年我和周伦佑、万夏的认识，是我早期文学活动生涯中一件重要的事情，甚至可以说也是四川先锋诗歌活动中重要的事情。因为后来的那些事，基本上都和我们有关系。成立青年诗人协会，办刊物，搞《非非》。我曾经多次假设，如果没有周伦佑，没有万夏，没有我和他们的结合，我们后来的文学发展又将是什么样的呢？我知道，发展肯定是要发展的，只是不会是这个样子。当然，我自己的写作不是这个范围讨论的话题。当时，我已经写出了《怪客》《中午》和《看水去》这些诗，就像胡冬已经写出了《我想乘一艘慢船到巴黎去》，李亚伟已经写出了《硬汉们》《我是中国》这些诗一样，更不要说于坚，更不要说韩东。虽然当时我们——我和万夏——并不知道他们，包括那首著名的《有关大雁塔》。

我记得当我把"莽汉"的诗寄给周伦佑之后，周伦佑迅速地给我回了信。他一方面要我详细地介绍一下万夏的情况，一方面"指示"我要牢牢地把他们抓住。当时周伦佑是一个非常想办事的人。在这一点上，我们目标统一。

"后来你们认识了。"我说。

"后来就有了一系列的事情。"万夏说。

听见了什么声音，我回过头去。不是，是万夏突然发亮的眼睛，使我回过头去。原来是两个非常漂亮的女人，在我的后面坐了下来。万夏说，好了，不要再看了。

"有的东西我们真的绕不开。"万夏说。但是，我不知道万夏是在说周伦佑，还是我身后刚刚坐下的那两个漂亮的女人。我说，是。因为这都是无法绕开的。

啤酒馆里人头晃动，我和万夏已经有点二麻二麻了。这是喝酒喝到最舒服的时候，话也多了起来，眼睛也亮了起来。从旁边走过的人，或者坐在旁边的人，都变得可爱起来。特别是女人。在这个时候，我们是所有女人的追随者。

只是不知道女人们是不是知道。

"你晓不晓得陈礼蓉？"万夏突然问我。我点了点头，我怎么会不晓得陈礼蓉呢？四川青年诗人协会的首任会长，一个不写诗的好哥们儿。一个知识分子，后来成了知识分子商人。只是我的确有好些年没有他的消息了。万夏说，他现在不错。

那天晚上，我和万夏就是从陈礼蓉开始谈到青年诗协，谈到了许多过去的事情，谈到了第三代人，以及少女帅青。我说，我明天把那篇文章写出来。

然后万夏说，一篇文章不过瘾，弄几十万字搞本书怎样？我说：好啊。这本书就这样开始了。所以，这是《凯宾斯基的一个夜晚》。

二、那酒巷，那长长的朝向远方的酒巷

李亚伟访谈

1.躺着是舒服的

如果我们有兴趣的话，我们来统计一下李亚伟生活中究竟哪件事做得最多。首先要把写诗排除，也就是说，他肯定不是写得最多的人。迄今为止，我们所能见到的他的诗，不到 2500 行。其次，我们也要排除他喝的酒。在很多地方，李亚伟是以喝酒、爱酒和写酒而引人注目。但是，在我对李亚伟的采访中，我们共同发现，在他至今 24 年的酒龄里，要活活地扣除整整两年的时间。所以，单就喝酒的时间而言，他也排不上第一。而另一件事，比如说做爱，关于这件事的统计，又有一定的难度。一方面是这件事本身的内部性（做多少次和做多少个是有区别的）；另一方面是关系到他的家庭：我们这里说高兴了，他下来就不可能痛快。所以说，就这件事的统计，我只能做到以下三点：（1）李亚伟的第一次做是比较晚的；（2）李亚伟只有（包括今后）一次婚姻，一个老婆；（3）李亚伟非常喜欢做。

那么，李亚伟究竟什么事情是最多的呢？我是说，在第三代人中，李亚伟比我们都做得更多的事情是什么呢？我认为，就是他走的路。他走的路，比许多知识分子诗人吃的盐还多。举个例说，打从李亚伟分配到丁市那个小镇之后，就没有完整地在那里待上过一年。从 1984 年到 1990 年，他总是在无休无止的行走中度过。用他自己的诗来说："远方一伸一缩，这是达到的一种方式。"只是他究竟要"达到"哪里呢？他不知道，我们不知道，他的众多"莽汉"兄弟也不知道。比如马松、二毛和梁乐。1990 年，他莫名其妙地在重庆待了两年。

但我深信，这不是他所需要"达到"的"远方"。

三下海南，七上武汉，朝天门和沙平坝就无以数计了。我曾经在1987 年陪他走过一次，是他来成都后，被他的一张"铁路职工医疗证"拐走的。我们从成都出发，去了宜宾、重庆，又去了十堰，然后是柳州、镇江，再坐船到海南。最后又从海南坐船到广州，从广州坐火车去武汉、长沙，再回到重庆。在重庆，我们喝了分手酒，各自回了自己的家。

在海南，李亚伟有一个形象给我留下了蛮深的印象。

当时已经是黄昏。海南的黄昏是那样的宽阔，往海边看过去，无涯无际，明亮中彻底透着空。我和亚伟来到诗人张锋的家里，张锋尚未回来。于是，我们就在他家门前等他。因为热，我和亚伟都赤身裸体的，我坐在门前的台阶上，亚伟坐在台阶的一个高处。我回头看他，他正抽着烟，两眼痴痴地望着远方。我突然一惊，低下了头。就亚伟这个样子，以及这个样子所暴露无余的心情，我是很少看见的。

我经常能够看见的，是李亚伟莽汉的另一面。主要的一面。就是那次，当我再次抬起头的时候，他那怅然而又伤感的样子，已转瞬即逝。李亚伟更多的，还是莽汉。

就是现在的李亚伟也是东走西走的，就是现在的李亚伟依然是"在奔逃中感受着自由"。这也许是他的诗歌暗示的结果，是他最早在《硬汉们》中不经意的预兆：我们被夏天推开 / 被沙发和女朋友 / 拒之门外。不同的是，现在的李亚伟不是用脚在走，而是插着翅膀在天上飞去飞来。所以他常常说，他想去学习跳伞。他想背一把伞在身上，这么勤地坐飞机，万一遇到意外怎么办？他自己统计过，90 年代以来，他平均每年要坐三十次飞机。简单地给你介绍一下，你就明白了：他的老婆孩子在重庆，他的家在成都，而他自己却一般生活在北京。这之中，还不包括他因为生意上的那些事。

"主要是生意上的事情。"李亚伟说。

其实走去走来也并不是什么好玩的事，哪怕是飞去飞来。最好是有一天，什么都不做了，几个朋友喝喝茶，打打牌，然后再找几个女娃子一起喝喝酒，就真他妈不摆了。

"我觉得这种生活应该是在成都过。"李亚伟再说。

"如果成都常常有太阳的话。"我补充了一句。

但是，这样的生活并不可能从天上掉下来，就像幸福的毛毛雨一样。如果说在 80 年代，李亚伟感觉是喝不完的酒，那么 90 年代以来，李亚伟的感觉是做不完的事。他常常挂在嘴边的两个字，就是干活。很强的川东口音，或者东北味浓厚的普通话，有许多的无可奈何，而且说得非常的慢。他说喝酒的时候不是这样的，他说吃肉的时候也不是这样的，他说绕女，他说快活……都不像这样。市场经济的时代啊，李亚伟觉得自己越走越远，也越走越累。所以李亚伟说："让我飞得更高。"

我和李亚伟基本上是酒肉朋友。我和他在一起，一般不怎么谈论诗歌。如果一不小心谈起了，肯定是以吵架而告终。虽然，我们之间都非常看重对方。

那就吃肉好了，特别是肥肉。

1996 年的夏天里，我常常接到李亚伟这样的电话，他邀请我出去吃肉。吃那种最肥最肥的肉，一口咬下去，油都在流。这种时刻，他会不停地说："快活，快活。"

是的，他快活，完全的快活，而我却不能像他一样。因为他吃了肥肉，还是那么瘦；但我吃了之后，却越长越胖。好在我们两人的长相，和我们两人的诗恰好相反：他的诗更肥，油水很多；而我的诗更瘦，瘦得只剩下几把骨头。

但是我愿意。我愿意和朋友们喝酒吃肉，以我生命中难以承受的胖。

君子之交，其淡若水。

兄弟相交，其油如肥肉。

李亚伟是我这次采访的第一个人。我之所以把他作为采访的第一个人，除了因为我们都在北京外，最主要的还是，他自己在第三代人中的地位所决定的。那是 2001 年 11 月 3 日的下午，在北京旅游学院里面，我采访了他。他的公司在那里，是旅游学院专门修来出租的八间平房，李亚伟和陈深、郭力家他们把它们全部包了下来。李亚伟是5号和6号两间，郭力家是3号和4号两间，陈深是7号和8号两间。另外两间是他们的公用办公室。一进旅游学院的大门，就可以看见右前方200米处，一排矮矮的平房，那就是他们的办公室。这个办公室也是他们写诗的地方，更是他们打牌的地方。张小波常常来这里打牌。

我到了李亚伟的6号房时，他正在匆匆赶来的路上。他昨天晚上又喝醉了，所以一进来，我们就谈到了酒。我及时打开MD，录下了我认为非常精彩而又自然的开头。从酒开始，沿着酒之路喝下去，这难道就不是第三代人的宿命吗？

我把酒给了你，你把诗歌给我。

2. 李亚伟访谈

李亚伟：又不喝了，老子起码三天不喝酒。好难受哦。

杨黎：喝一天歇三天，比石光华还歇得久。石光华是喝一天歇一天，你是喝一天歇三天。

李亚伟：他不像我这种，我现在是一看到酒就不行了。

杨黎：并不是醉酒的问题，现在是怕酒的问题。扛不住了。

李亚伟：嗯，扛不住了。这个难受的程度，比真正喝醉了还难受。现在这个时候，第二天第三天都还不行。完全不行了。

杨黎：你酒龄有好长？我是说第一次喝醉时你有好大？

李亚伟：那太早了，那还是上中学的时候。

杨黎：上中学？那是好大？

李亚伟：中学呀，那就是十四岁呀。

杨黎：十四岁第一次醉？

李亚伟：我十五岁的时候高中都毕业了。杨黎：你读书很早？李亚伟：毕业得早。

杨黎：跳级？

李亚伟：小学跳一级，初中跳一级。初中是学制缩短，不是跳。

杨黎：十年制。

李亚伟：小学五年。我跳一级，我变成四年。

杨黎：中学变成三年？

李亚伟：初中正好赶上要缩短一年，变成两年。刚好要实验。

杨黎：十四岁就喝醉了？

李亚伟：对，到现在好久了？24年了。

杨黎：酒龄24年。中间醉了好多次？

李亚伟：那怎么算，没法算。

杨黎：呵呵，平均三天一大醉，两天一小醉。

李亚伟：有没有一万次？

杨黎：没得呀，24年嘛几千天，24个365天。哪有一万次。

李亚伟：呵呵，对。可能有一千次。

杨黎：平均七八天醉一次。

李亚伟：呵呵，对，差不多。

杨黎：你记得有没有什么时候是天天醉？

李亚伟：1986年左右，那一段几乎是天天醉。

杨黎：你越往后醉的间隔时间会拉得更长，休息的时间也更长了。

李亚伟：你听我说啊，现在喝酒不像以前了，以前喝酒还有不醉的时候。

杨黎：就是喝不醉。

李亚伟：也不是喝不醉，是经常喝到一半就没得喝了。现在是基本上每次喝都要喝吐。

杨黎：那时候不能喝是因为没有钱吧，没有酒喝。酒喝完了。

李亚伟：那时候喝酒还是恶习不深，包括往来的朋友恶习都不深。就把这点喝完就不喝了，喝完就回家了。你现在哪个干？两瓶下去才刚刚开始。

杨黎：我现在跟你正好相反。以前是喝酒就一定要喝醉，简直像个酒鬼。现在倒是喝着喝着就可以不喝了，够了就不喝了。

李亚伟：你在酒上面比我要成熟些嘛。

杨黎：哈哈，酒上面成熟。我俩成熟的方式颠倒了。你年轻的时候倒成熟些，喝到了位就不喝了，那真是了不起啊。

李亚伟：那都是属于朦朦胧胧，谈不上成熟。

杨黎：醉后写过诗没有？

李亚伟：写过，写过。1984 年、1985 年、1986 年的时候。

杨黎：醉了写？

李亚伟：也不。

杨黎：那就是边喝边写？

李亚伟：我今天如果想写，我觉得我要写好诗，我就肯定专门弄点酒来喝。但不要弄菜，有菜影响写诗，知道不？

杨黎：那就是吃得太饱了。

李亚伟：但是光喝酒很难受。一般是先喝一点，二三两，一口喝下去。那后面就不难受了，便开始写。我那个《硬汉们》就是那样写的，一瓶酒就是喝完写完。

杨黎：《硬汉们》是哪一年写的？ 1983 年？ 1984 年？

李亚伟：1984 年。1983 年没有好诗，不像你 1983 年就有好诗了。

杨黎：1983 年的时候你基本上还是有点传统的，是不是？

李亚伟：当时是这样，应该是个人感觉到想写点新鲜的东西，但是又感觉到笔力不够。写出来还是传统抒情的东西，应该有点。唉，受现代文学的影响。徐志摩，或者那时候的小说意境影响。封建社会的意境，落实到诗里面就是农夫的意境。哈哈。

杨黎：那个会你去了没有？就是万夏和胡冬他们在重庆西师召开的？

李亚伟：没有没有。说实话，那时候活跃的还是 80 级的。诗歌活动活跃的。

杨黎：79 级呢？

李亚伟：79 级的不成气候。

杨黎：胡玉呢？

李亚伟：胡玉是 79 级。79 级写诗的就我们两个。那时候马松也是

79 级，但是那时候马松不写诗。那时候他就是在学校里面穿得比较时髦的，就是所谓的花花公子。

杨黎：穿啥子？

李亚伟：火箭皮鞋，下面钉 20 几个钉子，走路咔咔地响，就是个花花公子样子。留长头发。

杨黎：我没看到马松留长头发的样子，我看到马松就是短头发了。

李亚伟：那时留长头发很棒。就是像那种人，很棒。

杨黎：你有照片没得？

李亚伟：有，我都可以提供。那种人留了长头发就不像大陆的人，就像美国 60 年代搞摇滚的那种人。万夏嘛，也是留那种头发的。

杨黎：万夏他们那一届当时就只有万夏吗？

李亚伟：不，有很多写诗的。当时很多人都是要写诗的，只是没有写出来。

杨黎：万夏他们和你们是哪一年认识的？

李亚伟：万夏？他是二年级的时候和我们认识的。我三年级。

杨黎：怎么认识的？

李亚伟：认识就是因为写诗呀。不，不，不。先还不是，先还是因为耍流氓。当时就是旷课，耍女朋友，打架。在学校好像都各自在各自的圈子里比较有名，为啥比较有名也说不清楚，可能是属于超社会那种。就是说打架，没有一个月不打架的。后来也因为外貌，奇装异服，和那种老老实实的人不一样。万夏就是胡玉刻意去认识的。那时候就是说，这个小屁儿虫还有些浪啊，我去问一下他。实际上就是胡玉过去拍了一下他，问他："你是哪个系的？""我是中文系的。"万夏说。"我也是中文系的"，胡玉说，"我晓得，你肯定是 80 级的，79 级的在全校没有哪个不认得我们的。"当时就是这样，把肩膀一拍，就认识了。我们经常在一起耍，胡玉说："你过来耍吧。"就是这样把万夏喊过来了，然后大家一起耍了。

杨黎：那时候完全就是凭借一种气质，那时候的气质也就是穿牛仔裤。

李亚伟：穿牛仔裤，还有那种夹克。然后有一个衬衫，一般是白的，也有那种花点点的，把衬衫领翻出来。现在看起来很瓜，那时候看起来很洋盘。

杨黎：现在外边要是走着这样一个人，可能要挨打的。

李亚伟：现在的校园里有他们的时髦，就像我们那个时候有我们的时髦。今后看他们的这种时髦，也是可笑的，像我们一样。

杨黎：那时候他（万夏）刚进校一年？

李亚伟：对，他进校一年。我们两年了，他是相当晃荡的。

杨黎：那时候他就写诗了？

李亚伟：写了，已经写了。那时候我写的诗是啥子呢？基本上是普希金那种。我跟万夏认识的时候，万夏呢，和胡玉他们的路子很近。他们是受邓丽君的歌影响。他们喜欢港台歌词，他们老收集港台歌词。那时候没外来影响，你想看看不到。新的东西，最近有些什么东西都不知道的，只知道以前的。我读书很早，我可能11岁初二的时候看了很多书。我当时借我姐他们那帮知青的。在知青点，当时他们有几个知青带了很多外国作家诗人的书，我看得最高级的书就是普列汉诺夫的《没有地址的信》。我还集中看了黑格尔的《小逻辑》，完全看不懂，拼命看的，想个人凶，想了不起，做大事情。日你妈的完全看不懂。普希金的诗看得最多，那时候是抓到什么看什么，那时候很多很臭的诗也看了。一首诗就是一本书《海华沙之歌》的也看了。当时他们（万夏）那些诗要活跃些，他和胡玉那些最好。

杨黎：你写第一首诗是什么时候，正儿八经写？

李亚伟：那肯定是高中的时候。当时一开始是写古诗，还自学了诗词格律。

杨黎：对，那都是我们那个时候……起步的方式。

李亚伟：那个写了很多，写现代诗是在高考阶段。在我们班还有一个，后来在西师的，我们班的同班同学。写的有点像现在的口语诗，实际上是打油诗、顺口溜，还要押韵的，很瓜的那种。

杨黎：记得一句不？

李亚伟：记不得。我都记在一本本子上，抄家全抄走了。我有一个本子，从初中开始的到高中，我写的诗、散文都有，一个笔记本，就是那一部分，收走后都没还我，全掉了。那种诗当时中学生可能都写过。

杨黎：我们那时候就是这样子的，全民诗歌运动。比如说流行什么事，同学们每个人都要吟诗一首，是班上组织的活动。所以从这个角度讲，每个人都写诗。

李亚伟：对。但我们那时候还有这种情况，我们语文作业你可以偷懒，就写诗来代替作文，那种诗好快嘛，作文写起来好慢哦。

杨黎：但是真正的学诗，是从学毛主席诗词开始。

李亚伟：那是最启蒙的时候。

杨黎：你最早的"莽汉"诗是《我是中国》还是《硬汉们》？

李亚伟：不，都不是。我最先的是《苏东坡和他的朋友们》。应该是 1984 年 2 月、3 月，那是最早的。《我是中国》《老张和遮天蔽日的爱情》也是这一批的。还有一些，但不太行，就拿着没有拿出来。

杨黎：那《苏东坡和他的朋友们》我怎么没看到呢？我看到的时候已很晚了，在《中国当代实验诗》上。

李亚伟：你看到时是 1986 年了。那个时候。

杨黎：我看到的两首诗就是《我是中国》和《硬汉们》。

李亚伟：《硬汉们》要晚些，那是 7 月份写的。

杨黎：1984 年 7 月份？

李亚伟：二、三月份，应该是《我是中国》。二、三月份写了 10 来首诗，那是挑出来的直接可以的，就改了改，那时候当老师呀。

杨黎：1984 年当老师，你是 1983 年毕业的？

李业伟：1983 年毕业的。1983 年 7 月份毕业。

杨黎：那时候已经出学校了？

李亚伟：出学校了。1984 年春节 1 月份，我又返回学校去。我跟胡玉说好，他回去耍，寒假，我也去。我在路上碰到万夏，他说在写"莽汉"诗。在路上碰到。1984 年 1 月份。

杨黎："莽汉"诗是万夏说出来的？

李亚伟：其实最早是胡冬说的，他们两个在成都。但胡冬说的是"好汉诗""妈妈的诗"。后来万夏给我讲的时候，就说的是"莽汉"诗了。万夏的那种方式你知道的，他就跟你讲，我们现在在写这种诗，"莽汉"诗，胡冬就说是"好汉诗""妈妈的诗"。我觉得，锤子，我觉得是"莽汉"。万夏是说"猛汉"，我写成草莽的"莽"，"莽汉"。我说如果要搞一个诗歌流派，发音可以叫"猛汉"，但是事实上是"莽汉"。呵呵，老子有点咬文嚼字了。后来大家还是都叫"莽汉"，万夏一直叫"猛汉"。这是最标准的。

杨黎：1984 年寒假，真了不起。马松当时在不在？

李亚伟：马松当时没有写，一直没有写。

杨黎：在不在？

李亚伟：马松不在，他回家了，被学校开除了。那时我回酉阳中学，2 月份，我回学校教课，就开始写。写了就抄，胡玉一份，马松一份，叫他们赶紧写诗。呵呵，那时候都是这样，赶紧写。胡玉反应快，写得快，写完了飞快寄过来。马松一直没啥反应。后来我发现马松也有反应，也在写，但是没写好。但是后来 7 月份，他写了一首《我们流浪汉》寄过来，还有一首啥子……

杨黎：《咖啡馆》。

李亚伟：噢，《咖啡馆》。有好诗的时候，他就马上寄过来。他可能社交比我宽，他的还是打字机打出来的。

杨黎：除了你、马松、万夏、胡玉之外，还往外面寄没有？

李亚伟：当时没有。当时万夏在外面还不认识啥子人。就是同学圈子。当时晓得外面的情况，还是万夏写信进来的。他就谈到你。

杨黎：那是 1984 年夏天。

李亚伟：7 月份嘛，只晓得什么万夏胡冬，圈子内的。第一个外面的人就是你杨黎嘛，当时他把你的一首寄给我，他抄的是《十二个时刻和一声轻轻的尖叫》，寄了过来。后来他谈到有一个《怪客》，特别怪，但是他没寄来。我第一次看到《怪客》是 1985 年。

杨黎：那是出了书之后了。

李亚伟：那时我到涪陵去，去约稿。我在那里看到的。

杨黎：那时候都出了书了。

李亚伟：不，是我给他们看的。

杨黎：是啊，那时候已经出了《现代诗内部交流资料》，你在那上面看到的?

李亚伟：是，我在那上面看的。

杨黎："莽汉"是 1984 年 7 月份才成熟的?

李亚伟：对，应该是。

杨黎："莽汉"诗歌的那个集子，就准备在那时出?

李亚伟：是。但后来没出。

杨黎：我记得我第一次看你们的诗，看的基本上是你们各自手抄的。

我记得那是在一个很早很早的早晨，8 点钟，那时候我还在上班。我上班的地方和万夏的家只有几步远。我记得万夏给我说，很近，小时候常常往里面扔石头。那天早晨，万夏到了我工作的地方，银行里。万夏进来，他好像根本没睡觉的样子，跟我说："到我家里去。"我就去了。他很兴奋，把抽屉拉出来，也没说话，拿出一沓沓诗稿，你们的诗，很清楚，我记得。直到现在，我都还清楚地记得你们三个人的诗，胡冬的《我想乘一艘慢船到巴黎去》，马松的《咖啡馆》《生日进行曲》，你的《我是中国》《硬汉们》。你让我抒个情好不好，那真是中国诗歌最重要的早晨。我从万夏家出来时，我觉得成都那天的太阳太亮了。

李亚伟：嗨。

杨黎：哪一年发表诗歌的? 问你一句庸俗的话，哪一年发表作品?

李亚伟：1985 年。

杨黎：是不是在《丑小鸭》?

李亚伟：《丑小鸭》。

杨黎：是一组还是?

李亚伟：一组，六首。就是《苏东坡和他的朋友们》那些。

杨黎：《苏东坡和他的朋友们》是《星星》上发的？

李亚伟：那是后来呀。我从来没给《星星》投过稿。

杨黎：《星星》是在《中国当代实验诗》上选的。

李亚伟：是他们自己选的。最早是《丑小鸭》发的，发了六首，是什么？太早了，记不到了。

杨黎：只记得《苏东坡和他的朋友们》。

李亚伟：还有《老张和遮天蔽日的爱情》《毕业分配》。

杨黎：10 多岁写诗，10 多岁喝酒，10 多岁抽烟，好多岁喝醉呢？

李亚伟：高中都喝醉过几次了。14 岁。

杨黎：好多岁开日呢？

李亚伟：那相当晚了。很不好意思。20 岁了。

杨黎：大学毕业？

李亚伟：大学快毕业了。

杨黎：恋爱呢？说说你的恋爱史。

李亚伟：恋爱？大学三年级？二年级？大学三年级。跟一个 81 级的女生，比万夏还晚一级，是一个学生干部，很正派。我是学校最坏的前几名学生，那个是学校最好的前几名，那个好法，学生会副主席那种，三好学生什么的。但是她是正派，初恋是相当正派的，老子一直没有搞的。1 月份到 2 月的时候，来了一个医专的女生。那个女生，她懂，但是我完全不晓得。在我们那个年龄，很风骚，老子大吃一惊。她能够那么主动，我都吓着了。但是搞不成，始终搞不成。

杨黎：刚才你说 1984 年寒假你回南充是胡玉喊你回去耍，但别人说你是回去看你女朋友的。

李亚伟：是去跟胡玉碰头，耍。那个女人，我觉得她要好得多。

杨黎：那个女人是你们学校的？

李亚伟：不是，是医专的。南充医专。那个女的很浪漫。有一次，我跟马松打架，抓进去了，抓到派出所。派出所就在我们中文系学生宿舍楼不远处。一个围墙。在我们宿舍的走廊上，看得见下面的拘留所。我们就关在里面。李亚林就把那个女的带上宿舍楼。我跟那个女的很偶然，那时候我练手风琴，那个女的拉手风琴很棒，我是到医专去要，哎，发现那个女的手风琴拉得特别好，我就自己去敲女生宿舍的门。我说我听下你拉手风琴要不要得？她说，可以嘎。很大方的样子，我说我想听俄罗斯的民歌《小苹果》，我以为她拉不到，没想到拉到了。拉得相当棒，那时候我就喜欢上了。我就不走，一直在那里听她拉，走的时候我说我是南充师院中文系的。她说："我看你那样子就是南充师院的，还是中文系的，因为看起来比较坏那种。"我就说："哪天你过来耍嘛。"好，说完就走了。那天还是有点腼腆，不像后来那样。后来有一天她真的来了，我们吃完晚饭从食堂出来，后来又上街去晃的时候，前面就出现了我们学校里的虾兵虾将那种，飞快一个就跑过来说，医专过来几个女娃子，要找李亚伟，哎呀一过来就是四个，在那里扭扭捏捏地站起。一看到她，那种狗日的甜蜜感，我还在耍女朋友，那时候我脚踩两只船。呵呵……

杨黎：都是虚踩嘛？

李亚伟：对，就是两边都约会。后来翻梢了，正派女同学不理我了。也没有啥子。然后一直到后面，就是刚才我说的，我和马松都抓起来了，李亚林带她到我们宿舍去，她就在上面给我拉手风琴，拉的是《吉普赛之歌》，还有《西班牙斗牛士》的舞曲。

杨黎：这个情节好舒服。

李亚伟：那是大学生的那种，大学生的恋爱。很浪漫，那真的谈恋爱的方式是中午躲到电影院去看一场电影，躲起躲起的，害怕老师看到。那时候看了好多外国老电影。那时就不看国产电影，不唱国产歌。

杨黎：你那个时候是什么样子？

李亚伟：那时候我戴个眼镜。

杨黎：留长头发？

李亚伟：长头发，有时又是个光头，那时候因为被拘留过，拘留都剃光头。很廉价的眼镜，穿的是军服。那时候最时髦的流氓学生都是要搞军服来穿，但是不是一般的解放军的的确良衣服，那不是，一般特种部队的是最时髦的。我穿的是坦克服，下面有扣子会收拢的那种，然后还有白色的公安服，冬天每个人的服装都统一成一样，军大衣。

杨黎：马松你们又是怎样认识的，他是数学系的嘛。

李亚伟：都是胡玉先认识的。

杨黎：又是胡玉先认识的，他是善于交际的人。

李亚伟：他是善于交际，呵呵。哦不，是马松自己找起来的。他看着这些人好耍，他有次就去找胡玉，在图书馆。他对胡玉说："你是成都的？"胡玉就说是，说成都话。他就说："我是雅安的，我在数学系。我也想过来耍。"大概就是这样，说过这样的话，胡玉就说来，然后马松就把石方带来了。

杨黎：石方也是数学系？

李亚伟：对，那时候就是在学校影响比较大的，石方，他也是坏影响。石方中学的时候练过拳击，他舅舅解放前是拳击运动员，陪都重庆的那种拳击运动员，参加过训练，打过比赛，比较专业的那种。石方的手很粗，人很矮，掰手腕系里面没有人掰得过。他不写诗的。

杨黎：石方一直不写诗？

李亚伟：不写诗。

杨黎：但是和你们的关系一直都很好？

李亚伟：对，业余"莽汉"。他实际上为我们打开了一个世界，就是打人一定要手狠，这种在学生里头就能够打出去，你知道真的晓得了打人要手狠，不管你能不能打架。那些同学好老的，很多当过知青的，年龄比我们大好几岁的，说打他就打他，打得直哭。到后来他是啥子呢，到后来他跟社会上的那种流氓也玩在一起。

杨黎：社会上的流氓？

李亚伟：对，就带我们去跟那些人耍，到那些厂里面，那些社会上的流氓就给我们介绍那种厂里面的女娃耍。就打开了另一个世界，天天到茶馆里喝茶，不上学了。我那时候确实比他们要老实些，给我介绍了一个工厂里的，长得很漂亮，那个女娃就把我往她家里带。我在她家里面跟她妈和哥哥吃饭，那种时候也没有那种坏的念头，那个女娃其实也不是看中了哪个人，她是看中了大学生，她想嫁个大学生。

女娃要成熟些，那时候大学生很时髦，才见面，才认识她就把我介绍到她家里去，到家里吃饭，把老子吓惨了。

杨黎：那时万夏呢？

李亚伟：我跟万夏认识也是胡玉带过来的。

杨黎：胡玉带过来怎么说？

李亚伟："这是万夏，写诗的。"那时候认识就是一句话，这个是写诗的，不写诗的一般都看不起。万夏过来，我就把我的一个本子给万夏看。一个硬皮的棕色的本子，很贵，7块多钱，写了诗修改过就抄到上面。基本上都是。

杨黎：字体呢？你写的"莽汉"字体？

李亚伟：那时候没得，就是学生体。后来是万夏，他画过画的。这种字体我觉得是万夏写得要早点，他写得早点是跟他画画有关系。

杨黎：1989年还是1988年的时候，你在《作家》上发了一组诗，1988年的时候吧？我们一起嘛，你在头条，我在你后面，那上面你有一首诗就是你手写的？

李亚伟：是。那个字体是跟当时写"莽汉"诗紧密相连的，从开始写"莽汉"诗那个字体就出现了。每一个写这种诗的人，都爱这样写字。

杨黎：胡冬也是。

李亚伟：对，胡冬也是写这种字体比较早的。因为胡冬跟万夏一样，也画过画的。他跟万夏上学的时候，字都比较古怪。还没写"莽汉"诗的时候他们的字体就是粗体。"莽汉"里唯一一个坚持不写那种字体的人就是马松。

杨黎：啊，对。他的字也写得不好。

李亚伟：是，他是数学系的嘛。

杨黎：数学系。你那个《中文系》是好久写的呢？

李亚伟：中文系是1984年，有点晚了，是1984年10月还是11月。

杨黎：《中文系》里面出现了好多人，只是没有数学系的马松。

李亚伟：是，《中文系》没有出现马松。《中文系》是很写实的，马松不是中文系的，所以关系再好也没有。我们很多哥们儿像扬帆、石方，在学校里打得翻天覆地的，因为不是中文系的，就没有写到《中文系》里去。那个时候不晓得开后门。

杨黎：扬帆我们一起见过。

李亚伟：是，在海南。写进《中文系》的全是中文系的人，很写实，万夏、洋洋、胡玉、小绵羊，还有敖哥，就是敖天质。

杨黎：洋洋，小绵羊，敖哥都是不写诗的？

李亚伟：写，不写诗的哪个和他耍？都写诗，但是写得很差。

杨黎：你在写《我是中国》《苏东坡和他的朋友们》这些"莽汉"诗之前有没有什么过渡性的作品？

李亚伟：你说哪种过渡？

杨黎：近似于快要像了。

李亚伟：有有有，应该有。那也是胡玉比较早。他去翻书，翻到了好多现代派的作品，他就跟我讲，提到了兰波，有啥子，象征派，他那时候的那些画也全是印象派的，开口就是莫奈、塞尚啊，他是从图书馆查到的民国时期翻译的一些诗，那些诗不好。从胡玉 1983 年的诗可以看出来，我的已经掉了，找不到，找到的 1983 年的一些诗能看出来有些模仿西方的那种象征派，象征主义、达达主义、超现实主义，有些模仿那些诗，然后又写得比较乱。

杨黎：你们聚在一起之后，就不传统了？

李亚伟：没有了。

杨黎：你们一群人都弹吉他？

李亚伟：对。

杨黎：那谁弹得最好？

李亚伟：敖哥最好。

杨黎：接触摇滚是好久呢？

李亚伟：接触摇滚说老实话就很晚，那时候就是对摇滚没有那种概念，也晓得，但还很模糊，是把它和迪斯科混在一起的。那时候很流行迪斯科。那时中国哪有摇滚？

杨黎：那你主要还是听什么歌曲？

李亚伟：找欧美民歌歌本唱。

杨黎：那你好久晓得金斯堡？

李亚伟：金斯堡应该是，我记不起了，我第一次看他的东西是1985年在涪陵，那时编《中国当代实验诗》，是别人给我寄过来的，岛子给寄过来的。第一次看到。我看到很多人的诗都是那一次，啥子于坚的，韩东的。不晓得你们编的那本《现代诗》上面有没有？

杨黎：于坚有。但不多，只有一首。

李亚伟：我没有印象，我有印象的好多诗人都是通过编《中国当代实验诗》，但是那时候就是明显不喜欢前面的那些，就是源头什么什么……

杨黎：《源头与鸟》。是以海子的一首诗为名的，一个"史诗"的栏目。

李亚伟：从北岛到海子，就是那一批诗我持相当大的反对态度。因为当时主要编辑就是廖亦武，他就是要上那个栏目，那时候万夏和廖亦武关系不错，廖亦武要上，他也支持。按我们当时的打算，肯定就只选第三代人的。

杨黎：我从它呈现出来的缺点来看啊，《中国当代实验诗》在尖锐性上和实力的展现上，都不及我们那本《现代诗》。因为它还要晚一些啊，应该更丰富、更好一点，更有特色。

李亚伟：就是无论从编辑，还是编辑方针的问题，我说句老实话，那种就是万夏还是比较看重。怎么说呢？他还是比较看重成名的人。你们也是持那种意见的，就是只选第三代人的。

杨黎：基本上我们编《现代诗》也有相同的遭遇，当时我也是想只编第三代人的，名字叫《第三代同盟》，但是后来从客观来讲还是万夏的编辑方针要正确一些嘛。因为副作用是不可预测的，说不定更好，说不定更差。

李亚伟：不是，如果真正从那个角度来编，应该是更好。从那种时候就划开了，就是第三代人出来了。结果这个问题就是搞到现在还是划不开。

杨黎：就是嘛，包括我的这本书都有很多划不开的，有很多人，不管咋个说又得找他，但他确实又不是第三代，但他们又和我们在一起并肩作战。

李亚伟：如果就意识而言延续到现在的这种格局，实际上就是革命和不革命的问题。革命性就是把一种我们的东西搞到一起，当时，应该是说把今天派隔开还是有意义的，也可以不隔开。主要是那些中间的，所谓第二代那帮，实际就是官方诗人。实际上，我的认识就是，要把他们切断切开。就是说，你看他们的历史，就是在杂志上发的那些，他们就已经成名了，他们成名是通过正式发表成名。那帮人，就是我们那种真正革命性的东西，说直接点就是地下性的东西，他们有啥子呢？应该是，就是他确实是刚刚发生的地下诗歌。按我的说法当时海子也不算。

杨黎：海子从某种意义上来说肯定不算。

李亚伟：哎，对。他已经发表了一些诗，更多的诗只是时间问题。他当时来往的圈子，就是廖亦武他们那些，石光华他们，宋渠宋炜他们啊，《星星》诗刊的。宋渠、宋炜很棒，但不是第三代的。

杨黎：你觉得谁才是第三代人？

李亚伟：第三代的人，应该就是，说范围的话，四川的三大流派之中的两个流派，就是"莽汉"和"非非"，然后南京的那个"他们"。反正那一拨也应该算，上海那几个应该算。这种我觉得很好区分，从诗歌上一眼就认得出来，看前两行就认得出来。然后就东北几个应该算，郭力家邵春光那种风格的，应该算第三代的。但很多人写诗，根本扯不上第三代。第三代没出现时，他们写得好好的，一直写，写了就是准备发表的。我觉得这是一个很重要的标准。第三代人当时写了什么都是没有发表的，晓得发表不了，这个就是一个标准。哦还有后头说的啥子口语的应该也是标准，应该好几个标准。唉，我觉得不好做，还没有人总结过啊。

杨黎：曾经有人总结过，我记得 1985 年，那个时候有一段时间，胡冬，先是胡冬搞了一个《第三代诗选》，先开始是我和他两个策划的事情，后来我因为个人的原因就没搞，他就一个人在搞。当时我们已经做了一些调查，那时候来说还没《非非》，当时作为流派性质的，打了旗帜的就是《莽汉》，然后调查的结果就是《莽汉》的几个，《他们》的几个，就是你嘛，胡冬嘛，万夏嘛，韩东嘛，于坚嘛，丁当嘛，还有就是我嘛。那时候还有大学生诗派。（李亚伟插话：对，那时候是。）这一群，包括上海，上海很复杂。（李亚伟插话：很复杂对。）上海虽然是地下诗歌，但主要是政治的东西。有一些人可以算起来，比如孟浪，应该算是。

李亚伟：孟浪是。

杨黎：默默算起来是，刘漫流算起来是，王寅和陆忆敏也算是。

李亚伟：对。

杨黎：这次是一定要把它界定清楚。它不是一群人为了争天下的结盟，反正不管我们相不相同，反正我们这里为了打，打垮哪个人，我们就结合在一起。不是，它是有阶级的。

李亚伟：对。

杨黎：它是有一个明确的价值取向和美学趣味，起码有一点它必须是反文化的。因为就当时我们高举的一面旗帜，就是反文化。

李亚伟：反文化，对。

杨黎：而他们很多人是唯文化的。

杨黎：二毛好久开始写"莽汉"诗的？二毛比梁乐先写？

李亚伟：梁乐先写。二毛一直跟我们在一起，他那时候写的就是很传统的，他始终转不过弯来，他真正出现的诗歌应该……应该是1985年的时候吧，莽汉的诗。我们上中学的时候他在我们学校，那种时候是中学生写诗，如果从中学来讲的话，二毛是最有名的，因为他能背可能整本的贺敬之的诗，能背很多艾青的诗。二毛中学写白话诗，白话文，不是古诗，哈哈，算比较先进的。

杨黎：嘿嘿。

李亚伟：我们中学时候的，叫啥子呢，就是尖子生，成绩一直在一二名，全校的老师，都鼓励我们向二毛学习。

杨黎：向他学习。

李亚伟：对，成绩极好，他属于典型的那种，成绩好，但不能考试的人。一考就败下来，第一批从应届生里面抽学生出去考，他就是最好的几个，参加第一次高考就去了的。77级。他属于高一，二毛中学比我高一级，他就抽起去参加过考试，每考必败，最后是完全不行了，没得脸了，只有去读那个涪陵师专。我们学校前10名都到北大、清华，教学质量算好的。

杨黎：你在丁市待了好久？

李亚伟：三年。断断续续的，第一年是很老实的，1983年、1984年，基本上很老实的，我1985年走，断断续续地出去，啥子重庆啦，就是没去成都、重庆、武汉，到1986年去了海南，就住在张锋家里，1986年的时候。

杨黎：回来来的成都？

李亚伟：回来的时候来的成都。我到成都来得很晚。

杨黎：你一个人到海南跑了跑？

李亚伟：当时是没得钱，往其他地方走纯粹是因为啥子呢？那里有朋友接待，或者是跟别个顺路。我有个朋友是司机，他说我到武汉，我们开车开到长沙，坐火车到武汉，那不要钱，坐他的卡车。从岳阳开到长沙去。完全是搭顺风车的那种。

杨黎：一路上有没有啥子好耍的？

李亚伟：没得啥子。

杨黎：感觉是坐卡车跑起来应该是有戏的嘛。

李亚伟：对呀，没得。听别人说有，但是没碰到过。哪像现在？去年开车回去，那些农村都有，就是马路边都是，几个女娃子站在那挥手，你想现在公路上车速很快，她都试图把你拦下来。还要来惹你，就是想要撞车的那种。那时候没得。

杨黎：那个时候我们也不去搞商业行为。我是说艳遇。

李亚伟：没得，没得。就两条光棍。不过还有点假，觉得我是诗人，我不晓得从哪儿去录一盘磁带，当时是啥子呢，是不分昼夜地开车，就是晚上深夜也开，出去就是大山，特别是在那个完全是悬崖峡谷里开的时候，把那个卡车的声音放到最高，那种漆黑的，深夜两三点钟在峡谷里面，把声音放到最大那种，帕瓦罗蒂的歌。

杨黎：帕瓦罗蒂？那时候的大货车里面也有音响？

李亚伟：有，有，放磁带。放到最大，夏天全都是光着身子的，深夜 12 点了的，然后就是再开，再开，老子声音放到最大。很舒服的觉得。录音机卡车里面有。

杨黎：丁市相当小？简直待不住你。

李亚伟：相当小。

杨黎：我想不出来有多小。

李亚伟：就一个镇。丁市那个地方特别荒凉，穷，喝酒你经常只能喝一种酒。那馆子，没有一家馆子有菜单，也不会做啥子，他就是炒肉嘛，逮什么炒什么。

杨黎：有几家馆子？

李亚伟：没几家，小馆子还是多。

杨黎：我好像记得你写了一篇文章，在《创世纪》上，你谈丁市和谈过去比较多。

李亚伟：那个是，那篇叫啥子呢？

杨黎：《闯荡江湖》？

李亚伟：完全忘了又。

杨黎：你知道竖吗？他就是看了这本书上你的诗和文章，才开始写诗的。当时是 1992 年。

李亚伟：对。

杨黎：你刚从里面出来？

李亚伟：对。

杨黎：还有一张照片，剃个光头。

李亚伟：那就是刚放出来。李震的意思就是，起个那啥子声援作用吧，好像坐了牢。还是专门带着相机来拍的，拍得好差。

杨黎：在那篇文章里，你谈到了你在丁市的一个女人……

李亚伟：没有吧？

杨黎：谈了，姓……

李亚伟：哦，银行那个，长得还漂亮。

杨黎：她是丁市的？

李亚伟：不是，不是丁市的，她也是那个分配去的。

杨黎：比你先一步走出来。

李亚伟：她是，她那个人呢很聪明，很聪明，想得也比我多。我后来总结出来，这个男人在二十几岁，他不管是性上面还是爱情上面还是人生大事情上，他是恍惚的他是完全不成熟的。这性生活都不晓得哪个过，搞两下就完了。所以一个女娃子、一个女人要性上面得到满足啊，她应该要找码 30 岁以上的男人。要不然就是那种，想起想起就搞两下，也不算是搞，基本上就是很幼稚的性生活。

杨黎：你那个故事可以讲一下吗？那个木匠的故事。呵呵。

李亚伟：那没得木匠。

杨黎：近似的。

李亚伟：没得没得，那是廖亦武乱写的。

杨黎：乱写的？

李亚伟：乱写的，哪里有木匠，没得。

杨黎：哦，那个故事完全是乱写的？

李亚伟：完全是乱写的，完全是捕风捉影都说不上，也要一个风一个影，没得，那个完全没得。

杨黎：就是空穴来风了？

李亚伟：唉，对对对，空穴来风，还有就是想当然，在丁市的时候想个木匠出来。呵呵。在那个地方有过性关系的就是刚才说的那个女人。很枯燥的，所以我不断地想往外边走，也跟性有关系。可能有很大的关系。

杨黎：我们那个时候都想走。不仅仅是性。

李亚伟：是啊，还有喝酒吃肉，我刚才讲了的，所有馆子里都只有一个炒肉，或者煮豆腐或者炒白菜，他没得菜单没得。吃喝上面也不行。最重要的是没有酒友，那种高级的酒友。

杨黎：缺少交流。除了写信外。

李亚伟：没得交流。见不到一个诗人，见不到一个啥子艺术家作家，就是能够一起摆龙门阵的那种。经常喝酒就是一个教生物的，一个生物老师，一个外语老师陪着喝酒。跟他们谈诗谈了几次你就觉得一点意思都没得。

杨黎：其他老师呢？

李亚伟：其他老师是我经常讽刺的对象。

杨黎：哦不，我记得一个女老师呢？你写的。

李亚伟：有几个女老师，诗里写的吧？都，根本不漂亮，不漂亮。就是说，我在那个地方显得很洒脱。在那个环境，和一些人乱开玩笑开很荤的玩笑，说话大包大口的，有很多人，其中就有女老师，一个都不漂亮，都不在眼睛里头，跟她们说话都相当随便。男老师也是，就是说，从道理上面，任何事上你都看不起。我在那里经常惹是生非，几个保卫干事都让我打过，就是从物理上确实觉得一个人牛逼得很，又没得一个美女让你觉得有一个很高的东西让你仰望。所以那种人在那种环境，其实是滋养了他的无法无天。那种生活方式。

杨黎：哪些人去过丁市？

李亚伟：胡玉嘛，胡玉去得比较勤嘛。二毛也算勤。然后万夏、宋炜去过。

杨黎：马松呢？

李亚伟：马松没去过。马松到过西阳，没到过丁市。他就是冬天放假了，放了寒假。哦，不对，不对。马松去过。马松不仅去过，而且还是那里的一道风景，好多学生连老师都看他，他走到哪儿一些学生都要跟着去。

杨黎：呵呵，马松好耍。

李亚伟：他很好耍。碰到狗要喊狗，大白狗，碰到羊他就喊羊。呵呵。

杨黎：碰到人他喊不喊人？

李亚伟：呵呵，那他还是不喊。我那时候有两支那个气枪，打鸟的，他背一支，然后后面带几个学生，一个学生背一支，完全他就是模仿打仗的那种，就是一只鸟还在很远，他从很远可能400米就开始匍匐过去，呵呵，就在地上爬过来爬很久才爬得拢。呵呵，那些学生从来没有看到这个风格的人，不断地跟我讲他，还说他看见鸟就喊鸟，讲他的笑话嘛。闹很多笑话，但是马松很受学生喜欢的。

杨黎：我是错过了一次机会的。主要是不想见涪陵的人。

李亚伟：对。那时候主要是你也认不到何小竹。

杨黎：那时候我和何小竹关系也不好。你是好久跟何小竹好起来的？

李亚伟：还是因为万夏啊。

杨黎：1986年？

李亚伟：1985年嘛。

杨黎：1985年编那个《中国当代实验诗》？

李亚伟：对。那时候都没有钱的，都需要一个投宿的地方，居住条件好的就是廖亦武，他分了房子，他有两室一厅。有一间可以拿来其他人睡。其他人都是一间房，何小竹都是，在过道里炒鳝鱼啥子。1985年。1985年到涪陵，我看啊，还不是因为廖亦武去的涪陵，是以为二毛跟何小竹认识了，1985年冬天我们去的。当时涪陵写诗的很多，那地方小，地方小就是窝一起，何小竹当时把写诗写小说的画画的经常喊在一起连续喝几天酒，可能涪陵就是文艺界的都来了，呵呵，这种感觉。有一次我给他们朗诵。他们从来没有听过的朗诵，他们只晓得那种朗诵就是装腔作势的那种，普通话，朗诵古诗啊或者之类的，他们没听过用四川话读现代诗，我敢保证，你问何小竹他们还是感觉很新奇。用四川话朗诵《武松之死》，朗诵《中文系》。一个烂茶馆，我正在朗诵的时候何小竹突然说："唉，那边调了一个廖亦武来，我去把喊起来。"他自告奋勇地去了，廖亦武来了有点装，外表像是干部，省里面来的嘛，好像他自己也觉得他成名了的，有点装。来握了个手，我们见面从来不兴握手的，跟那个穿得很干净，胡子梳得很光滑的，握了个手。对其他还很傲慢，不屑一顾的样子，就跟我说了几句话，他跟我说话的原因还是他说他跟万夏是朋友，"你有啥子事来找我"，说完就走了。呵呵呵。他走了。其他人就是可能觉得被廖亦武冷落。当时那里那些人还是那个时候的人，按现在的说法还是贱，还是想跟有名气的人交往。

杨黎：有哪些人？

李亚伟：幺六嘛，杨顺礼嘛，陶量，画画的，然后钟刚，画画的。钟刚那时候还是英俊小伙子，很时髦，搞摇滚的那种打扮，挂十字架留长头发，然后光身子。还有写小说的，朱亚林等。然后是我的几个朋友。

杨黎：他们都互相认识吗？

李亚伟：认识，杨顺礼和何小竹认识，这些人全部认识。很多，十几个人，二毛跟着我，一直很担心我表现不好，呵呵，何小竹描述过。

杨黎：我听何小竹说过一件事。他说你到他家后，说要洗脸。他就给了你一条毛巾，叫你用过道上的自来水去洗。你却说你要洗热水。

李亚伟：肯定是要热水。那个涪陵的冬天好冷，我刚从船上下来，江风一直吹得很难受，用热水洗一下好舒服嘛。

杨黎：何小竹说，他觉得莽汉应该不用热水的。

李亚伟：哈哈，那个船上乌江的风一直吹，我不晓得你搞个热水洗那简直是享受？莽汉更应该享受。

杨黎：那是 1985 年？

李亚伟：是 1984 年冬天。

杨黎：你去办四川青年诗人协会涪陵分会？

李亚伟：对对，涪陵分会。1984 年冬天。那是我第一次和外面的一群不认识的诗人来往，比如何小竹。还有好几个写诗的，后来陆续在何小竹那里碰到过。感觉没有大家，那个地方，就觉得何小竹出众一点。第二次正式出去就是夏天了。1985 年，在涪陵。

杨黎：万夏也在涪陵？

李亚伟：啊。

杨黎：搞《中国当代实验诗》。

李亚伟：是。

杨黎：谁出的钱？

李亚伟：雷鸣雏，他那时候都下海了。下海最早的我的同学里面就是他，而且感觉是发财了的。他在市政府里面弄了间办公室。

杨黎：干啥子呢？

李亚伟：办电大。

杨黎：哦，搞教育。

李亚伟：有一次，他把我喊到请我吃顿饭，我就觉得，咦，火锅鳝鱼和毛肚可以随便点，呵呵，喝啤酒，第一次我觉得吃得好。喝曲酒，乌江大曲，涪陵最贵的酒，毛肚你可以就是随便点，那时候吃这些哪里这样放开过。

杨黎：你就动员他出诗刊？

李亚伟：嗯。

杨黎：怎么把廖亦武喊上了呢？

李亚伟：不晓得。可能是万夏的原因。

杨黎：实际上我觉得你和廖亦武的关系也很复杂，你们有一段时间有点互相影响。

李亚伟：是。

杨黎：你们两个正式好起来是啥时候？

李亚伟：就是编那个诗。

杨黎：1985年到1990年，五年时间。

李亚伟：对。五年时间，中间，应该说"莽汉"对他有影响。

杨黎：你去了海南都去了三次，那几年。

李亚伟：对。跟你去了一次。自己去一次。

杨黎：跟廖亦武也去了一次。

李亚伟：对。我跟廖亦武同去很晚了，1988年，1989年了。有一次在武汉碰到，那时候肖开愚跟着廖亦武的，我和马松两个，在武汉有个朋友，要得好好的，肖开愚突然给我说："马松在这儿，我不喜欢他，你喊他走。"我说："你凭啥子喊他走呢？呵呵，老子喊你走呢。"肖开愚那人，他那时候对诗歌是力争要发表的那种。

杨黎：一个向往官方的人。离开了丁市之后待得最长的，我知道是在十堰。

李亚伟：待过好多次，待过好多次，一次比较长，当时呢基本上是，那时候还是有意思，想写诗，按现在的说法是有选题了，就想找一个地方去写，到十堰基本上有两个目的，一个是写诗，一个是找女人。

杨黎：你有一次给我写信说十堰有一间房子臊乎乎的。

李亚伟：啊，哈哈哈。

杨黎：哈哈，我去过十堰没闻到什么臊乎乎的味道。

李亚伟：找不到，结果找不到。

杨黎：结果为了一个臊字差点掉到厕所里面去，哈哈。

李亚伟：结果那边兄弟过的日子跟我差不多。

杨黎：有一个卖菜的女的，李麦追着人家跑，差点掉到厕所里面去。那地方真没什么？

李亚伟：是，但它毕竟是一个新地方，到了一个新地方，总觉得会认识啥子人，有啥子新发现，二十几岁的人，好奇心当然重得很。

杨黎：郭力家好像是第一个外省的"莽汉"，你们是怎么认识的？

李亚伟：那很早了，1984年，万夏去了长春，按他的说法好像是倒卖君子兰。

杨黎：倒卖君子兰是第二次。

李亚伟：第二次？

杨黎：第二次，我问过他的，他第一次去是咋个去的自己也不晓得了。

李亚伟：他去了，然后郭力家就马上给我写了信来，郭力家特别喜欢写信，我收到的郭力家的信相当多，就互相寄诗嘛，就认识了。

杨黎：郭力家对"莽汉"诗歌甚至第三代人的诗歌在东北的发展是出了大力的。

李亚伟：是。我和他认识不久，就开始在《关东文学》发我的东西，而且发得就很大方的，一发就很多。这使我那时喝酒的钱也多了。宗仁发后来到了《作家》，《作家》也一直发我的东西，那时候的工资50多块钱就是高工资了，我在单位上算高工资，再加上两三个月有五六十块钱的稿费，比一般的人就要有钱些，所以喝酒就喝得勤，那时候天天在喝酒。

杨黎：我现在已经想不起我是好久认识《关东文学》的，好久跟《关东文学》密切的。

李亚伟：应该是 1984 年、1985 年，1984 年和郭力家通信。

杨黎：是不是哦，我想不起了。

李亚伟：全部是郭力家。

杨黎：总线是郭力家。

李亚伟：郭力家把那些诗全部拿到《关东文学》去，《关东文学》那边要挑第三代人的杏黄旗，当时郭力家写信说。

杨黎：杏黄旗？什么杏黄旗？

李亚伟：古代造反的标准就是杏黄旗，打杏黄旗，杏黄旗。

杨黎：哦，杏黄旗，我他妈还以为是性红旗。我简直是太黄色了，听到那儿去了，呵呵。

李亚伟：呵呵，那也是一个反的标志。

杨黎：过几天我问问宗仁发，好久开始搞的，为什么要搞？对我们来说，对第三代人来说，《关东文学》应该是非常重要的一件事。

李亚伟：对。还有郭力家。我发表东西基本上是通过郭力家的，郭力家在做这个工作，那时候我们基本上没管，也没哪个在乎那种。他不仅给你在《关东文学》发了，他还给你选起到《诗选刊》发一道，选了就挣稿费。那真正那个地方是 1986 年，《关东文学》是 1986 年。

杨黎：《关东文学》没那么晚啊，要早点。

李亚伟：对。好像是。

杨黎：后来就是《作家》了。1989 年你为什么没有去？

李亚伟：1989 年，我在十堰。1989 年是不是去领那个奖啊？就是《作家》奖？

杨黎：是啊，你写了信给我，说一起去领奖。

李亚伟：后来他们说不去了。

杨黎：我当时不知道，我当时在深圳，我也没回家，也没听到说会不开了，我从深圳就去了。

李亚伟：他们是通知不到你，只通知到我那里，因为我刚写信说到梁乐那儿去，在梁乐那儿写东西，他们就发了个电报给梁乐，就是叫我不要去了。

杨黎：我去了，王小妮去了，朱大可也去了。

李亚伟：嗯，我知道，我是收到他的电报了，电报上要我不去。1989 年 6 月 4 日前后，我在湖北十堰待起的。

杨黎：那个《旗语》是出来之后你写的？

李亚伟：出来之后再写的。1992 年，出来之后就写的。一口气写了将近 20 首。

杨黎：出来后在家里待了多久？

李亚伟：在家里面基本上待到年底，待到年底就跑出来跟刘太亨、李元胜一起混。

杨黎：就 1992 年年底。

李亚伟：是。就开始当枪手了嘛，做稿子卖。

杨黎：我晓得，重庆的第一枪，哈哈。

李亚伟：哈哈。

杨黎：重庆第一刀是刘太亨。

李亚伟：那时候做刀片，他做刀片快，可以把羽毛都刻下来。

杨黎：从大三的时候开始，你的每一次恋爱，都没有结婚的想法？

李亚伟：我认为都没得想结婚的。

杨黎：你究竟有好多个？拉手风琴的，然后还有就是那个医专的那个是不是？

李亚伟：就是一个人，她们就是一个人。

杨黎：就是拉手风琴的？

李亚伟：对。

杨黎：然后就是丁市的那个？

李亚伟：是。

杨黎：正式确立那种东西，是不是像我们到海南去的那一次，你那时没得固定的？

李亚伟：对，没得。

杨黎：那后来你一个人到海南，到武汉，你都没得固定的？

李亚伟：没得，而且随时都是空着的。

杨黎：暴饮暴食？李亚伟：暴饮暴食。逮一顿吃一顿。呵呵。

杨黎：舒服吗？我说暴饮暴食。

李亚伟：舒服锤子。我80年代的那个乱，那个穷啊。

杨黎：所以到了90年代就要追求物质生活？富裕的物质生活？

李亚伟：我觉得追求富裕的物质生活是我们这一代人的基本观念。你为什么要穷？你穷了，别人还说你是寄生虫。那些知识分子装穷，他是装给外国人看的。他们还是为了富裕的生活，只是有点丢人现眼。

杨黎：所以后来就下海了？

李亚伟：对。

杨黎：到北京后就偶然碰到了陈胖子他们？

李亚伟：对，相当偶然。其实到北京是我自己想的。自己想来，那时候还跟周忠林在一起搞。周忠林认识北京的人，之后他来负责卖嘛，卖书稿，我来组织几个人制作嘛。那时候卖稿子我手里有3万块钱，就是说已经不属身无分文那种人了。我记得很清楚，从来没带过那么多钱在身上，3万那觉得走到哪里都敢。呵呵，好大的钱，呵呵。来租房子都比较牛逼，一套套地租，以前哪里想到租一套。在白石桥那边租了一个院子，那个院子有五六间房，卖稿子。惠桥饭店那里是书商的聚居地，偶然碰到洪小东。"咦，"我说，"你是不是《关东文学》的洪小东？"他说是，他说："你是哪个？"我说李亚伟，他说啊，马上就介绍陈胖子。陈胖子可能比较喜欢我的诗歌嘛，见面当场就说："你别卖稿子了，呵呵，你别卖稿子了，你来发书。"我说我是怎么说的，哦，我跟周忠林分开了，跟邓曙光一起做，邓曙光说他出钱嘛，他出钱来印刷，这样就开始我的书商之路了。

杨黎：后来你和邓曙光的合作怎么样？

李亚伟：一起挣了一点钱。当场挣当场花掉。

杨黎：那时候谈话啊、生活啊都已经比较牛逼了。

李亚伟：主要是已经晓得能挣钱了。

杨黎：那时候万夏也单独在干？

李亚伟：没有，他还是通过……

杨黎：哪里？ 1994 年，他是 1992 年就离开石光华了。

李亚伟：没有。

杨黎：他在做《后朦胧诗全集》怎么不是？

李亚伟：没有，我去他们都还在。哦，万夏出来了，跟曾广谦在一起。

杨黎：对，跟曾广谦。那时候"莽汉"就都下海了。

李亚伟：除了二毛。

杨黎：他后来也办餐馆去了。

李亚伟：这中间有个啥子呢，各人的命和运在里面。

杨黎：是啊，各人都有各人的命和运，就像有的人写诗，有的人不写诗一样。

李亚伟：就像有的人写好诗，有的人写臭诗一样。

杨黎：谁写臭诗？

李亚伟：多着。

杨黎：谁又写好诗？

李亚伟：这个不多。就我看的话，有马松，有万夏，有你，有于坚，有韩东和欧阳江河。

杨黎：丁当呢？

李亚伟：他不算。他仅仅算《他们》中的一个。

杨黎：现在的呢？

李亚伟：什么现在？

杨黎：就是我们之后的。作为第三代诗人里面最牛逼的一个，伊沙就曾经说，他最惧怕的一个诗人，就是你。

李亚伟：他在我的名字前一般还有韩东、于坚。

杨黎：韩东、于坚是他师承的。

李亚伟：哦。

杨黎：你是他惧怕的。

李亚伟：哦，这，就是说他个人对我的评价是最高的，就是。

杨黎：你对他们的诗基本上阅读不多？

李亚伟：少，很少，相当少。90年代的所有诗歌都没有怎么看，然后我看一下，看一下就放一边了，他们的诗基本上看得少，说实话看不进去。

杨黎：你看不进去的原因是心境呢，还是诗歌本身的问题？

李亚伟：不是心境，是诗歌本身的问题。里面呢，我觉得就是要写，当然了伊沙不错啊，我觉得他跟他们不是一批，我觉得伊沙跟我们是一批。

杨黎：我其实也愿意这样认为。不知道伊沙愿意不？

李亚伟：啊，对。他们里面我看我觉得如果说哪个，尹丽川的诗我觉得还有一点儿灵性，当然我都读得少读得不多。竖，比较有灵性，我也读得相当少。但是有些我也读过，但我就觉得没得好大灵性，就是我没发现其他有好大灵性。也可能我读得少的原因，我读得相当少，就是顺便看一下，没专门看过他们的那些作品。顺便看下，这个还读得下去我就读，比如说尹丽川的我读过两三首，竖好像还是因为那本杂志，是哪本杂志上面？

杨黎：《芙蓉》。

李亚伟：不是。哪本杂志？《作家》。我看了一首。后面另外的地方我也看了一些。其他普遍的作品我真的没读过，读得少，然后呢，觉得乱。比如，我看过的两本民刊。会不会他有这个原因，他现在还是那种所有认得的人的作品都上，然后他们自己并不就是说，并不打算回避那个问题，就是哪个写得好，就是他没给读者推荐，相当乱。好像全部是说好话，没有说坏话的，然后也就显得不真实，显得相当不真实。

杨黎：嗯，我觉得主要还是你阅读得少的原因。

李亚伟：嗯，嗯。

杨黎：因为在他们那一群人里面，更多的好诗是在网上，就像我们那个时候，真正好的都在民刊一样。那些浮在面上的，为什么总是太匆忙的东西？

李亚伟：我觉得你说的那种也是，我觉得主要还是我读得少。然后呢我觉得，还有个原因，就是他们不像 80 年代的那一批，80 年代很多出来的就是说，就是一部分人，就是那么一部分人有强烈的个性，相当强烈的个性。

杨黎：这个是 80 年代的特点。其实也是他们的特点。

李亚伟：是不是？

杨黎：是。主要你看得少。比如乌青。

李亚伟：他的诗我一首都没看过，看不到。

杨黎：在《芙蓉》上发表过的。

李亚伟：哦，我会去找来看看。

杨黎：只是这样的渠道太少了。

李亚伟：自己搞。我们那个时候又有锤子渠道啊？还不是自己搞？要办这个事，你就要不怕别人说。要办这个事，你就得好斗。你把你完全换成另一个东西，你就是一个好斗的人，哪个来就跟哪个斗，这个事情就可以做成了。

杨黎：地下性就是自己搞。

李亚伟：就是 1986 年的那次流派大展，也应该是我们自己搞的。

杨黎：是，徐敬亚只是利用了他手上的权力。

李亚伟：对头。更不要说那些流派，都是各人搞的。

杨黎：大展你们几个人参加的？万夏和胡冬肯定没有算在"莽汉"里了。

李亚伟：大展就是我一个人做的事情，我把我们的一些诗都寄了去，他们只选了我的。

杨黎："莽汉"里面只选了你一个人？

李亚伟：有二毛的，没得马松的。

杨黎：胡冬也是自己搞的？

李亚伟：胡冬是自己搞的，九行诗嘛。

杨黎：万夏呢？他写汉诗去了？

李亚伟：对。

杨黎：那你觉得大展如何呢？

李亚伟：大展我觉得有必要啊，我觉得很重要。它是一个标志，它就是从社会的角度，虽然它做得不干净，就是啥子都沾了，但实际上它的主力是把第三代的那个现象给展出来了。就是有人是这样认为的，这个大展是对官方诗歌冲击相当大的，然后呢就是对当时中国的那个诗歌以第三代人为代表的 80 年代的诗歌，起了一次很大的宣传和鼓动作用。80 年代诗歌结束得那么快，当然跟它也有关系。要不然这个时间还会持续很长，穿过这个尽头啊啥子。

杨黎：咋个会和它有关系呢？

李亚伟：是有关系。它实际上就是到了面上，全国哪些写诗啊，哪些派别啊啥子，大家都晓得了，一个事情总有一个开始和结束，因为那个往往到了面上就意味着要结束了。

杨黎：那你的意思是说第三代人诗歌运动到了大展就结束了？

李亚伟：我觉得应该说就结束了。

杨黎：我这本书准备做到 1989 年。把他延续到后面。

李亚伟：1989 年也可以。他的很多作品是在 1989 年前才完成的。但是，不管怎么说，我觉得它根本上说第三代人有一个很吻合的特点，那就是说，地下史。

杨黎：他的地下史应该结束了。

李亚伟：他的地下的特征在那个时候应该就完了，已经全部暴露出来了。

杨黎：所以一旦办民刊办《非非》，办《他们》，办《汉诗》，那都是很勉强的。

李亚伟：很勉强的，实际上是一个一个群体的有意操作。

杨黎：就是已经很不纯粹了。

李亚伟：啊，不纯粹了。最早的就是那种自发性的，那个特征丧失了，说穿了就是大展以后里面99%的人，如果诗写得不太差，只要造句通顺，就很容易找个官方刊物发表。

杨黎：大展以后就是这么样的？

李亚伟：对。你在大展以前，硬是发表不了啥子东西的。

杨黎：大展之前你在公开刊物上发表的最主要的作品，就是说你认为好的，对你个人来说是最好的，又发表了的，是哪几首诗？

李亚伟：大展以前？没发表啊。

杨黎：就是在大展上发的？

李亚伟：就是大展上发的，就是大展上面的《中文系》。大展以前没发啥子诗，1986年，就是《丑小鸭》上面，那就是六首，《苏东坡和他的朋友们》什么啊。

杨黎：这是大展带来的。

李亚伟：你大展以前有些朋友就给我推荐啊，推荐就当场打回来，大展以后就产生了怪现象，你不同意，你没投稿他还选你的。就是他那种已经公开性了，当时就是说原来那种民间诗歌的特点已经没有了。

（突然广播里在说日语）

杨黎：谈点其他的事。你觉得一个人做生意影不影响写诗？

李亚伟：没得啥子影响。

杨黎：你要是写不出来，不是做生意的原因？

李亚伟：那不做生意的人太多了，他们锤子就写出来了嗦？这里面有个很反动的观点，就是啥子呢，你如果在学校教书，或者哪怕是在当工人，当兵，他都觉得你没有影响写诗，你只要是做生意，他就有话说了。

杨黎：你的意思是说，还是重学轻商，重文轻商的观念在作怪。

李亚伟：是。我觉得这个是很滑稽的事情，写诗又不是职业，哪需要天天守着？还有一点就是，他们根本不知道，商人就是知识分子。

知识分子是商人的主流。

杨黎：我为一家报纸写过一篇文章，就是《商人就是知识分子》。

李亚伟：对，北京好几家做得大做得好的，都是从美国从德国留学回来的。另外我看到过一个荒谬的说法，在《南方周末》上面，就是说在这种商业时代还写诗，就是一个记者问他还写不写，他说在这个商业时代还写诗是很滑稽的。

杨黎：我看了，他说是很可耻的事情。

李亚伟：对。他说在商业时代还写诗是很可耻的。这是一种人。然后另外的一种类似的人也说过好多类似的话，就是那些烂杂志和报纸上说，上海的那个作家呢，什么全都下海了，现在剩下的，走的都是泥沙。我就觉得这完全还是受到体制的影响，还是这些人，还是体制内的，这种思想在作怪。一个人工作干事，他去干事，他在工作，他在自己找饭吃，他在做其他的，好像就是把他和诗歌写作分开了。

杨黎：所以说他们在坚持。坚持才是胜利。

李亚伟：坚持到自杀了，疯了，贫穷潦倒了，关在监牢里了，这样才是诗人？

杨黎：我不做这样的诗人。

李亚伟：或者靠别人养起，当寄生虫，吃尿泡饭？

杨黎：我也想，但是没有这个机会。

李亚伟：这种很滑稽。

杨黎：90年代所谓知识分子诗人对我们最大的攻击就在这里。说到第三代人他们就是一句话，都下海了，或者是都过得好啊，啥子花天酒地的。然后以此类推他们就觉得第三代人的啥子诗歌理想、诗歌精神或者本身所具有的才华都是可疑的。

李亚伟：这是一个阴谋，我觉得是一个阴谋。一个诗人，就那么几年的时间都等不起，就那么几年的时间都看不见，还是什么诗人呢？你看唐朝等了多少年？我说过的，让他们十年、二十年，他们也写不出什么像样的东西来。他们只能搞点阴谋。

杨黎：诗歌之外呢？比如小说、音乐和绘画，有没有第三代人？

李亚伟：小说、音乐我觉得从那种思想从那种时候看，都比诗歌要落后，这是我一直这样认为的。比如，我当时也看苏童他们的东西，我可能比较极端，也可能还是读得少，当时的来往也不多，你是要我给他们下个评定吗？

杨黎：不是，从你个人的角度，你觉得哪个相对舒服点，更像第三代人？

李亚伟：更像我们，我觉得难。

杨黎：都还是有些差别？

李亚伟：那当然。

（这个时候学校广播体操结束了，广播里放起了一个港台女歌星的浪漫歌曲。）

三、郭力家访谈

1. 从日记里拿出的诗

郭力家：昨天亚伟扯那么半天啊？

杨黎：也没多长时间，就两小时。我刚才在陈胖子那里听到你的一首新诗。

郭力家：哎，真的，你看没看啊？

杨黎：我没看啊，给我看看啊。

郭力家：我让谁给你发过去。

杨黎：你写了三首？李亚伟写得最多，有八首。

郭力家：他写的那个还算正派。（拨电话：喂，是那样，你能不能把我的诗发出来？就那三首诗，你给找了发过来。）

杨黎：怎么想起的？在长沙吧？

郭力家：对。长沙订货会一个，哎呀我还有一个昆明还没。

杨黎：昆明也写了？

郭力家：昆明没写。

杨黎：就你跟李亚伟写了，其他都没写。

郭力家：对，那才扎了那什么人嘛，野夫写了一首，野夫写的那首也挺像样的。后来还贴到海南的一贯什么网上，给踢出来了。

杨黎：你到我们橡皮来贴啊，我们那个社区是我们自己设计的，就不存在那个管理。那些大网站是有管理的，但你打个叉就行了，他就踢不出来了，电脑就认不到了。

郭力家：第三代诗人是怎么回事啊，我也是感到啊，朦朦胧胧中最早提的感觉是万夏提的，就是作传啊在文字上啊，起码就是你们四川的那个什么吧。

杨黎：这好像就是我们看见的，提的人我现在就是要找这个提的人嘛，第一个提的人。

郭力家：我印象中好像是万夏。

杨黎：这个问题在我和万夏赵野编《现代诗内部诗歌交流资料》的时候，在上面有第三代人诗选，你的上面有没有诗啊？

郭力家：有。那次万夏还到长春来过。那个时期就属于比较早的了。

杨黎：还有比这个早的。

郭力家：还有比这个早的？

杨黎：那个啥子油印本。你是哪一次认识万夏的？万夏到东北来的那次？

郭力家：实际上他在那之前到我这里来过，那是哪年出的呢？

杨黎：1985 年出的。他 1984 年就来了？

郭力家：他 1984 年就来了趟长春。

杨黎：1984 年。

郭力家：对 1984 年。

杨黎：在此之前你就知道万夏了？

郭力家：我们俩就一直通信，我和万夏是怎么通信的我忘了，我记得我还在公安厅。

杨黎：你在公安厅的时候？

郭力家：我在公安厅就跟他通信。

杨黎：读书的时候没有？

郭力家：读书的时候没有。

杨黎：你还是 79 级的？

郭力家：我 78 级啊。

杨黎：78 级啊？你还大啊，大两级。

郭力家：我比他们大。那就很怪啊其实。

杨黎：你是哪一年的？

郭力家：出生啊？1959 年。

杨黎：哦，你比我们都大。

郭力家：比你们都大。

杨黎：我曾经看过"莽汉"的很多资料，我看见你和他们的通信，第一次啊，我以前没有看过。我发现你当时很喜欢写信。他们有很大一沓，你给他们的通信。

郭力家：是。我跟谁呢？跟万夏通信多。跟马松、李亚伟也多。胡冬，我俩通信也多。胡冬那时候在天津一直想过来，就一次也没过来。天津什么戏剧创作室。完了他妈的那时候就只见了照片，一个一个从万夏开始，胡冬、马松、亚伟，就这些人的照片。

杨黎：《关东文学》是哪年开始搞的？

郭力家：《关东文学》可能也就是那个时候吧？ 1984 还是 1983 年的时候？ 1983 年还没有，可能 1983 年在草创，1984 年出来的。

杨黎：1984 年？ 1985 年吧？至少我们知道是 1985 年，我们都是通过你知道的。

郭力家：对，反正那会一下子我们这些人就聚在那块儿了。一下子。

杨黎：上面有一个"第三代诗人自选诗"。

郭力家：啊，自选都稍微那个一些，那时那些哥们儿油印过来的我都当那什么推荐，小宗到长春到我那就好像组稿似的，给这些人写的东西基本都拿走了。

（一个姑娘过来：就是 2001 年清明后的那些吧？

郭力家：对。

姑娘：就这些？清明后？

郭力家：对。）

杨黎：我读的是哪句？你一丰满我就？

郭力家：最后。

杨黎：你一丰满我就馋，你一牛逼我就烦。

郭力家：（打电话）"哎，小崔啊，我那有两首诗搁你那块还存没存你那盘里头？什么清明号，2001 清明号？在机器上啊？好呢。"（再拨电话）"彭铃啊，小崔说在你机器上的，你看看。他应该有，应该在一个啊写在一起的。你跟她说呗。"

杨黎：你是从哪一年开始写诗的？

郭力家：实际我是从 1984 年开始写的。

杨黎：1984 年都毕业了。

郭力家：1984 年毕业了嘛，1983 年毕业，1983 年毕业的时也写了，没发过。我第一首诗发的时候，正好是长春搞了个《诗人》创刊号，在那上面发过。

杨黎：我都不知道。

郭力家：都不知道，我这些都不留，圈里人知道只有很少几首诗。《特种兵》操他妈，《第一滴血》，这是大伙都知道的。

杨黎：呵呵，这是名篇嘛。像李亚伟的《中文系》嘛，呵呵。

郭力家：对对。实际这有些都没法说。最早在那上面发的实际是我的《遗嘱》，那个诗是怎么回事呢？那个那是挺那什么的，那其实不是诗，没打算往外拿，我是写日记。写日记那啥万夏到我那儿去，我在写日记，张锋那小子看了感觉那简直完全是日记，日记体的原文，那上面的日记，然后张锋就给抄了。那时候张锋在读书，1983 年~1985 年毕业的。对！我 1984 年写的，我印象特别深。然后呢，这小子拿回去之后呢，他在寝室朗读，一下大伙感到特别过瘾，完了就传开了。那时候刚好万夏也跑到那去，那时候活得很狼狈，特别没心过日子，总在外边吃喝。一种激情全是形而上的，整得张锋一寝室的人全跟这一晚上是怎么过的，吃的什么喝的什么都糊糊涂涂的呵呵，住了一帮人。

杨黎：你没有喝醉吧？

郭力家：醉好像还没有。

杨黎：喝酒，是最近见到你还能喝点，反正我到长春的时候你基本上不怎么喝酒。

郭力家：我喝酒本身就不行。胃不行。反正那块呢住在校园里面，自己有个小天地，正好当时影响我很大还是老吕，吕贵品，活得疯疯癫癫诗情画意的，完了一跟着他就能接触很多女学生啊，最向往的就是阿布阿怒的那个浪漫。她是张锋的同学，她是什么书记什么团支书班长兼一身正派的那什么，老吕还给她写了首《诗人之恋》，当时也很疯狂，就给那小孩去了。

杨黎：他是留校了是吧？

郭力家：老吕留校，住在学生宿舍，一楼。

杨黎：他没住教师区？

郭力家：没有，然后呢那儿就成了大伙连吃带聚会的那么一个地方，整他妈的对人那啥我就给他妈的写了封信，写封信就让张锋投递直接投，学生的信箱，做了假邮戳，完了跟她约出来，还弄得挺狼狈的跟那小孩。后来中文系系主任见了我，因为我们都在学校啊，见了我远远地就像避瘟神似的，推车就往旁边走，呵呵，那种不屑那什么的一个劲儿。

杨黎：你是住在他们学校的，不是他们学校的人？

郭力家：我不是他们学校的，我是东北师大，但我家是吉林大学的，我又是走读生，我本身从来也不住校。

杨黎：你们东北师大有没有写诗的人呢？

郭力家：我可能属于和四川接洽比较早的，东北那地方你其实能看出那格局很寂寞的，都是些什么人呢？包括那谁我对老曲也很不恭，他有很多人很操蛋写那些诗，基本都属于什么呢，他官方也有意在培养些人，拉自己的弟子也是一整有一种江湖，那个江湖很操蛋的，什么胡早什么丁野什么玩意其实很多那种右派。回过来了就是改革开放，然后又是变成做上帝，然后又是开始抚摩下边的那什么，当时徐敬亚自成一个小格局在学校。那时在整个吉林的文坛，就没有写诗不想发的。人一写诗就想发的话，那能写成什么样？咱们也很清楚，在那个年代是吧？就很矛盾，文青，急于出名。当时一首诗要是能在《诗刊》上登的话，很了不得的一件事。

杨黎：等于你在读书的时候也没怎么参加你们学校的那些？

郭力家：没有。我们学校都有那什么什么诗歌创作组啊，什么什么太阳什么的有一些，什么诗社什么的，都有。

杨黎：吕贵品大你多少岁？

郭力家：吕贵品大我两岁还是三岁？他反正下了两年乡属于集体户吧？他高我一届。吉大那些人吧相对来讲有个自尊心吧，那批人。

杨黎：可能你跟万夏认识还是通过吕贵品那些人吧？

郭力家：这个真得问万夏。

杨黎：我假想一下啊，万夏写了诗出来后寄给徐敬亚、吕贵品他们，你在他们那看见的。

郭力家：是不是这样？要是凭空怎么认识的？我现在想不起来了。

杨黎：没有交流的工具。

郭力家：想不出这个出处。

杨黎：肯定是通过某一个人，这个人应该是一个成名人物，然后万夏把东西寄给他看，可能就是徐敬亚这种角色。

郭力家：可能是。我记不得了。我记得是在公安厅经常是在办公桌上给他写信。

杨黎：从此以后你基本就成为东北诗歌和四川诗歌的一个纽带了。

郭力家：而且实际上很多诗都没存下来，我俩在信里面有很多诗，就即兴写的诗，他的来信也全是手写的，不过我从来不存东西。

杨黎：那只有看万夏那里有没有了。

郭力家：那弄不清他存不存这玩意。

杨黎：我看你们那个整理的资料啊"莽汉"整理的资料啊，基本上是你写给别人的信，他们好像留着的，就是很少看见别人写给你的信。

郭力家：就是我收信收太多了。这跟参加了什么工作有关系，一方面可能也有性情，你想啊，我就那么清静，不结帮拉伙的，还出事了，那是很荒唐的事。那时候还是我们办非法刊物，我就搞了一期《太阳》，邵春光搞的，那时候还是刻钢板。

杨黎：哪一年？

郭力家：那是哪年呢？应该是 1985 年。1985 年发生的事太多了，一年不可能出那么多事啊！1985 年夏天我还到深圳去找工作，我们单位还派两个人到深圳去找我，让我回来就是说别出事。

杨黎：公安厅？

郭力家：不是，那时候我在出版社。我是 1984 年 11 月份到的出版社，然后转年进的公安厅。

杨黎：你《第一滴血》是什么时候写的？

郭力家：1985 年。《遗嘱》是 1984 年。

2.1987 年"青春诗会"的幽默

杨黎：然后你是 1987 年那一届青春诗会吗？还是 1988 年？

郭力家：好像是 1987 年。

杨黎：什么欧阳江河、西川啊。

郭力家：对对。那次是几届啊我都忘了。那次也弄得很不恭，我可能就开了三天吧，实际两天半我就走了，看着人头不对就走了。

杨黎：是吗？

郭力家：认得人就那么几个，一看四川来的是欧阳江河，他还算名气大点的，没想到长那个样，像团支部书记似的，我对他极其不恭，然后还有个西川，那也是他妈的。

杨黎：你好像和西川吵架了？

郭力家：吵架？谈不上。我是幽他一默，他受不了，给我落的绰号是青而不春。

杨黎：什么？

郭力家：青而不春。我当时也好像是说开这个会，我就跟刘湛秋说话，我就说刘老师，青春诗会来三个女的，来二十来个男人，一看这个青春诗会这叫什么会？完了老刘就回头问我，哎郭力家你到这里来是搞诗歌来的还是搞女人来的？我说肯定是双管齐下啊，我说千里迢迢抛家舍业地跑到这里来是干啥的呵呵？那些人当时对青春诗会那种敬重的程度和那啥你是意料之外的，我想都 1987 年了可能咱们对诗坛的这种态度可确实没有那么什么玩意。

杨黎：第三代人肯定不一样，像昨天李亚伟说的，第三代人首先要确定的是地下性。

郭力家：对，就他可能习惯了这个，真给他阳光他还不大适应，很体面的精英是可以这么谈诗的，然后这些人对你感到很憋屈。反正咱是想象不出这些人是干什么都行，办黑板报干什么都行，哦就是不应该办诗歌。王家新那个做派主持那个会，要是按我的直觉描述一下，真是个漫画。那欧阳江河吧开口吧——那时候不怎么兴大师概念啊——开口闭口庞德、艾略特怎么怎么的，给我气的。我说我们今后咱们兄弟间谈诗谁再提艾略特，再提庞德我就给你个直拳，然后那谁就说："郭力家最气人，我这两天在他后面观察他，"我们在三楼开会，"看着他在窗户边的时候我总想从后面抱住他的双腿，"呵呵。"直接把他从楼上扔下去。"呵呵，那谁呢，他妈的西川。

3. 从万夏到李亚伟

杨黎：你看我们都是通过万夏才认识了，其他好多人也是通过万夏认识的，万夏在早期的第三代人中，肯定是很重要的。

郭力家：第三代人的提法确实是万夏。而且我当时就有预感嘛，就是因为第三代人太具有象征感那什么嘛，是吧？然后从年代吧从诗的发展也是很容易认可的，搞第三代是他提的，我觉得是从他那块来的，但是在你们那块怎么形成成文的不太清楚。

杨黎：你哪一年见李亚伟的？

郭力家：我见他太晚了，他那时到惠桥了。

杨黎：做生意了？

郭力家：90年代才见着。我见李亚伟时不是说吗，大家来自五湖四海，为了一两个折扣和码洋走到一起来，呵呵。

杨黎：呵呵，反而为诗歌的时候你们还没见到。

郭力家：还歧视亚伟，诗人搞活经济期间，北京就挣钱挺好，那时看他我好像觉得他做不久，我就感觉到第一次。

杨黎：觉得他做不久？

郭力家：啊，感觉他普通话不会说，账也不会算，像鲁迅写的那个什么呵呵，比孔乙己还孔的那种感觉，真是替他担心，感觉我随便就可以做生意。反正他很好玩，看他给寄的照片，我第一感觉是这个人长得太操蛋了，极其操蛋的一个哥们儿，还装牛逼，叉个腿穿牛仔裤，头挺大的，头发乱糟糟，颧骨还挺高的挺瘦的，是吧？我还接了他几张照片，看胡冬很顺眼。

杨黎：胡冬是美男子嘛。

郭力家：还看马松是个白面书生那种，那什么玩意。

杨黎：小白脸。

郭力家：很清秀，那小子就有那种意识了不起，凡是寄给我的诗都是带复写纸的，看就是很明显能存一份，他属于那种活得很严谨的人。

杨黎：马疯子是从来都不疯的，干什么都留一手。

郭力家：啊就是活得严谨，留底啊，我的从来都没留底，都是即兴乱七八糟，那时候没有电话，憋的有时候又很有感觉，那时候写信都是扯，李亚伟来信郑重其事想编实验诗，而且让出资，我给他的信里面夹50块钱，后来因为好像也是不让印怎么的，还跑啊怎么的，就实验诗那是怎么回事？

杨黎：我们那儿的人都是这样的，不仅仅是诗集合在一起，人后来都成为朋友了。

郭力家：人，他推动了在当时吧很多文青在举棋不定的时候对他们的影响极大，心里面好像有了一块落底的东西，用不着追随某个的，那个东西好像很害人，在80年代，有些人他一上那个套很难退下来，就是在创作上，迎合那个什么杂志啊包括报刊那个，那个实际上北方害人害得更惨，不知道南方怎么样，在那个时候一经那样的话我看很难退下来。

杨黎：入错门之后。

郭力家：就入错门一样，很差。

杨黎：你是哪一年开始才没有写诗的啊？

郭力家：我不能说哪年没写，但是好像没写，是。那次你没去吗？怎么都弄混了？那时候你在不在啊？ 1989 年在长春的时候？

杨黎：在。

郭力家：你在长春吧？

杨黎：我在长春啊，李亚伟当时写信约我一块来的。我当时是在外面，在深圳，那个《作家》发电报发到我家里说会议取消，我没看见嘛，我没看见我就从深圳这边过来了。我回去之后看见李亚伟给我写了一封信，就说《作家》开会叫我们去，你先到十堰来，我们玩两天再一路混票混过去。他还跟我说十堰有个房子臊得一塌糊涂，呵呵，我想也没多臊。因为实际上我去过，没感觉臊到什么程度。我一个人到了长春，然后李亚伟应该来的，他接到了电报就没来。

郭力家：他还行，他从容一点，他是《作家》获奖嘛，他，一个我，一个王小妮，王小妮去了，李亚伟是写了一段文字，什么获奖写了个什么话。

杨黎：我也写了一个话。我写了个话之后呢没给我发表，因为当时我有个文章在上面，他觉得本来你有文章了就不忙发这个话，版面不够，它是专号。然后过了好多年，是 1996 年了，他们办《中国诗人》，宗仁发跟曲有源。所以我一直觉得宗仁发这个人是一个好编辑，那一年他把我这个文章拿出来发了。当时我拿到这个书，我看见有一篇文章叫《期待》，作者是我，我说我什么时候写过这个东西啊。我都记不清楚了。我就翻过去看，我自己看过一半才想起好像是我写的。

郭力家：人有时候阴差阳错，旁边有个编辑是不一样，给你抽点条，给你存点货，啥时候再发出去，我这一路活得真他妈的。

杨黎：你自己就没出过诗集啊？

郭力家：没有。不可能出，这小宗还使了把劲给作协，好像作协有个基金会，完了没通过，省里评奖，小宗也力争想把我弄上去也没弄成，我名声不行。

杨黎：东北坏人的代名词。

郭力家：呵呵。弄这些反正都不行，就是人家好多先入为主就不能让，就成了这么一个了，没办法，但是现在回过头以诗人看诗人这么一看，那个年代需要出这么一批人了，是吧？也是相比较那个生命力更顽强，过来了，现在回过头来看，独当一面，基本上是干啥都能应付，而且活得比较真实，文字和人本身相比较真实。

杨黎：这次写了诗以后准备多写点还是怎样？

郭力家：即兴的，无所谓，我因为很多都是大体记录在那里，得有个情绪一整理就弄出来了。

杨黎：你从来也没放弃过？

郭力家：没有。只是有时候是完完全全的，不写不那什么的话就是懒的，话很多总是在脑袋里面乱窜，真想腾下来时间，必须在黑暗里边，一有灯我就受不了，有桌子我也受不了，写不了字，不敢写字。

杨黎：你的写作习惯很怪。郭力家：总是爱在床上，反正哪块太正派了就受不了，可能天生的就是怕秩序。

4. 婚姻与性生活

杨黎：你哪年结婚的？

郭力家：严格说来是 1983 年，刚参加工作。那不是经常报上这么报，抛弃工人那怎么怎么的，什么陈世美啊。咱们这个品质这么好，为人这么正派，一诺千金，呵呵。

杨黎：你夫人是个工人？

郭力家：工人啊，标准的工人啊。

杨黎：你们在什么时候认识的？

郭力家：我们是初中同学。

杨黎：初中同学？那就是初恋啊？

郭力家：不算初恋，我的初恋应该是小学同学。

杨黎：小学同学是初恋？

郭力家：小学同桌，小学同桌绕了多少年？绕了三十年差不多。

杨黎：三十年之后重逢的时候才操上？

郭力家：在长沙嘛。

杨黎：初中同学你现在的夫人是第二次恋爱？

郭力家：其实属于第二个恋爱。我感觉第一次做梦遗是小学同桌，我后来见她面如实讲了，基本是那个属于小学同桌给办的呵呵。

杨黎：这些录吗？

郭力家：对待诗和艺术咱们可以像对待上帝一样。呵呵。

杨黎：好。

郭力家：要一生交给鸟安排呵呵。

杨黎：大学的时候没有恋爱？

郭力家：大学时候真是跟着初恋这个。我大学很苦在哪儿呢？中学我老师都跟我考到一个学校来了，都是师范大学，不限制年龄，我们的班长开运动会的时候带两个小孩都跟我差不多大。

杨黎：哦，你那是 78 级的。

郭力家：78 级，在校生很少，同时又是些奇丑的女孩上的大学，大学让你感到特别寂寞的就是那个时候，以后可能就好了，平衡点了。

杨黎：那你是 79 级的，80 级的你在学校也认识的嘛。

郭力家：那一下就大了，刚开始读书整个这一年啊，我考试几科很危险，还有不及格的呢，一点也没心上学。那时候最矛盾，我上大学和入团是为了家庭，环境逼的。

杨黎：什么时候破的童？李亚伟说他挺晚了。

郭力家：我实际感觉这是不是先入为主。我觉得这个东西吧，一个最早都属于梦遗，完全是梦里边的事。完后又有畏罪感。老吕也是新婚住在学校里面，老是经常半夜到我这里敲门，说完事了极空虚，跑出来了。然后两人在学校操场瞎逛。呵呵。他那时候和燕子结婚也没多长时间啊。我俩那种感觉极其相似，不知道跟其他女人怎样。实际这方面我也试过，你正视这个问题一下吧，其实心里还有些说不出口，连唬带骗的那么大激情给人弄到手过后那种失落其实咱们大伙都大同小异。

5. 不喜欢深圳

杨黎：我看你 1989 年就抽的骆驼。

郭力家：我 1989 年可不，我在消费上，在省内文化界还属于比较牛的，可能当时兴啥我就干啥。还不知道这经济来源哪儿来的，确实莫名其妙。反正到了出版社有点活钱就是，当时就是莫名其妙的稿费来个几十块钱的话，都可以活几天很好的日子。我是 1985 年到深圳，让徐敬亚给我刺激坏了。我当时拿了一条地方的烟，红桥，给他拿去，他就那么一看我。他实际当时也很狼狈，但是呢，毕竟是先登陆的。我给他拿了一条烟，他说："我们到了这个地方已经不抽这个烟了。"他给拿了一盒南洋的小双喜，那个包装咱们没见过，拿了一根一抽一下就醉了。没抽过混合型的烟，也可能是饿了，两天从北京坐火车去深圳一下感到很神啊，落到实处一根烟就给你干掉了。然后呢又从那个钢丝床，刷的一下摔出一箱饮料，可乐，咱们哪里见过一箱的，感觉这个地方太神了。一夜之间哥们儿到深圳可以过这种日子，这可以喝一天这个饮料是这种感觉。坐着喝饮料，就行。一下子完全给你打晕了，这下给刺激的。真抽这个烟之后抽别的烟就感觉没劲，混合型我当时感觉这个烟很人道很适合年轻人抽，那时候抽那个，然后呢又抽不起，那个稍微贵点，那时候就抽良友烟。

杨黎：你抽良友烟是很有名的。

郭力家：啊，我们单位当时都管我叫郭大良了，就是我抽烟人就爱到你屋里来，就是你的烟是摆在桌上，跟你闹闹，拿一根反正是，你也不能因为一根烟就破坏谈话性质啊。这个良友烟其实各地差价大的，当时都是限带的，坐火车都是不让带的。

杨黎：那你没在深圳待下去？

郭力家：我那次还真弄了两个调令，一个是深圳法制报，一个是深圳特区经济信息中心，我回来之后我的母亲脑溢血，这个是一个原因，还有我在深圳没看好。

杨黎：没看好？

郭力家：就没看好这座城市。就没有什么吸引我的东西，挺失望的。当地的那种语言吧，感觉进入不进去。我很奇怪就是没看好深圳，很多人对深圳是一见钟情，是吧？老吕撒欢地给我写信，说怎么怎么的，深圳这块有屁就放，什么什么自由，我没感觉。

杨黎：有点像到了香港和美国的感觉？

郭力家：那不舒服，那个自主感也弱。我和刘辉有一次也急得，在快速道上走，我说挨顿揍或者揍别人一顿，憋得太难受了，呵呵，没人理你，理都不理你呵呵。

杨黎：这是一个没脾气的城市。

杨黎：你现在再去深圳什么感觉？

郭力家：也是，就是这座城市的亲切感就是没带来，总感觉好像单薄。也可能我住惯了北方的这种房子，南方的房子不隔音，在十层楼，一楼两个老太太说话你都能听到，让人感觉没有隐私了，那种在角落的感觉给破坏了，没地藏身。好像每块都是通的，可能跟这个有关。北方还是让人有种踏实的东西，北方可以做梦，我不知道你们的感觉强不强？南方成都那房子可能也差不多，讲究通风和流动空气，所有的门窗都得开着，都漏着。北方就无所谓，在宾馆睡觉你感觉到静得一点声音都没有。我不知道你能不能接受得了，我比较习惯这种环境。

杨黎：这就是跟整座城市的环境有关。

第五章
明月降临

　　我第一次知道韩东在南京，已经是 1986 年的春天了。那一年，我的朋友闲梦也从四川大学分配到了南京的一家工厂当技术员。所以，从那年春天开始，我的感觉就是南京不怎么远。帮助我确定这个感觉的是 1988 年，也是春天，只是还有点冷。

一、韩东访谈

1. 采访人如是说：有没有比南京更远的地方

　　我第一次知道韩东在南京，已经是 1986 年的春天了。那一年，我的朋友闲梦也从四川大学分配到了南京的一家工厂当技术员。所以，从那年春天开始，我的感觉就是南京不怎么远。帮助我确定这个感觉的是 1988 年，也是春天，只是还有点冷。

　　当时我和蓝马、周伦佑在一起。我们在北大参加完艺术节后，辗转来到了合肥。因为当时《诗歌报》在合肥，所以我们去了合肥。那个时候的《诗歌报》，高举中国先锋诗歌的旗子，而且发行在十万份左右。宿州路 9 号，在 80 年代中期，基本上是每一个先锋诗人都熟悉的地方。1986 年，它和深圳的《深圳青年报》一起举办了"现代诗流派大展"。这个大展，无论怎么说，都是前无古人、后无来者的壮举。

在合肥待了两天之后，我们准备坐火车直接回成都。在火车站买车票时，我偶然看见了一个牌子，上面写着"到南京 5 元"几个字。生活在川西边陲的我，被这几个简单的字深深地吸引了。我问蓝马，这么近啊？蓝马说，是的。

那次为什么没有去南京，我已经想不起了。但是，就那次之后，我常常做这样一个梦：我梦见成都和南京很近，我骑着我的自行车都可以去。在梦里面，我有时候是快乐的，有时候又多少有些惆怅；特别是醒了之后，心里面总像丢了一样东西。

从那个时候开始，我觉得南京离我很远。

我知道韩东的名字是在 1984 年的夏天（或者是秋天），知道得隐隐约约。怎么知道的？谁告诉我的？我现在都完全记不清楚了。当时，我和外面（无论地上还是地下）没有一点往来。而我仅仅认识的四川诗歌圈子的人，那些先锋的诗人，基本上都是"史诗"那一派。所以，我的孤独是可以想象的。我记得，我好不容易才打听到韩东在西安的地址，就给他寄了我的几首诗去。一个需要交流的年代，一个需要认同的年龄，一个写好诗的和另一个写好诗的，这在当时是唯一的方式，也是许多人的交流方式。

我想了一下，这基本上是我给外面的不认识的诗人写的第一封信。在信中，我给写《我的朋友们》的韩东寄去了我的《看水去》和《中国鱼》几首诗。然后，我开始等待。

就是现在，我也没有问过韩东为什么没有给我回信；就是现在，我和韩东已经是很好的朋友了，我也没有问过他是否收到过我的那封信。我只是多次从侧面打听过，知道他 1984 年已经离开了西安。当然，这也是我现在才知道的。

1985 年，万夏带着我们编印的《现代诗内部交流资料》去了上海，也去了南京。他回成都后，我觉得对我而言，最重要的就是带回来了一本《他们》。我几乎是以一种狂喜的心情读完了《他们》，并且把韩东和于坚，把丁当和小海，把王寅和小君，把他们的名字和诗歌，都牢牢地记了下来。

说句实话，我觉得我对《他们》的阅读，超过了1984年对《莽汉》的阅读，它完全可以和我1980年冬天对葛里耶的阅读相提并论。

我记得那一年我已经写出了《街景》，写出了《有一条河》，写出了《舞会》。那一年，我又给韩东写了一封信，并且把那些诗也夹在里面。非常遗憾的是，我并没有寄出。所以，一翻过年，我就和周伦佑、蓝马一起搞《非非》。

南京对我来说是不是真的就那么遥远？我和韩东的交往始终被错过。

比如1986年，那本身应该是一个很好的机会，就像那一年我和于坚一样，但是我却喝醉了。而且醉得完全不像我自己，完全不能让他人接受。在以后的日子里，我和韩东虽然也有通信，甚至和小海、于小韦也有通信，并且相互认同和赞赏，但是就人与人，或者说诗人与诗人的那种交往和友谊，却始终是很淡的。于坚除外。从1986年那一次开始，我和他就是兄弟。

关于我和韩东在个人交往上的一些事情，韩东在最近的一篇文章中已经写得非常清楚了。在这里，我就不再重复。我想说的仅仅是，如果不是那种莫名其妙的错过，我肯定是《他们》中的一员。如果我是《他们》中的一员，后面的情况又将是怎样的呢？比如《非非》，比如第三代人，比如《他们》，会不会有一点小小的差别？我是说和现在的这个样子相比，和我个人的样子相比。有时候晚上睡不着觉，点上一支烟想一想，会觉得历史是一件奇怪的事情。它在很多很多的关键地方，居然那么偶然。而一个人的面子，一个人的身居的地方，甚至一阵风和一顿酒席，都会改变它所谓的发展规律。

我再次到南京，从第一次（1988年）算起来，已经是在十多年后了。我记得那一次，在闲梦的陪同下，我们从后宰门走路去韩东家。我明明白白地记得啊，我们穿过一大片树林，就到了瑞金北村。而这一次不一样，这一次我是打的去，总感觉没有第一次的那种印象。那一大片树林呢？难道我记错了？

南京是一个有许多古迹的地方，至少它有许多树林和城墙。我这次到南京的第一天下午，韩东就把我约到一个城墙上喝茶。当时的天气已经有点冷了，虽然有阳光，我们一群还是在 4 点之后，匆匆搬进了房间里面去。我记得韩东刚来的时候，我看见他穿着两件毛衣，还笑他："有这么冷吗？"他说："有的，你一会儿就感觉得到。"

风一吹，我的确就感觉到了。我说冷这件事。

韩东在瑞金北村的那个家，还是他以前的那个家。虽然现在已经成了他的写作间，但是大致还是以前那个样子。有一个女主人走了，另一些女主人来了后也走了。空荡荡的房间，就韩东一个人。我心里面想，一个人写东西，需要这么大吗？一个曾经的诗歌革命的摇篮，现在就剩下一些照片和几本《他们》了。刘立杆说，他说他当时并没有写诗，只是觉得在韩东家里待着才真叫舒服。他说，韩东在这间屋子里，而小君在另一间屋子里。经常都是，韩东那儿有一群人，小君那儿还有几个。都是一些什么人呢？我问刘立杆。都是一些诗人，一些艺术家，一些漂亮的男人和女人，刘立杆说。然后他又补充，重要的是都是一些自由的人。所以，从那个时候开始，从那间屋里开始，刘立杆写诗了。

对于一个刚刚进入大学的人，他寻找的就是这样的自由和快乐。

所以，我觉得刘立杆是南京最豪放的人。至少从简单的几天接触而言，从他的外表而言。比如剃一个光头，说话声音很大（这在我接触的南京人中，几乎是少有的）。虽然他也不能喝酒，还有一个很小资的家庭。虽然他的诗，有很严重的知识分子倾向。正因为这样，那些自由的东西正在离他远去，那些豪放的和舒服的。

在南京我过得很愉快。那么多朋友，虽然都是男的，我还是过得很愉快。对韩东我有了新的认识，而对另一些人，我有了另外的认识。唯一遗憾的是，这次在南京，我没有见到我喜欢的作家顾前，就像我在南京掉了一颗牙齿一样。

我的那颗牙齿是被毛焰、朱庆和和吴晨骏三个人搞丢的。是他们联合起来，把我活活地灌醉之后，被我当成呕吐物吐了出去。当然，这是一次非常愉快的晚宴，是我对整个南京的重要理解。我甚至想，这可能是我和南京拉近距离的一次醉。我把我的牙齿留在了那里。

第二天，也是我在南京待的最后一天，我采访了韩东。

2. 韩东访谈

杨黎：讲讲你的童年故事。我觉得这样开始很好。

韩东：童年故事……你又不是写传记，又不是那个叫什么东西的……

杨黎：它多半就是一种想写的东西。况且，这样的开始要容易一些……

韩东：童年，童年有什么呢？比较特别的地方就是下放嘛，1969年全家下放，我当时 8 岁。所以我是在乡下读的书。1969 年下放，直到 1978 年读大学我才进城。这个中间是九年，实际上是八年，这八年在生产队呆过，在公社待过，然后在县城待过。在生产队待的时间，大概是从小学二年级到初一的时候。上中学我到了县中。也就是说在生产队和公社待过四五年，这四五年我觉得对我有很大的作用。比如，我现在做梦的时候，老是会回到那个城镇里头。梦里的那个城镇跟现实中的那个城镇是不一样的，我就觉得很奇怪，为什么老会做梦回到那个地方？这是经常发生的。还有一个，这个因素可能就是小时候，童年，比较特别的，这个因素就是我父亲。我父亲也是写作的，跟刘绍棠、陆文夫是一批人。我是 1978 年读大学，我们家也大概就是 1978 年我读了大学以后返回南京。我父亲在返回南京的第二年，也就是 1979 年就去世了。我也是经常做梦，梦见我父亲。我觉得这两个因素在梦里是很明确的，在我现在 40 岁的时候，我会经常梦见这些，而我自己觉得一些很重要的事情，比如一些情感的牵连，比如说和某个女人，这个东西也是很要命的一件事，但这个事情过了以后我是从来不会梦见的，更不要谈反复地梦见了。所以，有时候可能自己认为重要的事情其实并不重要，而有时候认为是无所谓的事情可能是特别重要的。

杨黎：你说得真好。那么，你们是被下放到哪个地方呢？

韩东：洪泽县。就是洪泽湖嘛，洪泽湖是全国第三大淡水湖。太湖是第四大淡水湖。是不是有那么点很文学化？

杨黎：你的那首《温柔的部分》就写的是你小时候的乡村经历和感受？

韩东：是。但那时并不完全是"温柔的"。还有一个印象呢，就是我们家前些年灾难不断。大概是从我父亲去世，1979年，从1979年到1989年，这十年时间里，我们家死了四个人。一个就是我父亲，然后外公。我外公算起来八十多岁了，但他是非正常死亡，是服毒自杀。

杨黎：什么事？

韩东：也没什么重大的原因，就是和我外婆吵架。而我外婆有点老年痴呆症，怀疑我外公在外面有女人，而我外公这个人呢，是一个完全不可能有女人的人，是一个在道德上极其严谨和高尚的人。他受不了这口气，就服毒自杀了。然后是我外婆，我外婆是正常死亡。然后就是我嫂子，就是我哥哥的老婆，得乳腺癌了。光死人就这么四个。然后就是灾难不断，我哥哥生病，肝炎，常年住院。然后是我，离婚。我哥哥第二次结婚，又闹离婚。然后我父亲去世十年后，我妈妈找了个老伴，人还不错，但他家子女很操蛋。他女儿还动手打我妈，后来我妈也跟这个老伴分开了。反正我的印象中是，我们这个家一直事情不断，死人、生病、离异，全是这些东西。倒不在于我们和父母的关系，其实我自己从来没有一个家庭，我结婚那段时间也不能算有一个家庭。我的概念中的家庭就是六口人，就是下放时候的，我和我哥哥，我父亲母亲，然后是我外公外婆。这六个人就是一个家。然后不断有人出去，有人进来。就是这样一个感觉。在我们家的那种生活，除了我外公一时气极，我外婆怀疑我外公这个事情，整体的这个家庭，没有什么不合。比如说在文学作品中，或者说我们知道的那种变态的恶性的可怕的东西，在整个家庭内部，反正我是体会不到的。我的这种教育，还是来自于外部，并不在于内部。所以，我觉得这可能跟我后来的形成有很大的关系，我其实是一个很羞怯的人，比较内向，比较喜欢思考。当然很多人，不管出于什么，比如说觉得我这个人很阴，就像周伦佑攻击何小竹那样，说我是阴险的，包括沈浩波这帮人也是这样的，说我这个人很变态，操纵权力。其实这一块我认为，应该是一个很大的误会。我家里是比较正常的，它没有使我受到什么残酷的教育。因为我后来接触到一些朋友，还有一些女孩，跟他们有时候也谈到家庭，他们在那种家庭中所受到的教育让我也是很吃惊的。家庭内部成员之间的某种东西，那些东西我都没有经历过。实际上就是说，我觉得我的行为容易给别人造成很多误解。别人看我是一个很内向的人，但好像又有种神秘的力量，似乎这个人很阴郁，或者有权力欲。但是我觉得在我内心最深处，我觉得不是这样的，完全不是这样的。

杨黎：你是两兄弟还是三兄弟啊？

韩东：两兄弟。

杨黎：那你说的那个你弟弟是什么意思？

韩东：那是我表弟。表弟跟我感情很好。前几天还过来，后来到我爸爸墓上去，去了在那里还眼泪汪汪的。

杨黎：你父亲逝世的时候有多大？

韩东：49 岁，下放的时候是 39 岁，比我现在还要小一岁。

杨黎：下放是因为他的原因还是因为你母亲的原因？

韩东：下放是因为运动。全国很多人都下放。我最近要写的一个东西，一个长篇，就是以这个为题材，写我的父亲，我的童年生活，我下放的地方作为背景。我现在就是在读我父亲的一些东西。以前我读过我父亲的东西，我父亲他一生当中写的东西大概只有 30 万字，死了以后，作协帮他出了一本书，《方之作品集》。我父亲的笔名叫方之。当时我也一直不敢看，以为看了会有很多不舒服的东西。这回因为写这个东西我就看，看完了以后，我就觉得我父亲特别可怜。我觉得我父亲是一个特别有才能的人，特别有才能。但是你看它的那种限制，比如说搞土改的时候，他写的小说，不是讲配合嘛，我父亲中学的时候就是地下党。其实我父亲在性格中有很多东西跟我很像，只不过他所处的环境不一样。我父亲也是一个愤世嫉俗的人，比我还更严重，中学时代就是地下党，反对腐朽的统治啊什么的。然后到了解放，当国家干部，干革命嘛，然后团市委啊。如果他要顺着当官的这条路走的话，那还是不一样的。当时中学读完了以后，那些党员，地下党的党员叫他去大学读书，因为大学里面知识分子成堆，就是缺少党的力量，我父亲就觉得斗争很火热，他就去搞土改，然后他就要成为一个专业作家。不当官了，仕途就整个放弃了。当时是南京市作协的专业作家，可能当时就只有他一个人。当时是一个运动时期，他为了配合当时的政治形势，也不叫配合，应该说呼应嘛，当时就写那么一个东西。而那个东西里面，真的是非常有才能。而偶尔稍微写一点和这个（政治）无关的东西的时候，我觉得写得就是特别好。比如说，写的一个不为人称道的一个东西，写了一个下放农村的乡村人物，写得真是特别好，当时我都有一种冲动，想把这个小说拿出来，放到橡皮上。但是就是1957年，他们几个人搞了一个《探求者》，就像搞《他们》搞《非非》一样，但那个时候只搞了一个宣言就被打倒了。有人被打成右派，我父亲是留党察看，反正一直都是政治运动。反正实在是受气，我父亲他是因为事业的问题体制的问题，跟个人才能没有任何关系，我觉得。要生活，要群众语言。我看了我父亲的笔记。他是在"文革"被抄家的时候，几百本笔记全部被没收了，他找不回来了。这个（父亲的笔记）是下放以后，他才开始不断地做笔记，只有几十个。笔记我看了以后，既感叹又辛酸。感叹是因为，这真是刻苦的，真是认真的，真是个工作狂。辛酸呢，是因为所有的笔记，你找不到一丝一毫的个人的心迹，他心里的想法看法都没有，绝大部分都是群众语言。就我们下放的生产队的田里的情况，田里要施什么样的肥。实际上他是一个城里人，我祖父就是从湖南出来的。他在下放的时候写了一本书，也想写啊，没办法，写了一篇《摘草记》，发表了。这篇小说，1.7万字，但是他写的笔记，有十几万字，就是为这个小说所写的。他的方式完全是传统的操作方式。他也是这么一个人，日以继夜地观察生活，非常的认真，全力以赴，结果小说的语言全都是那种乡村俚语。但是悲哀的是，他用了那么大劲，也没有用。如果我父亲不是在那样一个环境里面，那他天生是一个小说家，没有问题的。然后，他最后写的《内奸》，也是的，你还能找到那种痕迹。但那个你读起来是舒服的。那种叙述，从小说本身来讲，是一万多字，写了40年的跨度，写得非常非常好。当然，还是有那种痕迹。他没有办法。他的眼界就是这样的，他用力的地方就是深入生活，民间故事，群众语言。当然我父亲也不是那种乡土作家，当时他能看到苏联文学，他非常非常崇拜托尔斯泰。就是说，在他的视野之内，他能办到的事，他都办。他就是这么一个典型的时代的悲剧。你说时代没有悲剧，这个我觉得不大可能。我觉得我们的美学风尚，我们的视野，我们的文学基本概念、认识，这些东西还是来自你所生活的，特别是你自少年时代一直生活其中的一种精神氛围和文化环境。这个东西是不断地建立起来的，不管你是反派的也罢，你是什么也罢。你进行选择，进行改革，产生某种东西，就是文学意识。文学为何物？它就是在这种环境里头产生的，这个我讲的是一个内部的东西，外部的更是如此，你不能越雷池半步。你想写一点有趣的，不让你写。那个不让，马上就给你好看了。我父亲在"文革"以前发生这个事儿，然后"文革"下放，然后下放回来就去世了。这中间他还有自杀。自杀这个事情我不知道，一直到我父亲去世了，我很大了以后，我才知道。我父亲曾经自杀过，他弄了很多安眠药，到一个小镇的旅馆里面服毒。我觉得跟今天的环境相比，完全不一样，作为一个写作者是完全不同的。我在《年代诗选》的总序里，一开始就说，我觉得当代文学应该从1976年以后开始，这是一个时间性的标志。大概就是这个意思。在一个因私人日记而获罪的年代里，我们还能指望什么？我父亲就是这样的。他不敢写一点一滴的私人的想法，我们还能指望什么？有的都是别人逼的一些东西。所以我觉得写作自由很重要。这个不是讲绝对自由。绝对自由是自由的上限，这个东西我觉得可能没有什么意义，你看不出它有什么作用，它存不存在另当别论。我觉得它不存在。或者你说它存在，它对写作者有什么意义？我们不是讨论它的上限，讨论上限没有什么意义，要反驳这个绝对自由，反驳上限，还说在一定的压力下我们才能写出更好的东西，这完全就是老生常谈。我也知道。什么人需要苦难的环境啊，需要压力啊——这些东西都知道。但写作自由的下限要是没有的话，下限就是基本的，你得能写啊，你写的不拿去发表，你给朋友看可不可以？你不给朋友看，给老婆看，可不可以？你不给老婆看，你自己留着看可不可以？如果这个都不行的话，那人就被窒息，所有的创作都被窒息。我觉得一直到 1976 年，没有文学。没文学的原因我认为就是没有写作的基本自由，也就是没有写作自由的下限。你写个日记都能被抓起来关几年大狱，你说这个东西，这不是一个什么苦难、磨砺，不是对写作有极大好处的东西，它不是那么回事。所以我觉得1976 年以后，人们才意识到写作自由的重要性，然后再争取这种自由。所以我在那个序里就说，人们争取写作自由的努力和他们取得的写作的实际成效是成正比的。至少到今天看就是如此。所以你想，北岛这帮人，不管怎么说，我们不能独立地从他们的文本里来讨论这些问题，但是他们对写作自由的这种争取，我觉得很必要。今天大家意识到这点，好像都是与生俱来的。其实哪里啊。现在有些人顶多破坏了障碍，就是发布出去，没有人承认，这发布出去没有人承认已经消磨了多少人的写作意志——因为一个人说你写得不好，他就心里咯噔一下；什么人用一个退稿，他就垂头丧气。这个算什么啊，这种来自外部的障碍算什么啊。这个就是一个人脆弱到极点，他们遇到的就是这样一种伤害。而那种就是，不准你写，你偷偷写也不行，抄家把你抄出来，那个是太可怕了。我觉得在这种环境里，真的是白痴才去写作。那个压力已经超越了文学能够生存的一个基本的限制，所以我看很多人在那里讲什么发思古之幽情，是完全出于一种美学的欣赏角度在欣赏这些。这个发思古之幽情，现在大家都说浩然怎么样，他反过来想想也不错，还挺时尚的。大家都写得这么洋气的时候，来一个什么浩然。所以别人认为我功利，把当代文学从 1976 年开始，把前辈作家统统咔嚓掉，他们认为我是想出来的。我不是想出来的。他们忽略了一个基本事实，这些人不可能写出好东西来。怎么可能？这个东西我觉得不是对于上一代作家个人的否定，这就是一个时代的悲剧。不能因为我们同情一个穷人，就说他很富有。他值得同情的就是因为他穷，他生活不堪，这个事情就是这样。我觉得按标志性的说法，就是1978年以后，就是所谓的改革开放以后，才有了文学写作的可能性。这种文学写作的可能性，这种成就就是从争取基本的文学写作自由开始成正比的。这个是我谈的一个所谓当代文学的基本认识。别跟我谈什么我和老一代作家什么什么，扯淡。他们在那种环境里面，他们有才能，有感觉力也正常，把我们放到那个环境里去，我们也无法写出来，这个很简单的一个道理。

杨黎：也就是说在你的文学创作或者说文学学习里，你父亲没有给你什么影响？

韩东：没有没有。

杨黎：在你少年时代的生活里，你知道你父亲是作家吗？看过他的东西没有？

韩东：知道，但没有看过。我父亲对于我，没有自觉的影响，没有很理性的传承关系。但是，我小时候跟着我父亲跑，然后我父亲跟他的一些朋友，跟与写作有关的人在那儿聊天。他们谈论文学，但不谈理论，很少谈及理论，因为那个时候的理论没有你可选择的东西。他们谈论一些民间故事，谈论一些有趣的事，他们那种视角，那种快乐，那个谈话的气氛——当时我搬一个小板凳坐在旁边，很认真地听，听得很投入，这个东西肯定是对我有影响的。而且我父亲有一些书，像《静静的顿河》啊这些，他也不禁止我去看，我觉得这些东西可能是有影响的。至于他的那一套东西，那一套观念，是没有任何影响的。他的具体的作品也没有直接刺激到我，让我去写作，这个是肯定不存在这样一种关系的。

杨黎：你为什么要写作？

韩东：我的写作就是直接的刺激。我父亲生前根本就不知道我会写作，我不是从少年时代就有文学梦的一个人，根本不是。我父亲也没有着意培养我，我父亲对我的要求就是，将来不种地，不娶农村老婆，能进厂当一个工人，三十几块钱一个月，就不错了。他对我就是这个要求。他对我的这种才能和智力的判断也就如此，我是出乎我父亲意料之外的。我父亲对我忽略，我讲的是成材方面的忽略。我父亲很爱我，我觉得我父亲对我的这种才能上面的忽略，是一件极大的好事，使我受益匪浅。包括后来当我写作的时候，我父亲已经去世了，这对我也是极大的帮助。所以在我的概念当中，从小都没有一个师傅或者父亲或者长辈对我产生直接的影响。从小我就在精神上很自立。像朱文，像很多后来写东西的人，他们都面临着和家庭的关系，他们要辞职的时候，要选择写作这一个行当的时候家里面都是极力反对的。结果闹到最后同意了，不了了之了。总要碰到这样一个和父亲的斗争。包括朱庆和，他现在要写作，他们家里人完全不理解。但是我从来没有碰到过这样的事情。我父亲去世以后，我哥哥虽然比我大五岁，但是他是从来不管我的事情。别人都说他像弟弟，有时候谈起来反而是我教训他。我母亲也不太管我生活上的事情。实际上我是一直自行其是惯了。后来我到单位工作，也是很有理的。我觉得受约束，就不干了。这点可能是有一点特别，基本上从小到大，在我精神成长的道路上的这种权威，几乎不存在。

杨黎：你什么时候开始写东西的？

韩东：我写东西可能是 1979 年吧，我父亲去世以后，我回来参加我父亲的葬礼，然后我哥哥——就是我父亲在去世之前，有点着意地培养他，培养他主要就是因为想让他早点适应社会。我哥哥从小做得其实也很好，很有才能，显示出很大的才能，我父亲就着意地培养他。父亲去世的时候，南京就有一个小圈子，年轻人当中以顾小虎为首，当时相当于南京文学界的青年领袖，周围有一批人，包括我哥哥。那会儿他们在传抄《今天》的作品，《今天》的杂志流传过来，渠道就是通过叶兆言，叶兆言的父亲是叶圣陶，叶圣陶和我父亲是非常好的朋友。哦，不对，他父亲是叶至诚。叶至诚跟我父亲是非常好的朋友，叶至诚是叶圣陶的儿子。叶兆言每年要去北京看他爷爷，他跟北京的年轻人都很熟悉，当时北京的圈子里流行《今天》，通过他的渠道，到了南京来。然后我参加父亲的葬礼的时候，我就看到了这些东西。然后我还看到了一些手抄的芒克的诗，北岛的诗，我觉得最直接的刺激，就是《今天》和北岛这帮人。这个不用讳言。然后开始写诗。回大学之后，因为当时文学运动是全国范围内的，就跟着他们传抄了一些诗。我觉得如果说真正有刺激的，直接激起我写作欲望的就是《今天》，北岛。应该说这些人是我文学上的父亲，也不过分。

杨黎：刺激直接激发了你对文学的兴趣，上了大学以后，互相传阅，你们的文学社，你们的朋友，就开始写作。

韩东：对。在这以前，大家也都在写，因为这个东西的流通是通过秘密渠道，大家就觉得有神秘感，趋之若鹜，这个很简单的。我的写作的前期，就是在什么《有关大雁塔》那个以前，有一个阶段，发的东西，就是模仿那些诗，就是北岛的诗。不过我这个要早得多了。我大概就是1979年的时候受到他们的刺激，然后进入模仿阶段，大概结束这个模仿阶段有一种独立意识反叛意识，有两年的时间。从1981年开始有这个意识。就是说我19岁的时候已经成名了，那个成名就是以北岛和《今天》式的作品而成名，在很多地方被抄过。然后就是到1981年以后，开始尝试。然后就是毕业以后到了西安。到了西安以后那几年，前前后后，写了无数的诗，最后留下来的也就十来首诗。然后是一次青春诗会，和于坚、翟永明这些人都见了面，那是1986年。

杨黎：你是哪一年毕业的？

韩东：1982年毕业的。其实我的这种文学的小圈子，第一个小圈子就是山东大学那批人，那个就是搞得惊天动地，我们都讲了无数次了，也有点懒得讲了。所谓的政治考验，我是从大学就开始的，当时我是年龄最小的。我们是这样的，原来有一个团委，中文系有一个文学社叫"云帆"，它就不怎么活动。后来我们几个人认识了之后，就因为知己和同道，谈论文学什么的，就想搞一个文学社。正好中文系有一个"云帆"文学社，这个文学社就像现在很多学校的文学社一样。然后我们就开始篡权，我们跟他们的老师说了一下，然后我们就开始招聘。在全校范围之内，报名期是两三天吧，就在我的宿舍报名，结果来了七十多人。然后我们停招以后，还不断有人来报名。当时我们核心的小组就四个人，以王川平为首。这个人年纪大，三十多岁，有经验有阅历，读的书也比我们多，也很富于斗争经验。而我的年龄最小。我们在大学里面很热闹，搞了几个活动。一个活动是我提议的，集体在晚上郊游了一把，这是一次不伦不类的活动。还有一个活动也是我提议的，就是搞一个所谓的"单车"，这个是一个日常性的交流。所谓的单车就是一个笔记本，很厚，第一个人在上面写一首诗，然后就往下传，传给另外一个文学社的人，这个人又在上面的另外一页写上他的一首诗，然后再往下传，就是不断地往下传，不断地有诗，每个人都写。然后还有一件事就是，我们搞了一个墙报，就是文学墙报，在新校的一个大的墙报栏。我们的那些诗都很激进的，结果上午贴出去，下午就聚集了很多的人，学校里面谣言纷纷，校长啊宣传处啊都来看，还在那儿拍着，然后就被撕掉了。然后就追查民刊，追查《今天》哪里来的，当时也是做了被开除的打算。后来到了过春节的时候，我妈打了一个电报过来，写"母盼儿归"，就是这样的情况下，又快到春节了，才放我回家。当时那个检查我也还没做好，而且我也不会做，就找到我的一个朋友，帮我写了。检查我连看都没有看就拿回去交给学校，通过了。后来我才知道具体的原因是什么，错综复杂。当时我母亲很挂念这个事儿，我父亲的一个朋友，在 1957 年的时候被打成右派，而当年把他弄成右派的这个人，一直很内疚，就千方百计地想进行弥补。就是因为我这件事情，我母亲就去找我父亲的这个朋友，然后利用了对方的愧疚心理就去找了这个人。这个人已经从南京某大学调到了山东大学。这个人在后来开会的时候就帮我说了话。这件事情就没有了。

杨黎：如果没有这个人的话，可能就要真的开除你了。

韩东：绝对的。当时，我和王川平的名字都上了《光明日报》的内刊，搞得很严重的。后来我到西安去教书。吴滨到了北京以后，一开始很孤独，给我写信，写得情谊绵绵的。后来我就给他回了一封信，也没说别的，就给他开了一张书单，因为他当时在我那里借了一些书，我就写上有哪些书哪些书。然后他拿到信心情就很郁闷，就情真意切地给王川平写了一封信，就说："你看看朋友弄到这个份上怎么怎么样了。"后来王川平就给我做思想工作，也就没事了。但是后来，吴滨在北京混得挺好的，就分到中国人民银行的一本金融杂志，他对面坐了一个人，叫赵正先。赵正先就是赵正开的弟弟，赵正开就是北岛。由于北岛弟弟的引见，他就进入了北京当时我们所崇拜的这个圈子，和北岛这些人交情都不错。这些人对他也不错。然后他就写小说，在北京文学发得不错。反正挺得意的。然后大家都毕业了，各奔东西。后来我和他们都不往来了，有点绝交的意思。后来我去北京，到北岛那里，北岛说你有什么诗，我给你拿到《中国》发了去。我说不行，《中国》里有我一个同学，叫吴滨，我跟他有过节，拿去他也不会发的。北岛说："没关系，拿给我。"然后我就拿过去。北岛挺聪明的，拿去以后就递给吴滨。吴滨当时就讲："啊，韩东我知道的，他能写出什么好东西来。"北岛就说："我知道你们有过节，这些诗我读了以后觉得不错。"后来就发了。《有关大雁塔》就是在那时候发出来的。

杨黎：那是哪一年？

韩东：我也记不清楚了，反正就是 1984 年、1985 年、1986 年那些年。发了以后，吴滨就到处对人说："你看韩东对我那个样子，他的作品还不是叫我发吗？"结果我一看，有两个字错得很严重，不知道是他故意的还是无意的，然后他们都挺得意的。然后我就分到西安。分到西安我还办了几期刊物，基本上延续了在山东大学的圈子，就是吴滨、杨争光、小君、小海他们。自己印的。而后来吴滨就开笔会，把王川平、杨争光都叫去了，还拍了照片，在海边，笑得挺开心。他们就认为，韩东，在西安玩完了，他们正在走上坡路，所以一度，这三个人，我跟其中两个人很疏远了，他们就很得意的。所以有一次我1986 年到重庆的时候见到王川平，他当时是重庆市文化局副局长，他招待也不错，但谈话当中就有点怪。他大概怕伤害我的感情，也没说什么，我无意中在书架上看到那张照片，他们玩得挺开心的。反正这个格局就是，我，在西安，偏远之地，他们在海滨，离北岛也很近。这是我的第一个圈子。后来我对其他人倒没有什么，但是对杨争光呢，一度跟他失和以后，我老做梦，老是梦见他，老是梦见跟杨争光言归于好。这个人毛病很多，但这个人呢，是陕北乡下的，身上有一种气氛，很可爱，很有趣，大概是因为这些原因吧，老是梦见跟他言归于好。这个圈子里我感情比较深的就是杨争光，现在我想起来，吴滨其实还是属于一个没有什么特色的文学青年，杨争光还是属于比较有特点的，王川平属于比较有城府的有官样子的一个人。一直到十年以后给他写信，他也没给我回信。后来见面他说没收到我的信，我也不知道到底收没收到。后来他到南京来，我们见面谈了谈。反正现在我们是已经和好了，但是还是没有进一步很明显的交往。但是我相信如果是我到西安，或者他（杨争光）到南京来，那种感觉还是有的。因为大家都在忙自己的事，而且走的还不是同一条路。这是第一个圈子，还包括小海。

杨黎：小海是你们这个圈子以外的人，他后来进入了，这种进入对你们这个圈子来说还是很重要的吧？

韩东：不，这第一个圈子以后就没有了。他不算，他就是这个圈子，但是这个圈子已经不存在了，后来都各干各的了。

杨黎：离开这个圈子之后，你就去了西安。

韩东：西安就是认识丁当了。

杨黎：怎么认识的？

韩东：他比我还小一岁。他读大学的时候大概只有 15 岁，很年轻。他在我任教的那所大学里上过课，所以他有很多校友经常到我们学校来玩。

杨黎：你那所是什么学校？

韩东：陕西财经学院。他们经常到我们学校来玩，就认识他了。

杨黎：他那个时候已经开始写诗了？

韩东：写了。他那个时候是这样的，我办了前几期《老家》都没有他。他那个班跟我的处境也差不多，他那个班积压了很多年的社会上的一些人，丁当年纪那么小，其他的人都是年纪很大的，有红卫兵司令，也有爱好文学的。然后丁当就跟着他们写点东西。他见了我以后就觉得看到了我们这代人的力量。大概是 1983 年吧。我们就彻夜长谈，结为知己。这一代人的那种反叛、那种苗头就出来了，就互相激励，后来在《同代》上就认识了于坚他们。好像是 1984 年或者 1983年的事。1984 年回南京。这就是第二个圈子。第二个圈子就是"他们"这个圈子，包括丁当、小海、于小韦、于坚啊他们。这是回南京以后，1985 年。丁当的第一批诗，大概就是 1984 年、1985 年才写出来的，我在西安的时候他写的还是那种诗。然后丁当到云南出差，他就跟于坚认识了。然后到 1986 年我才见到于坚。于坚是功利性很强的，说我们只要搞一搞你、我、丁当就行了，新人们，让他们自己去干吧。当时于小韦是后来才进来的。那会儿他就把小韦之类的当成新人。

杨黎：那于小韦在第三期才进入《他们》是因为作品的原因还是认识的原因？

韩东：先认识，后作品。

杨黎：你们认识的时候就已经搞了两期了？

韩东：没有，我和于小韦也是先前就认识的，具体哪一年我记不清了。于小韦是一直在写诗，不像丁当，他是一脉相承的，他在认识我以前就和一帮下放的人在搞《黄草帽》，那是和《老家》类似，在印数和质量上都是很有限的。他那个时候写作的方式就已经确定了。

杨黎：于小韦是哪一年的？

韩东：跟我一样大，也是 1961 年的。他比我月份要小。最开始搞《他们》，有老《他们》和新《他们》，老《他们》就是这些人。新《他们》就是南大、南工这边的，包括刘立杆啊这些人，小海是他们同学，都是小海引出来的。南工就是朱文和吴晨骏。早些还有一些人，他们不太功利也不太积极，像李苇啊这些。有小说也有诗，第一批小说就是苏童啊马原啊，再就是顾前。其实最开始第一批就有顾前。

杨黎：《他们》这个圈子的时候你们的趣味已经很相同了，而在山东大学时，你们的趣味是什么呢？大家一样吗？

韩东：反正当时写作的主要的参照系，不管是正面的还是反面的，都是北岛和《今天》。

杨黎：王川平他们也是这样？

韩东：也是的。王川平基本上的美学方式就是，类似于杨炼的那种东西，所以他所写的小诗也是忧国忧民的，他写的《雨舞》就是反映少数民族祈求下雨的一种舞蹈。他是考古专业艺术系的，他比别的人要专业，要有水准一些，他的自信心可能在这个地方。他比较"好大喜功"，他的"大"和"功"是比较外在的东西。所以像这一点，从于坚身上也能看出来，于坚和我们，我觉得是有所谓的分歧的，并不是没有的。在美学上是这样的。但对北岛他们这些人在形式上的雕琢、唯美的反诘还是存在的，这个就是在山东大学的后期，但是趋向于什么地方，包括到最后趋向于乡村，我也写了老渔夫、山民。杨争光就是比较根深蒂固的。我批判过于坚，我说他写过两种诗，一种像《尚义街6号》那种诗，一种像《一个人的奋斗》，就是一辈子奋斗装得像个人，《有朋自远方来》，还有一种当时他也在摸索，像什么怒江啊。他的这种东西其实一直还是延续的，只不过后来二者结合在一起了，就建立起一种包括《零档案》《飞行》的那些长篇巨制，包括我后来在《创世纪》上看见的《滇池》，他已经把那种个人的、无依无靠的写作，和一种他对某种文化系统、对文学史丰碑的某种怀念通过经验结合起来了。他这种野心，在这代人身上是很混杂的，他有一种兼容的、相互包含的、尽量汲取的、尽量膨胀的、多多益善的……他根本上还是喜欢这种庞然大物。这种庞然大物既能容纳他们的人文关怀，还能容纳他们的当代精神，又能容纳他们的文化教育。他们的野心我觉得是和诗歌的本质相偏离的，他们就是要制造一种文化纪念碑。

杨黎：当然你现在肯定对诗有自己的看法了。但你刚开始的时候，在山大的时候，那时候你的写作是受《今天》和北岛的影响。但是，我想提醒的是，《今天》从一开始，就包括江河和杨炼，包括那讨厌的"史诗"。

韩东：对，肯定的。受到"史诗"的蛊惑也有过一个阶段，我也写过黄河啊什么的。

杨黎："史诗"和《今天》的关系，我觉得也就是一种血缘关系。

从《今天》的这种发展到"史诗",是必然。不同的仅仅是个人的写作才能和写作方式,比如北岛的很多诗,实际上也就是"史诗"。我读江河的诗读得很少,我读《今天》的诗也读得很少,迄今为止我没有看见那本《今天》是什么样子。而我看江河的第一首诗《纪念碑》,那就是史诗。而《今天》,你谈到它的重要性,它为中国的自由写作开创了一种局面,但是那个内部精神里面,它的批判意识和史诗精神永远都是连在一块的,和我们的差距肯定非常明显。这种差距,是不是就直接产生了你的那首著名的《有关大雁塔》?

韩东:我还是从形式感觉上来看。我觉得诗人受到的刺激主要还是在形式感觉上,其实这种写作倒不在于从史诗这种格局当中,从他们的一种利益上进行一种反诘,主要还是在于一种写作方式上,在于一种语言面上。我要不是考虑这个东西的时候,我觉得,比如说,我当时看到于坚的诗,看到包括杨争光的一些诗,也喜欢。这种喜欢就是觉得他们虽然写的东西、关心的东西跟我们不一样,但是他们有一种很一致的东西,就是不那么雕琢,是一种很直接的方式。这种刺激性还是很大的,至少我至今从美学上传承的那种东西,使我对于那种繁复的曲里拐弯的故作高深的东西还是很反感的。其实我可能并不反感他的责任感,并不反感他个人的立场,而是他所们呈现出的那种形态。因为那种东西是需要引起警惕的,因为那种毁灭性就是就是对语言本身的一种毁灭,已经被运用到毫无知觉的地步。因为我觉得诗人对每一个字、每一个词都应该是非常敏感的,都会引起他的神经反应的,只有在这种敏感性写作当中,你去努力写作,当这种敏感性消失了以后,就是挥霍。就像做爱一样,做得多了,你也就迟钝了,真的就迟钝了。一年搞一次,一次管一年,那种感觉就没有了。直接对于语言的态度,就是这样。语言成为一种挥霍的东西,成为一种载体,这样对待语言的方式,我觉得就是语言消失了,语言本身变得麻木,毫无感觉。倒不是在于他们运用了具体的什么词和句子,而是在于他们失去了对语言基本的敏感。他们除了贪婪,还是贪婪,就是把各种好的、光彩夺目的词丢进来,然后再挥霍,是这样一个东西。但是在收集和使用的过程中，你看不到这种敏感性，你看不到他们对词语的感觉。然后别人阅读的时候，你也不可能从中体会到这种敏感。我觉得这个最大的问题，不在于他写得长、大或者他写得短、小，而是这种空泛的无感觉的东西，跟我的语言追求是南辕北辙的。我觉得应该保持对语言的极度的敏感。也就是说油滑嘛，所谓的口语诗，你也反对我也反对，就是口语诗也会达到另一种油滑，这种油滑也就是丧失敏感性，哗哗哗就这么写，毫无知觉。我觉得知觉是特别重要的，而不是你个人意图的膨胀，表达了你的个人意图，以至于炫技。这个我感觉很糟糕。哪怕你写得结结巴巴，但是一点一滴都让人觉得紧张，很敏感，这个我觉得是非常重要的。而且天长日久，你使用的方式，你写得很多，对语言熟悉，这种过程不是消弭敏感。如果这种过程消弭了你对语言的敏感，我觉得这种写作就不是我所需要的。在这种过程中需要极度的敏感。过程可能都是一样的，就是不断地接触，但是结果却是不一样的。你像那些品酒的、品茶的，他们也是不断地接触，就是干这个行当的，但是他们在这个行当中会不断地变得更加敏感，一点一滴，一丝一毫他们都能分辨得清清楚楚。而在他们没有接受训练之前，他们没有这样，他们分辨不清。但还有一些，他们不断地和烟酒打交道，打交道之后，他们好坏都不分的，他们只能说喝过什么什么酒，喝过什么什么茶叶，那些酒和茶产于什么地方，他们的舌头鼻子已经毫无用处了，已经丧失了敏感性。我觉得北岛和杨炼还是有区别的。我最近读了北岛发在《今天》上的新诗，他的方式跟我的完全不一样，他还是以前的方式，还是意象，每个意象都很扭曲。当时我读了以后，觉得他还是比其他人要强得多，在那个系统内是不错的。在那个系统内他还是保持着敏感性，他不是麻木地无知觉地在写。当然他的方式完全跟我的不一样，意象，完全是意象，而且扭曲，要造成什么什么效果。当然我们不会像他那样写，但他那个东西是不错，我真的是觉得不错。这种不错就是在他那个系统里头是这样的。但是"史诗"这一路人，就写得过于油滑了，洋洋洒洒，一泻千里，像于坚的，这种东西根本就不用看了。不管你是用意象构成的洋洋洒洒麻木迟钝，还是用你的叙述构成的洋洋洒洒麻木迟钝，我觉得都是一个效果，就是取消语言，什么都没有，就是看到这个人很牛。就像看到一个人，跟你说他什么都吃过，什么样牌子的酒他都尝过，但他就仅仅表现他的这些，表现他的见多识广，表现他的渊博，表现他的才气，表现他挥霍的气度。完全没有细节，经不起推敲。我觉得这种东西对于我而言，如果有一天我的写作变成这样的话，我就不如不写了。你说如果我们张起口来就不假思索地说古往今来，表达我们的什么气度，我觉得这是一件很容易的事情，但你会把所有的细节都忘了。

杨黎：还是让我们从诗歌上下来休息一下，给我们谈谈你的生活好吗？

韩东：我的生活很枯燥的，没什么好谈。

杨黎：哪里。我在问刘立杆的时候，他说了一句这样的话，他说实际上在南大的时候，他并没有写诗，而是后来很愿意跟你们在一块玩。他觉得你们的生活方式吸引了他。这怎么会没有意思呢？请告诉我们，你那个时候是一种什么样的生活方式？

韩东：跟现在差不多。我是一个最没变化的人，上次校庆请我去我都没有去。我的那些同学，有的有重孙子了，有好几个大学的校长，都人模狗样的。但我的生活几乎没有变化，还是吃饭，睡觉，跟几个朋友聊聊天，在情绪上还是愤世嫉俗，住的是原来的房子，还是很贫穷。头发少了而已，就是这样。

杨黎：同居生活还是单身生活？

韩东：没有，我跟女人的同居生活是很短的。杨黎呀，我那个苦头是吃够了的。你那个花天酒地，我是没有的。你一直有女人，我不是的。你看我和小君谈恋爱，我们是 1984 年结婚，1985 年结婚吧，1988 年离婚，就两年多。就这些年有女人。小君之后，我跟一个小姑娘谈恋爱，她父母都不知道，每天都要回家的，在我这里也就待过一个晚上，没有同居生活的概念。后来我又谈了一个六年的，六年只是在一起待四年。另外两年她回无锡了。有时候在学校住，有时候在我那里住。反正十几年我基本上没有跟一个人一起同居过半年一年什么的。性上面的温饱是没有的。正儿八经的就是小君的两年多，其他基本上是不成立的。而人家恋爱就是同居，然后生活在一起，不管是半年一年两年，然后分手，再换一个——这种生活对我是不存在。不存在是什么原因，我不知道，反正事实就是如此。很多人对于同居生活的厌倦，我体会不深。我现在也变得比较习惯了，可能再有那种同居生活，我估计也不习惯了。我还是很苦的啊。

杨黎：《他们》在 80 年代只办了四期还是五期？

韩东：五期吧。我觉得像"今天"和"非非"这些文学团体，最后总是要四分五裂的。而且四分五裂的原因基本上是利益问题，不可能是别的问题。而这个利益呢，基本上也是谁成名了，谁发得多了，谁重要啊，基本上都是这样。人性是软弱的，总是因为这些东西在这儿，要求一些东西啊，最后就这样了。这是肯定的。有聚必有散。而《他们》一直到了今天，这个里头相互之间还没有闹得那么，闹得那么公开、剧烈，已经算不错了。但是很多人感觉到在这个里面既得又失，对我个人有各种意见，也是很正常的。在一个团体中生活，弱者其实是最恐惧的。对于自己的不自信导致了所有的一切。如果你自己很自信的话，完全可以从一个角度看到这个氛围的好处。当然这个氛围也有不好的东西，但这个氛围不好的东西是因人而异的。自我的调整，自我的强大，自我的成长，都是很重要的。你要求这个无形的团体公正，要求方方面面，这是不可能的，只要是有人群的地方，有利益的地方，结群的地方，那这个里面恶性的东西都会有，关键是你个人怎么处理这些东西。包括"他们"还是很复杂的，有写小说的，有写诗的，有成名的，有不成名的，有富了的，有穷了的，有年纪大的，有年纪小的，有好几代人，有读过大学的，有没读过大学的，有在南京的，有在云南的，有在国外的，有男人还有女人，这些搞在一起是很复杂的。从个人生活上来讲，我离不开朋友，对朋友很看重，我也没其他的东西，就是写作、生活，和朋友聊天，我喜欢交朋友，喜欢文学上的志同道合，做一些事情。大家都觉得很压抑的时候做一些事情，寻求一些空间。个人在此间受到伤害的例子就很多。在文学史上你可以把它作为一个工具，这是就个人而言，不是讲我，你可以很好地加以利用，你也可以把它作为一个精神上受压抑的源泉。结群的地方总是这样的。我这个人又喜欢煽动、蛊惑，我在这个里面自觉不自觉地就成为一个核心的角色。我是一个人，也有非常多的弱点，但确实我是在不断地反省自己，不要压迫别人。对权力的欲望，你不可能一点都没有。我觉得在这件事情上，由于我所处的位置，我已经做到最大的限度。这个位置首先不是我追求的目标，但它事实上就是这样一个位置。但我经常在反省这个事情，因为我知道权力的虚无，我知道大家团在一起的相互伤害，也知道会有一些压抑，会有一些不良的东西存在，对这些东西我确实是很警惕的。尤其是我个人，我不断地要提醒自己所有的一切。只有每一个人都成长为一个非常坚定的个人的时候，大家的相处才可能是自然的。比如我和于小韦、丁当、李小山、朱文他们相处起来就比较容易，因为他们既不会那么恨也不会那么爱，他们就是很独立的个人。我更愿意和你杨黎这样的人相处。而和另一些人，我就不点名了，我有责任，他们也有责任，这根本的原因就是他们没有成长为很独立的个人，没强大到那个份上，所以他们心理上的纠结、情感上的纠结就特别严重。其他的也有很多这种文学流派，一个一个都很独立，这样大家虽然关系上没有那么近乎，不是天天见面，可能也有论争，也有反目，但是那些东西都是挺明朗的，不会那么纠结。你看我和于坚，争就争，没有什么纠结难言的东西。一个团体的善终，我们讲到了始，也讲到了终，不是它永远地存在下去，而是每一个人都应该成长成一个很独立的很强大的个人。任何的师徒关系，权威和非权威的关系，领导和非领导的关系，这种关系如果不明确的话，那就很难。如果真的像古代一样，你给我送肉，拜我为师，那又是另外一回事。我的经验就是这样的，所有真正成为朋友的、平等相待的，最后都是强大起来的，互相尊敬的。

杨黎："他们"一直是我非常羡慕的一个群体，就像四川的"莽汉"一样。因为你们开始的时候，就是因为大家趣味相似而结合在一起的。伊沙就曾经在一篇文章里说，《他们》创办的时候，韩东在点兵点将。而"非非"不一样。周伦佑在创办《非非》的时候，只要是愿意进来的人，都可以进来。有点力量的人，就更愿意把他们拉进来。李亚伟、尚仲敏、何小竹，都这样进来了。可以说，我们是因为共同的利益才走到一起的。这个问题，在我后来写的一篇《我与"非非"》一文中，说得比较清楚。

韩东：讲到80年代"他们"，我觉得是比较紧密的，但是状态并不好。我恰恰认为现在这种状态——现在"他们"已经不存在了，但还有种气氛，现在大家基本上都成长起来了，很自立——这种状态是很好的。比如说"他们"的那种精神联系，比如说于小韦、丁当、朱文等大家都很独立，我也不能一呼百应了。比如说上网，他们有的就不上，我就觉得挺好，大家各有各的想法，各有所自持的东西，这个东西确实是很好的。因为我深有体会，从80年代到90年代的今天，我觉得这种东西让我更舒展一些。包括后来我到成都去，我愿意跟你交往，我不愿意在……你说他们很纯洁……这种东西是经过调整的，大家心里也相互……也有一些东西。比如说贺弈，这么多年的朋友，我们打仗了，你都不来，我也有这种想法，但这种想法是过眼烟云。这个人固执己见，不是为了固执己见而固执己见，是挺好的一件事情。作为一个朋友，这更令人放心，让人觉得自豪。像80年代，大家都扎在一起，在一个小圈子里比来比去，像吴晨骏那样啊。他是想一直把这种东西维持在一个圈子里，谁先进谁后进，应该公平什么的，这种东西只能说是无稽之谈。我觉得现在这种气氛挺好的，大家各居一方，很独立，各有自己的主见，但是又有某种精神上的联系。我觉得大家彼此都活在世上，都在那儿写作，都好，挺安心的，也不用担心。都知道该往哪儿投稿，知道怎样出名，知道自己的事情怎么处理，该追求文学也罢，荣华富贵也罢，大家反正心里有数。也可能在80年代我更愿意结群，到了今天，我的想法就是愿意交朋友，比如我跟你的交往，比如我跟鲁羊的交往。我跟鲁羊的美学观念没有一点相似，但有某种相同的是，在文学态度上，至少在大的方面，还是对最庸俗的东西，大家都很反感。作为80年代的那个阶段的"他们"，也就是这些。

我看"下半身"，就觉得是这样的。"下半身"有点介于"他们"和"非非"之间那种。他们也想搞事情，也有纲领什么的，也有一些人写得不错，但他们每一个人还不是很自立。"他们"目前的情况挺好的，"他们"不存在以后的这种余音缭绕，有种东西挺好的。我现在就想着大家拼命地工作，共享荣华富贵，其他的就别想那么多了。

杨黎：你在90年代以后，好像停止了诗歌的写作。这个"好像"是别人说的，实际上我知道你从来没有停止过诗歌的写作，就像我知道我自己从来没有停止过诗歌的写作一样。比如，我在《小杨与马丽》里面就有很多诗是90年代才写的……

韩东：90年代整个的气氛是一种很压抑很糟糕的气氛。你知识分子自己愿意也可以这样写，但你成了一种主流，好像诗就得那么写，成了一种风尚一样的。这种局面不是一种你写你的我写我的，不是一种多元的格局，很单调。80年代有"他们"，有"非非"，有石光华的长句子，有各种实验，什么都有。我觉得那种局面是很好的。但是在90年代有一种归结的倾向，这种倾向是特别狭隘的，就归结成书本和西方文学史的对接，标准也很统一了，就是寻求一种统一性、一致性，但这种统一就是在一个很浅的层面上的东西上，就是在一个阅读心得体会的层面上。那个时候你没有办法发言。没法发言是懒得发言，一个是没有发言的地方，另一个是它全错了，是不可讨论的。不是一个人错，是所有人都错。不是一个方向错，是所有的方向都错。你没有任何讨论的余地。只有，要么我的是写作，你的不是；要么你的是，我的不是。就是这种局面，没有办法对话。他们已经建立了一种他们的秩序。那我觉得，要么你就不进入这种秩序，写了不发了，不理了。还有一个就是，要进入这种秩序，就必须学习他们的规则，进行一种转向。在这种压抑下，很多人都在进行转向。像于坚和小海，我觉得是存在转向的问题。虽然在表明的立场上，他们在跟知识分子对抗，但那是一种利益之争。在美学上，这种转向是非常明确的。于坚在以知识分子的方式反驳知识分子，他自己觉得他的谈话方式已经不适用了，他就已经先输了一招，他已经丧失了自己的语言。他要证明他自己比西川更博古通今，更有文化，谈起诗歌来也是什么唐诗宋词。不仅仅是在诗歌关系的层面上，他要证明他在一切方面都不输给他的对手，同时在美学的这个方向，他也转向，他也要证明他比对方更有文化，更有胸襟，做得更大。本质上是一个叛徒，自鸣得意。他也加入了这个秩序。只不过他们发生的矛盾不在美学层面上，而是在利益上。我觉得他的诗歌在 90 年代有很大的变化，我觉得这种变化的趋向就是知识分子。如果没有"盘峰会议"，你认为于坚、小海还能不能活下去？我认为还能够活下去，而且活得不比今天差。他们只是在"盘峰会议"上进行了一种势力瓜分。他的局面不可控制。一开始他利益的威胁是在利益场中的那些人，然后通过"盘峰会议"他需要站队，需要拉帮结伙，包括 70 后的，包括伊沙。然后又看看天下垮掉了，局面不可控制。现在我觉得他已经逐渐地和知识分子成为同盟军了。只需要一点小小的点拨，以及解决了尊严问题之后，和知识分子站在同一战壕上是很容易的事情。他现在直接感到的威胁就是网络诗歌。那么多的年轻写手，还有那么多像我们这样的人的复出，这是他们那个利益团体最大的威胁。于坚非常敏感，他为什么总是向我为 70 后辩护发难？这是什么意思？关他什么事？这是因为他感受到了这个威胁。"盘峰会议"以后的局面不是他所能控制的，不是说他就成了江湖老大，这个局面格局打开之后，他本来只看到甲方和乙方，没想到其他方诗歌力量的呈现。这让他始料不及。所以他由一个要不断革命的革命派，一瞬间就转向柔和，就转向回归的唐诗宋词的伟大的荣光，这个东西的转向是非常的剧烈的，特别的明显的和看似没有逻辑性，但我觉得这中间就是一种利益的转向。他看到了另外一种力量不受自己约束地成长起来，他有一种危机感。这种东西是无可避免的。"盘峰会议"的意义是很大的，这个意义不是说压抑和被压抑的关系，而是说，给一些被压抑者带来一种利益的天地，又使得我们这些人有了一种机缘。更重要的是，新的力量的涌现。我觉得像乌青就不必感到那什么，你谈到采访这么多 80 年代的老同志，谈到 70 后的这种众口一词，都在否定，这就说明你们力量的存在。他们害怕了，他们颤抖了。你们对他们构成了直接的威胁。你看昨天小海，完全都是站在利益立场上谈到 70 后，首先他说没怎么读过，没读过你就别说啊，然后他说，总之一塌糊涂。这话首先显得不合适，也不诚恳，他读过了有想法，又说没读过，什么意思？这个很明确的，就是他们感觉到了那种东西。我觉得 70 后现在的才能，70 后的感觉力，都是够了的，关键就是不要受各方面的诱惑和威胁。这是三五年的事，三五年的时间，大家的话都会变的。

杨黎：你觉得 70 后哪一批人有这种趋势？

韩东：我只能判断才能。因为这个东西是一个综合性的东西，你难道说于小韦没有才能吗？你说丁当没有才能吗？但是他们的命运、意志力，以及我不知道的一些什么因素，使他们没有继续写下去，使他们在文学史上没有担当起一种角色。所以这个东西，我讲的只是才能问题。才能现在清晰可见的，我觉得像乌青，那就是才能。对他进行批判的这些人怎么能抵挡得了他呢？关键是除了这个之外的，一种类似于像朱文的这种东西也要有。这不是一种才能或者说你写出来东西的问题，我讲的面目清晰不是说现在写得不清晰，而是说它是不是一直存在在那个地方，不移动。很重要。包括我们出来的时候，这个说那个说，王安忆他们看了，说现在年轻人写东西怎么样怎么样的。

杨黎：这是传统，上一代人对下一代人的传统。所以，他们总是要维护这个传统。现在的很多老同志，对 70 后的看法也是这样的。

韩东：这是普遍感到威胁的原因。这正好显示了 70 后的力量。

杨黎：谈谈我们的橡皮文学网好了。你是怎么想到要做网络的？我记得那是 1999 年的秋天，在成都，你就对我说过。

韩东：我对网络，对技术方面的东西我其实是有恐惧感的，而且天生是拒绝的。但是概念上我知道这个很重要。两个字，就是自由。

杨黎：你什么时候意识到这点？

韩东：很早就意识到了。但是我不上网。我也没有具体的这种体会，只是一种直觉。

杨黎：那你是怎么了解到网络这个东西的？是诗江湖吗？

　　韩东：没有。当时诗江湖出来以前，我就听人说，网络文学和传统文学是不同的，网络文学都是浮躁的什么什么。总之他们就觉得他们是以网络文学和传统文学对照来谈论，或者褒或者贬。总之强调这种分歧。当时我不知道网络文学是怎么回事，但是我想，这不是胡说八道吗？怎么可能嘛，网络没有灵魂，它就是一种方式，就是一种技术手段。不可能仅仅是技术手段的左右就这么严重，我还是坚持认为任何事情要看是什么人去做。当时我没有接触网络，但我对外界的这种看似很有道理的说法很不认同。不同的人做不同的事情肯定不一样。我就想如果我来做这个网站的话，就不会这样。而恰恰是没有，恰恰是因为大家都相信就是这样做的，我觉得就更好办。后来有机会，有了你们，有了王敏，有了乌青和竖，我们就说应该搞网络，就搞起来了。后来上了网，对网络的感觉很直接，但是这点没有变，就是看什么人来做这件事。它并不是和纸面的东西有多大的分歧，这是不存在的，只不过这种技术手段被运用在不同的方式上。

　　杨黎：是啊，网络使诗歌复兴。

附录一
采访小海

补充几句：我一直觉得我对小海采访时，有许多偏激夸张的地方。这些年来，随着这本书的流行，我常常有对小海的许多歉意。这次再版，我本想对这篇采访作较大的修改，好给小海一个交代，但转念一想，这未必能够起到这样的作用。所以，我决定放弃对这个采访作任何改动，而是选择在这里、在它的前面说几句话诚恳地向小海、向以前的读者和今后的读者说一句话：对不起，请原谅我。

杨黎：你是哪一年生的？

小海：我是 1965 年生的。

杨黎：1965 年几月？

小海：1965 年 5 月。然后 1979 年写作，当时写诗主要就是跟几个人，曹建啊徐泽啊，还有不少人一起写作吧。80 年代最早，我跟韩东和车前子认识，我是从 70 年代末开始写作的，1979 年左右。

杨黎：他们都跟你一样大？

小海：他们都比我大十几岁吧，10 岁左右。真正打开窗口还是认识韩东、车前子之后，因为那个时候的写作方式基本上还是像艾青他们那样的，因为那个时候在乡下读的书还不多。

杨黎：你是哪一年认识韩东和车前子的？

小海：认识韩东应该是 1981 年，那个时候我到一个杂志社，他哥哥在，然后就介绍说韩东在写诗，然后就看了他写的一个得奖的一组诗。当时他读大学不久，大一吧，我就给韩东写了一封信。韩东一开始还以为我是个女孩呢。后来就开始通信。后来通了两三封信就知道我不是了。当时韩东在山大有一拨人，在搞文学社，我知道当时有吴滨、杨争光、王川平等。我记得我第一次跟他们通信的时候，把信还装错了。把王川平的信装到吴滨的信封里，把杨争光的信寄给了王川平，他们后来还得交换一下才能给我回信。1981 年，跟韩东通信的同时，我跟车前子也联系上了。1982 年我到南京军区总医院动手术，眼睛视网膜破裂，高度近视，动完手术之后，秋天，我从南京到苏州，住在车前子家里，住了有十天左右。那一次还去看了一下我现在的老婆，她当时是个初中生，初三。还到她家去玩了一下。

杨黎：你当时也是十六七岁吧？

小海：我当时是在读高一，她是初三。

杨黎：你们都是《青春》的小作者？

小海：对。当时韩东分到西安，他写信给我说他要办一个《老家》，主要以他的一些同学为主的，像王川平和杨争光等。然后就向我要稿子，我就把稿子给他了。

杨黎：上高中？

小海：对，高中。那时候我因为眼睛动手术，在家休学。那时候跟韩东的通信特别多。我写的很多诗就给韩东看，韩东给我提了不少意见。那个时候我还是一个小孩子的写作，像艾青他们的，爱国的诗，然后就是韩东的诗。当时就发生了很大的变化，刺激比较大。到了《老家》三期的时候，韩东是 1984 年，还是 1985 年调回南京，然后就给我写了一封信，说是什么时候到南京，然后我 1984 年年底就去了韩东家。那是第一次见韩东。韩东当时在南京有一帮朋友，我那个时候在南京也有一帮写诗的朋友，到这来玩，后来就筹办《他们》。那时我记得到他家的时候，南京的一个老师设计了一个封面，韩东拿回来，我当时的印象比较深。1985 年我读南大，那个时候韩东和小君已经结婚了，我就经常到他们家吃饭。那时候他们家就成了一个固定的场所，一个沙龙。

韩东：你刚进大学的时候我就搬家了。

小海：那个时候这个地方就是一个据点，韩东那个时候夫妻两个，顾前、苏童等经常碰头的。有的时候也到我学校去，要么就是小顾家，还有九华山茶馆之类的一些地方。当时就是响应韩东的号召，给《他们》写作。《他们》第二期的时候，南京就搞了一个诗书画年展，还有搞音乐的一帮人，韩东被拉去搞筹划，当时还准备搞一个诗人的聚会。当时就认识了小丁（于小伟），他们一开始是画家，后来去玩的时候看他们也写诗，写得非常好。《他们》第二期还没稿子，第三期的时候小丁他们就参加进来了。第一期和第二期是铅印的，第三期是油印的，好像是由于经费的原因。当时在南京的时候，有很多朋友来玩，韩东那里就是一个据点。丁当基本上每年来一次。有的时候，韩东和丁当还被请到南大去讲座。我记得我和韩东一起还到南师大去做过诗歌讲座。当时韩东还在南京审计学院当老师。我是第一次上讲台，紧张得要命。1986 年暑假的时候，我南大的几个同学就筹划到各地去走一走，当时就是准备去九寨沟。当时我和韩东就借了钱，先到西安，就到了丁当家里面。当时丁当老婆怀着孩子吧，要生了。后来从西安三个人结伴，丁当送我们到宝鸡，被我们赶下去了，因为当时没想到他老婆也跟着我们上了车。人挤得要命，那就不能再去了。然后再到成都，就见到你、石光华他们，还有马松、宋氏兄弟。

韩东：没有石光华。有万夏、马松。

小海：在成都我还记得，马松还打了一架。第一天我还记得你喝醉了，然后我们把你拉到家里去，然后我们去喝茶，走到半路上马松就跟人打了一架，你不知道。然后马松被关到一个派出所去了。后来万夏去找人，后来我们就住到韩东在审计学院的一个同事家里去了。在成都的时候，我和韩东还一起打了一个电报给于坚。后来于坚还赶到成都，又没碰上，我们走了。最后一站到了重庆，见了王川平他们几个，在那儿住了几天。然后从武汉乘船回来的。我印象里在南京的时候来来往往的人挺多的。南京也算是一个诗歌中心吧，跟成都一样。我跟这些人的交往就是那个时候。我是进大学之前发了两百多首诗，进大学之后公开方式发表诗基本上就没有了，就是以集体的面貌出现，基本上就是给《他们》写作。在大学里面我有几个同学都爱好文学，也被我带到韩东这个圈子里来。《他们》的中后期，这帮人就把诗都拿到这里面来。当时吴晨骏到南大来玩，也认识了。那个时候还不知道朱文。那时我是南大的一个文学社的社长，我一进学校就组织了一个文学社，叫"南洋文学社"，我的这帮朋友都去了，还有北京的一些作家、诗人都来了。到了1987年，我们办了一个《大路朝天》文学杂志，请于小韦帮我们设计的封面。基本上就是这些人一起玩。

1989年我大学毕业，就回苏州了，在苏州过了一两年，韩东开始写小说——我记得我上大学的时候他就开始写小说了，好像还发表在《钟山》上。我回苏州之后，活动就少了，基本上就没太多联系了。那个时候有出差的机会来南京，就到韩东家住住，聊聊。韩东也去过苏州几次。

杨黎：你在哪儿工作？

小海：大学毕业后，到南京环境保护局做秘书。回去之后我记得我有一年都没怎么写诗，当时就是觉得对自己作品不满意。生活环境也变化了，当时有个女朋友，就想好好过日子。女朋友是大学同学，就是初中认识的那个，我现在的老婆。我记得当时写作也发不出来。主要也就是寄给韩东、于小韦，还有南京的几个朋友看看，让他们提提意见。我记得重新发作品是1994年，《西藏文学》的一个编辑，一个小姑娘，跑到苏州去要我的稿子。她给了我一个杂志社的地址，要我寄去，我就寄了。1994年开始一直到今年，每年发作品，就这样一直写下来。

杨黎：那个时候你主要就是在国家刊物上发表作品？

小海：对。1994年那时候开始就是每年在国家的公开出版物上发诗，一年就是十五六首诗，1997年、1998年量就多一点，就是100多首诗，像去年前年就是150多首诗。今年少一点。

杨黎：那个时候和"他们"时代的写作有什么不同？

小海：我觉得还是有变化。在"他们"里面我是最小的一个，应该说当时"他们"的影响对我还是大一些，当时我对自己的诗还不是太满意。后来1991年、1992年的时候我就觉得自己的写作应该有一个立脚点，应该写我最熟悉的生活。当时我对工作，对生活还是有一些隔膜感，总觉得不是这个城里人的感觉。然后就开始写原来老家那些记忆里的东西，写作就有了信心。那个时候认识了一些人，包括韩东，就经常打电话联系的，就说我应该继续写啊，我受到的鼓励比较大。那个时候我想过要放弃写作，1989年、1990年基本上没怎么写，而且对自己的东西也不满意。对第三代的评价，我觉得就是出了几个诗人，其他的都是运动，运动搞到最后就是一两个诗人。

杨黎：你刚才说了一个问题，就是在"他们"那个时代之前，你是一个少年诗人，发了很多诗，后来响应《他们》的号召，就没怎么在公开的刊物上发表，主要就是在为《他们》写作。到后来，你又是主要在公开的刊物上发表东西。那么你在为《他们》写作的时候，你是认为你的诗还没找到明确点，还没成熟？

小海：我自己还是蛮狂妄的，虽然那个时候的诗还没成熟。我认为我九十年代的诗写得比80年代好。当时自己是挺狂妄的，但是现在回头再看自己的诗的时候，我觉得是不满意的。那个时候什么都写，是一个学习和吸收的年代，写的作品也很多，但真正的东西我还没写出来。但80年代的时候我还是觉得自己的东西好啊，很狂妄的。我对自己现在的写作更有信心一些，因为我觉得在一个集体范围内写作大家可以互相激励，它的好处当然是显而易见的。但它有一个坏处是，你有任何想法，马上就能得到验证。一个人的写作，在自我交流当中写作，对我个人来讲，似乎更加可信一些。就像我90年代的写作，我自己觉得好像更有把握一些。80年代的时候，是什么都敢写，自己觉得还不是特别满意。

杨黎：这中间除了写作生活环境的原因以外还有没有其他原因导致这种转变？

小海：当然有原因。跟大学毕业也有一点原因，就是对生活也比较失望，当时就是觉得好像没把诗歌当成一个事情来做了，过去就觉得诗歌是一个很重要的部分，当成事业的。当时离开学校以后，朋友也不在身边，一个人在写作。当时在学校里也闹一些事情，因为朋友处久了总有一些矛盾。

杨黎：什么事情，能具体谈一下吗？

小海：现在也说不上来。就是在南大的那个环境里面待得时间长了吧。在苏州以后，朋友的距离远了，反而觉得蛮亲热的。整天在一起就不行。当时我是到一个机关里面，刚开始压力也比较大，还不太适应。

杨黎：你的女朋友也是因为写诗认识的？

小海：她不是写诗的。她在上中学的时候作文比较好。

韩东：我觉得在80年代，我和小海在一起写作，基本上是志同道合的，没什么冲突，但是文学上的冲突是在90年代开始。不仅是我对小海的写作提出一些意见，小海他对我的一些行为也提出一些异议。比如我们搞"断裂"，他对我们这个东西持保留意见。但是我就觉得我和小海这么多年，朋友的情谊是不可动摇的。我讲的这种分歧，是在文学态度上。刚才小海这样描绘了一番，但作为我来讲，我来评价小海的写作，我就认为也不能怪小海，因为90年代的气氛特别压抑，知识分子当道。而丁当、于小韦他们基本上就不写了，像我就写小说去了，也在写诗，但是不拿出来。小海的变化也有可以理解的地方。其实于坚和小海走的是另一条道路，于坚和小海两个人又相互指责。

小海：我觉得整个80年代我和韩东的友情比较长，我们的关系是一种不可动摇的兄弟关系。算是少年时代的朋友吧。在"他们"里面，韩东基本上是个核心，灵魂人物，当时的气氛也非常不错。当时在"他们"里面是艺术标准第一，我们都觉得《他们》是最好的刊物，当时对"非非"的看法就是，也看到你们的好诗，当时感觉"非非"理论的东西太多了，我们就觉得我们是以作品说话，80年代感觉是一个非常团结的整体。我记得当时有人在《诗歌报》上攻击于小韦的诗的时候，我们都群起而攻之。在"他们"之前都有一段各自写诗的历史，也形成了自己的风格，但艺术观念上还是很接近的。在这个圈子里大家互相鼓励，互相帮助，这个氛围还是很好的。

韩东：其实"他们"当中呢，一条路就是不写了，一条路就是写小说了，还有就是小海和于坚是一直在写的。于坚就不谈了，现在就讲小海，我认为他是有变化的。我和小海一旦发生冲突的时候，小海就觉得很惊奇。但是我说过的一句话，我是没有变，从80年代到90年代。小海是有变化的，包括生活的变化，这个变化我是可以理解的，但是这个变化是存在的。这个变化直接就落实到他的诗歌上。小海有一个潜台词就是，最后看作品，这个我也同意。我认为刚才的那段谈话，我看出两种倾向，一种是他觉得90年代写的诗比80年代写得好，还有一种就是他对80年代自己的方式提出了一种……他更喜欢90年代。我感觉他流露出对结群关系的非议等。我认为小海的诗歌写作90年代的作品不如80年代的，这点以前我也毫不隐讳地跟小海谈过，但是没有深入谈过。

小海：我刚才讲到我对80年代不满意，是因为我在"他们"的时候，韩东是一个灵魂，他的判断有的时候容易主宰一批人，包括他指责我的90年代的写作……

韩东：你把我的话听完。就是说，实际上我觉得小海的多部分讲话有自我辩护的成分，其实他要辩护的也不是他的生活方式，是他的弱点。我就恰恰认为他90年代的东西写得不如80年代的东西。但是小海的辩护当中有一点我是要反对的，是不成立的，就是他认为他90年代是一个人，而80年代是结群。我就觉得不是这样的。如果你真正的是一个人，那么你觉得你会呈现出不同的面貌，你的感觉不会是这样的。恰恰在90年代，他也步入了文坛，就是他结交了一批人。这些人在我看来，根本不值得一提。所以小海他自认为他在90年代是一个人，只不过我觉得是他的那种人群化或者文学关系不同了。还有一点，这个不同，绝对是可以理解的，因为我们大家都走了，都撤了。面临着就是两个问题，要么你也撤，要么你在这里——那你就得一个人。当然，这很难。就是说，你也得到一种文学关系中去。在那种关系中，你才能体现你的文学才能，才能有所作为。那么，我认为小海选择的是后一种。他进入了另一种的文学关系。这种文学关系呢，具体的就是说，包括你和一些什么样的人交往，或者和体制的关系这些内容，这我仍然没有不同的看法。相反，作为朋友，我还希望小海多结交一些文学朋友，多借助一些文学关系，这对他的文学发展和安身立命都有好处。小海认为我对这个东西有所指责，恰恰错了，我对他这个仍然没有指责。我始终觉得，小海进入这个文学关系，小海真正的伤害是进入了这种文学圈子，结交了现在这些人之后，小海已经等同了他们。太认同了，你认同感太强。我就可以广交朋友，就可以借用一切的关系，但是我是我，我们和你们就是有区别的，要有这种坚持。我觉得这种东西可能在情感上比较难，就像丁当做生意一样，一开始他就做不好。为什么呢？那就是他在做生意的时候，老是有种怀疑色彩，有种批判色彩，他觉得自己不是一个生意人，或者和一些生意人在一起，他就觉得别扭。但是，生活所迫，他又不得不去做这个鸟生意。所以，他这种情感上的纠缠还是很重的。突然，有一天他想通了，想通了，他觉得自己干吗要去想这些事？然后，他就变成了一个生意人，从里到外，然后他的生意就好做起来了。我认为小海经历了类似的变化，我不是说别的，我对他的生活方式没有什么谴责，甚至对他各种各样的文学关系我也没有任何谴责。不是谴责，我感到遗憾的是，小海进入了这样一种文学关系之后，他的认同感太强。他就觉得在这种关系里面有愉悦。我认为，在 80 年代里面，别人我不讲，他讲他受我影响，受我主宰也是存在的。但是呢，它的另一面，就是在我们那样的群体里面，我作为一个个人来讲，我是从来不说假话的。关于你小海，写得好我肯定会大声疾呼；写得不好——当然这是我个人的看法，写得好也是——我也一定说出来。至少我个人，我对小海在文学上，保持一种忠诚，就是好和坏。那么我觉得，他进入 90 年代，他的那个群体，它不关注小海写得好坏。你就是写得不好，他们也会说你好，也会说你好。特别像张生这种人，他怎么可能说不好？你只要是他的朋友，你的东西他就认为都是好的，没有不好的。就是我觉得小海在这个里面，他有愉悦感，也产生了一种幻觉。我对小海的整个写作的过程的认识，我认为最基本的一点就是，小海 90 年代的不如 80 年代的。刚才我们在等你（小海）的时候，我还读了你以前的几首诗，至今读起来，我觉得仍然还是非常好的诗。

杨黎：是的，有一首我现在都记得，写一个女人在夏天午睡，一双脚放在一盆水里。语言非常清新，又非常有想象力。

韩东：但是（小海）90 年代的诗呢，我就是真的不敢恭维。首先我觉得，他 90 年代的诗歌比较混乱，而且那个，就和他自己比较，不和别人比较，就是不如 80 年代的。这是我个人的看法，我就插上这么几段。因为我和小海是朋友，我就有什么说什么，直言相说。有什么说什么，真的是没有什么问题的。那么是不是小海会觉得我故意这么说呢，你小海明明写得好，我因为某种心理的原因，一定要说你写得不好。我觉得不至于，真的是不至于的。我想主要落实在具体的作品。我恰恰是觉得这是可以理解的。比如杨黎也有可以谴责的地方，就是 80 年代以后，他就消失了，就不在场了。但是，我觉得小海的，或者于坚的这种方式，其实还是挺相同的，挺一致的。于坚，他也不是他所说的什么孤胆英雄，一个人，这话也就不对了。他在，就是说他脱离了他的一个活动的范围，他活动的关系，那么他真正是一个人，或者说保持一种自信的能力吧，他也不是的。关键还是落实在于坚的作品上。

杨黎：我理解韩东的意思，小海选择什么生活方式，结交什么朋友是无所谓的，关键的问题还是作品的变化。就是一句话，小海 90 年代的作品不如 80 年代的作品。

小海：这话太……也说不出什么变化。我是觉得那个想法，我也是觉得那个那个……刚才韩东谈到什么体制啊，我就融入这个体制，我的想法还是不太一样。像我这样，我在我那儿写作，所谓体制，你总要是一个在……在那个是完全要认同一种写作，这种情况。另外，就是现实的在体制内，就这两点我觉得我都还没有做到。任何一个"他们"中出来的人，要想完全融入一种体制，（笑）我觉得这也不太可能。但有一种变化是有可能的，就像刚才韩东讲的，就是跟些朋友的交往，我现在的写作当中，像刚刚谈到的张生，张生是我的好朋友，我跟他交往。他是一个小说家，我是一个诗人，我们这种交往就是一种娱乐方式，是一种快乐原则让我们在一起。我们的这种快乐原则，不是说大家在一起互相吹捧啊，我觉得不完全是这样。他认同我的诗歌，那么比如说，对朋友的豪爽，与人为善，我觉得这个特别让我感动。特别是我在这么一些年里面，坦率地讲，就是这么一些年，我感觉到韩东对我的一种压力。为什么呢？比如诗上，在 80 年代，韩东基本上就是一个灵魂人物，那么如果说《他们》的认同，在很大的意义上讲，就是韩东的认同。对我 90 年代诗的评价不高，我觉得是这样的。其实我 90 年代的写作，比起 80 年代而言，至少要踏实一些，可以把我的力量集中一些，更好地发挥。我对我自己的写作其实还是很有信心。为什么？因为我觉得一个诗人，还是应该有个远景。写作中是这样的，生活中也还是这样的，要有一个远景。在我这个远景，不是说进入一个文学体制，我的写作中的远景，还是要跟我们的国家、民族有真正的对应关系的。这种写作要和我们的生活相对应。如果我有一点诗歌的才能的话，就应该把它集中起来，然后去找一条有机可寻的道路可走。我的这个想法是建立得很好。80 年代的时候，我们是在一个圈子里写作。虽然大家可以互相激励，充分发挥写作的才能，但是在某种意义上讲，我还是觉得是方向感不太明确的一种写作。我觉得写作就是心理劳动，也是一个体力劳动。我觉得我再写四十年，或者五十年，我对自己的写作也非常有信心，完全可以成为这个国家一个有代表性的诗人。

杨黎：是什么？国家什么？

小海：我说的是国家。这个国家有代表性的诗人。我说我完全有这种可能。我是说我现在这种写作方式，这样写下去，完全有这种可能性。我觉得这样的话，我的写作更可靠一点。至于这种文学体制，我觉得，说真话我跟文学体制的关系，也不是你所想的那种。我跟编辑交往，我觉得完全正常。我就是把稿子给他。其实我交的朋友，也很有限，就是"他们"遗留下的一些，像我大学的一些同学。过去在大学里面的交往，友情比较亲密，大家在一起，就像一个家庭一样，大家总有一些事情。现在离得远了一些，我反而觉得更亲密，在情感上更拉近了。

韩东：其实我讲的也不是文学体制的问题，我也没那么教条的。你现在把张生认为是朋友——我举个例子——你认为张生是朋友，就是说我啦，你在文学上更信任张生，而不太信任我。当然我相信，抛开文学而言，我们两个的情感，肯定超过你和张生的情感，这个就不谈了吧。而就文学而言，你对张生有了信任，对我没有了信任。我再怎么不行，也比张生要强。你怎么会……你这个。

小海：（笑）每个人的生活中都有朋友。我们是朋友。我们仅仅是因为文学成为朋友。

韩东：不，不，不，我讲的就是文学。至于朋友，没什么的。你就是和张生搞同性恋我也不会嫉妒。（小海笑）我恰恰说的是文学。你在文学上真的就那么信任他？具体讲，就我和张生比，难道我就错了，他就对吗？

小海：为什么你一定要跟张生比呢？

韩东：你在文学上，我是说在文学上，不是指朋友关系上，你选择了他的那套，或者说选择了对他的信任。那个人啊，我给你说，恰恰做朋友是可以的，而作为文学上的挚友，作为文学关系，是一服毒药。这个是我的一个断言。

小海：韩二，我们之间互相的影响，从来谈文学上的。你知道，张生他是一个没来头的人，不是在《他们》成长起来的一个小说家，他的写作……

韩东：你把他称为小说家，那我就不是小说家？

小海：这个应该另当别论。

韩东：这个人有一次写了一篇文章，谈博尔赫斯的小说，说什么写得还好，就是结尾不好。我的意思是，你可以和他交朋友，就像我和老方交朋友一样，老方他就不懂文学。恰恰是在文学上，你应该有距离感的啊。那个人在文学上是很庸俗的，真的是很庸俗的。

小海：呵呵呵。

韩东：不懂文学的。我对你的，你看现在很明了啦，我对你的生活方式，没有任何疑义，相反认为是对的。对你的文学关系，包括什么体制，我没有任何批判，只是说你不能认同，在文学的感受上，不能认同一些东西。在文学上，不能认同一些东西。因为，你在文学上认同一些东西，这种东西呢，我们就没有办法交谈。一交谈，就牵扯一些东西，把老底都要拉出来。其实我们这样的人，我给你小海，不需要解释那么多，一点就通。我觉得我们在某种意义上，应该是同路人。这很简单。

小海：（笑）难道我们不是同路人？你这个，你总在，我这个 90 年代，你总在讲这个，总是要给朋友联系在一起。我们就讲这个快乐原则，朋友在一起就没有什么，可以不谈文学，大家在一起吃吃喝喝，玩玩。至于文学就受谁谁的影响，这显然是无从谈起的事情啊。

韩东：80 年代你怎么会说这样的话啊，小海。你这个人，为了民族，为了国家，这个话，不管你怎么不从字面上去理解，我揣摸你的心理，不是这个意思，这个话也不该你去说啊。你怎么会？我都不知道怎么说这个问题了。你就跟张生这些人混的。

小海：其实跟他们毫无关系，这个你又不对了。自己有自己的写作，你怎么总是把我跟他们联系在一起。你也，为了一个张生，你谈了那么多。

韩东：张生是个例子，不是为张生谈那么多。我觉得你跟他交往是挺好的，我只是举一个例子。现在我不说了。我已经表明我对你的感受。特别是 90 年代以来，我们谈到文学的困难。我们是不存在语言障碍的人，现在的确是有语言障碍。但是，这个障碍不在我，在你。我把责任推给你。呵呵。

小海：其实我的态度、我的想法就是说断裂，也不能说有什么其他的意思。在第三代人、在《他们》这种氛围中写作的，那么我的想法就是断裂。但是你搞这个也没有什么好说的，《他们》过去所标榜的，就是说所追寻的用作品说话，就是这个。我记得，在 80 年代，办《他们》的时候，甚至是连一个关于《他们》的发言都是在几次争斗之后，你（韩东）还不想写，后来才写出来。我的想法还是，靠写作来讲话，这是第一个。第二个，我的想法还是，比如你韩东本人也是 80 年代文学传统的一个部分，就没有必要那么过激。再比如知识分子的问题，从我个人的趣味来说，我也不赞同。

（录音到这里有一个停顿，因为换带子。重新开始之后，接上的是韩东的又一段插话。）

韩东：于坚要严重多了。于坚一说到这个东西，就顾左右而言他，我喜欢柔软的东西，什么河里面的流水，就这样的。但我说出来，就是我的看法，我不是要强加给任何人，只是朋友之间写东西的，本来大家都志同道合，现在有了分歧，我就把我的观点说出来。

杨黎：小海，你作为一个和韩东一样老的《他们》成员，一个《他们》中心地带（南京）的一员，我其实很想听听你对《他们》、对第三代有什么感想和评价。

韩东：办《老家》他就在一起，自始至终就在一起。

小海：我这个评价，其实我反思一下，这个第三代我的评价不是很高。而《他们》我刚才就讲，在《他们》那时的写作氛围是非常好的。《他们》就是基本上讲的艺术至上，虽然这个东西比较虚无。

杨黎：艺术至上？艺术至上比较虚无？

小海：我不是说它虚无。我是说艺术至上在这个国家，看来是好像有些虚无。但是，80 年代《他们》的氛围还是好的。韩东是个灵魂。在《他们》中有很好的氛围，大家互相激励、互相比赛着在写作。那个时候眼界还未打开，认为天下英雄都在《他们》中，而且也就出了许多优秀的诗人。至今也是优秀的诗人。当然，这是从 80 年代的意义上讲。从 90 年代的意义上讲，我就不这么看了。我感觉 80 年代这个诗歌总是在一个群体里面，我就觉得它总是有些问题。我觉得现在这个状态就是，大家能干什么就干什么。还有这个第三代，我认为到了 90 年代，就完全在走下坡路。当然，第三代不光是《他们》啦，还包括北京那些诗人，四川那些诗人。我觉得第三代在 90 年代里，就在维持一个长长的尾声，或者说是在吃老本。我觉得第三代应该是一个起点，我也是一个第三代诗人，我就觉得应该不断学习，不断成长。我在九十年代里，就在不断学习，不断成长。对我来说就是，写作更加有把握一些，更加自信一些。这种写作是在不断的自我调节之中。一个人认为自己的写作永远是牛逼，我觉得是不应该的。我觉得我的写作就永远是在自我焦虑、自我怀疑中。还有一点，我认为我 90 年代的写作，就是完全忠实于自己的写作。我对我自己的一些想法，能够落实到自己的诗歌中去。对这一点可以有个放心的交代。当然，缺点也有，就是说在 90 年代。80 年代任何方式都可以尝试，都可以写，都还觉得写得不错。而 90 年代显得更集中，自己去消化自己的问题，自己的敌人就是自己。对于知识分子的写作，我就不觉得如临大敌。坦率地说，就我的写作而言，我比他们走得还远。所以，我的敌人不是知识分子，关键是我自己，我的写作。我自己所面临的一些问题，我要自己解决。还有我自己多年写作中的那种焦虑、自我解放和写作的乐趣，都是我的。而重要的是，我的写作要接上一口气，那就是中国古典诗歌的一口气。我要把它接上。不然的话，就是枉做一个中国诗人。你作为一个中国诗人，中国诗歌中有那么多优秀的传统，比如《诗经》《古诗十九首》、唐宋诗词，虽然这些诗歌也有消极的一面，因为这个情景有很大变化，但主要还是有许多好东西，在诗歌中是应该坚持的。比如天人合一、独抒性灵的这些东西，第一感受的东西，直接感受生活，比如《古诗十九首》这些东西，我现在读起来都很激动。当然后来的人也写这些生活性的诗，但是读起来感觉就不一样。为什么？因为它里面是口语，是口语向书面语过渡的东西。口语诗歌我说实话，大家都谈口语，但我觉得可疑。因为口语诗歌，应该是在口语向书面语进军的过程当中。因为口语最终是指向书面语，而不是指向口语，不然，那个层次就太低了。我曾经给我的朋友说，那些 70 后、80 后的诗歌，虽然他们的优点很明确，比如更尖锐、更直接，但他们的目的非常明显，就是完全在生活里面，一种规律里面，每一首诗歌都可以得到验证。这个东西没有一段个人写作的过程，它是非常可疑的，而且不能成大气。我的写作是非常长的，我对写作也充满信心，不然我就不写了。我唯一觉得我的自我学习过程、自我完善还不够。虽然我的最好的还没有写出来，但我这么多年的写作实践还是告诉我，我认为我的诗歌是最牛逼的。我剩下的就是能够坚持写作，有一个生活的稳定感。在生活中也没有什么，虽然也想辞职专门写作，但有老婆孩子，是不可能的。不过我也觉得没什么不好，不是说我放弃反叛。我的反叛就是我的写作。

韩东：我谈一点。小海和于坚关系不对头，然后呢，和刘立杆也经常有矛盾，彼此有微词的。但是，这三个人，谈起话来一模一样，最终的辩护词，更是一模一样。以写作为主啊，落实在写作上啊，反叛不是我们的事。而对80年代的看法，一再说要自立。诸如此类。还有一点就是，他们三个都是："我是最牛逼的。"

杨黎：小海认为他90年代的写作更忠实于他的想法和行为，你有没有这个意思？

小海：对。

杨黎：那么，你80年代的诗歌是不是就远离了你所说的忠实？

小海：不应该是这个问题。我是说90年代更集中，80年代比较分散一些。但80年代对我个人的成长是非常有意义的，因为各种写法都可以去探索。当然，我现在也要探索。但我觉得一个诗人应该有一个基本的态度，那就是要拥抱世界。一切好的东西，都应该去接受。刚才韩东说我和于坚、刘立杆一样，我其实和他们还是不一样。

韩东：一样的，至少有很多一样的。比如结群，我刚才谈反对结群，就是指于坚。于坚无非是指责我，小海也指责我，刘立杆也差不多。好像我们离开了这个群体，像我，好像就活不下去了。你们对结群的指责是很一致的。于坚就强调他是个人奋斗出来的，不需要保姆，不需要结群。我总觉得这种一致性令人奇怪。还有，小海说他是祖国、民族，于坚自称他是一个诗歌的民族主义者，然后呢，唐诗宋词的伟大荣光。为什么像我和杨黎，杨黎不是《他们》的嘛，他没有受我的影响，我也没有受他的影响？为什么我们又都认为这个结群挺好的？

　　小海：韩二啊，我觉得你为什么不想一想，是不是你的写作发生了问题，总是觉得人家的写作有问题。这很怪。比如你的诗歌，90年代的，我就很不满意。

　　韩东：这也是很一致的。先让我谈谈他们的写作的问题，然后又说你也不怎么样，我们只是没有说而已。我完全一模一样。我的写作我也不自我得意，总之写得很差，也不会觉得这个是天下第一。没有像你们那种自豪感，绝对没有。像刘立杆也这样给我讲的，老子觉得你的诗好，你怎么就不觉得我的诗歌好呢？后来转念一想，你那个东西，你那一套，也没有什么。这总就牵扯得你和我、我和你，就说不清楚了。我的诗呢，有写得好的，也有写得不好的。写得好的，就那么几首。像于小韦编一本诗集，他有八十几首，还只收入了50首。如果我按于小韦那么苛刻的话——我已经很苛刻了，我十多年来的诗只留下了200多首，而我写了有2000多首——但是，我觉得我还是没有于小韦苛刻。如果我要像于小韦那样的话，也就30首左右。这样我觉得也就不错的了，而且我今后也不再写诗了。

　　小海：韩二，呵呵呵，这韩二。

　　韩东：确实是这样。小海呢，你给我的要求我听进去了，但我对你呢，也有一个要求，就是我讲了这么多，你真的可以参考一下。真的可以。不是说谁对谁错的问题，不是说你对我就错，你错我就对的问题，你这种水泼不进、针插不进的习惯性的反弹，就像一个球一样，你扔过去，它马上就弹回来，你至少要让这个球停留一会吧。我对你所说的一切是真心的，你呢就生怕这个球进去，不加考虑地就把它扔回来。我希望你至少还是考虑一下，我至少比你大几岁。而且这几年，我也在不断地写，不断地思考。像刘立杆我也说。刘立杆就是90年代在江湖上混了一点名气，他就完全不能放下了。不能放下的时候，人是很可惜的。刘立杆就是这样。他也进退两难。他就是靠这点东西才混了个有头有脸。

　　小海：应该是他写作的问题啊。

韩东：不。写作中的问题，和人的利益得失，和人的自尊心，和人的面子这些东西是相关的。不是说一个人能做得那么的无我，完全地很真实地从写作的角度来思考问题。问题很多很多。我觉得你就在浪费才能。我对你还没有用词极端，没有极端的原因是因为我们是这么多年的老朋友，而你又很敏感，也怕我的方式无意义。对于坚我毫不客气，很尖锐。我不是说我对，不要考察我是不是握有绝对真理，只要相信有绝对真理就对了。谁握在手里不重要，只要承认有就对了。没有别的意思，就这样，你只要不对我的话做绝对反弹就对了。

小海：也不是。我只是觉得在《他们》中有压力。

韩东：在《他们》中有什么压力？《他们》有这种约束力吗？没有，显然没有。李冯走的路，贺弈走的路，大家在美学上很不一样嘛。我觉得这挺好的。朱文，你说他是从模仿开始，但他后来也不是模仿。这里没有谁因为我的原因变得萎缩了，我真的还没有看见过。

小海：主要是你。

韩东：那你说丁当的写作和我的一样吗？于小韦的写作比我的逊色吗？于小伟是个天才，我写不过他。你又说于坚受我约束吗？哪有你说的，在"他们"里面，因为我的原因，越写越萎缩？这只是不了解"他们"的人的一种说法，现在怎么就变成你的说法了呢？你是"他们"中人，你不了解"他们"的情况吗？你不了解每个人的成长史吗？"他们"真的是那么抑制创造力吗？真的是压制人性吗？

小海：当然，那是一个友谊的年代。那个80年代，是个充分享受友情的年代，天下诗人一家。来来往往那么多诗人，那种亲密无间的关系，真的不说了。比如我在南大的时候，有一天半夜12点回去，一看张小波已经睡在了我的床上。我本来想和他挤着睡的，可是他的那个脚啊，臭得不得了。没有办法，我只有和一个同学出去谈天，一直谈到天亮。

杨黎：当时你认识张小波吗？

小海：不认识，但是知道他是上海的诗人。那个时候，很多人来，只要是写诗的，我们都接待。大家在一起，就像过节一样。我们整天不上课，就写诗，谈诗，接待来来往往的诗人。我进学校几个月，就差点被学校开除。那个时候我们南大一批，比如贺弈、海力洪都不错。一写作，步子就很高，很正，不像我。我还有一个幼稚的时期，像1979 年前后，就受我们乡下的一个老师的影响，写点古诗。你看那起点多低。我记得有一次看艾青的诗，大吃一惊。我发现诗歌还可以这样写。所以，到现在我对艾青都有感激之情。

杨黎：那是哪一年？

小海：1979 年。

杨黎：读的又是艾青什么时候的诗？

小海：就是他复出时候的东西，什么《贝壳》啊。相反"朦胧诗"对我没有什么影响。因为我读他们的诗已经比较晚了，自己也写得比较成熟了。像韩东去拜访北岛的那种感觉，我基本上没有。后来我都见到了那些人，真的没有那种感觉。那个时候的感觉是那样的自由，有那么多高水平的朋友，诗人、作家、画家和搞音乐的人。那真是一个激情洋溢的时代。我们怕谁啊？那个时候觉得，《他们》里面任何一个诗人都是那么牛。那时候，那种风气，你想到了 90 年代还会受谁的影响？当时我们在学校里，也是这样。当时在学校里，我从来不上课，还带着好多同学做作家梦。当时学校晚上要关灯，我们和学校闹了好久。整个学校被我们搞得乱七八糟的，好多老师签名，说要退掉我。但有一两个老师没有同意。他们说："小海进南大，是改革的原因，你们把他辞退了，不是说明我们改革错了吗？"

杨黎：你是怎么进南大的？

小海：我是免试进去的。

杨黎：为什么？

小海：就因为发表了很多诗。

杨黎：后来呢？

小海：后来因为有老师反对，再加上好多同学帮忙，就算了。我记得当时还开了几个讨论会，像刘立杆、贺弈、海力洪他们，还有我现在的老婆，他们都说了我很多好话。总之，那真是一个好的时代，有一个好的风气。那个时候，我们学校的同学们，都在读第三代人的作品了。

那个时候最好的小说也都在第三代人里，像马原，像苏童。当时我是南大文学社的社长，和其他学校都有联系。你说他们买谁的账？还不是第三代人的。他们读的就是这些人的东西。所以说，第三代人的影响是很大的。我是第三代人，但我同时也是一个过渡性的人，所以，我的说法是有说服力的。第三代人在大学的影响我是亲身感受到了的，他们的文学观念，他们的生活方式，对当时的大学生的影响是非常大的。

杨黎：当时车前子也在你们南大？

小海：他是我快走的那一年才来的。说到车前子，其实我和他关系很好。最早的朋友，就是他和韩东。后来因为搞《他们》，来往就少了一些。他是一个个性非常强的人，当然，我们也是。后来回到苏州后，他基本上是我在苏州唯一的朋友。因为我们都是第三代人，有很多谈得来的话。从90年代的角度看，我觉得第三代人最大的贡献，就是出了几个诗人，而不是团体。当然团体成就了诗人，就像金字塔一样。到了90年代，第三代人的写作就明显地减弱了。为什么说知识分子诗人在90年代有那么大的影响？是因为我们自己放弃了。当然这种影响也不能跟80年代相比。到了今天，到了70后，他们认同的还是那些第三代人的诗人。

杨黎：那么，你对70后的诗歌有什么看法？

小海：70后的诗人我的总体的看法是，他们有一些东西。但是，大体上还是有问题。就说这个口语写作，他们就有许多取巧的地方。你要说口语写作的难度，他们是没有真正地体会到。我不知道杨黎你是怎么想的。口语写作要指向书面语，它应该是过渡性的一个东西。纯粹口语的东西，我觉得应该打一个问号。你说纯粹的口语，我觉得就很容易和知识分子诗人等量齐观了。口语的意义我觉得不在这个地方，单纯的口语写作，或者说语感写作，是一个很暧昧的东西。他们要想成长，必须克服这些东西。

杨黎：你可不可以具体地说一下，比如谁谁的诗。

小海：具体的，我也看得不多，也没有看到很有印象的。竖和李红旗的一些，觉得他们还是有尖锐的地方，他们的生活方式啦。但我觉得还是有问题。对他们个人好像没有，但对诗歌就有。我觉得，写诗还是应该有一个追求，要有一个远大的目标。我觉得诗人的想法还是不能太小，不然这个写作还是太低了。包括杨黎你自己，在90年代的一些诗我也看了，老实说，也没有让我信服的东西。诗歌中如果没有要求，那是很可怕的。比如说你们写性的东西那么多，我觉得是一件非常奇怪的事情。你一个中国诗人，性这种东西只能当菜吃，不能当饭啊。写性的人那么多，铺天盖地，真是一个非常可怕的事情。这不是一个中国诗人的态度。这些东西真的太小了，不远大。

杨黎：中国诗人的饭是什么呢？

小海：这只是一个比喻。具体说，就是你的这个写作要和你的现实相呼应。

韩东：小海啊，我总的觉得你很反动，特别反动。这个言论真是反动。你所用的那个判断的角度，那些观点，用的那些词语，都是当年我们写诗的时候，那些老一辈的诗人对我们所使用的，比如说小啦，比如说没有和现实联系啦。同时也是现在那些学者们批评我们的。谈到70后的写作，你有批判色彩，而且比较极端。但是你这锐利的一面，谈到这个诗坛的时候，就显得那么平和。反正我是打定了主意，不以一个老诗人自居。这是第一点。第二点，我对现在的知青作家，那些功成名就的人，当有媒体问对年轻人的写作怎么看的时候，他们的统一口径是没有读过。但是，他们对西方的大师都很热熟。当问到卡夫卡的时候，那每个人都口若悬河。我觉得这种东西我很反感。如果有一个人他没有读过，这很真实，但是这整整一代人，都说没有读过，或者把这种写作就描画成不坚实，没有和现实联系，然后就将70后演化成只是棉棉，只是卫慧，我觉得这个里面有某种情绪，这个情绪就是老了的心态。

小海：我不觉得。我觉得你的心态才老了。我觉得我和70后是站在一个起跑线上的。我不认为我是一个老诗人。你现在对70后这种无保留的赞成，是你一直的态度。我刚才说到70后，好的一面当然不说了，我说的是他们的不足。

韩东：这些是冠冕堂皇。反动派都是冠冕堂皇的，因为他们都很会说话，而且很会说场面上的话的，很会答记者问的，很有幽默感，讲话很有风度，有进也有退。

小海：这个我奇怪了，我没有这个意思啊。

韩东：我对谈话的感觉就是，不完全从谈话的逻辑上来追究你的东西。我也是一个人，我对人是很了解的。所以，我听他的话时，不完全听他所说的什么，尤其是那些冠冕堂皇的话，他为什么要这样说，我会这样想。包括你说的这些话，我为什么觉得和于坚很像？于坚也这样谴责我们，说你们为什么要对那些70后这么赞成。

小海：韩二，我觉得很奇怪，你为什么总要把我和于坚联系在一起？我跟他八竿子打不到一起。我觉得这没有什么意义的。

韩东：我知道。我觉得你就是很反动的。真的。刚才整个的言论，真的很反动的。整个的用词用语，整个的角度，似曾相识的。就算不像于坚吧，也似曾相识的。好像人到了这个份上，不管年龄，还是各方面，人为什么都非得这样看问题？

小海：韩二啊，讲了半天，怎么把我讲到于坚那里去了？我觉得我和于坚的写作还是有区别的，还是不一样的。

杨黎：那你怎么看于坚？

韩东：你讲一讲你和于坚的异同？

小海：我觉得我和他的区别就是，他是一个大师，我是一个诗人。大师有大师的做派，大师有大师的角度，而诗人不一样。我觉得，我和70后是站在同一条起跑线上的。我觉得我是看重他们的，我从来没有觉得自己是一个老诗人。我觉得我的好作品还没有写出来，我觉得我和他们还有一比。我很自信。

韩东：你觉得你和他们有一比，那还是有角度的。我不同，我觉得我写的东西和他们写的东西，都是一样的，所以，我比你更年轻。

小海：那你还写什么？你看他们的就行了。

韩东：不，比就不一样了。像你小海当年写出好东西，我有的是同代人的喜悦，你现在就没有了。那种感觉，你在对70后的人中，一比就没有了。这就是老人的毛病。老人有老人的毛病，青年人有青年人的毛病。

小海：我认为主要还是看诗。20岁写好诗他也是一个好诗人，80岁写好诗他还是一个好诗人。好诗人和年龄没有什么关系。

韩东：这又是台面上的话，谁都会说的。现在需要的话就是具体到每一个人，比如你刚才说到的，竖啊，乌青啊，李红旗啊，朱庆和啊，就是这些人，没有什么80岁的人。80岁的人写的诗我是看过，但我没有看见过什么好诗。

小海：我说的是他写的诗，只要是好诗就是一个好诗人。20岁和80岁没有区别。

韩东：这是概念，这话谁都会说啊。小海啊，我觉得你是彻彻底底的……

小海：反动派嘛。那就让我做一个反动派嘛。

韩东：不是。于坚讲你是叛徒，是甫志高，这不对。你是彻彻底底地背叛了自己。

小海：背叛自己有什么不好，有什么可怕的。只要是在进步，背叛自己就是对的。

韩东：背叛自己也没有什么可怕的，于坚说你是甫志高，背叛《他们》也没有什么可怕的，这是没有什么可怕的。人有什么可怕的？

小海：我什么……背叛《他们》？少用这种词。

韩东：是。革命，战斗，这些是我喜欢的词。这些词虽然被引出了很多歧义，但是我觉得这些词像钻石一样闪着光辉，还有正义。但是，我不喜欢你用的那些词，什么起跑线，哪有什么起跑线？我不喜欢这些词。关于大家的用词系统，已经越来越不一样了。我还喜欢用反动派，大家都觉得这个词很严重，其实也不严重。反动派多的是。

小海：韩二啊，我也不是指责一个诗人，我也是80年代传统的一个部分，我是一以贯之的。什么背叛《他们》啊，背叛自己啊，我真的没有什么感觉。我是一个诗人，我一直在写诗。

韩东：你背叛的是诗歌精神。

小海：我没有背叛诗歌精神。我在坚持。

杨黎：谢谢小海。

附录二
对南京的补充

杨黎

　　我还在北京的时候，和韩东通电话。韩东就说："你一定要采访小海。"韩东说，小海是《他们》最老的一个人之一，甚至在韩东办《老家》时，小海就和他在一起。我说："行。"作为朋友的韩东又补了一句，于坚骂小海是甫志高，小海很委屈。

　　小海现在在苏州，是政府部门的一个处长。在我原来的采访计划中，我写过小海的名字，后来又把他抹了。这个行为的直接原因是，我认为小海现在的写作和发展都出现了重大的偏差。我不仅赞同于坚对他的批评，还觉得他很丢脸。丢《他们》的脸，丢第三代人的脸。

　　第三代人从来都是地下的。只有真正的地下性，才能保证它的纯洁性。即使到地上来，也是有条件的，那必须是以对方的让步为前提。韩东曾经就拒绝过诗刊社的第二次"青春诗会"，但他并没有拒绝1986年的那一次。我如果没有记错的话，那一次有于坚，有翟永明。

　　其实我的内心还是非常想采访小海的。除了我喜欢他80年代写的那些诗之外，还有一个个人的原因，就是我想和他再见一次面。这好像也是小海曾经有过的愿望。我听有的朋友说过，他在一篇文章里说，他还是比较喜欢我的一些诗，只是他不明白我这个人怎么会写出那样的东西。他所说的"我这个人"，是指1986年他和韩东到成都时看见的那个喝醉酒的杨黎。那一次我真的很讨厌。那一次的我，不要说写诗，可能就是走路都成问题。

所以，韩东一说要我采访小海，我就马上答应了。

到南京的当天下午，我们还在城墙上喝茶的时候，韩东就给小海打了一个电话。在电话中，韩东告诉了小海我已经到了南京，并且说了我到南京来要做什么事情。同时，韩东希望小海也来南京。放下电话后，韩东对我说，小海来不了，他有事。韩东说："我们只好去一趟苏州。"我说行。对于苏州那个地方，我想去一趟也是应该的。然后，我和韩东商量了一下我在南京的日程安排，我决定明天就采访韩东。

当晚无事，马铃薯兄弟做东，一起的有韩东、覃贤茂、鲁羊、刘立杆、侯蓓。马铃薯兄弟我在北京车前子家里刚见过，鲁羊、侯蓓和刘立杆我是第一次见。酒过三巡，话过一半，大家快快乐乐。真的是快快乐乐。我想起我的那个梦，如果真的能够骑自行车到南京就好了。

饭吃完后，我们去了一家酒吧。李樯和朱庆和也来了。

第二天中午，我们如约来到韩东写作的家里，韩东告诉我小海来了南京。这使我们的采访计划发生了一点小小的变化，我们只好将今天下午的时间留给小海。当时是 1 点左右，韩东烧好水，泡好茶，我们开始等小海。我给韩东说，我不喝茶。

本来以为只等半小时，谁知道一等就等了两个钟头。在这期间，韩东把他这些年的女朋友和男朋友的照片都给我们看了，也把几本《他们》给我们看了。看《他们》时，我和韩东又多读了几首小海的诗。老实说，那些诗写得真是漂亮。

小海的电话终于来了。他说他在楼下，找不到进来的门，所以，韩东又下去接他。韩东下去时，把乌青也一起叫上。他说这小子开着车，去拍他一拍。

他们最终没有拍成，因为他们没有接到小海。过了一会儿，小海才自己找了上来。

关于小海我还想说两句。他和我记忆中的样子有着很大的差异，比如说没有以前白了，甚至也可以说没有以前那么显得有才华了。当然，他的才华可能已经回到了内部，而不像以前，就是脸上、眼镜上，都让人能够深深地感觉到。他进来时，我看见的是一个一只手提着一个公文包，穿着一套西服，另一只手还拿着一件红毛衣的人。这件红毛衣在晚上时，他又重新穿在了身上。他进来之后，我们热情握手，然后坐下。我简单说明我的意图，就开始我的工作。我开始工作时，他拿出了他的香烟，是一包软中华。在我这次的采访中，有三个人抽这个牌子的烟。一个是张小波（成功生意人），一个是杭州的另一个处长诗人余刚，一个就是他（也是处长）。他给我们每人一支烟，我们点上，听他慢慢地说了起来。

关于小海，我还想说最后一句：那是什么呢？

我忘了。

附录三
韩东与杨黎网上对话

1. 由竖的一首诗引发的诗观之争

妈妈和妓女

竖

陶阳听见自己说：
女人分两种
妈妈
和妓女

他知道
一部电影的名字
叫妈妈和妓女
在这时候他想起来了
他还知道
妈妈和妓女
都是女人

这句话的声音

在空气里
被他自己听到

几乎同时
徐严笑了起来
一路上
他笑过好几次
这时候
他又笑了笑

所以
陶阳不光听见
自己说：
女人分两种
妈妈
和妓女
还听见
一个人的笑声
虽然很轻
但是他还是听见了

2001/5/29

这是一首非常好的诗，它包括这样两个方面

杨黎

1. 每一句话都是废话，简单，直接，说了等于没有说，但看了却肯定是看了。今天下午，芳华横街非常清静，有太阳，我上网看了这首诗，这就是我的第一感觉。

2. 这首诗没有情绪，没有道理，但空间却很大，大得什么也没有。

最近网上有许多作品，表面看和竖的很相似，但实质上差异却很大。因为，那些诗依然有道理，有感叹，有情绪。

另外，我想对该诗提一个修改意见："在空气里"那句，不具体，不直接，是否可以改一下？

老杨，诗可以有道理有感叹有情绪，
为什么不可以有？不可以有就是一种道理

韩东

有道理地看诗比看有道理的诗更要不得。所以你是知识分子而我不是。另外，废话何以为废？相对于有用而言。以有用为目的为取舍和以无用为目的为取舍有何不同？具有实用性的东西未必不是艺术的，只是不能用实用性的观点来看来衡量。有用的话可能是艺术的也可能不是。同样，无用的废话也可能是艺术的也可能不是。是否是艺术包含在我们看待事物的目光中，在此非功利非实用的目光有的呈现为艺术有的则不，这与制造它们时的原则、习惯、规范、目的应该无关。真正的好诗写作时可以出于各自不同的意图，只有衡量它们的"标准"或目光是一致的。

若有闲暇，我们的争论可以就此展开。

韩东，我说三句

杨黎

1. 不可以有是一种道理，但这个道理不是那个道理。我们承认这个道理，并不等于我们也承认那个道理。

2. 有用的东西是语言的东西，而无用的东西是诗歌的东西。这是我言说诗歌的前提。我强调废话，就是强调诗歌的唯一性。

3.真正的好诗在写作时只有一个意图，那就是从一句话开始。我想你是，于小韦是，吉木狼格也是，何小竹更是。抱着其他意图写作的人，我不敢说他就一定写得不好，但我敢说他不是一个自觉的写作者。很高兴和你讨论这些问题，你的朋友。

杨黎，我说九点，你的三倍

韩东

1.一个自觉的写作者与判断一首真正的好诗是两件事。对诗歌的判断或感受是直接呈现的，不需要知道它的作者，也无须知道他的意图。

2.我们讨论的是诗歌判断问题，而非诗人何以或凭借什么写作的问题。废话理论可以激发你写出惊人的东西，但作为一种写作的依凭并不是人人有效的。作为对诗歌的判断，"废话说"有其合理部分，这部分就是这种判断必须落实在诗歌本身，而不应该是依据世间功利和有用原则的。以有用的观点看待诗歌比以有用的观点写作诗歌更为有害，或者是更为错误的。

3.诗歌的无功利性正当地显示在我们怎样看待诗歌上面，但作为写作的方法论则大有问题。或者，它只是方法论的一种，而不能是全部。

4.有用无用既相对又绝对。比如，一棵树是有用的吗？人们可以用它制造各种方面之物，也可以用来当柴烧，怎能说它无用？当作为树本身它仅仅是美的，这种美只是当我们不考虑它的用途时才真实存在。无用的绝对性又在于：一旦我们不满足于这表面的愉悦和感动，试图将其另作他用时美便不复存在。

5.语言、诗歌，可以有用，困难的是我们不作他用。它可以无用，但仅此而已，并不是诗歌，甚至也不是语言。简言之，有用的语言我们可以不考虑它的有用，而无用的语言也不就是诗歌。否则，那就太简单，像有什么诀窍，而诗歌应该是没有诀窍的。道理已经很不可靠，诀窍和咒语就更加离奇。

6. 题外的话，杨黎，你太容易让寻找诀窍和咒语的人钻空子了，太容易让信奉教条的人信服不已了。

7. 也是题外的话，于小韦、吉木狼格、何小竹以及你我的确都是自觉的写作者，但我斗胆妄言，激发他们的神经的东西定然各不相同。他们的意图都是纯正的、诗歌的，这并无疑义。但激发之物，那个在后面推动而不是在前面引领的东西定然各不相同。来自后面的里面的推动有时比来自前面的外面的更为重要。这就是天才的意思。"废话说"以及道理在于你当然已经内在化了，已经成为和已经和来自后面里面的东西合一，但对别人可能不具备这样的意义。

8. 的确，何小竹另当别论。但我还是认为某种坚定也许已经对他构成了伤害。我始终认为何小竹的天才是无所不能的，而不仅仅体现在坚定方面。

9. 和你讨论问题的确很快活，有一种智力的和严肃的快活，没说的。你的朋友，而且是忠诚的朋友，这忠诚体现在我所说和要说的话上。

回答九点，我非常高兴和你谈诗歌……

杨黎

1. 第一点我们基本上是一样的。但是，不知道作者并不等于不知道意图。在这里我需要说明的是，我们不是普通的读者，况且，我反对读者。

2. 是的，我们讨论的是诗歌判断问题。我对诗歌的判断，就是我对诗歌的理解。我所认为的好诗，就是什么都没有、但又读起来非常舒服的东西。比如，小苏，他又太小。

3. 废话理论是我对诗歌的理解，是一个原则问题，肯定不是方法论。况且，我是天才的鼓吹者，我怎么会认同方法论呢？一切方法论都是有用的，而我把一切有用全部排除在诗歌之外。

4. 在语言范围内（也就是这个世界）没有无用，只有对无用的愿望。相反，语言永远无法说出一个没有的东西，这肯定是我写诗的冲动。

5. 前面我说过，我崇拜天才，反对方法。技巧、诀窍都属于方法一类。那么，说到道理，我认为它应该是我们需要的，必须需要的。虽然这个世界道理太多了，太烦了，但我们就不该有一个道理吗？就像这个世界女人太多，而且有的也很烦，难道我们就不喜欢女人了吗？

6. 这不是我的问题。况且，就算是，你不认为比让他们去信服另外的更好吗？

7. 我喜欢强调写作的最终冲动。一切来于里面的、后面的、前面的……都是最初冲动。自觉地写作，肯定有其唯一性和绝对性。当然，具体怎么写，那是个人的事，更是个人的福气。但我还要声明，韩东啊，所有的好东西，它们都那么相似。

8. 我非常喜欢何小竹现在的诗歌。我多次说过，勇气是天才的一种形式。何小竹的天才，就体现在他的勇气上。放眼这个世界，这样的人有几个？说到伤害，这是我最难受的。

9. 你对我说的，也是我对你说的。

不是吵架，继续说明与老杨的分歧

韩东

我们已经说明各自的态度和想法，这已经足够了。争论的结果不是要让谁同意谁，这种同意是争论虚假的完成。我继续谈论的目的是使自己更分明更明确，也更绝对。说到底，我并不是想用我的相对来"软化"你的绝对。我是想让我的绝对支持你的绝对。

我们都相信绝对，这是没说的。对具体作品和诗人价值的认识也大致相同，这也是没说的。

你的"废话说"我大致也能明白，甚至也能同意，但这种同意却肯定不是绝对的。

首先我不喜欢这个词，它很愤世嫉俗，有所指，关键还在于对它所言说的内容是一个限制，而且狭隘化了，容易引起误会。你杨黎选择这样一个词让我不知说什么是好。

其次，废话并不等于诗歌。诗歌的本质是无用的，但不应反推：无用的（或废话）就是诗的。落实在具体的细节上，废话说强调限制，而这种限制恰恰是我所不喜欢的。我认为它是有害的。

无用并不就是诗歌的，有用的并非不是诗歌的。这并不是相对主义，这里面有绝对。我举一例。

当年朱文有一篇电力学论文曾经获奖。他说里面讨论的专业问题其实也就那样，而他看中的是文章本身，认为那是一流的。我开玩笑说："以后等你作品结集时应该放进去。"这就是我所说的绝对，这就是我的绝对。看重文学本身的同时取消了它的实用意义。在取消实际意义方面我们是共识的，但我是从最终的结果看，而你是从下笔的一瞬间起。

另外，我认为好的东西有多种，这多种是指它的来源、所呈现的面貌，等等。而你可能认为只有一种。你的绝对统一于一，一种的一。而我的多种也有绝对也有统一，它统一于好。俗话说，英雄莫问出处，只有是否英雄是重要的。

看得出来，我把某种东西的位置空了出来。什么是好？什么是诗？什么是艺术或者美？我之所以空了出来不去谈论，不是因为我对此没有感受，而是本质上它们是不可言说的。有用的东西不能说明它，无用的东西或者废话也不能将其轻易概括。

所以说你的"废话说"虽然方向正确，但是太实在，太易行，好把握。虽然你反对方法论，但有多少愚人会把它归结为方法、诀窍和咒语。作为方法、诀窍、教条比其他的方法诀窍教条并好不了多少。

我想对于你，这些不过是通往绝对之途上的方便的路标，你的前方有绝对的招感,而对于迷信它的人而言前方并没有绝对,一切似乎已在囊括之中。

再谈何小竹。他有不少化名写小文章度日,这很好,没有错。可有一天他谈出一番道理不禁让我心惊。小竹说:只要不用何小竹的名字写就没有了负担,想怎么写就怎么写了。如果我是何小竹也写小文章也化名,文章当然会有所变化,但想怎么写就怎么写是不太可能的。我不是说小竹天性适合于写小文章,而是他这么说的时候的那种痛快劲。这种痛快劲本应该出现在他以何小竹的名字写的东西中的。为什么当他是何小竹时就不能想怎么写就怎么写了呢?何小竹的天才的确在于勇气,但不应该在于克制和压抑。怎样勇敢地面对所欲以及自身的天赋是重要的。小竹的天赋处于抑制状态与你的鼓动有关。虽然他已经写得相当牛逼了,但远远不是全部。

2.写什么和怎么写

写什么和怎么写

韩东

1.写什么和怎么写是一体的，只有学究式的分析和教条主义的理解才会将二者分离。

2.怎么不问一棵树长什么？怎么长？长什么和怎么长已经包括在一棵树中了。

3.实在要问，我回答你：长叶子长树枝长树，怎么长？像一棵树那样长，而不是像一块石头那样长。

4.实在要问，我回答你：写小说写诗写文章怎么写？像写小说那样写，像写诗那样写，写文章那样写。不是我废话，是你问得多余。

5.如果你问"写什么"意思是通过写而什么，那我告诉你：通过写有人可以升官发财，有人写了就写了。

6.如果你问的是写什么内容、什么主题，那我告诉你因人而异，方便就行，最方便的是写你所熟悉的，你感兴趣的。这里没有高下之别，因为人没有高下之别，众生平等。

7.如果你的怎么写是方法形式问题，那我告诉你：随便。任何形式和方法在运用者那里都有变化，最大的不同就是以不变应万变，还有法无定法。

8.最后，不管写什么或怎么写都要往最好处努力。什么是好？那就全凭你自己的理解。理解不了，再好也是枉然。

我先说八点，请韩东批评

杨黎

1. 树的创造者或作者在创造树的时候，肯定想得最多的是这棵树该怎么长，而不是这棵树该长什么。不然，世界上千树万树，为什么都长得各不相同？就你的举例，我想我可以这样回答和理解。

2. 上帝（或你所说的一切）在我看来，都是语言中的一个名词，或者说是这个世界的一个组成部分。人也是这个世界的组成部分之一。

3. 你说得很对，再好的艺术品都是二流的造物。人无法在语言中创造出语言没有"创造"的东西，正像语言永远无法说出一个没有的东西一样。但我理解的诗歌恰好不是艺术之内的东西。诗歌从语言开始，我说这句话时，并不是因为它说着好听和好玩。

4. 超越语言，是我诗歌写作的唯一目的（如果诗歌写作有目的的话）。你说无中生有是超自然的创造性，那么诗歌刚好是有中生无。

5. 放弃是正确的。但是，放弃在什么地方？是效法你所说的自然，还是超越它？我理解这是诗与非诗的差别所在。

6. 我肯定理解你说的"放弃"和"不写"是不同的。但我以为，真正的放弃，就是离开你所说的创造的本身，因为创造的本身就是存在本身。我认为最高的境界应该——不在。

7. 你的第七点说得很对，因为你就是天才。

8. 我要说的是：超自然不喜欢天才。

9. 现在比较晚了，明天再聊。

韩东发言

1. 以树举例不是即兴的。树也有作者，或创造者。这个作者或创造者是谁呢？绝对？超自然？上帝？或者是空无？在我看来这都是一个意思。

2. 绝对、超自然或上帝或空无不仅是树的创造者，也是宇宙万物的创造者，也是人的创造者。

3. 人的创造再牛逼也是对上帝（或绝对或超自然或空无）创造的模仿，再好的艺术品也是二级造物。一级造物是上帝（或绝对或超自然或空无）亲手创造的。

4. 模仿超自然（允许我在下文中只使用这一个词指称这最终级的创造者），是艺术家创造的最终根据。试想，一棵树在被创造时超自然有过关于怎么长和长什么的构想吗？有过这种剥离式的分别对待吗？肯定没有。超自然的创造从功用上说就是：无中生有。

5. 模仿超自然就是自我放弃。在人的艺术创造中，在其最终极的境遇中就是如此。放弃自我不仅是要放弃写什么的思虑，同时也要放弃怎么写的执着。这放弃是全面的，也是困难的。自觉的艺术家所有的努力最终都集中于此。

6. 那么这种放弃是不是就是不写呢？不。这是机械主义的生硬理解。创造本身就是一种放弃行为。在人的创造活动中就是放弃自我，而不是离开创造活动本身。

7. 对文学艺术的结晶而言，人既是道路也是障碍。他应该腾空自己，让超自然的品质通过他流淌漫溢。最理想的状况，创造者本人就是这样一根接通终极绝对和其作品的管道。这也是天才的要义所在。

8. 天才并不是某种特殊的才能和个人的荣耀。天才，就是在创造的时刻能够集中精力泯灭自我的人。尽管天才的世俗方式各异，但放弃自我是最根本的，极大地放弃自我就能极大地成就天才。天才并不属于他自己，超自然不过通过他在某一首诗歌中再现，在某一幅画上闪动而已。

9. 我的这些话可望引起一些有意义的话题和你谈论它们的兴趣。再聊吧。

3. 超自然和语言

和韩东再谈

杨黎

1. 我记得维特根斯坦好像说过，世界即我们知道的一切。我认为我理解这句话，也认同这句话。所以说，我不能简单地说自己是一个有神论者，或者无神论者。

2. 在一个表面的语境中，我非常愿意默认神的存在，就像我非常愿意承认我是文曲星下凡，我什么也不想，就知道写。或者说，我还有一个说法，子不语鬼神怪异。（大意）

3. 但是，我已经知道，过去的、现在的，以及将有的，这整个世界，它无非就是一个语言现象。所以，我所理解的终极追求，就只能是，也必须是对语言的超越。

4. 我非常同意你所说的"放弃自我"。但我不是为了把我还给神，而是诗。我如果能够把我还给神，我是多么的幸福啊。

5. 诗是正在进行中的，所以它是永恒的。

6. 不在进行中的，它不是诗。它可能是一本诗集。

7. 进行就是在写作和阅读中。

8. 韩东啊，康德说过，抬头三尺有神明，（大意）我愿意和你在一起，和我们的神在一起。

9. 我们的分歧就在我们对世界的理解上，但我们的诗歌却没有这种分歧。因为，我们都感到有一个空的在。

10. 和你说话，我愉快。

和杨黎继续讨论

韩东

1. 你拒绝承认自己是无神论者，这给我很大的安慰。

2. 从你的超越语言的理论和空的言说中必然导致超自然。

3. 对世界的看法我们的确是有分歧的。对文学诗歌的看法与此比较，的确分歧很小。在具体的写作中这分歧更小，几近于无。

4. 但我得说明，我所说的超自然（或上帝或绝对或空无）不是阴间冥世鬼魂幽灵精怪之类，而是一切的源头和根基。

5. 阴间冥世鬼魂幽灵精怪等与有形的世界相比，不过是另一个世界，与这一个世界是相反相成的，在等级上是平列的。它不是这个世界的根源和究竟。

6. 对另一个世界（阴间冥世鬼魂幽灵精怪等）我的看法或做法与你相同：不涉及。因为这些是迷信而非信仰的对象。

7. 顺便说一句，我的有神论是一神论，而非多神论或泛神论。

8. 超自然在我这里是唯一根本的，它不仅是这个世界的根基源头，也是另一个世界的根基源头。

9. 的确，它不是我们的经验，不在这个范围之内，但漂浮着我们的经验，一如漂浮着我们的有形和无形世界，漂浮着我们的精神和语言。一切都漂浮在这空无绝对的大海之上。我们的一切，有形无形意识物质、过去将来，概莫能外。

10. 最后一点，超越语言我很同意。但这超越的根据是什么？是我们可怜的自我，是原始生命力，还是诗人一己的才能？

11. 我还有话说，下次吧。

和韩东继续聊

杨黎

1. 我首先必须声明，我不敢说我不是一个有神论者。如果仅仅从信仰的角度而言，我应该是有信仰的。

2. 我明白你所说的超自然，只是我更愿意把它说成空。我想，我们之间最大最好的相同点，就是在空上。

3. 有人很喜欢条条大路通罗马这句话，但是我认为我们去的不是罗马。所以说，我们在具体的写作中虽然没有分歧，但最终的归途却不会相同。而这样的不同，我感到不安。

4. 我想，你所说的超自然应该就是语言。如果是，咱们就没有区别；如果不是，咱们的区别就太大了。我非常愿意听听你在这方面的意见。

5. 超越语言的根据是诗歌，可能也是诗歌，必然的也只能是诗歌。具体而言，不是自我，也不是原始生命力，更不是一己的才能——它是千千万万诗人不懈的努力。

和杨黎再谈九点

韩东

1. 我们的确有分歧，这分歧简单来说，就是你信仰的是诗歌，而我不是。

2. 我信仰超自然。前面已经说过，我所说的超自然是绝对上帝空无或真理。它处于语言之外，从原则上说是无法表述的。它是一切的源头和根基。

3. 因此它成为信仰的对象，只有通过信仰才能知晓它是真实无欺的。

4. 诗歌之于我是写作的对象，行动的对象，通过实际的写和做去了解和把握它。

5.是否这样，诗歌之于我就是某种手段呢？不是。

6.无中生有和有中生无是一个完整的过程。世界及我们诞生于无，世界及我们是有本身。这是一个前提。我们本来是有，已有，通过诗歌抵达于无。

7.如果这是手段那也是非同一般的手段，因为它的目的是非同一般的，以无为目的区别于世人对目的的通常理解。通常的理解，目的只是为了有。

8.超自然本来是无，它抛弃了无而成为有。我们效仿超自然，也要抛弃自身，抛弃我们的有而成为无。前文所说的自我泯灭和效仿超自然即指这个。

9.这是我对诗歌的根本理解，基于我对世界和超自然（或上帝绝对空无真理）关系的根本理解。

回答韩东

杨黎

1.是的，我信仰诗歌——它是我的"宗教"。我认为只有诗歌可以抵达永恒。

2.什么是超自然？就像什么是树？什么又是"无法表述"？就像什么又是痛苦和快乐？在语言之外，什么也不会有。而在语言之上，只有诗。

3.我知道，真实的就是在的。但是，如果我们仅仅"信仰"的是真实，那么，我们的"信仰"还有什么意义？

4.诗歌之于我，既是对象，又是目的。我也是通过实际的写去了解它，把握它和实现它。

5.肯定不是。我们都不是。

6.语言即世界：那就是无中生有。诗歌是对语言（世界和大限）

的超越：有中生无。此无非彼无。一个容世间万物，是源头和命名者（杂于一）；一个根本没有，并且永远不可能再有（纯于一）。是的，诗歌才能抵达。（韩东就是韩东！）

7. 这是相通的。

8. 从某种表述上看，它们好像是对的。但是，正如我在第6点上所说，此无和彼无完全不一样。

9. 这也是我对诗歌和世界的基本理解。我非常愿意和你继续沟通，更希望有兴趣的朋友们都来发表一下看法。

和杨黎再聊

韩东

1. 我反对诗歌宗教，但我不反对杨黎。

2. 我反对世界即语言，但我不反对通过语言的超越。

3. 我说只有通过信仰，才能知道超自然是真实无欺的，并不是说超自然的品性是真实。我们看来的真实，在超自然那里是不真实。我们所知的存在，在超自然那里是非存在。反之亦然。我们所说的不真实，在超自然那里是真实，我们所说的非存在，在超自然那里是存在本身。

4. 可见，语言在表述超自然时的窘迫和不可能。

5. 你的三段式：语言－世界－诗歌。我的三段式：超自然－世界－超自然。在我的"世界"中包括了宇宙万有、语言和人类有限的精神。超自然在我这里不是"此无非彼无"，而是一致的。既不"杂于一"，也不"纯于一"，而是唯一，是唯一的永恒绝对。

6. 你仍然不给超自然以位置，将它归结为语言的空洞言说。我无法认同。

7. 下面谈谈语言即世界问题。

8. 语言即世界并不是说语言是世界的另一种说法，并不是说这是二者合一不同命名的事物。语言即世界表述的是语言和世界的关系。即使在逻辑的层面，语言也不能替代世界，世界亦不能替代语言。

9. 语言即世界着重于语言和世界的关系，此命题不失尖锐和深刻的地方，但绝不能一劳永逸打发掉世界。作为一个深刻的命题，当把世界当作认识的对象时，也许是近似正确的。当把世界当作存在来体认时，此命题的捉襟见肘是不言而喻的。

10. 世界首先不是对象化的，而是存在性的。我们生活于世界之中，而不是生活于阅读之中。阅读世界是与存在相伴的行为，只是存在的一种别样的方式，这种方式是以理解倾向作为必要前提的。在理解范围内可能世界即语言。但在交流共生的范围内，世界绝不仅仅是语言的。人虽然是理解的动物，但在理解之上和之下他仍然蔓延滋生：之下，有其庞大的存在性根须；之上，则倾向于超自然绝对永恒的天空。

11. 再聊。

非常高兴和韩东说

杨黎

1. 我用宗教来形容和理解我所以为的诗歌，并不是说我把诗歌宗教化。准确地说，我反对宗教——不是一切宗教，而是宗教本身——它的目的、形式和内容。

2. 语言即世界，我是这样理解的：世界是什么呢？世界就是一堆关于它的解释。说到底，根本就不可能有一个非语义的世界，而我们还能在这个（非语义）世界中"存在"。所以，在我的理解中，语言也无法超越语言自身。

3. 我已经说过了，就某种意义而言，我和你一样是有"信仰"的。但是，我无法告诉我自己，什么是"真实"，什么又是"超自然"，什么又是"自然"，我是说，离开了我认识的、理解的、知道的……所有语义的一切，我怎么去明白这些呢？

4. 是啊，语言永远无法说出这个世界没有的东西。而你所以为的"超自然"，恰好是已经被说出了的。它没有被表述清楚的地方，就是它没有的地方。

5. 亲爱的韩东，我没有你所说的"三段式"。我必须强调这一点，我最反对的就是公式——无论这个公式多么的迷人。我只是说，在我的语言中包含着我们知道的一切（以及我们将要知道的）。当然，也包括"唯一"。

6. 有超自然多好，或者说有上帝多好？我们的写作有了方向，我们的生活也有了方向，甚至就连我们的死亡也有了方向——有了方向我们还会迷路吗？我提醒哥们儿，有一个词叫"皈依"。很多时候，我非常愿意回去。

7. 我所知道的世界就是我所知道的语言，我所知道的极限也就是我所知道的语言的极限。告诉我，在这（语言）之外，还有什么？只要你说出来，你就"补充"了语言。我们说这个世界是发展的，就是这个意思。当然，它万变不离其中也就是这个意思。

8. 是的，世界首先是存在的。而且，世界本身就是存在着的。它不需要"我知"，也不需要"被感知"。它就像它自己那样存在着。

9. 同样，语言首先是存在的。而且，语言本身就是存在着的。它不需要"我知"，也不需要"被感知"。它就像它自己那样存在着。不同的是，改变世界，仅仅是世界之中的事。而超越语言，那就在语言……之上、之外和之没有。不在。

修改两点

杨黎

1. 关于"三段式"：我想我在这里对韩东的话有理解上的错误，这个"三段式"不是公式，而是一种论述的发展方式。如果从这个方面而言，我不是三段，而是两段：语言和诗歌。世界（包括一切）都在语言之中。

2. 石光华打电话告诉我，我的第8点是和我的说法相矛盾的。我承认。我当时之所以这样表述，完全是因为一种对话的需要。其实，我真正想说的，仅仅是第9点。我又想到了维特根斯坦，他说：全部的经验就是世界。

我也很高兴，并说——

韩东

1. 讨论终于进展到语言问题，我很高兴，因为这一问题是每个诗人应该面对和思考的。

2. 我看见杨黎并非是不"松动"的，这也使我高兴，因为松动意味着门户的存在，亲爱的杨黎并没有上锁和砌墙，而是不愿打开（某些门户）。

3. 语言作用于人的理解力，这是确定无疑的。在此意义上，可以说"语言即世界"的另一种说法是：语言即对世界的理解。

4. 杨黎使用了这些词——认识、理解、知道，总而言之是理解。

5. 问题在于：在理解之外是否存在着另一些与世界的"交流"？

6. 问题在于：人所不理解、不知道、没认识的事物是否就不作用于人？是否就不会在人那里有所反应？

7. 和杨黎一样，我钟情于理解，并愿意为人的理解能力大唱赞歌。理解就如一束光辉照亮了我们，照亮了世界。问题在于：在这束光辉之外，之下之上之前之后有没有黑暗？模糊？有没有另一种光明，大光明？这种光明是何其大也，人的理解之有限，光束将消融其间。这大光明就是我所说的超自然上帝绝对永恒和真理。

8. 当然，这是人的理解力所达不到的，但并非就不作用于人。信仰是一个途径，它始终而且根本地处于理解之外、语言之外。

9. 我根本没有说出超自然，也没有说出上帝，如果在我的言说中便能理解或知道这些，那一定是虚假的。虚假的是我的言说，而非我所言说之物。超自然问题在言说和理解的范围内无法解决，但并不能就此断定它是虚构妄想。

10. 面对世界时同样如此，理解－语言－知道只是一种方式，也许这是在人的能力范围内最"高级"的方式。但在这标志人所以是人的方式之外，尚有一些肉体的切身的神秘的方式，这些方式虽然盲目但根基庞大，它们是我们扎根于世界的根须。

11. 存在是整体性的，它不仅意味人的理解能力、语言中的世界，同时也意味着其他。只有存在的这种整体性质才能与世界相符合。所以，"语言即世界"不如说"存在即世界"。

12. 我当然反对那种世界本来就在的观点。我同意它必须和我们有关。但这种有关并不只局限于语言中的经验，还包括非语言的经验，这就是我们的整体存在。

13. 维特根斯坦所说的是"我知道"，在此意义上他没有错。问题在于他"不知道"的经验，不知道的经验依然可能是他的经验。

14. 虽然我们都在用语言思考，我们的讨论都发生在语言的层次上，但促使我们思考和讨论的因素很多，并非是语言所能概括的，也不是尽能归结为语言的成果或荒谬。

二、尚义街六号

1. 未实现的采访

A. 我没有亲自去昆明采访于坚，是这本书最大的遗憾，甚至是损失。或者说，在我的这本书里，没有于坚的云南话对诗歌的发言，是于坚这一辈子最大的遗憾。当我回到北京，开始整理和写作这本关于第三代人的书时，我的这种感觉越来越强烈。为什么偏偏是他？为什么偏偏是这个时候？好几次我拿起电话，我都拨了几个数字了，又忍不住放下。我不能够给他打。因为我知道，就算我给他打通了，我们依然找不到话要说。这对于我，对于固执的于坚，都是非常尴尬的事情。

我和他都不能再承受这一尴尬。

至少是我。

B. 我在去西昌的路上，就给于坚再次打了电话。在电话里，我对他说，我两天之后到昆明。他迟疑了一下，对我说，他可能要走。我顿时急了，告诉他这件事的重要性，以及我想见他的心情。电话里，他再次迟疑，而且比刚才的迟疑明显要长一些。

他提到了我上次的电话，他说我告诉他的时间不对。上次的电话是指我在北京给他打的那个。当时我刚好开始这个项目，就非常激动地和他、韩东等人联系了，并告诉他们我估计的时间。当时我对于坚说，我可能 11 月 9 日到昆明。

他问我："你一个人？"

我说："是的。"

于坚不会因为这件事而对我去昆明有什么意见，这一点我非常肯定。这种自信，一方面基于我和他曾经的友谊，另一方面更基于我们相互间的欣赏。我知道他是有另外的原因。

C．他问我："你是一个人来？"

我说："我和乌青。"

他沉默了。过了一会儿，他对我说："你一个人来嘛。"接着又补充，"你一个人来，我们俩好好地谈论一下第三代人，谈谈诗歌。"

这应该是一个非常兄弟的邀请，它像云南的高山，像滇池，更像过桥米线。我突然觉得，我头顶的天空蓝了起来。是啊，我们是该好好地谈一下了。除了诗歌，除了第三代人，我们应该谈谈我们的现在：当经历了网络风暴之后。但是，我完全不能理解，他为什么要拒绝乌青——一个小他24岁的年轻人？

他说："我不想见他。"

我问："为什么？"

他说："在橡皮网上，他们骂我还骂少了？"

他说这句话时，明显比刚才激动。我侧过头，看跟在我旁边的乌青，他正自顾自地走着他的路。我们一瘦一胖、一高一矮两个人，保持着应有的距离。

我说："他没有骂你啊。"

在我的记忆里面，在橡皮网上，乌青从来就没有骂过于坚，甚至他从来就没有骂过谁。一方面他是一个沉默的人，另一方面是因为他的身份。

一个网站的首席执行官，除了维护网站的正常工作外，对网站上其他人的争论，一般不应该发表自己的看法。这是我们开始定下的规矩，乌青做得不错。相反，如果要说"骂"的话，我还和于坚"骂"过。

是的，网络。它为我们带来了许多的方便，甚至为诗歌带来了新的可能和复兴，它也同时为我们带来了许多麻烦。特别是当我们已经习惯了传统媒体的虚假，习惯了人与人面对面的客气，更习惯了在公众场合的那种权威感，我们怎么能够容忍网络的目无组织、目无纪律和目中无人的难堪呢？有时候，我们真的很脆弱。

于坚说："他是橡皮的主管啊，也没有看见他出来管一下。"

　　蛮可爱的吧？是不是蛮可爱的？韩东曾经说，他妈老于坚，他比我大，为什么每一次大家吵架，都是我让着他？他为什么不让我一次？这是韩东的幽默。当时他说这句话时，他非常想（至少我是这样看的）和于坚握手言好。

　　我被于坚的话问住了。我一下子就觉得，我们橡皮文学网，真的对不起于坚。从某意义上讲，乌青是该管一下，甚至我更该管一下。就算我们不管，你何小竹呢？韩东呢？把那些骂于坚的话，把那些不利于于坚的帖子，全他妈都给我删掉。

　　我们渴望自由已经很久了，我们为能够获得自由付出了太多的心血。我不知道是不是这样说的。我想，会说这种话的人太多了，基本上都比我说得好。但是，当自由——就那么一点点有限的自由，并且是通过一个奇特的方式，悄悄地降临在我们的身边时，我们却受不住了。不是情感的，也不是面子的，而是骨头里面的。

　　反对自由的人，怎么就是我们自己呢？

　　橡皮文学网打一开始，就有关于删帖和不删帖的两派之争。我是主张不删帖的那一派，因为我们人数少，最后删帖一派胜利了。

　　但是，我依然把不删帖的道理当成真理来看。我认为，删帖与不删帖，是自由与不自由的关系。设立检查官，设立删帖制度，说到底，就是对自由的伤害。它和我们置身的环境多么的相似。我记得当时，我用了"后怕"两个字来表达我的感觉。我不是危言耸听。

　　D. 我不可能一个人去昆明。我不可能一个人去昆明，并不仅仅因为我不可能将乌青扔在西昌，更不是我个人的面子问题，我不可能一个人去昆明，是因为我对于坚说的话感到惊讶，对他的态度表示拒绝。当然，这仅仅是我强硬的一面。我也有"柔软"的一面，这一面就是，我并没有在电话里就这个问题，向于坚表述我的意见——反对、不满，以及抗议——是友谊的，也是诗歌的。

　　我和于坚是1986年夏天认识的。当时，他去太原开青春诗会路过成都。他是和老木一起来的。在我的家里，两个差不多高的人，一个戴着眼镜，一个没有。戴眼镜的人问我："你是杨黎？"我看着他们，左眼皮跳个不停。这是两个什么人？戴眼镜的人在笑，而没有戴眼镜的人站在后面，表情麻木。

我房间的窗户正当东。那是夏天的一个上午，成都少见的太阳照得我的屋子里很亮。

"你们？"我说。

"我是老木"，戴眼镜的说，"他是于坚。"他又指了指没有戴眼镜的人，向我介绍。我赶紧冲上去，和他们一一握手。这真是太愉快的一个上午了，有那么好的朋友从远处来。十五年过去了，我不知道我当时是否这样说出。

但有一件事我记得很清楚，就是我没有钱请他们喝酒。所以，我只能把他们带去找其他哥们儿。先想到的是万夏。万夏当时在孙文波家里写东西，我们去后没有找到他，然后是尚仲敏，然后是石光华。

终于在石光华的家找到了石光华。对于我而言，那次去找石光华家也是第一次。我记得很清楚，我们进去后，石光华正在厕所里。我问他的夫人："黎正光在吗？"我为什么这样问我不知道。当时不知道，现在也不知道。他夫人说："杨黎啊，快坐快坐。"

我们三个人全部坐在光华的一张沙发上。坐下后，我才发现我刚才说错了。我很不好意思，重新问："光华不在啊？"

光华从厕所出来，一边扎着裤子，一边说："你哦。"我知道他的意思。

他的意思是说："你怎么跑到我家找黎正光呢？"

我站起来，给石光华介绍老木和于坚。由于老木是坐在我旁边的，所以我就先介绍老木。光华看了看老木，点了点头。然后，我又给他介绍于坚。我对光华说："这是于坚。"

其实我没有想到光华对于坚的热情。我想一个整体主义的诗人，对《他们》的于坚，那种热情应该是有节制的。他哦了一声，马上伸出手。谁都可以看出来，对于于坚，石光华是并不那么石光华的。现在想起来，这可能就是光华本质的一面：有点自然，有点矜持，有点义气，有点面子，最主要的还是知道好歹。

那天我们在他的楼下吃的午饭，喝了一些啤酒。

E. 在我和于坚见面之前，我已经读过于坚的一些诗了。而且就是在几个月前。对于他的作品，我非常的喜欢，就像喜欢韩东的一样。我曾经多次说过，对于《他们》的阅读，是我早期的三大阅读事件。偶然的《窥视者》的阅读（1980 年）是打开的阅读，使我确定了写作的起点；在万夏家对《莽汉》的阅读（1984 年），准确地说，是认同的、感动的阅读；而对《他们》的阅读（1985 年），怎么说呢？那是放弃的阅读。从那之后，我基本上放弃了对大师的阅读，不论他是中国古代的，还是国外现代的。我已经明白，世界上最好的诗歌，就在我们这个时代。十多年过去了，我觉得我越来越对。

在没有伊沙的 80 年代，我一直把于坚和我自己认定为中国诗人中最丑的两个人。于坚对此坚决不干。他说："我们不是丑，我们是很男性的那种。"我说："我们不是，李亚伟才是。"所以，我并没有把他算在我们一起。

也许于坚是男性的那种，比如他的黑，他的嘴唇的厚大，他的眼睛的小。我现在手里有一张 1986 年我们在青城山的照片，除了我上面说的他的那些优点外，他的头上还围着一根毛巾。于坚说他是四川资阳人，他的爷爷是袍哥老大。我不知道这是真的还是假的，但他的那张照片确实像袍哥。

我们从成都出发，先在都江堰耍了一天，并在那里住了一个晚上。除了我和于坚外，还有小安和我的亲兄弟魏国。于坚在十多年后，写了一首《成都行》，记录了我们的这一次旅行。包括那个黄昏，在南桥下面的一家烤鸭店，我们像几个古人一样，一边吃烤鸭，一边喝酒，一边看江水奔流。

一直到今天。

小安说于坚蛮好玩的。我们在南桥下面的烤鸭店，划着于坚教我们的拳。鸡蛋狗屎，你吃我吃。小安总是说"狗屎"，而于坚总是说我吃，所以于坚喝了很多的酒。他还教了我们另一种拳：老子儿子，你我。我一般不说"你"和"我"，我使用一个答应的虚词：A。这样一来，当于坚喊"老子"时，我一 A，他就得灰溜溜地喝酒。当然，当他喊"儿子"时，我也只能灰溜溜地喝。只不过他喊"儿子"时少，而喊"老子"时要多。不管是"儿子"还是"老子"，也不管是你吃还是我吃，总之那次青城山之行啊是愉快的。

F. 不知道是谁说过这样一句话，第三代诗人的名字都那么好听。比如于坚，又比如马松，再比如万夏。当然，还有韩东、胡冬、王寅、张真。而且，这是最主要的，这些好听的名字并不是他们自己取的笔名，而是他们的真名。如果是笔名就没有意思了。一个人写诗写得再差，为自己取一个好听的名字应该是不难的。

我就是从于坚的名字开始认同于坚的。当我知道这个名字是他的真名后，我更加坚定了我的认同。作为一个神秘主义者，我相信人与人、人与事、人与万物都是有感应的。他为什么要叫于坚？他为什么不叫于硬？这难道不是天意？该啊，都已经几百年没有出大诗人了。当时我是这样想的。

在成都新二村，在我的家里，我的写字台上正放着我的一首诗。那是一首还没有完成的诗篇，我正在为一个"的"字久久地考虑着。我在考虑它的位置：究竟是把它放在一句话的中间呢？还是把它放在结尾？或者是不要？我的稿纸上，胡乱地画着我考虑时留下的痕迹。于坚看见了。他站在我的写字台前，歪着他的头，仔细地看着我的稿纸。1986 年的那个夏天，成都有一点多雨。

就像于坚发现了我的思考，我也发现了于坚的注意。当他抬起头后，眼睛在屋子里快速地转了一圈。在他的右边，我们的眼睛相遇了。像两个杀人犯，像两个偷情的人，当然更像两个懂诗的伙计。我们并没有相视而笑，我们仅仅是默默地看了一眼。当时屋子里还有好多人，他们正在讨论着反文化和诗歌革命。

"我也这样。"于坚把我的诗稿拍了一下，轻声说。

G. 当然，这是过去的事情，也是我们最早的一些接触。正如于坚在它的《成都行》里所表达的一样，那在我们之间都是值得纪念的友谊。只不过这一友谊，在现在已经越来越远了，远得我都不知道昆明在哪里。

为什么呢?

其实我在 80 年代就和于坚见过这一次。在后面的时间里,我们主要是靠一些简单的文字在往来。我是一个不爱写长信的人,他好像也是一个不爱写长信的人。但是,我们的往来虽然简单,感情却是越来越深厚。很长一段时间,我非常想去的地方,就是昆明。

关于于坚,我不想再写什么。这样的一种心情下,我也写不出什么。我希望今后我们有机会重新坐在一起,就我们关心的话题彻底地畅谈一次。我觉得,有一些人,有一些事肯定是需要沟通的。而我和于坚恰好如此。

关于于坚,我就不再说什么了。下面是朵渔对他的书面访谈,在征得他们同意后,我将其全文刊载如下。

三、世界在上面，诗歌在下面

——于坚回答诗人朵渔的二十个书面问题

1.“诗人永远高于知识分子”

朵：这两天在家里看光碟，《戈雅》《邮差》《罗丹的情人》等，一大批大师生活的下脚料。我发现一个很有意思的现象，这些中年后的大师，体态臃肿，行动笨拙，弯腰穿过过街天桥，喘着粗气抱起自己的小情人，但面对一张白纸、一幅画作、一堆石料时，他们又庖丁解牛般行动迅速。我知道你对一些青春型的诗人如拜伦、雪莱等“少年维特”不太感兴趣，我的一个直觉是，这和体态上的差别有点微妙的关联。我记得西川曾有一篇文章，写巴尔扎克的肚子，也很有意思。笨拙和智慧、沉思有关，瘦弱和直觉、灵动有关，这是我在考虑的近乎玄学的“体态诗学”，一件有意思的事情。我发现我所喜欢的诗人都是一些胖诗人，我预计你的老年也会是一个大腹便便的人，你不这样看吗？你认为自己在生活中是一个灵活的人还是一个笨拙的人？你考虑过自己的身体吗？为自己的身体自豪或自卑过吗？在一个诗会上，我们曾一起游泳，我记得你总是一个泳姿——蛙泳一游到底，你是不是只会这一个泳姿？你在生活中是不是也很少变换泳姿？

于：身体的状况当然决定诗人如何与世界建立关系，体重的人其倾向恐怕也比较向下，体轻的人更容易飘起来。笨重导致速度的缓慢，看世界也就是慢的；轻人的话，容易一日千里，看世界没有细节，容易耽于想象，站在虚构的一边。这不是隐喻。歌德说，当拿破仑被称为花岗岩般的男人的时候，他的身体犹为适用。事情就是这样。苏东坡的能量大概和东坡肉有关，"大江东去""将进酒"都不是轻人写得动的。换个轻人，要写得吐血。歌德说过，身体对天才有巨大的影响。他说："有一段时间，在德国，一个天才常被认为应该是矮小、虚弱或者是驼背的；但他们却称赞我这个比例匀称的人是天才。"那个时期德国诗歌普遍是病态的，浪漫，无病呻吟。今日中国，诗人由于诗歌之轻，也被普通人认为是那种弱不禁风、神经兮兮的家伙。20世纪是一个要"上去"的时代，诗人的形象也变成了轻的。巴尔扎克式的形象被认为是"世俗"的，爱吃肥肉那就更俗了。世俗是什么意思？就是在下面。李白肯定是胖子，要不然他怎么老看着杜甫瘦。但杜甫也不轻，是写诗太苦累瘦的。布洛茨基是轻人，看诗歌就知道。阿赫玛托娃是重人，她的裙子都能使俄罗斯不能喘气，她的披肩都是"大理石"的，如果她给人的感觉不重，对她不会有"大理石披肩"的想象。对诗人不能看相貌，要看体重，相貌容易作假，留大胡子"紧锁眉头"什么的。在生活里我是一个笨拙的人，就是在年轻时代较轻的时期，我看起来也比旁边的人重。我喜欢这种笨重，女人认为有安全感，一般人认为我诚实，对我不敢玩小聪明，我得以在大多数的时候和世界的真相保持联系。有的人被世界欺骗了一辈子，一直飘在生活的假象和自我幻景的虚构中，但不知道。在一个聪明人、轻人占上风的时代，我把我的笨重视为得天独厚。我当然有自卑的时候，尤其是我的耳朵，但后来我战胜了，这种东西后来成为对人生和事物的谦卑。耳朵不行，但我的眼睛非常好，什么都看在眼里，瞟一下就知道啦。我发现轻人比较怕我，和我在一起会紧张，出汗。我的身体可以使我能够从下面去看世界，而不是自以为是地高高在上。我出身在"上面"的家庭，那时代这种家庭是有某些特权的。但我没有受到这种"上面"阶层流行的居高临下的眼光的影响。我喜欢游泳，但我的最好的姿势都是那类相对慢的姿势——蛙泳、海豚。自由泳我从来学不会，我觉得它其实是最不自由的一种。三十年来，在昆明的街上，常常会遇到熟人问我，在忙什么，我都是说在写东西。这种问题现在的意思已经变成，还在写啊。世界已经被我搞得不耐烦了。经济、技术、贸易、社会发展应该与时俱进，但有些事情你可能要以不变应万变，比如写作。中国作家的毛病就是太喜欢把写作看成某种"打天下"，写作是次要的，得到写作之外的什么，例如，待遇、知遇才是目的，甚至成为放弃写作的理由。年轻时候是业余作者，有了名气就要当主编，提携后进，广场上有事也要去吼两声。所以老是"悔其少作"。有人对我说，你可以不写了，我不太明白这种话的意思，是"够吃了"的意思吗？我喜欢的是劳动这个过程，发现，探索，敲打。我不是要通过写作去得个什么"天下"。所以我不怕被时代和文学集团抛弃，我喜欢一个人独往独来，也喜欢待在昆明这种外省、边地、远离文化中心的地方。我从来不用呼机。我联系的人不多。上午原子弹爆炸，下午修改诗歌，当然如果还活着的话。

朵：我在一篇文章中曾有过这样的表述："一首诗的手艺性质是我所迷恋的。它确凿可见的材质，它刀劈斧砍的痕迹，以及那劳动者挥汗如雨的背影，让我着迷。""手艺和技艺不同，技艺重在'技'，手艺则重在'手'。现在炫技的东西太多了，很飘，有一股乌托邦的腐气。手艺人强调的是劳作，劳作就是身体与外界直接发生关系。手艺应是原创的，具有不可复制性。我爱手艺人，我不喜欢战士、神父、流氓无产者、小资、伪贵族一类的东西，当然也包括乡绅。在愈来愈现代的社会，手艺有了失传的危险，所谓的风格、品味之类，都是对一个手艺人的侮辱。"（《手艺》）然后我为"手艺人"找到了一个标志，"我在于坚作品中读到了那种带有加工制作味道的最引人入胜的气质"。在这里，我想请你就诗歌中的劳动、材质、技术、天赋等因素做个比较。

于：说到了原创，许多诗人以为原创就是创造一种思想、意义、主题，或者发明一个什么前所未有的写作对象，例如，外层空间的生活什么的，或者证实一种知识、真理。其实在诗歌中"原创"就是创造一个说法的过程，诗人的创造性只是在语词的运动中才呈现出来，说出什么意义不重要，处理了什么材质也不重要，意义、材质必须在语词的流动活跃中才会被赋予生命。所以，诗歌具有你说的手艺的性质，它是一个做的过程，它停止之处进入阅读还是过程，而不是结果，不是数学题的解答，谜底的揭晓，机关的发现，意义依然是若有若无的，"此中有真意，欲辨已忘言"，只在语词的活动中才呈现。诗就是这种东西，你只有在它里面，你才能把握到它，你离开诗歌语词的运动，它就不在了，它是活的。你无法把一首诗的所谓意思告诉别人。这就像与从未游过泳的人说游泳一样。许多不好的诗歌其实没有过程——生育的过程，看不出词是如何被一个一个生下来的，只是某种知识被装修了一下，润色了一下。没有过程的诗歌就是技术。

诗歌当然有技术，但这是一种反技术的技术，叫作技艺比较好，区别于技术一词。据说在美国有很多诗歌教师，教授诗歌技术，这是西方对世界的理解，什么都是可以用技术解决的。抗抑郁的药也有，激发灵感的药也有，但是否吃下去就产生一万个金斯堡？大麻已经流行了几十年，但诗人还是那么几个。

所以，诗歌不是有技术就可以玩、吃了药就来灵感的东西。诗关别材，还要看这"技术"和药是谁在用。诗歌的技艺和巫术有关，这种技艺是实践的，在途中的。一首诗的技艺就是语词在途中不断改变方向的运动，这种运动可以呼唤神灵。思想、知识你可以复述、复制，但过程你只可以创造，无法重复。不可以第二次进入同一条河流，因为河在动，一个过程。我前年在云南丽江的一个村子里，看老东巴（巫师）召唤鬼魂，在手舞足蹈中，某种东西被唤了出来，场院里一直在叫的牛忽然不叫了。我确实感觉到那东巴身上出现了某种东西。我说不出来，一定要付诸知识的话，我只能说那是恐怖（多么干瘪无力的形容词），他一停止，那东西就不在了。他跳的舞非常缓慢，似乎并不用力，但后来他停下来的时候，却像是被什么推了一把，气喘吁吁，汗流不止。那东西你可以说是神灵，也可以说是意义，总之那是已经在着的某种东西，但只有在手舞足蹈中才会被召唤出来，活起来。诗歌就是这样。

手艺的意思是强调创造语词的动作性，动作当然就是过程。诗歌并不是给某种庞然大物蒙了灰尘的皮鞋上光打蜡的虚构活动，也不是为它的臭脚换新鞋的革命运动。诗歌自己是一个被创造出来的语词世界，它自己有光，它照亮周围。现在许多平庸的诗人在诗歌里唤不来神灵，就大讲写作的难度，讲技术。好笑。世界说起唐诗，是因为它的技术难度大吗？那是在说一种伟大的文明。文明是什么意思？一种语言亮起来了，不再是技术，而是光芒。

在诗歌写作中，依靠技术的是知识分子，神灵附体的才是诗人。在纳西人的东巴教中，只有大东巴可以领受威灵，在威灵附体的时候，可以用嘴巴咬着一头大猪旋转。一个地区只有个把人可以成为大东巴。小东巴每个村子都有十多个，他们就是纳西人的知识分子，读经、算账，做些小法事，赶赶小鬼。但大东巴肯定也是大知识分子，因为他知道的经文最多，不朽的文献只传给他，只有他可以理解，解释。诗人永远高于知识分子。哈贝马斯就说过："在所有的文化中，作家拥有与知识分子不同的地位，甚至比知识分子更受尊敬的地位。作家的创造力和先知式的原创性，是知识分子望尘莫及的。"我们这里却有不少人信奉什么"首先是一个知识分子，其次才是诗人"。

可怜哪！读书破万卷，谁都可以成为知识分子，但下笔是否有神呢？那就不一定啦。不要把天才和才气混起来，有些人其实只是有才气，才气是会江郎才尽的。天才则不会，他就是一个世界。什么意思？才子只在世界的一个角度上、一个"自己的房间"里发挥小聪明。天才，例如歌德，把这个德语世界转过来，他是浪漫主义；转过去他是现实主义，再转过一个方向看，他是法兰克福的小市民；再转到魏玛那边看，他是大公的朋友；如果从死亡的方向看，他是浮士德；如果从风流才子的方向看，他是少年维特；而现代派先生卡夫卡叹息道，他要说的歌德都说过了。这就是天才。歌德认为天才就是一种创造力。很对。在天才那里，一个作品就是一个世界。

《红楼梦》就是一个世界，你进去就只能在里面，它可以像世界一样控制你。才子是另一回事，一个不同凡响的房间，你会惊叹它的奇巧，但对你的世界不发生影响，你赞叹一下，甚至还嘀咕，我可不会住在这里。杜甫、李白都是天才，李贺就是才子。普拉斯是才女，布洛茨基是才子，怎么看他也就是一个骑手吧。天才是地主，天圆地方，才子则是流浪汉。空中有多朵带鱼的云（不是笔误），小聪明，发现个好窝子，待一阵。天才是劳动，收获，不断地挖掘，才子则多半是技术。现在喜欢讲小资写作，其实就是才子佳人的写作。天才是有地的，所以他敢不动，敢慢，敢用手工，敢步行，敢不多快好省。天才是有立场的，立场不是什么思想路线，就是地，在那里在着而已。才子因为没有地，所以没有立场，靠技术混吧，用在天才那里被省略的东西来招摇过市。我以为是诗人的身体而不是他的知识容量决定他能够处理什么样的材质。材质、技术、天才、经验、感觉等在写作中，只是一个混沌的过程。如果可以清楚地区分什么技术难度，那就是技术空转。李白的《将进酒》我可以感觉到身体的运动，大师酒喝到时候，小厮把纸墨端上来，杯盘狼藉一挥袖子全部扫到地上，身体起伏飘舞，写到"人生得意需尽欢"，笔头蹋烂，堂前一阵慌乱，顷刻，又一根狼毫送到。一笔开下去，纸都几乎撕破。一曲临终，大师笔一停，轻轻放下，还在喘气。但是这只是身体在运动吗？技术不难吗？精神、灵魂、思想、路线、意思不在场吗？

技术今天之所以被如此强调，是有时代风气的，这是 20 世纪以来的迷信，技术已经不只是技术，而是人类的思想、精神、心灵和新上帝。天才、神灵是过时的东西，在西方谁还相信这一套？东方因为自古以来蔑视"机心"，所以到今天还有少数相信神灵的诗人在垂死挣扎。以前以为迷信技术的是工程师，现在诗人也迷信技术，这和要把诗人从巫师的功能转变成灵魂工程师有关。

20 世纪的可怕之处，就是把一切都视为工程，改造，解放，设计。其实在西方真正的现代派那里，现代主义不是技术，而是看世界的立场。杜尚的全部游戏只是一种生活态度，离开了这个态度，他的技术只是垃圾。为什么杜尚以后，现代艺术越来越像是一个垃圾场？因为没有立场，只是技术。中国当代诗歌接受西方现代派，只是作为技术来接受，它并没有产生这些技术的肉体、感受、在场、精神和地图，所以只是漂浮在译文之上的语言空转。卡夫卡、杜尚、艾略特、金斯堡、罗兰·巴特、福科这些人都是西方文明的叛徒，但来到中国，却成为西方文明的技术神话，导致的不是作者们期望的对于牛逼文明的怀疑，而是锦上添花。

这一点，其实如果在更广泛的意义上来看也是一样的。先锋派的大批作品为什么只在技术的层面上给人印象，而没有使读者产生，例如卡夫卡作品里那种对于存在的追问？这与在建筑界材料和样式不断更新，而栖居从不呈现，甚至令居住越来越压抑是一致的。

你着重了技艺而不是技术。这在今天的诗歌中非常重要。技术一词已经成为一种意识形态。这时代什么都是技术的，文学也是技术化的。诗歌已经成为技术难度的一种，诗人就像车间里的技术攻关小组成员一样。我们过去说一首诗好，是说它写得好，不是说它写了什么因此好。这里说的写得好，是说诗歌的技艺，而不是说技术。如果我们认为这首诗是技术的，我们会说，这首诗某句不错，或者结构不错，词汇丰富，有想象力等，这口气和拿着解剖刀的外科医生一样。我们不会说它好。好，那是对一个活了的有了命的东西使用的。

技艺导致的是风格，技术导致的是尸体。技艺无法模仿，技术可以复制。达利的东西是技术，他把钟画成软的，你可以把钟画成阴道，也意味深长哪。诗歌当然不是任何一个偏科语文的学生都可以玩一把的小玩意，在这个层面上，它当然是最智慧最高级的技艺，只有少数人最终可以掌握。但它的悖论是，你无法通过通常的学习来习得和普及。正因为这样，世界才需要尊重诗歌，诗人才有存在的必要。如果这一块最后的由天才占领"不可知"、非历史的、反技术的圣地都已经被知识分子格式化、数字化，世界的末日也就到了。诗歌不过是一个程序、编码，当然现代化啦，可这世界也多么的无聊啊。

全球化要消灭世界的差异和等级，诗歌是最后的等级制度，它的分级制度不是依据知识的占有量、财富和权利，而是依据此人与上帝的距离。世界最终不会喜欢诗歌，因为它常常把皇冠和贵族头衔封给一无所有的人，令世界总是发现它的客厅里有一根眼中钉，扭头去拔，发现诗歌神采奕奕，无比傲慢地站在那里。技术后面总是有图纸，那图纸就是意义、观念，根据意义去构思，把知识决定的先在的意义构想出来。想象力其实就是技术。但塞尚却是技艺。技艺是在过程里显现的，意义是在过程里诞生的东西。塞尚无法模仿，因为他的技艺就是他的命和思想，不可以剥离出来为另一个思想、主题服务。"夜的耳朵爬到星星的脊背上听它耳语"，这是技术，只要站在虚构的一边，把世界"达利化"，把五官全搬到一个平面上，并安装上动词，这种修辞上的小花样是可以学会的。我搞过一个，把我外祖母去世前天天坐的草墩和清代传下来的雕花镜子处理一下，命名为"祖母"。行为那一套，其实容易得很，就是技术难度不同。

在行为里面，技术难度决定价值的高低。但诗歌不行，诗歌是最古老的技艺，基本的东西几千年来进步不大，几乎没有什么变化。今天的作者要写出好的诗歌，需要领悟的依然是《诗经》《神曲》的作者的那一套。诗歌与世界的关系，作用，地位，感觉自诞生以来基本没有什么变化。世界那样，诗歌偏要这样。读者的多寡其实也没有变，我们今天老以为诗歌受到冷落，那是把标语口号一度得到过的待遇也算上了。在诗歌中技术难度在完成的作品里等于零，如果它活不起来的话。诗歌是反技术的，在这个什么都可以技术化的世界上，诗歌是最后的堂吉·诃德，一成不变的老顽固。

我以为在今天，诗歌中的先锋派已经不是20世纪的未来主义，未来主义歌颂技术，结果它自己被技术异化了。诗歌的第一流地位让位于技术。如果诗歌也是一种技术，这个充满技术的世界有必要格外尊敬它吗？我认为本世纪诗歌的先锋派的特点是坚持那些古老的东西。例如，你说的写作中的手艺性质，我把手看成一个广泛的隐喻，大地、神灵、语言……旧世界用手工创造的世界和价值。手是一个边界，最后的边界，诗歌的创造方式决定它必须是手工的，它如果被技术化了，上了流水线，那么它也就不是了。

朵：在对"写什么""怎么写"的认识上，有人侧重"怎么写"，我这个阶段一直在考虑"为什么写"，我认为，一个写作者，在最初跨过了"为什么写作"这个门槛之后，随之面临的便是"写什么"和"怎么写"的问题。然而事情并不是单线行进这么简单，我们以为早已解决了的"为什么写作"的问题，一直到后来，在某些阶段，会一再出现，搅扰我们的心灵。这也可能是一个永恒的问题，它既不是最初的，也不会是最终的，它伴随着写作的各个阶段，同时也是一个不断生成的问题。不可能有一个永恒的、一成不变的答案。你是如何看待这三者之间的关系的？你是一直侧重于某一方面，还是有一个嬗变的过程？

于：在写作中，一开始都是被题材吸引，以为写什么决定发表的可能性。中国的传统也支持"写什么"，因此有所谓题材禁区。一些人就是靠闯这些禁区成功的。对于写作来说，写什么的强调很危险，最终威胁的是写作自由。知识分子的写作其实就是强调"写什么"，它强调的不是题材的什么，而是精神的什么，"灵魂深度""精神家园"、流亡、高雅、高尚这些。思无邪，也是讲"写什么"。但写作的本质是"如何写"，"写什么"根本不重要。《战争与和平》《追忆逝水年华》，可以说，在写什么上简直就是天壤之别，但不影响托尔斯泰和普鲁斯特都成为伟大的作家，因为如何写不同。但在读者方面，他们一般关心的不是你如何写，而是你要告诉他们什么。

歌德早就说过"已有的是什么，而不是如何"。诗歌是如何写的艺术，至于写什么和为什么写，这是另外一些问题，也非常重要，但我以为这是人生的问题，而不是诗歌内部的问题。诗歌是如何说的艺术，而不是发现什么的艺术，是把存在者通过语言来隐喻的艺术。但"为什么写作"也是一个在动笔之前你要想清楚的问题，笔动的时候，那就是如何写的问题了。为什么写，其实就是经常在问的"你在干什么"。别人问与自己问是不一样的，我是经常在问自己"你在干什么"的，这个问题可能一生都会去想，如果想不踏实，写作就没有力量。这是一个想清楚了，又会虚掉的，一生都在想的问题。

我年轻时，写作是为与某些东西（语言、意识形态）较量，批判、反抗，或者表现自己的与众不同。最近却越来越"为人生"而写作，但批判的立场依然如故，我无法把写作当成纯粹的游戏，采取玩世不恭的态度。孔子为什么说五十而知天命，就是人生的基本问题，你只有在某个时期才想得清楚。你需要不断地想。就是这种想，令我写了《0档案》，又写了似平南辕北辙的《飞行》。在写作上我面目模糊，你可以说我是先锋派，但我也写过《我的故乡　我的城市》这样的东西，都是在不同时期考虑为什么写作的结果。对于我，为什么写作，如何写，永远是问题，写什么我不太去考虑，那是感觉决定的。没有感觉到的"什么"我是不会去写的。我写东西是跟着感觉走，比起一个有意思的什么来，我更重视有感觉的什么。没有感觉，只是有意思、思想、修辞的可能，那是知识分子玩的名堂。我以为，如何写和写什么在不同的时期会有所侧重，但最根本的问题是为什么写，这是一生都要问的基本问题。

朵：能给大家介绍一下你最近几年创作的《便条集》吗？有一次我和沈浩波讨论，认为你的《便条集》是你对自己80年代创作的一个回归和深化，在某种意义上甚至超越你的"事件系列"，你自己称之为"收复失地"，那么，你又是如何总体评价自己整个90年代的写作的？

于：《便条集》出来后，有不少朋友说这是可以放在枕头边看的诗。我觉得这是很高的评价。这是我1996年以来的一个写作成果。想想，20世纪中叶以来，汉语有几本可以放在枕头边的书？不都是让你看了就睡不着，就渴望着去改变什么，或者要放在案头，从某某主义的理论找到出处的坚硬面包？汉语几乎已经完全从"在家的"的语言，变成了"在路上"的语言。我早在80年代就意识到诗歌与日常生活的关系，但我是批判的，而不是"在家的"。就是《便条集》里也有不少批判的东西，与"便条"并不吻合，并不"便"，而是鸡毛信什么的。我的写作不变的东西是口气、语感，那是来自我命里的东西。我的命还是那命，所以你们以为是"收复失地"，我失去了什么吗？

写作就是这样，它是自我圆满的过程，年轻时好奇，急功近利，在自己的地上这里挖两锄头，那里挖两锄头，只是感觉，如何彻底把握，并不得要领。你要经过许多试验，才可以把握住你自己的东西。我90年代的写作当然非常重要，你可以在其中发现我曾经走到多么远，《0档案》《飞行》《事件系列》都是在90年代写作并发表的。这是一个思想者作为"自觉的知识分子"的时期。我当然是标准的知识分子，伯林说的那种意义上的，但这从来不是我的立场，我的立场是诗人的立场，高于仅仅作为"图书看守员"的知识分子的立场。

2."世界在上面，诗歌在下面"

朵：70后（我们暂且使用这个说法）在我眼中，是被吓大的一代，现在它的大面积萌发，也丝毫无法掩盖它整体性的贫乏与虚弱。"70后"这个词有一定的欺骗性，总显得长不大，事实上，这个整体中的大部分人，都已年届而立，对于写诗这个行当来说，已经是老大不小的了。这一代人中，一部分人具有与80年代诗歌运动相似的气质，一部分人则秉承了90年代的诗歌传统。你是如何整体看待这一代人的写作的？

于：在我看来，从来没有什么70后，只有具体的单个的诗人。第三代又是什么？一个诗歌现场，一个在20世纪80年代和90年代之间存在于中国文化空间中的诗歌现场，它不是诗歌运动，它是现场，无数诗人在特定的历史空间中产生的以诗为舌的生命活动。唐诗也是一个现场，古代汉语在那伟大的空间中更辉煌地活了过来，成为文明。70后不是一个独立的诗歌现场，它是80年代的诗歌现场的延续，那个现场的活力依然存在。它要直到这个场必然导致的杰出的诗歌已经完全出笼，才会结束。其时间跨度很难预测，也许要持续五十年？因为从那时开始，基本的东西重新出现在诗歌中，那是一个时代的波浪退去，诗歌被遮蔽着的基石重新呈现出来的时期，诗歌从升华、高蹈的喧嚣中落下来，常识冷静地出现了。70后不是这个诗歌场最强烈的部分，但它是继续，因为从第三代诗人开始，汉语诗歌已经重新建立了一个常识的平台，这个平台是古往今来所有诗歌的共同平台，一些基本的东西。而在此之前，为了这个基本的平台，例如，诗歌不过是语言的特殊活动，许多诗人浪费了一生。只有在这个起码的平台上，才有诗歌出现的可能性。李白的写作，一开始就是在这个平台上，他没有经历过这个平台被遮蔽起来的历史。我们是特殊时代产生的特殊诗人，即使今天，我也不能说这个基本的平台已经完全没有遮蔽，已经非常牢固。我们其实同属于一个诗歌场。

第三代这个命名出现后，其他的命名和它之间已经没有一道历史的鸿沟。第三代是一种地质结构的复原。70 后与它之间不是断裂的关系。它是已经形成的场的更本质、更坚固的扩展。如果把 70 后作为整体看的话，就像第三代，等于零。在诗歌上，历史从来不选择整体，虽然这种努力经常有人去做，例如鲁迅，"造就大批的战士"与黑暗的文化专制斗争；例如，最近的"重塑"。这都是为了形成整体、战线、团体的努力，它们对现实的文坛是有效的，会引起资金、传媒、批评界的注意。但诗歌选择的总是个别的作品，它才不管作者在文坛上属于哪一个堡垒。

20 世纪中国的文学史，由于面对黑暗的时间太多，从鲁迅到胡风已经形成一种传统，就是把文学视为一种更有利于形成整体与黑暗者战斗的武器。但这从来不是文学自己的传统，而是政治的传统。诗歌的基石是由作品建立的，而不是由战斗者的集团冲锋建立的。我认为，这是一个你可以像曹雪芹或卡夫卡那样关起门来，增删数次，披阅十载，自己写自己的时代。中国文学缺乏的不是集体战斗的传统，50 年代作家们集体放弃写作，去从事比写作更壮丽的事业，其根源也与他们昔日把文学视为对黑暗时代战斗的武器有关。中国文学缺乏的是个人奋斗的传统，是把写作看成一个人的事情，而不是一伙人的事情的传统。我对 70 后没有什么期待，我也不认为个人的写作是外力可以重塑的，那些自以为他们在"造就""在重塑"的人们是谁？是上帝在捏泥巴吗？

朵："下半身"的话题在我看来实际上是对"先锋性"的理解问题。对"先锋"一词的不同理解，会带来对"下半身"的不同看法。你对先锋采取了一种"温柔"的态度，我和你有近似的看法。先锋不仅仅是可以"后退"的，甚至可以左一下右一下。在这个意义上，我理解的"下半身"更强调"身体性"，而不是单纯的"性"。最近在网上我看到，新一轮的对"下半身"的批评又开始了，但他们采取了可笑的"道德批判"，这恰恰是"下半身"的成功之处。你愿意对"下半身"谈一下自己的看法吗？

于：先锋常常在已经固定的什么，已经完成的发生的对立面上使用，其实它的意思只是创造。

罗曼·罗兰说，创造啊，只有创造的欢乐才是真正的欢乐。其实有时候与某种既定者的对立，不一定是先锋，只是一个姿态，一个立场。例如，现在某些人对格瓦拉的赞扬，新潮但是陈旧。我理解的先锋没有时代性，就是创造。如果从未来主义的反面可以创造有感觉的东西，我会与它对立，如果在皇帝的领土上可以激发灵感，我会去当一个臣民。西方的先锋派玩到今日，许多东西已经成为需要通过博士论文答辩才能进入的枯燥玩意。

如果《荒原》《嚎叫》的作者当年还可以直指人心的话，那么他们的后继者则味同嚼蜡。先锋是没有方向的，方向是创造者自己决定的。

世界在上面，诗歌在下面。从80年代以来，汉语诗歌开始呈现出一种向下的倾向。这个"下"是什么意思？在我看来，20世纪80年代以前的汉语诗歌，大多数时间是在意识形态的天空中高蹈，站在虚构的一边。浪漫、理想、升华、高尚，对世俗生活的蔑视，完全脱离常识的虚构。生活在别处、彼岸、远方……不是耳熟能详吗？诗歌成为高蹈于意识形态天空中的修辞技巧，与存在、人生、日常生活、感觉毫无关系。这种影响持续到今天，既使意识形态倾向与1966年的分行标语完全不同的所谓"先锋派"不也还是酷好"站在虚构的一边"？虚构的癖好绝不是西方现代派的移植，而是有着汉语自己的思维惯性。简单地说，虚构的意思就是脱离某种实在的东西。虚构的方向是朝上的。"上"在汉语里意味着什么？"天天向上""奋发向上""上面来的"……上，与文化肯定的方向、权力话语有关。在1966年，上面，其实就是通过虚构、升华、夸张、乌托邦理想造就的一个充满谎言的形而上的精神王国。肉体、日常生活、知识都成为下面的东西，下面，是这个王国的地狱部分。哈维尔说："从下面最能看到这个世界荒诞和喜剧的方面。"荒诞不是由于你荒诞地看见世界，而是由于你来到了世界的下面，一个它通过虚构来千方百计遮蔽起来的地方。

　　20 世纪 80 年代以来，"那些漂亮的真理与谎言的辩证说辞，在社会和人们的头脑里开始滑落。今天为我们如此熟悉的被掩盖的真理和希望，开始进入人们的视野。"（哈维尔）歌德说："一切倒退衰亡的时代都是主观的，与此相反，一切前进上升的时代都有一种客观的倾向。"主观的时代依靠的是虚构，客观的时代则是回到事实本身。如果粗糙地比喻，可以说，主观的时代是上面的，客观的时代是在下面的。在中国当代智慧中，最先回到下面的是诗歌。

　　诗歌一向坚硬地高举在天空的触须弯了下来，开始朝向下面，当然那是一层一层回到根那里去的。从第三代诗歌开始，我以为中国的先锋诗歌一直呈现向下的倾向。当然，重新在相反的意识形态的支持下回到上面的努力也非常强大，那种诗歌有着文学史、大学、图书馆和不久前盛行的形而上传统的支持。"下半身"诗歌的出现，就是这种向下的努力之一，诗歌越过日常生活更下，直达世界的本源之处，身体、生殖。在中国这种有着"灭人欲，存天理"的传统的社会中，身体的地位其实是最低下的，感官是被略过不提的，它们受到的践踏和蔑视最为深重。所以下半身——生殖力、感官、感觉，与天然被视为只是与上半身（思想）有关的诗歌联系起来，当然是大逆不道。中国当代诗歌20 世纪 80 年代以来终于有了重量，可以向下了，或者说，敢于向下了。我发现这最终导致先锋派的瓦解。先是，在意识形态的层面上，向下的与向上的分道扬镳，然后在语言的层面上，爱好虚构者和关注存在者分道扬镳，然后，大部分诗人都发现他们最终还是在上面，因为他们来到了道德这个最后的"上面"，他们终于愤怒地对年轻一代诗歌说出不过是在比"谁的流更下"。

　　我惊讶的是，这么多的先锋派玫瑰，怎么骤然间就越过更年期成了遗老。我发现对"下半身"的指责像对 70 年代的指责那样，指责者自命是代表诗歌的"正确路线"。惠特曼、金斯堡当年不是也因为写了"下半身"而被指责甚至起诉吗？而 80 年代的"如何写"，现在又变成了"什么可以写，什么不可以写"的问题，人们先是不允许写阴暗面，现在，"下半身"成为文明共同不齿的阴暗面。越过当代历史，我发现人们轻易就回归了传统，还是思无邪。历史前进了一百年，一不小心就倒了带，一毫米也没有前进，再次从 ABC 开始。我重视的是如何写，但生活有时候会激发人对某类材质（什么）发生持久的兴趣，如果这是心灵的召唤，不要抗拒它，更不要去考虑道德。70 年代后出生的诗人其实我觉得他们更重视感觉，重视诗歌的创造。创造像生殖一样，是最难看的，血乎淋拉，一点都不顺眼，不高雅也不道德，还有可能挣扎一阵，生的是死胎。但总比阉掉、把别人生的领来养好吧。

什么是好诗什么是坏诗这个很难讲，我是看它有没有命。如果活了二十年，当时再怎么难看，它也会好看起来。70 后的年轻诗人，给我印象最深的就是充满活力，与 90 年代不同，活力又出现了，这就够了。

今日年轻一代对意义的暴力比 80 年代的诗人更感到恐惧，80 年代的诗人企图通过语言的还原来消解意义的暴力，而 70 后是回到感觉、感官来对抗意义的暴力。意义已经成为铁板一样的东西，新的思想、新的拿来对它已经无能为力，意义并不能对抗意义，只会结成一些更大的死结。年轻一代试图通过身体、感官来分裂意义。我以为确实只有身体可以分裂意义的统治。但诗歌毕竟是语言的运动，而不是身体的行为，这是一个悖论。意义的暴力，依然是只有意义的创造才有可能反抗。因为写作关系的不仅是你自己的身体，更要影响文化。再接近下面一点，但再下，那就不是诗歌了，可以去搞行为艺术。在这一点上，我是个保守派。歌德说："关键在于一部作品应该通体完美，如果做到了这一点，它也会是古典的。""下半身"如果是对诗歌与感官（用作动词）感觉的关系的重视，那么它是有前途的。如果它是作为一种立场，"把什么什么恶心死"的武器，那么它的危险是变成比较新鲜刺激的标语口号。物极必反，极端的形而下，反而变成观念，变成标语口号。就像在乌托邦的极端我们常常发现权力的庸俗面孔和肉体的猥琐一样。如果走到极端，更有力的武器就不是语言，而是身体、行动以及革命。就现在出现的作品看，我认为有许多非常优秀的作品已经产生，使那些关于它的指责软弱无力，因为那些作品引发的争论依然是什么是诗，什么不是。诗歌永远不能停止这个基本的争论。一旦所有诗人都一致地毫无疑问地同意只有什么才是诗，诗就死了。古体诗就是这样死掉的。

朵：我知道你对小说写作抱有成见。现在的一个普遍现象是，很多年轻诗人同时在写小说，或主要是在写小说，或即将转入小说创作这个行当，像《山花》这样的文学杂志上还开有"三叶草"这样的栏目，同时发一个人的诗歌、随笔、小说。你对"青年诗人小说家"这个说法有什么样的生理反应？

于：小说是技术，可以学会的。哈金在美国大学里学习十年，不是学会了吗。小说因为是技术，所以是可以进入市场的。小说最好的东西，卖不掉的东西，是诗教给它的。在我们时代，小说对于写作者来说，是一种世俗的诱惑。诗不是技术，所以没有用处，诗其实根本卖不掉，诗有点稿费那是照顾、扶贫。把中国一流诗人和红得发紫的小说家相比，就可以知道诗无用到什么地步。我写作不是为了改善生活、伙食、红得发紫……要做到这一点，干什么都比写诗强。我写诗还是我自己的一个活法，自己对生命的理解。我确实喜欢写作，写出一首好诗来，令我产生的那种对人生充满信心、君临一切的快感是无可比拟的。小说是聪明人玩的东西，既可以挣钱，又附庸风雅。伟大的作家其实都是诗人。现在许多诗人去写小说，因为诗太寂寞，太冷落，成名太慢，太难，机会太少。肯定有这些因素，我才不相信都是为了"献身伟大的文学"。我之所以一直在写，就是因为我喜欢写，情有独钟。

3．"隔壁王二不谈诗"

朵：你在一篇文章中坦承自己不愿做"老母鸡"，你认为自己没有提携新人的义务，"写作是自私的事情"，这似乎是容易引起误解的说法，你愿意重申或补充吗？你在生活里是如何处理和青年诗人或崇拜者的关系的？你在自己的写作中有过为后来者树立某种榜样或标志的想法吗？

于：这种说法会引起误解？这在我完全是天经地义的事情。世界上还有什么比写作更有可能也更需要自私的事情？难道写作应该大公无私？写作是一种"自私"的活动，个人主义的活动，这是基本的常识。但这个常识被遮蔽了，"个人写作"是一个可笑的口号。我以为诗人们老在谈接轨，如果要接的话，这是最起码的轨。提携新人当然是好事，作家协会、基金会、评奖都可以做，这种事情应该是卡夫卡们考虑的吗？对于写作来说，它从来不是基本的事情，只是例外。我想，诗人和读者的关系，永远只是作品的关系。如果我有时间，有机会，例如去编刊物，我当然要选择那些我认为杰出的作品。但这不是提携，更不是重塑，不是"我没有亏待你"，这是职业道德，这是做人的良知。与我作为诗人的声望有什么关系呢？如果指望做这些事可以提高诗人自己的地位，建立关系网，那是可耻的。只有作品可以决定你作为诗人是否值得尊敬，除此之外的活动，可以做，但是与诗歌无关。当然有许多读者热爱我，因为我老老实实地写作，从来不耍小聪明。也有个别写东西的向我致敬，但后来我发现目的是要"推荐作品"，但我没有推荐，从我这里得不到任何好处，于是翻脸。难道作品还不够吗？这个世界要向作者索要什么？我也推荐作品，但那不是推销审美标准，只是像推荐食品一样，它可以吃就够了。不是说我推荐了就是好的，这个我决定不了，这是上帝的管辖范围。

我不需要别人围着我，我喜欢他们去围着我的作品。作为我的作品，我确实害怕它们孤独。作为我自己，我从来不害怕一个人。因为我是歌德说的那种"有足够坚强的性格来显示自己的全部真相"的人。在昆明，我其实就是一个人，没有任何人围着我，我极少和文学界来往，我的朋友搞文学的极少，昆明许多人甚至以为我不住在昆明。在中国诗歌界，我不也是越来越孤独吗？左派动不动要把我批判一下，最近《华夏诗报》还有文章说我是"诗歌的敌人"。"知识分子写作"也在骂我，我可能最终还要得罪年轻人，因为我从来不认为我有资格去"重塑"他们，那是上帝干的事啊。"提携"是要有权力的，也会有现实的好处，例如，在选举文学领袖的时候投你一票。但我以为却有损诗人的尊严，回顾我自己的"个人奋斗史"，我从来都认为靠别人的"提携"，或者在别人的标准下被"重塑"，或为了发表向权力者俯就，是我的自尊心不允许的，更不要说自己去设法掌握权力，以欣赏需要"提携"的年轻人的诚惶诚恐、唯唯诺诺、受宠若惊了。

我一向对写作者掌握权力存有戒心，因为这两者很容易混起来。你自己是一个要发表作品的人，你同时又是一个有权力发表的人，最终权力和利益在作品的名义下冠冕堂皇地交换，标准被人情世故混淆，获利者是作者自己，这种事我们知道的还少吗？

朵：网络的出现给传统诗歌传播形式带来了一场革命，但也有很多问题需要我们慢慢去适应或反思，比如"网战"，各种纷争甚至谩骂，淹没了诗歌，像荒草掩没庄稼一样。网络的一个特点就是，无中生有，无限扩大。我以为，诗人们需要单独的、默无声息的思考，他们只需自己为自己寻找理由，这难以从外部对其进行评判，更不需要夸张的形容词，或集体的行动。用阿兰的一句话说，一旦他们"聚集起来思考，一切都会变得庸俗不堪"。更何况还不是在思考，而是在打群架。这架打到后来，往往都忘记了来由。很多争论，究其原因，往往是微不足道的、可笑的和无意义的。当然这原因也可以是莫须有的，觉得有架要打，往往是心有灵犀一点通，有人发招就有人接招，随之就是网络战争的自动扩大化。这都是诗人们虚荣和疯狂的表现。你上网之后，也曾被卷入过一些纷争，现在回过头来看看，你是怎样看待网络诗歌和"网战"的？

于：网络言论自由的空间比较大，但也不是可以肆无忌惮，而是自己负责，自己看着办，好自为之。我发现一旦让你自己掌握发表权，诗人们聪明多了，都知道什么是该说的，什么不该说。不好的是，斟词酌句只是对"在上面的部分"，对无权无势的作者，却完全不尊重。一旦骂起来，造谣、诬陷、谩骂，一哄而上，无所不用其极，倒是痛快啊。我非常厌恶。网络可以看出一个国家的文化底子，现在这个文化底子，太薄了。网络有时候比生活真实，化名其实就是真面目的暴露。许多化名的言论，我虽然不知道是什么人说的，但我看到一个真实的内心世界，比面对面交往的时候痛快得多。橡皮网上那么多人化名骂我，使我知道人们对我的一些心态，要不是网络，我还蒙在鼓里呢。我不以为网络会取代一切，它只是一种传播速度。诗歌依然是慢的。网络可以让人很具象地看到大多数话语和作品的命运，就是一条流水线，不过存在五六日，就无影无踪了，连痕迹都没有，印在纸上其实也是一样。我现在看见了，大多数的存在不过如此，花十年做出一口袋自以为有重量的东西倒进去，一个泡泡都不起。以前对作品存在的那个世界感到很抽象，一片黑暗，存在着侥幸心理，以为总有一天，就要如何如何，金榜题名什么的。其实就是这样，发帖，有一百五十个人点击，二十个人跟帖的已经是名人了，能够待上一星期已经很牛逼了。不知道这景观是否会使许多喜欢发言者自省，害怕起来，惜墨如金，从而节省下大量的电话费和纸张。真是可怕。所以不要迷信这些，写作首先是你要写，你爱写，你自得其乐，如果没有这个基本的要求，最后会越来越绝望的。

朵：我们在通信中曾就"诗可以，人不行"的话题展开过讨论，也就是诗人之间的友谊的话题。我的一个前提是，首先是朋友，其次是诗，我以为这更生活化一些。你则认为，"诗人的唯一价值，就是要诗好，诗不好，人好，作为诗人交往的原则，是非常庸俗可笑的"。在你和杨黎的争论中，你以一曲《成都行》结束争论，杨黎也认为是"不可逾越的友谊"结束了你们之间的争论。你可以就诗人之间友谊的基础是感情因素还是利益因素维持着友谊之类的话题谈一下自己的看法吗？

于：我依然是那句话，首先是诗，然后也许可以是朋友。如果先是朋友，那么诗写得不好或根本不写的好人多了。都是朋友，又何必区分诗人和别的人。诗人和诗人的尊重，首先是尊重作品。如果作品值得我尊重，我才会考虑其他，这是很自然的。对于不写诗的人，我才会首先考虑他这个人如何，是否值得交往。我反对说什么"诗好，人不行"，人不行与诗好有什么关系？人不行太难把握，什么样的人不行，是看个人具体的处世态度。这无法成为一个标准，你以为不行的人，我可能以为可以建立君子之交。就是所谓千夫所指者，也会有朋友、情人。诗不好人好的人多了，你尽可以去建立友谊，与诗有什么关系？如果友谊建立在人好上，往往就是诗不好人好，对诗就迁就，太累了。诗人在一起主要是诗歌的关系，不是好人和好人的关系。现在一些诗人以在一起不谈诗歌为荣，那么又何必在一起呢？隔壁王二从来不谈诗，轻松得很。诗人在一起避免谈论诗歌，其实很累。《他们》里面就是这样，有些人的诗不好，但人好，也跟着混，大家心照不宣，小心着不谈论诗歌，以免触到好人的痛处。在我，当然是"白也诗无敌""吾意独怜才"。我渴望李白、杜甫这样的朋友，朋友人品如何，与我无关，我不能以我的道德去要求朋友，那样就无法相处。我想杜甫肯定不会去指责李白花天酒地，与皇室关系密切。"何时一盅酒，重与细论文？"我向往这样的诗人关系。现在许多诗人在一起讲的就是黄段子，我觉得太无聊，不是我清高，而是同样的话我可以去听其他人讲，讲得更生动，何必绕个弯子去听诗人讲他并不熟悉的、道听途说的故事？诗人之间，当然是惺惺相惜，但如果我以为他不可能写好，我一般不想建立深的关系，免得麻烦，说话要斟词酌句，太累了。《马勒传》里说到，经常有一些二流的作曲家要把作品带去请马勒指正，马勒只好硬着头皮，在那些平庸的东西里"找出些微小的美来"，多累啊。诗人之间的友谊可能是世界上最没有利益关系的一种友谊，当然如果朋友中谁突然成了主编，"没有亏待你呀"，那就不同了。网站上最近比较恶劣的是，对诗人的作品说不出什么来，却去批判他的为人，揭发隐私，在道德上搞他。

朵："盘峰论争"作为一个事件已经过去多时，两年后的今天，你有没有反思过这件事情？由"民间立场"和"知识分子写作"这两个并不明晰的概念所形成的这种对峙状态，你认为在美学分歧的空隙里有没有道德或感情的因素在作怪？有没有自恋的成分？有没有可交流的基础？

于：那当然不是阶级斗争，不是政治批判，只是看法不同，表达得激烈一些。因为过去没有如此开诚布公的传统。有过吗？批判总是在行政人员和作者之间进行。"盘峰"是诗人和诗人之间的争论，在当代中国诗歌史上，恐怕是第一次。"朦胧诗"的诗人之间对于诗歌标准没有不同看法吗？只是他们没有公开罢了。这次争论的好处是，诗人们终于表达了他们各自的诗歌标准，这与批评家的完全不同，也是很重要的一个现象。"朦胧诗"时代诗人是第一位的，批评家只是摇旗呐喊。90 年代位置颠倒，批评家登场，诗人俯首帖耳，到了唯马首是瞻的地步。这可能与 90 年代的"学问突显，思想淡出"这个风气有关。"盘峰"是诗人的争论。其实在吵吵嚷嚷骂骂咧咧里面有着基本的东西，如诗歌是读者的写作还是作者的写作，如中国诗人对即将全面登场的知识时代、全球一体化时代持有的立场，未来主义的或者怀疑的。大家现在才发现，关于诗歌的有影响的话，"到语言为止"、"拒绝隐喻""身体写作"和"知识分子写作"都是诗人说出来的，也可以看出，诗歌内部的问题和诗歌外部的问题，写什么和如何写，总是在不同的语境里被轮番放在首位提出来。"到语言为止""拒绝隐喻"是强调如何写，"身体写作"和"知识分子写作"是强调写什么，写作的立场。

任何对峙都不是非此即彼，泾渭分明的，而是有非常宽阔的模糊地带。但强调差异比寻找共同点更符合诗歌的性格。诗歌的面孔比过去更丰富了，80 年代，先锋派诗歌要给人的印象就是些愤世嫉俗的面孔、精神病人或者自杀者的面孔，某些批评家试图把 90 年代的先锋诗歌塑造成一张"布洛茨基式的面孔"。而现在，人们发现，白话的先锋诗歌其实还有李白、杜甫式的面孔——对于诗歌来说，世界只有一个，就是诗人自己创造的世界。诗歌本来就在世界中，所以没有什么走向世界、接轨的问题。阿赫玛托娃式的面孔——当年流亡巴黎的白俄文化界要她离开俄罗斯，被她拒绝了。在斯大林时代，她发表了歌颂卫国战争的诗篇，被同时代人含沙射影地攻击为"现存制度之友"（这是某些德国人攻击歌德的话）。诗歌争论最后导致的不是铁板再次焊接起来，而是呈现出更多元的局面，更多的诗歌面孔清晰起来了，这是显而易见的好事。

4 ."我的野心是成为经典"

朵：我认为你在整个 90 年代的写作有一种"经典情结"，你自己也曾在一篇"自白"中说："我的梦想是写出不朽的作品，是在我这一代人中成为经典作品封面上的名字。"事隔几年之后，你现在是如何考虑这句话的？君特·格拉斯在一篇访谈中说过，他总是千方百计地避免使自己过早地成为经典作家，而不停地重新开始则是克服经典性的前提。你的"事件系列"、《便条集》是重新开始的产物吗？

于：是的，我的野心是成为经典。在中国的 20 世纪，战火、革命不断的语境里，缺少写作经典的氛围。在 20 世纪初的欧洲，许多作家的所谓写作，就是写作经典。古代中国也是一样。中国 20 世纪没有这个传统，写作是为别的事情服务。成为经典是写作自己的目的，写作不是要成为某个社会的镜子或改造灵魂的工具。这是我的看法。总是有人对"成为经典"不以为然，好像我们在 20 世纪已经被经典压得喘不过气来了似的。大多数时候，我们只是被一些叫做文学的宣传品压着而已，有谁值得我们在文学的、经典的意义上脱帽致敬？我们尊敬伟大的鲁迅，但那是尊敬作为思想家、革命家和写过大批杂文以及几个短篇小说的鲁迅。西方的经典再怎么译成汉语也是西方的经典，令人窒息的经典肯定是在母语里面。想想，如果一个写白话诗的李白就住在我隔壁，并且还要一起去开笔会，那是什么感觉？那是"眼前有景道不得"啊。《红楼梦》肯定不会令格拉斯窒息，他乐于脱帽致敬，以显示一个作家的世界文化修养。格拉斯当然有资格说那种话，他生活在歌德、托马斯·曼这样的作家的鼻孔下面，他与他们之间并没有隔着一道白话文和文言文的鸿沟。中国的特殊在于，五四以后，古典文学与现代汉语有了一个经典的距离，此距离恰到好处地使我们这些白话文的作者不那么感到窒息了。我当然尊敬 20 世纪汉语出现的那些作家，但对我来说，他们的东西还没有伟大到令我对创造经典感到多余的地步。问题是作家自己不可能知道自己的东西是否经典，这只是他对写作的一种要求。我不知道年轻一代作家对自己写作的自我要求是什么。在这一点上，我是一个古典主义者，我对写作的自我要求是，"千秋万岁名，寂寞身后事"。至于结果是否如此，我就不知道了。我只能在我自己可以把握的范围里要求自己。《便条集》是开始就是结束的产物。

朵：你已经无可避免地进入"文学史第五章"了。在文学史上，你就是《尚义街6号》《0档案》的作者，也就是说，在很大程度上，"于坚"已被"于坚大全集"取代。你的雄心大志，你的远景规划，你心中的"下一部杰作"都被一概忽略，随之而来的是"大学校园里的追随者""带有狐臭味的博士生的个案""游泳池里的陌生读者"以及"来自官方的或汉学家的请柬"，对此，你是怎么看的？它是你想取得的荣誉中的一部分吗？

于：这是作品产生带来的结果。这可不是因为"人格魅力""精神领袖""某某灵魂"或者"在伦敦""流亡"、就任主编什么的，只是作品。作品之外，我只是一个普通的人，世俗的人，我并没有超凡脱俗，也没有脱离所谓的低级趣味。世界出于各种理由接受了我的作品，但我自己心里有数，一切都是零，写出来的东西并不会给我带来成就感。最重要的是我自己是否还热爱写作，是否还有激情，如果我厌倦了，那个世界就烟消云散了。什么也不写，守着过去印成的一堆纸沾沾自喜，是什么鸟呢？我对我的作品并不自信，我自信的只是我在创造它们的时候的诚实和欢乐。事在人为，在每一次写作上，我都已经做到只能如此了，我已经尽力了，我敢说。

朵：谈谈你的散文创作吧。《人间笔记》是我看到的最有文体价值和阅读快感的散文，《棕皮手记》则是充满了智慧、富有创建的散文作品。它们在你的写作中占有一个什么样的位置？你愿意就"散文"这两个字谈谈吗？

于：散文是我在写作上最怀有梦想的写作，我想我会创造出些东西来。诗，你在某些规则上是必须的。散文则没有规则，因此可以创造些更难以预测的东西。散文可以创造的也许是叙述。它在我的写作里和诗的写作一样重要。我已经说过一些关于散文的话，这里就不重复。

朵：问几个轻松的话题：你现在的写作生活是一个什么样的情形，描述一下好吗？

于：我起得很早，这是年轻时代在工厂当工人时养成的像古代人那样，黎明、鸡叫即起。我一般用冷水洗脸后，整个上午写作。中午我要午睡。下午我看书，运动。晚上我看电视。11 点左右我睡觉。

朵：你有一个稳固的家庭，这在你这一代诗人中是罕见的，你认为自己的婚姻是天赐良缘的因素大一些，还是你自己的努力或者说你的家庭观念所起的作用大一些？

于：也许是天赐吧。

朵：在一次访谈中，别人问过我一个问题：你对性有何看法？我说我对性有不懈的追求，它是我生命的一部分。我想拿同一个问题来问你一下。我对中年后的性心理很感兴趣。你曾戏称"中年写作"为"更年期写作"，那么，你对自己的身体有过"更年期"般的顾虑吗？

于：非常重要，人生怎么可以没有性呢？那是生命最基本的感觉。我不害怕年龄，也不担心自己更年，听其自然吧。重要的是无论如何，我依然像青年时期一样热爱生活。可笑的是，在中国诗坛上，我依然经常被称为"青年诗人"，这可不是我不愿意更年。我们已经折腾了二十年，人们依然认为我们是青年诗人。也许我们得等到那种依靠行政支撑的文化寿终正寝，才有自己真实的文学年龄。

朵：我注意到，你近期的创作十分旺盛，完全没有"中年写作""坚持就是一切"的迹象，你现在的这种创作激情从何而来？我记得你说过自己曾有过这样一个阶段：每天背个书包上街，看到什么或听到什么或想到什么，就趴在一棵树干上记下来。这样的情形维持了多久？你现在的写作激情是来自阅读还是旅行、读画、音乐或最日常的生活？

于：我总是有激情。对于世界人生，我是一个天生的情人。我从来不担心没有激情。这种激情来自对生活的领悟，生活真的是我的老师。我其实只要生活就够了。生活是无穷无尽的，生物只是为了抓住繁殖生命的那总是一瞬间一瞬间到来的快感，就繁殖出如此丰富的生活如此辽阔的世界。我自然就看见一切，感觉到一切。我比较敏感，但不是多愁善感。为什么有激情？因为昨天和今天是不一样的，你既要感觉到那永恒者，也要看出世界如何"白驹过隙"。你说的那种在街上走的情况，一直维持到今天，我走过的地方多了。我热爱步行，我现在还是经常担心到时候找不到纸和笔。在为了记下什么而找纸笔，我的故事太多了，什么纸都用过。

朵：你考虑过死吗？在生病的这两年，我屡屡想到死，我觉得，我们的很多努力其实是在劝慰自己从容赴死。"想想人真是可怜，荒诞，小小的结核杆菌就可以将一批19世纪的天才的生命夺去，从而终止其最伟大的思想。而一些看不见的乙肝病菌也已让我的生活处于半封闭状态，并且随时都可以对我的工作叫停。"这是我生病中写下的，从而也使我坚信，我们的写作和身体的关系是那样直接，单纯。

于：我不想死亡的事情，我把生命看成一个过程，而不是得到了一个千万小心伺候，要抓住的什么，我听其自然。但我害怕生病，一生病我就感觉像是被人生抛弃了一样。我不喜欢谈论死亡，活着的人永远不可能知道那是什么。这是一个夸夸其谈，产生了无数吨废纸，而其实无人知晓的事情。你听到过一个死者开口谈论死亡吗？最有资格说话的从来没有开过口，不知道的人却在津津乐道。我以为世界的很多废话都是由此而来，如果一个诗人要谈论死亡，我就知道这家伙要装模作样了。

朵：我想知道你对自身的道德要求是什么。对于一个没有脱离低级趣味的人，你是如何对待自身这些趣味的？

于：什么是低级趣味？什么又是高级趣味？这是20世纪的知识。趣味很难讲，三十年一变，1966年培养起来的趣味，今天已经恶俗不堪。我更关心基本的东西，达到基本的东西，很困难，需要诚实。如果我的感觉和道德是冲突的，我宁可冒犯道德。

四、小苏，他又太小

于小韦访谈

A. 我正准备离开北京的前两天，朱文打电话告诉我，于小韦来了。于小韦是我多年来心仪的诗人，一个没有见过面的好朋友。所以，当听到朱文的电话时，我一下子就像回到了 80 年代。我说这句话的意思是说，我近些日子以来，已经多少学到了一点矜持和世故。对于接人待物，知道了什么是分寸，什么又是礼节，所谓的情感不是那么肯外露。当然，这只能是一般而言，像于小韦这样的天才，我又怎么能稳得起呢？在朱文的安排下，我们当天晚上一起吃了饭。一起的还有任辉、金子、竖、乌青和南南。准确地讲，见面是短暂的，但也是愉快的。于小韦和我的想象没有什么出入，只是已经老了一点。

B. 我是 1987 年才第一次看见于小韦的诗，他应该是我继韩东、于坚之后所看到的《他们》中最好的诗人。其实，在 1987 年的中国诗坛，也是我能够看见的最好的诗。这些诗在今天，仍然是那么的好。我为他高兴，当然也为我自己高兴。

那本《他们》是印刷得最差的一本。就我后来知道的，也应该是印得最少的一本。于小韦的诗排在头条，而他的第一首诗是一首关于一个青年画家的诗。那是《他们》第三期，让我一个下午都在激动。当天晚上，我给韩东写了信，表达了我的激动。同时，我还将我的《撒哈拉沙漠上的三张纸牌》《英语学习》和《西西弗神话》给他寄去，希望他和于小韦等《他们》朋友指正。真是好玩啊，那是一个没有网

络的时代，但是它有比网络更情深意长的交流。后来于小韦说他给我
写过信，可是我却没有收到。

C. 于小韦是《他们》的结果。没有《他们》，可以这样说，就没有
于小韦；而没有于小韦，《他们》就没有结果。这有点像吉木狼格和小
安。如果没有《非非》，就没有小安和吉木狼格；而没有吉木狼格和小
安，我不知道，《非非》还有什么意义。那些聒噪的言论，那些纷争，
都会显得像一场笑话。

当然，我想说的仅仅是：万般皆下品，唯有诗歌高。

D.80 年代是一个后思想解放运动，甚至包括在先锋诗歌圈子里，
人们并不好好写诗，而是喜欢玩弄"理论"。著名的人物是这样的，不
著名的人物也是这样的。集合在徐敬亚和孟浪的那本《中国现代主义
诗歌流派》一书之中的各种流派，基本上是谁都可以大谈一些似是而
非的东西。古老的如《易经》八卦，洋盘的像"罗兰·巴特"。信佛教，
练气功，迷恋于开发特异功能，整整一个时代像于小韦这样的诗人和
他的诗歌，真可谓少之又少。

而且必须指出，于小韦这样的诗歌，在当时是危险的。今天，当
更多的年轻人这样写作的时候，他们似乎觉得是应该的写作，但在 80
年代，却需要受到必然的冷落和一些莫名其妙的打击。我也经历过这
样的冷落和打击，所以我对于小韦非常理解；也正因为我们都经历过
这样的打击和冷落，所以我们对坚持到今天的人，更充满着敬意。特
别是当我们看见更多的、更年轻一代的写作，看见正派诗歌的茁壮成
长，我们由衷地高兴。

E. 于小韦的访谈是在北京做的。

那已经是 2002 年的 2 月底了，于小韦和朱文刚从德国参加了"柏
林电影节"回来。为了满足我的访谈，他特意在北京多待了二十四小
时。做完访谈之后，他于当天下午又坐飞机飞回了深圳。时间短暂，

就像三个月前我在北京和他第一次见面一样，时间非常的短暂。在这短暂的一两次接触中，我隐约地感觉到了一个天才诗人的部分。

这部分现在全部呈现在他的谈话之中。而他的谈话不仅仅是所谈的内容，更多的是他的语气和方式，简直就像他的诗歌一样。我这样认为。

1. 于小韦访谈

杨黎：你比韩东小一岁还是大一岁？

于小韦：小。他是 5 月份的，我是 11 月份的，月份小。

杨黎：你们好久认识的？

于小韦：哎呀，我都记不清了。1985 年、1986 年吧。

杨黎：已经比较晚了啊。《他们》第三期才有你的诗？

于小韦：对，第三期，对。之前我们在搞另外的一个，搞另外的和任辉啊他们一起。

杨黎：你们搞的是什么名字？

于小韦：我们搞的叫什么名字？《黄帽子》，印了一两次就完了。

杨黎：其中有你，还有哪几个？

于小韦：任辉嘛，现在画画的那个。就我们俩还有任辉的弟弟，那时候用了很多美女，呵呵，在这上面，本子贴了很多的剪下来的美女照片。不知道在哪里找到的美女照片，呵呵。一看，这个不错，呵呵。

杨黎：那你最早是和任辉一起玩的吗？

于小韦：任戎。任戎是任辉的弟弟，现在在美国画画的。先一起画画，到后来才认识任辉的，在那时候写东西。任辉也写东西，任戎也写东西。任辉他爸是出版社的嘛，喜欢东跑西颠的，是因为他认识韩东。他说有一个叫韩东的，他跟我念了好几次，就说他们也在写诗，就给我拿来了《老家》给我看。我当时就觉得《老家》挺好的，因为前面看到的不是很多嘛。然后我们做的那个东西也给他们拿去。但是，任辉是这样的，他不把外面任何人放在眼里，而且把他们臭骂一顿，这帮人呵呵。后来，我不太喜欢去认识新的人嘛，那很长时间后才去玩。然后我跟韩东就是一见如故吧，感觉很好。反正很快就经常见面，因为只有他那里有房子。我们都在家里，他自己有个房子，我们就去玩。然后就是小海那里，韩东当时说还有小海，就来见见。

杨黎：你一直就是南京人？

于小韦：一直是南京人。我父母就是南京人。但是我是苏北长大的。我刚出生就去苏北嘛，比韩东他们去苏北还早。韩东他们家也是下放嘛，就是苏北洪湖嘛，我们那个县实际是一个地区，镜湖。他们在洪湖，我们在镜湖。后来就是长到18岁吧，从小长到18岁。

杨黎：比韩东早去的？

于小韦：是。韩东是1969年去的，他那时候已经很大的了。我去的时候还很小，刚出生就过去了，一直到18岁。

杨黎：你以前也是画画的？

于小韦：我实际是在中学的时候就开始画画了，我父亲当时是从《雨花》杂志下去的。

杨黎：你父亲也是搞写作的？

于小韦：他是以前等于当兵的嘛，在部队里搞文字，然后什么时候去了《雨花》我也不知道，反正是从《雨花》杂志社去苏北地区的。然后还有一批类似于这种情况的干部在一起的，大家就比较熟嘛，其中有个画画的，柯路民，当时年龄很大的，那个人画得特别好。那时候我每天就到县里的文化馆画画，跟他学了很多年。我们回南京是1978年嘛，他也回南京了。回南京后我跟随另外一个老师学油画，因为我父母亲回来以后是回南工嘛，那个油画老师就是大学里面的，现在在美国，这两个老师现在都在美国。我跟随着他学了很多年油画。

杨黎：你一直是画画？那什么时候开始写诗呢？

于小韦：那是1985年，还是1986年？1985年，就开始写了东西了。不过在那之前我自己就开始写些乱七八糟的东西，就喜欢写东西。你肯定写东西比较早。

杨黎：我没画过画，就写东西。

于小韦：呵呵。以后就一直一直这样。

杨黎：以前写什么东西？

于小韦：散文。

杨黎：就是 1985 年比较正式地写诗？

于小韦：实际上我觉得韩东在我们那个圈子里是个头，就像一群小孩在那里玩，他就说："我们再玩一次。"好，就再玩一次。呵呵。然后出《他们》啊什么，要不是《他们》我不知道我是不是会一直写诗或者写小说什么的。我那时候也写小说了。因为像现在有了橡皮就有一帮小的就越写越好，因为他们有这个环境吧，一起在玩的。

杨黎：有个东西让大家玩。

于小韦：啊对，他们一边玩一边写，没得橡皮可能那帮小孩就不是这样。

杨黎：可能就不一定能写下去了。

于小韦：是，因为他是有个环境在那里。这并不是就说这个很功利，就是好玩。有个《他们》就是有很多的事情在一起做，就写着，一直写，一直到 1989 年。

杨黎：1989 年就不写了，还是写了？

于小韦：那时候我手上就没什么东西了，那时候就没有了。

杨黎：你写诗以后就没再画画了？现在还在画画吗？

于小韦：不画画了。但是我觉得我画画的那段时间给我的东西很够用的了。现在想想还是很有收获的。还有我跟的那两位老师，活得，应该说活得很通透。特别是遇到的那个老头，画得特别好。而且当时他在江苏是很有名的，很早他是上海电影制片厂的，最早有个美术片叫《红军桥》，那个美工是他。那很早了，他那时候给我的印象很深了，就是画那种工农兵宣传画，他那时候就是画那种小东西，还做什么小玩意儿，阿福啊，泥娃娃啊，做得很好。当时是哪一年呢？我回南京是 1978 年，他可能也是在此前后回南京的。

杨黎：你写诗就是用于小韦这个笔名？

于小韦：反正在《他们》上就是用于小韦。

杨黎：为什么用于小韦这个笔名？

于小韦：呵呵，也没什么特别的想法，就是比较简单。

杨黎：这三个字看起来像是真名。

于小韦：呵呵，都是这么觉得这个不是笔名是真名。然后到了南京，就感到很孤独。因为那时候是十七八岁吧，南京没有朋友，而且是从小在县城长大，然后就觉得特别孤独，特别怯，离开县城那些小孩也就没有朋友玩了。后来我父母（在南工嘛）就带我认识了一个老师，继续画画。

杨黎：叫什么，那个老师？

于小韦：蔡海栗，可能没那么大的名气，上海人。然后就认识任戎，他也是南工的，和我父母一样，南京工学院，住得也不是很远，他也是蔡海栗的学生。

杨黎：任戎比你要小一点吧？

于小韦：任戎啊？比我大。

杨黎：那任辉就更大了？

于小韦：那更大了。但任辉看着比我年轻多了。呵呵。

杨黎：看着比我年轻。

于小韦：其实他很大，1957年的。

杨黎：那任戎也该是1959年的。

于小韦：开始我是和任戎一起玩，后来就变成跟任辉一起玩。就写东西。

杨黎：任戎不写东西？

于小韦：任戎一开始也装模作样地写点东西，后来就不写了。

杨黎：那任辉现在是不是还在画画？

于小韦：他在通县那边，在通县那边盖了一个大院子，在那个大房子里面，呵呵。一个很大的院子，像个小地主。

杨黎：挺舒服的。

于小韦：还行吧，任辉也能待得住。

杨黎：他现在还写东西吗？

于小韦：不写了。他是1990年年底、1991年，我实际是1991年正式离开南京的，后来他们在南京这边很多变化，包括任戒任辉他们，他们之前可能就不写东西了。然后我就开始在深圳待着，当时任辉啊他们就是很不满意我嘛，就是我到深圳去了，就背叛了。呵呵。

杨黎：到深圳去怎么是背叛了？

于小韦：堕落。呵呵，堕落。我其实就是想换个环境，在家里久了，我特别不愿意在家里待着，那时候。

杨黎：你在南京没有自己的房子？

于小韦：没有。

杨黎：你在学校里的时候有房子没有？

于小韦：学校里有集体宿舍嘛。当时有个集体宿舍叫414，当时很长一段时间也是朋友的聚集地，一边是韩东那里，我这里就是朱文、吴晨骏啊，聚集地。加上南大他们那伙也过来，他们主要是南工的，朱文、吴晨骏是南工的。

杨黎：这些事情他们讲了很多遍了。

于小韦：是吧？南大就是小海他们那一伙，因为也经常来往。

杨黎：那你是几岁随父母下去？

于小韦：一岁。还不懂事，抱着下去的。

杨黎：就是说完全是在下面长大的。中途回过南京吗？

于小韦：懂事以后中途也回过南京。

杨黎：镜湖离南京有多远？

于小韦：200多公里吧。

杨黎：那是很近的。

于小韦：在那个时候还是感觉离得很远。去一趟南京也是很难得的事情。

杨黎：你家兄弟姐妹几个？

于小韦：三个。

杨黎：你最小？

于小韦：对，有一个姐姐最大，还有个哥哥。我回南京那么多年我哥哥一直在外面当兵嘛，我就一直在家里，反正不想待也不行，也走不开。然后我哥回来我就觉得可以走了。

杨黎：该他在家里待着了。

于小韦：对啊。因为经常有人来找我，我朋友特别多，而我在家里面也只有一间小房子，房间非常小，只有几平方米吧，经常是一堆就十几个人。那个时候已经到了1985.1986年前后了，本来就是朋友特别多，任戎也有一群朋友，带来和我们一起玩，任辉也有朋友往我那里领，韩东有时候也带人来。我家里不反对我交朋友，但是人一多了，他们也觉得不方便。去深圳其实也是一个偶然的机会，因为学校派人去那里工作，到深圳那个地方去工作。

杨黎：是学校要你去的？

于小韦：对。当时我在学校实验室除了画画也没其他什么工作，领导也不怎么管我。所以那个时候整个南京好像没有感觉到在上班什么的。你们在忙着《非非》的时候我们在忙着《他们》，一伙人经常聚在一起，去哪个茶馆，聊天，喝茶，把你们《非非》的每一个人拿出来读一下，评论一下，呵呵。我第一次看你的诗我就觉得喜欢，我就跟韩东讲我喜欢。但后来有很长一段时间都看不到。我们那是看的第几期啊？记不得了。好像看了两期之后就有很长的时间都没再看到。我还写了很短的一封信给你，说我比较喜欢你的东西，不知道你有没有什么新的东西，我希望看到。杨黎就是不理我，呵呵。

杨黎：呵呵，不可能的，肯定是没收到。童年在镜湖待着，后来又在南京待着，以及在深圳待着，那感觉肯定很不一样了？

于小韦：不一样，肯定不一样。

杨黎：镜湖就是一个县城？

于小韦：就是县城。

杨黎：那你比韩东好，韩东是在乡下。

于小韦：啊对，韩东是下放，我们是在县城，是干部子弟，在县城的县委大院，这个在县城里长大。我离开镜湖以后，一直到现在我两三年都会回去，那里还有很多朋友。小的时候的那些朋友还在那边，现在还有一些朋友，会去他们那里玩的，这两年少一点。在深圳的时候朋友特别少，反正好的就是那么几个。

杨黎：朋友好像有个时间在里面，好像就是以前交的朋友才能叫朋友，好多岁以后交的朋友就怎么也无法像朋友。

于小韦：对。

杨黎：我们两个的情况不一样，我们是神交已久。呵呵。像后来交的朋友要完全进入自己那很困难。特别个别的除外。

于小韦：一见杨黎我就觉得特别亲切。

杨黎：那是应该的，呵呵。我1988年到南京来过一次，那次没见到你。

于小韦：我印象不深，你到南京来。

杨黎：那次也怪我，主要怪我。

于小韦：见韩东了吗？

杨黎：见了，我们还约好第二天我们再聚一次，把朋友们都叫上。结果我却去了上海，我想我还要回南京的。是缘分，我说我对南京。

于小韦：1988年？

杨黎：是啊，我有意路过南京。那些年头，很多次要到南京，但是很多次都没去成。有一次最可惜，我们在合肥。合肥到南京5块，到南京的汽车，我说那好近哦。我们在成都啊，那时候没高速，80年代，从成都到德阳都是7块，我说那太近了，最多只要一小时。但是那次也没有去南京，当时主要是和周伦佑蓝马一起的。他们两个不想去，他们不去就买火车票，回成都了，都已经到了南京的边上了。

于小韦：哦，呵呵。

杨黎：那谈谈你的童年，谈谈你在镜湖的生活。

于小韦：镜湖啊？其实我一直感觉我从小能在镜湖长大而不是在南京长大是很好的。

杨黎：镜湖和南京的口音相差大吗？

于小韦：和南京的口音不一样。回南京以后，我和南京那帮朋友熟悉以后，然后我回过头来想想，我才觉得镜湖的那些朋友和生活给我留下的东西还是很多的。一开始我到南京是觉得他们很特别的。因为南京是一座大城市，1978 年嘛，我 18 岁，就觉得城市小孩不一样，特别油。

杨黎：都很牛？很牛还是很油？

于小韦：呵呵，很油。我觉得那些小孩，都很厉害，很那个什么的。但是时间长了以后，我的朋友慢慢多起来，彼此来往也多了，我才渐渐觉得能够在这里生活了，呵呵。一开始父母回南京的时候，我就不愿意去南京嘛，就要留在苏北。然后我的父母亲就特别不愿意，就觉得我是身边的唯一子女嘛，就没办法。

杨黎：就你哥哥当兵去了，那你姐？

于小韦：我姐结婚了嘛。

杨黎：就是只剩下你一个人了？

于小韦：是是。就是没办法就回南京去了。

杨黎：那你想一想，要是你一直待在镜湖的话，将是什么样？

于小韦：那也不行。呵呵。一直在镜湖那也不行，因为那个环境还是小啊。但是我觉得，真的，在苏北长大对我还是很重要，苏北的小孩跟城市的小孩，县城的农村的小孩都成熟得比较早吧。像我们那个年龄，还有我们那个家庭，那些小孩他们懂得很多事情，简直不知道他们怎么会懂得那么多事情。那些小孩特别懂事，不像那些城市的小孩，还有现在的小孩，显得很有个性啊。反正就觉得南京的那帮朋友和县城的朋友是不一样的。

杨黎：你的诗歌里面有没有关于镜湖的？

于小韦：有啊。我对县城的生活是很熟悉的，直接写这个东西的可能有一两首，其中有一首，写的可能是关于童年的一些印象。

杨黎：你想没想过你会是一个诗人，1985 年以前？

于小韦：没有没有。

杨黎：1985 年前没想过？小的时候没想过？

于小韦：1985 年以后也没觉得。

杨黎：那就是谦虚了，呵呵。

于小韦：呵呵，没，我不是谦虚，我没觉得自己是诗人。因为写东西不是我唯一的事情嘛，所以说就不觉得自己是诗人或者是作家。那时候就是因为韩东最开始说，跟着大家也说，自己也觉着高兴。我一直很清楚这点，因为韩东一直对朋友都很好，所以我觉得是韩东的鼓励。感觉大家都说好，从来不说小丁的坏话，和韩东在一起还是很好。我觉得我写东西是被韩东鼓噪出来的，呵呵。我写东西其实特别少。就是这次楚尘那个书，我开始也只找到了 50 首。后来韩东说挺好的，再加 20 首，后来我就给了他 10 首，就 60 首，再说我那诗都很短嘛，加了也才 100 多页呵呵。

杨黎：你那个简直是惜墨如金啊。

于小韦：实际上就是写得少，就是懒。

杨黎：你说你在镜湖还有很多朋友，那些朋友就是些很纯粹的朋友？也不是什么画画的，写诗的，就是纯粹的朋友？

于小韦：啊，对，现在还是有往来的，最近几年见面少了，但是还是有往来的。

杨黎：跟那些朋友有什么趣事？

于小韦：没有，我想他们是什么样的……就是人很好嘛。

杨黎：苏北与苏南是差异比较大的？

于小韦：对。

杨黎：那苏北的人性格更像北方人？

于小韦：有一点。但是它还是在江苏省。呵呵，它不是北方。苏南人和苏北人的差别还是比较明显。苏南人可能更勤奋一点。

杨黎：苏南人？你们那一拨都是苏南人？

于小韦：是苏北人。都是苏北的。苏北当时离那个县城更近，是在宝应嘛，我是在镜湖，本来是两个县。镜湖那部分的朋友，是特别懂事的那种。他们的性格给我的印象特别深，然后我有很长一段时间特别关注性格。

杨黎：比如说他们的性格是？

于小韦：很简单，比如说，我们几个朋友在一起玩，然后我玩得很好的一个朋友就比我懂事得多，他告诉我说有一个朋友对你挺好。这是很简单的一句话，但是我记得特别清楚，因为当时我一点没感觉有哪个朋友对我挺好的，是他告诉我，说你那个朋友对你挺好的。当然，还有，比如说，有一次我们去河滩上游泳，我们夏天经常去河滩上游泳。那次我们三个人，下了河滩。河滩上没有人，镜湖当时是比较大的河嘛，有一个大堤。我们爬下去以后，看见那边，那个草丛，有很多草丛嘛，里面好像有什么东西在动，好像有人在草丛里面，然后我们就走过去看。结果是两个村里人，两个人脱了也没有完全脱完衣服，就在那里干，呵呵。我们过去的时候那个男的站起来把裤子提起来，然后傻傻地笑，最后那个女的也傻傻地笑。我当时的第一个反应是我可能会把这个事情告诉其他朋友，但是我那个朋友跟我说的第一句话就是："我们不要把这个事情告诉其他人。"我的印象就特别深。

杨黎：跟你一样大？

于小韦：比我大一岁。他说不把这个事情告诉其他人。然后我也觉得是，就没问他为什么。我就觉得，我当时后来一想，我过了很多年才问他："你当时为什么不让把这个事情告诉别人？"然后他说："我也不知道，呵呵，我不记得我讲过这个。"

杨黎：到现在你也不知道为什么不要说？

于小韦：是。

杨黎：我也不知道为什么不能说。

于小韦：是，是。这是他性格的一部分，就是不传递很多话很多事情。从那时我就觉得这个是性格。

杨黎：就是嘴比较稳。

于小韦：是，就给我的印象特别深。

杨黎：这个问题就纠缠了你很久？你过了几年才问他的？

于小韦：我？很多年了。

杨黎：你是一直没想通啊？呵呵。我也想不通。又不是认识，你讲出来也是个笑话，讲出来了也不知是谁。就像你刚才讲给我听，两个农民样子什么样也不知道，他就叫你别讲？

于小韦：他说不要说告诉别人。

杨黎：就是纠缠你很久，所以比较关注这个问题，呵呵。如果你假想在南京你和韩东一块看见的，韩东不会说那句话吧？

于小韦：呵呵，韩东绝对不会说。

杨黎：除非看见朱文了，我们都不要告诉金子，呵呵。

于小韦：我觉得我成熟啊，懂事啊，是和那些朋友们在一起开始的。

杨黎：你说了这么多，我的感觉是，虽然你是生长在镜湖，那还是有差异的，你们家里和镜湖还是有点距离的。你姐和你哥应该更强烈，毕竟他们是从城市到了那里的。

于小韦：我们在县城的时候还是会受当地小孩的欺负啊，呵呵。

杨黎：你们下放下去是问题家庭？

于小韦：不是，我们还不是下放，我们比下放更早，当时是支援苏北建设。

杨黎：那你去县城，你父亲还是在机关里面，不像韩东他父亲。

于小韦：他们是1967年、1969年下放去的，是下放干部。在机关里面。

杨黎：你们在机关里面？

于小韦：对，在县城里面，我父亲一开始是副县长，县委里的副县长。但是我父亲是搞文字的人嘛，当不了这个副县长，当了几年副县长后来就变成了宣传部部长，呵呵，好像就到这了，宣传部部长，当了很多年。离开镜湖去南京的时候在南工是宣传部部长。

杨黎：你父亲回南京以后就退休了？

于小韦：不是。

杨黎：还在工作啊？

于小韦：在南工嘛，宣传部副部长，然后是宣传部部长。

杨黎：一直从事宣传工作，那应该是外向大气的那种人。

于小韦：没有，恰好相反。他话特别少，根本不适合去做个官，呵呵。

杨黎：宣传部长是很大的呢，很重要，宣传部很重要。

于小韦：呵呵，可能是觉得我爸爸这个人比较稳妥。

杨黎：你怎么会想到写诗呢？

于小韦：这个问题我就不知道怎么回答。

杨黎：不知道？

于小韦：我到南京以后，是觉得特别孤独，有很长时间，两三年吧，就是觉得特别孤独，就是在那个年龄，十八九岁嘛，那时候肯定就是心理活动特别多嘛。

杨黎：但是你还画画啊，要是从那个角度来讲的话你也有发泄的方式啊。

于小韦：不知道，反正那时候我有个习惯就是做笔记嘛，做了很多年。

杨黎：那就是小的时候想的是当画家的？

于小韦：啊，小的时候是想当画家。

杨黎：学了一段时间的画？

于小韦：对。小的时候确实是想当画家的。

杨黎：考过什么学没？

于小韦：有，但是我一直考得不好，我专业成绩比较好，但是文化课特别差。

杨黎：说起来是很简单的，对有些人是很难的。

于小韦：我这辈子对有些东西看个两三行就不行了。看东西很少。

杨黎：那你们搞那个就是你跟任辉、任戎三人？任戎、任辉在干什么呢？

于小韦：任辉好像在一个厂里上班吧。任戎自己写东西嘛，他当兵的，他当过几年兵，好像。当时在写什么东西，然后有一次任戎就带他一起来了嘛，他们两个的年龄很接近，常在一起玩。以后就说，你也写东西，就在一起玩。任辉蛮好玩的。那时候是在南京里面性格比较特别的一个，什么都说。你和何小竹他们是从来的朋友还是后来认识的？

杨黎：何小竹我是 1988 年才见面。

于小韦：1988 年才见面，是吗？呵呵。我对你们那一批人没什么概念。

杨黎：前一段时间不是有一个叫王镜的人吗？

于小韦：王镜？

杨黎：王镜的诗也写得蛮好的。也跟你一样是写得很少的。

于小韦：没，没怎么看。

杨黎：就是你们俩一块在《芙蓉》发诗啊。

于小韦：哦哦哦，那个，王镜，镜子的镜。

杨黎：他跟我是中学的同学。

于小韦：哦哦，写得不错。

杨黎：他的诗比你的还要少。

于小韦：就是啊，呵呵。

杨黎：他跟我是中学同学，何小竹是写诗认识的，就像你跟韩东的认识。我们呢，我们就是中学同学，像你镜湖的那种朋友。小的时候长大的朋友也有几个，那几个是都要写东西的，后来都不写了。就剩下我一个，王镜是后来叫他写了，我们搞橡皮酒吧的时候，叫他写诗。就看他写了几首，大家鼓励鼓励，他就多拿几首，呵呵。

于小韦：实际是写诗那几年给我带了很多的愉快，就我后来我在深圳十年嘛，他们一直在写，我虽说一直没离开这圈人，但真的几乎什么也没写。朱文上次到我那里去他去，威尼斯嘛，从深圳走，上去的时候还是回来的时候在我那里待了几天，朱文就一定要看看我写了什么东西，这十年，他一定要看看，真的什么都没有。

杨黎：那你《芙蓉》上的都是以前写的？

于小韦：《芙蓉》上的基本上都是以前写的。

杨黎：这些年都没写东西啊？那不容易啊。

于小韦：啊？

杨黎：不容易啊。

于小韦：怎么讲？不容易？我也是偶尔，我也很少发东西啊，最早发东西的我觉得也是韩东，他是给那个《作家》。《作家》也发过一次我的，但没给过我杂志。

杨黎：你这次出书你是只选了那么几首还是本身就没多少？

于小韦：还有一些，我觉得不是很满意。我选了 60 多首。

杨黎：韩东这次说，他如果照于小韦那样选，就只能选 20 首。呵呵。哎呀，于小韦太严格了。我都认为我自己是比较严格的人，但还是比你差。

于小韦：有没有《打炮》那个？

杨黎：没有。我选的是 1997 年以前的。

于小韦：杨黎的《英语学习》给我的印象很那个，印象太那个了。

杨黎：我专门寄给韩东的，叫他给你看。

于小韦：没有这个事啊。

杨黎：哎呀，就是我看你们的《他们》三期之后，我很喜欢你的诗，就给韩东写信，还专门寄了我自己认为我很满意的一组诗啊，1987 年寄给韩东的，叫他给你看看。几首包括《英语学习》《西西弗神话》，还有《撒哈拉沙漠上的三张纸牌》，我寄给韩东的时候，我说把这些诗给于小韦看看，我很喜欢他的东西。感觉也是一种交流的感觉。

于小韦：我个人觉得《英语学习》是最好的诗，至于是不是有比《英语学习》更好的诗我觉得已经不重要了。最后那一节啊，就足以让我想见杨黎。我记忆力不是很好，不过我记得的就是杨黎的一些诗。呵呵。

杨黎：谢谢。谢谢火车于小韦。你的诗在当时好像不怎么被那些傻瓜看好，而我感觉你也好像更不关心那个所谓的诗歌界。

于小韦：是，因为不重要。当时我觉得写诗有一帮朋友在一起玩已经是最好的事情了，所以就觉得和外面没有什么关系。

杨黎：《诗歌报》事件是怎么回事？

于小韦：呵呵，《诗歌报》事件，当时那是我的诗第一次在报纸上出现，有一个叫杨远宏的骂了当时的那一拨诗，这是什么东西，就提到很多的人还引用了一些作品。我也不知道他是谁，又从哪看见了我的诗，把我的一首诗作为例子用在了他那篇批评文章里了。

杨黎：呵呵，这就是公开发表的第一首作品？

于小韦：是啊。当时韩东和小君到我这里来："说你发诗了。"

杨黎：太幽默了。看看你的东西多好，还没发表就已经引起注意了，还要马上灭死而后快。你想那些人多怕你。

于小韦：是不一样。

杨黎：那么现在如果你愿意的话，请对《他们》做一个于小韦自己的评价。

于小韦：哎呀，这个评价，呵呵，我是记不很全嘛。

杨黎：那《他们》你最喜欢谁的？

于小韦：最喜欢谁的？就是韩东早期的那些对我是很有影响的，像《你见过大海》啊，《有关大雁塔》啊，后来像《明月降临》啊，这些都是我特别特别喜欢的。特别不喜欢的我也说不上来，因为我记不起很多人，后来《他们》也有很多人，包括韩东的那些朋友我都对不上号。觉得在我们同期出的就是韩东的，还有丁当的诗也是我喜欢的。小海的诗我觉得当时就跟我们不一样嘛，他写得很聪明嘛，语言上用得就是觉得比较复杂，结构上的，不算是特别喜欢，但是有些诗写得特别灵气。好像说不了很多呵呵。

杨黎：于坚呢？

于小韦：于坚有几首诗我也是很喜欢的，不是他的长诗。他的有过一首诗叫什么？是一个有着某个情景的诗，叫什么弹了一曲春天又弹了一曲什么，我不知道你有没有印象。其他的诗他写了《大雨之树》。

杨黎：《避雨之树》。

于小韦：对《避雨之树》。那首诗我印象很深。我不喜欢特别笨重的东西，喜欢很灵巧很小的东西，看到那些很大的东西就感觉不好，那也可能是我的阅读习惯让我没办法读下去。

杨黎：读不下去的，肯定不是好的。

于小韦：最早的《他们》，看了第一期就好像玩得很不错这个感觉。第一期的上面，好像有一首什么谁谁怎样，谁谁又怎样，很好玩。

杨黎：那是在封二上，应该是题记。

于小韦：对对，谁在体育上只会跑步什么。

杨黎：那是谁写的？

于小韦：不知道，这个不知道是谁写的。这个当时还有个叫雷洁的，我印象中那个人的诗我也觉得好，就问这个人是哪里的。好像是个画画的，后来就一直没出现，也就一直没认识的。

杨黎：他就是南京人吧？

于小韦：应该就在那一带吧，

杨黎：你不认识？

于小韦：没见过。

杨黎：你当时是你们学校派你去深圳？

于小韦：对。那时候有一个公司嘛，就派过去。后来干了一阵他们觉得我很好，那个老总和我见第一面就对我印象很好，呵呵，让我留下来。他说人才流动嘛。那时候实际上是1990年年底。到了1991年的暑假，我是利用暑假过去，过去后他就说："你呀，你这次就留下来。"我就留下来。

之后我就没回去，我就写了封信给学校，我就说我希望我能留下来工作一两年再回去。但是他们不同意，不同意那我就不回去。

杨黎：那就是辞职了？

于小韦：那时候他们也没有那么强硬，我过了挺长时间才回去，然后就正式调到了那边去。

杨黎：那就是户口什么啊也过去了？

于小韦：也跟着过去了，是很正式的调动。但实际上我在地产公司也没待多久，有一年多吧。我去了之后，学校的有几个人也来玩，我在学校待的时候带过学生，在学校待了十年嘛，有很多学生的朋友，他们没事的时候就很喜欢跑到我的宿舍来玩，然后也跟着一起实习，那些做设计的跟着一起。然后我当时得上班就没办法了，然后他们就开始做，当时一开始做还是可以，当时做方案投标沙盘是很重要的，做得很好的，就不断地有人来找一起做，那种活就越来越多。

杨黎：这样当时就自己办公司了？

于小韦：呵呵，然后我就自己开工，当时一些小孩不是学工艺的，我就自己来干，就不怎么上班。时间一久吧，不知道怎么，被我上班的公司晓得了，然后人家就打电话，打到我自己当时的公司去，找我，一个小孩不清楚就顺口说"哦，我们老板出去了"，呵呵。

杨黎：呵呵，你都当老板了呵呵。

于小韦：这下还是原来那个老板就喊我去公司，都已经是那样了他还是叫我回去，他就说我要是想怎么做就告诉他。我当时就说，我不是一定想要怎么样，我就是觉得我实在是不适合在公司上班。当时在公司实际上也没人管我，尽管没人管我但是我还是觉得不适合。他这样说，就把工作关系还留在那里，呵呵。那个老总也是很奇怪，真是就是，我出来后这个关系就是一直放在那个公司的，直到最后我自己觉得不方便，就是户口啊，要办什么事开什么证明还要回单位，就把它转出来。

杨黎：你现在是属于深圳户口？

于小韦：我当时去的时候户口就去了。

杨黎：你那个公司挂牌是什么时候？

于小韦：挂牌是1993年，当时找了一个人合作，他说他来帮我做，就找了个地方在市区里面，租了一套房子，还有各种家具。当时房租四五千啊，后来骑虎难下。我说他妈的怎么会搞了那么贵的房租呢？结果我觉得也可以，我们刚租的那个房子就是几百块钱，怎么一下子就那么贵了，呵呵，然后在1994年开始我们正式注册。

杨黎：就是一直做到现在？做了八年？

于小韦：对。但我实际上不会经营。第一年我们做是1993年吧，我觉得挣了很多钱啊，我当时去的时候觉得挣个五万，然后就把这个钱存起来去安心写东西去就可以了，呵呵。开始觉得这个想法有点大啊，要是五万勉强了点，那挣个两三万也可以。但是有的时候你不自觉地，那个环境就需要你这么做，还有很多人跟着你了，你就得不断去干事情去了，呵呵。一直到现在我都觉得不是一个经营得特别好的，公司很好，这个公司在这个行业里大家都知道，而且都是比较有名的。

杨黎：什么公司？

于小韦：尼克。海明威小说里有个人叫尼克。尼克设计公司。搞不清楚为什么叫尼克，就记得海明威小说里面有个人叫尼克。我们公司分为三个部分，就是建筑模型、平面设计和三维动画。建筑模型是主要的。

杨黎：科技含量都比较高啊。

于小韦：也不是什么科技含量，呵呵，就是有些技术含量。

杨黎：那个时候在深圳做一个沙盘多少钱？

于小韦：我们做得活比较精致，投资会高些，我们用的都是最好的那种材料，工艺也比较好，我们当时收费十四五万。毛焰说，什么值十四五万？买一辆车多少钱？呵呵。但是它是这样的，是功能上不一样，等于最后一个招牌了。

杨黎：现在价格没那么高吧？

于小韦：那是因为这个多了，就没那么高了，但是这个工艺在那里，这个工艺现在全部用机器了，全部用电脑了，我们还是用手工，还是想把它做好，所以我们这个公司在这个行业里是响当当的。去看的话那些建筑模型整整齐齐地在一个大厅里有一千多平方米。但是在今年年底的时候有了些新的想法了。我说这个公司挣钱多了，但没多少在老板口袋里，呵呵。我们现在特别好，我们的业务量都特别大，但是人员也增加了一些，花钱也多，我自己花钱不多，但是管理上不是很在行，也不是不会经营，现在我们已经把牌子做得挺大，把品质做得挺好了，因为对颜色感觉啊，对什么都特别有要求，都很高兴啊呵呵。

杨黎：还准备干好久？

于小韦：当然一直想存在下去，只是我退下来，让他们干。他们很能干的，我听说业务什么都排到3月份了。

杨黎：那你今后就很好玩了。

于小韦：是啊。我现在是有时间坐在这里跟杨黎聊天。

杨黎：写诗吗？

于小韦：写得不多。

杨黎：一年有十多、二十首?

于小韦：十多、二十首很多了。

杨黎：跟小安一样，她也是写不多。

于小韦：你是算写得多的?

杨黎：我今年写了 30 多首，2001 年。

于小韦：也不多嘛。

杨黎：但是我写小说写得多，今年。

于小韦：哦，我知道。

杨黎：那你个人的嗜好是什么呢?

于小韦：你说在深圳的时候啊?

杨黎：比如说，泡酒吧啊。

于小韦：我在深圳几乎没有怎么去过酒吧茶馆，一般都是因为有朋友来了，不像四川就是茶馆多，去酒吧可能就更少，深圳的酒吧不多，喝酒也少。

杨黎：戒了?

于小韦：以前也不怎么喝。我基本上不喝酒，假如说别人一定要喝，我也就喝了。但我现在是越来越不愿意喝了。因为喝完酒了以后就不能很好地说话了。在南京好像没有哪个喝酒很厉害的?

杨黎：韩东还是喝点。

于小韦：韩东?

杨黎：韩东现在能喝二两酒。

于小韦：是吗?

杨黎：被我们训练的，我看他要是在成都再和我们待下去就要上半斤。

于小韦：我没见过韩东喝白酒。

杨黎：他那个酒量还是慢慢长的，他要是慢慢喝还是可以。我们是这样一种感觉的啊，我们其实也不是很喜欢喝酒的，那为什么要喝酒呢? 朋友坐在一块儿啊，不喝酒的话好像说话有障碍，喝了酒以后说话就方便，所以很多时候是为了交流把酒当成了交流的润滑剂了。

于小韦：我能体会到，像昨天那个小孩子，不喝酒肯定感觉不爽。

杨黎：其实南京喝酒也很凶的。王敏，你还没见过，他是办公司的，卖酒。他就在南京销售，就是江浙一带。我们一开始想在那里怎么卖酒，他说其实他的酒都是在江浙销售的。南京人太能喝了，只是你们圈子里都不喝酒。你看我到北京来，朱文第一次请我吃饭，来了很多人啊，楚尘、李冯、贺奕、金海曙啊，点了一大桌菜，一点到酒的时候就不说话了。最后还是朱文的老婆金子说要喝一瓶二锅头，呵呵。那当时我觉得太幸福了，我就说："我来陪你吧。"就是这样的，呵呵。

于小韦：白酒，像昨天那个小杯，一两杯，就到头了。

杨黎：小海不喝酒，韩东不喝酒，你不喝酒，还有朱文不喝酒。我那次在南京，就吴晨骏还喝酒是吧？

小韦：他也不会喝酒的。

杨黎：喝酒喝酒。我上次在南京被灌醉就是吴晨骏、朱庆和和毛焰三人灌的。

于小韦：毛焰喝酒我是知道的。

杨黎：以前于坚也喝酒。

于小韦：于坚，对。

杨黎：《他们》里面于坚算是能喝的。丁当也是不喝酒的吧？

于小韦：丁当可以喝点。

杨黎：喝点啤酒。我上次采访他，他是喝啤酒，没看他喝白酒。不谈酒了，你对酒不感兴趣。我们谈一下你个人的生活好吗？

于小韦：我个人啊？我的生活很乏味的。

杨黎：这个，你今年40岁了吧？

于小韦：是的。

杨黎：你今后也不准备结婚了吧？

于小韦：也不准备，估计也不可能了，也就是现在这样的了。

杨黎：你父母对你这个呢？

于小韦：我父母也觉得我现在这样很好，呵呵。

杨黎：呵呵，也认同了，他们。

于小韦：他们也这样觉得了。

杨黎：你哥哥有小孩了吧?

于小韦：有小孩了，已经十多岁了。我真的好像不能和那个叫什么? 和另外的人在一起不能待的时间长了，短点还行，所以我的生活是很乏味的。在深圳我的朋友也很少，不像在南京。朱文在南京的时候，每次回去的时候他都说回来，回来吧，他说："就算是不写东西，你回来过艺术家生活也很好。"呵呵。

杨黎：你现在选择在哪里定居生活也不是一个很困难的事，你现在属于就是挂了一个董事长的职，是一个投资的老板，不具体做事。

于小韦：就是今年才有了这么点意思。

杨黎：那你就是经常可以住在什么北京、南京啊?

于小韦：我现在是有点这个想法。

杨黎：你要是有机会，到成都去住几个月看看。

于小韦：那得杨黎在成都的时候才行。

杨黎：这个无所谓，很多朋友。

于小韦：这次朱文讲了去你们那里的事情，韩东也去了嘛，然后有时候我回来全都告诉，他们去成都，然后都说杨黎啊他们都问起于小韦，然后都说于小韦是最好的，我都不大敢相信，呵呵。但是我觉得我比较怯，真的比较怯。比如可能现在和杨黎比较熟，我觉得我会去，我要去的话韩东他也要去玩是吧，呵呵。

杨黎：呵呵，你要人多一点是吧? 成都真的很休闲和好玩。

于小韦：是，我听韩东说过，听说过。

杨黎：就是不能做事，呵呵，做不了事。只有像何小竹那种人才能在成都写东西，他可以你给他打电话叫他他不出来，呵呵。很多人经不起这种诱惑。

于小韦：饭局多吗?

杨黎：多。

于小韦：但是我特别怕吃饭。

杨黎：特别怕吃饭？

于小韦：特别是大家一起在那里坐着说话很长时间，就觉得特别怕，呵呵。

杨黎：在北京的话很奇怪，因为北京没有什么，就是在馆子里吃饭很长时间。在成都，在馆子吃饭吃不了多长时间，最多就是一小时。

于小韦：在南京那会儿就是坐在饭店吧，一般不会很长，觉得不错。

杨黎：在成都，在茶馆里坐着真的是太舒服了，感觉在睡觉，真的是躺着啊。

于小韦：呵呵。

杨黎：完全是很随意的那种，真的是很好的地方。

于小韦：那你这是来北京好久了呢？

杨黎：半年了。

于小韦：怎么样，你觉得在北京？

杨黎：就是喝茶不方便。

于小韦：喝茶不方便？

杨黎：它的茶坊不好啊，看这种地方要不是咱们这个事根本就不想坐，很难受的，完全是受刑，那感觉是你想一想。在成都那真的是舒服，北京就是茶坊不舒服。北京也没有喝茶的习惯，你看茶坊还要下午才开，成都是一早就开了。

于小韦：北京人起得早就工作了，成都人可能都是起得早就跑到茶坊不动了，呵呵。

杨黎：我在北京啊，写这东西真的叫劳动，每天起得多早啊，呵呵。

于小韦：这本书多少字？

杨黎：这本书啊，50万字。自己写的差不多有二十几万字，还有二十几万字是整理的访谈。整理是很累的，比写还累。还加上写了一个长篇，还是写了几十万字，呵呵。在成都就不行，就写不下去，我这个人意志又比较薄弱，人家给我打电话叫一起喝酒玩，我是一叫就去。今天张三给我打电话一起喝点酒，我就去了。明天又是李四了，再后天就是王二麻子，换着换着，人太多了。我就不是一个经得起诱惑的人。

于小韦：那用韩东的话就是，他就是那样说嘛，说杨黎还是有点太怀旧了，说 80 年代我们是牛逼了一次，那应该再牛逼一次才对，呵呵。

杨黎：要牛逼了两三次了，呵呵。韩东是一个很有激情的人，很有活力，他呢就像一个什么东西搁到什么地方啊，那个什么东西，激活了一摊水的，呵呵。如果不是他到成都来鼓捣鼓捣的，这个橡皮怎么办得成？包括我写小说。他这个人很好，对朋友好，对文学也好。去年 2001 年他又到成都来，他就跟我说他都把那个版面给我留好了，我就必须在哪年哪月哪日把东西给他，呵呵。我说多少字啊，他就说有多少版面，我可以写短篇也可以写个中篇，反正 3 万字的版面。这样才迫使我写。动手写的时候才学电脑，一边写一边学，最后是把电脑学会了，东西也写完了就交给他呵呵。

于小韦：后来他用到哪里？

杨黎：《芙蓉》上。

于小韦：哦，我没看到。

杨黎：你没看到那一期啊？

于小韦：我没看到，我后来在橡皮上看到你在上面贴的两个短的。

杨黎：怎么样？

于小韦：挺好挺好。

杨黎：我一共写了 7 篇，加上《打炮》。

于小韦：《打炮》我没有看。

杨黎：《打炮》橡皮第一期就有。加上《打炮》总共就是 8 篇小说。

于小韦：我到现在有——韩东都知道我有几篇小说——可能就是 3 篇还是 4 篇小说吧。

杨黎：那你那几篇小说呢？

于小韦：就在《他们》上用了嘛。然后最早的时候《作家》上用过一回。还没想好，现在不想有太多太大的要求。

杨黎：随遇而安，随意。但是也不要不写，是这样，为朋友们写点诗，因为朋友们等着看的啊。真的，我都是这样想的啊，为朋友们啊。

　　于小韦：这个想法是跟我的一样的。后来像什么，我在橡皮上，是上两个月吧，没有用我的名字，贴了两首诗，那是后来写的。

　　杨黎：什么名字？什么名字？呵呵。

　　于小韦：然后很荣幸让竖给点评了一下，呵呵。而且还没说什么太坏的话，呵呵。

　　杨黎：哈哈，刚好那时候我没上网。

　　于小韦：哦。

　　杨黎：你是贴在社区的吗？

　　于小韦：是社区的诗歌论坛。

　　杨黎：你的诗肯定不会有坏话的。他不知道是于小韦。

　　于小韦：我不知道他知道不知道。

　　杨黎：他应该不知道。

　　于小韦：他知道，那肯定是在给我面子，呵呵。

　　杨黎：那不会，他肯定不知道啊。他们喜欢你的东西是真诚的。

　　于小韦：但是你发现没有，橡皮网上一年多下来小孩们在语言上的能力都很好了。

　　杨黎：那是啊。

　　于小韦：语言上的感觉都很好。

　　杨黎：这个一年的时间等于 90 年代的整个十年。

　　于小韦：所以说网络太厉害了。

　　杨黎：不是网络厉害。第一，当然网络肯定很厉害了；第二，他们在橡皮一年，全部提供了一个好的诗歌之风，就是一个好的风气，一个好的空气，一个好的场。如果把它们丢了，还会不会是这样的呢？

　　于小韦：是。

　　杨黎：那么橡皮从某种意义上来说就是功不可没。这样它把一个诗歌的风气搞得很好。

　　于小韦：橡皮是。

　　杨黎：你觉得就是橡皮这样一年啊，你觉得哪些人的，就是新人啊，不错？

于小韦：竖他们那几个都不错，恶鸟我也是很喜欢的，他的东西有的时候好像不够稳定，觉得有几首诗写得特别棒，真的，有时候我又觉得就是完全，呵呵，完全是另一个人的。

杨黎：这个情况是有的。

于小韦：有一个叫六毛啊。

杨黎：六回还是六毛啊？

于小韦：六毛啊。六毛的诗我觉得也还是，反正都，有一拨，他们时常都还有两首很不错的东西，有一个家伙写的叫什么鱼化石，他说有一群鱼在水里面游啊，穿过了激流，穿过了，然后最调皮的最不听话的那一条游进了一个石缝，呵呵，一个小孩那种顽皮的这种东西啊很好，看了很愉快，蛮好玩的，想起来。我有时候没事就到橡皮去看看，很愉快。

杨黎：就是上海的那几个，就是图森他们特别喜欢你的东西。而且图森搞的职业也和你很相近，也是搞建筑设计。

于小韦：图森？我没有看见过。

杨黎：于小韦也是很好玩的还化名，呵呵。你好像在橡皮经常都是化名的，第二次化名的，火车于小韦肯定是你嘛。

于小韦：对，呵呵。这个是刚上去的时候，韩东鼓动我嘛，他好像是写了封信嘛，他就说怎么那些朋友都不出手。他尽管没有说我嘛，但是我觉得他可能知道我他就鼓动我上网了嘛。然后他就鼓动嘛，就是他鼓动我才上网嘛。然后就是朋友们都不出手就是他一个人在前面，呵呵，然后我就贴了在那封信下面，然后我还是觉得网络和那个和我不一样，贴在网络上的那些诗歌啊我觉得就是有一种东西，有一次韩东说你们在回放的时候嘛，他说让我也回放一把，我说我呵呵我不敢回放，呵呵。

杨黎：呵呵，你为什么不敢回放呢？

于小韦：我觉得上面好东西很多的，然后呢回放好像不够，呵呵。

杨黎：哎呀，于小韦走进 2000 年之后变得谦虚了，谦虚的于小韦。那就是说在我们会面之后就陆续地能看到你写的一些诗歌了？

于小韦：不一定啊。那种东西我不知道啊。

杨黎：那你也要让我们愉快一下啊，呵呵。

于小韦：我想做电影。

杨黎：好啊。

于小韦：你们也做电影，拍了一部什么片子？

杨黎：啊我也想做电影啊。把这个搞完了我来想想，开始筹划，就是要做电影。

于小韦：我估计我要是写东西啊也不会写很多。

杨黎：当然，写的很好的都是写得很少的，而不是写得很多的。

于小韦：我一直在夸朱文嘛，我就想着他做得太好了。

杨黎：他算写得多的了。

于小韦：他现在不写了，主要精力在电影上了，我特别高兴。他写了那么多小说，写得那么好，现在又做了一部电影，我真的特别高兴。这等于玩了一个新的东西嘛，让大家也能够思考电影这个东西。

杨黎：今后就能够看到电影的新动向新发展了呵呵。

于小韦：我觉得这个是可以重新期待的事。

第六章
整体：更加广泛的第三代

单单就朋友间的交往而言，我在成都的日子里，跟他在一起的时间，比跟何小竹在一起的时间还要多。20 世纪 90 年代末，在成都的诗人中，我、他、何小竹是耍得最好的三个人。他和小竹先好，跟着我才和他好。我所说的好，不是指相互认识，甚至相互相通、倾慕，而是指相互泡在了一起，相互得离不得，又相互得烦。

我所钟爱的年代和朋友

一、梅花三弄

石光华访谈

石光华和我有以下几个相同的爱好：

1. 喝酒；

2. 下围棋；

3. 看足球；

4. 打扑克牌；

5. 看武侠。

所以，单单就朋友间的交往而言，我在成都的日子里，跟他在一起的时间，比跟何小竹在一起的时间还要多。20世纪90年代末，在成都的诗人中，我、他、何小竹是要得最好的三个人。他和小竹先好，跟着我才和他好。我所说的好，不是指相互认识，甚至相互相通、倾慕，而是指相互泡在了一起，相互得离不得，又相互得烦。

在80年代的时候，我一直认为石光华是一个不好要的人，就像他认为我是一个没有文化的流氓一样，我们的接触可以说真叫点到为止。除了比较公开的场合之外，我们基本上没有单独相处过。虽然那个时候，我们都有一个共同的兄弟万夏。

像我是一个渴望朋友的人一样，石光华也是一个非常渴望朋友的人。而往往是这样的人，都非常小心，或者说非常自卑，怕被伤害。1998年我们在金地宾馆办公，吉木狼格到成都来要，就住在上面。那是一个星期天，石光华带着她的女儿去找他。在电梯门前，刚好碰见从上面下来的吉木狼格。吉木问："你到哪去？"石光华顺口就答："上面。"

他们就这样在电梯前错过。后来石光华和我喝酒的时候讲起了这件事，让我非常感动。我感动他的羞怯，那里面包含着真诚和本分。另外我也好好地笑了笑他，其实就像笑我自己那样：我们都有点自卑。当然，自卑是另一种真实。

石光华曾经是整体主义的创始人。对于他理论中的许多观点，我觉得和蓝马的非非主义有近似的地方。这不是现在的看法，早在这两个主义刚刚开始的时候，我就这样认为。我一直认为，那些相对正确的理论彼此会有结合的地方。所以，在很长一段时间里，我是不爱谈所谓的理论的。在这一点上我一直都比较中国。因为中国的理论一般都不是谈得出来的，或者谈出来了也不是能够读懂的。在中国，理论更注重的是身体力行，是所谓的感悟。而一个谈（包括写）得太多的人，是不是缺少冷静？

因为这样的原因，石光华到了90年代之后，不仅不谈他的整体了，甚至连诗都不写。沉默和深入，使石光华在一片空白和迷惘之后，自然而然地面对他已经看见的真理，并且勇敢地放弃了过去的自己。

在我认识的所有诗人中，石光华肯定是最勇敢的人之一。另一个是何小竹。虽然他们的勇敢不一样，但都是了不起的。对何小竹的勇敢，我曾经给予最高的评价，我认为那是我所没有的才华，内心秘密崇拜的天才。今天，我也愿意把这样的评价，送给石光华。所以，就他而言，我希望多多地写。

再大胆一些，再放开一些，甚至再远一些。

1. 童年

石光华：我家原来住在城东街，在成都东城墙的边上，那个院子叫罗家院子，原先是一个银行家的公馆，后来被没收了，然后卖了给那些穷人。我父亲从朝鲜战场返乡，按军报上的消息找到了我的爷爷和奶奶。1955 年我父亲就在省城东街罗家院子里面的 7 号小院坝内买了一个堂屋。花了 150 元买了大约 40 平方米。我们这个堂屋左边的厢房是一家姓龚的，他家的父亲被关到监狱里去了，家里有一个奶奶一个妈，三个女儿，最小的一个女儿也比我的年龄大。很奇怪的一家人，阴气太重了。还有一家姓杨，儿子很多，孙儿多，肝火旺，阳气重。我 1958 年在这间堂屋里头出生。我出生之后就开始反右，我父亲被定为中右分子。所谓中右就是不划为右派，但是内控在右派中，被下放到老家江油县城。所以我从小就跟着爷爷奶奶长大，你看，这个院坝是很奇怪的院坝。我从小就是和这些街上的、院里的娃儿耍，我天生就有些阴柔，再加上父母没在身边就跟着奶奶爷爷，性格上真是又硬又阴。这个院子里有两家人我印象最深，一家姓罗，女儿嫁给藏族的土人，生了个儿子叫平措。他家是整个罗家院最富的一家：本身是高十，工资就高，然后又是土人。这是一家。后来这个平措是我的同学，语气很怪，像个纨绔子弟，穿最好的衣服，那时候的确良最好，他就穿的确良，经常有肉吃，平常零用钱很多，这是我一生中最早意识到什么叫富人。其实是他一个很女气甚至很猥琐的人。就因为有钱，所以很多人围着他团团转。还有一家姓孙，孙家父亲是"现行反革命"

加右派，在劳改，母亲是历史"反革命"。孙家父亲本来是个工程师，他们有三个儿子，其中老大孙伟林是我的启蒙老师之一，比我大十多岁。我七八岁的时候他二十岁左右。这三个儿子都非常英俊，有很多女娃子都冲起去。那时候孙伟林在 34 中（后来我也读这个学校），成绩是全校数一数二的。后来考上北京外语学院，学俄国文学。你看，这就是我的成长环境：一方面是孙家兄弟（我喊他们大哥），属于在那种环境下被压抑的传统知识分子；另一方面是有钱的纨绔子弟，是富人，但那种做派真不好说。这些世俗生活中的反差，在我性格上形成了一些东西。父母不在身边，我成天就是和院里街上的娃儿混在一起。我们那里其实是成都穷人的聚居地之一，市民气很重，我免不了沾染上，但是另一方面受邻家的孙大哥影响，我身上又有一种传统知识分子的东西。性格上有些小心眼，很敏感。比如说，读小学的时候第一次成立红小兵团，我认为第一批一定有我，因为我的成绩是全校最好的，但是第一批没我，我看到没得哇地就哭了。

杨黎：为啥没你呢？

石光华：说我骄傲。这完全是受孙大哥那种传统知识分子气质的影响。孙大哥他必须骄傲，他的父母都是"反革命"，他这样的家庭出身处在这么一个市民的大杂院，必须保持一种清高。我是受他影响，另外从小还在他那里看了很多书，肯定骄傲。我在学校的时候成绩好嘛，经常给同学讲题啊，分析问题啊，从小就是，但我又不是那种品学兼优的人。我一方面是学校最好的学生，另一方面又和社会上那些坏娃娃，就是超哥，混在一起。我 12 岁就开始抽烟，看见漂亮女娃儿就跑起去："姐姐姐姐，我有个哥想和你耍一下。"我的整个童年包括小学和大多数人都差不多。有些不一样的恐怕就是曾经在龙泉驿和石经寺之间流浪过一个月。那还是文化大革命期间，我参加了成都红旗兵团，当时叫"三军一旗"，成都产业工人战斗军，成都农民贫下中农战斗军，八一战斗军团，当时叫成都三军，再加红旗造反军团，叫"三军一旗"。这个三军团比较正统。我受我父亲的影响，也去参加红旗军团。当时我和一拨跟我的年龄差不多的人被打到龙泉山里去，流浪了一个月。一个月后想家了往回跑，在路上拦了车子。坐到龙泉街上，司机下去买点东西叫我们在那里等着。这一拨娃没事干，全都跑到镇上去耍。我也去了，但等我回来车子已经不在了。咋办？只好一个人在镇上流浪。一个八九岁的娃儿，什么都不知道，在一个陌生的地方，又饿了。也奇怪，就在这个时候，我看见一个人戴着藤帽，拿着笔和纸，身后还跟着几个娃儿。我仔细一看，哎，那不是我爸？原来他们也被打到了这里，正在搞农村包围城市，呵呵。我赶紧冲上去，喊一声爸。我爸看见我眼睛都红了。我被我爸带到附近的一个馆子，吃到我至今都认为是最好吃的回锅肉。那一次，4角钱一份，要了两份，我爸一口都不吃，看着我吃。

2. 早恋

杨黎：你在哪读的小学？

石光华：在天涯寺小学，中学呢是在34中。34中开新生欢迎大会，就要选一男一女两个新生代表发言，男生代表就选了我。可能也是因为骄傲，进校之后发展第一批团员也没得我。不过读初二时，我还在填入团志愿书，那边团委的筹备委员会也就初步定了，选我为宣传委员。中学生活可以说对我的人生有很大的影响。虽说是学生，但当时我和社会上那些超哥，包括老五，打拳的，都是哥们儿，和学校里高年级的也要得比较好，在学校里基本上没有受过气。我是学校团委的宣传委员，同时我还兼我们班的班长。中学时对我影响最深的一件事就是初恋，第一个女朋友。这个女朋友叫邓婉琳，她哥哥姐姐都工作了，父母也在工作，家庭条件算是比较好的。她是学生会副主席，在学生会里是最大的一个官，我是校团委的宣传委员，她分管最多的还是宣传工作。女娃发育得早，初中的时候她的身材就显得比较好了。其实我的初恋并不是和这个女娃。她虽说是学生会副主席，但成绩并不算好。我找她也可能是出于某种嫉妒心理。当时她算是学校里的红人，然后我们学校有一个反潮流英雄，现在是什么名字都搞忘了，这个反潮流英雄，是烟平县县委副书记的儿子，在我们学校借读，是成都中学系统的反潮流英雄之一。也许因为邓婉琳是学生会副主席，这个人就和她走得很近。当时我本身对"文革"中这种政治性的东西并不是很感兴趣，但我觉得这个反潮流很宝器，为了跟他作对嘛，也就开始跟这个女娃要。这个女娃的性格很开朗，动辄就是哈哈一笑，不是"妹妹一笑就弯腰"吗？实际当时想到的就是她。我就利用工作之便嘛，哎呀，这个就是工作的好处啊。事情发展得很快，几乎一个多月，我们就写信了。那个时候就是写信嘛，尽管天天都见面但还是一封信。除了写信之外，我们在学校里面也是公开的，两个人经常在下午啊或者课间操啊或者放学了啊在团委办公室或者学生会办公室待着，但这个时候很纯洁，手都没摸一下。出了学校也很公开，我还带着她到我家见我爸爸妈妈。当然我爸爸妈妈很反对。这样过了一年，当时学生早恋受到的压力还是很大的，而且我们两个都是学生干部，这样明目张胆地耍朋友，肯定要不得。所以到了高一下期，团委委员下一届的重新选举自然就没有我了。她就被迫转学到 13 中。这是 1975 年。1975 年我们读高二，她是高一下期转过去的。我们那时候也没得电话，她转到 13 中之后，我们就很难联系了，结果她去了才一个月，就暴病，急性肝炎，很突然，她死了之后我才知道。后来我知道，那是有一次礼拜天，礼拜六我俩因为其他的事情没约上。礼拜天上午她就和他哥哥的同学去爬青城山，如果我们的联系比较正常的话她可能就不会去了。去了之后她可能吃了不干净的东西，得了急性肝炎，引起并发肾炎，大量地输液也排不走，最后肝坏死，不到一个星期就死了。就这个时候恰恰我又不在家，学校在川师那一带劳动。所以我认为很多事情都是有原因的。她死了之后，我端着她的灵牌一直端了三天，浑浑噩噩，反正就是该吃饭就吃饭，然后就呆坐在那个地方，我觉得她的死对我的影响非常大，让我一下长大了。第一次独立面对这种痛苦，跟这个比，原来经历的那些痛苦都不算什么了。我真正开始文学写作，也就是在她死了之后。在那之前我每天就是写一些类似日记、类似散文的东西，不是作业，是在作业之外的，但都不是有意识地要写。进入高二之后，数学、物理、化学我就基本放弃了，上课的时候大都在写东西，剧本、小说、话剧、对口词、三句半、相声之类的都写过。其中大部分是顺应当时的文学潮流，歌颂社会主义，歌颂工人的生产，歌颂英雄，塑造英雄等等。但也有一部分是个人的感情。但是对文学是不理解的，尽管我读过很多东西。就一直这样写，包括后来当知青的时候也在坚持写。还在县文化馆的刊物上发过几首诗。知青岁月还是能够让人接触到很多东西，我当知青那阵在川北山区流浪了近半年。当时没钱嘛，我挂着一个军挎，里面就一些换洗衣服、牙膏、牙刷、肥皂，扒火车，扒汽车，扒拖拉机，反正走到天要黑了就在当地生产队里找成都知青，成都知青基本是遍布四川，川北一带特别多，成都知青知道我是成都来的都高兴得很。

3. 自卑

石光华：后来恢复高考，我考上川师。进川师以后被两件事吓得不敢写作，所以我在川师的头三年是基本停止写作了的。一个是进大学的头一天就遇到我小学中学的同学，同年级的同学，叫宋奔，他是宋炜的大哥。

在 34 中的时候，他、我，还有另外两个人，被誉为 34 中的四大才子，那时候我的名气比宋奔还大些。我在川大的头一天就碰到宋奔，我们一起去吃饭，他问我喜不喜欢古代诗歌。我说喜欢啊肯定是很喜欢啊。他说姜白石的词我喜不喜欢。我一听就蒙了，姜白石是哪个？我又不敢说不晓得，只好说喜欢喜欢。他就说："哦写得太好了，二十四桥仍在，波心荡，冷月无声。"当时我简直是无地自容。人家宋奔晓得二十四桥明月，而我连姜夔是哪个都不知道，哦这个姜白石姜夔，这个姜字咋个写夔字咋个写我都不知道。这是一件事。还有一件事是我跑到另一间新生寝室去要，有个叫周晓明的，抱着一本线装的书在翻，完全是古书，里面没得标点符号。我说："你做啥子呢？"他说喜欢文字学，准备在这方面研究一下。我的天啊，我读都读不懂啊，人家已经能研究了，呵呵。

杨黎：你就嫉妒得很了吧？

石光华：嫉妒得很！我读都读不懂，人家就要研究。当时我就想不知道我能不能毕业，感觉大学很神秘。

杨黎：里面也特别复杂。

石光华：哦，复杂，年龄差十多岁。所以整个大学头一年半，是我一生中读书最勤奋的日子。我以前是很骄傲的，但进大学后，跟人家一比，觉得有啥子可以骄傲的哟。当时我除了正常的课以外很少待在学校，每个星期差不多就待两晚上。为啥呢？虚荣嘛。因为我借了很多很基础的书来看，怕同寝室的同学发现我还在看这些啊，所以就借着书回家去看。回家特别清净。当时我爷爷已经去世了，弟弟参军走了，家里就我奶奶。那时候，我每个星期要看七八本书，我当时读书的速度很快。我们学校有很多文学社团，宋奔就跟人家介绍说，石光华在初中、高中就爱好诗歌，他们请我加入。我说我不懂文学，谈不来，早就不写了。可能一直到大学最后一年我才开始写一点东西。那时候我仍然认为最好的诗人是贺敬之、郭小川。大三是1980年的样子。而其他人已经很先锋了。学校经常开讲座，讲庞德的诗，我听完了以后就觉得诗咋个是这样写的呢？就完全被吓……不是吓着了，是完全不理解咋个能这样写呢？也就是在这个时候，开始和同学有一些交往。一年半以后，毕竟读了很多书，觉得有些东西了，可以跟同学交谈了，大家就在一起发表点对黑格尔哲学啊，对当时整个的官方文学啊，对现当代文学的一些看法，我也觉得他们论得也不怎么样。后来就见到了宋渠宋炜。他们到成都来读初中。那个时候宋渠、宋炜见他们的哥宋奔就像见了父亲一样。有一次宋奔和我摆龙门阵，说他这两个兄弟从小就爱文学，还会弹琵琶。严格说我就是从那个时候开始和宋渠、宋炜接触的。他们后来回沐川读高中，在刊物上看到北岛的诗，也开始写诗，写了还寄到成都来。我当时看了就觉得宋渠、宋炜写诗比我强啊，因为他们那个意识就是从那里起的，强很多。我觉得后来我进入所谓的第三代诗人更多的是靠幸运，因为我觉得我的文学底子不厚的。对诗开始有点朦朦胧胧的觉醒，是通过杨炼的《诺日郎》。看了杨炼的诗，我就觉得自己的东西跟他的诗歌中表现的文化的意识比较接近，跟自己被压抑的东西结合起来了。再加上在大学读了那么多的书，所以这段时间写得特别多。再加上宋炜和宋渠，那时候他们虽然才 18 岁，但是我觉得大部分在文学上的成熟性有些就超过了杨炼、江河的那些。杨炼、江河写的东西更多的是一种民族情感历程。

杨黎：你是东方神秘主义的。

石光华：呵呵，可能我骨子里更多的是形而上的思考。1983 年前后，我开始从所谓东方性史诗转写《易经》这类稍微抽象一点的诗。这个过程中宋渠、宋炜打了一个集子寄给像廖亦武、杨炼、江河、北岛、欧阳江河、谢冕他们这些前辈嘛，寄出去以后就开始有反响，他们比我先进入当时那个比较公众化的文学圈子。我那个时候开始追求空灵的、形而上的感觉，就有了《黑白光》。我寄给宋渠宋炜，他们回信说，真是太石光华了，光华大哥啊你终于有点刺激的东西。他们写信喊我大哥。其实也不是刺激，只是相对当时的那种写作而言不在那种主体中，就是写得比较意境化，比较空灵。他们鼓动我打个集子，我就打了个集子。就是那本《企级磁心》。

杨黎：那是 1984 年吧？

石光华：1984 年年初。我就按宋渠宋炜给我的一个名单地址，寄给谢冕、欧阳江河，寄了之后也有些反响。可能当时杨炼、江河也在招兵买马，为史诗派诗歌嘛。后来，谢冕在《黄河诗报》上发了一篇在当时比较有影响的文章，谈史诗性诗歌，其中有一大段就谈到我，还摘引了我那个集子的序，他在这篇文章里说，他认为这个序是对史诗派诗歌理论最完整的表述。这篇文章对很多人产生了一些影响，让人家觉得我是个比较老到的诗人，实际上那时候我还是个青勾子。我觉得我真正的诗歌写得很晚。四川诗人协会选我当创作部部长，我当时觉得非常意外，怎么选我呢？我很惭愧，我晓得还有那么多人都比我写得好啊。我属于那种知识准备多于写作准备的，平时和大家，包括廖亦武、周伦佑接触，谈到文学的时候还是谈得比较深入，让大家感觉我还比较成熟。态度上真正产生大的改变，就是因为杨黎跟万夏搞的政变，哈哈。万夏、杨黎政变的过程，肯定有许多人都叙述过了。在这次活动中我本来是中立派，因为我觉得我在这个协会人微言轻，协会里面很多人都比我出道早，人家周围有一群人。我谈得上的私人关系就是宋渠、宋炜，其他人我都不熟。所以你和万夏跑来跟我说这个事情，我还劝你们说没得必要。不过后来在会上，我站起来跟周伦佑唱反调，我觉得工作上争论谁行谁不行是很正常的，但他一站起来就是"你哪天哪天跟老子说了啥子"，这样抖隐私，就让我反感。我对周伦佑的反感就是当时这一下，所以我站起来说要谈工作不要揭隐私。就这样，我从周伦佑那边卷到万夏杨黎这边来了。也不晓得是咋个把我弄成了代秘书长，可能当时是不好权衡关系。

杨黎：呵呵。

石光华：呵呵，我觉得我实际上是整个四川诗人协会最大的受益者。因为你们一大拨都是在圈内多少有些影响，或者互相有些交往，没有协会也有圈子。可我不同，如果没有四川青年诗人协会我可能就离开文学这条路了，不晓得在干啥了。顶多是在官方刊物上发点作品啊，跟宋渠、宋炜有一些交往。反正我觉得，一个人的人生也好历史也好，要是有这样的如果，可能就完全是另外一个样子了。

4. 整体

杨黎：整体主义是好久开始搞的？

石光华：《现代诗内部交流资料》之前。这个之前我跟宋渠宋炜的讨论已经涉及"整体"这个概念。办《现代诗内部交流资料》的时候，因为有莽汉主义，当时没有非非主义，我跟宋渠宋炜说，"我们也弄一个主义嘛，哎呀弄主义凶啊"，呵呵。当时就是要提出一个自己的东西，不然宋渠、宋炜永远是杨炼、江河的余党，哈哈。要自立门户。当时我们想取个啥子名字呢？当时万夏也在，我就跟宋渠、宋炜说，平时谈得最多的就是整体——整个自然、整个生命是个整体，存在本

身是个整体——就用整体，整体主义。当时我们以为自己创造了一个
词语，但后来整体主义提出来，当时闹得比较凶的就是系统论控制论
信息论所谓的老三论，要我们对整体主义做一些理论上的阐释，我们
才发现实际上整体主义这个概念早就在西方哲学里提出了，只是表述
的含义跟我们当时的表述有些不同。我在《汉诗》第一期上论述了整
体原则，实际上我本来想写一本书，对整个东方中国文化做一番清理，
前面写个序。这个序很长，当时的构想是六七万字，但是发了三万多
字，是上半部，主要是论述纯文化那部分。当时我写了这么一句：当
诗歌仅仅是语言的时候，语言就是世界。因为整体主义有一个最根本
的东西，就是人只能在人的意识中，而意识就是语言，只能在语言的
层面上把握整体。这个是其中的最根本的原则，就是整体主义的核心。
它的完整表述是，在人的意识层上把存在把握成一个整体，就是你不
可能超越人之外、人的意识之外。上大学时，我读黑格尔，读康德时
就感觉他们始终有一个在我们之外的绝对，这个绝对是我们无法谈论
的。整体主义是办现代诗时不得不勉强提出的，实际上就是纪念性的。
很多事情都是一个纪念性的，但很多事情也是游戏存在的，后来感觉就
是个事了。再加上那个时候万夏的诗歌也开始倾向于整体，因为他跟我、
宋渠宋炜的接触更多，写作也更多地倾向于我们。再加上邛崃的几个小
哥们儿——席永君啊，陈瑞生啊，加上重庆的刘太亨和张渝，有的是原
来的朋友，有的还是亲戚，这些关系就形成了一帮人。那么同时也在给
外省的寄信啊，写啊。四川青年诗人的成立大会我读的是海子，当时的
诗歌是他的《阿尔的太阳》。因为海子好像最早就只和四川在联系，他也
比较倾向于我们这种写作，所以就开始办《汉诗》。《现代诗内部交流资
料》我们这拨写史诗的栏目的名字用的就是海子的一首诗的名字叫"亚
洲铜"，哦，把海子的《亚洲铜》这首诗也发了上去了。

5.《汉诗》

杨黎：据我所知，《汉诗》主要是宋炜、你和万夏三个人办的。

石光华：第一期主要是万夏、宋炜和我，《汉诗》的思路主要是我提的，当时已经有《非非》了，而我们这拨人对诗歌的理解跟《非非》的不一样，我就觉得有必要搞。《汉诗》一开始搞我就提出这样的观点——我不认为整体主义是个诗歌流派，因为它不仅仅是对诗的认识，它实际上是对文化的认识，对世界的认识，所以我一直强调整体主义不是一个诗歌流派。

可后来《汉诗》被办成一个整体主义的流派刊物，其实已经和我们刚开始提出的整体主义有区别了，缺少了整体主义的精神。所以《汉诗》本身虽说有很强的倾向性，但是在容纳作者上是比较开放的。因此包括莽汉主义的、非非主义的那些作者全都进入了《汉诗》。当时办《汉诗》就是我们提出的这个东西比较普遍，就是编辑方针，因为我觉得在当时来说不是我一个，整体主义虽然是我提得比较多一点，但是宋炜理解也比较深入。外面讲我是整体主义的掌门人，其实整体主义应该是宋炜和我。当然万夏也是做了很多工作，不过万夏始终没说过他是整体主义诗人。其实也就不存在整体主义诗人这个说法。

杨黎：但是大展是打了这个旗号。

石光华：大展是打了整体主义旗号，但是万夏没有进入。大展的时候反而是杨远宏把他的诗拿过来参展。当时我和杨远宏关系比较好，大家就无所谓。大展主要是宋渠宋炜操作的。要说我真正产生的影响，是在《汉诗》以后了。《汉诗》办得很辛苦。当时稿子全都拿到邛崃印，交了定金都要开机了，然后被追查，只好从邛崃撤走，拿到重庆。当时我在川大的一个朋友托关系，让我们到川大图书馆的复印室复印了一些。花了大约10块，因为用了人家那么多复印纸嘛。复印的效果很好。这个复印的版本应该说是《汉诗》版本里面最权威的一个。有9个印张，120多页，复印了50本，现在谁手上有我都不清楚了，反正我没有。哦可能万夏有。

杨黎：万夏都悬。是不是红色的？

石光华：不是不是，就是黑白两色的复印本。等那个事情都过了才寄了一些，很多地方收到后都回信反映不错。后来在重庆印的其实是这个复印本的删节本，所以说其实《汉诗》正式亮相是一个删节本，呵呵。《汉诗》第二期，潘家柱介入进来，我就和他关系很好了。

杨黎：1987 年吗？

石光华：1987 年嘛。是孙文波介绍的。当时潘家柱住在孙文波那里。万夏那一段时间也住在那里，也就互相都认识了。那时候潘家柱在川大读研究生，他这个人用万夏的话说，真是倾心又倾囊，哈哈。潘家柱是单身又是中尉军官，还在读研究生，他的工资比较高，好像一个月 40 多块钱。

杨黎：不会吧？他说他每个月都要给万夏 50 元。

石光华：哦，那是太夸张了。我大学毕业在军事院校当老师就是中尉，工资 48 块半转正以后调到 50 多块。他也是中尉，就算军队收入比我们高一点，他也就是五六十块钱，不可能每个月给 50 多块钱，这完全是夸大了他对革命的贡献。潘家柱从第二期开始介入《汉诗》。但第二期《汉诗》和第一期《汉诗》没有太大区别，宋炜那篇更多的是用理论来观照文学，应该说很重要，但毕竟宋炜理论思考要少一些，所以那些内容基本上没产生太大的影响。

杨黎：他那个《大日是》是第一期还是第二期？

石光华：第二期是《下南道》，应该说是宋炜在《汉诗》第二期上发的诗比《大日是》还要好些。《大日是》是完全用诗歌来阐释那种文化，《下南道》则是用文化来写那种日常生活，而那种日常生活是臆想的古代生活，比较起来，《下南道》在写生活、写细节、写事件上，要更好一些。实际上整体主义到后期的发展中，即从文化到诗歌的运动制造的发展中，真正起核心作用的应该是宋炜。在把整体主义的某种美学观念以及文学意识融入诗歌的过程中，宋炜做了很多的工作，其中还包括对诗歌语言和诗歌形式的理解。同时他也写了很多不错的诗。《家语》应该是宋炜登峰造极的作品。当初办《汉诗》第一期的时候，我们更多的是强调中国古典诗歌那种空的东西，反映对文化的观照或者说是对文化境界的观照，同时也观照人生或者说文化和人生的纠缠。比如，我在《汉诗》第一期上发的一组《门前雪》。到了《汉诗》第二期，我和宋炜的诗都有改变。我在第二期上的诗歌开始强调那种非意义化的东西，比如那首《桑》，是一首很短的诗，没有比喻、象征之类的修辞手法。当时宋炜对《桑》的评价很高。他说这样的诗能让石光华在这一代的写作中真正有一个很踏实的位置。《汉诗》本来还要出第三期，到1990年稿子都收得差不多了，钱一到就能出，但是一连串事情——万夏到重庆去了，又赶上廖亦武的事情，然后我跟着下海，《汉诗》也就结束了。

6. 朋友

杨黎：那之后你就没有写诗了，直到90年代末？

石光华：也不是。其实我一直在写。只是觉得要把以前的东西好好想一下，但是一直没进入正常的写作状态。我觉得我80年代进入或者说是卷入当代诗歌，获得了挺大赞誉，而我本身和大家给我的这种赞誉是不相配的，我觉得我所获得的是整个这个时代的这一群人恩泽于我的，所以我轻易不会去批评哪个。虽然后来我和其中一些人没什么往来了，甚至不愿意再跟某些人交往了，比如王家新。他的写作离开了现代诗歌，但我内心还当他是朋友。当年在《诗刊》王家新还是做了些事，对朋友也很好。我还在他家住过一段时间。说句笑话，就是说王家新怪就怪在一定要把我弄去住在他家里头，呵呵。要是他不那么热情，不那么好，可能我们两个到现在也不会有什么，最起码我们的交往还能延续很长一段时间。就是在他家住了半个月，感觉到两个人差异很大，就不愿意再交往了。诗歌圈子交往的方式还是对人的那些基本认识太直接了。但是总体我觉得，我所经历的这个80年代，如果没得宋炜，没得万夏，包括像后来认识的杨黎、小竹、李亚伟，没得这批人，我石光华就是一个很平庸的人。也可能会在其他方面有一点什么，但跟整个文化的东西、历史的进程就没得好大的关系了。虽然我相信我通过自己的某种自觉也可能写出稍微好的文章，但毕竟没在一群人一代人中间，这个事肯定很困难。在我进入诗歌圈子的时候，我发现大多数人都比我写得好，在对诗歌的理解上都比我深，所以80年代我提出一个口号"人学万夏，诗学宋炜"，后来跟出一个口号叫人学"整体"，诗学"非非"，哈哈。表面上是玩笑话，其实也表现了我内心的一种认同。当然我的这种认同也是我后来对诗界的这种张狂持一种批评态度。在1989年我写了一篇文章《谦卑者》，有八千多字，虽然这篇文章写得比较文学化了，比较抒情，但是总体是把我对一个诗人的人的一种共同的精神表达得比较清楚的。前段时间我拿给龚静染看，龚静染读完，说他在这篇十年前的文章中读到了激动。当然我觉得他这种反应更多的是出于一种人文角度。我对于写诗的基本观点是这样，在之前已有的伟大诗歌面前，我们这些写诗的没得任何理由可张狂的。反正我是越来越是怀着一种敬畏，一种谦卑，我觉得只有真正有能力的才有一种谦卑。我觉得我们在80年代的某种写作精神主要还是得益于交往了大批的哥们儿。所以我一直在写，断断续续在写《我所钟爱的年代和朋友》。我觉得朋友，我能够认识在中国历史上这样天才的一代，他们的生命自然呈现出一种人格，一种源于本能的没得文化的人格，他们的才华、创造力、革命性，都高于二三十年代比如朱自清啊，朱湘啊他们那一批。我觉得我能够进入这样一群人中间，能和他们一直是朋友真是很高兴。其中很多人我是当作终生朋友的，像早期《汉诗》的"三龙"万夏、宋炜，后来还有何小竹，包括你杨黎、李亚伟、马松，我觉得都是可以作为终生朋友的。认识上的不同，不会影响这种友谊。比如孙文波，他和我们对诗歌的认识就有所不同，但是大家还是朋友，认识不同不影响感情。你不能要求所有的人都是一个认识，事实上这也是不可能的。我觉得从人的天性上讲也是这样的。虽然我们希望每一个人都认为我所认识到的诗歌理论肯定是最好的，肯定是正确的，但只能是一个理论上的正确认识。我常常说一句话，你六十多岁的时候和哪个哪个喝酒啊？我的意思是能够和这个时代和这群人在一起就很好了，至于其中某些人的诗歌可能高些，可能正确些，可能好些，某些人可能差点，这些都不是根本的。我觉得写作必须是个人的，它不是交往的结果。交往是另外一回事。我以前认识的宋炜是很老实的，相当老实的，他哥喊两句他都要被吓到的。宋炜是因为你们搞政变才知道万夏的，他就觉得万夏很舒服，很有尺度，有一种比较开放的姿态，比较宽容，而且很好耍。在没有接触万夏之前，在文化界我还从没有接触过这样一种生活方式，他这种性格的人很好耍，我就跟万夏交往，我就给宋炜写了封信，说有个哥们儿叫万夏。当时宋炜还说，你怎么和万夏交往。后来宋炜到成都来了，一接触到万夏，一下就比我和万夏还好，也许他朝思暮想的就是万夏的这种生活。人需要人的感情，我当时过生日，万夏送我一幅画，是我当时生活的一个写照，哦，一个穿古装的人，几个樱桃，几杯小酒，就是这幅画，这个画万夏是用高粱扫把在黄纸上画的。很长时间我把它挂在我家的一个小厅里，30 岁，万夏送我这一幅画，这种东西它是一生都不会忘的。你说万夏从里面出来，我当时已经在做书生意了，那天早上一帮书老板正在打麻将，说听到咚咚的有人敲门，我打开门一看，一个光头，我愣了一下，哦万夏，他手上还端了一盆花。他是被人送回成都他家嘎，到家了，他没得钥匙，他妈上班去了，其实他完全可以到单位上找他妈拿钥匙。他就抬头跟那大爷说一声，把他的行李包包丢到门口。他住在古卧龙桥，我在飞龙巷，（当时我和万夏、宋炜我们自号"蜀中三龙"，万夏住在古卧龙桥，我在飞龙巷，宋炜生于龙年龙月。然后很奇怪的是卧龙呢全国到处飞，我飞龙不飞，真是在那之前门都没出过。）从古卧龙桥到飞龙巷要穿过一条街，那条街刚好是卖花的。所以万夏到我这儿来，哎呀我当时心里好不酸楚：一个哥们儿刚刚坐了两年，出来当天就丢下东西到我这儿来看我，而且还买了一盆花过来，真的很感动啊。万夏真的是个很细心的人，但那也是个哥们儿的感情。你要说万夏在里面的两年我没给万夏写过一封信，当然不晓得其他人啊，当时我是觉得没得啥子好写的。你鼓励他两句？安慰一下，鼓励一下？当然我也去看了他妈几次。对万夏等于两年没有写过一封信，一个朋友在危难的时候起码应该鼓励一下嘛，那是应该的嘎。但我从来不想，当然万夏也不把这个东西看成啥子。我觉得朋友啊，有的就是生死至交，有的呢关系就远点。整个这群人里面除了个别人不愿意交往，其他绝大多数都还是很合得来的。我石光华能够和这些人在同一个时代同时介入了诗歌的写作那真的是我的运气啊。那么整体主义一结束，我自己在诗歌上是比较迷茫的，再加上生活上的困难——我真正是第一个下海的。我下海是1990年年底，所以后来被别人称为始作俑者——把中国的一批诗人带向堕落的始作俑者。哈哈，王家新1994年、1995年从英国回来听到石光华在做书生意，感慨地说，堕落了，堕落了。哈哈，我在心里说妈的，你在英国洗盘子就不堕落？都不算堕落？我为了生计又不是做什么，就做点书生意就堕落了？这也是加快我和很大一批人特别是80年代中的一批人的分裂，就是离他们越来越远。我觉得这些人对生活对人格的这种理解，更多的是一种自我形象的塑造，一种文化需要。我对自己的一个总结是：读书多年，教书多年，卖书多年。

7. 知命

杨黎：还有呢？

石光华：还有就是我的命硬。你也听说过，我觉得在我身边死了很多人。其实我在我的生命中有一种很强烈的死亡感，不是通常意义上的那种死亡感，比如，那种自杀的臆想，可能每个人在青春期的时候都有过。我的死亡感是从小到大我身边那些真实的死亡带给我的——8岁我爷爷死；读中学的时候两个很亲近的同学先后死了，一个是我的初恋情人，一个是要好的朋友。而且我这个朋友是咋个死的？他游泳相当好，那时候天天讲他昨天又到河边跳水去了，跳得浪多大啊，我就说你不要这样搞，淹死的人都是最会游泳的人。我的妈啊你不要提，一个星期以后他在河里游泳，桥上一个人跑过去的时候往河里"当"扔了个石头，正好打在他脑壳上，他就昏迷了，淹死了。然后我就再也不敢说死啊啥子之类的话。我还有个女朋友，听说自杀了又说没有死成，但是现在事实怎么样我都不敢去深究这个问题了。后来陆晓涛也死了，跟我有相关的女人就有两个死了，这种情况，可能是克女人。

不敢再和哪个女人再搞了，要是再克了咋办？再加上海子的死。海子当时和我关系比较深，他死之前那半年给我寄了很多东西来，包括那篇文章都是他寄来的，抄起给我的。回过头来，好像这些人的死，我之前都多少感觉到了，而且知道是必然的，救不回来的。比如海子，他后半年的写作完全是混乱的，完全是主题短语加主题词语，一首长诗他全部是一个词语一个词语，根本不分句子地凑成一堆。我理解为就是一种加速度的写作，要写完他一生的东西，让你感觉到没得办法。陆晓涛也是这样，她要和我分手，我就一直留着，其中有一种感觉啊。我给她说的最后一句话，我当时在电话里说的，我说"你再考虑一下，要出事，我感觉到要出事"。我说："你再考虑一下，不要谈那啥子的，不一定就要现在说，也等不了好久比如说两个月。"她说："你何必要限我时间呢？"我说那肯定要限你时间啊。这是荒唐的事，但是我就要求这么荒唐。因为我感觉得到，我觉得对某种是有感情的东西都无法舍弃。还有一种就是乱，我感觉到如果和她连在一起可能有所帮助。当然说的时候有种神秘性，但总比出问题好。陆晓涛要出事，她要出啥子事？就是要出事，我也想不清楚是我要出事，还是她要出事。我最后一句话就是"你要怎么办就怎么办，听天的安排吧"。我还有个当知青的朋友，跟我一起在乡下待了一年多，知青中我和他关系最好。这个朋友一表人才，个子很高，将近一米八的，因为受他哥哥的影响也喜欢文学，回城不到三年就得心脏病死了。所以我的感觉是，我一直在拼命地拒绝死亡，但是在精神上不断地有一种死亡，为啥子我当时要搞整体主义？就是对中国古代文化的一种迷恋，其实是我自己寻求一种解脱。刘小枫写过一本书《拯救与逍遥》，说中国知识分子在内心绝望和对社会现实绝望的时候有一条逍遥之路。我对文化还是有一种亲近感。我觉得有些人物有些天才的人是不靠后天的，他们先天就是这样子的，文化对他们的影响甚少。但是我觉得更多的人，像我这样的人，是在文化与生命的那种交流之间，才变得稍稍好一点。比如，我小的时候很小气，比较内心化，阴的东西多过阳的东西，到了后来，虽然我整体还是有比较阴柔的一面，但起码在咱们交往中也基本上是一个比较开放的人，那种躲避性的东西比较少。那么为啥子呢？跟我在大学时代头三年每天必须背一首古诗才能睡觉有关，这种中国古代的文化啊永远可以帮你敞开生命，促进你跟自然跟别人交流，然后急中生智，轻重自便，把现实环境看得比较淡薄，这对我有很深的影响。为什么我经历了见识了那么多死亡，现在内心对死亡有很深的理解，但我是拒绝死，就是这些东西我给了我理性。但很多人把理性理想化，觉得必须像欧阳江河那相理性地观照文化才算理性。我希望达到的理性是有我自己的状态，但要达到那种生命本来的纯粹，可能很难，我觉得这是想象不到的，也是呈现不出来的。那么我只能经过复杂的生活历练，靠一点一点坚持，找到自己的纯粹。我觉得自己写作的历史还没有开始。

杨黎：还没有开始啊？

石光华：还没有真正开始。从80年代被席卷进来到90年代完全改变诗歌写作状态，我觉得自己还是在理解过程中，更多的还是认识的东西，还在追求种语言样式，还需要带文化，不是自然感受到的那种很安逸的东西。如果某一天我有某种智慧了，这智慧不需要知识过程，它应该是一种自觉，因为生命本身是有智慧的，也许我是通过这个过程来靠近或达到生命本身的。如果某一天，我一下就感觉到我能写出很好的东西，写得很舒服，可能我这个写作的历史才开始。我觉得这样一个感觉已经有了，应该说最近两三年已经隐隐约约地有一些东西，尽管现在大家对我有很多鼓励，但我自己的评价还是不高的。因为我觉得它还是缺少那种纯粹的拍案而出的新意，最好的诗都是最清新的，一棵新鲜的蔬菜。读起来应该感觉是从冰箱里拿出来的呵呵。我就要寻找这个，这是一个为自己，认为我自己活着就是为了自己人生的伟大梦想，就是有一天看见自己，其实看见自己就是看见存在。对于杨黎来说，语言就是世界，语言就是存在，那就是看见语言。我觉得诗歌是我生命中最核心的东西，如果把诗歌这个东西从这一群人中间抽掉，李亚伟、万夏和你杨黎很多很多人啊就可能打群架，当流氓。可是问题是有了，而且这个是纠缠在一起构成的东西，我认为就是这个，一代人把自己的生活，也可能是把自己很大部分的生活和诗歌联系在一起构成一个历史。如果我们不写诗可能我们什么都不是，也可能我们都是大老板，我们能认识吗？正是诗歌把我们联系在一起的。特别是我们当时为了追求一种诗歌理想的时候，我可能觉得你杨黎的诗有理想，这个理想不是其他的什么，是诗歌的理想。我们本身对诗歌是有理想的，而且写作的根本也是理想。用一句很文学的话说，理想是最光辉的，它就是能把一切莫名堂的道理变得丰富美丽。

8. 宋炜

杨黎：你能不能详细谈一下宋炜呢？

石光华：我跟宋炜的感情肯定是最深的，不仅是因为他喊我大哥，更重要是他真正对我的诗歌影响最大，是他的那种基本精神影响了我。所以我评价说 80 年代有两个天才，一个是宋炜，一个是杨黎，而且都是没有进过大学的，我就觉得比较本然的。如果中国 80 年代还有诗歌不受这个西方的影响而通过自身达到某种程度，我认为就是你们两个的诗歌。宋炜的诗歌主要受中国古文化的影响，你杨黎的诗歌虽说有一些西方的影响，但也是某些很遥远的东西啊。你们的诗歌更多地是出于个人对诗歌的认识。你的《家语》在一些细节上有文化的痕迹，但是那样一种写法，那样一种语言上的纯粹性，就是达到某种纯粹性的诗歌。虽然韩东和于坚也写出了很好的诗歌，但我认为他们在诗歌的纯粹上，就是个人化上，还是没有宋炜、杨黎纯粹。80 年代宋炜的诗歌我很推崇，我说人学万夏，学万夏的人，我是说做人的彻底性上。我也推崇宋炜的做人，宋炜的为人用江湖上的说法是一条好汉，他是那种纯粹。万夏他还有精明的个人生存的一面，就某些东西而言他是不能拿来交往的。可是宋炜就很特别，他在 80 年代是很江湖的，很多人都想和宋炜交朋友，而且我感觉当时整体主义那个群体中间，真正的英雄是宋炜。但我只是因为年龄大一点，可能理论思考要多一点，但我这个人的亲和力，人格的亲和力，还有本身的才华都不能承担。

所以我当时认为《汉诗》可以不署主编，要署最好也是上宋炜而不是我的名字，他们要署我的名字，我怎么说都不让，是我自认为不足以承担这种历史的责任。比如，在重庆，张渝也好，刘太亨也好，他们心中认的都是宋炜。但我和宋炜万夏，认为万夏真正是能力很强，潘家柱是后来加入的，也是认宋炜，对我更多的是尊重，大伙都把我当老大哥，宋炜无论是人也好，诗也好，大家都比较服，是真正发自内心的欣赏。

杨黎：80年代的宋炜的确是大侠。

石光华：就是人也舒服，酒也喝得，为人也豪爽。那个时候他没得任何渣渣洼洼的东西，很清朗，很清爽。不过我对他诗歌的才华和天才更欣赏。我后来和万夏一直认为一个能写好诗的人不可能写成疯子，后来你从中也看到的，诗歌肯定是把人变好的。如果诗歌把人变坏了，那肯定是写坏诗的。写好诗的肯定是认识到诗歌里的那种纯粹的干净的东西。宋炜就是这样。但是对今天的宋炜我还是有点遗憾，他不应该出来，应该一个人写诗。宋炜后来来成都的时候是万夏喊他来的，我是一直不喊他出来的，我觉得他在沐川待起偶尔出来耍耍非常好。万夏就说把宋炜喊起过来，他硬要把他喊出来。结果宋炜出来后就基本上停止写作了。不仅没有写了，整个诗歌意识也没有新的改变。比如，他说"石光华你写的诗是要不得"，他肯定对我的意见很大。还有一件事对宋炜来说可能是致命的，就是他一个男人在28岁之前没有接触过女人，所以我觉得他后来像是在报复女人一样。狗日的28岁之前你不要老子日，老子就把你弄惨。特别是那种生活环境——90年代他就一个人，就跟脱离组织一样，那我在成都的嘛，和你、小竹大家彼此还在一种环境里。宋炜在北京，他又不是知识分子那一拨的，他也不喜欢那一拨人，也不好耍诗，也不安逸，万夏、李亚伟尽管写，也只是偶尔写一两首，再加上那种生活实际上就是纸醉金迷。但一个诗人只要是诗人就比较在乎这个，诗歌如果完全极端化了还是很可怕的，就像天天泡吧那些，他就有种疯狂。另外和心里头疙瘩多磕不平也有关系。所以实际上我还是希望他来成都。大家都不要他回

来——哦，啥子，他要回来？千万不要带他到 360 度去，哈哈，喝两杯
酒就像流氓一样哦。但是从我内心来说我还是希望他回成都，回来以
后还可以重新有种精神上的交流。因为我觉得宋炜就是一个天才，就
是那种很长时间浑浑噩噩的，但突然有一天轰的一声就醒了，这是肯
定的。宋炜的一生肯定不是 80 年代就结束了。你看今天，万夏也好，
李亚伟也好，但肯定还是很舒服的一个哥们儿，也没得渣渣洼洼，但
他的那种生活的极端化，在写诗上的那种固执保守，包括李亚伟、万
夏，尽管不直接表示同意，就是跟何小竹和你的那种写法，但至少有
那种开放的态度。

9. 死亡

　　杨黎：再问一个问题，问完就吃饭去了。

　　石光华：问嘛。

　　杨黎：什么是真正的死亡？

　　石光华：什么是真正的死亡？整体的死亡。其他的说法都是你为
了安慰自己被找出来的，各种啥子文化的啥子啊，还有文人的合作形
式死亡啊之类的。我觉得最彻底的死亡就是身体消失，心脏停止跳动，
大脑不能思考了。

　　杨黎：整体诗人你是这样理解死亡的？

　　石光华：对整体主义我觉得死亡是一种边界，是人的生活边界的
可能性。就是个边界，它就跟任何事情的边界一样。死亡这个问题，
当初只是我谈得比较多，宋炜和万夏都说得少一些，但是当时确定了
一个比较明晰的看法，就是边界。实际上就是人的边界，超越在这个
边界之外就没东西了。当人类达到整体就是存在本身，你达到存在本
身的这一瞬间，死亡就没得意义了，随时都可以死。也许这个说法还
是比较文化啊，有点像释迦牟尼觉悟了或者是一个修道的人得道了，
他随时可以死。因为你这个边界之内的东西已经完成了。

　　杨黎：释迦牟尼的死呢？

石光华：释迦牟尼的死对他个人来说是真正的死，但这个死在释迦牟尼觉悟之后，已经不重要了，他的肉体已经基本完成任务了，他重复这个生命就没得意义了。因为这个问题必须把它剥离开，就是我们要把我们讨论的一个问题和一个活生生的人的死亡看成是两件事。而释迦牟尼他觉悟了，他是不是死了没关系，他反正可以不死了。

10. 访谈后记

我正要离开北京的那一天，成都传来噩耗：我们的朋友、石光华相爱六年的女友陆晓涛不幸去世，享年 38 岁。这真的是一个噩耗，它几乎让我惊呆了。三个月前，当我离开北京的时候，那不还是一个活生生的人吗？怎么突然间就死了呢？虽然这个世界上每天都有人在死去，虽然这个世界上每天都有车祸，但是，就像何小竹说的那样：大家毕竟太熟了，简直不敢到她的灵堂前去。怕看见她美丽的笑容。

开始的时候我其实有点怕和石光华谈话，我怕我们的谈话涉及陆晓涛，引起他的伤心。我害怕看见他的伤心。当然，后来证明我的担心是多余的。石光华毕竟是石光华，毕竟是搞了多年整体主义的人，对生命、对死亡、对伤感都有自己的处理方式。那是一种认知，更是一种境界，是一种真正的面对。

所以，我非常愿意听一听他谈论死亡。

我就问了。

不知道现在石光华在干什么，现在已经快过年了，是下午。我想他可能正和龚静染、蒋蓉他们在一起，在喝茶，或者没有。但是，我相信，就是现在没有，今天晚上他们也会在一起喝酒。我想地点可能还是 360 度。

二、站在虚构那边

欧阳江河访谈

在采访欧阳江河的那天，他晚上正要搞一个"哈韩族"的演唱会。我其实就是在那天知道这个名词的，从韩东的女友刘海岚的嘴里。当时我说，我要去首都体育馆。她就笑我，说："你还是'哈韩族'啊。"

我说我怎么会是呢？

我采访欧阳江河那天，刘海岚刚好在北京。我们一起吃了午饭，我就急匆匆赶去和他约定的地方：新世纪饭店。我们到时，他已经在大厅吧等着了。他问我喝什么，我说随便。他说那就咖啡，我说行。

欧阳江河搞的演唱会就在饭店对面。

杨黎：我们还是第一次这样面对面坐着。

欧阳江河：是啊，第一次。

杨黎：我们就随意地闲谈。

欧阳江河：你问我答，呵呵。

杨黎：你先说，你说你的，从最早开始创作，从年轻的时候、小的时候谈起走，谈什么都行。

欧阳江河：小时候的事情？

杨黎：是啊，我的采访就是倾听。

欧阳江河：这个嘛，那就闲扯，扯到那里你有什么就问。小时候的事情，我以前开玩笑给别人谈过，我一岁多两岁的时候，我最喜欢干的事情就是拿张报纸看，一看就是两小时。结果，我妈过来一看，报纸是反着拿的。后来我觉得，我小时候就这个事情是很好玩的。上学以后就是喜欢书法。其他没什么。

杨黎：小学在重庆？

欧阳江河：小学在成都这边，然后中学才到重庆去的，我在泸州出生的。

杨黎：哪一年？

欧阳江河：1956 年出生。出生以后不久就赶上灾荒年代。但我完全没有受苦，因为我父亲是部队的，我在军队里面的学校啊什么，等于说这辈子没怎么吃过苦。就是下乡的时候吃过苦。然后，小时候开始呢，成绩一直非常好，都是乖乖学生。

杨黎：不调皮？

欧阳江河：一辈子没打过架。我这辈子嘛，现在四十几岁了，没打过架。你打过没有？

杨黎：我经常打架。

欧阳江河：其实我很矛盾，我脾气不好。

杨黎：没有打架的机会是吧？

欧阳江河：反正就是没打。然后呢，写诗？我小时候最早跟诗有关的是我写书法，我就看古书，"文革"的时候还买不到古书。那时候我已经在重庆了，大概是在 1971 年到了重庆之后，我是因为什么就去了一趟重庆的古籍书店，就在新华书店里面有一个古籍书店，我就买古书。

杨黎：跟成都一样。新华书店的旁边就是古籍书店。

欧阳江河：别的全部关了，因为是"四旧"嘎，哪里能买到古书呢，都是"四旧"啊。后来我忘了什么原因就去了古籍书店，买了几本古书，这几本古书就是乱买。买了一本《梁任公诗稿》，梁启超自己的手写本，他自己写的诗，康有为给他眉批的，还有一套《十三经注疏》，老版本的。

杨黎：《梁任公诗稿》是书法写的？

欧阳江河：对。

杨黎：《十三经注疏》不是书法。

欧阳江河：《十三经注疏》不是书法。古刻本，10 块钱还是 20 块钱，那是一笔巨款。我那时候 60 块钱全部买了，一分都不少。那时候有那个欧阳修的全集，都是古版本，还有苏东坡的诗集《东坡诗抄》，古版本，反正这些我记得到。然后买了一本什么钱钟书的宋词注释，那时候刚刚出版，"文革"期间嘛，1971 年、1972 年，就买了这样一些。60 块钱就是这些，还买了几本字帖。然后就开始看古诗，然后进步很快。哦，还买了一本音律学，诗律学，很薄的一本，"文革"以后又出版了。这样就开始研究古诗的音律学啊什么的，所以其实是对古诗感兴趣，国学底子就是这样的。因为我一些中学老师国学底子都很高，所以等于一开始接触的就是古代文学。我小时候看这些之前，就已经看了很多古诗，能背得，我到现在还能背 200 首左右。我当时差不多能背 400 首左右，而且是唐诗、《诗经》的那些，然后就是阮籍他们的，然后是宋词元曲，包括一些很长的。然后还背一些古文，欧阳修的、柳宗元的。

杨黎：国学基础打得很好。

欧阳江河：打得很好。而且我的书法学得很正规。从小就学，高中时期也学，楷书为主，主要还是学碑文，好几个碑我都写。

杨黎：几岁开始练字？

欧阳江河：八九岁，童子功，基本上是童子功。这个从小就开始，基本上就是走文人的这个路子，我后来都在想，如果是科举制的话，我他妈的状元考不到，榜眼探花说不定啊。

杨黎：你为什么小时候就选择这些东西呢？

欧阳江河：也不晓得，没得一点遗传，我父亲是军人，我父亲的文化程度特别低，基本上就是中学水平。

杨黎：中学水平在那时候算比较高的，还是有影响嘛。

欧阳江河：但是我父母亲对文学没啥子认识，没有任何家学的。

杨黎：突然之间就喜欢了的？

欧阳江河：为啥子喜欢我也忘了。

杨黎：就记得两岁看报纸。

欧阳江河：也不是我记得的，是我母亲给我讲的，看报看两小时。然后呢，中学一年级就开始写古诗，而且严格地按照古诗的音律平仄啊，而且我小时候对入声字，按说南方人对入声字不应该有任何把握，但我就有一种非常天然的感觉。这跟发音没得关系。对入声字有很天然的感觉，在写古诗的时候，我还是能比较准确地使用，而且是用古语，押韵押古韵。现在我的诗里面也不是说所有的诗，始终有一种处理，尽管有时候是歪曲的批判性的，但我在处理。我也故意用地方音，比如变成四川话，因为四川话的 L 和 N 不分。

杨黎：这是说你的诗歌兴趣。

欧阳江河：然后呢，后来对文章也有兴趣。后来过了，真正我开始写，开始发表是在成都，在军队里。然后，一个很偶然的机会，反正我也忘了是什么原因，我就认识了孙静轩。然后孙静轩又介绍我认识了骆耕野。

我的文学事业，就是从和这两个人认识开始。

杨黎：那是从 70 年代末了。

欧阳江河：70 年代末期了。然后，因为我后来下乡嘛，我下了一段乡，下乡以后没写诗。

杨黎：你哪年下乡？

欧阳江河：1976 年下乡。1975 年中学毕业，然后 1976 年下乡。1975 年，对，1975 年下乡。1976 年年底当兵。当兵以后也没办法写。后来到 1977 年年底，我认识了孙静轩。其实我最早的诗是发表在《四川文学》上的，是 1978 年。发表的第一首诗好像是关于焰火的，我现在也忘了。反正那些诗，连我自己也没得底稿。后来在《星星》上也发诗。反正就是认识孙静轩后，他就介绍我认识人，很快就认识了贺星寒啊这一类。跟着 1978 年，很快就认识了游小苏这几个四川大学的，包括郭键。郭键后来跟翟永明结婚，是小翟的第一任丈夫。当时我们也认识了，后来还一起去九寨沟，挺好玩的。然后跟着在成都认识了一帮，这可能跟我的一个特点有关，就是我认识的人里面不仅仅是诗人，或者说诗人只占其中一部分。就是交往和认识形成一个圈子，我走到哪里始终有个圈子，从 1977 年开始，这个圈子超出了诗歌界，有画家，有搞其他艺术的比如电影、戏剧，我在成都的时候就是这样，评论家都有一些。

杨黎：在成都就是这样了？

欧阳江河：是这样了。后来好多都没大联系了，后来四川音乐学院有好多搞音乐的，音乐家啊这些。然后画家里就多了，反正一大帮人，成都那时候很活跃。诗人里面最初接触的就是我刚才说的骆耕野、孙静轩，然后流沙河都有些交往。其实我的写作倒是没受他们影响。然后那个 80 年代初，1980 年就认识了杨炼，也是通过孙静轩。杨炼从北京来。认识杨炼以后一起去九寨沟。然后当时就这样认识了小翟，认识小翟是在认识杨炼之前。当时小翟还不是很出名，她是写些风花雪月的诗，好像也没太大价值。后来就还有……我看啊……接触你们几个是什么时候了？四川青年诗人协会是哪个时候？

杨黎：1984 年嘛。

欧阳江河：好像是 1981 年认识了四川师范大学的彭玉林，然后也认识了钟鸣，谁介绍我认识的我记不清楚了，反正就是认识了。

杨黎：翟永明咋个认识的也记不到了？

欧阳江河：郭键和我是同时认识翟永明的。在当时和郭键、游小苏去一个什么地方。游小苏写了一本诗集，叫作《友谊》，当时这本诗集在成都大学生中特别风靡，写得特别好。就是这个，从当时来讲，我的诗肯定没他写得好。当时大学生游小苏是诗歌王子。游小苏有一个厂里面的文学青年朋友，叫啥子厂呢？成都有个轧钢厂？无缝钢管厂？对，就是这个厂。有个青年文学小组，经常组织活动，写小说写诗的，然后他们，跟四川大学的诗人搞了个联欢会。小翟也认识他们里面的一个人，所以说，小翟并不是这个厂里的，就是跟着一起。我当时因为除了写诗，对诗歌理论也很感兴趣，天性就这样喜欢，我和郭键就成了那次活动的主角。其实他们本来是对游小苏很感兴趣，但是游小苏比较害羞，所以我和郭键就成了主角，别人对我们也比较有兴趣了。大概是 1981 年，我跟彭玉林认识，跟钟鸣认识。也可能是

1982 年，我现在不太肯定了。

杨黎：1981 年和 1982 年，现在看也差不多。

欧阳江河：那就是 1981 年。认识彭玉林的同时，他回了重庆，我跟着回重庆就认识了柏桦。柏桦当时还没毕业，还在广州，中山大学。所以呢，柏桦还在钟鸣之前，所以我认识彭玉林还在之前，我现在忘了。

杨黎：彭玉林是在川师读书的嘛。

欧阳江河：川师啊。

杨黎：他还没毕业。

欧阳江河：还没毕业。其实我是在成都就认识了彭玉林，然后我们回重庆，他又介绍我认识了柏桦。当时，柏桦已经写了《表达》，我已经在开始写《悬棺》了。1981 年写的还是 1982 年写的，我都忘了。

杨黎：我是 1983 年才看见的。

欧阳江河：1983 年是第二章还是第三章。我的印象中 1981 年就写出了第一章。在认识翟永明的同时，我就认识了杨炼，杨炼是 1981 年来的成都。杨炼来的时候，我认识了徐慧。又通过徐慧认识了龚巧明，他当时是川大的才子嘛，就是写那个《长长的国境线》的，我不知道你知不知道，后来在西藏死了。完全是一个理想主义者。通过钟鸣我认识了许军，这是在重庆的。通过许军我又认识了傅天林。然后呢，当时因为杨炼，我们又认识了李纲。乱七八糟一大堆人，在成都当时很活跃。杨炼来的时候我专门为他在望江公园搞了个诗歌会。当时还认识了一些搞朗诵的演员，一起开诗歌朗诵会，大家一起在公园里朗诵，很有意思的。那个时候疯疯癫癫的，很好玩。那个时候，我不穿军装的时间远比穿军装的时间多。

杨黎：一般这样的活动都不穿军装？

欧阳江河：不穿军装的。当时还有画家，比如何多苓。和赵野是咋个认识的，我也是稀里糊涂的，反正认识了。赵野 1982 年就认识了，然后通过柏桦也认识了不少人，像广州写诗的吴少秋，没见过，当时写诗影响还比较大的。跟着杨炼就介绍我们认识了北岛。当时北岛是 1982 年还是 1983 年在遵义开了一个诗会，之后北岛、杨炼还有哪几个人跑到成都去。那时候已经认识赵野了，那天还跟赵野看我们的照片。那时候流沙河和孙静轩也跑到望江公园来，从下午3点钟玩到晚上7点钟。然后二十多人跑到我家里去吃饭。那次你去没去？没去吧？那一群人在玩，北岛一个人在一个花园里面，对这个花园很感兴趣。他觉得这个花园很神秘。我当时觉得北岛很有意思，因为他一个人，离开热闹的场面。当时在成都见过北岛两次，后来《星星》诗刊评了十个诗人，那是北岛第二次来，当时他穿件毛衣，当时柏桦、我，还有钟鸣、小翟、肖全，我们把他从会场直接叫到肖全家里去，那是第二次。那个时候我就在各个大学讲课，讲诗歌。当时是有人请我去，我就说好啊，普及一下诗歌。第一次讲我记得很清楚，也是1981年，在哪一个文化馆举行的文学讲座，当然也讲很多小说，我去讲诗歌。我记得很清楚。开始讲然后一发不可收，连续在七八所大学讲，在川师川大。

杨黎：那时候讲的时候有没有其他的人？

欧阳江河：没有，我肯定是第一个开始讲的，第一个。然后呢，当时郭键他们请我去讲，然后川医、川财到处去讲。成都的大学，基本都讲得差不多了。重庆后来还专门去了，西南师范大学、重庆大学。有的大学讲过两到三次，像川大。陆陆续续的，持续两三年。也结识了一些朋友，像肖全就是在讲课的时候认识的。现在我讲课的磁带，他还保存起的。我在那些地方讲课，他都帮我录。我每次讲课的题目都换。当时还办了些诗歌活动，当时四川音乐学院里的，叫谢三娃，是我们第一个发现的。我们就觉得谢三娃的画画得好，特别古怪的。你认识这个人吗？

杨黎：我见过几次。

欧阳江河：他1980年1981年的时候，在画那个，我们觉得他可惜了，被埋没了，我们就为他举办了一个街头画展，就当时人民南路的路口。当时还没拆嘛，就在主席像旁边，一个新华书店，在路口举办了一个街头画展。还有当时几个人的摄影展。展览了三天，现在我也有当时的照片。

杨黎：照片到时候可以提供一下吗？

欧阳江河：照片到时候可以找出来，我有些历史性的照片，特别好玩，包括北岛来的时候的照片，你弄书的时候放在上面特别有意思。可能谁都没有了，我还保存着几张，真还有点意思，可以看出当年的气氛来，特别。可能我想我从一开始就具有什么呢，跑出诗歌的范围对其他的事情保持一种敏感和兴趣。我现在四十多岁了，可以说这样的话，我肯定任何革命我都不是一个直接的领导者，但肯定是一个核心成员是一个谋划者，是一种当局者又是一种旁观者，双重身份，任何事情都是。就是这样，你像这么多杂志我参与了，我只是作为一个作者参与了，并不是作为出版者参与，然后一直到后来萧开愚搞的什么现代汉诗啥子……

杨黎：《现代汉诗》是唐晓渡搞的，他们好像是《反对》。

欧阳江河：对，《反对》和《九十年代》，我都可以说是特别核心的成员，但不是主办者。我没主办过什么，包括后来的《日日新》，当时在重庆包括策划啊，当然只出了一期，也是参与者，也不是直接的承办者。杂志方面那么多，没有一本是我直接出版。也不是没有想过，但是我想了想，我的更多的还是一个写作者。

杨黎：除了这个没有其他原因吗？

欧阳江河：写作者和一个出主意的人。

杨黎：没其他原因？

欧阳江河：没有其他原因。

杨黎：没啥子当时的个人身份的原因？

欧阳江河：没有没有，一点都没有，完全没有。可能因为我还是不习惯去操作具体的事物吧？可能有这个原因。成都当时其他的时间，艺术界绘画界，加上摄影界很多事情我都参与了。当时《悬棺》的写作一直持续，我先写的第一章，然后最后写的第二章。我原计划写五章，现在觉得我第一章的原稿比较短，是最后成稿的一半，我觉得还是原稿好。第三章我个人还是觉得有它的道理，我处理中国文化中阴的一面。

杨黎：第三章是什么？

欧阳江河：《袖珍花园》。

杨黎：《无字天书》是哪一章？

欧阳江河：是第一章。第二章最没意思的。现在总的感觉这诗不像是我写的，是别人写的。哈哈。我也从来不看它。当时好像这首诗写完了以后，小翟带去给韩东看，韩东就是觉得诗不能这样写。后来石光华可能还觉得比较受鼓舞，当时杨炼还回信说这是一个里程碑的作品。我觉得杨炼的诗，尽管杨炼算我半个老师，但是我觉得我这首诗对他后来的作品、特别是他最重要的作品，绝对有很重大的影响。

杨黎：前期写作呢？

欧阳江河：前期写作没得关系。但我后来也不这样写，我早期主要受到的古代文学包括文章诗赋词曲的综合影响，在写作风格上、观念上迷恋古代文学，后来我想向现代写作转换。那么写《悬棺》的时候，完成这种转换是最重要的一件事情。说句不好听的话，就是开始吃巧克力之前，先要把红苕屎拉完。当然我这个比喻有点那个，实际上我就是那个意思。就是说我要通过写，把古代文学对我的影响以及积蓄消耗完。那么《悬棺》的写作，对我个人，对中国诗歌的发展有没有什么作用，好作用，坏作用，没作用，都没关系，但是对我个人，后来看《悬棺》作为一个文本，它还是有难度的。包括石光华他们认为这个难度，包括我后来写的诗，并没达到这个程度。第一是诗歌写作不需要这个意义上的难度，这个难度本身就是个技术性的概念。它对中国诗歌产生啥子影响，我觉得不重要，关键是对我个人来讲非常重要。而且你看了没有，很彻底，这个写完了之后，跟着写的就是《东西》，就一点痕迹没得。然后写《乌托邦》，很可惜《乌托邦》那组诗只剩了第一章《我们》，它的后两组诗，我当时用的是小说结构，一是《1984》，一是《美丽新世界》。那三组诗写出来之后用了三组文体，《我们》用排比句式压下来，《我们》寄给了巴铁，如果不是因为寄给巴铁，这组诗也掉了。到后来就是另外一组《1984》，寄给廖亦武，他说没收到。因为廖亦武当时要办个啥子诗刊，他在里面办的。

他是没收到还是收到了没给我登，我就不知道了。《1984》我曾经把第一章读给石光华听过，包括这个句子什么，写这个的时候正好是1984年。还写了《子弹和枪》。《东西》这组诗现在留下来七首，有一首就是《手枪》。

杨黎：这是啥子原因呢？没有保存的习惯吗？

欧阳江河：不是。我的诗和文章，最近我刚给《书城》写了一篇文章，朱朱在编，是一篇回忆我的"1989和国内写作这个什么知识分子本土"的文章，就是说它在90年代有些影响。然后让我回忆一下这篇文章的写作情况，回忆到其中一个，我说这个文章，因为当时写作是3.5万字，太长了，我就拿掉了一半。原来是三个章节，只保留了《语言中的现实》这一章，还有两个章节《语言中的时间》和《语言中的场景》，都去掉了，这两篇加起来有1.5万字，不在了。

杨黎：为啥子掉呢？

欧阳江河：因为，那时候喜欢写原稿，写了不复印，当时也没有复印机。原稿就寄出去给人看，想到寄出去就发表了，就成铅字了，也不需要保留原稿。比如我写《XX的年代》，18首十四行诗，那个诗集里面有，前七首不在了。前七首我觉得特别可惜，我觉得写得非常好，是那种东欧式写作的感觉。

杨黎：这又是谁给你搞掉的？

欧阳江河：钟文，也是一个诗评家。当时钟文在深圳大学，中文系教授又是公共关系系的系主任，每年设一个席位请一个客座作家，第一年就请了我。所以他那一年到成都来，他问我写了什么新作，我就把这一组给了他。我没有留底稿，我想跟着二十天我也要去深圳，就没有留。结果我要去的前一个星期，他跑到法国去了，我的稿子他留在家里的，现在可能还在家里面，但他已经离婚了不可能回去。就是前七首。就是说有一些诗我写了忘了，比如，有一次看到程光伟的文章，提到我的什么什么诗，我说我他妈什么时候写了这首诗啊，他有我的原稿。就特别奇怪。后来我正好给他写信，他问我写了几组，我就顺便寄给他了。他给我丢了，我就彻底完了。然后我自己也忘了。

这就是丢三落四。所以有一次我听说顾城把自己所有发表的东西还有评论全部粘在一个本子上，哎呀我说这个人太爱惜自己了，有点羡慕他。因为我一辈子没干过这个事。然后我觉得我的写作因为我的爱好和圈子比较大，比较广泛，我喜欢艺术，喜欢绘画、电影，我也喜欢读小说、听音乐，爱听古典音乐，特别喜欢钢琴，从巴赫开始听，因为一开始就接触了最伟大的演奏家，所以我觉得品位和鉴别能力一直就是非常正统，一直特别高。一直到后来我去上海，第一次去上海，碰到陈东东……

杨黎：那是哪一年？

欧阳江河：1986 年，1987 年吧？扬州诗会，那是 1987 年青春诗会完了，到陈东东那里去，碰到朱大可、王寅，王寅、陆忆敏都是那时候认识的，我跟王寅说我最喜欢的前十名的钢琴家弹的钢琴，我一听就知道，你不要告诉我是谁弹的，我就能给你分辨出来是谁弹的。他还不相信，最后他自己拿了一盘钢琴，然后让我听，我听了才三十秒钟我就告诉他是谁，后来他又换了两盘，反正三盘我都告诉他了，他就知道我不是乱说的。当时那种分辨力对我的写作是有帮助的，我觉得其实我的批评写作的来源，比如文本写作的细读，很多人不知道我的理论来源是怎么产生的。比如我给张枣的评论，人家都认为是过度阐释，还比如给小翟的《土拨鼠》写的评论，更有人对我读北岛诗后写的文章持反对意见，杨炼这些猛烈地抨击，包括一些理论家也问我的理论来源。有的人认为我是受罗兰·巴特的那种"零度写作"的影响，我在文笔上是受了影响，我觉得也没说错。因为我读过他们的东西。但是，实际上我可以说，这个秘密，我真正的文本细读的源头啊所谓过度阐释的源头啊，就是听钢琴的怪癖或能量或者分辨力，因为我特别喜欢比较不同的演奏者在演奏高深的钢琴的时候微妙的差别，和声的差别，怎么断句，内轮廓外轮廓的差别，等等。我看画的时候也是这样的。我经常跟画画的混在一起，一边听音乐（我们喜欢在一起听音乐），一边看他们画画。画家听音乐经常跟他们的画画混在一起的，他们边画画我们边听音乐，经常我们摆的内容是音乐。经常一个画画的人和写诗的人在一起，摆的是音乐。比如说何多苓画画，他是一个考究的画家，画画非常敏感，真的是一个纯画家，跟那个时代不太合拍，是一个在绘画上非常保守、非常正统、水平特别高的人。但这个时代是不要画的，你知道。我和他经常在一起，所以他画画的全过程，我都知道。后来我写了一个何多苓画画的文章，很多画家看了说我可以直接去当绘画的教授。原因在于我把整个绘画的过程写出来了，什么颜色怎么用，用多少，就跟我们在谈论钢琴一样，在听钢琴，听各种细节。当然我不可能专门去写绘画评论和音乐评论，主要我是把它放在对诗歌评论上了，对词的分辨，词的颜色，词的声音的变化（不是顺口什么的这些），音乐性的东西经常是在读声的时候体现出来的，它是一种语感。在这方面我就觉得声音的比较带有一种那种冷淡，一种甚至那种中文。我这里区别两个概念啊，汉语和中文在我看来是不一样的。我在使用这个概念的时候我有自己方法，中文对我来讲是跟英文、法文平行的一种语言。比如说我在写《悬棺》的时候，使用的是汉语；而我写《东西》，我写后来的带有口语性质的或者口语和书面语混在一起的那些诗时，我使用的主要是中文。当然也有中文和汉语的混合。汉语对我来说是啥子呢，汉语是跟英文、法文、西班牙文没任何关系，它自己独立发展出来的。比如这样，我们读的古汉语，（杨黎电话响了，欧阳表示了遗憾：这里可是最关键了）然后呢，我在说汉语对我说是一种历史性的纵向的发展，比如古汉语就是说戏剧、《诗经》，诗经写作所使用的语言跟英语、德语没有任何关系，完全是自己发明出的，到了唐诗的写作，韵律啊，平仄啊，入声字啊，都是跟其他语言没有任何关系，我就叫它汉语。中文就是，比如说我们使用的新华社语言毛泽东的语言，现在我们写诗的，是古汉语发展出来的所谓白话文，这个成分，但是更多的是受到外来翻译的影响，综合而成的，这种就是中文。所以我又回到刚才所说的声音，一种中文意义上的声音，一种比较冷静的带有金属反光的声音。这种就是我觉得比较典型的在中国诗歌里面，比如在你的《冷风景》里面，在我自己的某些诗里面，包括《手枪》，我一直就认为中国的诗歌缺少那种物质的能力。没有物质性，它只能从虚构到虚构，从感受到感受，从体验到体验，从幻想到幻想，当然这也是一种很高明的写作。但是，我就在想它能不能自身带有一种物质的特点？写《东西》这首诗的时候，我本身就是写箱子啊，打字机啊，手枪啊。东和西拆开了以后就是两个方向，合在一起就是说任何东西都是东西，比如说一个物体的东西。东西是一个中文，是东和西分开了以后，东和西是汉语：它本身这个词构成了汉语和中文的混合。我写这个《手枪》的时候，我想的声音，我想造成一个什么呢……"咔嚓、咔嚓"的声音，这种东西，我就发现了就是用"咔嚓、咔嚓"。

声音也可能是弹钢琴的时候琴键的跳动，它还没形成旋律。我在《冷风景》那里，我听到的是"刺刺"，火车到站的那种"刺刺"的声音，以及停稳以后，人下车以后在走路的"嗒嗒"的声音，在诗里面我也听得到了。所以我们说诗歌里面的音乐，就是听觉。我说的听觉跟其他人不一样，因为我的听觉是直接从听钢琴的时候，比如听肖邦的小夜曲，我不是听这个曲子，我是听他后面的挫音，听他音乐后面的细节——怎么使用踏板，怎么触键，是触到琴根，还是琴尖，他的手势是从多少度下来的，这些一般人是听不出来的。当然这有点怪癖了，我是说我透过音乐本身听这些东西，从音乐后面分析出来的一些东西，那么我把它综合到我诗歌的听觉里面去了。所以我认为有时候塞着耳朵也听到声音。《冷风景》某种意义上讲是非常寂静的，它是不发出声音的，但是它的音乐有。反而你后来的很口语的，你去追求语感的那种"A 或者 B"，是不是写过这样的诗，《高处》，用诗的那种故意有意去，它反而不像《冷风景》和《怪客》那样。哦哦，我说的是《怪客》，不是《冷风景》，《冷风景》是在街上那么走走走，《怪客》，很喜欢。《冷风景》是一条街一条街，《怪客》是火车到站的声音。然后《冷风景》我是听到你从这条街走到那条街。就是说"A 或者 B"你读起来很舒服的那种，反而是追求的那种，不像那种更内在的。因为那种你得读出来，那么，当时《冷风景》和那种声音，就是说声音已经视觉化了。比如说我听一个加拿大的钢琴家演奏，我认为他弹巴赫弹得好。我后来在一篇文章里写到，他有一种把听觉转化成视觉的本能，他有这个本领。我认为《冷风景》和《怪客》这样的诗，有一个把听觉转为视觉的过程。还有柏桦的诗歌，比如《表达》，都是有的。在柏桦的《表达》里，我在里面听到的声音，就是说中文的声音，这种中文的声音有法文化的声音，是用了法文的声音。后来我对音乐、对绘画的视觉听觉的互相转化的，成了我写现代诗批判文章、一个细读性文章很重要的起源。非常个人化的起源，所以我觉得我写的评论文章和别的文章不大一样。但我可能有些细化或者过度技术化。我故意使用一些技术性的，甚至有点科学化的说法。比如说我们现在使用的产品使用说明书，比如化学语言，或者医学术语，它是跟中文，跟我们现行的语言没啥子关系。这种语言是一种行话，我当然尽可能限制它，但是又有意识地让它那个，这是它技术上的载体。使用这种语言载体，带有一定行话性质的载体，但是不是它的技术外壳、特征，它的源头或是别的什么，反而是跟诗歌本身、理论本身没有联系的东西，中间有过一个转化，开关可能还不在诗歌本身。之所以会这样，这当然是一些个人的小秘密。然后我在想，再回到本身的那个过程，我想海子的，80 年代海子的，还留得下来的海子的，我记住的，我记不得细节了，包括四川诗歌后来在全国形成那么大的影响，跟后来我们大家的合流，后来的四川青年诗歌协会，作为一个集体吧，尽管那是一个事件，一个准社会事件，但是如果没有那个事件，我可能一辈子，可能至少几年之内，跟你们那边，跟万夏石光华那边，跟你杨黎、周伦佑都见不到面。尽管写作完全不一样，但是大家都在同一个地点，同一个地方，如果一直没有一个形式，没有一个机构，我们就不会在一起。我一直不愿意出门，不愿意所谓的出来。其实呢，也没有啥子原因，也不是因为军人，或者因为其他啥子。我那时其实没有啥子名气，没有啥子影响。所以不是因为什么问题，什么都不是，可能就是天然的。就是你看没有搞过杂志没有什么事情。因为当时我记得，在那个过程中，万夏也好，还有石光华也好，包括周伦佑、钟鸣都出来。更不要说骆耕野，直接当那个会长。他想把那个模样弄下去，后来搞了个公司，新潮公司。再加上他是老牌子，尽管他得过啥子奖，实际上大家不一定服他的写作。然后呢，因为当时《悬棺》写出来了，石光华当时这批人比较喜欢这个……

（采访者注：欧阳江河谈到这里的时候，第一盘已经完了。就在乌青换带子的那一刻——很短的一刻，我上了一次厕所。我回来后，对欧阳江河说了声"对不起"，然后我们又继续开始我的采访。其实，是继续听他说。）

欧阳江河：我还是认为，四川青年诗人协会，细节我记不得了，可能赵野他们谈了很多了，你可能自己也比较了解。但是我在里面，其实没起好大作用。我感到现在想来更多起的是傀儡作用，呵呵。不咋个热衷于办事本身，后来里面有些乱七八糟的事情，包括周伦佑搞的一些事情，一个又当秘书长一个又咋个了，我都不太关心。还是感到比较有意思的，是通过这个（如果没有这个）我连你的诗都看不到，万夏他们的诗也看不到。万夏李亚伟他们的诗我都挺喜欢的，李亚伟的《中文系》我真是觉得很不错。当时给我留下很深的印象的诗，除了你的《怪客》，我记得柏桦当时告诉我《怪客》是伟大的诗，他说没几首伟大的诗，他就是喜欢你的《怪客》。柏桦真的很喜欢你的《怪客》。然后，通过柏桦我认识了张枣。

杨黎：你是哪一年认识的？

欧阳江河：1983年。1983年认识张枣，是1983年吧？张枣是哪一年出国的？

杨黎：出国比较晚了。1986年？1987年？

欧阳江河：到底是1983年还是1984年？我看啊，可能是1983年认识的。张枣当时写出《镜中》，后来写出《何人斯》。他写《何人斯》的时候，他给我读，当时在川外嘛。我当时给他讲，我是觉得有《诗经》的声音。他当时很得意地说，就是《诗经》的这个。这个《何人斯》是他早期写得最好的诗。我不知道其他人咋个看，他这个在现在来看还站得住脚。

我再回到刚才说的青年诗协，如果不是这个，我们的认识就会推后很多年，也更可能就失之交臂。在一个地方同时写作，风格不一样，流派不一样，就是彼此文本的注意也会推迟很多年。然后，当时你的两首诗我是注意了的，并且给我很深的印象。柏桦的《表达》也给我极其深刻的印象。还有张枣的《镜中》以及《何人斯》，还有后来，翟永明写的《女人》，是 1985 年，还是 1986 年，我都记不清楚了。反正就是那时候，几乎是同时期，我写了《东西》这些，还写了《我们》这些出来。过不久我就认识了廖亦武和巴铁，再晚些就写了《玻璃工厂》了，还有《英汉之间》。也就是说，其实当时四川这些诗歌，在我们这一代的，还有李亚伟的《中文系》，胡冬的《慢船》，都已经写出来，都留下来了。现在回想起来，反而是周伦佑的诗没得啥子真正留下来的。我们从诗歌文本啊我不是从那个，我们再心算一下还有哪些诗在现在看来能真正留下来的？ 1986 年之前，你帮我回顾一下，还有哪些？我觉得反而是，我现在可以公开说，我也不怕得罪人，我觉得石光华宋渠宋炜他们的诗实在是没有留下来。现在是时过境迁的，我觉得是时过境迁的。

杨黎：宋炜的《家语》呢？

欧阳江河：《家语》我可能也没太注意。我指的 1986 年以前的啊。

杨黎：1987 年左右的。

欧阳江河：1986 年以后的我没有谈。因为 1986 年是一个非常重要的界线，"现代诗流派大展"是什么时候？ 1986 年，还是 1985 年？

杨黎：1986 年。

欧阳江河：对，就在这个时候。然后翟永明写出《女人》嘛，你写出《冷风景》和《怪客》，李亚伟的《中文系》，我那些就是《我们》《手枪》，还有《玻璃工厂》。好像也是 1986 年写的，我的印象中，《玻璃工厂》和《英汉之间》就是 1986 年写的，1986 还是 1987 我现在忘了。那就是 1987 年写的，那时候还没写出来。《我们》和《手枪》是那时候写的。我那两首诗基本上就站住了脚。就这些诗。万夏 1986 年前好像没得能站住脚的，我的印象中没得。就是这些诗，引出了四川诗歌，还有柏桦的《表达》，还有张枣的《镜中》和《何人斯》，就是这批作品现在拿出来看的话，我觉得还是站得住脚的。是真正 80 年代前半期，我觉得还是中国诗歌最重要的一批。当时在全国范围，杨炼还有一些，我就不谈我的《悬棺》了，现在看来没得太大意思（对我个人可能有点意思）。其他的现在看来，在80年代还站得住脚的其他地方真是没得了。可能有一两首，《雨中的马》啊这一类的，陆忆敏有几首诗，1986年以前就写出来了。《美国妇女》啥子是她最好的诗。然后顾城有一两首，北岛也是的，老江河完了，全中国就这几首。你看今天以后，你把诗歌能够持续产生影响的部分从诗歌今天的部分分割出来的话，其实要丢掉一些，真正能够大浪淘沙出来的很少。但是我可以毫不夸张地讲，真正的好东西近半数在四川。因为四川当时的人多势众，然后也有那种气氛，就那种闹革命的气氛，真正把诗歌写作当作节日一样来过的。1986年以前啊，但当时小说界已经出现一些重要的，比如说寻根啊，都已经出现了的。

杨黎：寻根小说应该比杨炼的史诗要晚啊。

欧阳江河：晚，晚，当然比我们晚，我们是1983年开始的，《悬棺》1981年就开始写了，1983年就完全写完了。我一年写一章。

杨黎：1986年以前，除了你刚才提到的以外，就没有其他人了？

欧阳江河：有，有。我再补充一点，就是1986年前后，还有几个重要作品，就是于坚的《尚义街六号》，然后和韩东的《有关大雁塔》。《有关大雁塔》是一首非常了不起的诗，我觉得在当时那种情况下。还有杨炼的《诺日朗》，有人不喜欢，但是我觉得《诺日朗》某种意义上讲还是非常站得住脚的。然后讲到寻根，寻根，有的人认为是李陀等这些小说家弄出来的事情。当然他们起到的普及作用肯定比诗歌大。但寻根作为一个文学现象来追溯的话，其实最早还是在诗歌中。可以追到杨炼的《半坡》以及后面的《诺日朗》，我觉得都还是一个文化寻根派的。我觉得我的《悬棺》从1981年就开始写了，包括石光华他们的一些努力。那么在这方面诗更多的是重视它本身的原生形态，不是对生活本身或者对政治本身造成直接影响。那一方面呢，包括生活形态那方面，更多的是阿成他们的寻根小说。诗歌，我感到更多的是以词的发展、语言的转换转形，把它伸向源头，也就是更多的在文学本身，在那个版图和风景里面寻找它的痕迹。所以，在这个方面，我觉得我们应该关注诗歌本身的这个。另外，我觉得我和杨炼，我认识杨炼了，杨炼每年来一趟成都，当然也有可能有他和小翟的友谊，诗人方面朋友更多了，但更多的是文学方面的原因。因为当时杨炼的诗歌写作已经从对北方文化的兴趣转向对南方文化和北方文化的重合和相互融合这种过程的兴趣了。比如说，他对楚辞，对屈原的兴趣，对楚辞对楚文化的兴趣，以及对西南对我们的四川文化的，对我们中间那种东西，那种盆地的潮湿的那种（兴趣），（因为南方的湿度，文化中的湿度地貌在北方文化中是没有的。）当然同时他又给我带来北方文化中的广阔性，所以说我就觉得这种影响是相互的。那么其实我跟杨炼这些人的交往就已经是一种私交，后来他出国以后我们见面就很少了。我们这种关系在文学上的意义实际上到 1986 年就没得了。但是 1986年以前，我是 1981 年 1982 年认识他的，持续了四五年，以后就完全没得了。我跟翟永明的交往也属于诗人交往，以及私人交往，因为哥们儿嘛。然后跟学交往是综合在一起的。当时我想想，我跟你其实没得更多的交往，跟万夏也是一点点。1986 年前后，真正跟四川的诗人，反而是跟骆耕野有一些交往，但是我在文学上没受他任何影响。

杨黎：骆耕野曾经是史诗派的。

欧阳江河：他也算史诗派的。他最崇拜的诗人是老江河，其次才是杨炼。后来我在重庆认识了李刚，但两个人也没啥子私交。诗歌上，我也没影响他，他也没影响我。我第一次来北京是 1985 年吧？是 1984年，当时住在杨炼家，那时候就认识了北岛，后来还认识了牛波、唐晓渡，都是那时候认识的。和唐晓渡认识后交往比较多，还通信。我真正有过通信关系的是唐晓渡、柏桦、张枣。我现在还有很多信，都在唐晓渡那里，他都收看。因为他打算与一本书，可能有点像《流放者归来》。我的信件都给他了。我跟杨炼也有通信，跟小翟也有通信。我的信跟平时的谈话聊天不大一样，大量地涉及诗歌方面。甚至我跟石光华也通过信，萧开愚也通过一两封信。我认识萧开愚是廖亦武介绍的。万夏也介绍过，但后来有人说我在《1989 后》这篇文章里，帮萧开愚和孙文波隆重推出。到现在他们还在骂我，说我狗日的简直是怎么这么帮这两个人，坏人。孙文波不能叫坏人，针对萧开愚，孙文波是个好人，说实话。

杨黎：音乐中也有寻根派。

欧阳江河：音乐中的寻根派跟我们理解的寻根派不一样，他们理解的寻根派更多的是直接使用一些民间的素材。我们更多的是寻求一种痕迹，他们是直接使用。但也有相同之处。绘画中也有寻根派，不叫寻根派而叫乡村派。还有寻根这个概念，我觉得大概 1988 年就消失了，比较短命。诗歌写作中寻根派在 1987 年 1986 年就没得了，偃旗息鼓了，没人写。我的诗归纳到寻根里面去的，就只有《悬棺》。但是《悬棺》和我完全没关系。这也很奇怪。

杨黎：石光华他们呢？

欧阳江河：他们在坚持，他们现在还在写。

杨黎：现在石光华完全不是了。宋炜我没有看见。

欧阳江河：我来看这个诗歌写作，实际上我很快就（我这个人很敏感）知道根本不能这样写诗，诗歌不能这样写，肯定不能这样写。

杨黎：知识分子写作呢？

欧阳江河：知识分子写作？

杨黎：这个概念是不是你第一个提出来的？

欧阳江河：应该可以这样说，见诸文字是我。但是最开始是 1987 年"青春诗会"，正好我、西川、陈东东在一起，然后郭力家那些人，正好陈东东和西川在一个房间，所以他们关系比较好。我、杨克还有另外一个人，我们三个人一个房间。其实我和西川、陈东东的私交比较一般，因为他们是大学生派的，我又没上大学，所以我和他们交往比较少。但是基本上诗歌理念上还是比较那个，其实西川早期的诗歌我并不喜欢。他当时写了啥子一个女孩死了就是自杀的事情，什么鸽子，这种诗歌我并不喜欢。但他后来的诗我觉得还是有点意思。当时我喜欢西川这个人，他的理论表达啊我都很喜欢，就这样成为朋友。有一次西川、陈东东、我在一起聊天的时候就谈到，这就是最早谈到知识分子这个概念啊。就是也不叫知识分子写作、知识分子诗人，就是直接把这个概念合在一起。肯定是我先提出来的，提到诗歌写作是不是有知识分子的可能性。我觉得第一次提出来是西川，后来我在写《1989后》这篇文章的时候，我就把知识分子写作提出来，我当时提出来这个应该是把这个中年写作合并在一起。因为什么呢，在时间上是知识分子写作，在性质上，当时我有我的定义，后来我在这篇文章里提出，要注意写作的时间是1993年。1993年年初。当时的写作环境，和后来的跟民间派争论的时候是不太一样的。因为这实际上是一个历史性的概念，它不是永久的、永恒的，它肯定随着时间的变化而变化，就是包括我们对它的理解。因为我们不可能在提到任何东西的时候，比如提到鲁迅的时候，你要求我们都变成一个30年代的人，因为30年代跟我们没啥子关系。但是，反过来讲，我们也不可能完全脱离30年代来理解鲁迅，无论是文学成就还是他的思想和观念，还是生活方式以及姿态以及他的那个意义上的作品。所以说我们都要考虑，那么知识分子的概念是两者都要考虑，既要考虑到它后来的发展变化，也要考虑到提出来的情况。其实我当时提出知识分子写作是不得已的，其实我的写作有一部分你也不能说是知识分子写作。你按照我自己的定义看，有一部分也可以，我其实没有认真研究过民间和知识分子的争论。因为我没加入进去，我觉得如果于坚和韩东这两个人也算民间写作的话，我的一部分也可以列入民间写作。其实这个里面中国的事情啊都很难对上号的，一种提法和一种写作其实是脱节的，比如说《非非》，我认为我承认的"非非"诗人只有一个，就是杨黎。这不是我当着你讲，你可以去问柏桦。尽管我也批评过你，在有的文章里，说得很凶，但是这个没关系，因为我当时讲到你写作的源头，和老毛有关系嘛。就是性幻想的问题，但从文学意义上讲，这并不一定是个贬义词。我一直就是认为《非非》，我承认的"非非"诗人就是一个。我对《非非》的这个评价你可能也不同意，反正我是认为《非非》里头，就诗歌本身的写作而言，我只认杨黎的。虽说《非非》的理论我不承认，但是它作为一个诗学运动，这一点我承认它——作为一种诗学运动、一种革命,《非非》起的作用是中国当代史上任何一个运动都不能比的。不要说《汉诗》《莽汉》不能跟它比,《他们》也不能跟它比,甚至包括"朦胧诗"我觉得都不能比。因为"朦胧诗"这个运动它更多的是在美学上,而且我觉得更多的是有点贵族化的。《非非》我觉得是反贵族的,是真正意义上的革命。尽管这里面有很多街头的性质,有一种草莽英雄的性质,比如内部一会儿这样,一会儿那样。没关系。但是我觉得基于在文学史上造成的影响这个意义上,《非非》肯定永垂不朽。尽管我对它的很多东西,特别是理论持怀疑态度。对它的写作,我觉得……包括后来我对何小竹的写作也并不推崇。我觉得今天《非非》上的还不是第一第二,我觉得《非非》除了第一,第二第三第四的诗人都没得。第六第七的诗人没得意思。我个人认为,有点极端。这有点伤人,没关系,因为别人也可以伤我嘛。没关系对不对?这个是我个人看法。那么谈到这里,我要说《非非》的写作和诗是脱节的。

杨黎:继续谈知识分子的问题。

欧阳江河:知识分子一样的,我们讲知识分子的定义,我们从一个纯粹的理论去定义知识分子,就是只从一种写作的身份,一种写作的性质去定义,所以说知识分子内部的差异大得要命。甚至比知识分子跟民间的差异显得还要大。如果按照民间这个来分,比如说韩东跟于坚,差异就大得不得了,对不对?于坚跟沈浩波的差异又大得不得了,跟你杨黎的写作差别也大。所以往往就是,中国诗歌有一个比较奇怪的现象,当我们归纳流派的时候,归纳一种写作流派,一种写作倾向与一种写作立场的时候,内部的差异甚至比对立面的差异还要大,这是非常奇怪的。

杨黎:你说到这里,使我想起一件事。在"盘峰争论"的前几天,孙文波和萧开愚搞了一个对话,他们的对话里面好像要反对另一批(欧阳江河:我和西川,臧棣没有包括吧,臧棣是他们一伙的),还准备把于坚拉到自己这边。但是这个事情没有搞成,紧接着就是"盘峰"了,那么剩下来就是民族矛盾大于阶级矛盾了,或者阶级矛盾大于民族矛盾。就搞乱了。

欧阳江河：我记得伊沙也给臧棣写了一封信，好像是说我们互相在对付对方，成仇人了，就是这样。当然我没看到这封信，好像是臧棣后来谈的。因为这个会我没去嘛。我没去，我一看这个会议肯定是要吵架。我那时候想淡出，我其实一回中国以后就想在诗歌意义上淡出。我已经两年没写诗了。当然写了一两首关于教育的啊，很有意思这个诗，到时候拿给你们看。我就想淡出，想写点文章休闲一下，生活生活再来看，诗歌最后有没有啥子变化的可能。我最近有一篇给《书城》的文章《世界这样，诗歌却那样》，你马上能看到的。我回来为啥子停笔啊？为啥子没有参加这个争论，没置身进去？按我的性格我是说话很认真的人，有意义我就说话很认真的，我认真我才写得很好。但我不光可以从理论上阐述一些问题，我也可以嬉笑怒骂，插科打诨，我可以很高雅，要让我下流我也下流得起来，这个流并不是只可以上不能下的，哈哈。我们这个流是可以上也可以下的，这个谁不会呢？最重要的是我对诗歌、中国的诗歌写作现状本身，包括我自己的写作，包括跟我近似的，或者我的敌对面跟我完全不一样的写作，我产生了根本的怀疑。其中一个根本的怀疑就是曾经我跟一些不写诗的人，搞理论的人，《读书》的主编，然后还有画画写小说的，还有国外的几个理论家，我们在一起谈，然后讨论过一个问题——当然我提出来的——为什么总是在现实转型的时候，在社会本身重大转型的时候，诗歌本身的变化，本身的革命和它总是没得关系？就是哪怕它是那样的关系，比如说同步关系，还有那种就是敌对关系，也可以。但我就是觉得几乎没得关系，当然也不是说完全没得关系，我这是说得比较极端了。我指的是诗歌革命，诗歌本身的变化，而不是指的诗歌题材。比如说我今天去三陪场所，或者今天我去炒了炒股票，在诗里面写写三陪写写股票，就叫做跟社会的变革同步，我不认为。不见得这只是一个题材问题。我始终在提一个概念，现实和现实感是两个概念，文学的现实、诗歌的现实更多指的是现实感。那么我的参照的标准可能是比较高一些，显然比较极端一些。比如说艾略特的《荒原》，反映当时第一次世界大战之后，整个欧洲世界精神意义上的价值观念以及文学本身意义上的现实，所使用的材料全部是现实感的，都是一些莫名其妙组合在一起的，一会儿从金子来了，一会儿一个关于他姨妈的回忆录来了，反正乱七八糟的，甚至经常是他抓到什么书来看。这并不重要，但他处理这种精神其中包括东方文化包括印度文化都有，还有那种古老的腓尼基水手的传说，他组装在一起，这种方式本身，就是这种组装的方式，带有零件感的组装方式，就跟工业社会、工业时代的这种结构是一样的。他并没有处理他身边的一些小事，他身边发生的事情连一个字都没出现，但是他反映的是具有深刻意义的当时社会的变型，无论是苦闷，还是当时的危机，都是整个这个结构的转型啊。物质的变化，比如说大工业的特色都在这里面反映了。他对当时的诗歌造成的真正的革命性的反叛，像这样的东西，在中国始终没有出现。我个人认为，中国的诗歌革命是从 1981 年开始的，而不是从《今天》开始的。因为《今天》他们更多的是一群个人写作者，我并不认为《今天》是一种革命。革命掀起了第一页，应该从 1981 年开始的，到 1983 年比较有气候了。从那时候开始，到现在有二十年了。那么我们真正对中国的现实——因为中国的现实特别有意思的——到底有什么样的认识？更早的是但丁的反映。但丁写的也是幻想的事情，天堂地狱，但是他极其贴切地反映了当时的现实，整个是一部欧洲意识形态史。我就觉得这种意义上的东西——我不是在说史诗啊，我其实是反对史诗的，包括我的《悬棺》也根本不是史诗，我是一个反对史诗的人，我根本不认为我可能写史诗——像这种意义上的写作，或者像庞德的《诗章》，他的那种对当时的反映是从个人的角度。他跟艾略特正好是相反的：一个只关心个人和世界，另一个是关心个人以外的世界。两个人的角度不同，但是都反映了社会本身的转型和现状。那么，我就觉得"世界这样，我们诗歌是那样"的，就是说在这个问题上所有的中国诗人（我指的当然就是艾略特说的 25 岁以上还在写作的人）也没考虑他和历史的关系。我是这种看法（当然你也可以说比如说批判我是老思想），考虑大诗人的问题。当然，我也不认为我是一个大诗人啊，我可能是一个很重要的诗人，但是我根本够不上真正意义上的大诗人。真正意义上的大诗人，我觉得真正成熟的还是没有产生。中间有很多人写了特别好的诗，像海子写了特别好的诗，杨黎写了很多很好的诗，翟永明写了很好的诗，张枣更是写过很好的诗，包括柏桦当时有些也很不错，我个人也写过很好的诗，但是我们用更苛刻的标准来衡量，比如说庞德、艾略特的那种诗，我觉得我们还不够，远远不够。当然，这只是个比喻，我其实并不认为他们两个是写得最好的，我更喜欢史蒂文斯啊这样的，纯诗人。虽然有这些失望，但其实我没有放弃希望，我还会写诗，我肯定会写诗，而且我至少不会让我自己失望。让别人失望那是另外一回事。我就是觉得因为写诗写到我们这个程度，成了诗人，肯定有一些东西，一些跟生命本身有最深刻联系的东西和原因在支撑我们写诗，要不然虚名也得了，也出版了，或者说也得到诗人的身份了，还写啥子呢，写出来还有啥子用呢？写作（真正的写作）在这个时候才开始，那么我就认为，从最深的生命的意义上，写诗我想还是有诱惑力的。所以我还是觉得，真正能表达我和生命最深刻的或者说最表面的一种联系的，还是诗歌写作。不是我的理论，理论我是客串，我就是个客串。我客串理论，从某种意义上讲也不比那些搞理论专业的差，哈哈。这是说着耍了，这当然有些伤人，但我的意思就是说，其实我还是一个诗人。我有一次在网上也看到了你和韩东的一次对话，很有意思，尽管你们的观点我并不同意。但是我觉得我特别赞赏你的一种信念、一种本能的东西，那就把诗歌提到那个程度是很让我钦佩的。当然韩东的一些东西我反而可能还认可一点。可能他一些文化的东西，诗歌意义，比如思考诗和世界的关系的那种东西，拿进来，可能更接近我。他身上一些东西跟我很相似，你身上很多东西跟我不是太那个。但是我不是一定要别人跟我特别接近，我还是认为诗歌是生命本身的。很多人认为是技术的，很多人这样认为。我不这样认为。我提出"写作无结果论"，我的诗在反映现实，在反映现状，我的诗有延续性，我在以后写的东西是有延续性的。我老是想思考语言和世界的关系，包括《我们》《咖啡馆》这种。是语言和现实和我们身边的世界，以及这个我说的事件不是指发生了什么事情，不是像新闻报道那样被动报道，诗歌所处理的事件有可能发生也有可能没发生。那么我一直追求的是语言中的现实，语言中的事件，语言中的场景，语言中的时间，一直在思考这个问题。那么我的诗就大量出现场景性质的东西，比如说时装店，咖啡馆，玻璃工厂，广场，阅览室，卧房和书房，所以场景是我一直在致力处理的。还包括市场经济的虚构笔记，我始终就是说要处理。比如《市场经济》里我提出金钱这个概念，比如怎么花钱，怎么赚钱，以及这种转换过程，还有《快餐馆》，这是我非常重要的诗。我后来没收到我的个人诗集里，是80年代末写的一首诗，非常重要的一首诗，《快餐馆》。这是杨炼非常喜欢的我的一首诗。那我处理这些都是当代文明出现的，就是一种场景。其实我不是对场景本身感兴趣，是想到场景的出现，它的转化是从哪里来的。然后它的后面跟我们本身的联系。我们人的本性，我们生命的延续和这个出现的关系，这个出现的命名和叫作诗意的命名，再度命名。这个出现的一些断裂和连续性，我关心的是这个。那么在这一切后面呈现出来的，生命的状态，诗和这种生命状态的联系，因为我们在写诗的过程中，我觉得包括你杨黎，你写诗我比较注意，包括韩东、翟永明、海子、西川，还有臧棣这些人的写作，我们大家始终都在思考诗在写作过程中的状态，民间一直在强调生命的本来状态，现场现实的生活状态，在体现这些的时候有一点特别重要，因为你体现这些状态，可以通过诗，也可以通过小说、戏剧、电影、音乐、绘画来体现，但是为什么我们选择诗歌这种形式呢？这一点非常非常重要，就是说它在体现生命状态的同时，体现了词的状态。因为在体现词的状态的过程中，没得任何东西能够像诗歌这样有最根本的可能性，最大的可能性。比如小说不可能到诗歌这种极端，更不用说电影。所以我要说词的状态。诗歌在反映人的生存状态的同时，一定要反映词本身的状态。所以说我所喜欢的所有的诗人都是同时关注这两个方面的。你不能说我他妈在写生命状况，然后对词的状况就没有体现，我就不能。而且我还觉得这里面有一个我的信条，这也是艾略特当时说的一句话，我觉得这是现代诗最重要的一个理论遗产，这句话是：诗歌只做只有诗歌能做的事情。（换成普通话重复了艾略特的这句话。）就是说诗歌可以做的事，小说也可以做，那诗歌就没必要做；新闻媒体可以做，那诗人就没必要去做。比如《怪客》处理的那个东西，你处理那个东西，是小说处理不出来的。尽管你可能受一些新小说的那种客观、冷静的影响，而且包括叙事诗，比如说艾略特的《荒原》也有叙述成分，但是它的这个叙述是为了使它叙述的东西由于诗歌叙述以后变得不可能再叙述，任何的语言都不可能再叙述，你不可能浓缩，不可能精简，也不可能写故事梗概，就是说它的叙述唯一的目的就是让它不可能再被叙述。所以它在体现叙述的实践或者人的状态的时候，它呈现了词本身的。诗歌作为一种文学形式也就是一种生命形式，它本身的全部可能性完全是它体现出来的。这也就回答了我自己的问题，我为什么暂时停止写作？就是我觉得诗的状态的反映、生命状态的反映这两者的结合和我身边的世界其他的状况和其他的关系脱节，然后我现在觉得还是思考有没有可能同构或者构成啥子的关系。这个我今天就顺便提到这儿了，我在我的文章里我也没提，我最近刚写的一篇文章里也没提。今天的采访我正好说到这里，我个人认为的。还有一点我要提到的，出国以后我的写作。包括程光炜在我那本诗集的序言里写的，他们就认为我的写作、90年代的写作，可能在出国以后变得豪放了。我觉得这个可能和他们的想法有关，豪放这个词我也不晓得咋个想的。其实我出国以后，我是生活在非常个人的状态中。我就觉得出国对我最好的一点是什么呢？就是我真正体会到一个人生活在完全个人的状态中是什么感觉，因为80年代我们整个的生活延续至今，诗歌有一种江湖气。就是说大家都是哥们儿义气，然后一群写诗的人生活在一起，吃酒，写作，参加公司，办了公司，这种团体生活很好，这种生活很适合于我，我其实觉得我是一个合群的人，但是我去了西方以后就脱离这种状态了。

杨黎：生活改变的？

欧阳江河：环境改变，强迫我必须一个人生活。我觉得很多人可能受不了，但是我是在享受这种状态，所以，到现在，我是两种完全极端的生活都生活过。

杨黎：你是好久出去的？

欧阳江河：我是 1993 年出去的。

杨黎：好久回来的？

欧阳江河：1997 年，1996 年年底。但是 1996 年回来以后，跟着又到德国待了半年，就是在国外生活了四年多，四年半。我是觉得这四年半的生活对我是非常非常重要的，知道了什么是个人主义，或者这种东西。所以我觉得我在 90 年代出国以后写的几首诗，具有一种抽离的，就是说跟我写的东西隔了一层。他们现在都讲究写作的直接性，但我觉得直接性其实在诗学意义上讲是隔层的。隔一层并不等于没有自己，这个当然是一个技术命题。比如我后来写的《我们饥饿，我们睡眠》，还有《感恩节》，我自己觉得这是我比较好的诗。张枣他们特别喜欢我这几首诗，因为他写出的包括后面的诗，我不知道你看了那些诗没有，他们觉得这首诗特别好。这些诗没有收到我的个人诗集里，因为这个诗集出版以后我才把它们集中起来。我始终对场景感兴趣，你看我写的诗都跟场景有关，像《威尼斯》，而且把成都跟威尼斯混起来写，"成都的雨在威尼斯才下"这些，真个就是这样的。

杨黎：作为一个诗人，你谈到你常常客串理论界。是不是客串？

欧阳江河：小姐，给我们续两杯水。——你说啥子？

杨黎：我说客串。

欧阳江河：是客串。

杨黎：那你从客串的角度来谈谈诗歌当代的评论现状。

欧阳江河：评论家我是这样认为的，1997 年我跟北岛一起参加香港国际诗歌节，然后在这个会上遇见了王辉和刘小枫。然后当时王辉就说到一个问题，对诗歌不以为然。我就问王辉："你是为啥子？"他就说他不是诗人，他是学理论的，是中国社科院的，他是文学博士，主要研究小说，研究鲁迅。他跟我说了一句话，让我特别有印象，他说他之所以这样说，是因为他开始读诗学批评，是想通过诗学批评了解一下诗歌的情况，了解中国诗歌现状的全貌。结果一看这个诗学批评，倒他的胃口，就一首诗都不想看了。所以说诗学批评在那个时候所起的作用，在某些时候对某些人起的作用，应该是反作用。我后来把这个事情告诉了张小扬，我那时还是客气了的，我说宣传和推广诗歌作品的时候，在推进现代诗革命的同时也阻拦了更多人接触现代诗。当然是开玩笑。现在的诗学批评在中国不成熟。这种不成熟不光是观念上，也包括文体上，因为涉及文学诗学批评的人很少，观念是非常激进的，他们又敏感，这种敏感是专家训练的结果，他们敏感到这是新东西非常激动，看见非常广阔的前景，而且在文学上真的是觉得自己是那么敏感，但是他们的写作文体和表现他们思想和观念的表达方式本身已经是体制化的东西。是他们50年代教育出来的那一批人，是体制化的产物。这就出现一个非常有趣的现象，文体保守但是观念激进。这就证实了我的一个看法，真正的革命一定要观念上的革命，而且必须在表达上达到也就是说必须在词的意义上成立，才是真正的革命。一个人在观念上是革命的，但在表达上你的文体你的语言你的表达方式还是旧的，这是很可笑的现象。这在80年代已经存在，这种情况不光是在那时存在，在现在也存在。但到徐敬亚在那时候就不这样了。这个意识对他起的作用是非常大的。他起的作用在80年代。但是唐晓渡、陈超和程光炜他们几个批评家在80年代以后继续往前走，所以他们变成90年代的批评家，所以有更多的成就是在90年代建立的。那么90年代以后，我觉得这种变化出现了。就是说当然也还是他们，还是从那而来的，所以说他们所受的影响就是最直接的影响，我觉得他们还是起了非常重要的作用。这个作用不仅仅是在介绍那个评价，那个当代诗歌，而且是在体现他们自身开始。但是那种表达方式和他们要表达的观念的协调，因为原来他们是写批评他们是脱节的，观点是比较先进，但是表达方式还是旧的。因为任何革命都是针对他们评价的对象，也是针对他们自己。理论这种革命已经不能是针对诗歌，诗歌理论的革命对象不是仅仅针对诗歌，也是针对他自己。这是最低标准。那么你看西方，西方的诗学革命或者思想革命很重要的一点，就是表达文体本身的革命，是自身的革命，是载体的革命。所以说这几个人，尽管他们最后取得的成就是有限的，我自己认为他们在向着这个努力。所以说从 80 年代到 90 年代，诗歌理论最大的一个变化就是这个方面，并不仅仅是针对他自己的诗歌本身的变化、追踪，或者一种肯定或者批判，不是这样的，而是体现在表达方式上。尽管这几个人在这方面是有限的，但是在很多年以后更年轻的一批出来了，而且我认为中国诗歌有一个很有趣的情况，就是一个现象：从事理论批评的大量的人是诗人本身，我可以给你指出来涉足了诗歌理论，而且有一定影响的人，有不少，从海子开始，我、钟鸣、西川、韩东，包括于坚，然后伊沙、王家新、孙文波。你好像涉足得少一些。

杨黎：很少。

欧阳江河：要少一些。我的印象中还有石光华。而且这些人中有相当多的人我觉得取得了专业诗歌评论家的成就。我这里再补充一点，80 年代其实四川有一个很好的批评家，写得很好，就是巴铁。巴铁的那种研究方法，已经体现出一种先进性。那个年代不太出现的东西，在他身上已经出现了。还有一个是朱大可，他的那种文体表达已经具有了那种革命性质了。尽管他的诗歌观点，他对诗歌的判断力，我觉得我不敢咋个恭维。但是他体现出的判断力非常精彩。我觉得还有像徐敬亚，他更多的是在 80 年代。他的变化和他的那个，基本上是到 80 年代为止了。但是他的表达是一种真正形成的，非常精彩的。——小姐，我们这两杯不续了，你给我们来两杯冰水。我们不续杯啊，哈哈。——这个然后呢？

杨黎：你在说徐敬亚。

欧阳江河：我们还是回到那个对批评本身的看法。我个人比较推崇的批评方法，应该是微观批评和宏观批评结合得非常紧的，就是一种非常广阔的理论世界，但是能够有一种具体的文本。如果我还要从事诗学理论的建设性的工作的话，就会这样。但是更多的人认为我是过度阐释了，但是我会更多地涉及这方面的批评。我觉得现代诗学批评啊，说到底还是要针对诗歌本身。因为中国古代文学就是诗歌文学。当然，《红楼梦》的东西和汤显祖的戏曲也是非常好的，中国如果没得诗歌就没有诗歌文学。中国的文明实际就是一种诗化文明，那么中国文学那么发达，很大程度上就是因为它的阐释。但是中国文学没有专门的像西方那种从理论到理论的研究，体制化的东西没得。所有诗学最精彩的东西都是跟文本有关的。而且诗歌理论中有关的东西都带有过度阐释的性质，所有的诗化批评的传统很大意义上是由中国古代诗歌体制决定。我们说中国古代的诗歌全是这种写作，写诗歌的都是大官，都是读书人，中国哪里有专业诗人？除了李白以外，哪里有专业诗人？一个都没得。其他都是文人，当官的而且都是大学士。你看看哪个的写作不是这个的？但是未来的中国诗歌可能因为古代的中国诗人取得的一种特权（当官的特权，当知识分子的特权），然后诗歌朗读的特权。中国的古代诗歌大量都来源于二手材料，不是从生活中直接来的，都是从其他中剪辑来的。中国的诗歌还有一种便利的特权。比如辛弃疾有一句："知母者而丧子，知我者而丧之。"这个就是从孔子的"知我者二三子"来的。这个来源就是大白话，而有这个来源在这儿就非常好。所以我的意思就是说，中国诗人有优点，就是读书特权，同时他们写的诗就也有这个特权。假如你不知道他们读的书，用的典，那就是你的问题而不是他们的问题。也就是像读经一样的，一首诗出来有多少人去注释它，多少版本的人去注释它，就一个字一个字去找它从哪儿来的，用了什么典怎么用的。你知道这是一种特权，一种阅读特权。现在的诗人没有获得这种阅读特权，现代诗读不懂就被很多不写诗的人、搞批评的人，包括一些知识分子侮辱，那种大学教授都读不懂的诗会让他有一种受侮辱的感觉。他就没这么想，现代诗没有得到那种阅读的特权，不像古代诗那种，像读经一样的那种阐释的特权没有得到。现代诗最大的是各式各样写的特权，谁都可以写，但是写的特权没有批评与阅读的特权的呼应的话，它是无声响的自生自灭的。我为啥子要致力于这种批评？因为我同时从写和读的两种角度去理解诗歌，而且是故意地过度阐释，当时我就是这样考虑的。——喂，我在接受一个采访，马上就完了，可能还要二十分钟吧，啊？你问他们吧，你和家新一块来吧？我在新世纪，你是直接去体育馆？我要晚一点到。我都知道了的，他们电视台一会儿就来人了，6点钟左右，现在没什么事没什么人给我打电话，当然好多人过来，好，那先这样。

——所以我觉得现代诗的问题，表面就是知识分子和民间写作的争论那个啥，然后演化为所谓的改朝换代，老的一批下去，新的一批上来，当然其实诗歌写作的问题根本不存在老的和新的，其实现代诗歌最主要的问题，就是阅读的问题。诗歌革命二十年了，我们清算一下我们基本的成果，我们清算一下我们的得失，我们的写作真正的艺术生活，我觉得反思一下是很有意思的。我觉得其中很重要的一点，还是从具体的东西入手，怎么样阅读诗，从这个角度去谈，而且怎样赋予阅读一种特权，就是像读经一样。我这本书（指《站在虚构这边》），西川给我写过一个很短的书评，其中就在行文中谈到一个读经的问题，他就觉得到最后把诗当成经一样读。我跟唐晓渡还开玩笑，我写站在虚构这边，我就说我这种阅读的方法把两个方面合并在一起考虑，我的这两个方案是相反的。也就是说我假如在考虑中国诗歌的理论时，也可能把民间的东西和知识分子放在一起考虑，得出一个完全相同的结论。而且完全是从两边最相反、最极端、最要命的东西出发，然后走在一起了。完全可能。所以我就觉得这个里面当然带有一种智力运作的成分与痕迹，但是我想主要的是要面向我们看待世界的那个那个那个啥子呢，但是当我们看待诗歌的时候，对我来说是从一个更大的地方看。就像可能是一个电视画面，你可能直接看到的是一个人在看一个电视，电视里面有人说话。再更大的里面老子看到的是情节，老子就是觉得越来越大任何大得不得了的东西都有小小的细节。我们一样的，我们应该反过来看，这是一种方案。我们从更多越来越大的到越来越小的，反过来我们从更多的越来越小的，能看见的最小的东西，你还能无限止地追问下去，中子离子然后质子纳米什么都是乱七八糟的。但是这两个完全相反，你把它们合起来考虑，就是说我在诗歌中，尤其是在理论上，我要重视起来。包括我们对历史的评价，或者到最后我个人认为啊，比如知识分子写作和民间写作之争——我基本没参与——但是我认为是一种战斗保持，当然这中间可能有一些过火的东西，跟诗歌没啥子关系的，这是很讨厌的。这个什么《下半身》的那些乱七八糟的东西，随便他们闹去，跟我们没得关系。《下半身》并不能侮辱诗歌，到时候侮辱的是他们自己。我觉得没得关系。但是我就觉得，不能有那种幻觉，比如王家新式的一种幻觉，以为他是在捍卫一种正义，捍卫他的道德。很可笑。我的意思就是说最后还是看文本，而且尤其要把那种，比如说 30 年代 40 年代苏联大清洗以后的道德感、耻辱的这种东西，搬到当今中国来，简直是可笑的，幼稚的。所以我觉得其实我们所强调的那种道德判断，道德价值观，追求正义追求真理，比如说《下半身》他认为鸡巴就是真理，我觉得他这样也没错，随便你。你认为心灵是真理，大脑是真理，鸡巴是真理，我们其实不晓得，对不对？因为很多人认为我们到底是用大脑在思考还是什么，现在西方人认为我们是用胃在思考，胃并不是一个消化机构，它是一个思考器官。那每个人都有自己的说法，我的意思不是其他，我的意思是诗歌本身作为一种——我还是回到艾略特关于现代诗的思考——我认为是 20 世纪最后的一个遗训，一个遗产吧，就是：诗歌只做只有诗歌能做的事情。所以说到最后剩下的还是文本，还是诗歌文本，在此体现人类状况的时候，体现诗歌的状况，这两点必须合起来考虑。其他的东西其实只是一种背景，背景说明不了什么东西。把它具体到道德价值观，比如说一些基本观点的分歧，很多东西比如说当年的苏联 30 年代、40 年代的一些正义的那面，被镇压的那些，就是反斯大林主义的那些，这些东西也可能我们从现代来看，从现代人的角度来看，觉得反而是斯大林用残忍的强制的手段完成了从农业社会向现代社会大工业社会过渡的，他缩短了这个时期。所以在某种意义上，从现代性的角度看，他可能还是一个他妈的圣人。但是从诗人的角度我们都反对他。但是我们自己永远有两面，我的意思就是说把你那个时期的正义感、道德感原封不动地搬到现在来，至少是幼稚和不成熟的。很多东西到现在为止已经自动消解了，不需要任何回答。我们现在进入市场经济时代、商品时代、消费时代，实际上就是诗歌怎样创立自己的，比如说自己的基本的立场、态度。这是一个多元性的东西，我觉得根本没有办法硬性规定它，尤其没得办法从真理的这面去把握它。所以我提出从虚构这边去把握它。当然也有人认为我是脱离现实的，但是我觉得我恰恰在中国诗人里面还比较有现实感的，有关我的诗歌如何或者风格如何，你去评价我没得关系，但是我觉得我在反映现实这点上是下了大量工夫的，所以千万不要曲解我。有的人认为，我比较注重诗歌的修辞或者比较注重虚构的东西，是因为我觉得要同时体现出词的状况来，这并不等于我就不处理现实。我觉得我并不是一个幻想型的诗人，也不是一个夜莺式的诗人。我觉得我不是这样的诗人，我恰好还有些看法是要理解现实性的东西。我觉得我的写作和我的理论努力的方式，有一定的相似之处。当然也有一定的差异。我认为没得关系。然后具体涉及评价，我觉得我可以说出很奇怪的评价，但是这些评价都不可能作数，所以说我一般不咋个涉及到具体的评价。

杨黎：你能评价一下大展吗？

欧阳江河：哪个大展？1985 年的大展？

杨黎：1986 年的大展。

欧阳江河：评价那个大展，我觉得这个大展从诗歌本身的意义上看的话，它没得好大的价值。但是我觉得它跟我对《非非》的评价有相似之处，我认为这个事情把诗歌社会化、事件化，而且用媒体的手段推向全社会，强加给社会，我觉得这真是一个发明，真是一个发明。

——喂，哎。刘小枫啊？没给我打电话啊，哦刘小枫啊，打了，打了电话，你大概什么时候过来？你大概要几张票一共？十张是不是？一二三四的四个没有问题，不知道我现在还在这儿这样。你 7 点来行吗？7 点钟你给我打电话，然后我告诉你我在什么地方，我穿什么衣服好吧？不会，我们有个车在那里卖票，我会提前，但是这个车现在停在什么地方我不知道。好票？那我就不知道现在有什么票了？我现在有三张是北台的，300 块一张的，但是也不是什么特别好，但是是正面。主席台的我看看，要是还有我就给你，行吗？我先给你留着，我再给你找，不花钱不花钱，送，哎，一分钱不花，哎，好好好，好的，好好，哎好——然后，说到哪儿？呵呵。

杨黎：说到大展了，它是一个发明。

欧阳江河：哦，我说它是一个发明。而且这个是徐敬亚干的吧？这两件事情他写了一篇文章是关于"朦胧诗"的，这个大展实际上是想推出关于"朦胧后"，作为社会性的一个团体。这是一个发明。反正我觉得是，后来再后来有效仿的就是笑话了。你看，用一个青年报纸，就是跟文学没得关系的报纸，而且深圳这个地方是跟文学没得关系的地方，推出诗歌，把诗歌的本身的这个隐喻性质、边缘性质都弄了出来，而且隐喻是它的未来性，就是更经济的性质，用现代媒体运作的方式来推出诗歌。我觉得是一个发明啊，怎么评价都不为过。哎，《非非》那时候也是一个发明，因为它是啥子呢？超出了文学本身的那个，它对理论的那个反文学反那个当然有些危言耸听，但是我觉得没得关系。我现在想想我当时反对可能显得有点，从现代的角度来讲，我觉得我的反对和立场显得有些短视。当然我可能从美学的意义上讲，从诗学的意义上讲，我肯定永远站在它的对立面。没得关系，但是我们从一个历史的角度来讲，"非非"和大展都是非常重要的。因为它带有发明性。它不像传统，不像今天这种啊，具有开创性质。翻看一个新的一页，但是它并没有发明精神，当时几个人趣味相投地聚在一起，办一本油印杂志，古已有之，有啊。但是"非非"的构成法包括运作方式以及这种理论的传播方式，接触这些跟诗歌毫无关系的方式就是一种发明。反正有点意思，我觉得中国这种一共有两个部分是很重要的，一个是跟诗歌没得联系的社会学的、全民运动的方式，另一个就是少数文本保持的纯粹性。顾彬（德国的汉学家）他有一个看法，他认为20世纪真正能够进入世界文学的东西，小说中就是两个半，一个是老舍一个是沈从文，另外还有半个是哪一个，哦还有半个是戏剧家曹禺。后面的全部风骚被中国朦胧诗或朦胧后的诗歌独领。他认为中国诗从80年代以后朦胧诗开始一直到现在，毫无疑问是属于世界文学的，一个世界文学的现象。中国文学，我们现在来讲，我们想象一百年以后，我们来阅读中国当代的现代的文学，我们把那个事件、文学运动还有这些纷争那些纷争个人意气之争，这个咒骂那个咒骂全部关系都去掉以后，我们就看诗歌文本本身，小说经得起阅读的没得几个，诗歌文本经得起阅读的，我自己认为啊，我有一次跟张枣在一起，我列了一下五十个左右，不得了啊。

杨黎：咋样了？还够不够时间？或者换一盘吧，我接着问最后一个问题。

欧阳江河：最后一个问题。（换盘）

杨黎：你对新一代，对网上新起的诗人怎么看？

欧阳江河：网上的东西我看得很少，我上过一两次网，上网主要是看认识的人发表的一些看法。没时间看诗了，我对网络诗歌的现状不是太了解。但是我也看了一些70后的诗人，比如说这个《芙蓉》，到图书馆去我有时候站在那里翻。它的那个70后的专集啊，我几乎每期都翻。在里面也读到一些人的诗，我的那个看法像乌青的诗我读得很少，竖是因为韩东有篇文章里的一首诗什么跑马场的，写得有点意思，真的有点意思。跟我们这代诗人写的东西不一样，是一种全新的东西。包括乌青的诗也完全是他自己的东西。70后的诗人，我接触过一两个，但不是你们这一批的，比如尹丽川，她当时主办一个什么活动，当然我现在跟她已经一两年没有任何联系了。所以，她，我几乎可以说是唯一认识的70后的。没啥子私交，但是也读过她的一本诗文集，包括小说。我不晓得你们，可能不喜欢这个人。她的这个啥子，她的诗还有一两篇小说还是写得不错。但是她的评论文章很多人觉得好，我并不喜欢。她的第一篇文章是我帮她寄出去的，她生平发表的第一篇关于电影的评论，是我给她寄到《天涯》去发表的。然后她的有些诗，我不是说全部啊，有几首还有点意思的。我不晓得70后唐丹鸿算不算？不算？唐丹鸿的诗我还觉得很好。

杨黎：唐丹鸿是60年代末期的。

欧阳江河：像我们以后年轻一代的诗我喜欢哪几个的？喜欢朱朱的诗，喜欢唐丹鸿的诗，那个乌青、竖的诗我看得不多，但是我看过的我觉得不错。尹丽川的一部分诗我觉得写得不错，真的是写得很有点满不在乎的劲头，就是有点力量、很原始的东西。可能她的生活观，她的价值观, 我不一定同意。这个没得关系, 诗本身文本怎么样才是重要的。然后说实话其他的, 我还没看到更好的, 也可能我阅读范围比较小, 我读过二三十人的诗吧。哦, 杨键的作品, 我觉得还有点意思, 杨键的诗。

杨黎: 准确地来讲他也是 60 年代末的。

欧阳江河: 我觉得他们的诗, 朱朱有一本诗写得相当完美, 就是从写作来说。然后杨键呢, 也是有一种, 怎么说, 从深处透出来的力量, 我觉得还有点意思。然后像你们 (指乌青) 几个的诗我还要细读, 像竖的诗, 我的印象中就一两首吧。反正也是有一种洁癖, 包括乌青的诗也有一种洁癖。可能跟他们自己的东西很吻合, 跟他们的内在很吻合。乌青的诗我还要细读, 推荐几首吧, 我还要细读。但是我还是觉得还是这样的, 我们这代诗人对他们写作有影响的啊, 可能更多的是韩东、杨黎你们这种路途的写作在他们身上有很直接的影响, 我觉得我的影响可能不多, 可能个别的。我觉得我的诗假如要影响人, 这个我是不客气地说, 基本上不一定是好影响。学我的诗写不大好, 呵呵, 最好不要学我。

杨黎: 还有吗? 我说 70 后。

欧阳江河: 还有啊? 哪些?

杨黎: 胡续冬他们。

欧阳江河: 胡续冬哦对, 他们, 哦, 对。胡续冬、蒋浩, 我还忘了这批人。这两个人的诗我觉得还有点意思。由于他们跟我们有相近之处, 反而不一定喜欢他们。我觉得还是没有超过我们, 呵呵, 我觉得啊, 但是我对他们的写作表示尊敬, 写得渐渐体现出他们自己的东西了。这几个人的写作起点比较高, 底子很好, 因为写作一定像我们这个路子的, 它一定是写作的正宗传统。因为我觉得比如像那种他反而带有叛逆色彩, 革命的色彩。但是像有革命的一定就有保守的、正宗的, 他们代表的是一种比较延续的, 我觉得就一定有这种成分。又是一种一窝蜂的, 比如说从这个到这个马上, 就完全不行了。我就是觉得任何革命一定要到最后都要跟延续的继承的东西并存才行。我个人认为这种影响，建设性的东西大于破坏性的东西。我并不是说破坏性的东西不好，在某种时候破坏性是非常重要的。

比如说，刚才我提到的那几个人，他们的东西带有这个，因为诗歌写到这个程度，所以从这个角度看，包括这次民间之争，尽管它可能带有一些非诗歌的考虑，但是回到纯诗歌的角度来讲的话，因为诗歌到这个时候已经完全被王家新、萧开愚他们，或者臧棣啊垄断，我不是说他们的诗不好，他们的诗也有相当不错的成分，但是我觉得假如由王家新他们一直那就变成伪诗歌写作了。我就觉得很讨厌，我觉得假如他们把我归为一类的，我也不会认为和他们是一类的。所以我觉得从这个角度来讲的话，他们所使用的方式让我有点不能接受。我对争论本身也是对民间派的那些做法是强烈反对的。但是我觉得从效果的角度来讲，有他的道理，有他的必要性。从效果当然我讲的一下子改变了，诗的那种一统江山，我觉得很好，甚至垃圾我也不怕。

杨黎：你还有好多时间？

欧阳江河：五分钟。

杨黎：那我们来谈谈"七君子"。

欧阳江河：七君子，其实是五君子。七君子是我们现在的五君子，就是柏桦、钟鸣、张枣、小翟和我，加上廖希和孙文波。但廖希和孙文波他们当时的写作，怎么说，其实因为大家是一起玩，他们的写作，孙文波的写作是后来变得比较好。在当时他的写作不怎么样，没有啥子效果，是一种跟在后面写的，现在孙文波的写作有他的独特价值，是谁都不能取代的独特。尽管我可能不是太喜欢他的写作，但是我觉得他的写作也有他的道理。但是我就觉得当时他算不上，廖希就更算不上，只是大家在一起耍。所以真正意义上讲的话，七君子是不存在的，五君子存在。我跟钟鸣是众所周知，可能钟鸣不承认，其实我从来没去说钟鸣的坏话，我还是比较推崇他的文章写作，他的文章我还比较喜欢看。然后对他的诗，说实话，我不喜欢，这个有点刺伤他。他老是认为他更多的是个诗人，那么我不知道你喜不喜欢钟鸣，呵呵，反正我是不喜欢他的诗的，我看他的诗跟我的有相似之处。但是。然后呢这个柏桦变成了这么一个人，退出写作，退出他自己了，他现在活着好像就是为了赚钱，培养他的儿子。我不知道这个情况是怎么产生的，我觉得是个谜。也可能再过二十年，他本人要为我们揭这个谜。我认为我应该找到这个谜。柏桦是一个设计自己生命的人，但他的历史感是真正的，在某些方面他是真正具有历史感的一个人。柏桦现在这样，我觉得是带有一种文学阴谋性质的。说阴谋可能不对，应该是密谋，是密谋性质的。从文学角度讲甚至带点美学意义的恐怖主义者，地下性质的，就是加在一起的一个混合。所以我在想柏桦他的这种决定，肯定是有他自己的考虑的。我觉得这里面肯定有一个谜，也没必要去揭他，也没必要怀疑他，反正就是对柏桦的现状我听说了很多，我并不愿意去，也没有力量，没有任何可能去改变他。我觉得他也有他的道理。然后翟永明，我始终认为翟永明的诗是非常非常重要的。很多人不喜欢她的写作，但是我觉得无论她 80 年代的那些带有现代神话主义、女性主义的诗比如《女人》《静安庄》，还有一组诗是什么反正写得非常好的，一直到 90 年代她的写作也是，尤其是她近期的写作，两三年的短诗写作啊，我觉得取得了非常高的成就。尽管她的诗里面有非常笨拙的东西，就是她的音乐感不大好，我倒不是说朗朗上口，不是这个意思，而是从最本质的意义上讲的，我觉得这恰好成为她写作的标志。这个给她的写作提供一种硬度，一种能量，所以她的诗，哪怕是写最温柔的部分，最销魂的时候，也有这种硬度，这种能量。这种硬度是现代诗最好的品质，而且这不是一种技术上的产物而是体现她生命内部的。我觉得翟永明始终是一个我觉得她会写下去，她最有可能成为一个非常伟大的诗人。张枣的诗，我个人认为啊，张枣这个人是个什么人我不晓得，如果按传统的意义讲，他可能品质上有缺憾，但我觉得这没关系。他颓废，而且这颓废是我也没办法去评价。但是这个人的写作，他是一个很高级的知识分子，是一个了不起的知识分子，中国文学史上，中国诗歌史上，确实是很多重要的人我都碰到，但真正称得上高级知识分子的没有几个，他一个，西川一个。张枣的修养很全面，张枣敏感，我觉得他的语言能力、他在诗歌中呈现出的词的状况绝非等闲。有的人开玩笑说他是安了什么防盗锁、号码锁什么的，那是比喻性的说法，我觉得他的诗歌带有一种谜传的性质，谜传。这种东西你感觉好像失传已久，古色古香，但又最现代性的东西，他把它结合得那么好。真是一个奇迹，尽管他的诗歌有局限性，他的视野不太广阔。因为现代诗歌非常重要的两大特征在他的诗歌里都没体现。很奇怪，第一是硬度，那种内在的硬度，像你的《怪客》就有硬度，我感觉到《高处》反而没得了。最近的东西还没咋个看，我哪天还要拜读一下。但是比如这种硬度啊，在翟永明的身上有，在朱朱身上也有，在多多身上也有，我觉得在我身上也有，包括于坚的身上都有点。这是现代诗歌的重要的品质，但是在张枣身上没得，在柏桦身上有。另外还有一个现代诗的重要品质，就是广阔性，这是原来的传统诗没得的，现代诗的注册商标就是广阔性。我觉得到 70 后诗人身上有点失去这种广阔性。这种广阔性不是说表面的。老江河没有这种广阔性。那么这种广阔性呢，这两种情况在张枣的身上都没得，基本没得。但是特别奇怪，我觉得他的诗特别现代。他的诗古香古色，非常迷人，有魅力，就是。而艺术家没得魅力的话那他的价值就要减一半。张枣的诗我现在说不清楚，其实他的写作跟我的写作相去甚远。但是他一点不那个，所以我总的来讲我现在不从负面来评价他们，我就从正面，那么大概就是这样一个情况。另外我现在还要单提几个，比如，我现在读的几个人，我觉得唐晓渡是一个啊，尽管他有毛病，但是唐晓渡真的是一个对现代诗歌发展到现在，（电话：喂，哎，电视台哎，喂，电视台来了你带他们进去，采访好你让他们采访，安排他们采访，是三台的李冰吗？中央三台的？他们就安排三机位，他们要采访就采访。没有，我安排的不是他们的采访，我安排的是中央三台的李冰。李冰六点半过来，我过去。我现在在新世纪，我马上就过去了。好好。）唐晓渡啊我简单说两句，然后简单说一下西川。西川我认为跟很多诗人不一样的地方在哪里？他又让我敬佩的地方在哪里？他是有文化风景，有文化气氛的，尽管他的写作跟我的不一样。写作所追求的东西和美学趣味啊。但是我认为这个人身上真正具有一种广阔性，不光是诗歌，还有文化意义上的广阔性。然后他这个人的人品我觉得也是让人服的，他有一种，如果说文学还可以有正义感、有正气的话，那么他是一个特例。因为这个正气和正义感在现在，在某种意义上说是贬义词。我本人就没得这个东西。我觉得我喜欢的那么多诗人，张枣也好，你杨黎也好，我觉得都没得这个所谓的体制化的东西，一句话，西川身上有。但是西川是唯一一个有这种东西却并不讨厌的。但是关于西川，很多人认为他官方化的体制化的东西都是技术性的，我觉得他的技术有一种比较诗人性的东西，但只有他这样一个人有利于把诗歌现代化社会化向非诗歌的圈子扩散或扩大影响。这个影响是正面的。他是一个不可或缺的人，他就是在这里面沟通，而且这个人学识了得，学养非常好，就是这样的。然后其他的剩下的，我跟臧棣啊这些也有些交往，但交往不多。臧棣这个人不是我很喜欢的人，有毛病，就是说。但是他的诗还是体现了一种非常重要的。而且我觉得臧棣的诗，现代人不喜欢，觉得他有一种伪技术的过于文本的二手的东西。但我觉得臧棣的诗有毛病，就是比较狭窄，不够广阔，而且我觉得不能深入。但是就他现在这个样子，我觉得还是非常重要的一个诗歌现象。萧开愚我再说一两句，他这个人的来源跟我们不一样，也就是生活本身的苦大仇深，可能要影响他一辈子。但是萧开愚的文本，我个人觉得尽管有人认为我在文章中推出他是一个失误，但是我个人认为在当时那个情况下我也有我的考虑。我觉得萧开愚还是代表了那一部分乡村知识分子，代表在这个社会转型期间乡村知识分子的自我感，以及他想由县城到大城市甚至向大工业文明过渡的一种历史努力吧。我觉得啊，我说个比喻就是有点像一个民工，民工进大城市这是没得办法的，虽然阻力也是很大的。知识分子也是，像他这个，那么他是成功的，海子失败了。其实海子更应该成功的，因为海子到了北大，但是海子身上有真正的古代诗人的那种浪漫，一种特别绝对的东西。萧开愚身上永远只有相对性，萧开愚身上没有任何一点点绝对的东西，所以他成功了。他可以随着环境的变化调整自己，他的写作有这样一个特点。所以他的写作也是有价值的，不要忘了他的写作，尽管我觉得他后期的写作越来越差，因为他是用体力来写，不是一种智力。大概这样了，假如还有什么事情咱们后来再说。

杨黎：好好。

欧阳江河：我还是谈得少了。还有万夏，万夏是1986年以后啊，也有一组作品我也很喜欢。《农事》的那组诗，是非常站得住脚的。尽管有人指责他的来源有点从我的《悬棺》里来，但我认为从诗学价值上来讲是超过我的《悬棺》的，可以独立存在。还有几首诗嘛，反而他的长诗我不一定喜欢。写给潘家柱的我并不喜欢，但是他那几首《农事》和几首短诗我很喜欢。他的小说真是不错。这个家伙真是有他的才气啊。

杨黎：那乌青把这个收起来。

欧阳江河：你们要看演出不？

杨黎：我们今天看不成演出的，一起过去拍点东西我们就走。

欧阳江河：那就一起过去，好好。

杨黎：关了吗？

乌青：关了。

欧阳江河：哎，小姐我买单。

三、女人

翟永明访谈

1. 翟永明的谈话录音已经整理出来好久了，但我却迟迟没有展开我的工作。直到现在，基本上全书都已完成，我才不得不面对她。

难度来自哪里？

在我这次的采访中，本来应该有六七个女人的计划，但是，打从伊蕾之后，我就知道我将放弃。翟永明是我的第二个采访对象，她坚定了我的预感。

我想问的问题和我能问的问题有太大的差异了。或者说，我问出口的问题和我没有问出口的问题，完全是两回事。对于她的写作，以及她维系写作的思想，这些表面的东西，都不是我所关心的。无论是她们，还是我们，我所关心的都应该是最生活的一面。而这种可能的真实，往往被终止在我们的谈话前。

我真的希望知道一个女人对男人的具体感受，不是那种隐秘的闺房故事，而是一声比想象真实的叹息。我甚至更想知道一个女人她曾经独特的惊讶和喜悦。当然，我不是作为一个情侣，而必须是作为一个采访者。

这就是工作的难度。

2. 翟永明：呵呵，我没得啥子说的。

杨黎：不急，不急。喝点酒吗？

翟永明：喝点嘛，呵呵。说啥子吗？

杨黎：我一下也不知道了。

翟永明：干脆你问我算了啊，不然说啥子吗？

杨黎：你生在成都？

翟永明：啊，我生在成都的。出生之后就去了贵州，读小学二年级的时候再回了成都。从小学以后就一直在成都待着了。哎呀，我真的没啥子说的，呵呵。

杨黎：我也没啥子敢问的。我最怕采访女的，男的我都随便问，女的都很紧张的。

翟永明：呵呵。你都采访了哪些女的？

杨黎：我现在还只采访了伊蕾啊。

翟永明：伊蕾问了啥子吗？

杨黎：伊蕾我也啥子都没有问。

翟永明：是没有啥子好说的。

杨黎：是不是哦？

翟永明：那咋的呢？

杨黎：是我不敢问。我们，男人和女人之间，两个人坐在一起，不好问。

3. 在我对男人的采访中，常常问他们这样一句话：你的第一次手淫是什么时候？又有什么感受？其实我对他们的回答并没有多大的兴趣，对他们的时间和他们大部分构思过的答词没有需求，我这样问，只是为了打开谈话的局面，寻找另一条访谈的通道。

差异似乎是必须的，至少差异肯定是存在的。

但是，我为什么一定要问这些呢？

4. 杨黎：实在不行了就先问初恋。你的初恋？

翟永明：初恋啊，上初中的时候，在班上的，13 岁。

杨黎：13 岁？

翟永明：当时特别喜欢我们班上一个男生。

杨黎：朦胧的？

翟永明：还是有点默契。彼此之间。有新鲜感。过了很多年以后，就是说前几年，还在机场碰到小时候的那个男娃子。

杨黎：几年以前？

翟永明：呵呵，是啊，当年的男娃子，现在已是男人了。就是觉得有点不敢相信。呵呵。

杨黎：后悔？

翟永明：也不，呵呵。只是觉得自己小时候品位咋个那么低呢？呵呵。

杨黎：怀疑初恋？

翟永明：哈哈，肯定。我觉得很多人对初恋都是怀疑的。除非初恋就是在一起的才没有怀疑的。所以我觉得那时候根本就不是初恋，是一个那什么呢？

杨黎：是感觉。

翟永明：哦，是个感觉。

杨黎：为感觉找个对象。

翟永明：哦，反正很复杂，一句话我也讲不清楚。

杨黎：你有没有 13 岁的照片？

翟永明：有嘎。

杨黎：那到时候给我们用一下吧？

翟永明：哦，到时候找一下。

杨黎：13 岁的翟永明有没有现在高？

翟永明：有了。

杨黎：那时候已经成熟？

翟永明：在身体上我是个很早熟的人，呵呵。

杨黎：思想上呢？

翟永明：思想上一直比较晚熟，呵呵。意识上有点跟不上身体，呵呵。

5. 我第一次看见翟永明的时候，就认定她应该是一个很大的人。这个大，不是指她的年龄，也不是指她的身体和外形，这个大是我整个内心深处的感觉。在这个内心深处，我从来都认为自己非常小：比最大的小一点，比最小的也小一点。一直到现在，当我在电视上看见一个成熟的女人时，我依然认为她应该是我的姐姐。

就这个问题我非常想和翟永明讨论一下，我很想听听一个成熟女人的意见。在她们的感觉中，有没有对一个幼稚少年相同的假设。虽然，二十年过去了，翟永明和翟永明根本就没有变化。不能说一点都没有，但最多也就一点。开始沉默。

我们到白夜的时候，白夜的门还没有打开。中午刚过，玉林西路的天上就飘起了小雨。我们，是指柏桦、乌青和我。吃过午饭之后，何小竹就走了。

没有等多久，翟永明的伙伴代蓉就先到了。她是一个热情的女人，但是又非常得体。她知道自己该在什么时间里说话，更知道自己该在什么地方消失。作为翟永明的朋友和搭档，我就我个人的观察，她好像从来没有抢过翟永明的戏，同时也没有冷过她的场。我想这就是白夜这几年存在下去的理由，至少说是理由之一。

6. 翟永明：我们家有五个兄弟姐妹，我是老四，两个姐姐，一个哥哥一个弟弟。我父母都属于干部，南下干部。

杨黎：你父母是哪里人？

翟永明：河南人。

杨黎：都是河南人？

翟永明：都是。其实我的父母都比较喜欢文学。

杨黎：你父亲喜欢还是你母亲喜欢？

翟永明：我父母都喜欢，但完全没写过东西啊。喜欢看书那种。后来我和我姐都搞这个，我姐很小就喜欢文学，可能还是跟家庭有关系啊。

杨黎：就是莫然，她是老几？

翟永明：她是老大。其实我受她的影响还是很大。她从很小的时候就开始写诗了。呵呵。她写诗写在笔记本上的，我回家就看到了。我就经常看，很喜欢看。我姐写的那种诗，我估计她很喜欢莎士比亚的，莎士比亚十四行诗有种那种的，反正我就觉得我姐特别喜欢。后来我也就开始，属于模仿，也是从模仿开始的，写诗啊写起要的。

杨黎：除了你姐之外有没有外面的人接触？

翟永明：还有实际上是我的一个表哥，他也是很喜欢文学。我小时候他经常来，他编了一个报纸，他是这个报纸的主编，他比我大很多嘎，他对我是有影响的。他知道我喜欢写诗，他就把他写的给我看，他那时候是在写小说。

杨黎：后来呢？

翟永明：他后来就没有写了。"文革"后因为忙着生活，就没有写了。其实那时我们表哥也就 20 岁左右。

7. 翟永明的姐姐我们是知道的，一个颇有才华的能干的女人。有几本畅销小说，也有几部热点电视剧。但翟永明的表哥我却是第一次听说。70 年代的成都，一切都是那么旧，旧得特别的平静，年轻的表哥和年少的表妹，正在从人民南路走过。他们谈到莎士比亚，谈到理想和红色风暴。就像今天的我一样，小心翼翼地避开最想谈论的问题。

你喜欢表哥吗？

你表哥喜欢你吗？

录音机里全部是翟永明的笑声。我不知道我问没有，我更不知道她究竟说了一些什么。都是过去的事了，那么遥远，记不太清楚。只有她的笑声，在机器里。

8. 杨黎：你下过乡没有？

翟永明：下过。

杨黎：在哪呀？

翟永明：在新都附近。

杨黎：多大？

翟永明：18 岁。

杨黎：待了儿年？

翟永明：两年。不过当时我也在写诗，就是青春期的那种。呵呵。

杨黎：你现在有没得？你能不能记得几句？

翟永明：记不到了，我特别记不得自己写的东西。

杨黎：你为这个初恋的男朋友写过诗没得？

翟永明：写过，写了也不知道到哪去了，那更记不到了。

杨黎：就是记到都不拿出来。

翟永明：哈哈哈。我不。我还想记得到，记不到了我很后悔，我觉得应该留着，我觉得会很有意思。就像是那时候写的作文啊，我其实是没得收拾的人，好多的稿子都掉光了。其实那之后写的东西现在回头看特别有意思。

杨黎：你认认真真地写，有意识地想当个诗人是好久开始的？

翟永明：认认真真写是从大学毕业我分到西物所以后。

杨黎：大学毕业以后啊？

翟永明：啊，毕业以后。

杨黎：大学期间呢？

翟永明：大学期间也在写，只不过是写起耍。

翟永明：你哪一年上大学？

翟永明：我 1976 年嘛。我其实是最后一批工农兵学员，我当时学的是激光技术。但我又不喜欢这个专业，不喜欢也没得办法，还是得去学啊。就学啊，就是对大学、对这个专业完全是懒心无肠，就喜欢自己写点东西。但也不是正式写，还是写着耍那种。实际上正儿八经地写是大学毕业分到单位上以后。到单位上以后，我也不知道是不是我不喜欢我的专业，在单位上工作也是不太用心思，在那个时候我就开始写得多了。

杨黎：那是哪一年？

翟永明：那是 1981 年，差不多 1981 年，刚开始写，正儿八经地写了。

杨黎：确定当个诗人了？

翟永明：也没确定当个诗人。我从小就没梦想当诗人。

杨黎：为啥不想呢？

翟永明：我不是不想，我是真的觉得作家跟诗人都是很遥远的，不敢想。当时我就是非常喜欢，后来觉得当时为啥写了这么多，就是觉得太无聊。确实过得太无聊了，当时确实觉得这个事情是我最喜欢的。

杨黎：当时和外界有没有交流？

翟永明：没得。

9. 翟永明有个姐姐叫莫然，写小说也搞电视剧。这个人我认识，蛮不错的。所以，我在上面提到了翟永明的家庭，以及她的兄弟姐妹。我想听她谈谈。但是，为我整理录音的黄南南不知道翟永明的姐姐，加上对我们的成都话又听不清楚，一番误会，出来就完全变了样。我记得她在整理的时候还对我说："你们80年代的先锋诗人真先锋啊。"

我没有理会她的话，因为我正在忙着。当我梳理翟永明的谈话时，我才大吃一惊——这两句简单的话，已经不再简单了。我说：谈谈你的兄妹、家庭。（谈谈你的胸围、臀围）翟永明回答：我们家原来是很大。（我的胸原来就很大）

"南南啊，"我问，"你是怎么听起的呢？"

"我也不知道。"她说。

10. 翟永明：我第一个认识的诗人是欧阳江河，真的是。

杨黎：怎么认识的？

翟永明：当时成都有一个钢铁厂搞活动，他们都来了。

杨黎：钢铁厂有什么活动？

翟永明：他们有一个文学社。当时代蓉在那个厂里，是文学社的骨干，她呢又不写就把我拖起去耍。他们就是搞了个活动，就是跟川大一起搞的，跟川大的诗社有关的一起活动。好，我就去了，我就那么第一个认识的是江河。呵呵。到那儿之后他就先上来说，他来讲课，他说："我是江河。"第二句就是说："我不是北京的那个大江河，呵呵，是成都的江河。"他就是给我留下很深的印象，他讲话的时候我就在想，因为当时江河其实是全国皆知的诗人，我晓得有那么一个诗人，也看过他的一些东西。我以为是他，后来知道不是，知道是成都的江河。还有就是游小苏、郭键他们。后来就一起和他们一起耍嘛，一起吃饭喝酒。后来就交往比较多嘛，后来就和郭键两个就结婚了。

杨黎：你为什么选择郭键而不是欧阳江河？

翟永明：哦，江河已经都有女朋友啊。

杨黎：江河有女朋友，那游小苏呢？

翟永明：游小苏哈哈，我不晓得哈哈。我也不晓得，那可能就是郭键追我吧？哈哈。可能就是哪个追我就是哪个了哈哈。

杨黎：哈哈。

翟永明：反正我也不晓得了，还是有点久了。二十几年前的事情，我记得不是很清楚了。后来大家都能延续下来的只有江河，因为游小苏就退出了。

杨黎：你和郭键从认识到结婚用了好多时间？

翟永明：半年。

杨黎：半年？

翟永明：呵呵。

杨黎：当时郭键是青年诗评论家。

翟永明：他其实主要是搞小说评论。

杨黎：那他是不是认识了你以后才搞诗歌评论？

翟永明：那就不晓得了。呵呵。当然肯定也跟他和那些游小苏、江河交往有关系。

杨黎：你和郭键恋爱婚姻这些对你的诗歌写作有没有啥子直接的影响？

翟永明：直接的影响？我是觉得可能也谈不上啥子直接的影响，但是也有间接的影响。我在最初写作的时候还是经常和他有些交流，我觉得我和郭键除了夫妻关系之外还是像朋友一样，包括后来何多也是一样。所以我们在这个方面还是有一些沟通的。

11. 郭键是一个乐意当领袖的人，同时也是一个坚持用内江（四川一个地区）话滔滔不绝的人。在四川早期的先锋诗歌中，他也算一个人物。但是，究竟是多大的人物，我是不知道的。因为我认识他时，他已经不在诗歌圈子中了。

正如翟永明是唐丹鸿现在最好的朋友一样，胡小波和郭键依然还是最好的朋友。曾经他们四个人两对夫妻，常常出入于四川社科院。

　　胡小波是原来四川大学最后一个出名的诗人，从徐慧开始一路下来，分别有游小苏、胡冬、赵野，过了就是他。当然，我说的是他们那个"纯正"的圈子。在这个圈子里，胡小波几乎是年龄最小的一个。

　　现在的胡小波和郭键是两个有钱人，过着资产阶级有礼有节的生活。当然，这只是他们的一面。与众多的商人相比，他们有着天然的差别，不论是在好的方面还是坏的方面，他们所做的和所想的，都远远高出那些人。就全国而言，曾经从事过先锋诗歌写作的人，干起其他事来，好像都有一种独特的东西。就是这些东西，帮助着他们的发展。

　　我这样认为。

　　12. 杨黎：你第一首诗是好久发的？

　　翟永明：在杂志上啊？第一首诗好像是 1981 年，还是 1982 年？这些都记不到了，肯定就是在昆明的《滇池》上。

　　杨黎：《滇池》？

　　翟永明：哦。

　　杨黎：好多人的诗都是在《滇池》上首发，看来米思及还是有贡献的人。

　　翟永明：哦，对米思及。就是他。

　　杨黎：是他发的？很多人的诗当时都是他在《滇池》上发。

　　翟永明：因为当时来说《滇池》是最开放的。

　　杨黎：《女人》是哪一年写的？

　　翟永明：《女人》是 1983 年写的。然后 1984 年我就把它印成册子了，送给朋友看。

　　杨黎：你那个首发是在什么时候？

　　翟永明：首发啊，是 1986 年在《诗歌报》上。

　　杨黎：这个之前在民刊上呢？

　　翟永明：民刊上？好像就是你们那个《现代诗内部交流资料》上。

　　杨黎：你哪一年认识韩东和于坚？

　　翟永明：就是参加了青春诗会那年。

　　13. 杨黎：你什么时候离开单位的？

翟永明：就是 1986 年嘛。我去开青春诗会，单位上的人就特别反对我写作，他们觉得我简直是不务正业包括咋个打扮，他们也管。你想嘛，那二年的人好土啊。

杨黎：那二年你不土嘛。

翟永明：呵呵。我就是觉得当时我就有点毛了，还好烦啊，就是不知道一天到底在干啥子嘛。后来我就想离开，当时有个机会，就是我有个朋友失成，他当时在办公司，搞了一个工作室。他晓得我这个情况就说："到我这来嘛。"

杨黎：那是个啥子单位？

翟永明：大理石公司嘛，他当时办大理石公司嘛。

杨黎：他的性质是咋回事？

翟永明：他办的公司就是他承包的这个公司。

杨黎：还是国营性质的？

翟永明：国营企业，他属于承包的。那个时候好早嘛，基本上都是国营性质。可能他是承包的嘛。当时对我来说是个转折点，当时从单位上出来，好困难，好多不可能的事情。哎呀，可以这么说，我是在成都把钉子碰完了，这样说。有人介绍说去《四川文学》，又被另外的人挤了。也想去报社啊，都不行。我后来还是转到我一个朋友那里。

杨黎：在那里待了好久？

翟永明：两年左右。

杨黎：后来呢？

翟永明：后来？ 1988 年以后，市文联就搞了个文学院，搞了文学院，他们想请个青年作家当那个创作员，结果孙静轩就推荐我去。后来我就到那儿去了。大概过了两年，1990 年之后我就和何多结婚，后来就到美国。

14. 新中国之后最大的一个发展是什么？我认为就是工作的国有化，人的生活的国有化。一个人从一生下来，就和这个国家密切联系着。这些联系，使单位啊、组织啊这一类的词语，成为那个时代的基本词语，包括调动。现在的人，对于翟永明上面所说的，肯定会大大地不解，但是，在 1986 年左右，这的确是一件事情。

15. 杨黎：和何多你是好久认识的？

翟永明：我和何多是 1984 年吧。

杨黎：你以前不晓得一个画家叫何多苓？

翟永明：晓得嘎。

杨黎：是在哪儿认识的？

翟永明：好像是有一年开会，后来是别个指给我看说他是何多，哦是江河指给我看呵呵，江河和他们比较熟了的。

杨黎：等于江河给你介绍的。

翟永明：后来是江河给我正式介绍的，我跟着一个朋友去耍时。

杨黎：哪儿去耍？

翟永明：画院。刚开了个画院，就去耍了。这样就认识了，后来就越玩越好。

杨黎：越玩越好到底是啥子？

翟永明：就像是朋友嘛。

杨黎：还有没有其他的？

翟永明：当时没得。后来离婚到 1987 年以后。1987 年之前我们都是朋友。

16. 有一个人要进来看足球，我们告诉他，今天没有营业。

白夜已经办了三年多了。2001 年 5 月 8 日，就是白夜的三周年纪念日，也是何小竹 38 岁的生日。那天晚上在白夜好多人哦。一方面为白夜祝福，另一放面是为了何小竹。翟永明用她的数码摄像机，把我们都拍在了里面。

我后来看了这一录像，虽然没有过去多久，却又像是很久以前。无话可说。

17. 杨黎：我问你一个个人问题。

翟永明：哦。

杨黎：你到现在还也没小孩，你不准备要了？

翟永明：这个，不要了。

杨黎：你是从什么时候确定不要小孩的？

翟永明：我很年轻的时候就确定不要小孩。

杨黎：就确定了？

翟永明：确定不要小孩。

杨黎：是结婚的时候就确定了，还是在结婚之前就确定了？

翟永明：在结婚之前，很早。

杨黎：和郭键结婚之前谈了这个问题没有？

翟永明：没有。但是当时郭键肯定就是想要小孩的。曾经我们谈到过，但我反正是很明确，我是不想要小孩。当然我们的矛盾这也是其中一个。

杨黎：这是一个。郭键我知道，肯定是很爱孩子的。

翟永明：所以我想这对于他是很好的，分开更好。他可以过正常的家庭生活。他其实是想过那种正常的生活的。我觉得我不可能带给他，过那种家庭生活，我不知道我行不行。现在想当初我对于这种事情曾经也有过犹豫，很快这个念头就过去了。

杨黎：你自己的犹豫啊？

翟永明：哦。

杨黎：但是很快就过去了？

翟永明：哦。

杨黎：为啥子确定就是不要孩子呢？

翟永明：很复杂我觉得是，很复杂，说起来不太好说，各种各样的原因。

杨黎：如果我告诉你，我曾经也有这种想法你信不信？

翟永明：你啊？我不信。

杨黎：但这是真的。我从小就决定不结婚，结果我结了很多婚；我从小就不想要孩子，结果有了两个孩子。现在我当然不应该再说这样的话。

翟永明：所以说男的有这个想法没用，必须是女的有这个想法才有用。

杨黎：女的有决定权。

翟永明：是啊。

杨黎：你为什么不想要小孩？

翟永明：不好说。我觉得其实我还是有责任感、有爱心的人。哈哈，我觉得我这一辈子还是尽量过着我想过的生活。

杨黎：这个想过的生活是啥子？

翟永明：我觉得生活到这个世界上来，说到底是没得意思的。所以如果我是真的要把一个小孩带到世界上来，他（她）肯定是要受好多苦的。尤其我年轻的时候比较悲观，到现在可能还好点了，就是我觉得也没有那么糟糕，活一辈子还是可以的，呵呵。我年轻的时候，就是整个的状况，就是很悲观的。各种各样的原因，至今有关的就是把这个看得很没得意思。所以我就是觉得，我要是真的负责，就是不让这个生命来到世界上。呵呵，我可能是有点怪，如果一旦来到世界上了，我必须对他（她）很好，我觉得我可能是因为这点。

杨黎：你是怎么会有这种想法？

翟永明：可能是我从小跟我父母分开有点久，就是没有充分享受母爱，这对我来说是个巨大的阴影，这个阴影可能要伴随我一辈子了。

杨黎：现在后不后悔？

翟永明：不后悔。

18. 我真的是这样一个人，我真的觉得爹亲娘亲没有毛主席亲。对于以血缘建立的关系，我从来就是非常反感。很小的时候，我们家里的人就爱说：还不如对外人。他们的意思是说我对家里人还不如外人好。是啊，朋友是我的选择。

而我的亲戚呢？

中国人讲孝，我是最反对的。我年轻的时候觉得，孩子一生下来，父母就欠了他好多好多。不论父母怎样对孩子好，都是应该的。相反，孩子长大后，没有责任扶养、孝敬父母。社会对孩子的这个要求从来就是无理的。现在我也成了父亲，我知道我必须把我的孩子养大成人，但我没有一点要求他们回报我的意思。

不孝有三，无后为大。

真这么大吗？真大。

我在 20 岁的时候就读叔本华，他说人生就是悲剧，而真正的结束悲剧的方法，那就是断子绝孙。我信。所以，我向那些不要小孩的女人表示敬意。

19. 杨黎：我再问你一个事情，你如果愿意回答就回答，不愿意回答就算了。

翟永明：啊。

杨黎：我问你，你的第一次是什么时候？

翟永明：哎呀这个我不回答，哈哈。

杨黎：呵呵。

翟永明：哈哈这个我可记不到了。

杨黎：怎么可能会记不到了？不回答是可以的，记不到是假的。

翟永明：记不到了确实。

杨黎：不回答的原因是什么？

翟永明：啊？

杨黎：所有的男人都愿意回答这个问题，真的，我问过所有的男的都愿意回答。

翟永明：伊蕾回答了没有？

杨黎：伊蕾我不敢问。

翟永明：哈哈。

杨黎：伊蕾，我和她没有我跟你那么熟啊，所以没有问。

翟永明：哈哈。我觉得这个都不重要。

杨黎：咋个不重要？

翟永明：我基本是一个喜欢把隐私保护起来的人。

杨黎：这不是隐私。

翟永明：呵呵。我就是怕你问这些问题。

杨黎：那我不问。

翟永明：我觉得无法形容让别人来了解我的隐私，因为这个是好私人的事情。你可能不觉得哦。反正男人可能不觉得。

杨黎：但这不是隐私。

翟永明：为啥子呢？

杨黎：这个事情它不是隐私啊，另外的事情它还可以视为隐私的。我问的是你的第一次，而没有问你和谁。如果问的是和谁，这才涉及隐私。

翟永明：反正可能是我个人的想法不一样，就是我确实不想把隐私当作文学的一部分。

杨黎：女性的性问题就是隐私吗？可能是。就是很多男人也不愿意回答，但我以为这不是隐私。我没有窥阴的坏毛病，我也不认为它是文学的一部分，我只是作为一个采访者，希望尽量把被采访人的事情采访详细一些。比如，你的第一次发生在你的什么时间，这应该是一个有价值的问题。不是对我，而是对历史。

翟永明：我晓得的，我承认你说得确实是很有道理的，对这个以外你完全可以问任何问题。这么多年来就是我自己的，可能我有一个我个人的习惯，就是有些问题我是不愿意回答的。就是这样你问的这些我回答还是最全面的，哈哈。结婚的问题，离婚的问题，采访我的人我都是一句话都不说。因为我觉得朋友啊还是不一样，哈哈。

杨黎：谢谢。

20. 其实我还是缺少急智，缺少一个采访者的经验。比如，当翟永明问伊蕾是怎么回答的时候，我就该说伊蕾说她是下乡时，好像16岁……刚满。我想如果这样，翟永明可能会回答，当然也可能还是不回答。

翟永明如果回答了又有什么意思呢？其实我认为，这是没有意思的。对于这本书，她回答了可能会多卖两本，她不回答，可能也不会少卖两本。

21. 杨黎：不知道哪个说过这样一句话，不晓得是哪个大师，我记不到了，就是说性意识和死亡意识是共同萌发的。你是不是共同萌发的，这两种？

翟永明：我觉得不是呢。

杨黎：那你是？

翟永明：我觉得对某些人是，我觉得我不是。我的死亡的意识其实出现得很早了，那可能是我的性意识还没得感觉的时候，呵呵。

杨黎：是哪个时候？

翟永明：很小的时候就出现的。我觉得我很小的时候很怕死，但是我长大了以后就不怕了。很小的时候可能就是当我意识到这个世界存在的时候就开始担心我要死了，就是这种。但是那时我肯定是对性一点意识都没得。

杨黎：那么你的这种黑夜意识是死亡意识还是性意识？

翟永明：我想更多的是性意识。

杨黎：性意识？那么，普拉斯呢？

翟永明：普拉斯啥子？

杨黎：普拉斯的死亡意识呢？

翟永明：他的死亡意识是啥子呢？

杨黎：有没有性意识的成分？

翟永明：可能也有。

杨黎：很多人称你为中国普拉斯，你愿意的话谈一下普拉斯。

翟永明：谈什么呢？

杨黎：你是哪一年读普拉斯的？

翟永明：大概就是 1983 年后。

杨黎：读之前你知不知道普拉斯？

翟永明：读之前肯定不知道嘎。

杨黎：中国现在很多的读者是先知道作者，知道他的影响力，最后才看他的作品，好像已经成了中国阅读的习惯和范例。所以我才这样问。

翟永明：我是当时不晓得看的，是在一个朋友的笔记本上，当时大家都有抄的诗在笔记本上这些。然后当时就看见这些诗了，我就是特别喜欢。她的诗对我 1983 年的状态很吻合，1983 年我处于一种很悲观的状态。

杨黎：1983 年你为什么处于很悲观的状态？

翟永明：第一个就是因为跟单位上，我的写作跟单位上的工作有了很大的冲突；第二个就是家庭方面，当时我跟我的父母关系处得紧张，当时处于极大的不安。

杨黎：为啥子紧张呢？

翟永明：因为我父母是那种很正统的人，他们就对我要求很苛刻，他们的苛刻代表了他们心目中的标准和要求嘛。再加上我跟他们本就分开了很长时间，在这种情况下，他们对我的要求造成了我的逆反，在平常的生活中造成了巨大的冲突。那我也很困惑，因为我实际上是很渴望父爱啊，我是特别渴望父爱的。后来我觉得对他们那种理解我觉得非常的痛苦，跟我当时想得到的东西相差很远嘛，我就觉得非常痛苦。再加上单位上的人，想起来有些恶性循环的。在单位上，造成我在单位上工作不适，不是很好；在单位上过得不好呢，我父母就生气。所以整个就是在这个恶性循环中。而且有时候单位上还把有些事情反映上去，很讨厌。

杨黎：还办学习班。

翟永明：哦，还办学习班，有时候要钱就回家嘛。我现在有时候回忆起当时，作为一个职工，我也确实是非常散漫，经常就是跑了，不好好工作，呵呵，现在看起来确实是的。

杨黎：就是你在哪儿肯定都不喜欢你的。

翟永明：哦。当然这个还不是最重要的，还是我的生活方式和生活习惯以及生活圈子，我的单位的人绝对不能接受的。他们看我的打扮穿着啊什么这种最一般的东西他们都是不能接受的，我来往的那些人更看不惯，反正这两方面给我造成巨大的压力。所以 1983 年、1984 年这两年我觉得是非常苦恼而且有点绝望，整个人处于很绝望的状态。尤其是情感上，我觉得最重要的是情感上。

杨黎：家庭的情感？

翟永明：家庭的情感。就是对父母的这种情感，可能是。就导致我处于很绝望的状态，包括写东西也是，那时候写的东西都和这个有关系。就是在这个情况下，我确实是被普拉斯打动了的。这个诗人给我很多影响，我觉得我写《女人》的时候起码是在语气上受了影响的，而且我写《女人》的时候，最初的那个手抄本上有句题记的，就引用普拉斯的一句诗啊，就是，当然就是那一句诗，就是哎呀现在都记不到了呵呵。就是你伤害我的身体……

杨黎：就像上帝伤害自己。

翟永明："你伤害我的身体，就像上帝伤害自己。"哦，呵呵。当时对这句诗特别地喜欢，用在《女人》的前面当成题记。那时候确实是特别喜欢她的诗。我觉得我实际上也有点那种，就是很快，大概两年以后我就不太喜欢写那些东西了。包括《女人》我也不是很喜欢了。我当时其实就是想改变，在语言上改变，其实我觉得我早就想过这个，有一种惯性的东西，其实我的写出来的东西和以前的还是差不多，还是没得好大的差别，我自己觉得，起码我在意识上还是想改变，比如，我写《人生在世》啊那些，主要是在诗上，主要是语言上，我有一种很大的改变，在意识上，我不晓得别个看起来是不是不好的改变。

杨黎：应该不是。

翟永明：但实际上，在语言上还是和过去一样的东西，起码我自己觉得是开始嘛。我在意识上还是想改变这些的。但确实是从外到内的改变是我从美国回来以后。在美国那两年完全没有写作，那种停顿对一个人的写作确实还是造成很大的改变。

杨黎：你在美国就没写作了？

翟永明：我没写，写了一两首就是感觉写不出来了。

杨黎：你在美国主要是干啥子呢？

翟永明：我在美国一个旅游嘛，一个是打工嘛，打工了就旅游嘛。呵呵。也学习了一下，学英语。学了两三个月就不想学了，因为也不想在那儿待啊，也不打算学。

杨黎：你认为你也有自杀冲动是什么时候？

翟永明：我觉得我从来没有。

杨黎：从来没有？

翟永明：哦。

杨黎：还是一贯地爱惜生命的。

翟永明：呵呵。经常是很悲观绝望的，但是不晓得咋个就没想过自杀。呵呵。可能是在特别的痛苦的时候，也没有。就没得真正想自杀的时候。

22. 对于翟永明以前的那些诗，我一直是不喜欢的。就如她自己所说，她那个时候是很悲观绝望的，在这种情况下写的这些诗，我的确无法喜欢。我更喜欢健康、开朗的翟永明，以及这个翟永明的诗。

23. 杨黎：再谈一下你的穿着。女人和衣服有着比男人深一步的关系。有一句俗话说得好，男人看他身边的朋友，女人看她的衣服。你的穿着在你那个年代的女人里，肯定是很超前的。你能不能具体描述一下，比如这方面你印象中比较深刻的，哪一种衣服，哪一种款式，哪一种穿法，你说呢？

翟永明：这个是这样子的，这个事，我觉得我这辈子也是很独特的事，就是对衣服那么感兴趣。可能就是从小，我在我的一篇文章里也写到过，就是写我长得太快了，每年我妈给我做衣服做不过来了。终于有一年给我买了一匹那个蓝花布，一匹一匹地买，便宜啊。她就用这个布给我做衣服。夏天是这个衣服，冬天也是这个衣服，等于年年就是这个了。同学就觉得我很奇怪啊，因为她们总换个花色啊换个什么，只有我天天就是这个蓝花布的衣服，呵呵。当时我好想赶快把这个衣服穿烂，好另外换一种花布。可能这对我小时候的心理上造成一种压抑，一种影响，就是一直在想等到我自己挣钱了之后就好好穿一气，我想这可能是个潜在的影响。发了工资了之后我第一件事情就是去买衣服，买我想要的衣服啊。至于后来这个呢，呵呵，我只是对这三样东西感兴趣：一个是帽子，一个是靴子，还有一个是耳环。

杨黎：今天没戴？

翟永明：今天没戴了。我原来戴很多，现在戴得少了。就是这三样东西我是最喜欢的。

杨黎：什么时候穿牛仔裤的？

翟永明：那可能就晚了，恐怕 1986 年、1987 年了。当时我有个同学从广州过来，我就说："你一定要给我买条背带裙啊。"呵呵。他觉得真是的，我那时候就是想要条背带裙，特别想要，最后我的同学从广州给我带回一条背带裙，我最喜欢的是一个牛仔的背带裙。可能当时他们觉得这些东西是非常超前的。你说是超前的比如说超短裙这一类的是吧？

24. 女人总有一些非常可爱的爱好，我是说比起男人而言。男人的爱好好像都比较大，比较有意义。而女人不一样。女人的爱好一般比较小，比较可有可无。无论这个女人是普通的女人，还是著名的女人。如果没有这一点，这个女人就没有味道。

你说是不是？

25. 杨黎：还有些时间，我们谈谈诗歌。

翟永明：哎呀。呵呵。

杨黎：你评价一下我们这代人的写作。

翟永明：哎呀，杨黎，这个问题不好答啊，确实不好答啊。

杨黎：你就是随便说说，没关系啊。

翟永明：说不来的，这个我自己觉得。

杨黎：比如你喜爱的啊，还有你觉得好的啊。

翟永明：我喜爱的就从你的诗歌来说说。哈哈。

杨黎：哎呀，千万不要。

翟永明：哈哈，我从来没有说过，我今天说一下，哈哈。"非非"诗歌我读了那么多，我最喜欢你的诗，哈哈。但是当时我确实一直推崇《冷风景》啊，还有啥子沙漠上的那什么，还有啥子？《怪客》，对《怪客》，呵呵，还有啥子那扇窗户的，我觉得写得特别好。但是除此之外"非非"其他的诗歌我觉得啊，其实跟别的都一样，跟别个写得都是差不多，简直是跟"非非"的好多理论都没得啥子关系，呵呵。比如说，他们自己当时说的咋个咋个，我觉得都没得好多关系啊。何小竹呢，我觉得好奇怪，我一直到好后来才知道何小竹是"非非"的，哈哈。

杨黎:呵呵。《他们》呢?

翟永明:《他们》呢,我肯定是,我因为对韩东我认识得比较早嘛,我其实一直很喜欢韩东的诗。我觉得韩东的诗是第三代诗人或者什么写得最好的之一嘛。当然还有别人,但是肯定是《他们》最好的之一。整个《他们》里面的诗,我还是最喜欢韩东、朱文的诗。其实我觉得朱文的某些东西呢,大部分的人都是喜欢他的小说,我喜欢朱文的诗。我觉得他在诗歌中的感觉,有些微妙的东西;韩东的诗,我好多都喜欢,90年代以后其实好多人都还说韩东没写诗了,咋个认为他90年代没写诗呢?我觉得韩东90年代的诗还是写得好嘎。我就不晓得为啥子他们就觉得他消失了,就没写诗了。可能是韩东小说发表得比较多,诗歌总没发表。

杨黎:"莽汉"?

翟永明:"莽汉",我特别喜欢马松的诗。李亚伟的诗我觉得还是可以。李亚伟也是很快就没写了,好像是,所以我一直就只知道他最初的那个《中文系》。但是特别喜欢的还是马松的,我觉得他的语言有一种更欢乐的东西。

杨黎:你们那个从七君子到五君子呢?

翟永明:啊?哈哈,七君子和五君子这个说法我觉得很可笑。因为这好像要把我踢出来的。君子,肯定是指男的嘛。

杨黎:女的,我们尊重也会称她为先生。

翟永明:哈哈,我是不晓得这个说法是咋个确定的,也可能是因为我当时跟他们几个关系还不错,也是很喜欢他们的诗,始终来往很多的是江河和钟鸣。柏桦来往得少些,他在重庆。张枣,就只是见过一两面。但是七君子也好,五君子也好,我觉得这种组合很奇怪,因为我觉得还不一样,比如说,《非非》也好,《他们》也好,起码都还是有个比较共同的诗歌上的那个,就是还是比较有共同感、共同的追求感,什么的啊,但是我们这几个写的东西都不一样,而且可能每个的想法都不一样。当然,我们之间的一些人,还是有一种友谊。而且好多年了，如果没得这个，就不可能有那么长时间。

杨黎：那么你们中谁写得好，你认为？

翟永明：但是具体到每个人的写作呢就是有些交代性的比如说，某一阶段他的诗我很喜欢，但某一阶段我又不喜欢了，但是我也说不出来为啥子我又不喜欢了，说不清楚了。比如说，江河原来的诗，有一段时间我就不喜欢。

杨黎：是哪一阶段？《悬棺》？

翟永明：哦哦。我不是很喜欢，其实我的写作里面有时候也有这种东西，呵呵。但是我可能准确来说还是喜欢感性的东西，但是有一阶段我觉得江河，大概80年代的后期，他有一些诗我还是很喜欢，他那一段时间写了很多短诗，写了一些什么我都想不起了。反正有一首我是非常的喜欢，大家都说结合得很好，很感性。当然他是有些对这个不屑写的那种，还带一些玄高的东西在里面。哦那首诗我想起来了，叫《玻璃工厂》，反正那些东西是我写不出来的角度，特别喜欢。我喜欢他们的诗都是有阶段的，唯一一个就是柏桦的诗我是从头到尾都喜欢的。真的从开始看他第一首诗一直到最后我都喜欢呵呵。确实是天才的诗。不过最近两年都没写了。

杨黎：外面的呢？

翟永明：几个群体之外？那就没啥子了。哦，王小妮的诗我很喜欢，王小妮，我觉得……我在一篇文章里说过，她是从"朦胧诗"那个时候以来到现在最特别的诗人。

杨黎：是因为她在"朦胧诗"的时候是很小的。

翟永明：也可能。但我觉得不是，因为当时在"朦胧诗"里面她就跟他们不一样。虽然可能她的名气没他们大，身上的那种意识的东西就要少些，这个关系在当时，在她当时的诗里面其实有很多东西跟现在的诗相同。

杨黎：70后呢？

翟永明：70后嘎，我觉得，第一70后我看得不多，但我可能对女诗人，呵呵，比较关注，我很喜欢尹丽川的诗，而且她的小说写得也可以。

杨黎：下面这个问题你也可以不回答，就是民间和知识分子之争。

翟永明：哎呀，哈哈，我总体上觉得民间和知识分子之争的问题，好像没有一个最实质性的问题。写诗我反正认为不是把知识分子写作和民间写作作为一个标准来衡量，我个人看诗的标准是看诗写得好不好，而不大关心它是民间写作还是知识分子写作。凡是民间写作的都是好诗可能也不尽然，凡是知识分子写作的都不是好诗也不尽然。所以我觉得还是有写作上的不同。不管采取哪个方式来写作，其实我这个人可能比较倾向于写作是无限自由的，想咋个写就咋个写，用哪套东西来写，我觉得都无所谓，只要写得出好东西，我就觉得也可以。

26. 谢谢翟姐。

四、中国可以说不

张小波访谈

我是早在 80 年代就知道张小波的名字了，并且看过他的诗歌。对于华东师大的几个才子，我心仪已久，只因机缘的原因，都到了 90 年代，我才有幸亲自和他握了一个左手。而这之后，我们逐渐就成了血亲兄弟。所以，在这三波之中，我最了解张小波，当然也最偏爱张小波，甚至可以这样说，也最看好张小波。

如果我不说的话，可能没有人相信张小波是非常热爱写作的一个人。据说他最近常常通宵达旦地坐在桌子前，苦苦地期待着灵感的降临。他的夫人说，睡之前看见他坐在那里，醒了后他还坐在那里，干干净净的稿纸上，依然是干干净净。

所以，我认为张小波是非常热爱写作的人。从一个同行的角度，我敢预言，他现在的苦必定是大作产生的前兆，只要他有决心坚持下去的话。

我希望他坚持。

下面是对他的采访。

1. 暗恋

杨黎：随便聊，最好从你最小的时候聊起。

宋强：呵呵，我最好是不在旁边了。

杨黎：也不一定，如果你在旁边他不好发挥的话就不在。对他应该不存在的这个问题，经常做报告的人嘛。先谈一谈你的少年时代，我想大家都很有兴趣。

　　张小波：少年时代在吴高，江苏，在苏北。小时候在搬经镇，搬经啊，出自《西游记》，唐僧取经啊，把经书掉在水里湿了，就把经书搬上来晒，就叫搬经，在苏北。自己的爱好，比如，我从事的我有兴趣的跟家学方面毫无渊源，但是从小就很感兴趣。

　　杨黎：自发的？

　　张小波：自发的，就是从小学，我记得，非常小，可能二年级的时候就开始看那种古书，小薄本的古书。当时我们那种古书是什么样的一种古书呢？是那种竖排版，七个字一句的，讲董永七仙女的。小薄本不知道从哪里找了来。当时对文学的这种爱好受到最早的一次打击我还记得很清楚，小学三年级看《红日》，第一次知道这种东西。看《红日》时被老师没收了，这本书是一本坏书，当时我在班上被老师批评了。

　　杨黎：小学三年级啊？是哪一年啊？

　　张小波：（接电话：啊，我是礼拜四到了上海，到了就发高烧，一直高烧，什么事都没办成，然后昨天我就赶快回北京了。我就没跟你打电话，我想给你一打电话你又要来看我。还是什么事也办不成，我就没打。不是不是。我的小说？我的小说《花城》发了。等我回来再去吧。）

　　杨黎：（接电话：那好吧，那就等我回北京再做你。）

　　乌青：谁的电话？

　　杨黎：丁当。

　　张小波：丁当在北京啊？

　　杨黎：他一直在北京啊。

　　张小波：他不是一直在深圳吗？

　　杨黎：他又分到了北京。

　　张小波：刚才说到文学的第一次打击。小时候我可能比李亚伟更顽劣，就是方圆几十里我们有几帮，当时就拉帮结伙打架，手上到现在还有伤痕。就是那个时候把手臂打断，没有断是脱臼了，然后当地一个庸医就接骨啊接反了，两个月了，这手像周恩来一样这样拐着。

杨黎：呵呵，那后来呢？

张小波：那后来只有再开刀把骨头弄开，再重新对好。就是顽皮至极。我舅舅家没有孩子，又特别喜欢小孩，我很小的时候就到他家去了，也不是过继，对我也可能是非常宠爱，养成了一种很暴戾的习性，到现在也没改。就是从那时候开始的，顽劣打架。那么就是在那个时候，我也在尝试着写小说，还写诗歌。

杨黎：就在小学的时候？

张小波：对。

杨黎：也没受谁的影响？自发就行了？

张小波：那时候就是外国的也没看什么。

杨黎：不是，我不是说，这种兴趣的培养，这种想法的冲动也没有出处？

张小波：还是没有渊源的。

杨黎：自己突然就想到要写点什么东西？

张小波：对。就是喜欢看东西，但那个时候，你想，能看到什么东西？看到的都是些古书，对，当地的还有些说书人对我的影响很大。

杨黎：说书的？

张小波：就是那些扬州评书。当时经常是，因为我那个时候是七几年啊，我上小学的时候是七几年，七几年当时很多地方说书是被禁止的，偷偷摸摸晚上才这样的。说书的到了我就要去一定要去。这个影响比较大。

从初中到高中的时候呢，性格发生了一个非常巨大的变化，我家里曾经有一段时间认为我有精神分裂症。

杨黎：你有精神分裂症？那是什么事件引起的？

张小波：到现在我还经常回忆当时，所谓精神病就是从很顽劣很调皮变得一个人待在一个地方，安静得可怕，呆坐在一个地方几小时，一动不动。但我觉得我不是，我知道我不是。

杨黎：那为什么不动呢？

张小波：到现在为止我也没搞清楚当时是什么原因，到底是什么原因诱使我突然就变了性格，不想出去，在家里就待在一个角落里。

杨黎：什么原因你不知道？

张小波：不知道。

杨黎：那内心有什么感受？

张小波：内心就是很绝望的感受。绝望可能就来自……因为我小时候我感觉到自己有病有偏头痛，到今天为止我都有，肯定不是想逃学找的借口，但是舅舅就不相信逼我上学。当时就觉得跟他们无法沟通，觉得绝望。到了高一的时候，变得极其安静极其忧郁。我知道不是精神病但现在看还是个精神病的前兆。

杨黎：医生怎么说呢？

张小波：不知道。

杨黎：你不知道？

张小波：医生也没告诉我，我家带我去看的时候也没告诉我是去看精神病。

杨黎：那时候是高一？

张小波：对。

杨黎：你开始写东西了没？

张小波：那时候已经开始在偷偷地写东西了。

杨黎：成绩怎么样？

张小波：高一的时候成绩也还可以。

杨黎：等于什么都没影响就是性格有些转换？

张小波：性格的转化，但那种转化是很剧烈的转化。这种转换也没有深思过。

杨黎：有没有青春期的原因？

张小波：也应该有那个原因，青春期。

杨黎：你肯定已经发育了嘛。

张小波：对，有这个原因，但是这个原因不是唯一的原因。

杨黎：多种原因？

张小波：比如暗恋。这个暗恋的对象是个班主任，这是个错爱。班主任那是个权势的东西，基本上永远不可能啊。这个原因有可能是其中之一。但不是唯一的，还有其他原因的。

杨黎：延续的时间有多长？

张小波：延续到高三，一直延续到高三。

杨黎：你是读了高三的？是哪一年出生的？

张小波：1964 年。我们刚好有高三，高三试点。因为我们家对我高考根本没指望，还有一点就是，我父亲也曾经去找过我老师，那时候我寄宿。我父亲跟老师说要把我带回去看病，当时我就躲在一个不太远的地方偷听，我老师说："是，他以前作文写得很好，现在这段时间错别字不断。"他们还谈论过这个事。我后来为什么能考上大学？是本身的成绩还可以。到了高三的时候是我不想上学了，然后我的老师居然也同意，可能我的家里人商量了以后也同意。我想上就上，不想上就不上，有一段时间就是。到了真正惊醒觉得自己必须改变命运了一定要考上那个大学，是高考前两个星期，就是猛然感觉到必须考上大学，这个机会太重要了，就是老是这么沉沦下去就是完蛋。那时就是通宵不睡，我就是觉得那些东西还是很容易嘛，毕竟以前的成绩还可以，当时我们班是 49 人，考上 38 人，我是考了第三名，成绩还是可以。

2. 上海

杨黎：这样就读了华东师大。

张小波：读了华东师大，这个改变多大呢？就是讲，因为那是一个禁锢的时代，另外就是从乡村到上海这个环境的转换，那种影响肯定是巨大的。

杨黎：那年你是多大？

张小波：16。

杨黎：1982 年？

张小波：1980 年。虽然我们有很多亲戚在上海，包括我妈怀我的时候都在上海，但是我没去过上海。在郊外离上海非常近，坐船几小时就到了，到现在都有个印象，就是坐船到上海。因为当时对上海的大是无法想象的，因为你不懂那个语言，对，那种语言的东西它能包含的世界，所以进入外滩的时候觉得就像到了外国。

杨黎：你会上海话吧，那时候？

张小波：那时候不会。当时想的外滩这块就是整个上海，你不可能想象外滩之外还有很大的那个。对一个 16 岁刚刚从乡村出来的人，不能想象。但是外滩还是把我震撼了。恐惧，恐惧促使我进入大学一个月就跑回家去了。

杨黎：一个月就跑回去了？

张小波：跑回去了。

杨黎：怎么了？没有朋友？

张小波：没有朋友啊，就是恐惧啊。当时到了学校就想家，哭，然后 9 月 1 号开学啊，一过就是国庆节啊。三天假，那时候就回去了，自己坐着船回去了。回去了，家里就又把我送回来。再有就是感觉这个专业不能让我读下去。

杨黎：你学什么？

张小波：教育。我们那个课本，80 年代我们学的课本全是 50 年代的课本，不可能读下去。中学时偷偷写诗的愿望正好碰上当时的那种气候，那种包括"朦胧诗"的兴起，那时候每天在交往，跟人的交往肯定也是有隔阂的。可能诗歌这个形式更适合当时那种心情。

杨黎：那个时候开始大批量地写东西了？

张小波：开始写。

杨黎：宋琳不是你们同学吧？

张小波：宋琳比我高一级。宋琳跟我是两条路子，他的父亲是在"文革"过程中被枪毙的，等于"文革"中"造反派"的一个发言人，一个鼓动者，然后被另外一拨人给枪毙了。他也是很自卑地进入大学的。他们兄弟仨，也还是想通过进大学改变自己的命运。

杨黎：你是哪一年认识他的？

张小波：不是 1981 年年初就是 1981 年年底，反正进了大学没多少时间。

杨黎：通过写诗？

张小波：通过写诗。当时他们可能是华东师大的夏雨诗社，宋琳是发起人吧？认识以后一直到大学毕业关系都是很平稳的。我不知道人家的流派是怎么形成的，我们那时候，当时上海我们知道的陈东东、王寅、陆忆敏，到现在他们，我是不认识的。

杨黎：没见过？

张小波：孟浪我是没见过的，陈东东还是前年在北京见到的。

杨黎：你们是一个学校吗？

张小波：一个是上海师院，一个是华东师大，但是当时很多大学的联谊我是不去的，不喜欢交往。或者就是在华东师大有几个交往的就觉得可以。像四川的那些，包括尚仲敏、万夏游历全国，各种各样的联系派别接触这样的啊我好像是没那种冲动。

杨黎：朱大可也是在学校认识的？

张小波：朱大可也是。

杨黎：他也是你们学校的吗？

张小波：他和宋琳是同一个班的。他也是个很孤独的人，下课就回家不住在学校，基本上所有的老师都不喜欢他，特立独行。他经历过"文革"，包括家里受到过迫害，各方面。他可能对世界的了解、对人与人的关系，包括对文学的认识要比我们早得多。

杨黎：你们那本《城市诗选》是什么时候出的？

张小波：那是大学以后。这个《城市诗选》是这样一种情况，当时我是也没想到去凑合这个东西，都是我已经分到镇江文联了，上海有个出版社想把我们几个的诗凑起来出一本诗集，那我说当然可以。一开始是让上海的裴小龙写序，裴小龙把我们的诗歌拿去看了，写的序我很不满意。我觉得这个序必须带有两点：第一，总结性的；第二，是理论前瞻性。这两点他都没做到。一方面可能归纳你们的，一方面有可能高于你们的。有诗路吗？有没有走偏？两点都没达到。他们问应该谁写好，我说这个活可能只能朱大可来做。后来我们看朱大可那个序，可能他也是刚刚进入诗歌，那个序写得也是有点华丽，也可以说还没达到诗歌……还没进入，包括我们这个"城市诗"，"城市诗"这个概念总的来讲是个很滑稽的概念。

杨黎：这个概念是你们提的还是别人提的？

张小波：应该还是别人给提的。

杨黎：那也就是像"朦胧诗"一样，别人已经给戴上的帽子？

张小波：什么城市诗歌，什么乡村诗工厂诗，诗歌怎么可能是以一个地域来命名呢？当时也感觉不对，但是出版商肯定与你有差距。到了这个朱大可的序是预先发表，发表在当时兰州的《当代文艺思潮》。当时我们就是为了应付发表才写的诗歌，虽说也写点发自内心的根本发表不了的东西，但出版的诗集其实是个妥协的结果，这个诗集现在看起来，反正我是觉得很脸红。

杨黎：这个事情我还不知道，因为毕竟不了解嘛。从某种意义上说，宋炜他们也有一种习惯，写两种诗。那么我看你的诗啊，应该说是四川以外的诗歌我算是看得早的了，我看外面的人本来就看得晚。我是1984年年底1985年年初才看你那首《冰大坂》的，当时我们编了一本书嘛，《现代诗内部交流资料》。我知道你是从石光华那里知道的，因为石光华他们当时写的那种东西，所谓史诗派的嘛，就和我们有很大差异。有一天在万夏家里，他就告诉我说，你们那种东西实际上有很多朋友在搞的。他就给我举了例，说上海有一个叫张小波，你看看他这个诗嘛，我一看就是这个东西就很好嘛。所以我们是用了那首诗的，而且排在前面两三个。你们这种当时给我们归纳的是后现代派，也是戴了个帽子叫"后现代"。我就说就"后现代"嘛，就是这样一个情况。你们那儿好像除了你跟宋琳应该还有两个人吧，是四个人出的？

张小波：一个孙晓刚，一个李冰。应该这么讲，我们那时候把我们的诗叫作"城市诗派"，我认为是不管宋琳他们怎么认为，或者我另外一些诗更接近我理想中的一种东西。你是不是要写两种诗，一种能发表，一种不能发表，可能是我们想法比较杂，也可能正好是当时那个时代也可能逼迫你一方面有些功利性的选择。现在来想的话就可能更理性一点，不论诗歌还是为人处世，还是办事方面，还是人际交往方面，都是有很多缺陷的东西，你是不可能选择的。相反来讲，可能在监狱里显得更通彻，一种通彻感在里面，对我自己来讲。就比如萨特，不管你对萨特怎么看，从进大学就看，当时看完全是一知半解，但是你进了监狱再出监狱你再看萨特，一直就感觉萨特是在读你，这个时候你是不能背离你自己的所谓年龄段。我是这种感觉，你到了一个很极端的环境和你在一个很平常的环境看，那个差异太大了。

杨黎：你 1984 年毕业就分到镇江文联？

张小波：镇江文联一年就辞职。辞职是个什么原因呢？ 1984 年到镇江文联也是因为方方面面的原因，当时也是不可能到镇江文联的。上海那种大学的环境啊我们不仔细说你就不可能想象，我现在听亚伟谈起他们在南充那块就觉得很舒服，但是在我们那里没有，那是不可能的。

杨黎：那个原因很简单，我插一句话啊。南充他们那种生活方式和生活环境，是因为他们太闭塞了，而且可能就是天高皇帝远啊。南充是个小地方，南充师院是所小学校，和外界的联系比较少，外界对它的关注也就相应要少。在当地大学就那么一两所，最大也就那一所，大家比较尊重，所以营造了他们那种在闭塞中产生的自由环境。你们那个地方可能就不一样了，像他们啊就永远不可能到那个地方去。

张小波：我们可能就是反的，开放环境中的一种封闭心境。我那个时候在大学极度矛盾。那时候大学跟现在的大学完全都不一样，全班全校整个大学灯火通明整个晚上，学习的气氛极浓，对你压迫很大。我就不喜欢上那个晚自习，但是每天晚上一经过那些灯火通明的地方我又压力特别大，我就对自己很恼火，非常恼火，极其他妈的矛盾。

杨黎：呵呵，别人都在发奋学习。

张小波：别人都在发奋学习但我就是坐不进去，都想退学。

杨黎：有退学的冲动？没有付诸实践吧？

张小波：我曾经想给我系里提出来，但是不让我转系，我读的中学系是小系，又是个非常保守的系。中文系相对还是很自由，那些老师都年轻，带点自由的空气，都很好。所以他妈的到考试我就失眠，因为不懂啊，什么都不懂，每次考试之前两个星期得跟别人处好关系，让我坐在他们旁边。学的都是什么高等数学，高等数学我没学好啊，几次补考我不及格，给我带来一系列的东西，什么教育统计学，都是以高等数学为基础的他妈的，一塌糊涂全部忘了。但是我又有压力，为什么有压力呢？我就觉得我考出来了，这方面我必须应付过去。但是一写诗又变得疯狂，你永远钻在图书馆里面，逃课。虽然人家觉得我放浪形骸，实际我极不自由，我内心又觉得这样做是不对的，有负疚感，一直在挣扎。包括在镇江文联当时也是想好的，然后到那儿也没房子，住旅馆。这个旅馆的房间还不是我一个人，我只住一张床，另外是南来北往的旅客，这怎么住嘛。一般人可能会容忍一年半年，然后再给房子，但我这个性格又不是个容忍的性格，然后就把文联一个空房子的窗子砸碎，搬进去。然后那时候车前子到我那里去，没地住啊，在办公室打地铺。第二天一上班还在办公室睡觉，三个人在地上，呵呵。他们倒没提出什么，在镇江已经传开了，因为镇江这个地方，现在说是座中等城市，但是还是这样说，文联来了个红卫兵。我还给秘书长文联秘书长砸过烟灰缸啊什么的，把窗户砸开搬进去啊。当时正好在上海要办个《现代人报》，在广州办的这个报纸，谁在那儿主持办？是雁翼和黎缓一两个老头，也是写诗的，然后宋琳给我打电话有那么个报纸，因为他知道我这个处境待不下去了嘛，他说："你赶紧过来。"那个时候刚好有那么一个停薪留职的说法，那我就说我要停薪留职，那个省教委人事厅的人说："那不行，不能这样，实在不行可以给你换个单位。"但是我认定了镇江这个地方我待不下去，我说："不行，我要停薪留职，我要到上海去，我专门写东西，镇江我待不下去。"他可能想激我一下，就说："留职停薪不行，要不你辞职吧。"我马上就写了辞职信，他们慌了，因为当时可能在镇江没有一个大学生辞职，你想 1985 年嘛很早的时候，我扔给他们，他们没批，没批我就走了。

杨黎：那个报纸没办起来的吧？

张小波：办了几个月嘛，没办成。投资集团里面内讧太厉害了，当然跟我没关系，就撤到广州去办了。我就不想回镇江了，就自己留在上海了，在上海谈恋爱。然后就和宋琳一直扎一起。当时宋琳等于在养着我。

杨黎：他是留校？

张小波：他留校。

杨黎：你主要住在他那儿，吃在他那儿？

张小波：啊。宋琳呢，不管是性格还是各方面，都是很善良的一个人，也无怨无悔。但现在想呢，如果有另外一种处理方法应该，有另外的办法，这不是很好。

杨黎：那个恋爱是谁啊？

张小波：你不认识。

杨黎：惨了惨了。待了多长时间？

张小波：待了两年。

杨黎：这两年主要干什么呢？靠什么为生，除了宋琳？

张小波：就宋琳那块然后有些稿费，那时稿费就是如果你比较节俭地生活我觉得还是可以。

杨黎：什么稿费？不会是诗歌稿费吧？

张小波：差不多是。

杨黎：但能让人生活得下去？

张小波：对，那是。

杨黎：当然那个时候的生活都比较简单。谈恋爱也没有现在花钱。生活也简单，物质也便宜。你那个时候写作量大不大？

张小波：不大，我一直没把它当成个事去钻研去写去，可能也一直耗在谈恋爱方面的时间太多，后来就认识宋强他们，就一直在喝酒，偷鸡摸狗就这种事太多。

杨黎：和宋强就是那个时候认识的？

张小波：宋强是 83 级的嘛。

杨黎：回上海以后才认识的？

张小波：对。

杨黎：那时候宋琳好像还在学校搞夏雨诗社？

张小波：夏雨诗社是当学生的时候在搞，当老师了之后他好像是在做那个开山鼻祖那种。

杨黎：我都任过夏雨诗社的顾问，1988 年那一届嘛。

张小波：没看见你名字啊。

杨黎：有的，我还收到夏雨诗社的上面有我的名字，你 1988 年还在吗？

张小波：1988 年我在监狱。

杨黎：你哪一年进去的？

张小波：1987 年。

3. 做书

杨黎：出来以后主要就是做书啊？没做其他的？

张小波：没做其他的。

杨黎：你出来就做书还挺顺的。

张小波：出来就不可能做其他的了，就只做书。第一把赌运气，那根本不懂啊，做温瑞安的书，那时候温瑞安给我授权的。

杨黎：你是怎么和他联系的？你是怎么晓得做他的书？

张小波：当时是朱大可跟我说，温瑞安的武侠小说还可以，要做就做他的。通过上海的《新民晚报》的一个朋友联系上了，就谈了一次，就同意，当时浑浑噩噩就是武侠小说一印就 5 万套，所有进货的都说这 5 万套太多了，根本卖不了。就说不可能，完蛋了，你就死了。但是我心想好啊，因为那个钱便宜，一共就 2.5 万。我做书运气太好了，一出去当天全部卖光，还没发几个地方，不像现在全国都没可能。就那么几个地方，那个时候在江苏的一个地方不像现在电脑排版，手工像个胶皮一样的太慢了，加印根本跟不上。一开始就被盗了，一塌糊涂。

杨黎：一把之后这个大书商就诞生了吧，就赌一把？

张小波：那个时候人家还说是做书的黄金时代过去了，其实那个时候还是黄金时代，那时候书太好做了。

杨黎：比现在好做多了。

张小波：好做多了。

杨黎：你实际上是进入书业里面比较早的一个文化人哦。

张小波：我跟万夏可能差不多同一批文化人吧。

杨黎：都是那时候出来的，万夏那时候主要卖青苗嘛。

张小波：对对，光华教的嘛。

杨黎：温瑞安做了后又做了什么书？

张小波：很多，都记不清了。

杨黎：都是很通俗很赚钱的？

张小波：啊。

4. 说不

杨黎：那个《中国可以说不》是你做的第一本带有另外性质的书吗？

张小波：对，差不多。但是到现在为止我还是做以市场为主的书。我个人是不想什么为了强烈的个人理念做什么书。

杨黎：对。那你是怎么想到做《中国可以说不》这本书的？

张小波：你说我做了这本书了以后才变成民族主义者的，是误会。

杨黎：这个都是我们开的玩笑。

张小波：是是，但是就是到现在什么叫民族主义者，你说得很对，国家利益跟这个政府利益基本上是一致的，所以就无所谓。但是美国的对外政策我是反感的，当然一开始的反感是出于感觉上的东西，完全不是像学者。终归它不是学术著作，有很多人把它当学术著作来看、来批的时候，我觉得这已经走入误区。那这个话题跟这个没关系。

杨黎：跟这个没关系，就是作为你个人的东西。

张小波：从1989年以后到写这本书时的1996年，中国的年轻人的思想有一种微妙的变化。《中国可以说不》在当时年轻人里面是一个情绪化的产物，很多人说这本书情绪化，那是，它是一个情绪化的产物，它不理性，有时候是偏颇，有时候是粗暴的，但是它可能是那个时候一个真实的反映。这个东西可能不好，可能在学术上是应该批判的，但是它应该被反映出来。当时有很多人希望通过美国这个文明社会具有思想的主导力量来改变中国，但后来大家发现美国不单纯出于这种目的，意识到美国可能在未来全球政治化经济化的情况下还是以自己国家的利益为主，还是为了满足美国不断增长的能源的需求或者军事的需求或者其他经济文化的需求，它其实不希望中国做大。这个时候中国人产生另一种反应也是正常的。很简单的例子，大家现在都清楚，美国现在消耗着世界能源的三分之一，其他的所有国家加起来才三分之二，美国一个国家就三分之一。那将来有几个地区大国发展起来以后，肯定要去占有美国这三分之一的能源，这对美国要构成威胁，美国意识到这点，自然要压制这个国家的发展，那么这个目的就不是单纯的。另外有人提的，中国可以说不，中国能说不吗？有实力吗？是不是他妈的什么井底之蛙啊？那个胳膊是不是扭得过大腿啊？我觉得这个东西完全是一个机械的决定论的东西，所谓说不，就是我们已经意识到我们跟美国的利益有重叠和对抗的地方，应该意识到这点。我们不要美国来拯救，它目的不单纯。同样来讲，包括很多外国记者来问，说："你能写这样一本书，但你敢写对中国政府说不的书吗？"这个问法是个挑衅性的问题，我现在写了这么一本书，你问我敢不敢写另外一本书，但你也没反过来问他一个问题：你问问他你为什么不对世界经营范围的经营寡头说不呢？他认为这是理所应当的。中国知识分子现在开始把自己当成一个社会批判力量出现，我觉得首先要说的一点是，对知识分子自身的批判，由谁来做？有没有能力做下去?

杨黎:那就是《中国可以说不》,除了是一种情绪化的呈现之外也包括着对知识分子自身的反省和批判?

张小波:做的时候没做那一类。这个是由这本书引起的一个话题。

5. 小说

杨黎:后来你又做了《10作家批判书》,那你在做书的时候对这个文学界的关注点还是没降低吧?你对当代文学还是没有放弃你的个人兴趣还是你出于市场的原因?

张小波:都有。

杨黎:但是那本书的观点能代表你的观点吗?

张小波:不能代表。

杨黎:有你的观点吗?

张小波:就是我是个出版人。

杨黎:你是从出版人的角度考虑来操作这本书?观点都是写作者自身的观点?那你可不可以谈谈你的观点呢?或者这样说吧,我们说直接点,就你作为一个诗人嘛,虽然你现在在经商,谈谈从80年代以来到90年代的文学?

张小波:诗人不是一个荣誉的职位,我觉得我现在不是个诗人。

杨黎:你已经觉得你不是诗人了?

张小波:对。

杨黎:是一个出版人?

张小波:怎么说呢,把一个人定义啊,我认为不太好。

杨黎:你为什么觉得你不想成为诗人呢?

张小波:不是不想,因为这么一看,这么多好诗人,我觉得我很羞愧我操。

杨黎:这是属于幽默,没有其他的原因啊?

张小波:你老想把别人定义为一个什么东西,我觉得一定义为任何一个东西你就把其他全部东西甩掉，你就说，我现在像个出版人吗？我也不像个出版人。

杨黎：是这样的，就是有某一种，某一种特性，比如说，你是工人，是农民，是国家干部；是学者，是作家，是诗人，是医生。你可能是一个很丰富的人。比如，你既是医生你又是个诗人，同时你还拍电影，这种情况也有。

张小波：医生和诗人是不能这么分的，我既是医生又是诗人不能。诗人不是个职业。

杨黎：不是个职业，对。

张小波：一个医生就永远是一个医生，不管他现在是否在从医。

杨黎：你认为不写诗的人就不是诗人吗？

张小波：所以要看你怎么说。那你现在不写诗了就不是个诗人。所以我一直处于是不是写作状态的时候，这个时候我不是诗人。一个十几年没写的人，像臧克家，现在人家还称他为诗人，我觉得是很滑稽的东西。

杨黎：最近你的小说在一定范围内嘛，我们不能说太大了，产生了一定的所谓的影响嘛。而你个人觉得现在的诗人，很多也是在写小说，对这个，你个人有什么看法？

张小波：我的小说很少，就那么几篇，肯定不是谦虚，我的小说是习作。因为我一直认为整个西方的小说传统还是博大精深的，要去写的话而且确实要写得很好那也绝对需要天才加一个很合适的时机，天才都需要灵光一闪。我的小说有时候回过头看很满意，但有时候又是非常绝望的。就觉得我写这个东西完全不能给这个世界增添任何东西，从另外一个意义上讲，或者说得更玄乎点，小说是一个自足的世界，写了你就是赋予它生命，它自生自灭，从这个意义上讲我觉得我的小说不是，给人留不下东西，所以我是绝望的。对这点，我很清醒。再说在中国这个范围，我还读了很多小说，比较起来我觉得我还是写得不错的。可能小说理念的明晰性，我个人没有很自觉地去体现，或者对我的小说的未来指向，我自己曾经想到的就是：那几个神圣原则，我的小说里面到底有没有琢磨到？我很难把握。我现在最痛苦的地方就是，我是不是能放弃这一切，当时写小说给我很大安慰的这块。因为你在一个很禁锢的地方，那小说给你的空间太大了，你跟你的那个囚禁你的东西，你跟它是若有若无的，你会突破它，通过另外一个形式把自己更自由化了。当时小说是在这么个范围内，这个小说我一边写，我一边回头读，老觉得是百读不厌。但我力求不写现实化的东西，我坐牢了就写监狱，写我自己经历的东西，我觉得这个东西不是我要的东西，我就想把它拉得很远，完全拉离我当时的痛苦，拉离当时的那个孤独和绝望，来思考更广泛的东西。这个我就是做的努力，不知道你们在看的时候能看到这点吗？

杨黎：这种，我们看到的啊。

张小波：像《法院》是在监狱里写的，但我把它完全陌生化了，完全不是现实世界的法院，就这点来讲，对马原余华之后出现的很多小说，我的兴趣不是特别大。千人一面的小说，就是把名字抹掉之后这个和那个反正很多人分不清楚，不知道谁是谁的，没有提供给中国小说任何有营养的东西。包括好多人认为韩东的小说写得好，当然韩东有一两篇我觉得还是不错，但我认为他的小说还有是先天缺陷的。

杨黎：你认为他哪两篇写得不错？

张小波：题目记不清楚了，我记得《收获》上有一篇，我看了觉得不错。后来看了他的一些小说，觉得完全丧失了活力。

杨黎：后面看了几篇？

张小波：当然他有自觉的，韩东他有智慧。智慧在哪儿呢？他的小说不像一般的小说一直在思考，因为可能他思考的东西达不到。比如说，他曾经思考过小说和真理的关系，这个提得很好，很多中国作家都没想到，小说世界是真理的吗？不是，或者是。小说和真理是同构的吗？那肯定是很多中国小说家和外国小说家共同面临的东西。这个问题他提得不错。但是他的小说我们可以比一个小说，美国的卡佛的小说，卡佛的小说就是日常性悲哀的东西，韩东的小说就没有，可能卡佛给了韩东小说一些营养，但你也可以这么说，就是我的小说一定要体现日常性的悲哀吗？但不一定，没有人定义过，但我认为卡佛的小说是有力量的，但韩东的小说就没有，看多了那是一个圈子小说。

杨黎：这种力量来自什么？

张小波：这就是我没有思考过的问题，这个力量，或者就是我说的他一直在体现一种日常性的悲哀，给了我们力量。他不是给了我们力量，而是给了我们一个触动，就是他那个东西虽然文化不一样，什么都完全不一样，个人经历完全不一样，但是他小说里抽象出来的东西和我身上抽象出来的东西是有感应的。但是这个问题是经不起一直追问的，就是小说是需要你来感应的吗？你感应了又怎么样？经不起追问。所以说韩东小说的共性就是他在探求一种东西，小说和真理他能探求好了，我觉得会对他的创作有巨大的推动。

杨黎：那你个人认为呢，小说和真理是什么关系或小说是真理吗？

张小波：小说是真理的一部分。

杨黎：我可不可以再问细点，是它的哪个部分？

张小波：要看你谈哪部小说，因为好多东西不能当成小说谈。

杨黎：那么这样吧，谈那个《昨日之岛》嘛，你认为《昨日之岛》体现了真理的哪一部分？

张小波：我只看了一半。

杨黎：看了一半？我实际上这个话题问你，开始问你的啊，主要是因为你是一个诗人出身的写小说的人，而韩东等也是诗人出身的写小说的人，而现在呢从九十年代开始吧有很多人涉足小说，但还有的像"70后"的很多人，比如尹丽川和乌青，他们是一开始就是小说和诗歌共进，不像我们嘛。

张小波：小说和诗歌并进，这是一个他妈的超天才才能做到的。

杨黎：不，好与坏我们现在不谈论，这样的人很多的。

张小波：你听我说，小说和诗歌是相反的。

杨黎：小说和诗歌是相反？

张小波：作为动力来说，你写小说会把你写诗的动力破坏掉，诗歌是一个很细微的东西，有时可能就是一股游丝在那里动。但小说不是，小说里有杂质的东西在，所以说你现在还在写诗，我觉得小说写长了对你的诗歌的功力是一种破坏。诗歌都要讲功力的，都是一步步往上升的，像练功一样，这个肯定有的，那这个时候绝对不能写小说。

杨黎：你是用一种很绝对的东西把这二者区分开。

张小波：当然写小说的人可以写写诗，对他的小说有好处。

杨黎：干什么事的人，我觉得不管干什么事的人说点大点的话啊，写点诗都有好处，我看见很多做生意发了财的人年轻的时候都写了诗。不管写得好写得坏。

6. 第一

杨黎：我想具体地问一些你的一生中的几个第一，有的你可以不回答嘛，你愿意回答就回答。你第一支烟什么时候开始抽的？

张小波：偷偷抽第一支烟？

杨黎：肯定是第一支烟啊。不管是偷着还是正大光明的。

张小波：那很小。可能是七八岁。真正抽烟是上大学。

杨黎：是上大学？正大光明地抽烟？

张小波：对。

杨黎：第一口酒呢？我指的是自己喝啊，自己有意识地第一次喝酒，或者这样说吧第一次醉。

张小波：第一次醉？应该是高一的时候，14 岁。

杨黎：14？跟李亚伟同岁。

张小波：我们在镇上三个小孩去喝酒。同学，骑自行车一会儿翻下来一会儿翻下来。

杨黎：现在很怀念吗？想起来什么感觉？

张小波：想起来没什么感觉，这个加速度的。

杨黎：那你的第一次梦遗呢？

张小波：第一次梦遗？是很恐怖的。他妈的具体时间？初中。具体记不清楚了，把裤子藏起来了，不让我母亲给我洗操，呵呵。

杨黎：什么时候开始手淫的？

张小波：我在第一次做爱之前没有手淫过。

杨黎：没有手淫过？那你第一次做爱是什么时候？

张小波：18 岁。17 岁。

杨黎：那你第一次初恋呢？

张小波：不不，我想啊 17 岁谈恋爱，可能不到一年才做爱，将近 18 岁。

杨黎：那你的初恋呢？

张小波：是两个人恋爱还是暗恋？

杨黎：我现在指的是两个人的恋爱。

张小波：就是大学。

杨黎：就是大学？暗恋很早了吧？

张小波：暗恋很早了。暗恋，在初中。

杨黎：那小学的时候，刚才你谈到你是初高中性格转型的时候的暗恋。

张小波：那是初中。

杨黎：那是很全面的很有意识的暗恋而不是朦朦胧胧的？

张小波：啊，对。有意识的。比较明确的。

杨黎：就迄今为止能记到的第一首诗呢？

张小波：不记得了。

杨黎：第一首诗不记得了，但是你第一次发表的诗？

张小波：那记得。

杨黎：是什么诗？

张小波：啊这个也不记得了。

杨黎：哈哈。什么时候？

张小波：是在《文学报》发表的。大学。

杨黎：你第一个认识的文学上的朋友？但我是指和你一样是在文学上是写出过东西的，而不是指那种朦朦胧胧的。

张小波：那应该还是宋琳。

　　杨黎：你的第一个应该还有很多，第一笔钱、第一辆车、第一套房子，但这些就没必要问你了，反正我们都知道。呵呵。你做生意以后你的整个性格有没有转变？他们都谈到做生意以后性格上的转变。

　　张小波：我做生意真的比他们要强悍，李亚伟和万夏啊，我觉得李亚伟的心态很好，不急不徐的那种包括他对他的手下小张那种。我对人要求高，性格比较急，这个性格还是没有转变。有时候对人家是不近情理的要求，当然是自己感觉要不近情理了就想拉回来，应该对人好一点，就这种时候比较多，性格不断跳跃。

　　杨黎：今年清明节的时候啊，我看你们在长沙开书会，书会的时候同时开了个诗会，他们相约一起要写诗，你也是其中的一个，后来李亚伟写了八首诗，郭力家写了三首诗。

　　张小波：我写了两句好像，呵呵。

　　杨黎：你认为你还愿意写吗？

　　张小波：还是愿意。

　　杨黎：也就是说这个门你还没把它关上的？

　　张小波：我是觉得写东西对我本身来讲啊，应该是身心一个极大的满足，这个确实是，像吸毒一样，这个上瘾啊没有戒断。

　　杨黎：你在诗歌里面写到酒的时候多不多？

　　张小波：有，很少。

　　杨黎：但是你喝酒的兴趣绝不比李亚伟低。

　　张小波：其实我对酒是没有兴趣的。

　　杨黎：那你为什么天天都喝酒呢？

　　张小波：但我一个人从来不喝酒。

　　杨黎：对，这个跟我一样。我就想听你谈谈嘛，完全是一种交际的润滑油？

　　张小波：对。你要这么想就是跟有些人在一起喝酒你是沾一点喝的，好朋友在一起你就会醉，无非是这样嘛，醉了就形成了一个心理上的恐惧，你就喜欢找个皈依。但一个人在家里一个月我不喝酒，一个月我一个人在的话，我一滴酒都不沾。

杨黎：我是到北京来以后开始一个人喝酒的。那是因为晚上睡不着觉因为经常不出门嘛，睡不着觉的时候开始喝点，以前我从来不一个人喝，好像也没机会一个人喝酒，天天晚上烂醉哪里有机会闲着？我们这代诗人，你认为谁你最喜欢？

张小波：诗歌呢我一直比较喜欢的，上次那都跟你说了嘛，那个谁啊，伊沙，但是我给你提过你的诗歌和孟浪的诗。谁说过孟浪的诗是不说人话？伊沙说的。那我觉得孟浪的诗歌他有他个人的东西。

杨黎：你到现在还没见过孟浪？

张小波：还没有。

五、市长爷爷万岁

尚仲敏访谈

1.怎么办？尚仲敏的访谈现在剩下的只有一半了，他诗歌的前半身再也找不到。比如，他的小时候，他的重庆和萧红，以及他的燕晓东和大学生诗派。

我找了好久都没有找到。

重新采访尚仲敏基本上不太现实。他现在在成都，我现在在北京，这是其一。其二是时间。当我发现尚仲敏的问题时，已经是正月初一了。这本书必须在正月十五之前完成，是我已经第三次确定的时间目标了。如果再被推迟的话，我怕我不能写完这本书。就算写完了，它在市场销售上也无法达到我想要的那种好。

怎么办呢？我想我只有写一写。好在就尚仲敏而言，我还是比较熟的。至少就他的一些有趣的事，就他的诗歌和诗歌活动，我不敢说像了解我的手一样了解，但也和脚差不多。我们认识有十七年了，至少有七年时间我们基本上是天天在一起。从新二村到水电校并不是很远，如果走路的话，也就一小时左右。

2. 准确地讲，尚仲敏基本上是这样一个人：他的聪明和他的运气是成正比的。就他个人的成长而言，他是什么也没有落下。当然，我是说如果他不想落下的话。

来，让我们一起回头看看尚仲敏的过去。小学到中学，他都是好学生。不是打扫清洁、团结同学的好学生，而是学习冒尖、要求进步的好学生。有两件事可以证明：一件事是他把一个女同学写给他的求爱信交给了老师，另一件是他为考上重庆大学电机系而非常难受。他给我说，以他当时的成绩，至少应该是清华和北大。

读大学的尚仲敏，其实依然是一个好学生。有人对我说过，他差一点入党。不管有没有这件事，也不管他最后入没入成，这并不重要，重要的是他毕业时，直接就被北京水电部要去了，仅仅是他自己不愿意待在北京，才到了成都。我把这件事情理解为尚仲敏人生道路的选择，并不只是两个地方那么简单。

写诗也是那个时代的一种时髦，尚仲敏并没有因为自己是一个好学生而缺少这一追求。如果真正没有这一追求的话，尚仲敏现在可能在北京，少说他也该是一个局长什么。

除了写诗之外，写地下诗，从事地下诗歌活动，更是那个时代时髦中的时髦。以尚仲敏的聪明和敏锐，这样的机会是不会放过的。以及它的混乱和潦倒，以及它被公安局找去找来的麻烦，尚仲敏全部没有放过。

什么时候恋爱，什么时候结婚，什么时候生孩子，又什么时候下海做生意，这一切的一切，尚仲敏都安排得清清楚楚。在我们"非非"的几个之中，他是唯一在生意上成功的人。

3.1985 年在重庆，尚仲敏和他最早的诗歌伙伴燕晓东办了一张《大学生诗报》。在这张报纸上，他俩发表了一篇关于大学生诗派宣言那样的文章。这篇文章和这张报纸一样有锐气，也一样的混乱。无论是从当时还是现在的角度来看，这张报纸和这篇文章的价值都应该体现在以下三个方面：一是创立了真正的、有地下性质的大学生诗派；二是确定了于坚在这个诗派中的领袖地位；三是燕晓东和尚仲敏获得了他们的第一次诗歌成就。那个时候，尚仲敏和燕晓东都只有 21 岁。尚仲敏说："燕晓东是个天才。"

4. 尚仲敏：从北京回来以后，因为我到了成都，到了成都以后呢就搞成都在校大学生。当时我的活动范围还是在大学，像川大、川师大啊，啥子西南民院、中医学院这些。我们主要还是搞大学文学社这些，然后我就是感到比较乱，他们都是散兵游勇，各自为政。我就觉得必须把他们联合起来，成立四川省大学生联合诗社，在成都范围成立的，成立后就办了一份报纸《中国当代诗歌报》，提出了"第二次浪潮"。

杨黎：你咋个提出的第二个浪潮？

尚仲敏：我就是觉得"朦胧诗"是第一次浪潮。徐敬亚的《崛起的诗群》在中国的文化界、诗歌界、思想界造成了很大的影响，给第一个浪潮画了一个句号。我预感到我们这一批这个大学生诗啊将会掀起第二次浪潮，所以我就想起来谈第二次浪潮，就提出了第二次浪潮。

杨黎：这是 1986 年的时候？

尚仲敏：1985 年。1985 年年底。当时我还是倾向于在大学里搞，但我觉得第二份报纸的含金量低于第一份，它的影响面以及它的观念。这一期我重点推的还是于坚，也有韩东。

杨黎：我不晓得是不是这篇文章，你专门谈韩东、于坚、丁当的？

尚仲敏：第二期除了推出了于坚之外，就是推出了韩东的，丁当是谈到了，谈丁当是我们觉得丁当和韩东、于坚他们是同一类。于坚更具有代表性。哦，是 1986 年 2 月份。

5. 就尚仲敏自己而言，如果说《大学生诗报》仅仅为他打开了中国诗歌的大门，那么他的《中国当代诗歌报》就使他正大光明地走了进去，并且找了一张舒服的椅子坐了下来。1986年一开年，尚仲敏风头强劲，比"非非"任何人都有名。在那个时候，周伦佑和尚仲敏开玩笑，就是模仿尚的口音说，办报纸。在那个时候，尚办报纸的成功，已经快成为那个时候的一种风气。两年以内，成都大大小小办了十几张这样的报纸。其中最有趣的一张，是诗人孙杉杉办的：他豪放的姐姐给他出的钱，所以他让他姐姐出任主编；另外的两个编辑，由他的姐夫和可爱的小侄女出任。

这张报纸的名字也叫《中国当代诗歌报》。

6. 杨黎：兰州的会是几月份？

尚仲敏：兰州是1986年七、八月份，夏天。

杨黎：我把你送上火车的。

尚仲敏：我们喝醉了。

杨黎：把你灌醉了。

尚仲敏：你也醉了。还有王镜嘛。

杨黎：是啊。

尚仲敏：我记得我们在火车站旁边的小酒馆喝酒，喝的白酒。是下午几点，我们喝完后，我就上了火车。在火车上，一觉睡到兰州。

杨黎：卧铺？

尚仲敏：硬座。喝醉了，比软卧还舒服。

杨黎：那是。

尚仲敏：然后就带着《中国当代诗歌报》去了兰州。在会上就见到了徐敬亚、杨炼，还有牛波、唐晓渡、姜诗元。当时并没有安排我在大会上发言，后来他们看了报纸以后，由徐敬亚他们帮我争取的。那个会上分了两大类的，但当时"朦胧诗"和我们这一伙在思潮上、利益上，还是一类的。

杨黎：是同盟军。

尚仲敏：对，同盟军。当时大会没有安排我发言，那个报纸被散发了之后他们感到这个事情的严重性，由于大家极力推荐，我在大会上做了很重要的发言。就是很重要的位置，然后由我发言，我的发言就大讲了我们所谓的第二次浪潮、第三代，当时我在会上就旗帜鲜明地提出了第三代。第三代就正式在会议上讲了，当时老的一方是压制啊，排斥我们第三代。而"朦胧诗"呢是一种在内心呢叫什么呢？或者叫冷眼旁观。"朦胧诗"的氛围就是冷眼旁观的，就是包括杨炼啊，徐敬亚啊这帮。但是我在大会上就很旗帜鲜明地提到，好像我带了东西去，后来《作家》那个家伙叫什么来着？

杨黎：宗仁发。

尚仲敏：不是，另一个？

杨黎：曲有源。

尚仲敏：啊，曲有源。他就当时决定发表我这篇文章，这篇文章后来由于种种原因回去以后被砍掉了。在这篇文章中，明确提出第三代，而且我在大会上重点讲出了一些人物的一些作品，让他们感觉到第三代作为一种浪潮不得不正视。后来这个"当代诗歌理论研讨会"实际上变成了第三代诗歌研讨会。"朦胧诗"只是一个垫背的，第三代去的只有我一个人，我是年龄最小的，我当时只有22岁，作为点缀好像必须有。后来从我发言以后基本就变成了第三代，每次开会讨论的全部是第三代的有关作品和观点。而且那次会议对整个官方啊接受第三代诗歌起到很大作用，后来一些官方刊物包括《诗歌报》《作家》《深圳青年报》等。在这次会上，我和徐敬亚建成了牢固的同盟，建立了很深的个人友谊。后来我们到敦煌去，我那时也没钱，我们单位也不报销出差费，我到兰州一分钱也没拿，我所有的费用是《当代文艺思潮》给我出的。徐敬亚说服那个《当代文艺思潮》的主编叫什么名字？谢长因，就说喊他给我报销，强烈要求我也去敦煌。我当时就穿了一套衣，我也没带换洗衣服，啥都没带，就空手去了。

7. 尚仲敏在水电校的宿舍，差不多就是我们的窝点。尚仲敏水电校旁边的一些馆子，差不多都是我们喝酒的地方。从他们学校门前，一直喝到青羊宫路口。

那个时候啊，蓝马很爱和刘涛吵架。吵完之后，蓝马最喜欢的就是出走。但是蓝马又没有可以去的地方，尚仲敏在水电校的宿舍，一般就成了蓝马出走的终点。晚上尚仲敏陪他喝酒，第二天下午刘涛来把他领回去。

8. 尚仲敏：刚到成都的时候，我是在成勘院。因为我是部里下来的，部里面为了满足我到地方去，因为那个单位很大，他不可能说我坏话，他肯定打电话说这个人很优秀的，派到你们这里来锻炼。反正我也是部里面干部下来的，北京来的干部嘛，一来就当那个办公室的秘书，作为第二梯队培养的对象。当了半年实在不行，看我头发多长，自由化，穿拖鞋，9点钟上班，长期不上班，没办法把我搞到机电处去画图。画图也恼火，领导都感到很头痛，见到一帮社会上的人，在他们看来是社会上的人，闲散人，天天来找我。然后到了两年了，我就该转正了，我们那一年五十多个人都转正了，就我没有转正。我是第二年都没转正。直到我到水电校后。

杨黎：你怎么去的水电校？

尚仲敏：水电校就在我们单位后面。我有一天散步，就走到了里面。我一想，觉得老师这个职业也不错。当时又不可能不要工作，你不要工作生活就没来源。然后我就要求调到水电校去，我想上两节课很自由，又不坐班。我们单位当然高兴，他们为了解开我这个包袱让我及早离开，就积极地给我办。你想当时我们单位是很俏的，一般人看来是进不去的，待遇方面很好的单位。所以，他们一办，我就去了。我没有走所谓的后门，我也没关系，不可能走后门。当然，从北京的部里面到成都的一家设计院需要走后门吗？然后从设计院到一个学校，也不需要走后门。

杨黎：你是在往低处走。

尚仲敏：当然，在他们的眼里肯定是这样的。

9. 杨黎：你讲一下你和王琪博、燕晓东怎样？

尚仲敏：行，他们都是我的好朋友。我到成都来后，特别是我和《非非》以后，他们觉得我背叛了大学生诗派，觉得我加入了另外一个团伙了，他们心里面不平衡了，不平衡了就专门办了个报纸来攻击我。这个报纸基本上就是办来攻击我的，出钱办了这个报纸，呵呵，全国到处去发行，就是攻击我，从各个角度来攻击我，列了我的十大罪状。

杨黎：没有其他的原因？

尚仲敏：有，燕晓东觉得我的风头盖过了他。

杨黎：以前是燕晓东尚仲敏。

尚仲敏：对。他感觉我盖过了，也是盖过了他。但这又不是我的错，是他自己的错。

杨黎：什么错？

尚仲敏：他不能吃苦。这是他最大的缺点，就是这个他不能吃苦。

杨黎：不能吃苦。

尚仲敏：我可以说，我后来走了后他在重庆主要的生活就是耍女朋友。沉迷女色。沉迷女色这都很正常，但他呢主要是以这个为主。他是很浮躁的一个人，他不肯，他不管搞啥子都不能静下心来一个字一个字地写。我在成勘院一个潮湿的房间里经常抽几包烟，抽劣质烟喝劣质酒，然后我拼命地写作，我可以通宵通宵地写啊，他就做不到。他在耍，我在搞写作的时候他在耍，所以很可能我会超过他。燕晓东是个很有天才的人，燕晓东可以说才华过人，才华盖世。但是光靠天赋还是不行的，现在不是靠天分，要勤奋才行。各种原因，所以他们心里就很不平衡，就开始攻击我，就把我作为他们的敌人来看待。

杨黎：但是这个时期还是很短暂的。

尚仲敏：很短暂，后来我们又成为了朋友。

杨黎：燕晓东现在怎么样？

尚仲敏：燕晓东现在在重庆搞了个网上写作。

杨黎：嗯？

尚仲敏：网上作家，靠这个为生。网络文学，他在搞网络文学。

杨黎：他也在搞网啊？

尚仲敏：他有一天跟我讲他在搞网络文学。

10. 我们聊聊燕晓东怎样？

我对燕晓东不是很熟，从 1986 年到现在，总共见了三次。前两次时间还长，第三次就非常短。同样如此，前两次感觉他很有锐气，最后那次就发现他已经萎下来了。

我不知道燕晓东是不是像尚仲敏说的那样天才，但是从外面一看，的确是那种蛮有才华的人。长着一对大眼睛，有点像梁晓明。

说句老实话，燕晓东的诗歌我现在是一句都记不起，但是他的诗歌给我的印象却还深刻。他是比较早的喜欢美国诗歌的人，他自己的诗歌形式和感觉也都有那种味道。再加上个人的性格和素质，我如果没有记错的话，他的诗节奏缓慢，语句偏长（当然不是史诗那种长），抒情味很浓。和尚仲敏相比，他就是一个诗人。

燕晓东读大学三年级时，正逢香港电视剧《上海滩》在重庆热播。许文强的风度、江湖的义气，以及那种极端的生活方式，都深深地刺激了他。我听尚仲敏说的，他用打火机，戴白手套，穿西服。1984 年的重庆沙坪坝，燕晓东把自己搞成了黑老大。

11. 和尚仲敏、燕晓东一起的，还有一个叫王琪博。他要比尚和燕小一点，所以写诗似乎也要晚一点。我 1986 年去重庆时，他都还在学校读书。

1987 年我又去了重庆。这次我是和吉木狼格一起去的。当时王琪博和尚仲敏的报纸事件已经发生，并且又已经结束。作为重庆大学新一代的领袖，王琪博热情地款待了我们。大侠米建华到今天都还记得到他，说要请他去西昌喝酒。

12. 杨黎：有人认为，你进入"非非"之后，反而被"非非"遮蔽了，你觉得呢？

尚仲敏：我也觉得是。

杨黎：那你为什么还要加入？

尚仲敏：我其实加入这个"非非"，我对"非非"的这个创作观念，并没有从骨子里接受，并没有融化。甚至我在"非非"里面也是格格不入，无论从观念还是从作品，到写作倾向。我加入"非非"更主要的是这种情感上的需要，主要是人，人员啊，我跟杨黎、周伦佑、蓝马、何小竹、吉木狼格当时耍得好，在一起和一种生活方式。我加入"非非"更重要是一种生活方式。我们那段时间天天在一起，很愉快的，喝酒谈诗歌。在蓝马盐市口的家里面，我觉得我从生活方式上离不开这个团体。当时除了"非非"还有几个帮派比如"莽汉""整体"，跟他们我就觉得无法相融，生活方式就不能融合，人格上也不能相融。我就觉得这帮人和我有一种不相投。

但是呢蓝马、杨黎、周伦佑、何小竹、小安、刘涛还包括其他一些，我觉得我们在个人兴趣爱好、生活方式上都比较相似，都喜欢喝酒，都很随意，都不假。我当时确实感觉到整体主义有点假，我觉得他们生活在一个很虚假的世界里。我们都很真实，都很坦诚，我估计更主要是这方面融入了"非非"。你要从诗歌观念这些方面看，写作方式写作倾向可能还不是，这个是确实讲。

杨黎：我当时也融入不进去。

尚仲敏：你也融入不进去？

杨黎：因为"非非"本来就是个利益团体，不像"他们"那样是个兴趣团体。

尚仲敏：对对。我总觉得周伦佑和蓝马那一套，周伦佑的文章我到现在还看不懂，就他的《反价值》，我看不懂啊。蓝马的文章我觉得才华横溢，但他那些观点我不一定赞同。其实在"非非"里面我、杨黎、敬晓东我们三个又比较接近。我们可能年龄差不多，"他们"年龄要比我们大很多，在生活情趣上我们更相似。

杨黎：当办了《非非》后，我们基本就是围绕《非非》在写作，围绕《非非》在活动。

尚仲敏：是啊，围绕《非非》。从写作到活动，甚至是生活，外头的所有的事都拒绝了。

杨黎：那么你是好久停止写作的？是不是与"非非"的解散有关？

尚仲敏：停止写作？1996 年，1995 年，就是下海以后。

杨黎：时间很久了。

尚仲敏：其实 1996 年也没，1996 年我还写了八首诗，在电脑里面。但由于当时的那个官司，就把那公司查封了，查封了以后电脑也被封了。我的八首诗，我自认为写得还是挺不错的，就在电脑里，但我现在回忆不出来也取不出来。从那以后就彻底没有写了。那应该是一个过渡，如果法院不查封，那八首诗能够拿出来，也许我能继续写。

杨黎：还有这么个故事？

13. 我当时不能融入"非非"和尚仲敏的不能融入很像，但又不像。我当时不能马上融入"非非"，主要是我们大家都还不是朋友。想想看啊，那真是一件可怕的事情，吉木狼格、蓝马、何小竹和尚仲敏，在那个时候，我和他们居然都还不是朋友。

14. 尚仲敏：其实我现在回忆"非非"，主要是回忆我们之间的友谊。

那真是一个叫人怀念的年代，你说是不是？而且，那个时候，太有激情了。

杨黎：你究竟觉得那个时代和这个时代有什么不同？

尚仲敏：太不一样了。想想写作纯粹是个人的内心生活，但是我觉得它跟年代还是有很大的关系。

杨黎：是什么样的关系？

尚仲敏：这种关系就是它可能将一个诗人引入毁灭，甚至将才华或创作的激情引入毁灭。80 年代我就不能够不写诗，我们成立的大学生联合诗会我们有几百个人参加，可以说我们的风光远远超过了大学校长。风起云涌的，全国各地的大学都给我寄刊物，每当我收到几十本上百本的油印刊物，就感到它们其实在激励你的创作冲动。随着诗歌运动，一个思潮，一个浪潮，我们被卷入其中。我们不得不被卷入其中。不得不这样，每天都生活在创作激情里面创作冲动里面，和许多天才在一起。另外看到一首好诗啊，比现在赚了几十万还高兴。那种冲动包括学校的，你自己写了好诗或者看到别人也写了好诗，那种内心的愉快和激动，所以我说那个年代，真是了不起。后来到了 90 年代，甚至到了 2000 年，到现在，我就觉得整个年代，包括社会风尚，它的这种美学对诗歌的扼杀。

杨黎：那你是不是也被扼杀了？

尚仲敏：我肯定不会放弃写的，但是我认为能够写好的诗我才去写。

杨黎：嗯？

尚仲敏：我认为我能够把它写好的时候我才写。我不会三心二意，那是很关键的。

15. 我是不是可以这样说：尚仲敏其实并不是一个本质上的诗人，他只是一个聪明人。这种聪明，使他干什么都会干得非常好。包括写诗。

16. 杨黎：你在我们那代人中间是搞评论很早的几个之一，你认为我们那个时代有经典作品吗，从今天看？

尚仲敏：那是一个经典作品很多的时代，从今天看，更多。比如于坚有，韩东也有，成都比如杨黎这个是公认的，我觉得《怪客》和《冷风景》就是那个年代的经典作品。比如像韩东的《大雁塔》，于坚的作品《101号》，《101号》是不是？

杨黎：我不晓得。他的作品都是好多号。

尚仲敏：我觉得它是划时代的，像杨黎的这个，当时我拿到《现代诗内部交流资料》的时候在重庆，也就是我感觉到《怪客》和胡冬的《慢船》，都可以称为经典的。那一本诗集满满的，也就是那两首诗。《怪客》那种场景一直到现在我都还记得，"对于你来说，我便是怪客"，呵呵，是不是？"怪客就是怪客。一切都是假的，包括我这句话"，呵呵。在《怪客》里面的经典句子，你看我没有想，随便就可以去背诵它。几十年过去了，我都能记到。像于坚的，"大街拥挤的年代，你一个人去了新疆"。

杨黎：你提一下你自己的作品。

尚仲敏：我自己的作品我觉得有影响的就是《关于大学生诗报的出版及其他》，充满激情，市长爷爷万岁。虽然它不是那么精致，很粗糙，但我觉得它在当代，包括对大学生的写作倾向起了很大影响。很多大学生在看到这首诗后觉得他们以前写的诗应该放弃了。

杨黎：该用另外的方式写诗了。

尚仲敏：该用另外的方式写诗。虽然它不是很精致啊。

乌青：我印象中最深的也是这首。

尚仲敏：也是这首？

杨黎：那你谈谈乌青他们的作品。

尚仲敏：乌青？我还没有看过。

杨黎：我是说他们那一代。

尚仲敏：读得很少。

杨黎：就你读到的而言。

尚仲敏：像北京的沈浩波还是不错。2001年？

杨黎：已经是2001年了。

尚仲敏：更年轻一代的？

杨黎：是的。

尚仲敏：我知道北京一个《下半身》嘛，还有个啥子？我有点印象的就是沈浩波有几首诗，就是类似于"莽汉"的诗，他写的实际我觉得还是"莽汉"的但是他没有超过"莽汉"。所谓的下半身写作，下半身写作实际上就是胡冬万夏他们当时提出的像豪猪一样的生活，像农夫一样的诗什么什么。当时他们提出这个观点是不是？

17. 我想说不是，但我没有说。

坐在尚仲敏的茶坊里，四周乱哄哄的，说句实话，能够谈论那么久的诗歌已经是不容易的事了。对于尚总，就更不容易。这一点我非常了解，因为我也当过杨总。

尚仲敏其实想写诗，这一点我是看见过的。90年代末，1997年吧，我曾经和他在酒吧喝酒，亲眼看见他在一张纸上写下了两句。我看了后，他还问我怎样。我对他说："你写都没有写完，我怎么说？"他说他回去写，我说好啊。当然，他最后写没有，我却不知道了。但我敢说，他就算写了，肯定也没有写好，否则，我们不会看不见。

尚仲敏是一个非常自恋的人。

18. 杨黎：你谈一下知识分子写作。

尚仲敏：哪些是知识分子？

杨黎：主要就是以前的史诗派、文化派。

尚仲敏：欧阳江河他们？

杨黎：对有欧阳江河啊，有西川啊，还有王家新那些。

尚仲敏：这些知识分子写作啊？知识分子写作也不说全错，他们也还是写过好诗，包括欧阳江河的《玻璃工厂》，我觉得还是有可取之处。但是西川的诗我看得很少，我几乎没有看过他写的好诗。西川在我们那个年代我觉得还没有冒出来，我们当时已经很有名的时候西川还没有啥子名气。我觉得很少看，江河的我看到不少。西川当时我印象不是很深，后来包括知识分子写作我就没看什么，很少了。像王家新，我印象中他是《诗刊》的编辑。他们的作品我觉得无法比，就包括知识分子和我刚才所推崇的那几个人，我认为不管是从影响还是从作品本身，都没法相比。我想他们搞知识分子他们一辈子不可能超越那啥子庞德啊，艾略特这些。他们的诗歌缺少独创性，缺少创作性，是一个模式，全部是一个模式，很瓜的。我还是看过一些，欧阳江河的我看过一些，很华丽但他们不可能超过那些西方的大师，因为他们在这些大师的影响下写作。我原来称他们为文化垃圾，80年代的时候。

杨黎：80年代还有一个很大的事件，我提醒你一下。

尚仲敏：什么事？

杨黎：大展，就是现代诗流派大展。

尚仲敏：哦，那的确应该是一件大事。我觉得啊，它肯定是功大于过，绝对功大于过。

杨黎：功在何处？

尚仲敏：功就是集中展现了整个，它对整个实际上浪潮啊诗歌运动是一种总结，它带一种总结性。它总结了，也就完成了。诗歌就从那时候起开始下滑，它代表了最顶点最高点，从诗歌运动角度来讲，辉煌的顶点。

杨黎：它的过呢？

尚仲敏：它的过就是鱼龙混杂。比如把"非非"和其他乱七八糟的混在一起，完全不可比，不能同日而语。相当于，相当于不能在同一个桌子上谈话，非要把你搅到一块去。我觉得它的过就在这里。但功还是大于过的。比如，现在某个人要搞这个，我觉得还是个好事情。写作应该是个人的事情，但是作品拿出来就应该是整个年代整个社会的事情。

19. 仲敏，我们曾经是这样喊他的。

有一个叫朱鹰的朋友，"非非"的，写过这样一首诗，《给我三个得道成仙的诗友》。这三个诗友，就是指蓝马、尚仲敏和我。那一年是1990年，我们三个人在他的家里耍了几天。他的家在重庆。当时已经是星期天的下午。

尚仲敏说："我们今晚就走。"那个时候成渝高速公路还没有通车，从重庆回成都需要坐一天（或者一晚上）的火车。尚仲敏说："我明天上午有两节课，我必须走。"我非常同意走。我知道明天李亚伟他们要到重庆来，这是刘太亨告诉我的。蓝马也知道，除了李亚伟外，还有廖亦武。蓝马和廖是好朋友，他想留下来。我不想，我和廖关系一直不好。尚仲敏是不是真的要上课？一个曾经上班非常水的人，在1990年的春天，突然认真起来了。他对我说："那我们走好了。"我赞同。即使他们都不走，我也走。当然，这还有一个原因，我不知道万夏要来。就像万夏当时自己都不知道自己要来一样。我们回成都那天，他正在往重庆赶。火车在内江擦肩而过，我们的火车和万夏的火车。

蓝马决定跟我们一起走。我觉得他的选择是正确的。虽然那个时候我什么也不知道，但我还是觉得他的选择是正确的，至少他对友情的选择是正确的。

后来尚仲敏是这样说的，他其实也可以不走。他可以打一个电话给他的同事，让谁和他换两节课就行了。他说要走，也是因为不想和他们在一起耍。这肯定是真的。除了"非非"几个外，尚仲敏在成都本来就很少和重庆的那些人在一起。

第二天早晨，我们到了成都。一周之后，我们听到了重庆方面的事：在刘太亨家的人，全部被弄了进去，其中还有万夏。我不解。"你们走的那天，我刚好陪一个做生意的朋友去重庆耍。"两年以后，我们和万夏喝酒时他说，"就像鬼撵起来了那样。"

六、王琪博

传奇诗画

　　补记：二十多年前，王琪博突然出现在诗坛，与尚仲敏、燕晓东迅速成为重庆大学生诗派三巨头。但几年之后，他又突然从诗坛消失。在这里我用了两个突然，我认为它非常准确地描述了王琪博的个性和特点。在十年前出版的《灿烂》里，我虽然写到他，但笔墨却不重。

　　只是现在不一样了。现在，王琪博重新出山，一手写诗，一手画画。但见他诗写得颇为快活，画画得影响深远。作为诗歌画派的创始人之一，他的诗和画均引起了我的关注。在决定再版《灿烂》时，我马上把他作为我必须采访的几个人中的一个。于是，去年的秋天，在望京一家咖啡店里，我严肃地和他坐在了一张桌子上。几个小时后，我从他的嘴巴里，再次听闻了我已经听过多次的他的传奇人生。那真的是一篇好小说。

　　也许是太精彩了，当我进行整理的时候，才发现帮我录音的小姐居然没有录上。

　　我真的没有生气，我认为这是天意。关于王琪博自己的故事，我们还是应该看他自己写的小说。据王琪博说，他的小说已经快完了。如果没有其他影响，明年二、三月我们可以看见。他是一个上天入地的人，他的故事也上天入地。

　　但我的《灿烂》不能少了他，我寻思我必须用一种什么方式来弥补这个失误。在这时，我运气很好地看见了作家野夫为他写的文章，幽默风趣，深入浅出。我觉得这是上天的恩赐，有一失也有一得。我感谢野夫兄。

　　文章如下，请大家欣赏。

烈士王七婆

野夫

一

月黑风高之夜，苍山骤雨突来，一时间林涛如怒，滚滚若万马下山。村居阒寂似旷古墓园，唯听那山海之间狂泻而至的激愤，一如群猿啸哀，嫠妇夜哭。

这样的怒夜，非喝酒磨刀，不足以销此九曲孤耿。遂披衣起坐，燃烟遥想那些在江湖道上，与我摩肩接踵击掌把腕过的朋辈。一代人的沉浮颠沛，是怎样浓缩了这一巨变家国的青史啊。而今他们多数消沉于樽边裙下，被浮世的风尘掩埋了险峻的骨相，无人曾识其豪侠面目。

我曾经在一首咏古的诗中感怀——灯下锈刀抚且叹，拳头老茧剥还生。在一个英雄气几乎荡然无存的末世，我们早已稀见贯穿过千古春秋的游侠子弟的背影。华族史传中这一尊崇和荣耀的道气，六甲而来，终于细若游丝而近乎失传了。

我想起我的兄弟王七婆——这个几年前在黄山论道，被80年代诗歌回顾展追认的诗歌烈士——我是该要来说唱他的传奇了。"烈士"自古并非对逝者的追谥，在一个奴性弥漫的社会，烈性成为一种稀缺的品质，甚至被诬化为某种罪人流徒的基因。而至今伤痕累身却厚颜老皮健在的七婆，在我看来，正是这一古老基因的传承者。

残酒倾尽，朦胧醉眼里，我仿佛再次看见王七婆猩红的泪眼——那是我和他在黄哥家的对酌长聊，谈到我们彼此的母亲父辈，谈到我们相似的江湖物语，扼腕浩叹，泪下青襟。

我常常想象并坚信，即便是如此的风暴之夜，我只要喊他一声，他便会千里之外冲州过府赶来。他瘦削高挑的身手依旧矫健，这个酷爱带刀的男人，依旧还能和我重返我们那嚣张的青春……

二

王七婆本名王琪博，江湖上容不得那么古雅的字号，遂谐音唤作七婆。七婆乃赳赳奇男子，三十年来游走在诗与刀之间，过着刀头舔血臂上刻诗的生涯。写诗的时候他是琪博，玩刀的时刻他是七婆。其人身形陡峭，打眼望去便知是屠狗子弟，俨然浑水袍哥的范式。但是却胸罗锦绣，时常也不乏利口婆心之处。

他出生在大巴山深处的达州乡下，天然有烈烈巴人的骨质。其外祖父曾经官至国军团座，鼎革之际未肯率军南逃，肃反时被新政枪毙。外婆被划为地主婆，在乡下接受监督改造。其父中农出身，入伍共军，60年代初转业到达县五金厂成为城里人时，看上的却是那个被毙的国军校官的乡下遗孤。

琪博的母亲虽为农民，却是大户人家的曾经闺秀，身高一米七，识文断字，要不是遭遇家国板荡，这样的千金之姿何至沦于田亩。然而蓬蒿之中，能辨物色，她下嫁给那个吃公家饭的采购员时，也许暗想的只是为未来的三个儿女，可以改变一下血统歧视的命运。

琪博的童年身处文革，其外婆和母亲，一样无法逃脱时代的迫害。就在他发蒙的唐家坪小学，时常要看见台上被捆绑批斗的外婆。那时的同学少年，多也感染社会邪毒，难免要借此嘲笑侮辱他的沉默俯首。他终于忍无可忍地爆发，将其中一人在放学路上掀翻十桥卜摔伤。

这是他生平初次出手，从那之后，他开始拜师学艺，十岁就习惯带刀行走了。那时的乡下，多有一些民国武师埋名江湖；四川则更是袍哥等道门的兴会之地。琪博的习武好斗，和我一样，源自于少年的恐惧与仇恨。这些时代的烙印，至今也难以从心底驱逐。

某日，少年的他随母赶场卖菜。一土改根子与其母口角，并将其母推倒尘埃，扬长而去。他从腿上拔出羊角短匕，追出百米抱住该人大腿，白刃挥处，一刀见血。那个堂堂大人，竟然被一个孩子的凶狠吓住，挣扎逃走。而初初开始知道护母的他，回家之后竟然差点被惊恐担忧的母亲打死。

若干年之后，他已然是当地声名显赫的大哥之时，独自还乡寻仇，找到了那个当年被他扎伤的老男人。这个在无数次阶级斗争中充当打手的硬农，这时已经被巨变的时代抛弃到恶有恶报的寒苦起点；面对这个当年就令他胆寒的小辈时，几乎跪下谢罪，才免去昔日那个愤怒少年的再度惩罚。

我的青年岁月，亦有过类似的喋血寻仇；在一个真相至今尚未呈现，罪恶不被清算的时代，我从来不屑于泛泛高谈什么宽恕。快意恩仇向来是男人的正业，一个淡仇的人，难免也是一个寡恩的人。同样，一个没有罪感的社会，也必然将是一个没有耻感的社会。

三

以武扬名的王琪博，1983 年却成为全乡唯一一个考上大学的农村青年。全家杀猪宰羊，邀集乡邻庆贺。仿佛直到此刻，这个五类分子家庭，才真正开始要扬眉吐气地生活。

他带上简陋的卧具，其中依旧藏着他的短刃，挑着木箱第一次走出巴山，来到了重庆大学电机系。他和新同学分住五楼，楼上则住着全校的体育队学长。入学次日，楼上泼水，浇湿了他们的衣服，他伸头大骂。片刻，寝室门被一群高大威猛的男生一脚踢开，所有新生胆怯噤声，为首者直奔躺在上铺的他而来。

就在那人伸手锁喉之际，躺着的王七婆反手寒光一闪，刀尖已经抵到了来人的颈项。那个习惯跋扈的老生，从未见过如此阵仗，顿时被钉在床边不敢动弹。王七婆起身下床，用刀顶着那个比他粗大得多的男生，一步步向门外那群人走去。所有体工队的猛汉，无不被这个精瘦莽汉所惊骇，顿时散开两端。他跳起来打倒那汉子，训斥完那些围观的学长，从此扬名立万于重大，再也无人敢欺负这些新生了。

那时的大学，正是诗歌疯狂的年代，而各个诗歌社团，又俨然江湖帮会，崇文而尚武，不时闹出群殴械斗的事件。当年的重庆大学诗歌领袖，是高年级的尚兄。某日，王七婆的一兄弟来向他投诉尚兄的霸道，他立马带着一群拥趸找上门去。尚见来者不善，豪言曰是好汉就单挑。哪知道王七婆身手奇快，一个飞腿便踢翻了学长。尚兄也颇有古风，起身拱手道：看来你确是好汉，是好汉就应该写诗。当下两人竟然握手言欢，杯酒订交，王七婆也就从此入了诗歌的魔道。

这些今天看来近乎传奇的故事，在80年代的大学，就是司空见惯的寻常轶闻。古语曰：诗有别裁，非关学也。至今可能还说不清涡轮活塞之类知识的电机系大学生王琪博，却突然沉溺于新诗，并很快异军突起，和尚仲敏燕晓东等发起组织了"大学生诗派"，并率先在期刊发表诗作。那一年代，正是诗歌江湖最喧腾的季节，各种地下油印刊物遍地茁生。他的初恋给他赞助的酒钱散银，都用来印制了《中国当代诗歌》和《中国诗人》等民刊。

一个力比多显然过剩的山地男人，诗歌并不足以宣泄其全部精力。那时的社会，文革暴力栽培了太多青皮混混，袍哥春典残留的重庆方言谓之"操扁卦"的。重庆素有码头文化传承，沙坪坝的四大"扁卦"都是矮子，凶蛮令人闻之色变，多有骚扰校区的滋事。青壮的王七婆向来英雄主义横溢，遂带领同学少年迎战，几番群劈火并下来，他竟然赢得了几大矮子一生的尊重，并为之出生入死，至今兄弟情分不减一丝。

四

诗歌烈酒与殴斗，这些青春期的男人习作，多与骚动的爱情勾连。

山地子弟的王七婆，因为其雄性气质，竟然赢得了一个高知家庭女孩梅的着迷。梅是低一届采矿系的美女，从任何一个角度看，她的初恋都不免让人不胜鲜花牛粪之叹。但是，如果没有叛逆的爱情，一切都按父辈们字斟句酌的姻缘，又必将缺少几分纯净与浪漫。梅的父母面对女儿与一个不良少年的爱河，实在只能是望洋兴叹了。

临到毕业前夕，采矿系的告别舞会，机电系的男生王琪博想要混进去，向自己的恋人献诗。他怀揣着他的浓烈爱情，强悍地想要闯入外系的花园时，遭到了外系守门男生的嫉妒性阻拦。他习惯了用腿说话，但这次真的过分了，其凌厉的腿脚，直接踢破了对方的下体。于是，拘留十五天，还有三天就能毕业分配的他，终于被学校开除。

那时的这一处分，意味着一个人彻底被体制抛弃。他的父亲风尘扑面地赶来，要接他回到大巴山深处的工厂顶替其饭碗。他浪费了家里几年的供养，实在无颜见江东父老，坚决不肯还乡，将接班工作的机会留给了妹妹。老父无奈，只好将他托付给了还要继续上学的女生梅——老父恳请这个善良有教养的女孩，为他驯好这个顽劣的儿子。

王七婆的江湖生涯，因为爱情与诗歌引来的祸端，从此真正开始。他走出了校园，却再也无缘走进单位；在当年中国，一个没有单位的人，几乎难以乞食。梅的暑假回到了蓉城，而他则走向了建筑工地。在跳板上挑砖上下，是他独自领略的第一份生活甘苦。他的江湖兄弟张矮子，不忍目睹他烈日下的颤颤巍巍，也来帮他挑砖。每天一元钱的收入，勉强能填饱他的空腹。但这对于初出校门的他，仍旧是一种不堪承受的艰难。他从栈板上摔下，缝针需要麻醉；他和他的江湖兄弟，那时竟然都凑不出这份医费，只好不麻缝合，硬生生挺住那份疼痛。

梅在家里摊牌，如果不给她的爱情资助，她便辍学。父母只好拿出平生积蓄五千，由她去转给落魄的王七婆创业。1987 年，爱情带来的这笔巨资，让王七婆开办了重庆第一家高档咖啡馆。这个农家少年，很快从书上学会了调制各种咖啡的办法；更重要的是，他的江湖声名，吸引了各区码头上的黑白人物。那是改革开放的初期，众多开始操社会的大佬，都被他这个天价酒吧吸引，仿佛不来此处厮磨，便够不上江湖颜面。

他第一次看见了这么多钱向他飞来，也因之结识了诸多道上的朋友，形成一生挥之不去的因果孽缘。

五

80年代中旬的中国，"万元户"是一个荣耀的称谓。月入万金的王七婆天性豪爽，久贫乍富之后，则更是一掷千金。龚自珍词谓——愿得黄金三百万，交尽美人名士——这般境界，大抵是天下多数诗人侠士的幽梦。但是22岁大学肄业的王七婆，竟然当时便已实现。

很显然，一个酒吧已经无法摆平其迅速膨胀的野心。而诗人根底的他，则更容易追逐时潮引领时尚。经不起江湖兄弟的撺掇，他很快卖掉最初发迹的王氏酒居，异想天开地成立了重庆旋风时装演出团。几十个模特美女簇拥着王哥的绚烂生活，青春的招摇和气派，堆砌了他不切实际的财富乌托邦。

我常常疑惑，一个长年衣衫落拓的人，何以半生都迷失在华服靓装的噩梦里，难道其前世原本一个裁缝？很快，他的时装团就找不到T型台了。嗷嗷待哺的大群美女，总不能永远跟着豪气干云的琪哥陪酒交游。于是，他不得不挥泪对宫娥般送走一个又一个红颜。

这是他1988年的美丽与哀愁。这一年，恋人梅毕业，很快与这个冒险家结婚并珠胎暗结。这个单纯年轻的妻子，似乎早已习惯了他的大起大落。那些残存的资产——满地妖魔鬼怪的所谓时装，又很快变成了一个火锅店的红黄青紫。他从美色产业转型到美酒美食，依旧在饮食男女的欲望中找到了自己的快活。

欲望的本质，是因为它会盲目发酵膨胀。今天回头从任何一个角度来看王七婆，只要他耐心守住任何一件事，都早应步入富豪之列。但是他这种人，天生就是那种守个收费公厕，都会梦想连锁的人。于是，火锅托拉斯之梦，再次沿江而下，把他扩张到了旧都南京。我至今也想象不出南京上海人，怎么可能陶然于七婆的麻辣；于是，他铩羽而归，回到故乡达州疗伤。

观察王七婆的生意之路，发现他似乎完全走的是一条访友之路。过去父母责骂孩子，习惯说：人喊不动，鬼喊飞跑。以此譬之于他，活脱脱神似。本来多一个朋友多一条路，可是朋友太多的人，往往又容易被带入歧途。1989 年，一时穷途的他，被朋友吆喝购进大批 101 生发精，前往广州推销。最后几乎一半的产品送给了黑发浓眉的哥们儿姐们儿，还有一半库存着等自己老到脱毛时使用。

那一年，国家夭折了一批孩子，他却在穷愁中成了父亲。他过去帮助过的江湖人，眼见他兵荒马乱之下的潦倒，开始伸出援手。92 年邓公的南巡，再次为创伤的社会注入了欲望的油汁，整个国家沸腾起来。一家集团看中他的江湖经验，为他注资开办又是第一家时髦的餐饮娱乐业，要将干部与群众团结在酒色边上。哪知道他人气太旺，处处搁不下江湖情面，但凡叫声哥就要免单，结果很快吃垮了该店。

六

一个好男人置身于 90 年代的欲望社会，都不免要变坏，况乎原本野性疏狂的王七婆。他的大进大出，时荣时败，妻子早已见惯不惊。他再次回到达州，和当年出生入死，而今飞黄腾达的兄台一起，成立了山中第一个中外合资公司。

此际的他，摇身一变成为故乡名利场上真正的达人，迷失于灯红酒绿的花径里难以自拔。他不仅染上了豪赌的恶习，且外遇了当地的一位名媛。妻子梅不吵不闹赶去达州，分文不取，决绝地宣布和他走到了道路的尽头。这个令其家人和兄弟都素来敬仰的女人，带着儿子乘车返蓉。满城江湖倾动，夹道相送前嫂夫人。他的父母泪流满面歪歪斜斜地追赶着远去的列车，他独自躲着拭泪，一生愧疚地挥别了这个厚遇过他的女人。

之后，他和这位名媛结婚，生下第二个儿子。豪赌几乎输尽了他

的浮财，富贵险中求，他企图再博东山。他和道上的兄弟拎着凑来的
几十万现金，潜往缅甸章风镇赌玉。几番勾连，他赊来并发出了一车
玉矿到广东，结果货到地头死，买家设套，只给他八辆旧车抵账。他
自己搭进的钱财倒无所谓，但是缅甸的边军和江湖岂能善罢甘休。杀
手弥城，沿路追到达州，最后几方大佬说合，才了结这笔烂账。

　　命相术谓，他这样的人，有一双挣钱的手，却没有一个存钱的斗。
枪打进来，炮轰出去，说到底是一个败家的末世王孙的作派。但这样
的人，任侠仗义，积不下钱财，却偏能积下朋友。也因此，即便偶有
山穷水尽，却也能很快拨云见天。90年代中期，阮囊羞涩的他，意外
地嫁接朋友关系，给贵州某地招商引资几千万，其中自然不少他的佣
金。问题是这样的官商交易，在大陆难免黑幕。省纪委查办自己的属
下，也顺带把他从西藏押回取证。

　　一月圈圄出来，新妻疑似芳心另有所属。暴烈的他找到了那个涉
嫌男人，之后新妻带着次子离异。他的两个儿子，就这样相继暌别了
他的离乱生活，跟着各自的外婆度过童年。三十出头的王七婆，花团
锦簇地孤独在故乡，继续挥霍着他的过手黄白，以及浮躁孟浪的青春。

七

　　90年代下旬，中国进入房地产的疯狂年代。一路颠沛追赶着商潮
的王七婆，这次似乎抢占了先机。他和几个老把子合伙，开办公司，
收购土地，预售楼花，几乎兵不血刃就再次白手起家了。

　　几千万到手，一时财大气粗，竟日挥金如土。这厮仿佛天生跟钱
结仇，不糟践一空便觉得人生无趣。虽然弟兄们跟着好吃好喝，难免
也有江湖老客开始觊觎他的出手豪迈。赌局越来越大，陷阱自然也越
来越深了。王七婆的赌兴和赌品，都是千客的最佳食材。昏天黑地的
雀战，闭户关机地厮杀，三天输走两百万，等回到人间时，传来的却
是母亲服药自杀的噩耗。

他的母亲早在他被大学开除之日，就闻讯摔倒，从此闹下浑身颤抖的余疾。晚年瘫痪，长期卧病于床，最终选择了尊严地死。十几年过去后，他跟我讲起这一段隐衷时，仍旧止不住哽咽涕泣。若干年之后，他在诗中怀念母亲——妈妈自从你离开人世后我便是一个被两串泪珠挂在凄凉上的孤儿天好高地好厚我怕我怕掉下来砸得粉碎我最怕将来没有一个完整的躯体到下一个世界去见你……

母亲的离去，终于催他迷途知返。他带着数目不菲的余钱，北上京都创办新国服服装公司。他像一个民族主义愤青一样，要振兴唐装中山装事业，打出了响亮的"穿国服，扬国威"的广告。最后，国威尚未扬起，他的国服却终于破产倒闭。20世纪的最后一年，他空空两袖地再次回到重庆觅食。

他的好运气似乎在前半生已被他挥霍一空，新世纪以来，他几乎是喂猪则牛涨价，养牛则猪升值——反正总是喂不到那个点上。当日弟兄见他落魄，又投资给他在重庆办服装公司，三个月就血本无归。他是那种掷骰子押单就非要一直押到底的赌徒，自认为精通服装业门道，又移师上海开锣。结果三百万现大洋，连个水响都没有听见，就沉落在上海滩了。

一生不肯认输的他，只好再次铤而走险。东拼西凑了一点本钱，单枪匹马闯缅甸，他想在那些百家乐的场子里，重新找回幸运之星。结果欠了放水的高利贷，被护场的黑帮要活埋。幸好当年阔绰时待弟兄们不薄，千里呼救之际，还有忠义的矮子提着几十万赶来赎命，这才把他从齐腰的黄土中挖了出来。

正如他的诗所云——多年来我在缅甸和澳门的漫漫长路上，固执地单跳着。在零到玖的简单加减中轻狂地吹吹顶顶，先后吹脱了家庭，吹毁了前程，顶起了厚重的债务……

死里逃生的王七婆，回想当日富贵真是恍若隔世了。就在他决心金盆洗手，重新埋头写诗，并把几岁的次子培养成围棋业余五段高手之时。他那在成都长大的长子，在初中不甘忍受高年级的欺负和勒索，跟他年轻时一样组织群殴，结果刀下一死两伤。还未成年就要面对审判；四年少管刑期的终审，剥夺了这个愤怒少年的单纯时光。兰因絮果，仿佛一切都是血统中的宿命。开始探监孩子的他，似乎这时才顿觉英雄老去，机会不再了。其诗《围棋》开篇就写到——我大儿执黑小儿执白／我左手下黑右手提白／我父子三人奔走于黑白两道／力图走上正道……

前几年，明显沧桑了的王七婆，赶去成都接他的儿子出狱。我和李亚伟等大群哥们儿，为他们父子劫后余生的重逢接风。他那还只有高中生年纪的儿子，已然沉默寡言如成人。他略显歉疚地为儿子夹菜，儿子陌生无言地不愿正视这种迟来的父爱。对此两代人都躲不过的囚徒命运，举座黯然。

八

王七婆和我一样，几乎同时在遍历甘苦之后，选择了回归青春钟爱的文学。这时的我们心已老去，文字才终于开始成熟。他难得寂寞地整理完他的诗集《大系语》，交给我责编付梓。他在卷首献词中赫然写道——只要我一开始写诗，这个世界就要死人。

他的诗确实是这个平庸世界少见的江湖浩歌，每一个字都生硬磕牙，翻阅之间隐然如听刀枪迸鸣，是一种荒野奔命和绝谷斗杀的惊骇之声。我的朋辈多是这个时代真正顶级的诗人，当他重返诗坛时，许多人为之一震——这确实是一头硬鸟，能让人尿筋都散了。他的诗有浓厚的江湖气，格局和气场都十分霸道。比如：

今夜大河奔流南海北国相安无事，故乡走向黎明路边的客栈醉了过客与老板娘。此刻谁的娇躯胆敢靠上我的肩，我将是他一生永远的依靠。今夜我一人等于万人同聚，今夜我沉默等于万声齐唱。今夜我一个真小人，像伪君子一样坐着。

即便是一个刀光血影中打拼生活的人，其内心也不免儿女情长；古人说——钟情者正在我辈。王琪博的情诗和情事，也多是江湖上的佳话。他能用近乎强盗的方式表达爱情，这样的独门暗器，确确乎胜似春药麻沸散之类古方。他在用诗写成的家书里这样表白——前生给你一张过时的地图，你就能在今世的生存夹缝找到纤细的我。时间纵然安排你晚到二十年，命运必然让我在该等你的时候多等你二十个春秋……来世提前给我一支笔一片云，我就能预先签下天堂里的责任承包田……

他给恋人的诗也是充满流氓气息——

我想通过努力把你想进怀抱
你生于日期成长为岁月
行走在桃花之上睡在笔尖之端
我伤心时你徘徊在记忆的弯道上
你开心时我深陷在一首诗的结尾中
活着只为不与我正面相见
我想启动犯罪的方式扑到你身上
我想动用来世的资金控股你今生的婚姻
你若顺从就等于顺从了往后的日子
你若拒绝就从此拒绝了人间最美好的时刻
你真敢半推半就那你不是骚货就是水货
就犹如一朵花长在枝头叫开放
掉在地上就得烂

不仅对女人深怀这种野蛮的柔情，本质上说，江湖中人托命于情义二字，也因此才有割头换颈的兄弟。矮子是他一生的至交，这个纯粹的道上人物，在他的笔下变成了一曲真正令我读之酸哽的《矮子之歌》——

多年来你一直跟在我身后
踩着我的影子走自己的人生路
如今你已五十了
路虽走得长可仍就矮得像只乌龟
有时你鼓足勇气走在我的前面

我就不知不觉走上了斜道

你教坏我两个儿子

气死我一个丈母娘

你仍是我最好的兄弟

多年来你一直睡在我客厅

帮我挨刀挡枪过着侠客的日子

如今你知天命了还把自己当老婆

有时你依然是个哲学家

你冷嘲李白热讽徐志摩

说诗歌不能当饭吃

你是想让老子走老路去赚钱

你好重新过上吃喝嫖赌的日子

只可惜你的人头长不到我的项上

多年来你跟在我句子后面像个标点符号

帮我传递着意犹未尽的表述

其实你早已大半截身子入土了还食不饱肚

一顿当作三顿吃三天当作一天过

有时你把老子当天才在看待

有时却把老子当弱智在打发

你说老子两个是尝尽人间百味的人

要吃就吃苦要么就吃人

说得自己像坨棉花刀枪不入

矮子想起你笑过之后我就想哭

我枉自比你高这么多

不能为你撑起一片生活的蓝天白云

今夜我独自走在你生日的雨中

身体仿佛是一只巨大的伤口

漫天的雨水像一盆盆盐水直往口子里泼去

疼得我骨头也一阵阵痉挛

我不得不向过去弯下腰去

矮得比你还矮

九

龚自珍在《己亥杂诗》中写道——吟到恩仇心事涌，江湖侠骨已无多。每每想起这样苍凉的句子，我就难免要感怀80年代大学生这一代朋友的奇特际遇。二十多年来，无数人载沉载浮，大起大落，生死相许，不少的弟兄甚至墓木已拱。现在我们也开始步入中年，当日英雄渐白头，转顾曾经的风云往事，常常想不起究竟是怎样在这个诡异的时代，杀出一条血路来的。

中年失路的王七婆，一定是在某个酒阑之夜猛然大彻大悟，被诗歌那一盏亘古相传的青灯又再次照亮了。名句曰——出来混，早晚是要还的。他混入江湖的起点似乎源于诗，现在他急流勇退的靠岸点，依旧还是诗。他的一位江湖大哥，为了鼓励他金盆洗手回归诗歌，不惜免去了他的百万债务。但是尽管如此，诗歌在这个国度除非被御用，否则依旧难以养命。道上行话说，换帖子容易拔香头难，讲的还不只是一个放不下的问题，更多的回头者，难在找不到可依之岸。

在他的诗集出版之夜，他在电梯里邂逅了他今天的少妻。这个西南政法大学刚刚毕业的女子，竟然神奇般地爱上了这个一身匪气却已两袖空空的男人。良人者，妻子所以托终身也。当下立地转世的王七婆，终于决心要做一个良人了，可良人得要有良人的活路才行啊。江湖人的本事，讲的就是个平地抠饼，对面拿贼。天知道这厮啥时学过美术，突发奇想开始油画了。虽然最初的作品，多由各码头的老大买走，但老哥们儿私下依旧觉得他不过是在闹着玩，认为那些买家也多是在还他当年的袍泽之情。

哪知道几年下来，他越陷越深，作品参展，还获金奖——这让我开始吃了一惊。本质上，我是一个美术的外行；乡村世界的品评——只看你画得像不像。如果他上手就是抽象派，玩概念随便涂抹颜料，那我还是难以确信。孰料把他的作品找来一看，还真不是那种蒙人的线条结构色块之堆砌。打个不恰当的比喻来说，现在要他去乡码头支一个摊子，专为农家画先祖亡灵，他那准确且神似的手段，都能从乡亲们兜里掏出钱来——这才是真本事。

我最近在给他的一个短简中戏说——这个社会想要把你娃逼死，看来还真不容易。我们这一拨兄弟也许真没有改天换地的本事，但飘风泼雨地杀将过来，确实都混成了一粒煮不烂捶不扁的铜豌豆。任是如此，从良的男人和女人一样，也都各有各自的尴尬和困窘。

正如他的诗中所说——一个人走在四个矮子中间混迹道上，不敢说性格是刀削出来的，不敢保证眼泪掉下来不砸伤人，更不敢酒后逢人就摆大型龙门阵。一个人用药下酒毒死夜晚的孤独，不敢在憧憬的时候露出回忆的神色，不敢说曾经怎样也不敢说将来咋，更不敢说人生醒和醉都是场误会。一个人娶三妻生两子，不敢刨初恋的根，不敢让老婆听见前妻的电话，更不敢修座四合院把三妻四妾用一道门围进来。一个人黄泉路边开客栈，鬼门关口摆夜市，不上天堂不入地狱，更不从中生离死别。

许多年前，他有名句曰——带刀的男人，不带表情，带着偏执与狂傲，向未来砍开通行的路。如今，几十年砍砍杀杀下来，他感叹的依旧是——路边有三朵野花，一朵是我，一朵是妻，一朵是女儿；我们至今没有属于自己的家……

他一边行走江湖，一边在心底构思诗画，他终其一生似乎都想和谐地处置好自己。然而生活的荒谬，往往如其所说——当政权和我发生摩擦时，我选择了远离专政的心脏最大限度地绕道而行；在一个绝对生存的高度怀揣一颗圣洁的心，把自己绕进了雪域的牢房。

最后，我想说——琪爷，我们也该老了；白发江湖，我能为兄弟你写的，也就这么多了。剩下的往事，该你自己慢慢反刍，和血吐出来咀嚼吧。如果我们这一代都自个悄然刨灰，无声地埋葬自己，我们的儿孙何以知道，我们曾经历怎样一个三刀六洞的时代啊……

七、乡关何处

野夫访谈

杨黎：我们就是闲聊，就是从你自己、以你自己为主体谈谈你自己包括你父亲的战争。谈谈你的写作你的《楚天三野》《麻城补集》，以及 80 年代湖北的地下诗歌也就是第三代诗歌。

野夫：那还是围绕着第三代诗歌为主线。

杨黎：可以，因为对你来说这毕竟是十几年以后了的事情了。这十年来中国也很精彩，有很多丰富的东西，以及你个人经历的丰富的东西，都说出来，愿意说出来的都可以说出来。

野夫：没问题。

杨黎：野夫的真名是姓郑。

野夫：对，郑世平。是你来提问我来答吗？

杨黎：不，你就随便聊，你说。从郑世平的名义，完全不牵扯野夫的名义。

野夫：我 1962 年出生，我父亲愿望我遭遇太平盛世所以就叫世平。那一年国家也在谈什么世界和平之类的话题。我是 1978 年上大学的，在我们这帮哥们儿上大学的里头我算最早的。

杨黎：算老三届的吧。

野夫：我跟老贾是 78 年上大学的，其他像亚伟 79 的，万夏是 80 的。都比我们小稍晚一点，也就是恢复高考后第一批应届毕业生。当时我考的那个学校很差，因为当时高中谈恋爱影响了考试成绩，高考之前差一点被开除了，幸亏我父亲当时当着个小官帮我入了学籍。这样就考到了当时叫华师分院，后来叫恩施师专，还一度叫过鄂西大学，现在叫湖北民族学院。我是1978级中文系的。

杨黎：问一下哈，当时的恋爱搞得那么轰轰烈烈吗还搞出事了。

野夫：78年谈恋爱实际上就是追求一个校花，结果校花把信交给老师了。

杨黎：就这么简单啊，我以为把人家肚子搞大了。

野夫：没有。手都没碰过，那是一个清教徒的时代。那样一个时代高中生谈恋爱是件大事。

杨黎：我初中的时候就写情书被老师逮住了。

野夫：你们是在都市啊，成都市。我们那是一个少数民族地区，是山区，老师本身都很封建的，都觉得这是件很大的事。写新诗其实早在高中就喜欢写，打小就喜欢，甚至在小学的时候就学着写歌颂毛主席共产党，但真正有了写新诗的这种意识是78年上了大学，正好也是中国朦胧诗运动的开始的时候，那个时候在大学就开始看所谓舒婷、北岛、顾城等等这帮人的诗，这我得承认，因为他们早我们一些对我们的新诗启蒙是有影响的。上了大学突然知道自己可以读到二十、三十年代、四十年代中国的新诗，那个时候我读了大量的民国时候的新诗。因为我们从小在小山村里面是根本读不到外国文学的，当时国内也正在出版一些雪莱、拜伦等外国诗人的诗集，图书馆也能借到莎士比亚、惠特曼的书，我就开始大量地接触这些真正的所谓现代诗，新诗。那时候还有编出一本中国现代诗选，是袁什么先生编的。

杨黎：袁可嘉。

野夫：哦，对。袁可嘉编的一套书。78.79.80年这三年我的大学生活广泛地阅读然后自己开始了真正的新诗写作。但是，当时整个风格还是朦胧诗的风格，以所谓顾城、舒婷这一类为主。当时在整个大学包括整个湖北有一个被忽略的现象，湖北其实是写新诗的人数最多的省份之一。大学生几乎整个人人都写诗，那时候我身边有一帮弟兄有二十几个，当时就酝酿成立诗社。

杨黎：在你们学校里面吗？

野夫：对，就在学校里面。正式成了诗社是在81年。我毕业了，一兄弟们他们还在学校。他们成立了剥枣诗社，这个是来自诗经里的叫"八月剥枣"七月流火嘛。剥枣相当于打枣的意思，在诗经里是八月打枣子表示秋天是收获的季节。为什么取这么一个古雅的名字呢因为我们是在八月份成立的诗社，也象征我们长大了收获了打枣子了。我们这个诗社严格意义上时候虽然是写新诗的诗社但是更像一个诗歌会道门，我后来曾经写过一篇文章叫《鄂西第一个诗歌会道门》，因为社里面充满了江湖色彩，本来一个诗社有那个该是很现代的很松散的，而我们刚一成立的纲领就恨不得是一个反革命组织纲领。

杨黎：组织性很强。

野夫：对，组织性很强。就是有难同当，歃血为盟这种的。

杨黎：投名状那种的。

野夫：对，投名状那种的。从最初的十几个人到二十、三十几个人最后五十几个人。我们确实成了鄂西的一个帮派，一个打架斗殴打群架的帮派，成都应该也是吧，诗人同时是酒鬼是打架的流氓小混混。

杨黎：那你已经离开学校啦。

野夫：离开了，在教育局工作。最初是教师后来调到局里调研室工作。我当时做教育的成天都是喝酒、打架、写诗、扯皮，过的就是这种日子。

杨黎：我们的早期就是这样子的。

野夫：的确是这样的，在身上还有刀伤，都是当年打架斗殴留下的。一打架冲杀上去的全都是写诗的这帮哥们儿，在社会上就是一个混混流派。后来我考证 80 年代的诗人们成长都有过这样一种野蛮成长的经历吧，这样一个诗社在我老家土家族苗族自治州这样偏远的地方成了第一个一大诗歌组织，然后在 84 年组织召开了一届由我们诗社牵头的全省的诗会。把全省的优秀诗人全请来我们利川县，利川县是整个湖北省最遥远的一个县也是海拔最高的一个县城。当年从武汉到利川要坐 3 天车，坐船要坐 5 天，很偏远的一个地方。我们当时和省作协联合搞了两届诗会 84 年和 85 年，这两届诗会使我有幸结识了全省各个地方优秀的诗人们，就像你们当年的四川青年诗歌学会是一样的，

把全省的各路人马都绑在一起。当时我在利川做的这两届诗会把当时
湖北省全省各地市县的优秀的诗人都召集了，当年还是很轰动。我之
所以能做成这件事也是与当时 84 年的时候各个省都在酝酿成立青年诗
歌学会有关，湖北省是最先成立的，84 年就正式成立了。当时是在武
汉的一帮已经成了名的诗人们牵头的，姚庆林、刘一善、王家新这帮
哥们儿牵的头，我和恩施另外一个诗人作为整个鄂西八个县的代表。

　　杨黎：那是 84 年的几月份？

　　野夫：印象中是春夏之交。

　　杨黎：差不多，我们成都也是 84 年搞起的。

　　野夫：恩，四川、湖北当时都是这个状况。当时就像开党的第一次
会似的我们湖北各个地区派一两个代表来到武汉和胡发云等武汉的一起
成立了湖北青年诗歌学会，胡发云现在是很有名很牛逼的一个作家，写
过《如烟》的作家。胡发云应该是现在湖北境内的最优秀的小说家，但
他也是写诗的。当时参加会的人都成了理事我就成了湖北省青年诗歌学
会的理事，85 年第二次诗会之后当时湖北省作协来了几个人，就说我应
该离开利川应该出山到山外去到大城市去，我当时已经在利川县委宣传
部工作了也成了当时利川青年诗歌领袖文学爱好者的头同时我又在宣传
部工作。当时唤醒了我渴望出山的愿望念头，多数人都这样，包括沈从
文、黄永玉等等我们都是有相同背景的包括亚伟，我们谁都不会在小山
区呆一辈子。85 年我就借调到湖北省作协，在青年诗歌学会担任常务理
事，负责办公室的一些常务事务，85 年我来到武汉的时候，正是地下文
学社团风起云涌的年代，武汉本市都有了很多个文学社团了。当年的文
学社团主要是以诗歌为主，很少有写小说的自己搞文学社团，都是诗社。
全国的青年诗人都想拿到诗歌学会的会员证，那时候就像现在卖土地一
样我们卖那个证是 25 元　个，只要你填个表交了会费就可以了。当时
的会长是姚庆林，每天雪片似的收会费，当时自己还发展了一个刊物叫
《诗中国》，刊物靠会费是完全可以支撑的。湖北当年各个地方的优秀诗
人，包括现在的一些成功人士，都是从我手上加入诗歌学会的。当时湖
北入会的就已经达到两万多人，

杨黎：很好玩，开始的时候搞成堂会这又搞成了组织，像党的组织。

野夫：呵呵，是啊。但是诗歌学会不在国家正式体制之内里面它是挂靠性质的。办公地从原来的省作协的机关大楼被挤出来，在边上租一个农家院子办公。我待了一年就感觉到这个诗歌学会是无法长远建设的，因为国家并不承认你，你还是地下组织的身份。我虽然是常务理事在那开一份工资，但是这份工资是靠会费的不是作协发的，我是不能当一辈子的事业的。这个时候武汉大学有了插班生制度，就是招在社会上已经有了一些名声的有点成就的作家，到武大去读书再拿一个本科文凭。我第一个大学是专科的，我就想拿个文凭，再则上武汉大学是我一生的梦想。对每个湖北人来说武大就是最牛逼的学校，我在我的书里面写过的大部分是武大哲学系教的，从小我受长辈的影响就是我们武大是最牛的，能进武大你的一生就够了。那我就决定去，86年我就考进了武汉大学，我们班是作家班，整个班都是搞写作的人在一块。我的宿舍寝室就成了全省各地兄弟们的来聚会的地方，86年全国各省的诗人就开始串联了，就要打出省的疆域。

杨黎：走出恩施，走向全国。

野夫：对对。像上海的郁郁跑到武汉来了，整个80年代很像一场党社运动，穿州过省找同志，诗歌它显然是很江湖的，各地来的诗人只要听说过就管吃管住，那时候也都没多少钱也没电话也不预约。

杨黎：都是直接到你家里来敲门的，你在就好，你不在就留个条子，然后你再跑过去找他。

野夫：对，我在武大两年接待了无数的这样跑过来的诗人。

杨黎：包括我。

野夫：对，包括你，还有李亚伟、雷鸣竹、郁郁等好多人。现在回想都想不清楚，当时财经状况是怎么支撑的这种社交生活的。

杨黎：我跟李亚伟一起出门的时候，我问他你有钱吗，他说有什么钱呢。亚伟他有一张证件，铁路职工医疗证。

野夫：那是梁振给他搞的。

杨黎：拿着这个证到处签一路就走了下去。也没饿死啊。

野夫：是啊，也是饥一顿饱一顿的。你想啊学生寝室的床很窄两个男人挤在一起就可以睡觉，那就是80年代的整个风格，整个时代精神就是这个样子。所有我一直认为80年代是最美好的年代，在中国来说，充满了浪漫充满了启蒙味道，充满了自由精神。现在这种过省来敲门的人不敢接待，那时候接待的全都是陌生朋友，我就是在那个时候认识你和李亚伟，我们以前也没有交往过没见过，都只是彼此之间知道。李亚伟第一次来的时候，背了大捆的他们自己印的地下杂志，《实验诗歌》。

杨黎：《中国实验诗歌诗选》。

野夫：来了就说我们一起摆到食堂门口去卖，完全就像现在的小商小贩摆地摊的。那我就陪他在学生们吃饭的时候、摆到食堂门口去卖，卖了一点钱大家就去喝酒。当时大家都20多岁。在武大期间我感觉到湖北诗歌良莠不齐状态混乱，而且在各省参加大展的亮相里面不代表湖北真正的最好的诗歌作品。湖北真正写得好的没被其他省份的诗人们注意到，而湖北青年诗歌学会为主的这些诗人严格来说，还是以文革后刚刚打倒四人帮之后那一批人，实际上是很传统的，不是现代诗人他们连舒婷、北岛、顾城他们朦胧风格都没有接触，还是那种传统的雷抒雁的那种风格。我就感觉和我们这一类的人的写作是不太一样的，我们这种地下写作出身的人天然带一种反叛性，天然的这种生存状态也带有底层草根甚至流里流气的这种土匪色彩。那我当时就想自己再搞个沙龙，就是把和自己风格相近的再筛选再组合一下，于是我们就搞了后现代诗人沙龙，是在1985年底1986年上半年开始弄的。第一批我们找了六个互相都能承认的，一个是我，还有兰野、唐跃生，唐跃生现在是深圳最牛逼的诗人，成了这个国家第一流的写红歌歌词的作家。(哈哈)

杨黎：(哈哈)

野夫：这是个很好玩的事情，当年的地下诗人啊，他写了很多歌唱祖国的歌拿过很多大奖，现在是深圳宣传系统的第一杆笔。还有丰川，还有熊宏。

杨黎：熊宏我知道，他是长江日报的。

野夫：对，六个人一人出来一本地下诗集。

杨黎：哪六个人？我们数一下。

野夫：野夫、兰野、唐跃生、熊宏、丰川，还有一个笔名叫暮渊，这个人消失了。

杨黎：没有啊，这个人在我们橡皮网站的时候很活跃。

野夫：就是他。

杨黎：我就知道这个人，但是我不知道他是谁。

野夫：这个人真名叫刘建新，我们这六个人的故事很有意思的。我们这六个人一人推出了一本小册子，地下印刷的，叫后现代诗人诗丛，以湖北省青年诗歌学会的名义印刷的。这个成了所谓新时期文学湖北省诗歌领域内的最前卫的最重要的读本，国内研究诗歌运动新诗运动的学者不知道他们从哪收集到了这套诗丛，只有我手上还有。我最近碰到的一些有名的大学学者湖北考出去的博士见到我都说当年我们上中学读了这个诗丛受到了影响，虽然当年没有正规的发行渠道。

杨黎：你们当时印了多少本？

野夫：我们当时一个人印了三千册吧。

杨黎：差不多，三千册流行就很广了。

野夫：这套书当时在湖北影响了一批青少年，紧接着大家觉得这个做的有意思，在这个基础上又发展了一批人包括野牛、方舟，然后办了个地下打印的诗歌刊物就叫《后现代诗歌沙龙》。到了1988年我大学毕业，我自己要求分到海南，到海南当了警察。我一走这个沙龙慢慢就松散了，包括那个时候写诗到现在还比较活跃的钱省。

杨黎：钱省我知道。

野夫：还有鲜例，这个人诗写得也很好，都是我们诗歌沙龙里面的。

杨黎：钱省最新的诗集我都看过。

野夫：当时这个六个人的身份也很好玩，熊宏当时在华中进修新闻系，后来去了长江日报编副刊。兰野当时在宜昌文化馆，丰川当时是公安系统的普通公务员，暮渊刘建新是湖北省公安学校毕业的是警察，但是酷爱现代文学现代诗歌，这个人其实他的现代文学的修为很高，我认识他的时候很奇怪，我认识他的时候，他是一个大学保卫处的，大学保卫处当时都是公安系统的，他当时由于成天写诗歌大学保卫处很排挤他把他贬到门房守门，整个这个沙龙就以他的这个门房为办公地点，常年我们这帮人的聚会就在这个门房。

杨黎：是湖北大学吗？

野夫：那个时候叫湖北建筑学院，现在就是武汉理工大学，武汉理工大学的一个守门人是个诗歌狂热的诗歌青年，而且现代文学修养很高，看的西方文学比我们多，而且生活方式比我们更前卫，当我们慢慢地迈向所谓的性开放的过程的时候，他早已经是老客了。这样一个警察出身的人，但是这个人后来我离开武汉之后他后来也辞职下海经商了，再后来这么多年就失去联系了。

杨黎：以前我没看到你们的诗集，听你说了后了解了一些，我是2001年办橡皮文学网站的时候就有一个人叫暮渊的，他说话谈吐发帖回帖显得和很多人都不一样，但是我就不知道这个人是干什么的，后来逐渐逐渐知道了是武汉的。有一次我记得很清楚，他针对我发了一个帖子，他说了一句感叹的话，他说杨黎不适合于北京，还是回成都去吧。他是一种关怀，我就感觉这个话好熟，像一个长辈或同辈人说的，肯定不是一个小孩子说的，我就这样知道这个人的。他和华秋他们玩得很好，但是也都没见过面。

野夫：那我可以和华秋那了解一下他，这些年了想酝酿一个当年诗歌沙龙的重新聚会。

杨黎：感觉从他的字里行间透露出来他开有自己的车，做广告行业。但是我问过钱省，他回答我很匆忙，我也正要赶着走离开武汉，票都订好了。当时是刘洁岷请我吃饭，钱省来了，我当时也不知道你们的渊源，如果知道很早就问详细了，你可以问他，钱省也做广告而且做得很大。继续说你的事吧。

野夫：我到海口当了警察，这个也是很奇特的事，没想到当警察，当时只是想坚决要到特区去。当时是百万人才下海，在我去之前亚伟、雷鸣竹、廖亦武都去那边晃了一趟。

杨黎：我也去过。

野夫：先去的张锋都是在那边扎根了的。好多人去了像你们又都走了，后来88年海南建省就有更多的人过去了，你们去是在建省之前的87年。我那时去还是大学分配的，我分到了海口市人事局，属于海口市人事局引进的人才，不是像你们这样子求职的，我们是先有组织部联系的要，当时人事局我的条件相对要好一些。当时海口那么小的一个城市突然要迎来那么多的外来人，各个单位都没有住房，即使找到单位那单位也只能给你提供宿舍，是大宿舍，甚至有的单位租那种最烂的客栈给你临时住。我当时是参加了工作几年又读大学又有点所谓的工作经验又有点所谓写作的业绩，那他们人事局对我跟对待普通的大学生是不一样的，就问我你想到哪个单位，当时我是需要单独的私人空间要写作啊，我就说哪个单位给我房子住我就去哪个单位。恰好公安局在人事局要人，人事局就问你们公安局有没有房子住，公安局就说可以啊，就是房子很小，但是可以住，这样我就了公安系统。很多人都没想到我会成为警察，我自己都没想到，而且我又在政治处，在警察系统还是很关键的一个部门。又因为我给局长写讲话稿就成了局长的笔杆子，如果沿着这样走下去那人生又会是另外一种样子。

杨黎：我问一下你们湖北诗歌当时很热潮，后来怎么弱了，包括你是在什么时候停止写诗的或者写得少了。

野夫：写新诗我到今天也没停止，只是没有像你们那样经常写，我就是会变成一年写一首或者两首，写了自己看，自己往博客贴一下，对诗歌这种爱好喜欢并没有降低，也参加一些朋友组织的诗会，但是没有以诗人的这个身份活在这个时代，不像80年代诗人可以穿州过府到哪去都能生存，这个时代已经不是诗人的时代了，是商人的时代，首先第一要考虑生存，写诗生存那是不可能的，那我就选择了把诗歌作为了一种爱好一种精神气质，我觉得我自认为我是一个诗人，我的生活就是诗，我并不认为一个诗人要出一百本诗集著作等身的是诗人，坦率地说有很多诗人的精神气质哪怕他写了几摞诗集我从来不把他当回事的，我们那一拨今天以诗人身份生活的也不是没有，王家新就是，哪怕他是大学教授，但是大家认为他是诗人，南野也基本上是。

杨黎：南野他不在南昌啦。

野夫：他离开宜昌了，回浙江大学了。

杨黎：你们湖北写诗的人很多的，现在有些人在写有些人不写了。像王家新还是在以一个诗人的身份在写有活，但是你是比很多诗人活得更像诗人，你本身充满了诗歌意识。你的经商经历我都知道的，后来你重新回到写作那我认为你是以带有思想性的散文为主体，那你对一些问题的思考就比我们年轻的时候更深刻更广泛一些，你谈谈这个方面吧，因为其他的受访者大多都在说的是过去。

野夫：90年代整个中国进入了物质时代，一个实利主义时代，一个诗人不再是被认为是带着桂冠的人，甚至大家在说某某是诗人的时候大家还带着嘲讽。80年代我们做诗人觉得是很尊贵的一件事情，是很高尚的一件事情，那在90年代的物质时代一个穷途潦倒的诗人是不被人尊敬的，李亚伟、我、廖亦武、万夏等等都经商。连老廖也开过茶馆的，万夏、亚伟那就更不用说了，都成了书商，那我95年比他们都晚一些出来，首先要解决的第一个问题也是生存问题。经商十年不是完全没写诗，也写诗，诗变成一种沉浸在骨子里面的东西了，不再追求诗歌的发表，不再追求印地下诗歌集子自己印诗集，都不太追求了，像我们那批诗人书商每次书会以后也是大家一起聚餐一起玩，偶尔谈谈诗，也悄悄写诗，亚伟、老廖偶尔也写，打印出来朋友之间互相看一下就完了，就不再把诗歌当个正事了，但是我认为这是渗进骨血里的东西是退不掉的，就是说经商经商，经到各自都厌倦的时候又有一批80年代的诗人开始回归，就是早年播下的那种文学基因开始重新点燃了。我做了十年书商，亚伟比我做得更长，06年我离婚放弃北京的一切把公司送给朋友，把外面几百万欠我的欠款欠单拿来全撕了，我没吹一点牛，做书商的外面都有书款，你要无穷无尽地收下去你永远都离不开这个地方的，老子一把火把欠单全处理了，我把我欠外面的帐全部了了。从我有手机以来我没变过手机，没有一个人找我讨债的，哪怕欠的五百块钱的大米钱我都找去了给还上，我干干净净地离开北京，到大理我决定开始写作。80 年代我们的文学梦，我们的经历我觉得我不写出来有点太有愧了，我们那十年的商人生活是什么生活你也是见证人，天天喝酒、斗地主，晚上上歌厅，但是会是生命的极端颓废极端无聊，我经常跟亚伟、万夏说，垮掉的一代金斯堡的嚎叫第一句诗就是说我们的，"我看到这一代最杰出的头脑毁于疯狂"。我们不应该这这样，我很惋惜，我们又有幸是什么呢，就是我们生活的这个年代，我们认识了结识了这个时代真正优秀的人，一批真正伟大的诗人，真正以后会留在历史上的诗人，很多人成了我们的好朋友，我们有幸与这个时代的真正精英站在一起，但是每一个人都完全在这种颓废就会把自己沉淀多年的东西就会荒废掉的，实在是一种可惜，所以我 06 年到大理租了一个农家院子写作，过着极端简单的生活，从零开始写，我相信我自己，我是能够用我的笔养活我自己的。我是一个对生活并没太多奢求的人，我去大理，我在北京十年的打拼的财产都送给了一场莫名其妙的婚姻，我到大理身上就有五万多块钱，可谓又一次洗白了，赵野陪我开着那辆破车带着换洗衣服从北京开到大理，我相信我能重新翻起来的，于是就开始了写作系列散文。散文是不能够谋生的，更何况这些反动散文在国内根本是换不来钱的，在海外换的稿费也是极有限极有限的，那我就开始从事商业写作，写剧本，剧本是能换来大把的钱的，我用赚来的大把的钱来养我想写的东西，所以我想写的这些文字我从来没想过我要哪个编辑来审，完全按我自己想写什么就写什么，写成什么样就是什么样，我心里就这样想的，不在乎她的发表不在乎她的换钱，迎来了好多朋友的叫好。我觉得我们这一代我们应该给这个时代留下一些东西，要留下的。我们算是经历过这个巨变时代的，这三十年来，78 年到 08 年，所谓的改革开放三十年，中国我们得承认他是天翻地覆的改变，但是这个变化我们不谈它的好和不好，至少它是巨变的，这个应该要出好作品的年代，一个民族没有自己的好作家好诗人好作品是这个民族的极大的悲哀。

八、玩泥巴的诗人

周墙访谈

杨黎：周墙好，你的真名字就叫周墙吗？没有笔名？

周墙：对，周墙是我的真名，没有笔名但是墙以前是弓虽强后来我改成土字的墙了。

杨黎：挺好啊，你为什么要改？

周墙：重名的太多了。我们的学校里就有七八个叫周强的。我们站在这叫周强会有好多人会回头的。

杨黎：哦，是的。那你是 64 年的？几月份？

周墙：64 年，12 月份。

杨黎：差一点就进入 65 年了，因为第三代的诗人基本上都是 64 年以前的。

周墙：王朔写的那些部队大院的小说我还是蛮有感触的。我们不是部队大院我们是矿区大院。最早我父母是在地质系统的，地质系统它也是个大院，后来又辗转调到了煤矿，又到了煤矿的大院，因为我小的时候随着父母的工作不断的迁徙，这个城市呆了 7 年换了另外的一个城市又呆了 7 年，而且都在城市的边缘，城市的郊区。

杨黎：没在城市的中心待过？

周墙：对，它是矿区嘛，自然不会在城里面。

杨黎：你简直是一个天生的边缘人。都哪些城市呢？

周墙：最早是在安徽的北方的宿州市，就是陈胜吴广大泽乡起义的地方，我出生在那，在那待了 7 年。7 岁以后从皖北搬到皖南宁国市去了，当时我父亲是造反派的头子，两个派系文攻武斗时被分开了，我父亲就被调到南方去了，从地质系统调到煤矿系统了，我就在矿区长大的。矿区还是属于离城市很远，离当时的宁国县城还有是十八公里。但是矿区它自成一个系统，它什么都有，百货公司、电影院、灯光球场、阅览室、医院等等，该有的它都有，大企业啊像一个完整的社会。

杨黎：对，大企业，以前有句话叫大厂办社会。我在我的小说《向毛主席保证》里写过，它好像除了火葬场没有什么都有。

周墙：对。但是我觉得最幸运的是矿区还没办子弟学校，我们那时候是在农村小学读的，和当地农村的孩子一块上学，乡村老师代课老师教我们，完全是自然的孩子、阳光的孩子。后来14岁的时候搬到安徽宣城，也是一个大国企，省直属的企业，终于进入到城市了。在矿区小时候偷看人女孩洗澡，其实热气腾腾的什么都看不清，但特刺激，满足。到了宣城我们家住在宣城师范大操场旁的一个大院子里，记得我上初中的时候，宣城师范一对年轻的老师结婚当天，我和同学晚上就在人家窗户下面待了一夜，听人家屋里有什么动静。我操的，结果也没听出什么名堂来。

杨黎：呵呵，以前人可能也不敢有动静的。

周墙：对，估计是不敢有动静。估计他也考虑到外面是不是有人在听，所以他也不敢叫。

杨黎：惨啊，一代人连床都没叫过。你看像我们父母也是，一直最早跟他们的父母住在一起，他们的父母死去了以后我们的父母又跟儿女住在一起，那都是咳嗽都能听得见的隔墙。

周墙：呵呵，我们小时候也都是的，就是一间房子住一家子的人，后来一间半房子住一家人，那都不用说了。我母亲是上海人，上海人你是知道的，那一间房要搭成格子要住好几代人的。你想他怎么能叫啊？我估计他们晚上甚至是不敢做的，基本上都是白天抽空做。一代的中国人的性压抑真是不得了啊，呜呼哀哉！

杨黎：所以你一晚上都没有听见？

周墙：一点都没听见那是假的，有点动静，就像猫喝水的声音。

印象最深的是那天晚上那家的窗户底下是棵巨大的梧桐树，桐花落了我们一身。

杨黎：猫喝水？奇妙的声音，我养过猫，但是忘了那声音了。冲动之后你开始写诗？

周墙：呵呵，对诗歌的爱好最早也是在初中。初中的时候写古体诗，没写过现代诗，没有这个概念。我记得包括舒婷、北岛他们发表作品那也是在我高中的时候了，应该是在 1980 年吧。

杨黎：差不多，78.79.80 吧。

周墙：到了那个时候我才看到现代诗的，以前都看古体诗，我也写古体诗，我很喜欢写古体诗。到了高一的时候我们的一个语文老师叫舒凡，这个老头很牛逼，他抗日时期在重庆当过记者，很有学问，是宣城著名的语文老师，他很喜欢我。当时上《孔雀东南飞》的那一课的时候，我对课本提出了好多的质疑，所以他喜欢我。有一天他叫我礼拜六到他家去，把我写的东西拿给他看看，我高兴死了。宣城有坐敬亭山，是江南诗山，李白当年为泡玉贞公主追到那里，写了许多伤感的诗。白居易、谢眺都在宣城当过太守。所以那是个和诗歌有关的地方。礼拜六我拿着我写的古体诗到他家去了，他就坐在墙角，很瘦的小老头，我把古体诗就递给他看，翻开几张纸他看都没看往墙角里一扔，他说周墙我告诉你以后你写这东西就不要来见我。他说，你是新时代的年轻人应该写新诗。这一下子给我的震荡是很大的，回去以后我就找新诗看了。以前我们看的新诗都是课本上的，贺敬之、郭小川，要么就是郭沫若，那些东西你根本都不愿去读，看那些东西激不起创作欲望的。后来遇到当时流沙河编的一本书，那本书对我影响还是蛮大的。

杨黎：是新诗十二家吧。

周墙：《台湾诗人十二家》。

杨黎：对，《台湾诗人十二家》。

周墙：看这本书的时候认识了丁翔，他是后来我们成立诗社的三个人之一。当时看老丁的诗后来又看了十二家，老丁的诗你没读过，亚伟读过，老丁的诗就是放在现在依然是很棒，他的那种安静那种寂寞那种悲天悯人，80 年代初这个东西一直影响我们。后来我和北魏两个一直是老丁的粉丝。

杨黎：老丁有多大？

周墙：老丁是 57 年的，他爸爸是解放军解放芜湖时的军代表，是高干家庭。芜湖过去是大城市，接触新文化较快，这个人也很怪，他是学音乐的，大学毕业以后他本来是可以分到城市的，芜湖、合肥等安徽任何一个城市都可以，但他自己要求到偏远的地方去，就去了安徽郎溪最偏远的一个小县城的教师进修学校去教书。学校离县城几公里，在农村，他想过一种隐居的生活，在那作曲写诗写文章，很舒服的，尤其那是教师进修学校，学生都是大人。我们很羡慕。后来我们成立了三人行诗社，后来改成三个人诗社，我、北魏、丁翔我们三个人。当时我们成立的时候规模也是空前的，整个安徽省有皖北、皖南分社，几十口子人呢。

杨黎：大得远远超出三个人。

周墙：当时安师大也是个诗歌重地，有姜诗元、曹汉俊、刘春。

杨黎：安师大是在安庆吗？

周墙：在芜湖。那时我们仨一起写诗喝酒做生意。

杨黎：是客串做生意。

周墙：是客串，他们两个人都当老师，我是高中毕业闲着没事，天天在社会上混世，我初中就学武术，因为家里的渊源，我爸爸我爷爷都喜欢武术，所以把我交给山东的一个武术师傅。

杨黎：真正的练家子。

周墙：那是，武术师傅是我父母单位的总工程师，跟他学形意拳，正儿八经地学了四年，虽然老丁是诗歌老大，但是我是社会老大。

杨黎：没人敢惹。

周墙：对，他们和我在一起感觉踏实多了，因为我到哪腰里缠着九节鞭。软兵器本来就是很难玩的，多少年之后在黄山的时候有一次王琪博到归园，看见我房间里有大刀、九节鞭什么，他不相信，他说墙哥你那么胖，你是摆样子的吧？我笑笑没吱声，后来他就非要叫我玩刀，我就玩了刀给他看，他说刀不算，你给我玩九节鞭，后来我出去院里给他玩了套九节鞭，琪博到现在还是很服的，他常和别人说：墙哥是真练家。

杨黎：王琪博打野架的。

周墙：对，王琪博他是打野架出身的，下手狠毒。我们三个人在80年代结合蛮紧密的，虽然我们在不同地方。我离老丁在学校有几十公里的路，经常坐客车去他那。我记得有一次去他那，他也知道我要去，提前一天叫他的学生去抓蛇，他知道我下午到，他就把皮剥了炖汤，炖上汤他就去上课了。我到了以后我把门一推闻到一股香味，把锅盖一掀看到一锅蛇在那炖着，旁边还有酒，我就一边喝酒一边吃蛇，结果我把他的一锅蛇吃完了一瓶子酒也喝完了，我醉在床上他才下课。唉，妈的，人家辛辛苦苦抓蛇你来了就给吃完了，只剩下汤。

杨黎：能吃啊。成立诗社后你们搞过什么诗歌活动？

周墙：一帮人上敬亭山搞诗朗诵会，那时候朗诵会还是比较羞怯吧，就有点躲躲闪闪的那种，怕别人看，就觉得朗诵会是你在演一台戏，好像你在排练一台戏，让别人看到好像不大好意思似的，就到山上找个僻静处，几个哥们儿在那搞点酒喝喝，搞点鸭脖子鸭头下酒吃。我们那时候读诗是最早不用朗诵的方法用自己的方法读诗。最夸张的一次是三个人下大雪的时候，巨大的雪，大概到膝盖那么深，三个人夜上敬亭山。

杨黎：敬亭山有多高？

周墙：敬亭山不高，海拔几百米，是个不大的山。真正爬上去也是很累的，我们是半夜爬上去的，准备在山上过一夜的，我们带了刀带了蜡烛和灯。

杨黎：带刀干什么？

周墙：山上毕竟是野外嘛。我们爬到山上用脚踩出一块平地，做了个雪窝子，捡了些干柴把火生起来，火生起来就读诗。但却读不动了，嘴巴冻得，哆哆嗦嗦，冷得不得了。我们三个在那一直待到天亮了才下山，是一次体验。也是大家想浪漫，山上很冷，拿刀砍柴，手都握不住刀，太冷了。那个年代的冬天很冷，现在的冬天是越来越热了。

杨黎：好像和身体有关，还是小吧。

周墙：对的，后来到芜湖去朗诵到淮北去朗诵，皖南皖北。到合肥去朗诵到那个政府的招待所稻香楼包了一间房，全省各地的就聚在合肥了。

杨黎：都是你们诗社的吗。

周墙：对，都是我们诗社的，之前写信打电话约定时间到合肥去。我记得我第一次见严阵的时候，那时候严阵和公刘是安徽省的诗刊的总编，当时我和老丁去见严阵，我现在还觉得严阵这个老头还真的不错，他把我们喊他家去喝茅台。我们是小屁孩，而且我那时候觉得自己牛得不行，抽着大雪茄——我们安徽蒙城产雪茄，我一个朋友他老爹是那个雪茄厂的厂长，他经常偷雪茄给我们——那个叫皇冠雪茄，很粗的，含在嘴巴里留着长发的那种样子，安徽话叫老批老屌的，坐在人家里大吹法螺。

杨黎：不错啊，我见过他，跟他吃过一次饭。见过两次，一次在合肥另一次在四川。

周墙：所以现在对晚辈包容心我是会学他的。我在博客上认识了一个小孩，景德镇陶瓷学院的小孩，他大二的时候上我的博客，他也是写诗的，我觉得他诗写得挺好的，那时候我在景德镇做陶艺，我到景德镇我就把他喊过去喝酒，因为他的老师都是我的兄弟，我把他喊来和老师一起喝酒他很激动啊。我就感觉我的心态和严阵有点像，对年轻人要包容，而且跟他们一块也好玩。

杨黎：你们诗社办刊了没有？

周墙：办刊了。

杨黎：叫什么名字？

周墙：没取名字，就是第一次印的时候叫诗十九首，下次印的时候叫诗二十三首，都是这样的。

杨黎：没有广告意识？

周墙：对，没有广告意识。那时候没有标识感，当时还有一个问题就是很多事争执不下，就是取名字的时候，我年纪比他两个小，两个都年纪大些就会争执，包括谁当社长。最搞笑的就是当社长的问题，我们在芜湖菜香楼吃饭，北魏就起草了所有诗社的章程，江北诗社社长是张一，宣城诗社社长是周墙，芜湖诗社社长老丁丁翔，总社长空白，他把弟兄全排好了，他自己没排，那个总社长是空白，那老丁就不干了，我无所谓的，我当时心想肯定不是我当，因为我年纪小估计也没我的份我也不抢了。那我的话就比较重要，两个人都拉拢我，哈哈，最终这个诗社也没社长。

杨黎：完全是无组织无纪律。

周墙：人的权力欲望好像是都是与生俱来的，就是对权力的渴望。

杨黎：所以一开始的时候一个圈子里面一般只有一个冒尖的就够了，这个圈子会干得很好的，如果有两个它就会很玄，有三个还好一点。

周墙：我听万夏说你们那时也是的，就是你和赵野。

杨黎：我们那不，我和赵野就没有和万夏争过，万夏就当主编。因为我们自持很好的，我就满足我一点就是必须把我放头条，剩下的我就不管了。那个时候老万写诗是盲区，刚过了莽汉时期，新的时期还没有开始。84年、85年的时候他完全就写不来了，直到86年他才开始重新写，我们那本现代诗里面他的诗好差嘛。赵野也是一个自恃清高的人，他觉得他自己也是一方诸侯他也不和老万争，我们两个互相之间也不会买账，如果他当社长我肯定就不干，我们是主编不是社长，要我当主编他也不干。再说我们当时都小，但万哥最成熟，也最能干，他当主编顺理成章吧，外面也招呼得动。

周墙：那他们两个就没有你们高风亮节。他们两个应该公开闹就对了，他们两个争来争去的，然后让我来当社长，过过十瘾。

杨黎：我们跟周伦佑翻脸那不是因为我们要夺权，而是他不能干事。他在西昌这是其一，其二就是他比较保守，当时我们不是成立了民间组织青年诗歌学会？他就觉得这个东西要守住，不要轻易冒进了，然后我们只有自己来搞。

周墙：80年代中国诗歌是二分天下，一半在四川，另外一半是全国各地加起来，甚至一半都没有，一大半在四川。

杨黎：那你们安徽除了你们还有其他诗社吗？

周墙：安师大有一个诗社。

杨黎：是学生会办的。

周墙：对，学生会办的。其他的民间诗社好像没有了。

杨黎：安徽也很奇的，安徽办过《诗歌报》，这是个比较奇怪的事。

周墙：对，《诗歌报》在公刘手里创办，发展还是在严阵任主编时，我觉得严阵还是了不起的，他自己写浪漫主义情怀的诗，也画画，但是他不排除异己。那时候他女儿到美国去留学，他接触西方的东西也多，所以他不排斥。严阵用了姜诗元，把他从下面县里的中学教师给搞上来做编辑，姜诗元是安师大诗社的，姜诗元的思路开阔，和外界接触多，和很多哥们儿书信往来。姜诗元也是我们特别好的朋友，我记得那时候有一次我从皖北，那时我是最早做生意最早下海的，做生意一年多就买了个六千多块钱的铃木100的摩托车，我当时骑铃木100去合肥，路上摔了好几回，到了合肥就把车放到姜诗元家了，我就去了海南。一年多回来那个车还在姜诗元家，他说我们害了他，人家看到车都以为他很有钱。还有一件事就是86诗歌大展，当时姜诗元把邀请函也给我们了，我们在芜湖菜香楼饭店喝酒同时讨论大展的事，对关于参加不参加86诗歌大展的事展开了激烈的辩论。当时北魏说要参加，这是展示我们的一个机会，老丁他就认为诗歌就是个人的事，没必要去聚众，老丁当时说君子群而不党。我当时就很纠结，因为说实话那个时候没有自己的主见，但是我会看谁讲的更吻合我的内心，后来我就感觉老丁讲的特别符合我的内心，我就同意老丁。我就从北魏的手中拿过邀请函给撕了，从菜香楼的二楼的窗口像雪片一样扔下去，我看北魏脸都气青了。很气愤啊，觉得怎么能这样，我觉得还是挺好的。

杨黎：北魏有多大？

周墙：北魏是62年的，老丁是57年的。

杨黎：那你们后来就没参加，北魏也没参加。

周墙：对，没参加。北魏也没参加，因为大展要求不能个人参加要团队参加。

杨黎：你自己搞一个团队不就行了吗。

周墙：没那么无聊吧。

杨黎：西川就搞了一个。

周墙：没参加北魏很惋惜。后来06年在归园我们搞了一次纪念大展20周年的活动，徐敬亚、姜诗元都去了。在我的归园每两年都会举办一次活动，纯粹是哥们儿之间的活动。当时我喊了你杨黎和万夏，但是你们都没有来。后来在北京我见到万夏，他说你狗日的周墙搞活动也不邀请我，我说通知你了，是不是没通知到啊？你们四川诗歌是不是有什么派系啊？

杨黎：也不是派系，就是圈子的问题。你说赵野和李亚伟是什么派系的，他两个玩得好。

周墙：赵野是独立大队。

杨黎，我和孙文波是什么派系的，只是我和他在北京一起玩的时间多些。

周墙：当时万哥都到了苏州了。

杨黎：我知道的，万哥在南京就给我打了电话的。

周墙：他打电话给徐敬亚，我当时就在徐敬亚的边上，还有默默。我就说过来吧打车过来，当时下着大雨，打车从苏州过来也就几个小时。但是万哥还是没来，可能是因为没通知到他他心里会觉得别扭吧，心想怎么没通知我。其实那么多年我搞活动基本上没叫过人，都是他们叫人，我就是把他们安排就行，我从来不把自己当角，我就当幕后工作者，我静静看着大家吃喝玩乐我就很高兴，我就是这样的人，我觉得我搭个台子弟兄们来唱戏，喝三天大酒就结束，就这样挺好。那个活动我们还颁了个烈士奖，获奖的还有野夫。

杨黎：你们三个人的写作方向呢？

周墙：早期我和北魏受老丁的影响比较大，但是后期各不一样了。

后来各自吸收的营养都不一样了，比如看书，国外那么多的诗人喜欢谁就会朝那个方向多去读一些，大家自然就都不一样了。我后来看四川的一些诗，我和亚伟和万夏探讨过的，我说你们莽汉派有个最大的问题，你们写的诗都很相近，甚至包括诗里面用的词，就是你经常出现的词我也经常出现，包括语句的方式都是的，像梁乐、二毛都是的，他们走得太近。其实这是每个诗派不成熟时的通病。我们也有过。

杨黎：你们有了一个组织但是没有领导，你们是个诗社不是个流派，彼此的方向也不一样。

周墙：对的，这个就和你们不一样，你们是流派。

杨黎：我们非非是个诗歌团体，也不一样，我和周伦佑怎么会一样呢？

周墙：但是后来你搞的那个体系以及废话会影响后来的一些小孩，能做成流派是和你们的努力有关，我们就都是自己玩自己的。

杨黎：你高中后就做生意吗？

周墙：去合肥上了二年技术学校。

杨黎：学的什么？

周墙：学的是机械，完全是不相干的一个专业。当时我父亲说，你总得要找工作啊。那时我没考上大学，天天在街上打架，基本上成了社会混混，而且有可能成为大混混。头脑好使嘛，和那些粗鲁的混混还不太一样。我爸他就说你不能老这么漂着，你必须先找个工作。那就上了系统内的技校。在合肥那两年读书还是比较快乐的，省会嘛，图书馆离学校也近，天天去，一下子就和社会脱节了，和以前过的是那种江湖的生活脱节。那个学校的学生都是傻孩子，什么都不懂也没文化，哪像我这种人，我一去完全就是另类，不愿意和他们打交道，自己变得很孤独，于是拼命读书，整整两年，全读闲书了。毕业后分到一个国企叫皖南煤矿机械厂，正县级国企。我上了 7 天班，打了车间主任打了副厂长最后拂袖而去。打车间主任也是特别搞的一件事，其实也不为什么，我上班带了一本书王国维的《人间词话》，很薄的，休息的时候我在一边就看书。车间主任是个老粗，他就是没见过一个工人上班看书，他走过来黑着脸把我的书一扔，把我的书给弄脏了，我一下子就火了，我说你们都休息我看看书怎么了？他没想到我和他顶嘴，车间主任很牛逼嘛没人敢和他顶嘴，他就在那吆五喝六的，更没想到我一脚踢他的裆下，一拳把他打得在地下滚，他是没见过下手这么狠的。后来副厂长跟我理论我，我一拎就把他拎起来扔地下，用脚踩着他，都没怎么打他。最后党委书记来，书记我是不敢打的，厂里一个工人想打党委书记还没打到就被抓起来拘留了十几天。不能打他就羞辱他，国企的大门口一下班人很多的，像蚂蚁一样涌出，我就在大门口外拦住他大骂，因为不能在厂里骂，厂里有门卫，骂得他无地自容，解恨了，然后走人。我去了安徽的北方的蒙城，庄子的故乡。北魏一个同学在蒙城的一个小镇中学教书，他爸他妈也都是老师，所以他家在那个地方就很有地位，我们就承包了小镇供销社，北方的供销社很好玩，它是逢双开门逢单不开，就是赶集。

杨黎：就是赶场嘛。

周墙：对，就是赶场。这样开一天关一天也有很多的读书时间，我们又都是写诗的，也能聊到一起，聊得来很高兴。在那个地方干了三个月，我就跟他说咱们从农村包围城市咱们到县里再开一家，在这里开挣不到钱，他就听了我的话，我们就把店开到县里面去了。我在第三代诗人里做生意就算是比较早的。那时候就是专业做生意的了，不是兼职就是下海了。我们赶的机会巧，安徽北方那时候没有电灯，镇上和县里有电，农村的各家都没电的，当时正好把电通到各家各户去，我们赶上了，就零售和批发一些电线、电灯泡、开关、插座，赚了很多钱。大半年就赚了十几万。

杨黎：那个时候很了不得啊。

周墙：是，十几万啊。当时我们就买了铃木100和铃木125摩托车，小货车。那时候北魏也下海来蒙城了。干到年底我和北魏每个人分了五千块钱，我骑着铃木100带着北魏从皖北蒙城骑回了皖南宣城，1000多公里路。回来以后又在南方开始创业，我们两个一万块钱到开店时就九千块了，花了1000块，回的路上吃喝玩乐。

杨黎：那是 80 年代，那还是很多钱的。

周墙：87 年。对，万元户算是有很多钱了。我们俩开了个电器商店，当时老丁在乡下很享受的，我就跑到老丁那游说他，说做生意真好，时间又自由又快活，全国各地到处跑，勾引他，老丁爱好自由啊，现在也是，他加入进来，我和北魏把股份都分给他一些，这个就我们三个一起做生意了。那时候也挺逗的，一帮诗人莫名其妙就跑去做生意去了。

杨黎：谋生存嘛。

周墙：对，谋生存。

杨黎：那你就把老丁请下来了。

周墙：对，我们三个人一起，其实诗人做生意是很理想化的。

杨黎：但是都做发了。

周墙：目前来看还都不错，老丁现在在海南，一直帮别人做，年薪三四十万。他自己也做过很大的，后来做倒了，他在海南做的最牛逼的时候自己有十几部车，大老板啊。当时海南旅游形势不好，他自己经营也不善。北魏这么多年一直也没做上去，我们年轻的时候一直认为北魏是最能干的，最能做生意的，他是那种看上去就很正派的人，做事有条不紊的，他平时衣服的风纪扣都扣得紧紧的。当时我们三个人合作的时候店全都由北魏管，老丁帮衬，所有人认为我是最不能做生意的，我整天狐朋狗友吃喝玩乐的，我喜欢交游，现在也是这样，我估计他们那时很低估我，觉得周墙也就会个打架吃喝。老丁说他一个女朋友家的一个亲戚在天津电视机厂当厂长，那时的电视机是俏货，你只要搞到货就能挣到钱，我们就给他三万块钱到天津去进货，结果去了一个月三万块钱花得剩下六千块钱就交到财务了，二万多那时是巨款呀，他买了个照相机和他女朋友吃喝玩乐在北京、天津全都混掉了。我和北魏崩溃了，这个事导致我们分家，不能干了，这怎么干啊？不过老丁有本事，他从政府帮我们借了二十万，他哥哥的一个同学在外贸当主任，从外贸公司借了二十万过来。最后还不上外贸公司了，那怎么办？那就只能分家。分家那个阶段也很有意思，分家以后他们两个就到芜湖去了，老丁到芜湖开了旅游公司，我们把外贸的债务也分了，好像连利息分了七万多块钱的债务，北魏去芜湖开了饭店叫老魏饭庄，我就留在宣城继续做家电生意，当时他们都认为我肯定做不下去。但半年以后我就发力了，半年以后我的生意明显地就比他们好了。一年以后到我结婚的时候我三层楼房都盖起来了。

杨黎：你是哪一年结婚的。

周墙：我是 88 年年底 89 年春节结婚的。我的生意做起来，大概有两个方面给了我帮助，一个是诗人喝酒比较豪放，还有一个就是练武术比较江湖。我这个人很讲义气，朋友交往之间你讲义气别人就对你也好，那做生意就慢慢做大了，千金散尽还复来嘛。后来，咦，我做起来了，他们两个起起伏伏，后来我迁居上海了。

杨黎：你哪一年到上海的？

周墙：是 90 年。

杨黎：到上海去做生意？

周墙：没有，我这个人是一边想着做生意一边想着玩。当初最早我们三个人计划做生意，在我家的小院子里面，我们闲聊就说这个世道我们每人赚上五万块钱就进山耕读，后来赚来五万、五十万也没进山，那时候我们是理想主义者，还准备承包一个公社，把它建成一个乌托邦。

杨黎：跟我们一样，我们准备创办一个公社。人就是这样的充满了精神。

周墙：承包公社按照我们的理想模式来建，结果一去了解承包不了。我到了上海以后我们三个就等于天各一方了，但是我们每年都见面。

杨黎：你到上海去定居吗？

周墙：对，我在上海定居了。我到上海的时候所有的生意都没了，哦，不是 90 年是 2000 年，那时我就收刀了，不做了。在上海基本上在家赋闲，后来鬼使神差地就和一帮人到黄山去玩，下雨天一个县委书记带我，车子穿过虚虚实实的山谷就感觉是陶渊明的桃花源记一样，我豁然开朗。那是一个盆地，一个精致的小县城就在旁边，就在眼前。小县城太漂亮了，我想这个大概就是我需要的地方，我想我以后要在这个地方搞个养老的地方安定下来，后来就在那买了地建园林。我建归园花了四年的时间，整整四年时间什么事情都没做，把一本《园冶》读的烂熟，2004年建成后取名"归园"，是迄今为止是新建的园林中第一例也是唯一一例被评为省级保护的。

杨黎：那你学陶艺也是从这个时候开始的?

周墙：对，那时候建完后基本上就赋闲了，没什么大事了，我建园林的时候需要购买一些东西去景德镇。我小时候喜欢画画，高中时画的画到现在还被我同学收藏着，以前想考美院，后来喜欢文学就转到写作上了，觉得文字更直指人心。到了景德镇一下就对这个玩泥巴的事特别感兴趣，我有个特点，我到任何一个地方会很迅速地结交一批朋友，我会在很短的时间，在一大批朋友中筛选跟我特别投缘的好朋友，像狼狗一样能找到和我脾气相投气味相近的人。在景德镇碰到了一帮年轻陶艺家，当时他们有研究生刚毕业的干道甫，有从意大利归来的朱迪，还有一个老安，安锐勇，是从山东漂到景德镇来做陶艺居士，我们在一块玩得特别好，后来我觉得这个我喜欢玩，从那时候开始就做陶艺了。2005年我们成立了中国当代陶艺第一个同仁团体"冰蓝公社"，大伙一起玩陶艺，一起喝酒清谈。

杨黎：现在你的陶艺在什么水平什么级别?

周墙：给自己的定位是再过十年我成为中国最好的陶艺家，超越大师，以后要讲中国当代陶艺就是周墙，目前为止从陶艺的思想性来说我是中国所有的陶艺家走在最前面的。

杨黎：这是因为受益于你的诗歌，得益于你这么多年对诗歌的追求。

周墙：对，诗歌。差别太大了，我陪李陀到景德镇，见了冰蓝公社的兄弟们，他感觉特别好，他走的时候对我说回去给你那帮兄弟带个话：不读书的陶艺家能走多远? 他说你这帮兄弟特别好，但是我在他们家里工作室里都没看到有书。后来我回去就把他们喊在一块喝酒，把陀爷的话如实传达。我和他们的区别就是他们不会去演绎泥巴以外的事情。

杨黎：你给他们带去了思想、灵魂，从此中国陶艺就不再是手工艺者了。

周墙：他们也给我很多，传达一种质朴的力量给我。

杨黎：安徽诗人我觉得我认识很多啊，怎么说起来就少了。

周墙：安徽写诗的人不是太多，但是就仅仅这些诗人也没有去搞诗社，都是羞羞答答的。昨天喝酒我就说了，安徽人不抱团，我一直认为不抱团也是他的好处。

杨黎：点评一下你们安徽诗坛，公刘、严阵、姜诗元等很多的诗人，安庆的沈天鸿。

周墙：其实我一直在安徽的局外，很早离开安徽。写诗的朋友大多在成渝两地。

杨黎：是啊。

周墙：安徽诗坛是一盘散沙各自为阵，诗歌他还是靠作品说话的，你说你再牛你作品不行那还是不行啊。海子是安徽诗歌的标志，也算是中国诗歌的标识了。

杨黎：哦，海子都成你们安徽的标志了哦，他已经成为中国读者的标识了吧。

周墙：他家人应该向中国的地产商收取巨大的广告费，"面朝大海，春暖花开"，多少楼盘都用了这句。

杨黎：应该给人家钱啊，它在保护期之内的，五十年嘛。

周墙：是啊，保护期之内。应该给人家钱啊。

杨黎：没人去帮他办这个事，唉。

周墙：诗人的知识产权就是这么被糟蹋了。我觉得中国有一个奇怪的现象，中国的第三代诗人有特别的现象，第一是年龄上的标识，第二是我认为就是体制外。

杨黎：这个·是必须的。

周墙：必须的，也是第三代诗人最重要的标识。第三代是一个很有意思的现象就是很多人在体制之外，都在做生意，这样的群体在国际上也是很少见的。

杨黎：对，这个现象是这样的，在中国你没有组织很那个的，走到哪人家就会问你，哪个单位的？你怎么说呢，我们说不上来我们是哪个单位的，经常像个流民。而且外国人他也研究不来这个意思，他不理解，没有工作没有组织是什么意思？

周墙：对，他不理解。当年我下海，老丁、北魏还有一帮我们诗社的社员去送我，到芜湖8号码头我要过江去蒙城，就在码头的小酒馆我们喝完酒抱头痛哭，觉得很悲壮。那个年代你想想看，把国企的铁饭碗辞掉干个体，根本就不可能成的，那时候你没有铁饭碗就意味着你找老婆都很难。在小酒馆里面吃喝完了把杯子盘子全都砸掉，抱头痛哭好像我到江北去就完蛋了的似的，去过一种不知道是什么样的漂泊生活。没想到半年以后看我过的还挺滋润的。你们那一拨下海是在九十年代初？

杨黎：我是84年，我比你还早。我下海没有做生意，万夏也是84年他拒绝分配，他被分到一个烂学校教书，太烂了，而且在乡下，他就没去。但是当时我们也没什么感觉，我们和这个社会距离比较远一些吧。

周墙：在很多人眼里第三代诗人是一帮混混。

杨黎：我们如果不是自我奋斗找银子，真的就要饿饭。那你拿什么来生活，没有组织。

周墙：完全靠自己。所以我们这帮诗人和他们是不同的，我有一次在南京丁山饭店下楼碰见海波，他说这有一帮诗人在聚会吃饭你一块吃吧，我莫名其妙我跟着下去了。一帮什么诗人呢？都是学院派的，不是清华就是北大的那一帮人，他们一起在等一个人，《诗刊》的总编，总编从机场过来之前，他们都在等，我等不及了，开一瓶啤酒，我说你们慢慢等我先吃，他们一帮人坐着看我一个人吃，我快吃完了那个总编进来了，哦，想起来了叫林莽。

杨黎：林莽不是总编。

周墙：我不知道是干嘛的。

杨黎：是《诗刊》下半月刊的主办人。

周墙：感觉气氛特搞笑，他觉得他是人物，大家也觉得他是人物。

我吃两口我就说我走了，拜拜。

杨黎：在北京还是在上海。

周墙：在南京，丁山饭店，所以我觉得这帮人在一起比较无趣，真的无趣。他们就是不好玩，前天我和你不是说了吗，就是说王琪博，我说王琪博你还号称你是带刀的人，你还跑到体制的舞台上朗诵诗歌。

杨黎：呵呵，谈谈你的陶艺理想你的冰蓝公社，冰蓝公社搞了多久了？

周墙：05年开始的，因为我那时在黄山，归园建好了我招呼全国各地的朋友过来玩，黄山离景德镇近，开车两个小时不到就到景德镇了，我就时常去景德镇和一帮人一起做陶艺一起喝酒，我就是把我当年诗歌的模式拿到陶艺这边来了。

杨黎：移植到陶艺上来了。

周墙：对，搞陶艺的没人见过这种玩法，我就跟他们说成立一个社团一起玩，他们觉得做陶艺自己做自己的成立社团干吗？哎呀，我给他们解释花了老鼻子时间，我说一个手指头打人还是一个拳头打人的力量重，后来就上升到理论。全世界的陶艺也就是半个世纪的时间，就是当年二战的时候，到我们中国的日本兵叫八木一夫，他父亲也是日本很有名的陶艺家，他当时被征兵被派到中国来，这个狗日的走运，一到中国就生病，回国看病期间他就思索陶艺这个问题，因为过去的陶瓷都是实用的杯子、缸、碗，他觉得应该脱离实用性应该成为独立的一种艺术表现形式来出现。后来他就开始做了，完全是用泥巴做出来的独立的一种艺术形式。他和铃木治、加章田守二成立了世界首个当代陶艺团体"走泥社"，当时的日本人是很不认可他们，但是后来都认可了，从那时开创了当代陶艺。我们当代中国陶艺时间更短，大概是80年代以后了到现在也就二十多年。80年代以后随着改革开放，各种思潮进来，当然美术界也是打开了门，有好多东西都进来了，最早是油画、雕塑对国内都有冲击，陶艺还是在之后，80年代中末期了才开始，这种陶艺的形式出来。所以只有在中央工艺美院和景德镇陶瓷学院才会有所接触，更多的陶瓷产区还是供量还是做些实用器具，当代陶瓷艺术在中国的发展确实也是比较晚。在七、八年前我进入的时候它还是比较落后的，中国做先锋陶艺的人很少，屈指可数。

杨黎：先锋陶艺的含义是什么？首先是去实用性？

周墙：对，首先是去实用性。第二个是你把泥巴当成媒材，就是跟宣纸、画布一样当成媒材用，它去表达你的一种先锋的观念，或者就是说你用陶瓷这种艺术形式来表达一种当代艺术，我有的时候我经常说，我不是陶艺家我只是一个艺术家。我只是借用了陶瓷这种媒材来表现我的一种想法。我进入的时候中国做先锋陶艺的人很少，做得好的人屈指可数，国外人家已经走得很远了，已经不拘一格了。

杨黎：国外是指哪些国家？

周墙：日本、北欧。

杨黎：北欧也有？

周墙：对，我觉得我有责任把思想嫁接到陶瓷这个范畴里面去，我们中国的陶瓷这么多年来一直评大师，这个大师就是我们小时候讲的类似于评八级电工这种的级别，比如景德镇要评景德镇级的大师，江西省要评省级的大师，国家有国家级的大师，景德镇现在有60多个国家级大师，他们充其量也就是画上梅兰竹菊春夏秋冬，或者用泥巴捏人物捏个钟馗、观音、毛泽东之类的。

杨黎：那属于雕塑吗？

周墙：和雕塑有点不一样。

杨黎：不一样在哪？

周墙：雕塑讲究人体的骨骼，人体的骨骼比例分配，它这个不讲，趋向于写意，就是传统的那种写意，讲究神似，就是我大致把模样弄出来就行了，不讲究比例。

杨黎：它烧过的吗？

周墙：和烧出来几乎是一样的，它这种东西的窑变少，窑变大的是那种釉，就是我现在做的这种，其实我最早做的陶艺第一个是青花，青花它有一种迷人的魅力，你看其他的东西你有可能会厌倦看红色看绿色的，但是青花这个你摆在家里看你会百看不厌，它不会使你产生反感，你心情好的时候你心情不好的时候你不会对这种颜色产生反感。这是青花的一个魔力，也是青花为什么能够在世界上那么普及的原因，这种颜色是不是给人一种镇静的作用，到清朝也就是粉彩能和青花稍微争一点宠。我在景德镇扎下去的时候我发现釉料适合我表达，釉料是一种矿物质，高温煅烧后它会产生巨大的窑变，四分人为，七分火意。

杨黎：那就是天意了。

周墙：对，剩下的全是天意了，是和神一块创作的。你不知道你烧出来的这个东西是好是坏。

杨黎：那一个顶级的工艺大师呢？

周墙：他也不知道。

杨黎：他也不知道，他对烧出来的颜色的控制有多大？

周墙：他们对产品的控制有可能会好一些，但是对艺术品他们控制不了的。像我在坯板上在整个一件作品上会放上很多种颜色，它和油画颜料不同的是它是矿物质，它会产生巨大的窑变。为什么我这么多年比较迷恋做陶艺，你比方说你画油画你用画笔蘸那个颜料与画布接触是间接的，玩泥巴不一样，泥巴和你的手亲密接触，很性感，你做好一个作品以后不是你马上就知道你要的效果，把它放在窑里烧三天，你很期待，我操，烧出来到底是什么东西，三天之后开窑你就会眼巴巴到那个窑口去等，好比痴汉等丫头。我和其他人做陶艺有很多区别，多次锻烧，我为了出那种效果，每次烧它的成本都会增加，产生的窑变也都不一样，你要是做个产品的话你肯定是没法做的，你做下去，你不知道你能不能成功，成本太高，多数陶艺家不会去这样做的。

杨黎：我看过你的陶艺产品，里面有一种形式感还是国画形式呢？

周墙：你可以说是国画意境嘛，也可以用窑变用釉去说国画意境，但它和国画还是有点不一样。

杨黎：不，你本来就是国画的。

周墙：你是说我的作品《冷风景》吗？那还是借用你诗的名字。冷风景有点像浮世绘有点油画的那种感觉。因为你是从电脑上看的，只是个平面，但是如果你看到实物你要用手摸啊。

杨黎：很大吗？

周墙：很大的，用手摸它会有机理，它有窑变细节，很丰富。

杨黎：哦，是看不见的。

周墙：对，是看不见的。电脑上看放大了也可以看到，但是你和摸的感觉是不一样的。国画、油画你只是去看给你视觉的冲击，你不需要用手去摸，陶瓷不一样，你要用手摸，而且它可以去摸，你一摸那个感觉就又不一样了。

杨黎：好看，舒服，又表达你的思想呈现你的生活。

周墙：哈哈，情色思想。我最近在景德镇建造一个 loft，我在微博上记载这个进程营造的过程，叫营造 loft 手记，这个从第一张最简单 loft 的图纸，一直到营造结束到园林的施工都是我亲自完成的，这个完成以后我准备出一本书，名字叫营造 loft 手记，或者叫建筑生活或者叫营造生活，我觉得挺有意思的，因为当年建归园时候，没有笔记留存，我一直很不舒服很后悔。那么大的园林建出来了受到社会那么大的好评自己没有完整系统的资料留下来，这次要留下来。归园是古房建筑，古代的房子建筑它是先把木结构的东西全部建起来，你就看到框架，这个顶子封了还是个框架。墙都是墙中墙，框架建起来慢慢再把墙砌上去，很有意思。拉框架起来的时候完全是古代的方法，十几个人在那儿拉绳子1、2、3，啊，一下一个房子就立起来了，很有意思，当时摄像机什么都有就是忘记了记录，所以这次这个营造我都要记录下来。

杨黎：对啊，肯定啊，一个诗人做出来的是不能和别人一样的。

周墙：对，完全不一样，我上次那个《冷风景》包括《高地》还是一个系列，整个那个色调，这个系列得到了很多藏家的好评。

杨黎：我想知道，你卖作品的钱怎么花？

周墙：两种用途。一、捐给需要的人。二、请朋友喝酒。

杨黎：很好。还是再谈点诗歌吧，从你最早开始写诗，中间经历了很多事情，但是我感觉你还没有放弃诗歌写作，我看了你很多最近的诗在你的博客上，挺不错的，而且你的诗歌一直有一种倾向于很淡的很古意的宁静的感觉，我个人一直很喜欢的，感觉你一直没有放弃，你谈谈你的诗，特别下海以后的诗歌。

周墙：下海以后，90 年代初一组诗叫《墙内》，那是很有意思的一段心路历程。"墙内 / 和陌生人谈话 / 永无休止"，那时候我做生意还可以，也结婚了有了小孩，很幸福，在外人看来都很幸福，但是我内心很痛苦。

杨黎：内心很痛苦撒?

周墙：就好比一个野狼，它一下子被圈在了一个小范围内，天天喂他吃的，它郁闷至死，我就觉得这个生活不是我需要的，我不需要幸福我就需要野外，我需要整个旷野。所以那阵子特别痛苦，这种痛苦挣扎了一年多，我也想过是不是要离家出走，是不是要去换一种生活方式，但是又不可能，孩子还小，还是摆脱不了，没办法。那我自己就想，就像穆罕默德唤山不来就让穆罕默德到山那里去吧，不可能叫社会适应我那我只好适应社会。我想通了以后，写了一组《墙外》。徽商一贯崇尚亦儒亦贾，我白天从事经营活动，晚上除了来朋友喝酒以外，看书、写作，93.94 年，那个时候写了不少东西，还有长诗。你看到的都是 06 年以前的作品，06 年我就基本结束我的诗歌写作了，一是因为我对陶艺的热爱并在其中达到了一个高潮，我感情的宣泄找到了一个口子了，以前我通过诗歌宣泄，开了陶艺这个口子，那两个口都有流量，流量都不大，我必须把其中的一个阀门关了。我把诗歌的闸门关上，用一个口子来排放，这样这个口的流量会更大一点。主要精力放到陶艺上了。陶艺这个行业我不但要去做，而且我还要去读大量的书，这个行业也是个很精深的行业，默默也说我诗歌刚刚写到味道正好的时候，你为什么就不写了？大概我只能兼职诗歌，我想我在诗歌上无论怎么写我都写不出你当年的《冷风景》、亚伟的《中文系》和马松的《灿烂》，我就一心玩陶艺吧，这个你们玩不过我，哈哈。

杨黎：把你的陶艺诗歌化了。

周墙：对，陶艺诗歌化。当时的情景我至今都在回想，就是幸福得想死，幸福得想逃，幸福得想出走。家搬到上海其实我一个人还是漂泊在外面的，很游离的状态，游离在家之外，游离在工作之外，游离在事务之外。我以前做公司的时候我早上是从来都不上班的，中午起来后下午去上班到晚上八点，这个效率也很高，中午吃饭的时候开始工作，晚上八点钟以后对不起我把手机一关，哥们儿要是来了就喝酒，不来我就躲进小楼成一统。

杨黎：好，分得很清楚。

周墙：分得很清楚，别人问我你为什么分得这么清楚？我说我也是经历了很矛盾的挣扎，包括万哥也是，万哥现在天天下午在家写作。他也是没办法想两全，那边也要去弄着，这边又不想要放弃，割舍不掉的。

杨黎：你现在完全不做生意了吗？

周墙：是的，我不能一辈子做自己不喜欢的事。我立志要把以后的光阴虚度掉。这年头，宜睡，宜游，宜发呆。

杨黎：很好的。我们的访谈就到这吧，谢谢。

九、高高在上

周亚平访谈

1. 你是"原样"诗歌团体的发起人之一，同时也是"中国语言诗派"代表诗人之一，这次在《橡皮》上看到你的作品，多少有点意外，或许一直以来，我们都把"橡皮"这个名字有意地狭义化理解了。可否说说你与"橡皮"的机缘？

周：我在八月初举办的"《橡皮》首发式暨周亚平诗歌朗诵会"上说过这样一段话："今天是《橡皮》的节日，我的星期六。我的诗是写给橡皮的，不是写给橡树的。我在上世纪 80 年代办过《原样》，和《非非》《他们》有一些共性。我的写作就是原来的这样一个样子，不用橡皮，不用修改、修订、修正。但我喜欢这样一块橡皮，即便我在涂鸦的时候，我还是愿意握着一块橡皮。"朗诵会上，很多朋友朗诵了我的作品，其中包括我的摄像头组诗 13 首。这里我更愿意说说我的这个"摄像头"系列。一个长期研究我的诗歌的评论家陈霖就此有一段文字，《读周亚平的摄像头组诗》：

无处不在的摄像头不仅构成我们这个时代的物象特征之一，而且也成为混杂的精神特质的隐喻——偷窥、监控、欲望、秩序、权力、反抗、游戏、隔离、扭曲……无不隐藏在摄像头及其使用机制里。摄像头隐含的这些精神特质毫无诗意可言，甚至只有反诗意涌动。但当周亚平将摄像头写入诗中，构成了对当代精神生活的直接反应，诗意即来自诗人的反应。因为这种反应将个人感受、情绪、思考、观察用语言编制起来，从而激发升腾起诗意。

它们可谓大时代里的小插曲，所谓主旋律在这里被切碎，肢解，凸显了精神的贫乏、思想的枯竭、情趣的无聊、品格的无耻。这些经由诗人主体优雅的愤怒、无情的调笑、充满智慧的变形，形成了诗意的力量，以消解和抵抗摄像头象征的世界作用于人的精神暴力。诗意就在以诗关照毫无诗意的东西中产生，就像偈语一般，最深刻的隐喻在最浅白的表达里藏匿着。

周亚平的这组小诗注重细节，像小说家一样描绘一个场景，一个动作，一段对话。不同的是，它是诗人的作品，它操纵的是语言的高清机制，因此，粗糙甚至丑陋的汗毛孔十分扎眼地逼着我们面对。它也是语言的比基尼，竭尽可能地赤裸，诱惑，暴露。这时候，所谓美感也许是一个不那么有力的遁词，一个不怎么可信的借口，但见强烈的精神焦虑和内心挣扎如块块暴凸的肌肉，扭曲着，颤抖着，震撼观者，引起共鸣。

这样的诗作也有抗议的力量，但不是振臂高呼，而是尖利地插入，是将堂皇的玻璃橱窗砸碎，挑一块玻璃，顺手做成利刃，直接插入隐形的敌手。于是，一种疯狂守护着游戏的精神，欢快而压抑的尖叫声里，深埋着一丝叹息，一丝优越，一丝超然其上的不屑。这是我眼中的周亚平诗歌，一种精神存在的证词。

2. 你曾说过"中国当代诗歌需要一个叫醒电话"，最近网上也流行一句话"你永远无法叫醒一个装睡的人"，"叫醒电话"对于中国当代诗歌的意义在哪里？在你看来，中国当代诗歌的现状又是怎样？请你详细谈谈。

周：这些问题很综合，我更愿意摘取片段思考：

我真的不知道中国诗人在干什么，我试图知道他们在干什么，最后还是不知道他们在干什么。我知道我干了，而且干得还行。

中国诗人的贫困状况没有什么改善，尊严面临评估，这就造成诗歌的团体质量，不会随时代的进步而提升，诗人结构有整体性问题。

很多人仍然停留于抒发情感和叙事阶段，工具化倾向十分明显，他们的人格不可能高于政治，仍然只是一个依赖于旧时代的人。

有些诗人为什么把诗歌写得那么绵软、繁复呢，它已经是一只鹦鹉了，还要做那么多的化妆，这些都缘于这些诗人内心的老态和空洞。

都知道诗人需要立场，但有些人无法取得立场。在空中他无法飞行，又不能穿越地面，他找不到自己的位置。而且他们经常被一些肤浅的悲悯和说教所左右。

对我而言，生命本身已是人质，我通过文字和语言来拯救。但它极有可能是一次没有结果的拯救。

这是一个什么世界？这是一个灾难的世界，是一个着了火的时代。一切都毁灭得太快了。看上去人们生机勃勃，事实上距离死亡更短。人们已无可能慢慢体会精细生命的温暖，缓慢生活已成为书本里存放的风景了。

那么，是否意味着我们必须悲观？没有。恰恰相反。这个时代人类的品性，通过对物质的占有、对非物质的遗弃而更激越，嚣张。人们随风起舞，随火起舞。在过去，我们则依水而居。

人类在追求"进步"时，越来越把自己简单化了，他们的心灵仿佛出自同一个组织，拥有的都是那些最便宜的价值观，我不敢说这个时代、这个时代的生活究竟好不好，我把它描摹下来，和描摹其他世界如动物世界，是同样的手法。

如果你是一个真正的诗人，我不相信今天的写作，还存有什么地方生活和世界主义的差别，还有什么汉语与英语的差别，世界小了，你很容易接近宇宙的高度，关键在于你要像人一样活着并思维，你不需要找一些外国的名字和词汇，书写自己的社会关系。

基本上，我只是一个不想被打扰了的写作者，只有在非常私人的场合，我才会交流。我不与官刊打交道，也不与社团打交道，造成我的作品沉睡了很久。是遗憾还是幸运？二者兼而有之。我等到今天这个时代，我相信是我二十年前就已知道的时代，人们的阅读能力没有提高，而重要的变化却是，当代诗歌的写作几乎已死。除了一部分人用内心的想像或其他补充，还保留着对诗歌崇高与完美的理解。我也算一个。

有人曾问我，你写作属于哪个流派？我明白，中国的诗歌都在流派里，诗人在战斗中成长。划清流派也便于标准化评价。90年代，我称自己是语言诗派，现在看来我团结的人多数从一开始就不是一个团伙的。从作品认真分析，我相信自己属于劳动人民的写作，不是矫情，劳动人民的许多口语、态度和想像被我能写出来了，特别是我现在的诗歌。芝加哥的桑德堡（赵毅恒翻译）是劳动人民诗人吧，他关注劳动人民的事和物，而我也一样，只是把"事"和"物"搅在一起，关注这个年代，关注这些"事物"。

诗歌人格说到底是理想化的，它在世俗生活中扮演的是精神入侵者的角色，它试图洗涤那些虚妄、自私、短见和贪婪，它与世俗层面形成了对峙，相互间都谋求将对方降低为无价值甚至是毫无价值的东西，今天看来，诗歌在交手中"沉沦"了。我能够想像，有一些读者（不，不是读者）他们会对着诗歌说："这是些什么东西！"

庆幸的是，我与最近的这一代人，80后、90后，头脑、内心是接近的。他们认为我的原则和技术都更成熟些，有人让我做引擎，做当代诗歌的发动机。我说这个想法很傻，这个时代人人都是发动机，有钱人马力更大。我喜欢步行，一个人至多两个人步行。

中国诗歌需要一个叫醒电话，我是收到这个叫醒电话的人，很多人一直处于沉默、自恋、慵懒和猥亵之中，我们能够重新接受早晨吗？

拒绝阅读或诈骗阅读都是不靠谱的行为，我们能写什么、提供什么经验，满足读者逃避现实的需要，满足他们的个人主义、肉体、灵魂和幻想。世界本身已坏了，不要让他们感觉我们的文字也很平庸，投机。

有些人自认为他写得越多、写得越长，就越接近屈原、杜甫了，我相信他真正的诗歌的听觉越来越少了，诗歌的视觉越来越短了，他们在做学问，而非诗歌。事实上，那些靠椅正让位于年轻的诗人们、孩子们。

一般意义上，诗是要消亡的，作为极度的个人价值观的体现，它只是一部分硬币，把它放进老虎机、放到赌场去，它很快即会被吃光、消灭。这是一个明示了输赢的数学案例。今天的世界，充斥了最便宜、最廉价的价值与逻辑，已无必要羞羞答答地在沙漠或孤岛藏"污"纳"垢"了。到处都行。

对媒体的失望终于在关于我的报道中得到印证，媒体对诗的理解是粗略、无知的。诗在他们眼里，是女实习生即可饲喂的牲口。女实习生实际命运和诗一样，人们不因为她是处女而为她加薪。

诗人是一种冷眼旁观，它与剧场、演播厅无关。它走上舞台的时候，是一种堕落。真正有益的诗，它让人停止阅读，掩卷遐思。我经常选择这样的好书读。因为这种阅读趣味，造成我读的书并不多，也不杂。

一个艺术家如何防止自己变成没落的文化人，他首先必须克制流行的欲望，还必须克制成为领袖的欲望。节欲是一种能耐，也是品质。你成为大钞时，也就意味着你掉进大缸了。在大缸里的旋转与浮沉，叫捣糨糊。诗人比电影人、音乐人及其他艺人要好些，他们中的许多还保留着钢镚的品性，他们一面是反抗，一面是理想。从历史情况看，诗人和艺人本身就不是一回事。

我喜欢诗歌高人一等的样子。诗人永远是孤独的，他不拿工资，不懂故事，永远没有红地毯走。

所谓的世界在变，实际上是人在变，人类繁衍的方式、成长的方式变了，人变得史无前例地普及。世界成为一张大床了，人们不再继承私密的生活。有良心、不堕落的人们所做的一切，无非是尽力控制住世界下滑的速度。然而，他们试图恢复四代同堂三代同堂、哪怕是二代同堂的努力，都是徒劳的。过去人们因蝗灾而恐惧，现在出于自身状况的灾难呈现，一切已经变得都无所谓了。

我们来到这里，并非是和这个世界天生作对的。过去的世界有黑有白，人们还总能从黑暗中站起来。如今，世界一片荒芜、苍白、"二"，精髓被吸得光光。你找不到敌人，也无所谓正确的或反动的政权，新时代的标志是全世界都是行尸走肉，低俗的人用低俗影响别人，贪婪的人用贪婪改造别人，人人都是欢乐英雄。世界只留下一个正义然而悲剧的化身：毁灭！

3. 在诗人之外，你还是一位纪录片导演，曾拍摄过《江南》《徽州》《徽商》《河之南》《望长安》《南京城》《淮，敞开的门》，以及上海世博会官方电影《城市之光》和《上海2010》等多部人文纪录片，你何以如此热衷纪录片这种影像形式？《舌尖上的中国》热播，似乎又掀起了新的一轮国产纪录片热，你对国产纪录片的发展前景有怎样的看法或者说期待？

周：去年11月，我在成都"亚洲传媒论坛"上有一个主旨演讲，题为《城市呼唤独立影像》，大体表达了我对中国纪录片的看法：

（1）我是被赋予了一个"官方"电影导演的身份来参加这个论坛的。"官方"这个词汇，我内心里是多么不喜欢。我和我供职于官方媒体的同行们，有很多人做过官方电影、官方电视、官方纪录片，影像的观念往往受制于意识形态和一种颇为蹩脚的文化话语系统，所以，我国主流意义上的纪录片成长史是扭曲的，不健康的。我本人并不喜欢现在主导着银幕和荧屏的"中国式"的纪录片。

（2）这是一个自我批评的开始，但我无权批评我的同行。我曾主导拍摄过纪实性专题片《江南》《徽州》《徽商》《水天堂》《南京城》《河之南》《望长安》《金陵佛缘》《淮，敞开的门》等等，这些作品无一例外，它们的全部身心都献给了历史人文，我们不能追寻当下的真实，也回避着对现实的粉饰，但，一味粉饰历史，同样违背了作为纪录影像的初衷。我比过去任何时候都相信：所有电影、电视"眼"的产生，都是为"记录"而存在的。

（3）当然，我为自己寻觅到了一条进入"心灵"的通道，我为自己的作品建立了一个坐标，即，"纪录片，能够为保护世界文化遗产做些什么？"我还曾就此命题，与日本TBS共同组织过相关的论坛。除了上述的那些作品外，我与我的同仁还做过《走进地中海》

等纪录片。

（4）我执导过与"2010年上海世界博览会"相关的两部纪录片，《城市之光》和《上海2010》。一部记录了这届博览会的筹备过程，一部记录了举办过程。大家知道，本届世博会的主题是"城市，让生活更美好"，作为一个导演，最初进入我脑海里的问题，应当是：现如今，城市，它怎么了？它怎么让生活变得那么不美好？如果遵循这样的逻辑延展下去，我们或许能作出更好的过程揭示和结果呈现。但，我们却无法做到。世博会对中国来说，是一次盛会，对某些方面来说，它只有一种叙述方式。在《城市之光》结尾处，我曾计划将历史上那部卓别林主演的经典影片《城市之光》的开头剪辑进去，许多人认为那样做必将产生戏谑的效果，"太黑色了"，这个想法只能打消。

（5）显然，这种没有欢乐喜悦的创作经历，问题就是来自"官方"二字。一个相对自由的态度被扼杀了。主题先行与政府投资驱动"定制化"服务。真正意义上的纪录片不能进入渠道，也不能进入市场，影院、荧屏永远上映着、播放着开幕式、庆典、印象、华诞等等。中国人的消费沸点很高，几乎天天嘉年华。这是我们真正的城市影像吗？这是我们真实的城市叙事方式吗？如何参与城市精神特别是城市现实的描绘和塑造，成为中国纪录片人亟需面对的心灵现实。

（6）城市影像与城市有关，城市影像的品质与城市的品质有关。在上海世博会期间，中国式的城市影像与许多国家的城市影像有很大区别。我们试图用30年走完别人300年的路，城市发展理念因此变得极其粗暴，这也带来了我们粗暴的城市影像美学。城市的发展速度太"快"了，越来越控制不住，踩刹车也没用，我们的城市影像同样如此：人不好好走，云不好好飞，汽车也不好好开。什么纪录片、什么剧情片、什么广告片中，都是大量的"逐格"。看多了，你烦不烦。我在世博会的加拿大展馆里，更多看到的是，缓慢的影像、定格的镜头，人们手捧鲜花，伫立墓园，追思自己的亲人。诗人兰波说，"假如我有嗅觉，也只是针对泥土和石头"，我们影像中的"泥土"哪里去了？我们的城市难道只应有混凝土崛起的辉煌吗？

（7）在我们田野式的拍摄中，从上海到喀什，从三亚到漠河，从东到西，从南到北，城市千篇一律。城市混凝土只是它"粗暴"的外部，城市空心化则是它"粗暴"的内核。真正的叙事，它所联接的镜头不是建筑到建筑，大街到大街，广场到广场，队伍到队伍，鲜花到鲜花，更重要地是人的联接、伦理的联接、朴实生活的联接、心灵变迁的联接。

（8）城市，必须呼唤独立影像。这是对直接、客观、人本、真实的呼唤。这种呼唤，与技术无关，与专业工作无关，人人都 DV 了，纪录片普及成为可能。纪录片必须面对现实，然而现实，不管哪个时代的现实，它都有足够的"黑"，而官方的影像则偏"红"，即所谓的"红色经典"，我不会一味说"红色经典"不好，但也需要"黑色经典""蓝色经典""白色经典"等。说到根本上，城市影像必须回到"人"本身。在世博会的举办史上，1901 年布法罗泛美博览会上，美国总统麦金莱说："每一届世博会，无论规模大小，都使人类文明迈上了一个新的台阶。"然而，如果人的地位下降了，人的精神世界下降了，多么伟大的台阶也没用。

（9）也就是，反对和摒弃影像中的"犬儒主义"，反对和摒弃传播中的"喉舌说"，反对和摒弃从业中的"行活"标准，显得十分重要。必须深信，在中国，大多数的纪录片人并没有那么多的"意识形态偏执"，城市影像的重新起步只需维系在"真善美"与"假恶丑"角力的跑道中，它必将、能够撞进一个崭新的现实。

（10）成都，是一座快慢交替、新旧更迭的城市，在这里讨论城市影像颇耐人寻味。城市影像的话题既宽又窄，城市影像的天地既宽又窄。我来到这里发言，比到华表奖、金鸡奖的现场，拥有着更多的期待：我们仅仅希望城市影像能够从"定制化"服务中解放出来，仅仅希望有更多的独立影人加入到城市影像保护、创造的队伍中来。也希望，除了有政府的论坛外，还有民间的论坛。如是，那就是真的像成都的宽窄巷一样和谐了。

4.你怎样评价自己？

周：在今天，诗歌被诅咒了，我很庆幸，我写出了很多有趣的诗，虽然只是一个人，虽然很孤绝。那些所谓的"纪录片"，是我职业生涯中的经历，不足道也，我在中学学工时，就上过刨床。

第七章
从上面垂下一根绳子

一、静悄悄的左轮

杨黎

1. 黑与白

我写下黑与白这三个字的时候，才突然发现，单就我和吉木狼格那种酒浓于水的关系而言，应该是从围棋开始的。围棋是由黑与白两种颜色构成，所有的玄机和乐趣全部包含在这简单的白色和黑色之中。一般情况下，人的肉眼是无法看见的。所以，我想我和吉木狼格的诗歌、情谊，以及生命中隐藏的秘密，都和这无限的围棋紧密地联系着。

其实我最先想到这三个字，并不是因为围棋，而是因为吉木狼格的民族和他纯正的血统。黑彝和白彝，天注定的那种高贵。我原来打算我的这篇文章要从这里开始，从我多次去过的西昌开始，从我曾经酒醉后仰躺在大街上所赞美的蓝天开始。那真是一望无际的蓝天，但是，又仿佛你伸手就能摸得着。这些日子太多的写作，的确使我变得麻木了。我需要激情。特别是当我动手写吉木狼格的时候，我不希望我的行文是那样的没有灵气。

我不知道马小明是从什么时候开始写诗的，也许是在我们认识之前，也许是之后。这不重要，重要的是，我认识他时他还不叫吉木狼格，而是马小明。不管马小明写诗还是没有写诗，或者是写好诗还是没有写好诗，也不管他是否叫吉木狼格，他天生的才华和身体中流淌的纯正的血液，意味着他的与众不同。我第一次见到他时，他正在以"第一读者"（他自己说的）的身份，进入一个迷离古怪的圈子。这个圈子就是所谓的巴蜀地下诗群。他比我小不到一岁，掸他一句，他似乎比我起步晚了。

我们没有过多的接触，他和我仅仅是在几次公众的场合见过面。老实说，如果没有《非非》，我们可能就终止在那样的场合。当然，这个如果根本就是没有意义的。在这个世界上，既然已经有了我们，又怎么会没有《非非》呢？就算没有《非非》，那也一定会有《是是》。从这个角度讲，从这个意义上讲，我和吉木狼格注定是会在一起的。

和马小明可能会不在一起。

第一期《非非》出来没有多久，我和结婚半年的小安在成都接待了新婚的吉木狼格夫妇。那是我第一次见杨萍，是小安第一次见他们俩。在我们家坐了一会儿，我们四个人就出去吃中午饭。基本上是十五年前的一顿中午饭了，我到今天都还记得非常清楚。因为那是一顿奇怪的午饭。这个奇怪至少包括两个方面。

首先是吃饭的地点。

从我们家出来，不出五十米的地方，起码有七八家大大小小的各式餐馆。如果说熟悉，我非常熟悉；如果说方便，也非常方便。但是，不知道是什么原因，90 年代的一个晚上，我曾经问过狼格：我们为什么要到那个地方去吃饭？

离我们家至少有三站路那么远，又不是什么有名有姓的好馆子，也不是因为它的饭菜好吃，甚至在此之前我根本就不知道。这次我回成都，想起这件事情，还专门跑去那里看了一下。玉带桥一带，早已没有了过去的影子。不要说是现在，就是五年前、十年前，都已经和我们第一次吃饭时的玉带桥彻底不一样了。在我的记忆中，那是一些低矮的临街铺子，由木头、砖瓦和泥巴组成。我们四个人，坐在一张大的木头方桌旁边，各人坐在一根木头长凳上。街边走过的行人，街中间偶尔跑过的汽车，为我们 1986 年秋天的午饭，勾画了一个淡淡的又擦都擦不掉的轮廓——记忆的轮廓。

其次是酒。

　　也是在90年代的那个晚上，我和狼格在成都望江小区的家里喝酒。不是我的家，也不是他的家，是我们的家。90年代头几年，我们（他、蓝马、何小竹和我）在望江小区租了几套房子。梦一样的年代，对于我而言，肯定是迷乱的日子。小安生下杨又黎不久，在这座城市的另一边。当然，如今什么都变了，杨轻也已经8岁，我还有什么好说的呢？

　　反正就那天而言，蓝马不在，何小竹好像也不在。我和吉木在喝酒。不知道是什么原因，我突然想起了我们最早的那顿饭。我就问他："一个朋友远道而来，而且还是新婚，你说他们一起吃饭为什么不喝酒？"吉木想都没有想，就回答："他们瓜嘛。"

　　可能是有点瓜。

　　我喜欢喝酒，狼格也喜欢喝酒。就是杨萍和小安，也比较喜欢喝酒。

　　但是，在那天中午，我们四个人却没有喝酒。这对于一对新婚夫妇而言是没有道理的，这对于迎接新婚的朋友而言更是没有道理的，对于四个新见面的年轻的意气风发的诗人就没有道理到极点。所以，虽然已经过去了十五年之远，我还记得。

　　还是说说围棋吧。

　　吃完午饭后，我们就急匆匆地回到了我的家。因为我和狼格在吃饭的时候，偶然谈到了围棋。1986年前后，聂卫平的旋风正在席卷中日两国。特别是中国，基本上被这个旋风旋得头晕眼花。我和许许多多爱赶时髦的年轻人一样，在这一年，爱上了围棋。西昌人吉木狼格也和我一样，迷恋上了这黑与白：它的组合、变化，以及形状。他常常说，这一颗一颗的石头，被打磨得这样光滑、圆润，在阳光下泛着微微的光，真是美极了。

　　准确地说，吉木是谦虚的。在我们口谈了几句之后，他就一个劲儿地说下不赢我。而那时的我，也不能算太骄傲，因为我的确没有骄傲的本钱。也正由于我不太骄傲，才没有让我在后面的情况下，把脸丢光。

　　手谈之后，我记得我一盘都没有赢过。吉木狼格的围棋的确不高，仅仅是比我好一点。或者说也并不是围棋好一点，是他更聪明一点——

在下围棋方面，他比我更适合，比如细腻、冷静、深入。也不全对。这些优点在我身上好像也不少。那么，吉木狼格高过我的，一直高过我的，究竟是什么呢？

我和吉木狼格的兴趣主要是建立在诗歌、酒和围棋三个方面上，三个完全交叉变化的方面。我们都有自己的诗友，我们更有自己的酒友，同样我们也有自己的棋友。但是，同为三友者，在当时是那么的少。就是在现在也并不多。所以，从那次手谈之后，我们就像一条大龙和另一条大龙一样纠缠在一起，没完没了。

从那次手谈之后，我和吉木狼格就成了真正的围棋青年。对于中国、日本、韩国的棋手，我们的了解远远超过这三个国家的诗人。基本上不能这样比。就说日韩两个国家，我们对它们的棋手了如指掌，而对它们的诗人一无所知。我们知道一个必须了解，而另一个根本不需要。诗歌在我们之前，不论从哪个方面讲都没有围棋更有意义和价值，包括它的内涵、境界和形式。80 年代期间，我和吉木狼格常常相互访问，除了一些必要的事情外，主要是下围棋。有一次小安和杨萍通电话的内容，可以作为我们当时的写照。小安问杨萍："他们在干什么呢？"杨萍说："下围棋。"小安说："又下围棋，他们在成都也天天下。"

除了下围棋我们就是喝酒。

1987 年我去西昌编《非非》第二期，是 1987 年年初还是 1986 年年底，我记不清了，反正我穿着冬天的衣服，一到西昌就把我热得不得了。

照着周伦佑在信中给我的地址，我来到了西昌初五中杨萍的家。当然也是狼格的家。找到门后，好像是上午 10 点钟，我喊了两声杨萍，里面有人回答"等一下"。我尚未说话，里面的人又问我："是不是杨黎？"我说："是。"

其实也没有等多久，狼格就出来给我开了门。看样子他们还在睡。我进去，在客厅里坐下。狼格说："昨晚有人在家打麻将。"他的意思是说睡晚了，所以现在还在睡。

这是我第一次到他们家。我上一次和小安来时，他们还未结婚。我和小安住在吉木狼格的寝室里，狼格到乡下去了。

没过多久，杨萍也出来了。她说她一听就知道是我。我问为什么。她说成都口音好重哦。杨萍的话，让我仔细想了想她和狼格的口音。其实他们说的也是成都话，在整个四川，几乎所有机关里面的孩子，都说的是成都话。彝族人马小明是成都话，曾经的南京人杨萍也是。只是他们的成都话比较官方，没有我那么市民。特别是吉木狼格，彝族话、团结话（彝族人说的汉话）、机关成都话和当地的土话，细腻弱小的差别，完全丰富了他诗歌的感觉。阅读他的诗歌，我们会发现他表面的汉语下面所隐藏的超越了汉语的机智。至少在吉木狼格早期的诗歌中，这种独特的才华俯拾皆是。

这一次的见面和上一次不一样，这一次我们喝了酒，而且我喝得大醉。

快吃中午饭时，狼格的彝族兄弟、大侠米建华（狼格诗句）来了。他像狼格的诗句一样来了。并且和吉木狼格相比，他更像一个少数民族。大胡子，高鼻梁，深眼睛，身体结实得像一座铁塔。我在本书的前面曾经写到过他，和他的样子相反，他是一个沉默的人。当然，他的样子本来就该是一个沉默的人。我所说的相反，是指他样子的突出、个别和深刻。我是说这三个词，它们本身不是沉默的，至少是不该沉默的。而他沉默着。

我们必须承认这样一件事，在男人之间，依然有着吸引力这个词。大侠米建华，也就是拐拐是有吸引力的，至少他对我而言。同样，我认为和一个人能不能成为亲兄弟，他身边的朋友也非常重要。单就我和吉木狼格来说，他的朋友如拐拐、王军民、孙弯等，在我们的交往中，都是我非常喜欢的人。而我的朋友就更不要说了，像魏国、铁蛋、王镜和童柯几个，也都是吉木狼格喜欢的人。其中像魏国，现在和狼格的关系已经比我还好了。当然，这是玩笑话。严肃的话应该这样说：我们大家都是亲兄弟。

第一次在西昌和吉木狼格喝酒，就彻底地喝醉了。从此之后，我基本上每年要去一次西昌，至少一次，连续几次我都没有醒过。所以，如果说到一个地方应该知道那个地方什么样子的话，90 年代以前，我可以说没有到过西昌。我最多只是到过狼格的家。从成都到西昌需要一个晚上的火车。我全部是晚上从成都上车，第二天早晨到。一下火车就开始喝酒，而一喝酒就醉，直到离开西昌。

当然，这句话仅仅是一个玩笑话。我自己来过西昌，他们都不知道，但我知道。这是其一。其二是我的能力。我对外部的感觉能力并不比我对内部的感觉能力差，再加上西昌本身的特别性，我有怎么会对它没有了解呢？我第一次在西昌和狼格喝醉那次，就深深地感觉到了西昌，并爱上：它的天空，那么独一无二。

吉木狼格基本上是不读书的。就这一点我和他相比，我就觉得我已经输了一招。虽然在那些知识分子的眼睛里，我已经是一个不学无术的家伙了，但是比起他来我还是差了一点。他曾经有一句名言，对我的影响非常的大。他说：男人就是不读书，他也是硬；而女人再怎么读书，她还是软。我明白他的意思，他并没有看不起女人，而仅仅是想说看书是没有意义的。如果看书可以使一个瓜娃子变聪明，那么天下哪里还有那么多的瓜娃子呢？所以，打从我读了他的《怀疑骆驼》之后，就见贤思齐，再也不看鸡巴书了。

不可否认，吉木狼格的影响力是非常之大的。无论在甘洛（凉山州的一个县），还是在西昌（凉山州的首府），他的身边都围绕着他的三朋四友。

这些三朋四友，都尊敬地称他为马大。这个马大虽然和韩东的韩二有相同的地方，但也不完全一样。他们相同的地方有两点：（1）韩东在家排行老二，就叫韩二，而马小明在家排行老大，所以就叫马大。（2）他们在任何地方都是老大，无论他们自己是否愿意，他们不同的地方，仅仅是韩东叫错了（韩二），而吉木狼格叫对了（马大）。马上就是马年了，我已经看见我正在看的一切。

吉木狼格啊，祝马年咱们好运。

如果说在西昌和吉木狼格单独吃饭的机会几乎很少的话，那在甘洛（马小明的出生地）就基本上是不可能的了。一条近千米长的街道构成的甘洛县城，如果马大从上面走过，招呼点头的人远远超过他们的县长。我不是夸张，我所说的都是我亲身经历的事情。

80年代末吉木狼格在甘洛开矿，我曾经和我的一个朋友去过那里。当时狼格喂了四只鸭子，他曾经说过要等他最好的朋友来了才杀来吃。我去之后，他就告诉他的一个专门做饭的小兄弟，说要把鸭儿杀了请我吃。

马大今天杀鸭儿。消息一经传出，顿时沸腾了整个甘洛。是夜，马大的家，里里外外坐了一两百人。我们坐在最里面的一间屋。除了我和我的朋友外，马大带领另外七个甘洛有头有脸的兄弟陪着我们喝酒。酒过三巡，外面的朋友纷纷进来敬酒。吉木狼格一看形势不对，这样下去我和我的朋友非醉死不可，于是，为了保护我们，马大决定不敬酒，而是让我们出去从拳上过。吉木狼格知道，我的拳应该不错。

谁知道我那天的拳真臭。从第二间屋子开始，我还没有划到第四间，就已经醉了。我的朋友后来说：你真臭，差不多一拳都没有赢。外面还有黑压压的一群人，我已经倒在了第三间屋子的一角。好在我的朋友还行，基本上划完了每一个马大的兄弟。

2. 动与静

我天生和彝族有着亲密的关系，这是我和吉木狼格心灵的秘密通道。

我不是说彝族有什么比汉人好，我没有这么狭隘的民族意识，不仅我没有，同是少数民族的亲兄弟何小竹和吉木狼格也都没有。我这样说，是因为我感觉到了我们共同的颜色。我的前生。以及我们的懒。

韩东曾经说过，成都这一拨人和南京这一拨人的区别，在于前者喜欢室内活动，后者喜欢室外活动。成都人的坐茶坊、泡酒吧和下棋打牌，基本上都是以坐为主。而南京人，除了写作是坐着的外，其他时间都在跑跑跳跳：踢足球、打乒乓和游泳，身体都打得很直。

在前面我说我和彝族有着天然的亲密关系，其实也主要是说这个弯。在我刚认识吉木狼格的时候，我问过他：为什么叫老弯？老弯就是指彝族。比如，在他的朋友中，他们一般都互相称呼对方为什么弯，孙弯蒋弯马弯和米弯。这些老弯也真他妈弯。我的确不明白,究竟有多弯?又怎么弯?为什么弯?

这其实非常简单。弯最早起于彝族人的外形,是吉木狼格说出来的。至少是他提倡、发扬和光大的。就像掸花子这句话,应该是我提倡、发扬和光大的一样。

彝族人虽然不坐茶坊,也不泡酒吧,但彝族人一天到晚都在喝酒和烤太阳。无论是喝酒还是烤太阳,彝族人都是席地而坐。一件擦尔瓦裹着整个自己,在山上,在半山腰,在山脚下,也在大街的旁边,在冬天或是夏天。所以,他们的身体,总是蜷曲的,弯起的。马小明说:"所以我就叫他们为老弯。"老是的老,弯起的弯。

王军民对我说:"说起马小明,三天三夜都说不完。"我知道,这好像是幽默,但也包含了他们之间的友谊。在吉木狼格的朋友中,大家基本上不喊他吉木狼格,都喊马小明。

彝族人马小明,他现在在干什么呢?昨天晚上,我和他通了电话。西昌冬天的气候,晚上冷,白天肯定非常舒服。他是不是又在哪一家茶铺里,一边烤着太阳,一边和他的三朋四友吹着牛?天即将黑了,晚饭就要开始,今天晚上你们又要喝多少酒?或者他在下棋。想起下棋,我就非常难受。到北京之后,我基本上没有下过了。虽然我已经买了围棋,也买了一块木头的棋盘,但我只是把它放在那里,还一直放在那里。

我没有在其他地方见过这么骄傲的人,骄傲得非常得体和自在。不求名,如果有名也不拒绝。也不求利,但求大把大把地花钱。仅仅是现在钱太少了,而且挣钱的方式发生了变化,他们才有点忙碌起来。同样,我更没有在其他地方发现过这么机智的人。而所有的机智都表现在语言上,仅仅表现在语言上。除了一大堆一大堆的语言外,还有什么东西能够让他们感兴趣的呢?当然,酒和女人除外。没有酒,就无法打开话匣子,而没有女人,你说没有女人还活着干什么?在大凉山,上天为马小明的朋友们早就准备好了太阳、女人和酒。夜色降临,满山遍野的呵呵之声,此起彼伏。

当然,我说的是旧社会。

现在不一样了。或者说解放以后，他们好像都没有了这个条件。再或者说，他们也必须改变他们寻求快乐的方式。我曾经和王军民一起喝酒，二醉二醉的时候，他把我从桌子上拉下来。我们来到馆子的外面，他对我说："我们去找个婆娘。"

我们坐在三轮车上，沿着暮色茫茫的西昌街头，寻找着他说的婆娘。在三轮车上，他对我说："要是在旧社会就好了，我一定送一个女娃子给你。"

那天我们并没有找到我们要找的婆娘。换句话说，其实那天我们也并不是很想找婆娘，我们只是想坐着三轮车，到四处去看一看，吹吹风，散散酒气，然后重新回到桌子上，重新再喝。那么多的哥们儿，我们怎么丢得下呢？

重新回到桌子上后，拐拐问王军民怎样。这个王弯说："价钱没有谈好。"其实根本没有这样的事。

马小明成了吉木狼格之后，千方百计地想要他的几个朋友也写诗。其中包括他的妹妹马小晴。在这些人中，我看过孙弯和马小晴的诗。说句天地良心话，就他们俩的东西，远远超过了当时诗歌界许多著名人物呕心沥血的大作。说到底，诗歌就是随意的，才华本身的，努力不会有结果。如果努力都有结果的话，我们写的就都不是诗了。《非非》第二期时，他们的这些东西为什么没有上，我记不清楚了，这肯定是我的错误。在办《非非》期间，我为天才们争取得太少了，而又让太多的平庸之作占据着版面。

大侠米建华是狼格重点"培养"的诗人，应该说也是狼格的朋友中天性蛮高的一个。我在本书《三进山城》中，就他的事写得不少。在这里，我将再讲一个关于他写诗的事。

事实上我很少和他单独待在一起，就是偶尔待在一起了，也是除了喝酒还是喝酒。所以，我和他大量的时间，都是有吉木狼格在场。有一次，好像快 90 年代了，在初五中空旷的操场上，他心事重重地对我说：我心里面一直很烦。

我得承认我被他的话吓了一跳。在此之前，我以为他最多是一个沉默的人，仅仅是内向而已，但也肯定非常快乐。现在听他这么一说，不得不引起我高度的重视。我这个人就是这样的，如果他平时烦得太多了，那么他的烦我肯定不会注意。相反，像拐拐这样的人，他的烦必然是真正的烦。一个那么舒服的哥们儿，他突然有了烦恼，难道我会不理吗？

我赶紧问他："什么事？"

他看着我欲言又止。在我一而再、再而三的请求下，才终于吞吞吐吐地说了出来。原来是这样的，马小明要他写诗，他不想写，但是，他又怕因为不写诗，而就失去了马小明这个朋友。我听了之后，一方面是感动，另一方面又觉得想笑。

不是嘲笑的笑。你为什么不想写诗呢？我问他。"我们的彝话和汉语不一样，"他说，"但我又不太懂彝话，就像不太懂汉语一样。"

如果哪个瓜娃子觉得好笑的话，我敢向毛主席保证他肯定是一个瓜娃子。一个遥远的彝族，根本不知道什么是诗歌，但是他一说话，就抓住了诗歌的核心。语言，语言，它既是诗歌的形式，又是诗歌的目的，还是诗歌的材料。它就是诗歌的一切。

拐拐其实仅仅是不想写诗，不想用汉语写诗。如果用彝话写，他又写不来。这是一点。另一点，我想是因为他的不自信。他看不起、看不懂、更看不惯社会上的那些所谓诗歌，但是又不敢相信那些不是诗。所以，他就只有不喜欢诗。用他的话说："我不想写诗。"这应该是真话。包括他的朋友马小明和我，在那个时候也仅仅到《高处》和《榜样》这个水平。那些非常好看的，绝对简单的，都是在这以后才写出来。而在此之前，拐拐已经写了这样的诗，也是他诗歌生涯中写的唯一的一首诗。我记不全了，大意好像是：我看着房檐上滴下的雨滴 / 一滴、两滴 / 三滴…… / 它为什么不是四滴呢？

飘逸和闲散是吉木狼格很长一段时间里的象征和标志，他给人一种平静的感觉，似乎是从来就不可能发脾气的。但是，我却经常目睹他威猛的一面。90 年代初，我们因为生意上的事，常常跑到成都红星路去找一些官方的诗人喝酒。有一次，我们和孙建军几个一起喝时，大家喝酒喝得好好的，当然这是建军的感觉，就见狼格转过脸去。他转过脸去的时候还是温柔地笑着，但等他转过脸来后所有的人都看见，他已经目露凶光。

这样的吉木狼格和那样的吉木狼格一样，都是真实的吉木狼格。而吉木狼格这样的方面，我个人认为是没有更多探究意义的。它不构成我们对他的喜欢和讨厌，它最多只能说明吉木狼格并不仅仅是一个王子，同时也可能是一个流氓。反正他不是知识分子。

和很多人理解的相同，我也一直把吉木狼格当成一个沉默寡言的人。其实他的确是一个沉默寡言的人。从某意义上讲，何小竹也算是一个不爱说话的人。90 年代我们在成都办公司，他和何小竹住在一起。这让我这个爱瞎操心的人常常为他们操心，我不知道他们待在一起会说什么，而那个时候我又没有到什么都不说的境界。所以，有一次我实在忍不住了，就问他："你们在一起说什么呢？"我的问题让吉木狼格很奇怪，他看着我，说："讲故事啊。"我一惊，赶紧问："讲什么故事？"吉木狼格说："他讲他们那里的故事，我讲我们那里的故事。"这真是一个舒服的组合，彝族和苗族，他们应该有讲不完的故事。

但是，我却好像没有听过他讲的故事。我问他："你怎么没有给我讲过呢？"吉木狼格看着我，看了好久，才说："我们在一起，我又哪有说话的时间呢？"

其实我也并不是一个夸夸其谈的人，仅仅是在他和何小竹的面前，我才变得爱说话的。因为我总是自以为他们俩不爱说，而他们呢就像约好了似的，总是让我说。我觉得我像一个傻瓜。所以，打从那之后，我在他们俩面前就变得少说甚至不说了。这对我而言，的确是一件好事，让我多听了他们讲的好多故事，而这些故事又使我受益匪浅。所以啊，我在此愿意劝劝那些太爱说话的人，当你面对一个所谓的沉默者时，最好赶紧闭上你的嘴巴。

在不爱说话的人面前说话，特别是不停地说话，是一件危险的事情。就算不危险，也是一件可笑的事。一个人不爱说话，肯定是他不喜欢和你说话。

我和狼格之间的交往，手谈多于口谈。但我非常清楚，狼格对事情的看法往往有非常精彩独到的地方。换句话表述，我说了什么，都非常愿意得到他的支持。比如他说是的，或者说行。如果他不说的话，我就会对我的观点什么犹豫起来。因为我非常明白，在中国，一个真正有思想、有理论的人，不是那些著书立说的人，更不是那些夸夸其谈的人，而是基本上没有写过一篇理论文章的人，比如吉木狼格。

这次去西昌我依然喝了酒，依然晒了太阳。当然，忙里偷闲，我还和狼格下了一盘围棋。不好意思，近些日子以来，他已经让我摆上两子了。

杨文康当时也在。

杨文康是从会东赶过来的，比我早到一天。会东是凉山州的一个县，杨文康隐居在那里，过着幸福的小康生活，写着非常优秀的诗篇。对于这样的人，我没有什么好多说的。就像我们的交往一样，无言无语。

我喜欢这种以酒和围棋为主的交往。当然，这样的交往必须有好诗作为前提和基础。杨文康恰好有好诗。所以吉木狼格说："杨文康是我们愿意选择的欢度老年的朋友之一。"

我也说是。

3. 诗与人

80年代石光华有一句名言，叫：人学万夏，诗学宋炜。后来宋炜暂时没有写诗了，万夏也到北京发财去了，石光华有一种没得学的空虚感。要知道榜样的力量是无穷的，就石光华而言，没有了榜样，就等于生活没有了目标。所以，进入90年代之后，他修改了他的口号，重新提出：人学小竹，诗学杨黎。

对于石光华的错爱，我非常惭愧。况且，我觉得他的这个学习方法非常的复杂，一会儿把头偏向左边，一会儿又要把头偏向右边，累不说了，也很影响他的学习成绩。所以，我建议他再次修改他的口号，把榜样的目标集中在吉木狼格一个人身上：诗学吉木，人学狼格。

老实说，这才是我们真正的榜样。

附录　我与"非非"

杨黎

　　我与"非非"有一种不可分割的关系。虽然在很多的时间里，我不喜欢"非非"，不愿意承认自己属于"非非"，但事实上，我和"非非"不可分割。

　　初闻"非非"二字，我感到一阵发冷。这两个有几分矫情和甜软的文字，在我和新婚的小安坐了一夜火车后，从周伦佑的嘴里听见。当时，我似乎想做一点不同的样子。但面对已经做好了许多准备工作的周伦佑和蓝马，在咖啡馆宁静的环境里，我最终什么也没有说。我只是想到了我的几首诗，我迫切想将它们送到读者的面前，通过铅印的形式，让更多的人读到它们。那是一个热情的年代，许多人都热爱诗歌。

　　从这个角度上看，"非非"和我没有绝对的关系。可以说，没有我也仍然有"非非"。但是，没有周伦佑和蓝马，却绝对不可能有"非非"。若干年后，周伦佑在一本书的前言中提到我、蓝马和他三个人对"非非"的贡献与意义时，过多地强调了我的作用，使我汗颜。1986年，一个24岁的杨黎，除了在其诗歌写作中坚持着自己的追求和挥霍着自己的才华之外，在其做人做事上，都尚未形成自己的主见和风格。酒、女人是我诗歌之外的主要生活。

　　80年代开始不久，我就形成了自己的诗歌观点。我固执地认为，诗歌的材料是语言，诗歌的形式是语言，诗歌的目的也是语言。这种诗歌观点，使我在最初的"非非"诗歌活动中，保持着一种不可摆脱的若即若离的态度。对于一同参与"非非"的朋友，我无法倾注其热情，更无法全心全意，表里如一。在整个的 1986 年之前，这种感觉，充分地体现在以下几个方面：一、作为朋友，和我关系最好的是万夏和胡冬；二、作为诗人，我最认同的是于坚和韩东。而在"非非"之中，在当时，我却找不到最好的朋友，也找不到最认同的诗人。

1987 年，《非非》第二期出刊。在其过程中，吉木狼格出现了。吉木狼格的介入改变了我与"非非"同仁的交往态度。是他在一个功利集合群中，率先引进友谊。他的生活情趣、诗歌追求和为人处世的心态，使我们很快成了朋友。从他开始，我和"非非"的关系进入另一个层次。同样，从我和他的友谊开始，使一个复杂的、功利的诗歌活动拥有了不可否认的、纯洁的诗歌趣味。这是多么重要的拥有，否则今日之"非非"，更将是令人尴尬的"非非"。

接着是蓝马。

我最早阅读的蓝马的文章不是《前文化导言》，而是刊于《非非》二期的《语言作品中的语言事件及其集合》。当前者伴随着《非非》的创刊而风靡当时的中国诗坛时，我却没有一点想阅读的冲动。在那个非常功利的时代，诗人们不专心写诗，却去奢谈什么《易经》、巫术、外星人、气功和文化，并以这种奢谈来确定自己和他人的地位。我想，蓝马那些理论的成功，就是因为他迎合了那个时代的口味。理论的功利是不可否认的。蓝马一开始就不愿意仅仅做一个诗人，他整个身心中都弥漫着一种"创世"的冲动和要求，并因为这种冲动和要求而成天激动不已。他认为，他发现了真理。

我和蓝马的交往始终是小心绕开这些敏感问题进行的。在那个功利的时代，我也奢谈《易经》、气功和巫术，我也梦想着得道成仙。（周伦佑曾经在一次争吵中，恶毒地评判了我们。他说："如果你们死时，尚未成仙，我一定叫我的儿子在你们的坟上淋一把尿。"）但是，我内心却非常清楚，我和蓝马趣味的差异。就像我支持他的"超语义"，但并不支持他的"指船／指帆"这种诗歌追求一样，古人说，失之毫厘，差之千里。

1992 年，我和蓝马的友谊达到了登峰造极的地步。何小竹、吉木狼格和我，团结在他的周围，办公司，搞经济，共图发展。然物极必反，由于潜在的矛盾，必然地局限了我们的深入。今日写这篇文章之时，我突然感到，1993年我们的分手，难道不是诗歌的分离吗？不能简单地说那只是市场经济的原因，更不能简单地说那是人类内心固有的顽疾。我、何小竹和吉木狼格，表面上也或分或合，但实质上，我们却是深深地联系在一起。

我觉得，作为诗友，诗在其互相的交往中所起的作用一定不会太少。我和何小竹的交往，深深地印证了这一点。

"非非"开始的时候，何小竹和我不仅尚未谋面，其关系也非常"一般"。对于他早期那些被时代歪曲的诗作，我到今天仍然保持着自己的看法。进入"非非"之后，何小竹的写作逐渐文本化，其《组诗》是他为我们提供的一篇最有价值的作品，除了谋篇布局的刻意追求损失了才华的自如伸展之外，其他方面都完美不可挑剔。另外，该诗还有一个最大的特点：

融合了作者从开始到现在（1997年）的所有思与诗。在里面，我看见他《鬼城》时代的萎缩和终结，更看见了后来《新作品》时代的辉煌和卓越的早期影子。也是从那时候开始，我们认识，并成为朋友。

和何小竹成为朋友之后，我对他的了解也越来越多。除了那个被时代塑造之外的何小竹，除了那个文本的何小竹，其实，他为人为诗都还有更天才和更纯洁的一面。我曾经在他早期作品里读到过，比如，《雪中的电报》。在今天，我和何小竹无疑是最好的朋友。经历了共同的得失和长久的厮磨之后，我们仍然是最好的朋友，这完全因为我们日趋相近的诗歌风格。

而也因为诗歌风格的相近，我认为，何小竹是最好的诗人。1996年年底，我们组织了各自的一些新作，结集为《新作品》。

作为一个诗歌流派的"非非"，我感到骄傲的是因为有了何小竹、吉木狼格、小安这三位最值得我称道的诗人。因为他们的存在，使"非非"之所以成为"非非"。在今天，当人们有愿望谈论"非非"时，我必须推荐他们，推荐他们才华横溢的诗篇。

除此之外，尚仲敏是"非非"诗群中最为尴尬的一人。"非非"创办之初，周伦佑出于他全球意识的考虑，积极主动地拉尚仲敏入伙，而尚仲敏乐意他的这种"邀请"，完全是因为对友谊的需要。在"非非"之中，"非非"限制了尚仲敏的发展。在进入"非非"之前，尚仲敏在中国诗坛名气已经很大，而加盟"非非"之后，却未见获得什么好处。更重要的是，本来极为尖锐和充满冲击力的尚仲敏，在几年的"非非"活动之中，却被迫变得越来越"平静"。而其中写出的优秀的诗篇，也被吵吵闹闹的所谓"非非理论"淹没。这对尚仲敏和中国诗坛，都不能说是一种好事。正如他精明的妻子曾经当着周伦佑的面所说的一样：仲敏，你自己搞嘛！这句话证明是正确的。1992年，当我们——蓝马、吉木狼格、何小竹、我和他——一起搞公司时，尚仲敏最早觉醒。实践证明，他自己干，干得比我们好。

"非非"中最大的受益者是周伦佑，也应该是周伦佑。这是客观的。进入1990年代之后，周伦佑已经将"非非"办成了一本《非非》，按着他最初的想法开始发展。而对于我，我只能说曾经参与过这个活动，并因之获得了一些名气。但我更看重的是，就因为"非非"，我和一些朋友建立了深厚的友谊。除了我上面提到的何小竹、吉木狼格、小安、尚仲敏之外，还有杨萍、陈亚平、杨文康、彭先春、姚成、李瑶、敬晓东、魏海灵、朱鹰、谢崇明、李晓彬、李自国等一批朋友。他们中有的人已经和我失去联系，有的还在往来，但不管是失去了联系的，还是继续在往来的，我都感到欣悦。如果可能的话，我还想办一本新的刊物，并将它取名为《新作品》。这《新作品》应该是好诗和友谊的共同结晶。子曰：诗可群。

二、女巫的制造者

何小竹

吉木狼格

1. 野心勃勃

1978 年，15 岁的何小竹不想再受学校的管教，再像小孩一样接受父母的庇护。他想过一种独立的生活，而且这个愿望与日俱增。就在这一年，他以娴熟的二胡演奏技巧考进了涪陵歌舞团，用他的话说：成了一名职业乐师。在码头上，父亲很正式地与他握手道别。"我长大了。"何小竹想。

然而当一名乐师只是他的工作，只是他能够独立生活的保障，他并不想在音乐上有所建树。干什么呢？他从小就野心勃勃，立志要做一番事业。一直以来想当一名作家的朦胧的欲望现在清晰了，他开始大量阅读文学作品，从高尔基到罗曼·罗兰，从狄更斯到杰克·伦敦。阅读的同时，他以本能的敏感去观察（而非思考）独立后他所接触的这个社会，那些抱有怀疑和持批评态度的人吸引着他，当他们侃侃而谈的时候，何小竹说："我自然是一副少年老成的样子。"对何小竹来说，只有一件事是最清楚的，那就是要写。

16 岁那年何小竹恋爱了，对象是一个与他同龄的舞蹈演员。文学加爱情，谁敢说何小竹不是在经历一段幸福时光？然而在外人看来，何小竹保持着一贯的矜持，他的脸上并没有流露出快乐的表情。何小竹回忆说：

"那时的文艺团体不允许过早地恋爱，尤其像我们这样的年龄，更是非同小可的错误。所以，我们只能搞'地下'活动。一切都做得很隐蔽，但还是被领导发现了蛛丝马迹，我们因此受到了少调一级工资的处分。我们彼此都住在单身宿舍，寝室里还有别的同伴，所以，只能利用一切可以利用的机会。我们每次都很紧张，但又乐此不疲地探索着对方的身体。没有老师，完全是自学成才，就像毛主席说的，在游泳中学习游泳。没有任何避孕工具和手段，我去医药公司买过，人家看我不像结了婚的人，不卖。在书上学了一招计算安全期的方法，一路小心翼翼地过来，也有好长一段时间没出事。但所谓久走夜路必撞鬼，不幸的事情还是在我们 19 岁的时候发生了。我的女朋友说，天生命贱，再怎么跳（她要练功和演出）都跳不落。不像有的女人那么娇贵，一不小心就落。那种紧张、惶恐和绝望的日子过起来，真像'旧社会'一样，天是黑沉沉的，地也是黑沉沉的。眼看不行了，要出怀了，却又不敢到本城的医院去做。那时候，剧团的演员在当地是被人们关注的公众面孔，走在街上常有人看，知道是歌舞团的。好在，春节的假期随后就到了，我们提上行李去码头，但没有回家，而是去了重庆。她以李红的名字住进了重庆工人医院，等待引产。记得当时我感受最深的是，工人阶级确实好，至少比我们文艺工作者善良、朴实，有同情心。同病室的那些女工肯定是看出我们不像结了婚的成年人，但却没有任何讥讽和为难，而是给了我们方方面面的关怀和帮助。毕竟，那时候我们对这样的事情一点都不懂，感到束手无策……"

在文学上，何小竹继续阅读着托尔斯泰、巴尔扎克，也阅读了郭沫若、艾青等人的《中国新诗》。一次，在朋友那里，何小竹看到了北岛和芒克等"朦胧派"诗人写的诗，这些诗给了他很大的启发。他开始动笔了，就从诗歌下手，并且陆续在《星星》《滇池》等刊物上发表诗作。那年何小竹 17 岁。

随着"思想解放运动"的开展，各种外国现代作品和文艺理论被纷纷翻译进来，何小竹也因不断发表作品而有了一点名气。但是他对自己的写作感到困惑，他隐隐觉得这不是他要的事业。这种困惑直到李亚伟的出现才得以解开。当他看到李亚伟的诗时，眼睛为之一亮。他想，我为什么要受各种条条框框（包括杂志）的约束，而不随心所欲地写自己想写的诗？他从李亚伟那些非常机敏和幽默的诗歌中明白了他想要的不是某种已有的方式，而是寻找一种自己的方式。他找到了，也许早就已经存在了。他不再投稿，尽管不停地写。

这种写作使他神志清明，底气十足。《巴国王》《雪中的电报》等一大批诗作奠定了何小竹成为"第三代人"中优秀分子的。80 年代的中国，一些才华横溢的青年在诗歌写作上进行着前所未有的探索和实验，把汉语诗歌推向了一个高度（至少是一个热潮）。他们通过手抄和打印的方式相互传阅着。

与李亚伟、万夏、二毛等"莽汉主义"诗人的接触，尽管诗风迥异，却给何小竹一种难以言说的亲切感。万夏作为"莽汉主义"的发起人，但诗和"莽汉"们不同，也和"整体""非非"不同。他按自己的思路写诗，他才思敏捷，精力过人。他带上自己和朋友的诗稿出去了，也把四川诗歌方兴未艾的气氛带到了全国各地。当时在四川诗人中，万夏在外省的名气最大。

让更多的人看到自己写的诗，这是当时不能（也不想）在官方杂志上发表作品的诗人们共同的想法。基于此，何小竹、李亚伟、万夏、杨顺礼等人编辑、印制了一本《中国当代实验诗歌》。除四川诗人外，书中还收入了韩东、于坚、孟浪和郭力家等各地诗人的作品。如今这本书已成为十分珍贵的资料。

通过写诗，何小竹结识了很多诗人，其中包括周伦佑。1986 年，在周伦佑和蓝马的精心筹划下，诗坛又多了一个流派——"非非主义"（参见杨黎、何小竹和吉木狼格写的同题文章《我与"非非"》）。它的出现轰动了整个诗坛，不管你喜欢与否，认可与否，它都受到了广泛的关注和热烈的讨论。那时我们只为"非非"写作，每个人都把最新最好的东西发表在《非非》上。我们（周伦佑、蓝马、杨黎、何小竹、尚仲敏、小安、刘涛等）都很乐意地接受了一个头衔——"非非

诗人"。这个头衔一戴就是十多年，确实有些累了。不过"非非"（和
"他们""莽汉""整体"一样）功不可没。

何小竹在《非非》第一期上发表了一组《鬼城》，在"非非"内
部人人都说：喜欢。也得到了外界的一致好评，甚至有人因此称他为
"鬼才"。这些诗基本上代表了何小竹80年代的写作。其中一首——

> 梦见苹果和鱼的安
> 我仍然没有说
> 大房屋里就一定有死亡的蘑菇
> 你不断地梦见苹果和鱼
> 就在这样的大房屋
>
> 你叫我害怕
> 屋后我写过的黑森林
> 你从来就没去过
> 你总在重复那个梦境
> 你总在说
> 像真的一样
>
> 我们不会住很久了
> 我要把所有的门都加上锁
> 用草茎锁住鱼的嘴巴
> 一直到天亮
> 你还会在那个雨季
> 用毯子蒙住头
> 倾听大房屋
> 那些腐烂的声音吗

诗中的"安"就是何小竹的女朋友，就是何小竹的妻子，就是何
小竹女儿的妈。

2. 现在的诗

因为"非非",何小竹同蓝马、杨黎、尚仲敏和我结下了深厚的友情。90 年代初,中国大地流行"下海",搞经济建设,这股浪潮也波及到了我们。当时我住在西昌,杨黎和蓝马在成都一家信息服务公司打工,他俩写信约我到成都,我去后,他们表达了自己的想法,他们说与其为别人打工,还不如自己干。我们认真地分析了几天,最后决定搞广告。我们对其他的生意知之甚少,似乎广告还与"文化"有某种关系。经过一番努力,我们成立了一家广告公司。在成都工作的尚仲敏也不想待在单位里,也在到处奔波,于是我们便约他一起干。我们还以集体的名义给何小竹写了一封热情洋溢的信,大意是说:万事俱备,就差你了。我们凭着对何小竹的了解相信,即使他无此兴趣也非来不可。果然他收到信后匆匆赶来了,他甚至不知道我们究竟要干什么。第一天,他听。而关于广告我们又能谈多少呢?他到书店买了一些讲述"策划""创意"的书籍。很快,他发言了,他说:面对市场,我们马上要做的事就是如何把艺术语言转化为应用语言。

我们相视一笑,心里面说:他转化得好快啊。何小竹是这样的人,做什么事都认真。

虽然有一些辛苦和不适应,但那是一段快乐的时光。除了办公室,我们在望江小区租了几套房子,吃在一起,住在一起,工作在一起。当然我们首先是诗人,工作之余,诗歌上的交流是少不了的,并且我们都没有放弃写作。总的说来,在那段时间,何小竹写得不多,这是不是预示着将有某种变化呢?

何小竹喜欢看电影,这个爱好保持至今。星期天或者节假日他总要约朋友看电影,我陪他去看过几次,更多的时候是他一个人去的。何小竹不容易激动,即使和老朋友在一起,他也显得温文尔雅。不过他不会使气氛变得沉闷,如果需要的话,他总能找到话题。跟他在一起,常使人感到一种宁静与祥和。他不像我和杨黎好酒贪杯,更不会轻易地喝醉,但当我们坐下来吃饭,不提酒时,往往是他开口说:喝点酒吧。

1993 年，我们的广告公司因故解散。我回到西昌。在此之前何小竹把妻子和女儿也接到了成都，他和杨黎转到另一家公司，经营夜总会，何小竹任总经理。而尚仲敏也单独闯去了，蓝马回到了原来的单位，我们这个集体只有何小竹和杨黎还在一起。那几年他们的经历是丰富的，结识了各种各样的人，也遇到了一些愉快和不愉快的事。在复杂的生活中，何小竹的诗变简单了。如果说何小竹 80 年代的诗使他成为了一个诗人，那么 90 年代写的诗则使他超脱出诗人的队伍，以其鲜明的风格在诗坛上独树一帜。

当我第一次看到他"现在的诗"，我吃了一惊，这是基于对他的了解，同时也感觉到某种必然性，这也是基于对他的了解。听说他有一句名言：放弃一切就是诗。这句话是对何小竹诗歌写作的最好注释。放弃意味着曾经拥有，他干得很彻底，该放弃的都放弃了，比喻、暗示、象征……他把"非非"当年的理想——"超语义"——变成了现实，起码提供了一种可能。

在他那里，只剩下对语言的感觉、爱好和使用。有诗为证——

写 作

我喜欢这种写作的方式
尽管我有抽烟的坏习惯
但窗户已经打开
已将那些烟雾飘散出去
我也总是小心的
没有让一粒烟灰
在写作的过程中
掉落在纸上

向阳的邀请

周末我请向阳夫妇喝茶
傍晚时又一起喝了啤酒
他说，他们住在西门茶店子方向
那里环境很好
他特别提到了芭蕉
他说，到芭蕉树下喝茶
这就是向阳的邀请

这些诗的亮相，有褒有贬（这是正常的）。何小竹坚决而痛快地脱去了诗歌的外衣，只剩下诗歌本身。他痛快了，也触犯了一些读者的阅读习惯。他们问："这是诗吗？"他们这样问，说明诗歌在他们心中有既存的模式，而这些模式与何小竹的诗是那样的格格不入。何小竹在写作上甚至还放弃了"语言趣味"（如悬念和幽默等），老实得就像一个排字工人。有人说这样的诗一天可以写一千首，我不相信。说这话的人他真要写的话，我敢肯定，他写不了几行就会露出狐狸尾巴。退一万步说，就算他真能写，他写的也是何小竹的诗。我从这些"简单得不能再简单"的诗中感到了一种对诗歌和语言深刻的理解与把握。当一些人对何小竹的诗表示疑问和不喜欢的时候，也有一大批很有天赋的作者从何小竹的诗中得到了启发，并在写作上深受其影响。

3. 两个电话

90 年代后期，何小竹终于厌倦了"下海"的生活，他推掉了几乎所有的生意和应酬，回到家里，做一名职业作家。在继续诗歌写作的同时，开始了小说写作，下笔就是一部长篇。他仅用一个月的时间就写完了《潘金莲回忆录》，大约 18 万字。我记得有一天，杨黎、柏桦、何小竹和我一起喝茶，何小竹说："我很想写一写潘金莲，书名就叫

'潘金莲回忆录'。"柏桦说："这个主意不错，如果再有个'西门庆传'什么的与之相配就更有趣了。"何小竹说："好，我写潘金莲，你来写西门庆。"我以为这只是喝茶时的闲聊，没想到一个月后我就读到了何小竹已经写完的稿子。后来我没看到柏桦写的西门庆，我估计多半没写。

除了诗歌和小说，何小竹也为报纸、杂志写一些专栏文章。2001年何小竹完成了他的第二部长篇小说《爱情歌谣》。这几年我常常在刊物上读到何小竹写的短篇小说，它们都很精彩。不过他的《圈》也是我读到的最好的中篇小说之一。2002年伊始，他以一种轻松的心情写他的短篇小说集《女巫系列》，我读过其中的一篇《拇指姑娘》，很吸引人，我想这将是我必须收藏的一本书。

有两个电话与何小竹的写作有关。第一个是杨黎打来的，他在电话里问我："你说何小竹的诗怎么样？"我感到吃惊，因为这是杨黎问我。于是我反问他："你什么意思？"他说："我身边的一些人曾经表露过不喜欢何小竹的诗，我想听听你的看法。"正如我在前面所说的，何小竹的诗触犯了一些人的阅读习惯。也曾有人在我的面前表露过，对此我一般不表态，也不想解释，这涉及对诗歌的认识与把握，而非简单的个人喜好。我在电话里对杨黎说："你这样问我，让我感到失望。"杨黎说："你是知道我的态度的，好了，你的失望，让我放心。"第二个电话是我在与韩东的闲聊中，谈到了何小竹，韩东说："何小竹的小说有一种叙事上的优势。"我很同意他的说法。后来我对何小竹谈了这个电话，听得出他对韩东的评价感到满意，他说："小说除了叙事还有什么？"

1999年的夏天，韩东、于坚、朱文、伊沙等诗人应邀来到成都，参加由一家电影杂志组织的"电影与文学作品研讨会"。会议结束后，诗人们（除以上四人外，还有杨黎、何小竹、石光华、王敏和我）离开成都，来到苏东坡的故乡眉山。在公园的树荫下开了个"诗歌茶话会"，大家的心情都比较愉快，因为这样的聚会毕竟不多。有人说，我们不能只待在家里写自己的东西，也应该出来做点事。就像何小竹后来说的："为我们从80年代以来就怀抱的文学理想做一点实事。"大家就这个话题展开了讨论，认为，一些当代诗歌选本严重歪曲了当下诗歌写作的基本事实和状态，我们有必要表明一种态度，呈现一种事实，把优秀诗人的近期写作状态展现在读者面前，为"什么是好的诗歌"提供一个较为整体的参照。基于此，大家一致同意编辑一本《1999 中国诗年选》。韩东和朱文提议由何小竹担任该书的主编。

何小竹和编委们表示，《1999 中国诗年选》不承担客观和公正的义务，因为客观和公正从来都是相对的，尤其当我们刻意去标榜的时候，它们更可能成为虚伪的说辞。相反，该书是一部有倾向性的中国诗年度选集，它在态度上依据的是编委们的诗歌态度，在立场上坚持的是"民间立场"。它企图以这样的态度和立场呈现出 1999 年中国诗歌创作的原生态，尤其是一批知名度不高，很少发表作品，真正在"民间"写作的诗人的作品，是其中最激动人心的部分。何小竹说："《1999 中国诗年选》也许违背了通常的标准和时下的惯例，也没有尊重既有的权威，但它却诚实地坚守了诗歌的原创精神，尊重了所有在诗歌创作上发出自己声音的诗人。"

那次"会议"之后，何小竹开始组织稿件，很快诗从全国各地寄到了成都。在大量阅读和整理后，何小竹一贯的认真必然会使他做出这样的决定，他在该书的后记中写道："11 月初，我们将韩东、于坚、伊沙三位编委再次请到成都，在龙池度假村住了三天，对《1999 中国诗年选》的所有稿件作最后的审定……龙池的海拔比成都市区高一千多米，由于是旅游淡季，度假村的火炉尚未来得及准备。于坚说，我们是在冰箱里开会。经理第二天一早下山去为我们寻找火炉，我们便在寒冷中想象着火炉到来后的暖和情景。第二天晚上，不仅火炉到了，还吃了烤全羊。羊子看上去不是很漂亮，但吃起来味道还是蛮朴素的……"

尽自己的能力为自己从事的文学事业做一点事，何小竹把这看成是一种责任。他是这样做的，哪怕从生活中的一些细节上我也能看到这一点。他非常关心朋友们的写作和精神状态，他与你交谈的时候，总让你感到诚实和友善。

进入新世纪后，由何小竹、杨黎、韩东、乌青策划并创建了"橡皮文学网"。尽管资金短缺，技术力量薄弱，但它很快就凝聚了众多优秀的诗歌、小说作者和爱好者，日均访问量达到 2000 左右，成为最有分量的中文先锋文学网络民刊。

写到这里，我还没有谈到何小竹的缺点。我想说，何小竹的缺点就是没有缺点。我这样说并非造作，而是继承了中国文人的审美取向，中国人不相信完美，或者说不喜欢完美。在众多杰出人物的塑造中，姜子牙不懂起码的生计，诸葛亮手无缚鸡之力，第一清官包公面色漆黑，第一美女却是"病西施"……这些缺陷非但没有破坏人物的形象，反而成了点睛之笔。我相信，何小竹就像所有的中国人一样，肯定有缺点。而他的缺点，终究是会被我发现的。

附录　我与"非非"

吉木狼格

　　一天，我从甘洛回到西昌，我问蓝马："听说你搞了一个很厉害的东西？"于是，蓝马扼要地谈了他的"前文化"理论。我听后觉得蓝马很有头脑。"前文化"越过众多的理论山峰，另辟蹊径，确是一片广阔的天地。而周伦佑也在闭门写作。这是 1985 年到 1986 年的事。

　　因为诗歌，我和周、蓝交往甚密，我称周为"佑兄"，朋友们都唤蓝马：世刚（蓝马本名王世刚）。周伦佑健谈，口才极佳。蓝马给"外人"的印象是不善言辞，但熟悉他的人都领教过他独特的"蓝氏表达"。周伦佑爱旁征博引，蓝马则调动手势、表情，特别是眼神，注重启发。同他们在一起，我听多于说。其间也和周伦佑争论过几次，但每次都以我的失败告终，尽管每次我都不服。我发现他的观点理由不足或强词夺理，也因他洪亮的嗓音和滔滔不绝使我愤而瞠目结舌。这些都不影响我们的友谊。佑兄比我聪明，他想的远比我多得多。

　　1986 年春天，和前一年一样，我到甘洛的海棠镇去写诗，主要去玩，那里有高原的景致和好朋友。周、蓝二人叫杨萍（我的女友）给我写信，说有一件重要的事，让我赶回来。信中附有周伦佑的一张字条，那是几句颇为兴奋的话。我回来后，他俩对我说要搞一个诗歌流派，就叫"非非主义"，再办一个刊物，就叫《非非》。我肯定这是他们经过多次讨论后决定的，按周伦佑的话：时代成熟了。他们分析现状展望未来，我感到诗坛已经是我们的囊中之物。而蓝马始终强调这不仅仅是一个诗歌流派的问题。我听过他的"前文化"，懂他的意思。那时，周伦佑同各地的诗友都有通信联系，他说"非非主义"不应受地域的限制，我们要约成都的杨黎、尚仲敏一起干。《非非》上作者的覆盖面要广，如重庆的何小竹、李亚伟，杭州的梁晓明、余刚等。这是一个周密的计划，实施也要周密，《非非》没有合法的刊号，蓝马建议出刊前一定要小心，知道的人越少越好。一切准备就绪，周、蓝带上稿和筹集的经费神秘地离开了西昌。

周伦佑必然地成为"非非"领导者，蓝马以筹划到实施过程中的出谋划策和重磅理论成为副手，另一位副手，杨黎为人豪爽，有清脆悦耳的诗歌。这好比周伦佑肩挑着两只木桶，一边是杨黎，一边是蓝马，就要看周伦佑将他们挑往何处……后来两只木桶居然分别长出了两条腿，走自己的去了。

佑兄的家住在山下邛海边，我们常常到那里去玩。一个阳光明媚的早上，我和蓝马去拜访周伦佑，他满脸倦容，面色苍白，但仍显得很兴奋。他说熬了个通宵，刚完成一首诗，写完后就想呕吐。他的苦笑包含了一种满足。说实话，我是难以理解的，如果我写诗感到痛苦，何必还要去写呢？对我来说写诗就像抽烟，戒不掉。夜深人静的时候，台灯的光线那样安详，我和正在写的诗一同加入宁静，我喜欢这种来自深处的淡淡的快意。不过，我还是被佑兄的呕心沥血所感动——那真是明知不可为而为的大丈夫气概。他的每一首诗都代表了他当时的最高水平，所以绷得很紧，不像他在《非非》上评尚仲敏的诗那样：从容不迫，游刃有余。

周伦佑说："要写出好诗必须有一个广阔的哲学背景。"我们都深以为然，这句话的正确程度等于在说一句不必要的废话。我不喜欢把形而上的思考作为诗歌写作的素材，而佑兄擅长这种写法。不论是对读者或自己，我都看不到这种诗歌的好处。就像一个瞎子，你让他看红色的玫瑰、黄色的菊花，他多半越看越变态，越看越占怪，至于离真理越来越远又当别论。

街上，气候闷热，两个少女从我身边走过，其中一位说："要下雨了。"

我抬头看看天，再看看她们远去的背影，"要下雨了"这句话足足感动我几分钟。又一个早上（我在诗中改为黄昏），两个小孩在我的窗前玩耍，因为没有大人的干扰，他们操着明亮的童音，尽说些老练的话……我努力回忆那个早上，并把他们的对话记录下来译成诗歌发表在《非非》上。

主张"超语义"是蓝马智慧的必然结果，他的语言感觉也是超常的。

他一直有一个愿望——把那些刚好感觉到的领域和对已知的否定糅合在一起，并以诗歌的形式表现出来。事实上他做到了，《需要我为你安眠时》一诗让蓝马的崇拜者们欣喜不已。当他拿给我看时，我从他的眼神里看他递给我的是一枚丰收的果实，我为他高兴。读后我不能说好，正如我能说不好。这是一首类似《海滨墓园》《荒原》的大诗，这种写法免不了要象征来象征去。我不会写，如真要我写的话，我会晕头转向的。

1984年认识杨黎，但交往不多，直到办《非非》我们才成为朋友。在"非非"里，杨黎的诗给我一种亲切感。读他的诗，我好像能看见他在写这些诗时的表情和心境。他把才华控制在笔端，有选择地一点一点释放，生怕阳光太强了会灼伤那些脆弱的皮肤。我们共同的朋友魏国说杨黎的煽动性太强了，有几次他干脆躲在家里拒绝杨黎的游说，但没有一个朋友会拒绝和杨黎喝酒。杨黎说他靠智慧写诗，而我只能靠心情。我们在一起，感觉诗歌很近，在酒吧、茶坊，在我们看见的一切植物和动物身上，还有偶然飘来的一句话、一种声音……或者对别人来说，我们就是诗歌。

1986年，应周伦佑的邀请，何小竹来到西昌，他给我的印象是瘦，由于头发长，我猜他脑袋的重量可以同身体的重量相比。但印象最深的是那双有点阴冷而充满灵气的眼睛。也是"非非"让我们认识并成为朋友。我和小竹之间还有一段插曲：作为苗族诗人的何小竹给作为彝族诗人的吉木狼格写信约稿，一同在《民族文学》上发表诗作。记不清什么原因，我没有回信，大概忘了。后来何小竹就这事询问周伦佑，周伦佑很认真地告诉小竹："吉木狼格对民族问题非常敏感，也非常忌讳……"当时何小竹大惑不解，并把这个疑问一直藏在心里。随着我和小竹的交往不断加深，一天，何小竹谨慎地问起我，我听后忍不住哈哈大笑，何小竹在我的笑声中一下就释然了，于是我们一起大笑。从此我们才做到了无话不说，这也是成为好朋友的基本前提吧。

熟悉何小竹的人都知道，他在诗歌写作上发生了变化，过去的诗和现在的诗已大不一样。我第一次看了他"现在"的诗后说：读你的诗比读杨黎的轻松。小竹过去的诗为自己负责，他在写作中思考，也希望读者跟着他思考；现在的诗为读者负责，看他的诗如看对面的山，或天上的云，又或眼前的这朵菊花。你看，你只能看，你可不要想，也不允许你想，读起来轻松，但暴露在字里行间的认真态度又使我感到了一种威严。

办完《非非》第三期，蓝马和周伦佑分手了。之后的两期《非非》均无周伦佑。1993 年，因为想法和做法不同，蓝马又与杨黎、何小竹、尚仲敏、吉木狼格分手。我们和他都有一些不满，不过这已成为过去，分手了，说明缘已尽。目前，周伦佑行踪飘浮，蓝马经常跟自己在一起。而杨黎、何小竹、尚仲敏和我常在一起。"非非"的三位女诗人小安、刘涛、杨萍保持着联系，她们彼此是这个世界上最好的朋友。

"非非"是一段时间，一个集体。在那段时间里，这个集体有欢乐，有悲哀，有诗歌，也有功利。90 年代，周伦佑说："流派已死而'非非'永存。""非非"永远活在我们心中。

需要一提的是"非非诗歌"从来就没有"这是非非"或"这不是非非"。曾经有一位西昌的诗友问我："'非非'诗可不可以写彝族题材？"我发现这位诗友以为自己找到了一个有趣的话题，于是我反问他："彝族可不可以穿西装？"他想了想说："哦！"一副懂了的样子。其实，这句话是什么意思连我都不知道。

三、话说杨黎

何小竹

1. 只闻其声

我接触"第三代人"诗歌最早的是"莽汉"们,万夏、李亚伟、胡冬、马松等。但我也有种印象,在"莽汉"的那些油印诗集里,我似乎是看到过"杨黎"这个名字的。是否是这样,我不敢肯定。但后来杨黎说,他确实在"非非"出现之前,与"莽汉"过从甚密。所以我想,他的作品或者说名字出现在"莽汉"阵营里,应该不奇怪。但他肯定不是"莽汉"。正如我在涪陵与"莽汉"们过从甚密一样,我到处向朋友宣扬(朗诵)"莽汉"的诗歌,但我也不是"莽汉"。我有时候想,如果那时候杨黎在成都因与万夏和胡冬的友谊加入了"莽汉",而我也在涪陵因与李亚伟、二毛的友谊加入了"莽汉",后来的"非非"会是什么格局呢?这是个有趣的猜想。

正式记住杨黎这个名字,是 1985 年万夏主编的《现代诗内部交流资料》出刊之后。这应该是中国先锋诗歌运动的第一本铅印民刊。(北岛们的《今天》在之前都是油印的)这期刊物上有一个栏目就是"第三代人",杨黎著名的《怪客》就首发在这个栏目里面。我在写给万夏的信里说,《怪客》和周伦佑的《带猫头鹰的男人》是这本刊物中我最喜欢的。那时候我正在尝试写自己的诗歌,《鬼城》的风格初见端倪。《怪客》和《带猫头鹰的男人》都给了我震动,但很明显的,它们体现的是两个不同的诗歌向度。

我到了 1988 年才与杨黎在成都第一次见面。在这之前,一切关于杨黎的印象都来自周围朋友的转述。转述主要来自三个人:廖亦武、周伦佑和李亚伟。(我 1983 年和周伦佑、廖亦武认识,1984 年和李亚伟认识)读过《怪客》而未见其人的人,都会有一种猜想,即认为杨黎是一个瘦高个。但廖亦武告诉我，杨黎矮胖，且显得没有什么文化。后来（1985 年）我和廖亦武、李亚伟、杨顺礼等人在涪陵编辑《中国当代实验诗歌》的时候，杨黎（在周伦佑的催促下）寄来了他的手稿。那歪歪扭扭如同小学生笔迹的手稿看上去是不大有文化。但我在见到周伦佑（《非非》1986 年出刊，我去西昌，与周第二次见面）之后，周伦佑说，都以为杨黎没文化，其实杨黎阅读很深，哲学、语言学的知识不亚于很多人，应该说，比很多人有文化。周伦佑是第一个将杨黎当成天才来向我介绍的人。（后来在和杨黎相当熟悉之后，我发现杨黎的手书与其性格有关。他缺少耐心，似乎总是等不及将一个汉字的笔画进行到底，往往在还应该有几个竖弯钩的时候他就迫不及待地一笔画下来，草草了事。所以他的字不熟悉的人是很难认的。但杨黎也辩解说，他的字排字工人认起来一点不觉得困难。他还说，他是研究过中国书法的。）周伦佑特别推崇杨黎不拘小节的性格，说他可以在酒后当街撒尿，可以指着一个女人说"我要日你"。周把这些当笑话和传奇讲。

但我感觉得到，周讲这些的时候是带着喜爱而没有恶意的，这与廖亦武转述杨黎的情况不同。从周的言谈中，我隐约得知，廖在成都时，与杨黎有过什么过节（大概与女人有关）。

李亚伟大约是 1987 年与杨黎见面的。在李亚伟的转述中，杨黎更像个小孩，小孩一样的单纯，小孩一样的撒娇，小孩一样的脆弱。他们曾结伴乘火车去过武汉，乘海船去过海南。其中在火车上发生的一个故事，在"莽汉"和"非非"的朋友间几乎耳熟能详。前不久吉木狼格在一篇小说里还重述了这个故事，现引用如下：

"我们还谈起了 80 年代的杨黎。李亚伟说有一次，他和杨黎、梁乐三人坐火车到湖北去，在硬座车厢里，杨黎因前一天喝坏了胃，他说要去舒服一下，就进了厕所。有一个人在厕所外面等了很久，便不停地敲门，杨黎在里面慢慢地穿上裤子，打开门问：'刚才是你在敲门吗？''是的，是我。'杨黎便卡住他的脖子摇晃，那人任杨黎卡住他的脖子摇晃，没有反抗。杨黎松手后骂骂咧咧地回到了座位上。那人从厕所出来，从行李架上取下一根锁包的链子，劈头就朝杨黎砸去。链头砸在杨黎的头上，血跟着就流了出来。李亚伟正趴在座位上睡觉，醒来后见杨黎在流血，他问，怎么了。杨黎说：'他打我。'李亚伟上去照着那人的脸打了七八拳，那人站起来一拳就把李亚伟打出老远。梁乐冲上去抱住那人，好让同伴打他，也被他一摔就摔在了地上。李亚伟说：'他只有一个人，可我们就是打不赢，又不甘心，三个人都气喘吁吁地看着他。'我吹牛说：'如果当时我在，肯定要抓一个东西把他砸下去。'李亚伟说，三个打一个已经很丢人了，还好意思抓东西？！我想了想说，那就搞偷袭。他说：'都怪我，那时候天天打手冲，弄得浑身无力。'以上是李亚伟的叙述，当我就这件事询问杨黎时，杨黎的叙述又有所不同，甚至出入很大。杨黎说：'我从厕所出来问他，是不是你在敲门？'他居然敢说是，我就卡着他的脖子说：'你这个瓜娃子。'那人看上去很老实，我回到座位后也没去管他，这个瓜娃子却从后面用一根链子敲了我的头一下，我转身扑过去，梁乐也冲了上来，当时李亚伟正在睡觉，这一闹，他也醒了，就这样，我们把那个看上去老实巴交的人揍了一顿。

"李亚伟的叙述听起来很幽默，杨黎的很朴素，究竟谁的更真实？我想去问梁乐，想从他那里得到答案，而说不定他给我的将是第三个版本。看来它将成为 80 年代的一个悬念。"

关于这个故事的李版和杨版，我听说的也是这样。它们从一开始（口头讲述）的时候就接近于文学性的叙述，所以谁真谁假已经不重要。总之很有趣，这一点无疑是事实。

2. 初见杨黎

关于我与杨黎的见面，我在《我与"非非"》一文中写过：

"应周伦佑之邀，我和刚结婚不久的妻子在 1986 年的夏天到了西昌。我们路过了成都，但没有与杨黎见面，原因是周伦佑在信上说，杨黎和尚仲敏也要去西昌，所以就没有单独去找他们，而是想到了西昌后大家一起见面比较好。但结果是，我至今都不知道是什么原因，杨黎和尚仲敏那次都没有到西昌去。1986 年的'错失'，将我和杨黎的见面推迟了两年，直到

1988 年我和周伦佑参加'运河笔会'从扬州回到成都，我们才有了诗歌的交流，并将这种友谊保持至今。"

后来周伦佑看见我这篇文章，认为我的意思是在责怪他阻碍了我和杨黎在 1986 年的见面，并由此借题发挥对我好一通挖苦和恶骂。周的文章并没让我生气，我只是觉得奇怪（且有几分好笑），他怎么读出我有这样的意思来的？看来我那篇文章真是让他生气得很，似乎都有点气疯了。

正如我在那篇文章中说的，1986 年我去西昌的确是路经了成都的，按理说完全有机会见杨黎。但想到反正杨黎、尚仲敏他们也要去西昌（周伦佑约大家一起去过彝族的火把节），就决定先不在成都见，到了西昌见也不迟。还有一个原因是，我在从重庆到成都的火车上受了凉，（没买票，是铁路上的朋友带上火车的，在卧铺车厢的地板上睡了一夜）到成都就病了，心情和状态都不好。

1988 年，周伦佑又邀请我去扬州参加"运河笔会"，然后，我们一起返回成都，在盐市口转轮街当时蓝马的家里第一次见到了杨黎。关于这次见面的情景，还有个故事。与我们一起回到成都的还有苟明军。我们都在蓝马家里等着杨黎和小安从西门新二村过来。当听到敲门声的时候，苟明军去开的门。杨黎一进门就拉着苟明军的手，口中连连说"你好你好"。然后小安也跟着进了屋。坐下后，周伦佑便给我和杨黎作了相互介绍。杨黎略有些矜持地向我点了点头，我则站起来离开座位去与他握了个手。后来杨黎告诉我，他一进门，就把给他开门的苟明军当成我了。但不管怎么说，杨黎那次给小苟留下了良好的印象。很多年之后小苟还在说，杨黎这人不错，对人很热情。

事实上，眼前的杨黎并没有传言中那么胖，短平头，圆领 T 恤，喝酒之前一般做一种"大师状"（周伦佑语）的表情。周伦佑还打趣地说，杨黎现在成熟了。但是，一喝起酒来，杨黎就变了一个人。可以这样说，我们相见恨晚的感觉，应该开始于酒桌。

这次在成都的停留，我住到了杨黎的家里。杨黎这时候在练气功，经常是周伦佑在和别的什么人侃侃而谈的时候，他却在一旁盘腿打坐。

有时候，他也会睁开眼来，说上几句，话虽不多，却很独到和精辟。如果就这样以为杨黎是个沉默寡言的人，那就错了。当我们单独在一起的时候，他却成了一个侃侃而谈的人。杨黎谈文学的时候，有逻辑，也有激情。我们喝酒、喝茶的时候谈，甚至一起骑着自行车穿行在成都的大街小巷的时候，也在热烈地交谈。在围绕文学的话题中，我还了解到了他从高中时代就开始的一些文学经历。与此同时，也见到了他高中时代的几位文学伙伴：魏国安、王镜、铁蛋、童柯。

3. 文学少年

杨黎和以上提到的那几位少年文学伙伴一起做过一份油印刊物，叫《鼠疫》。不用说，这刊名来自加缪的小说《鼠疫》。他们印出这份刊物之后，也不知道该如何处置，因为作为高中生的他们，与外界也没什么联系。

于是，他们提着糨糊桶将这份刊物张贴在了小区的一些墙上，甚至有一份还贴在公安局的宿舍区里。这些行为与后来我们读到的阿根廷作家博尔赫斯青年时代伙同他的"极端主义小组"的文学同仁们在布宜诺斯艾利斯街头用糨糊把诗篇刷在墙上的行为颇为相似。

当我经杨黎的引见认识了他的这几位高中同学之后，一下就喜欢上他们，认为他们都是一些个性独特、才华横溢的人。也可以说，是与杨黎一样了不起的人。只可惜的是，在我1988年认识他们的时候，他们都已经不写诗了。这几个人中除魏国安之外，与杨黎一样都是高考落榜者，待业在家，无所事事。（杨黎高中毕业后是有一份工作的，在银行做出纳，但早在办《非非》之前，他就已经辞职了）而魏国安是他们中唯一考上大学的，西安的一个军事学院。但他只去那里读了一年，就自动退学回家了，据说是受不了学院的那种军事化的管理。所以，那时也是待业在家无所事事。杨黎和他的高中同学在一起的时候，已经不怎么谈文学，主要是喝酒，下围棋，谈女人及武侠小说。在我认识的写诗的朋友中，杨黎和吉木狼格以及尚仲敏的围棋水平算是比较高的。但其实杨黎的高中同学中有两位才是围棋高手，杨黎、吉木狼格和尚仲敏的水平都在他们之下。这两位就是王镜和魏国安。所以，从我认识杨黎开始，他就有特别典型的两种状态，一是闹的，那自然就是喝酒的时候了；一是静的，这便是下围棋的时候。

这两种状态延续至今，十多年了，也基本成为与杨黎做朋友的常态。

我也曾问过魏国安、王镜等人不写的原因。魏国安是因为看见杨黎的一首长诗后，就决定自己不再写诗了。但是王镜为什么不写？

2001 年，杨黎和王镜合伙开橡皮酒吧的时候，我读到了王镜的诗，也是我认识王镜十多年来第一次读到王镜的诗。是杨黎把王镜的诗拿给我的。

他神秘地把我叫酒吧外，说王镜想让你看看他的诗。我只草草地读了几行，就想冲进酒吧去。杨黎说："你不急，读完。"我便一口气读完了五首诗。

我走回酒吧，王镜一声不吭地坐在那里抽烟。他的那种神态或者心情让我想起韩东说过的一句话："天才都是不自信的。"我也坐下来，让自己的心情平静，然后用平常的语调对王镜说，好，相当好。王镜没有马上露出喜悦，他还问了一句："真的？"我说："对朋友的诗我从不说假话，要么不说。"

杨黎后来在一篇文章写到王镜：

"王镜是我中学时代的同学。1980 年的春天，我和他一起写诗。1984 年，当我开始步入所谓的中国诗坛时，他却悄悄地退出。他退出的原因，并不是因为不写诗，也不是因为不被理解，而仅仅是因为和我个人关系中有点冲突，这种情况依然可以发生在吉木狼格和小安的身上。换句话说，如果吉木狼格不因为是蓝马的朋友，小安不因为是我的朋友，或者说这种朋友关系在他们步入诗坛之前就中断了，那么，小安和吉木狼格就肯定是第二、第三个王镜。他们优秀的诗篇，比如《怀疑骆驼》，比如《停了又下的雨》，就只有在今天才会被我们阅读。如果这种中断继续下去，他们的作品可能永远都不会被我们阅读。对于一个诗人，这肯定不重要，重要的是作为读者的我们的损失。"

4. "非非" 第一诗人

1997年，我在《我与"非非"》中写道：

"现在，如果有人问我，谁是'非非'第一诗人？毫无疑问，我会说是杨黎。这种认识和认同并非是友谊的结果。杨黎的诗不论是献给阿兰·布－格里耶的《冷风景》，还是《高处》《声音》和《英语学习》《西西弗神话》等短诗，都证明了'诗从语言开始'（杨黎语）的无限可能性，诗绝对不是到语言就完结了。基于这种认识，我们对《冷风景》和'新小说'之间存在的关系的言说，就不会停留在肤浅的所谓'借鉴'和'仿效'的层面上。《冷风景》不是因为'新小说'而存在的，它的存在从'自身的语言'开始，而语言材料来自何处并不重要。也即是说，不管你所用的语言材料是来自书本还是所谓的'生活'，这要看它们到了你的手中能否重新'起步'，能否在那个新的空间中无限地延伸。"

杨黎在回忆起上个世纪80年代初期的成都诗歌写作环境时，习惯使用文学性的比喻：天是黑沉沉的天，地是黑沉沉的地。就是说，已经成为先锋诗歌重镇的成都，说到底（在杨黎看来）还是一个"旧社会"。夸张吗？有点。但也是实情。那时候，万夏、赵野都还没有从大学毕业，还没有与杨黎相遇从而在成都构成一种"第三代人"势力。喧哗着的是以欧阳江河为代表的"史诗派"（就是今天的文化派和"知识分子写作"群的部分前身）。周围没有人认为杨黎写的是诗。当然，杨黎也没觉得周围那些人写的东西有什么意思。如此，我们即使不说杨黎很压抑，至少也是很孤独。所以，当认识了回到成都的万夏、胡冬后，杨黎才觉得，成都还有自己的同志。然后，也是通过万夏，杨黎知道了这世界上还有韩东和于坚，他们也在写着与自己"同一个阵营"的诗。杨黎受到鼓舞，开始以强势的姿态与旧势力进行战斗了。这就是与万夏、胡冬合作编辑《现代诗内部交流资料》。其实，这本杂志后来成型的面目是十分"修正主义"的，也就是万夏对"二代半"们的妥协结果。原来的想法是做一本《第三代人》，但这想法在成型的杂志里仅成为一个栏目。杨黎有所失落。

这时候，周伦佑出现了。

我一直觉得，周伦佑把杨黎"网罗"进"非非"，是他最了不起的地方。虽不好说他们之间有"英雄所见略同"的那种感觉，但至少可以说，周伦佑是慧眼识英雄。他是四川诗人中第一个认识到杨黎的价值的人。尤其以他当时的身份（"二代半"兼半官方诗人）能够有这样高远的目光，就更加的难能可贵。我甚至觉得要用上"伟大"二字也不为过。我以为，这远见一方面来源于周对"新诗歌"和"新写作"的直觉以及已经开始萌动的"反文化"霸业，同时也有对"战国形式"的清醒分析。周多次告诉我，杨黎在外边（川外）已经产生影响（指韩东、于坚对杨黎诗歌的认同），晚一步他就可能被拉进"他们"了。

杨黎说，他当时进"非非"有很单纯和实用主义的目的，就是总要找个把自己的作品展示出来的地方。《非非》创刊号发表了杨黎的《冷风景》。这首诗奠定了杨黎"非非"第一诗人和"第三代人"诗歌运动重要诗人的地位。

5. "下海"经商

所谓"非非"集体"下海"，发生在 1992 年。但杨黎事实上在 1991 年就已经在商海中奔波了。他在一个叫段会明的人办的《信息汇报》做记者，实际上就是拉广告的业务员。这一年，他和小安的儿子杨又黎出生。儿子出生的时候他并不在身边，而在宜昌、沙市一带。杨黎曾经给我讲过这样一个故事，有一次他敲开沙市一家公司经理的办公室，意图为报社拉一单 300 元的广告，却被正在下围棋的经理冷落在一旁。杨黎默默地看他们下完一盘棋，便提议与经理下一盘。经理说好。下完棋之后，经理问杨黎是干什么的，杨黎把刚进办公室已经说过一遍的话又说了一遍。经理豪爽地说："就 300 元嘛，我买两单。"

类似这样的故事，将一个面浅、自我封闭和个性高傲的杨黎逐渐变成了外向、夸张和见了陌生人也能口若悬河的杨黎。他告诉我，当他回到成都总部开始培训其他业务员的时候，连自己都佩服自己口才那么好。尤其如果听讲的女业务员越多，他越是能发挥出横溢的才华。我听这样的故事时，总要打趣地说，就是人来疯嘛。

然后，就是 1992 年，在蓝马的怂恿下，"非非"的五人——蓝马、杨黎、吉木狼格、尚仲敏和我，汇集成都创办了一家名为"广达"的软工程公司。有关情况我最近写过几篇短文，可供参考——

A.1992 年的"梦孩"

1992 年，小平"南巡"。我就是托他老人家的福，到了成都，在黉门街 79 号开始了"做梦"的事业。老人家说，知识是生产力。我们受到启发，同时也是感受到周围有那么多与我们一样做梦的人，于是，我们说，梦也是生产力。

也许，记得当年《文摘周报》报眼位置那则"寻找中国最佳梦孩"的广告的人已经不多了。我记得很清楚，那则广告发出后，每天都有几十封信寄到黉门街 79 号。他们写来了自己的"梦"或"梦想"。其实做这个活动是受了国外一本畅销书的影响，那本书记录了五十个人自述的"梦境"。我们的想法是，通过征集 1992 年中国普通人的"梦"，最后出一本书。老诗人孙静轩很有童心，多次表示，他就是"最佳梦孩"。

蓝马和杨黎都是有激情的人，由寻找"梦孩"为起点，又打造出"梦之船"的宏大构想。具体方案是，包一艘长江上的轮船，命名为"梦之船"，在船上开诗会，办画展，搞摇滚。我们把孙静轩封为"梦之船"的船长，把韩东、于坚、丁当、李亚伟、万夏等十余名青年诗人封为水手。为了获得官方的支持，我们还把时任省作协副主席的吉狄马加封为大副。吉狄马加也是有童心的人，他很兴奋地给"船长"孙静轩手书了一个条幅，落款就是"大副吉狄马加"。

但是，没有钱这船下不了水。于是，蓝马又做出"长江论酒"的方案。我们想当然地认为，宜宾的"梦酒"厂应该是这艘"梦之船"的当然赞助商，他们应该有兴趣到长江上去和中国最优秀的诗人和艺术家"论酒"。于是，我和杨黎乘火车到宜宾，找到了"梦酒"厂的老板。酒厂的老板请我和杨黎观看了他们厂里职工表演的"红楼梦"歌舞，却并没有在合同上签字。我们又坐船到重庆，企图说服长江航运局的官员，拿出一条船来让诗人和艺术家们"做梦"。但"长航"的官员很现实地拒绝了我们的"梦想"。后来有好多人问我们，"梦之船"怎么没有开成？我们很尴尬。但是，若干年后，我看见一份资料，在诸多艺术门类中，有一种新兴的艺术，叫"方案艺术"。就是把一些构想和实施细则写成书面文案，但并不真正要实施，是为"方案艺术"。我一下就乐了，原来我们很无心地成了"方案艺术家"。但杨黎还是闷闷不乐，他说："我们本来是想要实施的。"

其实，在黉门街 79 号，我们做了很多这样的"方案艺术"。但我们确实是想要实施的，最后做成"艺术"，那完全是迫于无奈。

B. 黉门街 79 号

我曾经说，1992 年，我到成都与朋友合伙办公司是在黉门街 72 号，这记忆有误。前两天我又专门乘 28 路公共汽车去看了，应该是黉门街 79 号。

我很犹豫，800 字能否将这标题写尽写透？那就选最精彩的说吧。

杨黎把我喊到成都，凭的是他信中的一句话："改革的风吹得如此之大，如此之大……"而我，在不明白出来干什么的情况下，只带着随身衣物就"下海"了。我们买办公桌、电脑，还每人配了一只当时最时尚的通信工具：BP 机。我们原来去工商局注册的公司名称叫"BBB 公司"，但因为有规定英文字母不能做公司名称，未获批准。后来是工商局的人给我们取了一个名称：成都广达软工程公司。曾有人开玩笑说，是广汉和达县的合资公司，意思是，这名字很土。但是，"软工程"这三个字却难倒了许多人。递上名片，解释半天，别人也不知道我们是干什么的。也就是，那个"软"，究竟"软"在什么地方？蓝马曾经有过对"软工程"的长篇界定与阐释，但其言说的深奥和晦涩，与其"前文化"诗歌理论不相上下。后来我和杨黎在实际操作中，只好很实用地告诉别人，就是做广告的。

所以，我们的办公室也有了这样一条标语："揭开中国广告业的第二篇章。"并不是我们的口气大，而是，"改革的风如此之大……"

我们雄心勃勃。跟着就成立了广达诗歌分公司、广达音乐分公司和广达语言分公司。我是诗歌分公司经理，老诗人孙静轩曾经问我，诗歌公司怎样赚钱。我说我不知道。事实是，诗歌公司没赚一分钱，倒是请不少诗人吃了饭。杨黎是语言分公司的经理，语言也没赚钱，倒是提出了一个"梦也是生产力"的观念。吉木狼格是音乐分公司经理，而后来，我们真的在音乐上赚了点钱，为夜明珠汽车公司做了一盒歌带，我们自己作词作曲。其中几首还拍了 MTV，在电视台播了一周。这盒歌带的主打曲是《嗨，的士》。1992 年，我们只要揣着这盒歌带打出租车，在车上放给司机听，下车的时候，都不要我们付钱。也许，"街上这么多人 / 各自在回家 / 打开车门 / 关上车门 / 一扇扇的门 / 都不是我的家门"，这样的歌词感动了他们。

我和杨黎经常骑车从黉门街 79 号出发，满城去寻找客户。但我们经常是无功而返。到夏天的时候，烈日下跑广告的滋味让人感到绝望。我和杨黎就是在这种绝望的心情下，想过要创作一首带摇滚风味的歌曲，歌名就叫"改革的路啊为什么如此艰难"。

C. 最后一个公社

当我和吉木狼格及其夫人杨萍扛着新买的拖把、棉被，从三瓦窑供销社往望江小区的租住屋走的时候，我们戏称，我们是最后一个"人民公社"。

1992 年，我及蓝马、杨黎、吉木狼格、尚仲敏等昔日"非非"诗派的朋友合伙创办了一个公司。但在外人觉得不可理解的是，我们在"公司"的名义下，却更加强化了"公社"的属性。我们都不拿工资，吃饭是公司统一付账，住房由公司负责租赁，打车和通信费公司报销，连我们抽的香烟，也是实行每人每月一条"万宝路"的公司供给制。更荒诞的是，作为诗人的我们，公司成立后是否继续发表作品，也已经不是个人的事情。一次某杂志的一个朋友来向杨黎约稿，当时杨黎左顾右盼地回答说，这事情得集体研究一下。这位编辑朋友自然是既惊讶又困惑，以为杨黎是在开玩笑。

公司成立不久，便在杨黎的一再鼓动下，搞了一次大招聘。这事我还和杨黎有过分歧。我说目前公司还没什么确定的项目，招那么多人干什么。杨黎说，有了人自然就有项目了。于是，我们仅仅在《成都晚报》打了一个中缝广告，就有几百人前来应聘。由于我们的招聘广告很有文学性和理想色彩，相应的，来应聘的人也很精彩，什么角色都有，有抱着小提琴和萨克斯管来应聘的，有在应聘时放开嗓子唱美声和通俗歌曲的，有把自己发表的诗歌和小说带来的。一位外地来成都的文学青年说，看见你们几个人，有一种找到组织的兴奋。记得招聘的第二天，一个从四川大学来应聘的人，年龄和我们相仿，我们便问他，认识胡冬吗？胡冬是"莽汉"诗派的创始人，毕业于川大。那人说，与胡冬是好得不得了的朋友。我们一下就激动起来，热情地说："那还考你什么呢？"胡冬的哥们儿，进来就是了。

"你为什么要来应聘？"这是我们在招聘时首先要问到的问题。我们对那些回答说为了挣大钱的功利者十分反感，而对回答说是为了实现一种人生理想，因为与我们志同道合的人比较满意。可以想象，我们最后确定留下来的，不是性情中人（比如喝酒，下围棋，对钱无所谓），就是文学爱好者。他们进来之后，也不拿工资。非但不拿工资，每人还向公司交纳2000元，名曰入股。每个人都是老板，换句话说，人人都是"公社"的主人。

不管赚不赚钱，这样一大帮人聚集在一起，确实是一件很愉快的事情。有个叫陈康平的，后来还成了我们的朋友。他不仅在喝酒上与我们十分合拍，且时不时有些音乐界的"粉子"（现在的话就是"美眉"）来公司找他，这当然是我们也十分欢迎的事情。

D. 为什么不去喝点咖啡

很多朋友问过我，当年你们几个"非非"办公司肯定很好玩吧？我说是的，好玩得很。我们推举了"非非"理论家蓝马做公司的总经理。别笑，你肯定已经明白了我们是在怎样做生意的。我们一天中有两顿饭吃得很长。

是午餐，在黉门街的一家"胖哥"开的馆子，把整个午休的时间吃掉。

我在剧团工作了十年，有睡午觉的习惯，睡不成午觉的我，其精神状态可想而知。再就是晚餐，我们要工作到晚上9点或10点，才回到望江小区杨黎租的那套房子集体进晚餐。这一般要吃到凌晨2点左右。蓝马那时候已经戒了白酒,但他喝啤酒不醉,可以一直喝下去。我经常哭丧着脸说:"睡觉吧,我受不了啦。"蓝马因此给我取了个外号——何压倒,即睡眠压倒一切。

吃这么长的午餐和晚餐,有什么必要呢?我们在讨论公司的业务。每一次,对一宗业务的讨论,都可能转化为一场"语言"的讨论。我曾开玩笑说,蓝马企图建立一套"非非经济学"。我们纠缠着这些生意中的"语言问题",其经商的步伐无疑比之真正的商人要艰难得多。事实上,一度,我们根本没有做成一笔像样的生意,但我们还是热衷于这种玄说和空谈。其实也不是我们所有人,一般,晚餐的时候,杨黎和吉木狼格一看蓝马喝着啤酒的架势,就跑另一间屋下棋去了。我留在饭厅成了蓝马唯一的"语言交锋"对象。后来我跟杨黎抱怨说:"每天都是我们几副颜色窝在一起,不出去走走,不去和更多的人交往,有什么意思呢?比如,我们为什么不去喝点咖啡呢?"

1992年,成都已经有了酒吧和咖啡厅,但我们却从来没去过。比如蓝吧、锦水苑及一些酒店里的歌舞厅,都是感受90年代新气息的好去处,但我们讨厌或者说害怕与陌生人结交。我们那时根本不像一群商人。不得不承认,我们的文人习气延误了许多"商机"。大家对此也不是完全没有警惕。所以才有后来新增加的一条公司规定:讨论工作问题不准用比喻。

大家开始实践这一规定。但没过多久,我们都意识到,不用比喻就不会说话了。"非非主义"者写作是拒绝比喻的,但却做不到在工作讨论中放弃比喻。为什么?因为比喻可以让我们的话语显得委婉和模棱两可。我们其实都有话想说,但都不愿意直说。因为我们是朋友,不想伤朋友间的和气。还因为,我们其实都不是真正懂市场。所以,以文学语言描述和理解市场,也实在是不得已而为之的事。

后来,我做了一家夜总会的经营者。杨黎看着我一年三百六十五天都被套牢在夜总会里,就幸灾乐祸地说:"这是报应。以前你不是吵着闹着想喝咖啡吗?"

附录　我与"非非"

何小竹

1985 年我写了十余首诗，我从涪陵把它们寄给了在西昌的周伦佑，不久他就回信说，要搞"非非主义"诗歌运动，是全国性的。所以，"非非"在开始的时候我并没有参与策划，也不知道"非非"是什么，直到 1986 年第一期《非非》寄到涪陵。

封面是横排的"非非"两字和红、蓝、灰的色彩构成。翻开封面，在目录上就看见一些熟悉和不熟悉的人的名字，而细说起来，第一期《非非》上熟悉的名字少，不熟悉的名字多。杨黎我是熟悉的，在 1985 年万夏主编(杨黎是副主编)的《现代诗内部交流资料》上已读过他的《怪客》。另外我熟悉的还有尚仲敏、万夏、李亚伟，当然也包括几年前在成都见过面的周伦佑。当时完全陌生但比较感兴趣的名字有两个：蓝马和吉木狼格。

我看见我寄给周伦佑的那些诗（有十首）被冠上《鬼城》的总题编发在"非非风度"栏目，而排在我的前面，也是本期最前面的诗歌是杨黎的《冷风景》。当然，我特别地读了《冷风景》，这一是因为它是《怪客》作者的新作；(1985 年我在读到《怪客》后就写信给万夏，说那一期《现代诗内部交流资料》我最欣赏的是杨黎的《怪客》，其次是周伦佑的《带猫头鹰的男人》) 二是因为它排在《鬼城》的前面。

然后我读了《非非主义宣言》《变构：当代艺术启示录》《前文化导言》《非非主义诗歌方法》《非非主义小辞典》等文章。但是，坦白地说，我还是不明白"非非"是什么。

接下来，应周伦佑之邀，我和刚结婚不久的妻子在 1986 年的夏天到了西昌。我们路过了成都，但没有与杨黎见面，原因是周伦佑在信上说，杨黎和尚仲敏也要去西昌，所以就没单独去找他们，而是想到了西昌后大家一起见面比较好。但结果是，我至今都不知道是什么原因，杨黎和尚仲敏那次都没有到西昌去。在西昌我见到了蓝马、吉木狼格、刘涛和杨萍，并知道了刘涛是蓝马的妻子，杨萍是吉木狼格的妻子，以及这次也没有到西昌来的"非非"另一位女诗人小安，则是杨黎的妻子。蓝马给我的最初印象的确是一个很帅的男人，而吉木狼格不怎么爱说话。我那时也不爱说话，所以，每当周伦佑和蓝马进行"文化"和"前文化"的讨论和争论的时候，我和吉木狼格都是沉默倾听，自然，那一次我也没能和吉木狼格进行交流。周伦佑称他和蓝马之间的争辩是在"练兵"，说今后出去好和别的流派的人论战。

在周伦佑家住了大约有一周，我和妻子就离开了西昌，乘火车去了云南。我当时身上还背了三十本《非非》，准备到昆明后交给于坚（我在涪陵编《中国当代实验诗歌》时与于坚通过信，当时周伦佑也有意拉于坚进"非非"）。但那次于坚没在昆明。然后，我们就自己去游了翠湖、滇池，又去贵州安顺看了黄果树瀑布，经由重庆回到了涪陵。

"非非"是什么呢？因为我已经是"非非诗人"，所以必须思考这个问题。其实，在那时这也是很容易解决的问题。因为在1986年的"先锋"诗歌运动中兴起的众多诗歌派别，"非非"是最具理论色彩的，有系统的理论主张和具分量的"理论文本"，我不用思考也可以照本宣科。但这显然不是我愿意去做的。我那时也赞同周、蓝二人的"非非"主张，但它们不是我的思考，也就不能成为我的言说。后来我在和杨黎、尚仲敏、吉木狼格的交谈中，也发现了他们并不反对周、蓝二人的理论和主张，但在言说"非非"尤其是谈到自己的诗歌创作时，与"非非"的理论和主张就很不一样了。特别杨黎，他不仅对自己的诗歌进行理论性的思考，对周、蓝二人的"非非"理论也进行了批判性的思考。注意过杨黎发在《非非》1988年理论专号上的《声音的发现》的人，就应该感受到杨黎的理论素养。所以，研究"非非"理论，如果忽略了杨黎的《声音的发现》《立场》等文论，那是不完全的，事实上便是忽略了"非非"还存在着的另一种"声音"。

从《非非》1986年创刊开始，作为中国"先锋"诗歌最具流派特征的"非非主义"便获得了"革命性"的成功。但这与其说是"非非"

诗歌的成功，毋宁说是"非非"理论的成功。批评界关注得更多的是"非非"提出了一些什么，而不是"非非"创作了一些什么，甚至认为"非非"的理论与创作脱节，"非非"只有主义而没有诗歌。导致这种现象我认为有两个因素：一是人们存在着一个误区，即理论指导创作，或创作必然接受理论的指导，所以，当人们无法将作品与"创作主张"一一对应时，就会说只有主义没有诗歌；二是在那个堪称"兵荒马乱"的诗歌爆炸年代，少有人能够沉静下来认真而细致地面对诗歌，对于诗歌自身所呈现的形态是根本没有去研究的，或者因找不到现成的说法而"无话可说"。相反，对理论发言比对作品发言显然要容易得多。

那么，我是怎样看待这个问题的呢？

如果说"非非"是一个成功的"品牌"，这个"品牌"能够被广泛而有效地传播，"非非"的理论主张和包括名称、刊物设计、"编后五人谈"等包装手段构成了其中的先决条件，这就像"ＣＩ战略"，"非非"的"品牌理念"和"视觉识别"系统无疑都是一流的"创意"。虽然在"非非"出现的那个年代，中国的市场经济和商品社会的形态还没有形成，但以"反文化""超文化"为口号的"非非"，必然要超越于它的时代，而提前进入到另一个时代。所以，我们将"非非"放入今天的时代背景加以考察，就不会责怪当年"非非"的"操作"行为，同时，也会更加深刻地认识和认同"非非"获取成功的合理性和必然性。当然，"非非"诗歌价值的被忽略也就不足为怪，不是什么不可以理解的误会了。

1986 年的"错失"，将我和杨黎的见面推迟了两年，直到 1988 年我和周伦佑参加"运河笔会"从扬州回到成都，我们才有了诗歌的交流，并将这种友谊保持至今。那一次"运河笔会"是官方举办的，但受邀的"民间诗人"也不少。我没有受到正式邀请，而是受周伦佑的邀约前去"列席"的，他本来也邀约了蓝马和杨黎，但他们未去，其原因我后来隐约得知，是周、蓝二人那时就已经有了分歧。1988 年我已经写出《组诗》，并将它题献给蓝马。周伦佑是十分推崇《组诗》的，但他对题词表示了意见。在扬州时他就明确地建议我删掉，他说，这会给作品造成误读（后来果然就因为这个题词，一些评论者便认为《组诗》是按"前文

化"理论创作的,还有了何小竹被"非非"理论葬送了等言论)。我在扬
州接受了周的建议,但回到成都后,蓝马听说我在周的建议下删掉了题
词,就在一次去公园的途中做我的工作,希望我保留原来的题词。蓝马
要求保留题词的理由我已记不得了,但我自己保留那个题词的理由却很
明白,那就是出于友谊(这也是题词的初衷)。在 1988 年的《非非》作
品专号上,《组诗》没有被排在头条位置,而是位居蓝马的长诗《世的
界》之后,这表明周伦佑在和蓝马的斗争中最终让了步。但就作品而言,
《世的界》是对杨黎《高处》的模仿,严格意义上不是蓝马的成功之作。
蓝马真正具有原创性的作品应该是他写于 90 年代初的《献给桑叶》等短
诗。杨黎也说,当读到蓝马的这些短诗时,他心里确实松了一口气。

　　"非非"在理论建设上并未深入和完善,其中没有建立起一套"非
非批评方法",就是一项重大的缺失。所以,具体到诗创作而言,什么是
"非非"的诗,什么不是"非非"的诗,这其中的批评标准是什么,都
没有一个可操作的定义和规则。诗人的创作可以没有定义和规则,但一
种理论的批评却是少不了方法和框架的,否则,便无法形成独立的批评
话语。所以,当我今天在论及"非非"诗歌,并对一些诗人进行评价时,
依据的更多的仍然是个人的趣味,换句话说,也就是我的"非非"观。

　　现在,如果有人问我,谁是"非非"第一诗人?毫无疑问,我会说
是杨黎。这种认识和认同并非是友谊的结果。杨黎的诗不论是献给阿兰
·罗布－格里耶的《冷风景》,还是《高处》《声音》和《英语学习》《西
西弗神话》等短诗,都证明了"诗从语言开始"(杨黎语)的无限可能
性,诗绝对不是到语言就完结了。基于这种认识,我们对《冷风景》和
"新小说"之间存在的关系的言说,就不会停留在肤浅的所谓"借鉴"和
"仿效"的层面上,《冷风景》不是因为"新小说"而存在的,它的存在
从"自身的语言"开始,而语言材料来自何处并不重要。也即是说,不
管你所用的语言材料是来自书本还是所谓的"生活",这要看它们到了你
的手中能否重新"起步",能否在那个新的空间中无限地延伸。

　　这种"趣味"除了杨黎之外,在我和吉木狼格和小安之间,也是可
以共鸣的,尽管在表述上不尽一样。如上文所说,"非非"的诗歌因受

"非非"理论的张扬和时代认识的局限而被忽略是一种误会，那么，吉木狼格的诗在"非非"诗歌中又遭受忽略，则是误会中的误会了。就连柏桦在90年代经杨黎和我的推荐读了吉木狼格的《怀疑骆驼》《红狐狸的树》和《榜样》等诗后，也激动地说："吉木狼格的诗很'非非'！"喧哗过后是沉静，吉木狼格的诗没有刺激人感官的外在形式，在文学活动中也处于"不善言辞"的"不利地位"，我们只能在沉静中才能感受其美，我们也只有在真正面对诗歌的时候，才会发现吉木狼格的诗歌对"非非"诗歌究竟贡献了什么。应该这样说，没有吉木狼格的诗歌，"非非"诗歌作为一个流派（即整体集合）是严重缺失的，甚至作为"非非"的诗歌因此只能被视为一个群体，而缺少了构成这个流派的一个重要支撑。

小安的诗歌被忽略，基本上也是这种情况。有一点例外的是，小安作为杨黎的妻子事实上使作为诗人的小安也长期生活在杨黎的"阴影"之中，从而遭受了"非非"内部和外部有意无意的忽略和回避。这算不算误会中的误会的误会呢？当然这不是最主要的因素。主要的还是在于批评界的愚蠢和无知。在80年代，一个"先锋"阵营中的女性诗人，如果她的诗中没有能够用弗洛伊德学说进行解说的"潜意识"流露，没有美国自白派女诗人普拉斯的那种"死亡意识"和自恋、恋父情结，是不会被重视的。我无意贬低普拉斯那样的诗人，也无意于否定有"女性诗歌"存在这个事实和其存在的价值，我想说明的是，一个超越了性别存在而"从语言开始"进行写作的诗人，小安的诗歌没有受到应有的评价和足够的重视。就其诗歌的纯粹和对语言的自觉性而言，她完全可以排在"非非"任何一位"男"诗人之前。

"非非"挽救了许多人，石光华曾经不无讥讽地这样说过。他的话是说对了，但错在自身所持的态度上。在我看来，"非非"其实是挽救了一个时代。中国80年代的"先锋"诗歌运动如果没有"非非"的出现，只能算作一场"改良派"式的运动，对传统的破坏只能是要么虚张声势，要么羞怯地一击，对新诗歌标准的建构也只能止于修辞的层面，其运动的指向将会是要么不了了之，要么在更高层次上融入主流文化，其运动的形态也将会是平庸的——就如同整个世界的"先锋"文学运动不曾有过"超现实主义"一样。而且，我还要说明的是，"非非主义"较之"超现实主义"更加远离"这一个"世界。换言之，"非非"为"这一个"世界打开了一扇窗户，让整个时代的人都呼吸到一股新鲜的空气，这股新鲜的空气无疑迫使人们重新对世界进行"语义的"审视。

蓝马曾经说过，"非非主义"不局限于诗歌的领域，我想这主要应该指的是他的"前文化"理论的构想。而在我看来，就其对时代的贡献的意义而言，"非非"仍然应该首先是"诗歌的"。这不仅仅因为"非非"为一个时代提供了诗歌实验的多种"范式"，而且，因为诗歌先天具备的"形而上的"属性，使得"非非"仅仅以其诗歌就足以超越这个时代哲学的和宗教的层面，在"这一个"语言的世界中，找寻到"另一个"世界的语言。

"非非"作为一个流派，在今天固然是回忆中的往事了。"非非"流派的解体源于1989年，完成于1993年。周、蓝二人的决裂使得"非非"在进入90年代后就率先失去了周伦佑。1990年和1991年我们（蓝马、杨黎、尚仲敏、吉木狼格、刘涛、小安和我）继续编印了两期《非非》，并因外部的原因以及内部的因素，易名为《非非诗歌稿件集》，除保留了原有的"非非"主力阵容之外，"非非"诗歌的重要性得到了突出和显露（两期《非非》均无一篇文章），"非非"作为流派的风貌得以保持和延续。而90年代初，周伦佑也继续编印过他的两期《非非》，但那已经不是一个流派刊物，仅剩下"非非"的刊名，诗人和作品都将大量不是"非非"，乃至曾经是坚决反"非非"的诗人（如欧阳江河等）纳入其中，事实上它已经变成像《诗刊》和《人民文学》那样的公共刊物了。到了1993年，我们（杨黎、吉木狼格、尚仲敏和我）再次与蓝马的决裂，便最终导致了"非非"流派的解体。

今天，当我和杨黎、尚仲敏三人再次会聚在成都的某个茶楼，为"非非"所能做的也只是"历史性"的档案工作，而我们自己除了现实的生存和个人的写作之外，再要经营"非非"这个"品牌"已有隔世之感，且于诗歌创作本身也无太大的意义。但曾经存在过的那个"非非主义时代"，是可以有更深入的研究和总结的。那的确是一个汇聚了所有中国最优秀的先锋诗人的黄金时代，一个可以在广义上以"非非"命名的时代。

四、你有你的方式

杨萍

一天早上，我在平时常去的小吃店吃早餐。在那里，我看见了刘涛。黑亮的长发，红色羽绒服，牛仔裤和皮靴，刚下火车的她脸上没有丝毫旅途的疲惫，刘涛比我在这之前听说的和想象的更漂亮。那是1984年年底的事了。

据在场的朋友们讲，当时我们用眼光互相掂量了一番后，才开始说话。许多年来，我们好多次回忆起那个早上，说起彼此给对方留下的第一印象，美丽而略显张扬的刘涛，一脸幸福的刘涛……时至今日，我仍然无法忘记当初那个沉浸于爱情之中的成都女孩。

那时我们都习惯于用某种自己喜欢的方式去打量和试探一切，这当然是我们成为朋友后才知道的。现在看来，未免显得多余。其实，有种东西有如皮肤一样早已贴在我们的身上、脸上，藏在我们的眼睛之中。也许他们看不出其中的端倪，但我们却能从各自的眼神里互相辨识，一切只有自己才能体会。

因为那段众所周知的爱情，那几年，刘涛经常来往于成都和西昌之间，蓝马也一样。就在前不久，我的一个西昌朋友还常常描绘着一幅让他难以忘怀的场景：在成都火车站的站台上，一对恋人在那里告别，他们的神态美到极致。"你1我1在站台上告别，你2我2却手拉手飞向天边，为了逃避分离。"在刘涛的诗里，她这样写着。

我写到这里，仿佛看到了刘涛毫不情愿的表情。不过我觉得是合情合理的，尽管一切都已过去，但这毕竟是刘涛当初一次次来到西昌以及我们能认识的原因。

和刘涛认识几个月后，小安到了西昌，和杨黎一起。当时我不在西昌，是听朋友们说的，他们大致描绘了一番一身军装的小安。后来，我好像从杨黎口中听说过他第一次看见小安时的情形：傍晚，杨黎坐在重庆三军医大校园的草坪上，远远看见前面走来几个女兵，那个最漂亮的就是小安。这和我当时想象的小安一模一样。

因为写这篇文章的缘故吧，几天来，我不断地让自己回到过去。我惊诧地看到了那两个熟悉的女孩——叛逆，忧郁，充满才华而又心高气傲……她们和现在已是那样的不同。

除了成都，西昌对刘涛来说应该是相当熟悉的。十几年来，无数次地来来去去，也无数次地说起过这个地方的变化，在这些话题之间，总会有些回忆和一些情绪。小安也来过很多次，她们都喜欢这里。

所以，我想说说西昌。

十几年前，它没有这么大，这么繁华，但它的确是个美丽的地方。对于成都的阴郁来说，它的美丽在于阳光、天空、干燥的风以及目所能及的山的轮廓。那时我在一所中学教书，它位于当时的城乡接合部（现在不是了），周围是麦田和菜地，冬天的时候，我们喜欢垫着麦秆席地而坐，阳光就这样照在身上。我敢说，至少有五十个诗人在那里坐过。

80 年代中期，西昌是个闭塞的地方，不过舞厅还是很火，除了它，我几乎想不起什么其他的去处。有一次小安来（杨黎没来），好像是秋天，白天我们在阳光下闲逛，晚上就去跳舞。一进舞厅，小安就不见了踪影。回家的路上，她兴奋地说："西昌的小伙子个个都帅。"

我一般是在放假的时候去成都，在那里总是过得热热闹闹。我们经常跟着丈夫们出入于各种诗歌聚会。这样的聚会往往气氛热烈，有关诗歌的话题仿佛无穷无尽。我们置身其中，又觉得相隔很远。

这种时候，刘涛的话要比小安和我多一些。"非非"女诗人肯定是应该在很多方面与男诗人们平起平坐的，刘涛的发言就让我们有这种感觉。小安的话虽少，语速却相当快，尽管没有什么逻辑，但直接犀利。不管是关于诗歌或是诗歌之外，她的表达总是有些出人意料，喜欢的人会觉得过瘾，不喜欢的也大有人在。杨黎说小安是"包不同"。

在农村长大的小安是有许多不同。后来我到报社当编辑时约小安写过一组文章，她在《兄弟姐妹们》里说起了自己的童年：因为兄妹多，常常吃不饱肚皮，有时连晚饭也吃不上。在油灯下做完了作业，早早地便上床睡觉。肚子饿因而睡不着，各自在嘴上打着牙祭，从回锅肉、红烧肉，一直说到清炖鸡……而春天是兄妹们最快乐的日子，满山满坡的野花在风中摇摆，我们站在山顶上，看日落时分的晚霞。西天的云变幻不定，一会儿是骆驼，一会儿是一群狂奔的马，跑着跑着又变成个美丽的女人。我们打着草，快乐地喊叫，从山顶扔石头，看谁扔得最远。

在小安童年的记忆中，日落时分的云给了她无穷无尽的幻想，山外的世界是怎样的呢？那些孩子一天吃几顿饭？而那时，比她大一点的刘涛却在保姆的追逐哄骗下，一口一口地吃饭。后来，童年生活完全不同的小安和刘涛都成为了诗人。

年轻时候的刘涛在衣着上是新潮时髦而雅致的，但和那种人云亦云的流行又始终保持着一些距离，正因为多年来的坚持，她的风格也始终如一。"现在不行了，穿什么都不好看，只有在时尚里寻找一点中庸吧。"前两年她这样说。而小安在脱下军装后，一开始就显得有些"另类"。尽管当时还没有"另类"的说法，我觉得用在小安身上合适。小安喜欢穿色彩鲜艳的棉布衣裤，这些"土"得要命的东西往她身上一套，就别有一番韵味。有一年夏天，我也想学学小安的穿法，买了一件棉布对襟盘扣的衬衣，结果怎么看都不好看。这两年，服装界刮起的"唐装"风，我想多半和小安多年前的身体力行有关。

因为诗歌，我们聚在了一起，并且成为朋友。除了诗歌之外，我们也无话不谈。特别是刘涛，她喜欢用说话的方式与大家交流。她的话题很多，关于梦境，关于宇宙，关于信仰，关于爱情……我很佩服她能在那么"形而上"的问题上侃侃而谈，并且经常有她的"真知灼见"。有一次她给我谈了整整一天，太阳从我们家阳台的左边转到了右边，仍然意犹未尽。这样的长谈一开始并没有什么主题，后来说着说着也许就有了。原来我觉得自己是不善言辞的，后来碰到合适的场合，也能说上几句，这应该感谢刘涛。

　　和小安在一起就截然不同了。她和我都很少说话，如果要说，也都是些非说不可的，诸如近况啊孩子啊之类的琐事，大多数时候是沉默。小安烟瘾很大，酒量也不错，我们就一支接一支地抽，偶尔也碰碰杯，话说得断断续续。现在抽烟的女人越来越多，但我总觉得她们有种做秀的味道。

　　不像小安，她生来就是那种应该抽烟的女人。我喜欢看小安拼命地抽烟，豪爽地喝酒，并且喜欢和她一起虚度这样的时光。如果有些酒意，小安的话就多了起来，不过风格还是不变，有点突兀，有点犀利，还有点孩子气。单纯的日子很快就过去了。

　　进入 90 年代，小安和我忙于孩子的事情，丈夫们忙于下海挣钱，一切陡然间变得现实起来。有两年，我在成都，尽管在一座城市，尽管我们也经常见面，感觉上却不如从前那样亲近了。我们（三个人都在）唯一的一次聚会是 1992 年的圣诞夜，小安、刘涛、我和另一些女诗人同在刘涛家相聚。不知是谁提及要刘涛讲讲她所信仰的天主教。刘涛当时讲了有关"天主十戒"和"七罪宗"的内容，当讲到不可迷色时，一个女诗人突然"语惊四座"："我就是迷色，无论老的还是小的我都迷。"大家被她这种伦理宽容主义的态度弄得十分尴尬，但又报之一笑。幸好她不怎么"色"，要不然还不知道要迷倒好多呢。90 年代末，美女作家风行，为此我很为小安和刘涛遗憾，私下里也常常盘算着如何包装她们，好让大家都发上一笔。这件事情印象深刻，所以值得一记。

　　再后来刘涛和小安都离了婚。想当初她们恋爱的时候应该是带着喜悦，带着感恩，脸上没有丝毫的阴影……

　　刘涛在那个时候信了天主教。一次我去看她，只见屋子里到处是书，我不知道她为何要把书从书架上搬下来，堆在地上，她说："这些书都用不着了，我现在只看圣书。"后来我才知道，她本来是想把它们全都烧掉的，烧着烧着就烦了，只好放弃。为什么要信教，信教有什么好处，她给我谈了很多。她说，那里有源源不断的爱。一开始，刘涛就希望我也信教，那种心情我能理解，就像千辛万苦终于找到了自己想要的东西，希望朋友们也能得到。有个朋友对刘涛说："我早就有个妈妈，现在凭空又多了一个（圣母），我得好好想想。"我也有同感，只是没说，这是我的长处。最终我没信教，但这并不妨碍我偶尔也求求天主，翻翻圣书，刘涛说我在信仰上是个彻头彻尾的功利主义者。提起那段日子，我们总会大笑，刘涛说，从前她是天主教的知识分子，如今她是民间。2001 年，她在西昌写了一首诗——

> 你有你的方式
> 天主，要他们信是多么的难
> 他们的哲学是那样精致
>
> 又那样迷人
> 天主，要他们信其实也不难
> 你有你的方式

十年来，她写了很多宗教味很浓的诗，我只喜欢这首。刘涛的确比当初平和多了。

1997 年的夏天，我又到了成都。我无法计算我们之间这样的来来去去已经有多少回了，而且也说不出原因。从前也许需要理由，后来就不了，如果非要找的话，可能就只是因为一个电话、一种心情。那次见面是我们认识以来相隔时间最长的一次。我住在光华村，刘涛先来，然后我们一起到大门口接小安。

刘涛在文章《诗人心女人心》中写过我们那次见面的情形："我和小安至少有两年未见了，而杨萍和小安至少有四年未见了，因为诗，我们又走到了一起。但不像当初只是为了爱诗写诗而聚，也并非是与各自的丈夫们搞流派而聚……时隔几年，大家都变了，但又未变多少。见面仍离不开诗。小安变漂亮了，杨萍的气质仍整洁而灵秀。小安仍然那么孩子气，我们三人相聚，依依不舍，马上就要到上夜班的时间了，但她还有最后五句话要说，并声称迟到就迟到。好在她的工作的确很简单，发发药，然后就是不让一个病人跑掉。很长一段时间大家都不说诗了，这段时间杨萍生了一个女儿，一半像狼格，一半像杨萍。小安的儿子杨又黎不知不觉已满六岁。而刘涛则忙于宗教、祈祷、内心和外部等问题……"

那天我和小安都醉了，平时滴酒不沾的刘涛也有了一些酒意，分手时，小安说晚上等她下班我们再吃火锅。夜深了，步履蹒跚而凌乱的我们还在成都街头闲逛。从前那三个体态轻盈、脸庞秀丽、目光清澈的女子，她们现在去了哪里……我们探询的目光流连在彼此的脸上，又深入各自的内心，但我们都秘而不宣。

不久我在西昌读到了小安的那首《终于有一个朋友来了》——

终于有一个朋友来了
但她很快又走掉
下一次什么时候再来

杨萍或者刘涛
下一次什么时候再来
六年过去了
孩子长得像小树一样高
我特别想看看
三十五岁的样子
至少坐在其中
听听那温暖的笑声
让我也学学
怎样弄一个幸福的家

读完这首诗，我发现自己已热泪盈眶。

小安的每首诗我都读过。如果非要让我在其中做一个选择的话，我更喜欢她这几年写的。以前的诗有种灰蒙蒙的背景，有种青涩和欲说还休的神经兮兮。现在就不同了，其实在她的诗里从来没有什么特别要写的东西，日子依旧流淌而过，生活依旧缠杂不清，却没有了早年的那种好奇。什么都变得可以理解，什么都自有它的道理。眼前闪过的事物影像，经过自己的过滤筛选之后，变成了碎片，又被她懒懒散散地捡进诗里，尽管带点伤感，又可以不值一提。

我发现了这些伤感并相当钟爱。就像某种爱情被她写进了诗歌，还有某种生活，当我一翻开它们，就会怀着眷恋的心情，在诗行里缅怀从前的那些日子，并且久久地沉浸其中而忘却一切。我不止一次地想，我的生活中幸好有了诗，像小安那样的诗。

其实小安的诗给予我的远远不止这些。小安从来没有问过我对她的诗的感觉，我们都知道有些东西应该是用不着说的，关于诗歌我们已说得太多，就像小安在《生活的秘密》里写的那样——

> 大家坐下来歇一会吧
> 仔细看看这天空
> 云彩是不是还美丽
>
> 土地上的麦子、玉米、大豆
> 真正的麦子和玉米
> 豌豆花依然是生气勃勃地开着呵

但我还是要最后说上一句，小安的诗是中国诗歌中最美妙的一页。

听说小安又开始写小说了，我几乎是按捺不住急切的心情想看到她的小说，我相信她能写得很好，这念头建立在我对小安的了解上，正因为如此，我期待着她的另一次展现。

2000 年 8 月，小安和儿子杨又黎来西昌过火把节。因为工作忙，那几天我们几乎没好好摆过。白天她带着儿子到处看看，晚上我们就和很多朋友聚在一起，没见过小安的人说，她比报纸上更漂亮。我坐在人群中，看着少言寡语的小安，仍然一支接一支地抽烟，然后一杯接一杯地和大家喝酒，那种豪爽让好酒的凉山人也叹为观止。有天下午，狼格和小安在西昌的古城楼上喝茶，后来我问："小安你们都摆了些什么？"她说，摆了很多，但记不清了。其实小安一点都没变。

两个月后，我去了成都，当天没有联系上刘涛，我和小安在瞎逛了一下午之后，终于找到一个地方坐下来。我们仍然用沉默的方式交流着，雪白的烟支有时在指缝，有时又在唇间，一暗一明的烟头隔在桌子两边。在成都秋天一个已经有些寒意的夜晚，在离年轻时候经常出入的地方（新二村）不远的一个火锅店，我们一直坐到人影渐渐散去。烟叶发出唑唑的声音，过去了的人和事全都萦绕在嘴边，又被深深地吸入腹中……小安说："你给狼格打个电话吧。"我拨通了西昌的电话，我对他说："我和小安在一起，我们在吃火锅，在喝酒。"

第二天，找到了刘涛，我们三人又聚在了一起。刘涛一次次地敲开小卖部的门，把啤酒呀，烟呀，零食呀搬回来，我们都喝得多，但没醉。我很久没听见过小安说那么多话了，那天，基本上是她在唱主角。她正在看一些书，她喜欢一些女诗人，她说精神病院的疯子写的诗其实有道理……

还说起从前一些有趣的事。小安表情沉静，语调舒缓，在她轻描淡写的话语里面，藏着许多既熟悉又陌生的东西。我坐在刘涛家铺着印花布的沙发上，听她的声音饱满而富有质感，那年轻时的偏激早已消失殆尽。

2001年上半年，因父亲病重，我频繁地往来于成都和西昌。刚办了停薪留职的刘涛一直在我旁边，帮我分担着一切。每当下班，看见刘涛系着围裙在我家里忙里忙外的样子，心里就充满了感动。在此，我要谢谢她。

那半年，闲暇的时候少之又少，在忙碌的间隙，我们又会聊起许多话题。好多事可能已经说过无数遍了，有些细节几乎能倒背如流，但只要她愿意说，我就愿意听，反过来也一样。有一次她说，信教这十年来，尽管也交了很多朋友，有教友也有诗友，但收获不多，特别是在诗歌上。"他们没有经过那道门。"（我知道她说的是"非非"）她说。十年后，她又回到这群人中间。她发现他们依然是最有才华的一群。沉默了好久以后，她突然说："恩宠啊，要善用。"我觉得她说话的语气有点怪，她见我一脸迷茫，笑了笑后又庄重地说："大概是天主要我对这群人这样说吧。"在西昌的几个月里，刘涛写了很多好诗，尽管她谦虚地说她是在重新学习写诗。在这些诗里我闻到了阳光、蔬菜和水果的味道。朋友们都说，刘涛从天上回到了人间。

我们还不止一次地谈到这群诗人，他们仍然才华横溢（好像挥霍不尽），并且已卓有成效，还有他们之间的友谊。作为女诗人，小安和刘涛也许从头到尾都不是为了某种主义和观念写作，但她们从中受益匪浅，这种受益不仅是诗歌上的。还有我，尽管我已很久没写诗了，但我觉得自己从没有一刻离开过诗，并且保持着诗歌感觉和诗歌审美上的无懈可击。

十几年过去了，小安、刘涛和我仍然在不同的城市，过着日子。常常想给她们打电话，又常常没打。不时也接到她们的电话，轻描淡写地说一阵，最后，我们都会问："你什么时候来啊？"正像狼格在《我与"非非"》中提到的：她们彼此是这个世界上最好的朋友。

稿子快写完的时候，我真的又想给小安打电话了，我们已好久没联系（不像刘涛三天两头都在打），她还在成都吗？我本来想给她说，过年到西昌来吧，来晒晒太阳。

她们继续在写诗，而我继续没写。我想这是因为我比她们更现实。我每天想得很多，又似乎什么也没想，每天都忙忙碌碌，又似乎终日无所事事，喜欢金钱，但又厌恶奔命和劳作。

这一切都是因为有了诗，如果没有诗呢——那是不可能的。

五、关于蓝马

像一头动物一样

杨黎说——

1. 我终于可以动手写蓝马了。这对于我，是一件愉快的事，也是还蓝马的一个愿。我早在湖北宜昌的时候，就对他说过，我想写一篇关于他的文章。那是宜昌的阳光下，我们一边往印刷厂走，我一边对他说。我说我要从七个方面去写他，文章的名字就叫：七个蓝马。当然，这篇文章我最终没有写。因为从那之后，我好像就没有认认真真地在家里待过。

那是 1988 年的秋天，我们在湖北宜昌印《非非》。

2. 我和蓝马见面的时间比见周伦佑还要早，但我和他的真正交往却是在第一期《非非》出来之后。老实说，在此之前，对蓝马、对他的"前文化理论"，我都没有什么兴趣。我没有兴趣的原因，就他的文章而言是非常简单，因为我没有看，而就他的人而言，是和其他人的一些关系，直接说，就是廖亦武。

我第一次见蓝马，他是和廖亦武一起的。

那个时候他还叫王世刚。

蓝马说——

我原名王世刚，1956 年 6 月 6 日出生到世上。自幼在四川西昌的蓝天白云和明月西风中，像一头真诚的动物那样健康而自然地成长。那里群山环抱，"安宁河"长长地穿越群山，一路弯弯曲曲，向东南方向吉祥地流淌。黄昏时，群峰层层叠叠，全都感染上黛蓝色的思绪，显得缥缈而又美丽，似乎根本不是真实世界。然而，抬头再往上看时，常常可见鱼鳞般的"火烧云"横空，层层漫天排开。其辽阔燃烧般雄伟壮观的景致，又使眼前的一切变得真实可信。到了晚上，各式各样的风，就在这群山之中活跃起来：或溜达，或狂奔，或歌唱，或号叫，时而在青草间、树叶间、窗缝里喃喃细语，令人遐思不已；时而，又如同有十万辆兵车，在百米外的高空"嘭嘭"相撞，让人顿感普天下充满莫名的恐惧、原始的敌意，以及看不见的荒凉和忧伤。遇到晴天（那里经常都是晴天），满天的星斗装点了整个夜空（说句老实话，我至今没有在任何地方看到过如此多的星星，有蓝色的，有偏向于绿色的，有红色的，但大多数是淡黄色的，还有就是白雾状的）……此外，还有著名的淡水湖邛海，像一颗宝石一样镶嵌在我童年日常生活的视野里，那上面经常都有竹叶般的小舟如梦似幻地出没在只有开阔的湖面才会拥有的那种神秘、苍凉，而又沾满甜意的烟雨中……我成长的环境大致如此。这样的环境对于我的思想的形成是有特殊意义的。在这样的环境中，拿我后来在我的《前文化导言》中的表述讲，是最能够"接受造化的教诲"的。

杨黎说——

3. 我第一次"认识"蓝马是在我的家里。当时是1986年底，我们正在筹办《非非》第二期。那天我的家里有好多人，蓝马和刘涛也在。乱哄哄的酒桌上，我和他谈到了一个什么问题。什么问题，我现在的确是记不起了。但蓝马的一句话，我却永远都没有忘。也永远都不会忘。

当时我说到"容易"两个字，蓝马说，比如"容易"，我就不知道它是什么意思。

蓝马说——

1958 年，在我两岁多的时候，有一件事情在我的内心世界发生。这件事后来被我称之为"假宝石事件"，是宝石与灵性的初绽。

事情是这样的，西昌城区最大的一条河流叫东河。东河夏季涨水，秋冬季几乎断流。这河涨起水来，咕噜噜、轰隆隆地响。水是红色的，每年涨水季节过后，总是剩下满河滩红色的卵石和红色的河沙。这时人们一边忙着进入河滩采石，采沙，一边又在河上重新用几根圆木搭建起新的木桥。而小木桥两岸较为开阔的河滩上，小商小贩们就地铺上一层油布或旧布（那时没有塑料布之类的东西），再在上面摆上些可供出售的物件，一个紧挨着一个，这么夹道欢迎似的摆成两排。这里就成了人们摩肩接踵前去光顾的地摊交易市场，算是最为热闹的地方了。地摊上除了少数手工艺品是新做的外，其余大都是旧货。

这天，我一只手牵着保姆的衣襟（保姆背上背着我姐姐），来到了这个由于河水退去而一天天繁华起来的河滩市场上。在人群之中我是那么矮小，不紧紧抓住保姆衣襟的话，准会丢失。……但正是由于我个子小，从大人的腿缝里也能挤到地摊前，结果，我看见了令我终生难以忘怀的东西。

那就是——一颗红色的宝石。是鸡心状的。也就是鸡心那么大。光泽润滑，透出无可言表的、细小而又精致的、沁人心脾的神奇光辉。……我一下子被它深深吸引住了。深切地感到生命内的某种东西被打动了，弄醒了。（而且，那东西从此就一直那么醒着，不再"睡"了。它在胸腔内和整个躯体中，随时可以"调阅"、把玩、回味。）

我不是被那宝石的某一方面品质所打动，而是被它的整体的、所有品质的总和——那种完整混合的、混沌一体的"总品质"所打动。现在分析起来，那充其量是一颗制作比较精良的假宝石。它怎么会有如此大的功能，实在是说不清楚。但在我幼小的心灵中，这的的确确是一个重大的事件。其重要性表现在——

如果说人真的有灵魂的话，我认为，在这个"假宝石事件"中，我所经历的就是灵魂的正式降生，也就是说：在这个事件之前，我所具有的只是纯粹肉体的生命；但在这个事件之中，我的灵魂诞生了。或者，至少可以这么说——这是我的灵性的第一次萌芽或绽放。

在这个事件中，我那被打动、被弄醒，并且从此在胸腔中和身体里一直醒着的东西是什么呢？它在我内部，对我的知觉、我的意识、我的心智而言，它的存在和活动是一件不争的事实，自明自白的事实。我完完全全知道它，它是为我所知的。但它又完完全全泾渭分明地区别于后来学习获得的各种知识。我对它的知道，截然不同于对"文化知识"的知道。这种区别一直在我心中，诱惑着我去玩味它们，试着领悟它们和表达这种领悟。

后来，我终于把它们说了出来——

这是两个领域的区别：一个是"非文化"的"前文化"领域，另一个是"文化"的领域。心灵、灵魂、灵性等，属于"非文化"的"前文化"领域；纯粹的知识系统，属于"文化"的领域。

杨黎说——

7. 成都的出租车起价为 5 元，所以，从公园出来后，我和乌青只付了 5 元钱，就到了蓝马指定的一个十字路口。蓝马骑着他的自行车，在我们到后的两三分钟后，也到了这个十字路口。然后，我们跟着他，去了他的家。

去年的时候，就听说蓝马生了一个女儿。都已经 45 岁的人了，才当上爸爸，这真是叫人惊讶的事情。好在这样的事情并不只是蓝马一人。就成都而言，比蓝马大几个月的柏桦，也在其 45 岁左右，有了一个儿子。而欧阳江河，比蓝马小几个月，也才生了一个女儿。他们之间的几个月，在他们的孩子来说就是一两年的差别：三岁的柏桦，一岁半的蓝马，刚生下来的欧阳江河。我觉得，他们这几个超龄的第三代人，企图以他们的孩子，拉近和我们的距离。

在蓝马家里，我见到了他的女儿，也见到了他的妻子。都是第一次见面。想起那么好的朋友，我就像听说他退休的感觉一样。

在他的家里，蓝马为我们唱了他作曲的一首歌。那是我们办公司时为一家企业写的。那首歌叫《树叶飘》，何小竹填词。真他妈是"许许多多的黄昏啊"。写到这里，我忍不住想起了我的朋友们，想起了我们阳光明媚的80年代，想起"非非"和成都广达软工程公司，何小竹，吉木狼格和蓝马。

我要补充一点：那天在蓝马家里采访的时候，乌青非常的高兴和大方。这基本上是我们长达一个多月的采访中，他仅有的一次。我知道这是为什么。

所以，我现在也想念他。

8. 我不知道我的灵魂是什么时候降临的，就像我不知道我的灵魂会在什么时候离开我一样。如果灵魂不是一个比喻，我就连灵魂是什么都不知道。如果灵魂仅仅是一个比喻，那么，我就觉得它也是"文化的"，像宝石一样。

宝石就简直是文化的亲生儿子。

所以，我总是想不通，这个"宝石"（而且还是假的）是怎样让蓝马的灵魂降临的，他后面的"前文化理论"和这个"假宝石"究竟有什么直接的联系，比如说像牛顿的万有引力定律和那个苹果的联系。

单就蓝马的理论而言，其实我认为最重要的还是他的"超语义"。甚至可以这样说，就是因为他的"超语义"，才构成了非非主义真正的理论基础。"非非"从开始到今天，我们所做的努力，我们的诗歌追求，都是围绕着"超语义"而展开的。我们在后面所提的"废话"，就是"超语义"最完整的表述。（补注：当然，这只是我个人的认识，它和蓝马的理解完全不一样——2011年6月13日，杨黎。）

9. 1988年1月的一个夜晚，在北京大学的一家招待所里，我和蓝马坐在一张床上谈"超语义"，周伦佑在另一张床上睡觉。当时已经是很晚了，我们点着蜡烛，说话异常小声。从另外的角度看，我们像两个神秘主义者，或者像一个阴谋家和另一个阴谋家正在密谋。蓝马一只手拿着笔，一只手拿着一张纸。他一边说，一边在上面画着"语义"

和"超语义",也就是一个圈和另一个圈,一条线和另一条线。我静静地倾听,抽着烟,置身在整个"超语义"的烟雾之中。

我们的谈话不经意间惊醒了睡眠中的周伦佑。

所以,谈话立即停止。

如果我没有记错的话,蓝马和周伦佑的某些矛盾就是在这次的北大之行就已经显露出来,甚至还要早点,早在《非非》第二期的筹办时,就有这么一点。当时蓝马还怀疑我,急匆匆地从成都杀回西昌。这些事情,就是"非非"后来必须分裂的主要原因。从1988年1月到1988年11月,蓝马把周伦佑送上火车后,也同时给他写了一封信:我再也不愿意和你交往。

与此同时,《非非》1988和1989两本年鉴,正在邮路上。当年12月的时候,全国的朋友们,先后收到了它们。

蓝马说——

大概是1981年,一位在某诗歌刊物做临时编辑的朋友来信说:这里选稿倾向于要那些比较清新的诗。这件事在我的心中留下一种奇怪而又深刻的印象。怎么说呢,那时我分明感觉到两种并存的状态:一方面我完全明白他们说的那种"清新"是什么意思,另一方面,我又十分鲜明地感到自己的整个身体——特别是左侧的肩膀及这个左上臂,由内而活生生、腻刺刺地感到弄不懂他这个劳什子"清新"。这样,一方面是清清楚楚的"懂",另一方面却是同时的"不懂"。两种状态,两种认知,同样真实有效,同样强烈鲜明。而我,作为凌驾于这两种状态之上的审视者,对此感到十分有趣,由不得时常要在自己的生命体内不断重新提取这两种状态,来加以把坑,品味,审思……久而久之,这两个认知领域的不同就被我指认为"文化思维"与"非文化思维"之间的差别。应当说,这是我的"前文化理论"形成过程中一个很有意思的"事件"。了解这个事件,也许能对理解我的理论有所帮助。

杨黎说——

10. 我理解蓝马的意思。

蓝马常常说，他和他的皮肤在开玩笑。他的表述方式，他说那话时的表情，往往被别人误会为是一个神秘主义者，甚至误会为江湖骗子和邪教什么的。我这种说法并不是空穴来风，我是有根据的。

1988 年，四川出了一个"气功大师"叫什么宝，这个大师为了发展他的"气功世界"，曾经多次派他的大弟子来找蓝马，要蓝马为他建立一套"理论"。

这个大师之所以要找蓝马（或者说是"非非"），就是认为蓝马的理论和他的气功有某种内部的联系，有他自己以为隐秘的相通性。

当时我们几乎天天在一起喝酒，我们觉得这件事蛮可笑的。

11. 文化是它所呈现的全部，而不是一部分。

我曾经说过一句话，蓝马的理论，他最大的贡献是为我们的大脑打开了一扇窗户。我说这句话的时候，正在和蓝马、吉木狼格、何小竹一起办公司。为了加强这句话的分量，当时我们假借了一个外国思想家的嘴巴。但是，到今天，我依然认为我的这句话是有道理的。我今后也这样认为。

有几年的时间里，蓝马住在成都最为繁华的地方。他和刘涛住在一起。那个时候的蓝马，基本上是最舒服的蓝马。吉木狼格来成都，也是住在他那里。何小竹来成都，还是住在他那里。我基本是每天都要到他那里去，尚仲敏更是。我们在一起，除了喝酒，还是喝酒。我们一边喝酒，一边天南海北地乱说。

那个时候蓝马说，酒里面有名堂。

蓝马最喜欢的是和一两个人在一起，悄悄地说他的理论和他的故事。大凡是这样的谈话之后，好多人都会被他带入幻觉中。而一旦从这种幻觉中走出来，走出蓝马所居住的转轮街，就会发现这个世界已经变了。比如说，街上突然空荡和安静，房屋特别陌生，偶尔走过的车辆不是一般的慢。

所以，何小竹和蓝马谈了一次之后，回去就写出了他那首至高无上的《组诗》，并且把它献给蓝马。

12. 那是一个舒服的时代，那是一群舒服的朋友，那更是一个舒服的蓝马。这样的一群人，这样的一种组合，后来怎么会那样呢？

我个人认为，这主要是蓝马的原因。

其实，蓝马的迷狂早在 1988 年就显露出来了，就在他那篇《非非主义第二号宣言》里面。我只是在后来才发现。在他的那篇文章中，不知道是什么原因，是谁得罪了他，他以他一贯的激情，抒发了他的不满：对诗歌的不满，对第三代人的不满。最重要的是，在他那些闪光的思想和漂亮的文辞后面，还隐藏着对身边的人可能爆发的怀疑和愤怒。这里有他正确的一面，但更多的是错误。当然，在一个反对形容词的蓝马那里，是没有正确和错误的。

我在当时并没有理解这种危害，我们大家可能都没有理解这种危害。1989 年之后，蓝马把自己关在屋子里搞科学发明时，我都还没有理解到这已经是他的变化的初步显现了。这之后的日子，蓝马突然恢复了平静，开始上班，开始关心现实生活，并且开始把他和刘涛的矛盾白热化和具体化。（补注：现在看我这段反思，其实也是错误的。在那样一个杂乱的时代，那几年，谁都容易搞不清楚自己。从非非到软工程公司，我们的分离并不能单纯的属于谁和谁，它的正确理由就是我们突然面临了市场经济。2011 年 6 月 13 日，杨黎。）

13. 不仅仅是蓝马，那个时候大家都非常迷乱。

特别是 1989 之后，那个时候蓝马和刘涛常常吵架。

我曾经亲临他们的一次吵架，吵得来在旁边的我和小安也无法再在一起生活下去了。所以，我和蓝马就决定毅然出走。蓝马拿上他的一个军用书包，对刘涛比了一个中指，就冲出了门。

当然，我们出来之后又能够到哪里去呢？再加上一出门，蓝马又把他私藏的两百元钱掉了。深秋的成都，有小雨，非常的冷。

我们只有到尚仲敏那里去。

还好，他们正在喝酒。尚仲敏、何小竹，还有从东北来的宋词。

我一坐下，就给他们读了我新写的一首诗：苦啊，那从山上流下的水。

蓝马说——

我必须讲一讲生理课上的震动，这非常重要。

1977 年，中国恢复了高考制度后，我匆匆忙忙考入凉山州第一卫生学校，从此结束"知青时代"。入校不久的一堂生理课，给我带来极大的影响。

我们首先学习《解剖学》，紧接着便是《生理学》。生理课开课不久，老师便给我们讲到了我们自以为已经非常熟悉的眼球。一天，老师告诉我们：我们的眼球存在着两种感光细胞。一种叫做杆状细胞，负责感暗光（其感觉是：黑、白、灰），在没有光线照射的黄昏和夜晚，人们就是用这种细胞在感光。另一种叫做锥体细胞，负责感色光，能感受赤橙黄绿青蓝紫七色光。通常我们在白天有光的环境中，就是依靠这种细胞在感光。

我们就是依靠着两种感光细胞来认识外部世界的。有光的条件下，我们依靠一种。没有光的情况下，我们依靠另一种。

感色光的不能感暗光，感暗光的不能感色光。这就是为什么在没有光源的情况下，人们一到黄昏和夜晚就不能分辨出颜色的道理之所在。

当时，因为个子较高，我坐在教室的最后一排。当我听到这些道理时，头脑里一瞬间经历了一场前所未有的"大雪崩"……一切发生在几秒钟之间，令人一阵头晕目眩。我全身一阵战栗之后，此前似乎已经成型的世界观从基础上全面坍塌了。

现在描述当时的内在情景，可以是这样的——

一个强烈而极富能量感觉的念头，一瞬间在以下几个逻辑点上，"噌""噌""噌""噌"地完成了一个具有毁灭意味的"三级跳"——

我想到：

▲ 我们所看见的世界的样子居然是由我们的感官特性所决定的；

▲ 以眼睛为例，我们如果从来没有锥体细胞怎么办？世界岂不是只会

被我们描述成黑白灰的世界吗？谁他妈还会知道有蓝天、红霞……

▲ 如果我们的眼球里历来就多一种感光细胞怎么办？世界岂不是比现在我们所能承认的世界更加丰富多彩？

▲ 我们的眼球内的两种感光细胞是够用的吗？是铁定了只需要这两种的吗？

▲ 也许就在我们的身边，就在眼前，还存在着其他一些环绕着我们的"东西"，仅仅因为我们缺乏感知它们的某种"细胞"，我们就理直气壮地宣布了它们的"不存在"……

▲ 我们的眼球够不够用，是一个玄题；扩大来讲，我们人类的五官是够用的吗？是否真的只需要五官就行？

▲ 世界真的只是专门为我们的五官而存在的吗？动物如果有比我们更丰富的感官怎么办？它们看见的东西我们真的全都能看见吗？

▲ 在万事万物中，谁的感官才算是"资格的"感官？谁有此优越权，说他的感官是这宇宙间所有感官的尺度？！

▲ 最重要的问题当然是——我得到这样的一个结论——我们人类所认识、所承认、所描绘的"世界"，仅仅就是一个以我们的认识能力为界限、以我们的感官特性（它的优点和缺陷）为特色……一句话：我们以为的"世界"，仅仅是一个"我们自以为是那样"的世界，并非一定是真正的世界……

▲ 也就是说，我们所说、所知的世界，完完全全仅仅是人类自己的、以人为中心的、因人类自身的缺陷而充满缺陷的东西。我们此前熟悉的所有"真理"也仅仅就是人类自己的真理而已。它并不是绝对真实的世界，也不是绝对有理的真理。

——由此，对文化（文明）的理解更加深入了。

同时，我还进一步看到了文化（这个极为相对的真理系统）对人类的思想、精神，以及对生命体本身形成的种种十分内在、十分深刻的奴役。

杨黎说——

14. 我小的时候，邻居家有一个小女孩，比我大两岁，我们常常在一起玩。有一天晚上，我们在路边玩藏猫的游戏，她和我躲在一起，那是路边一片菜地里的一棵树下。我们正藏得好好的，她突然拉着我就跑。我现在还记得，当时我被她的神情吓得来什么也不敢问，只知道着她拉着跑，直到跑回她的家。在她的家里，她还紧紧地把我拉着。我问她：啥子事？她过了好久，才说，她看见了一个长舌头的脑袋，从树上慢慢地飘下来。我现在都记得，她用的是飘。

这基本上是电影里的一个情节。这个小女孩，就是人们所说的有阴阳眼的人。这种人，可以看见我们无法看见的东西。还有一些人，他们的耳朵和我们的不一样，他们可以听见我们无法听见的声音，甚至可以听见字。关于耳朵听字，是上个世纪 80 年代末和 90 年代初最著名的神话之一。

当然，蓝马说的并不是这个意思。蓝马说的仅仅是他的"前文化"思想，从这种启示开始，从对他看见的"真实世界"的"不真实"的怀疑开始。

甚至不只是怀疑。

15.1988 年那一年，我基本上是在外面跑完的。

1 月份，整整一个月，我是和蓝马、周伦佑在一起。我们去了北京，又去了沈阳，再去了合肥。不过在这一个月里，基本上没有什么戏。在沈阳时，我可能有戏，也被周伦佑劝住了。那是一个东北乡下的文学女青年，我们同住在辽宁文学院的招待所里。晚上我们和沈阳的诗人柳云在一起喝酒时，她过来了。我觉得我们谈得还算投机，所以半夜时，我想到她的房间去。

我去了肯定要出事：不是幸福的事，就是麻烦的事。

而且多半是后者。

1 月份的出游，基本上没有什么好说的。但有一点我必须补充：这是蓝马和周伦佑的事情，这也是他们分手的最初缘由。当时，我们准备离开沈阳，我和蓝马出去买火车票。买了火车票之后，本来我们说好出去耍一下的。但是，蓝马突然紧张起来。他一定要赶着回招待所。我问了他好久，他才说出原因：他怕周伦佑翻他的书包。后来他告诉我，周果然翻了他的书包。

书包里有蓝马的笔记本，笔记本上记着蓝马的思想。（补注：我觉得我这个人有时候的确很不地道，这些事我其实没有说的理由和意义。对于周伦佑和蓝马，他们各有他们的价值，各有他们的市场，这么多年了大家有目共睹，我何必去插一嘴？况且我的所言，也是一面之词，实在有点对周伦佑不公平。对不起了。2011 年 6 月 13 日，杨黎。）

那年 6 月份，我再次外出，去南京、上海、杭州和黄山市。那一次时间很短，又是我一个人就不在这里说了。

我要说的是 8 月份的那次，我和周伦佑、蓝马去湖北的事。那次我们去印《非非》的第三期和第四期，也就是我们和周伦佑的最后一次，历时三个月。

在宜昌的时间里，我和蓝马生活得非常快乐。我们的友谊，也在那里发展到了最好的地步。不论我们是住在葛洲坝水电学院，还是住在南野为我们介绍的几个文学朋友的家里，我们都过得非常愉快。虽然，我们那时很穷。现在想起来，宜昌的那些朋友，都让人非常怀念。特别是葛洲坝水电学院的一个小女孩，我想蓝马是不应该忘记她的。我也没有。

那个时候我们的确很饿。周伦佑管着一点点钱，每天发伙食费给我们。我和蓝马还要喝酒（哪怕是最简单的酒），还要抽烟（哪怕是最劣的烟），怎么不饿呢？那些日子里啊，全靠了葛洲坝水电学院的几个同学。他们请我和蓝马喝酒。在晚上，在水电学院的校园里，一瓶酒，一包豆子，三个人，或者是四个人。到今天了，我都还清清楚楚地记得。

我想蓝马也记得。

还有一件事我必须说一下，很好玩的。有一天晚上，南野到水电校来看我们，刚刚落座不久，就来了一个文学女青年。这个女的，就坐在周和南野之间。于是，我感觉到了他们的明争暗斗。周展开他的口才，天南地北地说了起来。南野不怎么说话，只是用他迷人的微笑对抗着周。10分钟过去，20分钟过去，他们还是那样。老实说，那个文学女青年，已经完全被他们搞服了。

20分钟之后，我和蓝马被几个同学喊出去喝酒去了。那天我们喝得特别多，起码喝了两个多小时。喝完酒后，我偏偏倒倒地回到了寝室，他们三个还坐在那里。周伦佑还在说，南野还在笑，只是那个女的，好像已经有点疲倦了。我摇了摇头，走过去，拉着那个女人的手，对她说：走，我们出去耍。

那个文学女青年站起来跟着我就走了。

我想蓝马应该也还记得这件事。

蓝马说——

后来，听到了"电脑"一词，知道世界上有了"电脑"。这对我来说十分重要。我猛然意识到："电脑"，必定就是我所谈的"文化思维"的典型。它具有以下特征：(1) 以成熟的、确定的知识（人类文明中一切有了定论的东西）为"思维"的基本内容；(2) 其思维活动按照已成定论的、有限可数的、可控制的程式进行；(3) 采用文化语言系统（无论是英语、法语、汉语……还是机器语言——均以文化的、确定的语义性为准）；(4) 这种思维的本质在于"执行文化操作"；(5) 这种思维没有创造性。

那时，我认为（现在依然这样认为）：人类所有的文明成果都可以交给电脑，灌输给电脑，让电脑来按照人类的"意图"处理这样那样的"功利事务"。电脑能办太多的事情。它执行人类既定的操作意图绝对是一丝不苟的，不会乱来的，不出硬件问题和不受病毒侵袭的话，电脑办起事来是不会丢三落四地忘记这样忘记那样的。电脑的种种优势是显而易见的。它的记忆量可以是一个人的记忆量的千倍、万倍、亿倍，以至无限倍；它回忆起这些记忆内容来，又比人不知快了多少倍，准确了多少倍。……

但是，它不会创造。因为它没有"灵性思维"，没有独立的悟性，没有原始原创的知解能力。一句话，它没有"前文化思维"。它只能做"文化思维"这种典型的机械思维。

可是我也看到，文明人类在对待自己方面也十分像对待电脑。从一个人出生开始，家庭、学校、社会，主要是在向其灌输文化思维——包括文化语言、文明成果、各种定理、公式，以及语法、逻辑、哲理等等（这相当于给电脑装入运用程序：软件）。人脑主要被当做了"能自己走到某某现场的记忆体"（如同电脑的硬盘、内存之类）和"简单运算体"（如同功能极为低端的一些"简易的芯片"）。

其中处理问题模式不外是——如果 A，那么 a1；如果 B，那么 b1；既然 C，那么 d；既然 D，那么 e……之类。总之是事先输入（记住）的。（这种记忆的回放，被人们误以为是思维）。这样使用人脑的结果，使人脑处于很悲哀的境地：它运算不快，记忆不可靠，记忆量太小等等、等等，以至于可以说：在大多数情况下，人脑基本上只是当作一部十分（不，万分）简陋的、根本不称职的"烂电脑"在使用。之所以这样说，是因为如果一部电脑做工作像人这样差劲（记忆少、速度慢、错误百出等）的话，连收购"二手电脑"的小摊贩也不会要它的。

总之，我看到，有必要提出警示，告诉人们人脑的地位在于创造，创造的关键是使用"前文化思维"。以"文化思维"为核心的教育传统是对人的创造力的压抑和扼杀。有必要大声疾呼：非文化思维，在我们生命中比文化思维更重要。

当然，这些略带焦虑性质的思绪在我后来的理论表述中都得到了必要的体现。总结起来，我后来的表述中比较尖锐的一点是我指出了这样一桩事实。这桩事实用一句话来表述的就是：我们的生命（文明人类的生命）被文化掉了，我们的生命一运作起来就在执行文化，生命原本的前途和无限可能性被遮盖了；我们的世界被文化掉了，以至我们一睁眼，一开动感官，就会把世界看成、感受成文化中描绘的那样子，世界原本的"无限可以然"性被遮盖了。……

杨黎说——

16. 蓝马终于说到电脑了，他使我想起很多不愉快的事。好在我这个脑袋和电脑不同，它只喜欢记住它喜欢记的事情。

但是，我还是要让它重新工作，把关于我和蓝马、我和电脑的那些东西都回忆起来，都说出来。

先说说我是怎样崇拜蓝马的吧。

1991 年，我应一个朋友的邀请，去帮他主持一本信息类杂志的工作。在工作中，我深深感觉到电脑的重要性。我们请了一个电脑专家来，我给他讲了我的需要。当时，蓝马也在场。这个专家听了后，对我说：这个软件非常复杂，起码要两万元，而且要一年时间。不仅仅是钱，但就这时间，已经让我们望而止步。这个时候，蓝马站出来，说：让我试试。

那就只有让他试试好了。蓝马那个时候，基本上连字都不会打。他在一个大学生那里借了一本入门书，就开始试了起来。当时正好是春节，他基本上抱着这本书，过了一个计算机之年。过了年重新上班之后，蓝马开始在电脑上敲敲打打。没有几天，我所需要的管理程序，就被他开发出来了。

所以啊，从那个时候开始，我真的是非常崇拜他。

几个月之后，蓝马自己要办公司，我没有选择地离开了我的那个朋友，跟上了他。当然，我是只能和他在一起的。因为，那个公司不仅仅有他，还有吉木狼格和何小竹。

办公司后，我们的第一笔钱就用来买电脑。蓝马说，电脑加人脑（我们的人脑），就是成功。说句实话，那个日子里，我为我不能亲自使用电脑而非常自卑。我唯一可以做的，就是拼命地工作：用我的人脑和我的身体。

后来事情出现了变化，非常微妙的又是很自然的变化。

公司事情越来越多，而我们的总经理王世刚（蓝马）却越来越不愿意离开他的电脑。他每天都坐在那里，设计一套又一套的管理方案，清理闭着眼睛都可以知道的那一点点财务往来。更可怕的是，从那以后，他开始明显地不愿意和人交往。我记得有一次，我在外面的确不能回公司，而我约的一个人马上又要来，我就打电话回去，希望他能帮我接待一下。后来我听公司的人说，整个下午，王总经理都在办公室里走去走来。直到那个人有事不能来了，他才大舒了一口气。

这些事情越积越多，使我对电脑有了很大的气。我甚至把对蓝马的不满，都算在电脑的身上。反过来，这些气也支持了我不克服困难（主要是不懂拼音）去学习电脑的理由。这直接的结果是使我少写了二十万字。

那个时候我说：亲近电脑，远离人性。

17. 我希望蓝马看了这些文字后，千万不要生气。那都是过去的事了，我们大家都有不足之处。我今天把它说出来，就是想把它说出来。我并没有什么其他的意思，更没有想对他有什么意思。我相信其他人看了这些，也不会对你蓝马有什么不好的认识。相反，他们会更全面地了解这个天才。

说一点支持蓝马的话，比如我学电脑的事。

我是 2001 年 3 月份开始学电脑的。其实我早就想学电脑，仅仅因为我不懂拼音，甚至连 26 个英语字母分开了都无法认完，所以就一拖再拖。到了 2001 年 3 月份，我已经不能再拖了。如果我不学会使用电脑，我想我的写作将被大大地耽误。但是，拼音怎么办呢？我甚至想过学五笔。

后来我在一次偶然中发现，一直用电脑写作的韩东，居然用笔写不出"橡皮"两个字的拼音。这对我无疑是一个大大的触动，它使我想到了蓝马，想到了我们的"非非理论"，想到了另外的可能。

当然到最后我是什么也没有想，我只是一屁股坐在电脑前，开始写我的小说。第一篇《睡觉》我写了将近两个星期，只有 3000 多字。接着我写第二篇《从一场大雪开始》，4000 字左右，我只用了一周。再然后，我又写了几篇，并且开始到网络聊天室聊天。现在（2002 年 1 月 12 日）一年不到，我已经在电脑上写了将近 30 多万字了。而且，我已经不习惯在纸上写作了。

但是，我重点要说的是，到现在为止，我依然不大认识拼音。如果在电脑下面的话，我就基本上不认识。我只要一坐在电脑前，我的手一放上键盘（而且仅仅是左手），那一根根手指，就能准确地认识我所需要的每一个字母。我这30多万字，就是这样敲出来的。

所以说，前文化理论有它的道理。或者说，我们的手指，它难道就仅仅是手指吗？

蓝马说——

"非非"名称的由来和"非非主义"的诞生。

1985年前后，始终纠缠着我的种种思考已经有了纯理论的表述。包括"前文化语言"和"前文化思维"以及"文化""非文化"与"前文化"的对比研究和"前文化还原"系列思想等。这时，我多次找到周伦佑，主张搞诗歌流派。当时周伦佑正忙于搞一个《浪潮诗选》，据他当时讲，主要是搞一本《第三浪潮诗选》，准备收稿范围主要是放在北岛以后（包括杨炼、北岛在内）的一些正在倾向于成名的青年作者方面。也许由于有活儿忙着，他对搞诗歌流派不感兴趣，只说写诗是个人的事，就把话题给放下了。尽管如此，我只要有机会碰到他，也还是要再次提起流派话题。但他主意已定，我的话不曾收效。就在这个时期，徐敬亚在诗界发表重磅诗论，明确高呼："中国诗坛应有打起旗号称派的勇气。"这种召唤对中国诗歌界是一个很强的刺激，它能使人的某些方面一下子被惊醒。徐敬亚那极富时代前卫冲锋精神的召唤，给我带来极大的鼓舞和享受，是一剂大补药。而恰在此时（这是后来才知道的），我和周伦佑共同的朋友朱鹰也对周伦佑提出了搞流派的重要性，这才引起了他的足够注意。这样，一天黄昏，周来到我的住处，饭后茶余，他开口道：朱鹰也在说搞流派的事，看来值得认真考虑此事。于是，我大喜，立即兴奋起来。我俩你一言我一语地说开来。话题不再是搞不搞流派。话题直接是怎么搞的问题。周对我说：理论方面就用你的"前文化"，另外我也再写一些。（因为他对我的"前文化"已经不陌生，因此我们并没有再谈什么是"前文化"之类的话题。）坐在我那张沙发床上，我们主要是在推敲流派的"旗号"，像是在给一个已经出世的孩子取个好名。我的表情可能一直都很喜悦、兴奋，因为那时，我的心跳得很舒畅。而他呢，不时侧着头，右手下意识地摸着下巴，捻着几根胡茬，一直是一种积极思考的模样。

推敲逐渐形成了他先提名，我接着给予肯定或否定的局面。我们提出并否定了不少候选的"名称"。其中，有的名称是因为过于局限，不能准确全面地传达出"前文化理论"所涉及和覆盖的范围而被否决的；有的则是因为范围过于宽泛，不能突出我们理论的针对性、不贴切、有错位的感觉等而被否决的；还有的则是过于陈旧，不能与我们"前文化理论"的崭新性和原创性相媲美，因而被淘汰掉的；……否决权一直是由我在操持，一个名称弃留的依据是掂量它、品味它是否与已经成型的"前文化"理论相吻合，其中还真有点"量体裁衣"的味道。

时间就这么流逝，渐渐晚了，名称还不中意。周又提出就叫"前文化主义"算了。我掂量一番说：不行，这名字太理性了，也太直白，缺乏感性，太僵。

"能不能来一个不表意义的？"我问道。

"我正在想两个字。"周伦佑答。

"哪两个字？"我问。

"非非。"周伦佑答。

"对头！就这两个字。"我如释重负而又兴高采烈，他显得有点拿不太稳。

"非非"的名称就这样定了。接着，我们商定了具体事项。包括——

(1) 我写一篇诗歌流派理论文章；

(2) 周伦佑也写一篇诗歌流派理论文章；

(3) 周伦佑写一篇诗歌流派宣言；

(4) 周伦佑负责组织诗歌稿件；

(5) 确定了大概的时间表。

后来（大约是一个月后），我们（蓝马和周伦佑）如期完成了文章的写作，按既定计划于一个黄昏上了去成都的列车。到了列车上，我们才互相交换着阅读对方所写的文章（这一点周在《非非》创刊号"编后五人谈"中已经提到过）。

一切都基本按照计划在进行。只有一点例外，那就是原本由周伦佑承诺要写的"宣言"，没有写成。时间不再等人，周提议，将我的文章的第五部分抽出来，当作《非非主义宣言》。我的文章的前四部分保留不动，更名为《前文化导言》（原名：《前文化与非非》）。这事就这么定了，也这么办了。

另外，我们感到：由于文体及表述风格的影响，我俩的文章并没有把我们已经成型的一些重要思想包括在内。完全有必要进行补充。商议之下，我们决定采取专门的表述形式，来解决这一不足。这就是搞一个《非非主义诗歌方法》和一个《非非主义小辞典》。我写了其中的几个"前文化还原"（包括"意识还原""语言还原""感觉还原"等），是在成都刘涛家里写成的。

记得当时周伦佑问我："你的有些说法怎么没有在里面（指文章中）充分地表达呢？"我说："是表达（风格）的需要，我在写作时尽可能地不用那种过分理性的表达。就是再不得已我也不用，我宁愿在另外的地方用专门的解释的方法来阐述，也不愿让它们（指那些用定义、解释之类理性手法来表达的内容）卡在我的文章（指《前文化导言》）中。"也许，正是这种想法的交流，最终促成了《非非主义诗歌方法》和《非非主义小辞典》的产生。

杨黎说——

18.1985年底，我和胡冬准备编一本《第三代人诗选》。当时我写信给周伦佑，约他为我们的书写一篇序言。当然，这是我单方面的意思，胡冬并不知道。信发出去没有多久，周伦佑就回了一封信，并且随信寄来了他的文章，名字叫《第三次浪潮与新的挑战》。在这篇文章里，他重点吹了我。虽然只是几个字，但我觉得我已达到了目的。我非常满意。这可能就是蓝马说的周伦佑的《浪潮诗选》的事，具体的我不太清楚。

主要是记不清楚了。

19. 我也是 1985 年底认识小安的，或者是 1986 年初。她当时是重庆第三军医大学的女军人，整体主义诗人刘太亨的同学。我是在刘太亨那里耍，由刘太亨介绍我们认识的。1986 年阳春三月，我和她正在蜜月之中。

我们从重庆回到成都时，看见了周伦佑给我写的信，他叫我马上去一趟西昌，有重要事情和我商谈。像他一贯的作风那样，在他的那封信里，我记得，他什么也没有说，只是叫我一定一定，而且越快越好。

所以，当天晚上，我就和小安坐上了去西昌的火车。

怎么说呢？我是不是要说说我们的西昌呢？那里有阳光，有很大的月亮，有卫星发射基地。更重要的是，那里有吉木狼格，有蓝马，有周伦佑，有……太他妈多了，快乐的和不快乐的。当然，主要是快乐的。

其实我和小安去那次，是我第二次去西昌。这是一个秘密，没有任何人知道。小安不知道，吉木狼格不知道，所有的人都不知道。只有我自己知道。

1985 年夏天，不，应该是秋天吧？是夏天。我突然有了一种想走的冲动，就像 1982 年春天和 1983 年夏天一样。当时，我刚刚脱离了银行的工作。我记得我什么也没有带，背了一个军用书包，就离开了家，直接到了成都火车北站。我一个人，没有朋友，也没有目的。

我后来去的是西昌。

从成都到西昌，要坐一个晚上的火车。我是晚上上车的，第二天早上就到了。下车后，我茫然地走出车站。闹闹哄哄的车站，我觉得非常安静。拉客的火三轮和公共汽车，摆满了狭小的车站广场。有一些彝族在远处，有一些女人从身边走过，其中有一个脏兮兮的，还回头来看了我一眼。

有风吹来，居然有点冷。

我不知道我要去哪里。

周伦佑那里我是不会去的，前些日子因为青年诗协的事情，我们基本上断了联系。王世刚（蓝马）那里我也不会去。我当时觉得，他就是周伦佑一伙的人。再说，我和他也没有交往。而吉木狼格，他那个时候还叫马小明，我的前任女朋友（我用 A 代替吧）叫他小马。

那么我跑到西昌来干什么呢？

可能是因为 A。

我认识周伦佑就是 A 介绍的。A 是我第一个真正意义的女朋友，我们 1980 年就认识和相爱，并且开始由秘密同居到公开同居。1983 年，她以一个女诗人的身份在成都诗歌圈子鬼混。我说的鬼混，并没有贬低她的意思。我说的鬼混，只是指一种张罗的方式。况且，她主要还是在为我张罗。在她和我单纯的爱情里，包含着对我诗歌才华至高无上的崇拜。寻求他人对我的认同，是她抛头露面的主要原因。1983 年到 1984 年，她的诗歌局面迅速打开。同时她也为我带来了一些机会、一些麻烦和一些绿帽子。当然，在她的内心，对我的诗歌认识肯定是更加的坚定。这里面的原因，只有我和她本人才清楚明白。

马小明是在这样的时候认识 A 的。而且，马小明认识她的时候，还不认识我。我和马小明是在 A 的寝室里第一次互相看见的。如果我没有记错的话，我们还握了手，马小明还问我最近又写了些什么。我们的见面是非常的理性，甚至有点友好。它似乎预示了我和他今后的这种亲密关系。真的啊，有的人一见面你就觉得是朋友，有的人却恰好相反。

我曾经以为，我和 A 的关系从一开始就注定要失败。在此之前，我还一直认为是我的原因，比如我的非常先锋性的幼稚，我的性观念（带有那个时代特色的误会）。但是，现在想来，那真的不是我。当然，也不是她。其实我和她之间，都没有错。换一句话说，我和她的关系，本身就说不上是什么失败。难道真的白头到老就是成功的吗？这样的判断，是不是太陈旧了？如果说我们的关系中真正有什么不足的话，就是我们分手的时间太漫长了，它基本上用了一年半。

所以说，我第一次去西昌后，我谁也没有找。我只是坐公共汽车去了邛海，然后又由邛海慢慢地走回火车站。这期间，我用了一天时间。

第一次到西昌，给我留下了两个非常深刻的印象。第一是那里的天气，那里的阳光。早晨我刚到的时候，不是说有点冷吧，到了中午，我就已经热得不行了，特别是在太阳下面，我身上的衣服已经无法再穿。但是，就是这样热，你只要一站在阴影下（哪怕是一根孤零零的电灯杆下），你都会马上感到凉爽。说句实话，西昌的天气真他妈不摆了。我曾经躺在地上，赞美过它的蓝天。写到这里，我突然想起一个笑话。据说是有一个国外专家考察团去西昌考察卫星发射基地，考察完后，外国专家都觉得不可想象，如此简陋的条件和技术，怎么可能将卫星送上天呢？后来他们才发现，原来西昌离天很近。

这个笑话不知道是蓝马讲给我听的，还是吉木狼格。

20. 还是说我和小安到西昌的事。

我们坐了一个晚上的火车，在早晨到了西昌。我们下车后，按周伦佑信中所说，先找到了蓝马。然后，蓝马给周伦佑打了电话，告诉他我们到了西昌。没有多久，周伦佑就从他上班的西昌农专赶了过来。我们在一家咖啡店里坐下，由周伦佑给我谈了我们将干的事情。我在另一篇《我与"非非"》的文章里，写到过我初听"非非"这两个字的感觉，我说我觉得它太甜了，不怎么喜欢。到今天，对这两个字，我依然是这种感觉。我其实知道他们的意思，想寻找一个尽量不表意的词。但是，不表意的词肯定还有很多，在音响上，是不是可以寻求更硬一点的呢？比如说，后来我们和蓝马办公司时，我们的那"BBB"不是很好吗？

他们肯定还给我说了许多其他的，包括具体怎么办，谁当主编，谁谁又当副主编。这些事情，这些具体的事情，我记不清楚了。我唯一记得清楚的是，蓝马在简单地谈到他的"前文化"的时候，对我说，不仅仅是诗歌，还包括很多。我记得非常清楚啊，他还特别提到了经济学。

当然，这些都是我当时不关心的问题。在当时，除了诗歌，我还会关心什么呢？就是现在，除了诗歌，我也什么都不会关心。在诗歌之外，我要特别对蓝马说，谈论一切问题，都只能是文化的问题。

当天晚上，我和小安睡在马小明的寝室里。

那天，他不在西昌。

21. 蓝马在他的这一节里，重点谈了"非非"的命名过程。我觉得，这对他来说是有必要的。从某种情况下讲，也是很多人关心的问题。周伦佑曾经把这个问题神话了，他说他做梦的时候，梦见了这两个字。

其实，这根本不是一个问题。"非非"这两个字，如果没有蓝马的"前文化理论"，没有我们的诗歌，我真的想问一下，它究竟有多大的意义？

没有啊。

蓝马说——

第一次写诗是念中学时。为了避免写作文，写了大约二三十行诗。这原本是一种偷懒行为，岂料受到语文老师的高度赞赏，又是表扬，又是通报，就这样埋下我最初的诗缘。后来下乡当知青，情感苦闷，前途渺茫，青春又至，以诗歌倾吐心绪的倾向日渐强烈。

一个烟雨迷蒙的夏天，轮到我放牛。放牛在当时还算是一件好差事。一般的模式是：清早9点把牛群赶上山去，然后一路跑跳，回到生产队寝室里睡觉或看书、拉小提琴等，直到下午4点，站到门外往山上看——看看牛群跑到哪里，就往哪里去把牛群赶下山来，赶进牛圈，一天的工作就算完了。有一天，我把40多头水牛赶到半山腰，让它们悠然啃着刚刚长出的新草，自己把雨衣铺在地上，坐下来看着阴郁的天空使劲儿抽着烟。看着山坡地上深深浅浅的牛蹄印，想起自己的处境，表达的欲望高涨起来。于是把烟盒（是"山花"牌香烟的烟盒）拿了出来，把烟盒掏空了，拆开，反过来，就在那张名叫"山花"

的烟盒纸上，我写下了一首与香烟同名的小诗《山花》。这首诗在当时一些有识之士的评价中，被认为是一首才情横溢的"反诗"（即对现实不满的"反动诗"）。因为诗中咏叹的是一朵从很深的牛蹄印中长起来的、始终出不了头、既看不见朝霞又看不见夕阳只能领受正午烈日烘烤的山花。当时这种评价对我来说，有受宠若惊的味道，同时也有点胆战心惊的味道。

我的诗兴得到了巩固和提高。过了不几天，在大体相同的情形下，我在一张"春燕"香烟的烟盒上开始写起另一首诗来。这是一首长诗，烟盒写不下，加了几张纸才写完。这是我的第一首与朦胧的爱情思绪相关的抒情长诗，是歌颂"春燕"，并一厢情愿地邀请"春燕"住进我的心灵，在我的心灵深处筑巢安家的缠绵悱恻的呼唤。这首诗得到的评价是：才华横溢，超出了个人的苦闷。

后来，读诗写诗就成了常事。

杨黎说——

22. 每一个人开始写诗都会有各种各样不同的理由，而每一个人最终坚持写下去，却只能有一个理由。这个理由就是：超越语言，突破大限。这才是只有诗歌能够做的事情，这才是只有诗歌应该做的事情。这是唯一的事情。

所以，我非常愿意认为诗歌就是"宗教"。

不能说蓝马是没有诗歌才华的人，就像不能说蓝马仅仅是一个理论家一样。这样的说法，我首先就不可能赞同。但是，蓝马的诗歌，到现在我都不能放心。并不是因为我们是"非非"同仁，更不是因为我们曾经是好兄弟，而主要的原因，是因为他是"超语义"的提出者。这样的一个人，他为什么会把诗写不好呢？

蓝马其实是一个文采飞扬的人，这有他自己诸多的文章为证。同样，蓝马的诗歌也是文采飞扬的，比如早期的《六八四十八》，以及后来的《需要我为你安眠时》。前者在他的颠覆语言界线的理论指导下，诗中充满了语义的迷乱和意义的随意。初一看，似乎是超语义的，而其实际上，仅仅是在语义的范围之内，做了一些语言想做而又没有做到的事情。我们如果打一个比喻的话，是不是可以这样理解：语言是父母，这种颠覆只是它调皮的儿子。而后者，就是在说道理。不论是语言自身的道理，还是语言所表示的道理，它都是道理。一个道理和另一个道理联在一起，我不知道它怎么是超语义的呢？

进入 90 年代之后，蓝马的写作发生了巨大的转变，这全部包括在他的一系列短诗之中。《九月》《秋天的菊花》，《献给桑叶》，大量的留白，大量的警句，以及饱满的情绪，无处不显示出蓝马的才智和聪明。然而，就是这些见鬼的才智和聪明，是这些无休无止的显示，深深地伤害了这些诗篇，使它们总是走不进超语义的"世界"，而停留在语义的"世界"之内。

其实所有的诗歌都是超语义的，但这诗歌必须是简单的诗歌。何小竹关于诗歌是减法的言说，对蓝马这样的写作者，是最好的药方。

打从 1993 年之后，我没有看过蓝马的诗。

23. 九十年代初的一个夏天，炎热的下午，蓝马在他成都转轮街的房子里面，突然变得焦躁不安起来。他穿着短裤，赤裸着身体，从这间屋走到另一间屋。刘涛坐在沙发上，正在读一本书，她被焦躁的蓝马，也搞得焦躁起来。她把书合上，抬起头，问站在窗前的蓝马：你啥子了嘛？

也许是刘涛的问话提醒了蓝马什么，他转过身，一边从沙发上拿起自己的衣服，一边对刘涛说：我们出去一下。

我们？刘涛问。

是啊，我们一起。蓝马说。

啥子事嘛？刘涛又问。

你不要问，蓝马已经有点生气，你跟我走就是了。

那天下午，刘涛跟着蓝马在许多广阔的地方走了三个小时左右，也被太阳晒了三个小时左右。到黄昏之后，天日渐凉下来，也日渐暗下来，蓝马才和刘涛一起回家。回家的路上，蓝马说：刚才我感觉要地震。

那天的确地震了。而且就在离成都百多公里的地方，发生了 6.5 级地震。成都有微微的波及，只是是人所不能感觉的那种。

也许这就是蓝马的"前文化"，但我却不愿意它就是"前文化"，那怕是一部分，因为前文化毕竟是"非非"的理论基础。我更愿意把它理解为一个虚置的思想，永远属于无用的东西。只有这一东西的存在，才能引领诗歌的深入。相反，如果它是为了开发人类潜力而提出的方法，是为了解释超常规存在而设计的方案，甚至是为了创造新世界而建立的构想，那么，我真的是为它表示遗憾。因为，一个人有其他人所没有的能力，这是可贵的，但这并不是真理。

蓝马说——

说一点轻松的事，说说我当医生时认识的两个哑巴的故事。

1981 年，我毕业分配到"新华公社卫生院"（后来叫做"月华卫生院"）工作。那是一所距离西昌城区还有六七十公里左右路程的乡村卫生院。全院一共十几个人，有手术室、化验室、X 光，还有自己的中药制药厂和西药制剂室。条件在当时的乡镇卫生院中实属相当不错的。

在这里，人们都叫我"王医生"。王医生为广大农民治病，医好了不少病人，在当地病人中有很好的声誉。有时有的病人不能到医院，只是请人帮忙说说病情，开些药带回去，居然也是药到病除，第二天就赶到医院来找"王医生"感谢，说是吃了药就能起床了。据说有一年"王医生"一下子治好了 24 名"癫痫头"（一种头部真菌传染性疾病：头癣、发癣），包括上门去给病人剃发、送药、检查、化验、指导家属消毒、发现新病人等，一下忙了四五个月，到底还是把他们给治好了。我当医生真的不错。

还有就是我在这里"结交"了两个哑巴叫花子"朋友"，经常给他们饭吃，带他们到河边洗脸，送些旧衣物给他们穿，甚至经常带着他们和一只名叫"医生博士"的金毛色小狗，一块儿到暮色中的山脚

（或河边、大路边）散步，一起享受不分等级的夏日黄昏的田园生活。

后来这两个哑巴中，有一个居然开口说话了。把人吓一跳。原来这家伙不是真正的哑巴，而是一个暗自发誓不讲话的"假冒哑巴"。他不讲话的直接原因对我来说，至今是个谜。但据当地知情人讲，这哑巴已经有八年多不讲话了。原因大家都说不清，但都公认他是哑巴了。因为这么多年了，他确实一句话也不说。

开口说话的第二天，这哑巴一大早跑到医院来，一脸灿烂的笑容（这家伙，此前一直没有人见过他笑，从来都是一副绷得紧紧的冷漠的脸）。"王医生，王医生，……"哑巴紧张兮兮地叫个不停，"王医生，给我吃点药嘛，给我找点药吃……"

"你咋子了嘛？"我一边问一边猜想，"莫非是这叫花子吃了不干净的东西拉肚子？"谁知事情并非如此。

"我，我，我就是想笑，没得啥子该笑的事，就是管不了，管了要笑……哼哼……嘻嘻……嘿嘿……"他确实是一副控制不住要笑，同时又十分为此担心的样子。

我脑袋一偏，眨眼想想道："喔喔喔，没得事，没得事，你是因为太久不说话，现在说了，所以身体高兴，就要笑，没得病，没得病，吃啥子药喔，不吃！不吃！听懂了吗？"

这家伙明白了我的话，笑嘻嘻，略带羞怯地说："好嘛，好嘛，听王医生的。"然后就走了，去过他那由不得要如此"甜蜜"的新日子去了。

在这两个哑巴中，真哑巴比假哑巴要善良一些。真哑巴在集镇上无论何时碰到我，都要双手抱拳作揖，脸上堆挤着一堆皱巴巴、傻乎乎、脏兮兮的笑容。碰到手里捡得有烂桃子、臭馒头之类的东西，他还要真心诚意地双手递上，请王医生享用享用。假哑巴则只知道要，没有说话之前不会笑，说话之后渐渐就是那种赖皮狗一样的笑，而且很贪心，这也要，那也要，好像别人欠他的，到后来，简直摆起谱来，一次他指着我脚上的新皮鞋对我说："你这双皮鞋如果脱下来的话，我还是可以要。"好像是他在帮我承担一个什么负担似的。我在那里干了四年，这期间当过院长，据说还搞得不错。在知青时学过会计的我当院长后早早地（1981 年）搞起了改革，把医院的会计科目全套下放到个人头上进行核算，刺激了大家积极性，扭亏为盈，增强了医院资金实力，个人收入也有所提高，受到好评。后来就调到卫生局去了。

实际上，我在这所医院期间，还给当时在乡中学代课的两位女青年写过两首动情的友谊之歌，两首歌听起来真实、单纯、透明，充满真情和依恋，以及当地的山水风光和草地的味道。

也是在那里，我平生唯一一次，将刚刚从地里采来的新鲜透顶的蓝色鸢尾花用医院特有的烧瓶装上，于黄昏时分送到了所追求的一位18 岁妙龄女郎那煤油灯闪烁的简易的教师宿舍中，并于后来为她写下了许多感伤的诗和一支会让小青年流泪的叫做《流浪》的歌。

杨黎说——

24. 我还说什么呢？

我觉得我所需要的"蓝马和哑巴的故事"不是这个哑巴的故事，或者说，我曾经听过的"蓝马和哑巴的故事"并不是这个故事。难道是我记错了吗？难道是蓝马记错了？蓝马自己的事，蓝马自己清楚。

我这次回成都待了八天，和蓝马喝了三台酒。台的意思和次差不多，但比次要更加准确。一次可能是指一天中的两台，比如晚饭吃饭时喝了一台，而吃完晚饭后又去酒吧喝了一台。以台作为喝酒的准确计算单位，是从 80 年代的四川第三代诗人开始的。主要是从马松开始的。回想那个时候，马松经常挂在嘴边上的一句话，就是在酒桌子上，喝得已经二麻二麻了，还在说，一会儿还有一台。还有一台，就是指另外喝酒的地方和机会。80 年代啊，大家都欠酒喝。我这次和蓝马喝的三台酒，分别为：第一台，是去他家采访时，中午在他家楼下他请我喝的；第二台是当天下午，我们一起去尚仲敏的茶坊，晚饭时由尚仲敏请我们喝的；第三台酒，是我要走的前一天晚上，在白夜酒吧。

不知从什么时候起，蓝马把烟和白酒都戒掉了。这肯定是在 90 年代末的事，我们和他"冷战"的时间里。当然，他不抽烟，不是因为我们，也不是因为"冷战"用他自己的话说，是他的肺已经装满了烟，再多一根烟都无法装进去。装不进去有什么关系呢？装不进去，就意味着一是浪费了烟，二是可能发生变化。这种变化是蓝马不愿意看见的，所以蓝马把烟戒了。蓝马不喝白酒（其实有一段时间他连酒都不喝）是我们没有想到的。从他以前好酒的样子，是推断不出他会戒酒的。如果从他的"前文化"去理解，就更不可能想到这一点。但是他的确是把酒戒了，至少是把白酒戒了。还是他自己说的，他说他喝不动了。他说的是他的肝，肯定不是他的嘴。我这次回成都，和他喝了三台酒，他都没有喝白酒。

曾经认为酒里面有名堂，应该是一种文化的观点，现在认为喝不动了，也肯定是一种文化的观点。蓝马至少在酒与喝酒的问题上，是非常文化的。当然，一个人喝酒与不喝酒，并不是那么重要，也更不是文化和"前文化"的路线问题，我之所以要这么说，是因为觉得蓝马在其基本表述上，有非常文化的一面。

25. 其实我一直在等蓝马。如果他愿意，我将和他重新搞"非非主义"。如果他不愿意，就让周伦佑去搞吧。虽然周已经把《非非》搞得不成样子了，这也没有什么关系。在成都的那三台酒，蓝马和我都谈到了这个问题，而最终我们的谈话是没有什么结果的。写到这里，我点上一只烟，想起了许多事情。想得最多的是 1990 年和 1991 年，我们和蓝马出的两本《非非诗歌稿件集》。当时蓝马拿给我看一张磁盘，对我说：你看，全部都在里面。那是我第一次看见磁盘，我觉得它那么小，那么轻，怎么可以把我们的诗歌都装在里面呢？

我困惑，也有点担心。

后记
杨黎在北京

采访者：马策　　被访者：杨黎　　整理：马策

1. 大声

2003 年 3 月 10 日，西坝河远方饭店茶坊，我跟杨黎做了一次让彼此都觉得舒服的谈话。谈话的主题就是本文的题目：杨黎在北京。

杨黎在北京干什么呢？杨黎在北京职业写作。这是他的本分。所以谈话自然涉及诗歌、小说和语言本身。写诗就是有中生无，超越大限，也就是废话；写诗跟写小说一样，小说就是长诗，杨黎消弭了诗歌和小说的界限；写作就是把字写得没有意义，而最好的叙事方式就是流水账……这都是杨黎的观点。在度过 80 年代中国诗歌激情燃烧的岁月后，杨黎有过一段隐匿在诗歌现场之外的时间。在我的记忆里，发表在《1998 中国新诗年鉴》上的诗作《大声》，好像就是他重出江湖的初次亮相。杨黎说：

　　我们站在河边上
　　大声地喊河对面的人
　　不知他听见没有
　　只知道他没有回头
　　他正从河边

往远处走
远到我们再大声
他也不能听见
我们在喊

——至少我不能说或者不能完全肯定，杨黎是在大声喊出他的写作观点，而河对面的人不知道听见没有。但他显然是在重新定义写作、想象和语言。他把写作上升到他自己的本学语境。他坚持让语言还原到最基础的结构中去，他呈现的语言态度，在我看来就是充分的自为自在。他的理念，有着极端的个人化色彩，一个充满刺激的个识、他识，也自然招致统识、共识的误解，让僵化的汉语文学肌体和写作人口颇不舒服。但杨黎在对世界的认识和理解上渐行渐远——这也像走在河对面的那个人——他的背影独自承受寂寞和喜悦。当然，有时候也不免让人担心，杨黎会一步滑入"单边主义"的语言意识形态边缘。

人类的梦想就是从必然王国到达自由王国。杨黎的梦想就是通过写作超越大限，到达无限。这都是些伟大的东西。从远处想，我想到神话、乌托邦之类。从近处想，我想到美国政治学家弗朗西斯·福山，90年代初，他大胆地指出"历史的终结"——他在《历史的终结和最后一人》这本书中认为，西方民主政体和自由市场是历史演进的终极模式。在他看来，自由民主制度也许是人类意识形态发展的终点和人类最后一种统治形式，构成历史的最基本原则和制度可能不再进步了，其原因在于真正的大问题都已得到了解决。而杨黎认为，他已经找到了世界的钥匙，他仿佛解决了大问题，因为他已经建立起自己的写作民主政体和自由市场。这样说来，写作俨然到杨黎为止了——看上去，他就像是写作的终结者和那最后一个获得语言荣誉的人。这一切都是真的吗？

关于杨黎复出后的诸多事件，比如盘峰论剑，比如《中国诗年选》，比如《下半身》，比如橡皮文学网和橡皮写作，本文未有涉及。甚至政治、经济、哲学、心理学，尤其是女人，如此等等，不一而足，杨黎都十分乐意谈论，但显然这不是本次谈话所能完成的。我说，那可是一本书的任务啊。杨黎说，为什么我们不能谈出一本书来呢？因此，我们初步相约，如果可能，大约在今年秋天，我们准备接着谈。原则当然是舒服。以下是本次谈话实录。马策 / 问，杨黎 / 答——

2. 把一种叫思念的情绪说出来

马：杨黎，请你看一下表，看看现在几点了，看看我们要谈多久。

杨：16 点 10 分。

马：16 点 10 分的北京。很多年以前，食指有一首诗歌叫几点钟的北京来着？

杨：一上来就谈这个啊。谈这个干什么呢？我不喜欢这首诗，也不喜欢这个人。早上 8 点的北京，早上 6 点的北京，早上 4 点的北京，好像就是这些傻乎乎的东西，我是看过的，但现在记不得了。

马：哈，我也记不得了。但是我最近读到你一首诗，《将爱情进行到底》，读了以后就记住了，前几天我还背出来了，没错吧？这是来北京以后写的吗？

杨：不是。那首诗很早了，还是 2000 年春天，在成都时写的。跟《打炮》是一个时候写的。那时候又写《打炮》，又写《将爱情进行到底》，又写了《夜渡》那些短诗。你说起它，我真有点脸红。

马：我的意思是，这样的诗歌也很好，它是抒情的，你用极为普通的意象，比如蝴蝶、花朵什么的，表达了对时光流逝的一声叹息，忧而不伤。

为什么要反抒情呢？

杨：我虽然不认为诗歌应该抒情，可是我也没有认为诗歌应该反抒情。实际上应该是，我刚到北京的一个月之内，就写了 11 首抒情诗，那真是很抒情的。

马：是那批句子、题目都很长的吗？就是每首都有括号的那些？比如《把一种叫思念的情绪说出来》《我为我的抒情而不好意思》，等等？

杨：对。因为我刚到北京，一个人比较寂寞，对成都有所怀念，对朋友，对兄弟，对酒局、酒吧、茶坊都充满了怀念，实际上这些作品比《将爱情进行到底》要好。我认为抒情的一个重要素质，是语言本身的一种节奏、一种旋律，而不是很什么意象。为什么我那批抒情诗句子都显得挺长？并不是我有意要把句子写得很长，句子的长短是根据情绪变化而来的。那时候，我的情绪是忧郁的、缓慢的，而明显的一个标志就是怀念，对我来说就是刚离开成都初到北京。这种近短距离的怀念，甚至比遥远的怀念更加强烈。比如说失恋，它刚开始的痛苦肯定是要强烈得多，过久了以后，这种强烈慢慢弱下来，它已经变成另外一个东西，它可能有一种另外的疼在里面。你刚才说的抒情，我并不反对抒情，我不是一个抒情诗人，也不是反抒情诗人，我更不是什么冷抒情。所以说这些是跟我没有关系的，它仅仅是一个人有时候要抒点情，就像你不喝酒有时也想喝两杯一样。

马：是的，抒情也可以产生好诗，但在人们的印象中你好像是反抒情的，你没有明确提出过反抒情吗？

杨：我反对诗歌一切语义的东西。

马：你好像也反语感？

杨：是的。开始我是提倡语感的人，而且写过类似的文章，发在1986年的《深圳青年报》上，叫《激情止步》。后来我反语感，我认为语感是最后的语义，也是最大的语义，更是最本质的语义，在这个前提下我开始反语感。语感是文化的，肯定是语义的。对我们来说，要彻底地、全面地清除语义，就必须反对语感。当然，为什么要清除语义，我们可以一块儿来谈谈。这不仅仅涉及诗歌的根本，更涉及人的根本。

马：可你刚才谈的那些抒情诗，怎么能说是没有语感呢？语感可能不仅仅是文化的，它或许就跟句子的节奏、旋律、气味有关。我觉得恰好是一种很好的个人化语感成全了你那些诗。

杨：可是它对我个人来说，肯定不是应该的诗歌，而仅仅是可以的诗歌。诗歌是有很多用处的，有时候你可以这样做，也可以那样做。但这个前提是，你必须真实地理解了诗歌之后。为什么我希望初学写诗的人就要有那种很强烈的教条性的东西，因为教条在那个时候也许是很重要的，当你跳过一个坎之后，就可以为所欲为了。实际上，这种为所欲为它要保持一个很根本的东西，还有很多其他的东西。比如说一个男人找一个女人，他最根本的目的究竟是什么？是做爱？是传宗接代？当然是。但是，一个男人跟女人在一起，他还有其他许多附加的东西，比如陪你一块聊天啊，帮你煮饭啊，甚至情感啊等等。再比如，我一直很推崇的孔夫子孔老先生，他谈诗的时候，他从来就没有说诗会怎样、该怎么样，他用的是可，可以的可，可兴可观可群可怨。这个可，就是可以这样，也可以那样，实际上他也解决不了诗歌的问题，这种看法是一种。所以我们说一个人嘛，他是复杂的还是简单的，比如说杨黎是简单的，他永远坚守着他的那种教条的东西吗？实际上非也。我写了很多抒情诗，只是人们不太注意而已。

马：我注意到了啊，否则我今天就不会让你从抒情问题谈起。

杨：我还写爱情诗，就是为了爱情的爱情诗，而不是抒发爱情的爱情诗。但是，我绝对不会放弃我的信念，我认识的、我理解的诗歌的信念。我以为，这和我偶尔要写一些很抒情的诗歌，应该没有冲突。因为有时候，我需要抒情。

3. 写诗：有中生无，超越大限

马：我知道，这些都不是你的代表作。那你所要张扬的诗歌是什么？

杨：我所要张扬的当然就是最"废话"的那一种。当然，废话这个说法本身是不足的。所以，我从来没有说过写废话，而是说废话是诗歌的本质。诗歌是什么？诗歌就是废话，这是我对诗歌的描述。我把我理解的诗歌描述出来，就是这样的。

马：我们刚才谈的诗歌都是非"废话"？

杨：世界上永远没有真正的废话，有不了的，谁要是能够说出一句这样的"废话"，那他就完全改变了这个世界。所以，我说诗歌是废话，是说诗歌它的本身，是一种在更深意义上的比喻。那你想一想，刚才我们说到的那些抒情的诗歌，其实也是"废话"。对于这个世界而言，它们难道能够不是"废话"吗？

马：诗歌的废话，是相对于现实中语言的有用性、工具性？

杨：可以这样说。

马：逻辑性、思维工具、工具理性？

杨：也可以这样说。但是，这是其中的一部分。我们可以从这个理解进入嘛。而废话真正要废的，是语义。这个世界的本质，就是意义化。无中生有嘛，世界不是越变越清晰吗？越变越真实吗？越变越多吗？只不过，这个清晰，这个真实，这个多，它们是不是唯一的？是不是绝对的？我们生了，这是一个意义。我们必须死，这又是一个意义。事实上我的怀疑，就是从这里开始。我认为，意义化，它肯定不应该是唯一的和绝对的。如果我们改变了它意义的"密码"，它是不是就该是另外的样子呢？所以说，我更喜欢有中生无，那就是消除语义，超越语义。很早以前我就说过：言之无物。

马：就是《杨黎说：诗》中的最后一句话？

杨：是的。废话就源于这句话。言之无物的表述方式不具有冲击性和传播性，而"废话"是个比较媒体化的词，目的是引起更多人注意，首先感觉到它的刺激。

马：是一种表述的策略？

杨：很策略。"废话"是何小竹说的。当时我在写《2000年中国诗年选序》的时候，就想把我的这套理论变成一种传播力量更大的东西，因为《杨黎说：诗》那种文风太纯正了，它对市场好像没有刺激性。这时，何小竹给我提了"废话"这两个字。从对诗歌的表述而言，它可能不准确，但是，它的冲击力却格外的强。当然，这个东西必须有一个前提，单纯地说，肯定是说不清楚的。这个前提性的东西，这个前提就是依赖于我对世界的认识和理解，你说形而上也好，哲学也好，世界观也好，总之是基于我对世界的一种认识。我是在这个认识下，然后才提出了诗歌言之无物。那么单纯地抛开我对世界的认识，来谈论后面半句话（言之无物），可以，但总觉得有一些不完全、不圆满的地方。

马：这个前提是什么？

杨：那就是"语言即世界"，这是我对世界的理解和认识。

马：语言是世界，世界也是语言的，维特根斯坦就说，语言的边界就是一个人的边界，这句话翻来覆去都一样。那么既然是策略，"废话"是不是也有标榜的意味？

杨：从语言即世界的角度来讲，诗歌的本质就是废话，也就是说诗歌的本质就是超越语言。世界是语义化的，我们所看见的一切，无非就是由无数个名词、动词、形容词组成的，语言确立的世界的"因为"和"所以"。实际上，我还有一篇文章，就是大家都没有看见的《杨黎说：语言》，它可以补充这个话题。

马：这篇文章没有发表？

杨：没有，我一直没把它拿出来嘛。

马：为什么不拿出来？

杨：我认为还有很多问题还没解决清楚，我要找到一句话（像"诗啊，言之无物"那样的话）能够完整地提供这一点，就可以拿出来了。

马：我也觉得语言是比较难谈的东西，除了用语言谈语言，我们还有别的办法吗？

杨：但它一点都不难，它就是看你想没想通的问题。我举个例吧，实际上我最讨厌在思考的时候举例，但没办法嘛。在电脑操作系统里面，有一句话叫所见即所得，你看到了什么就得到了什么，这话很简单。但我想说什么呢？比如在电脑上看见了马策的名字，看见了一个人，甚至一张漫画，所有的这些图像都是由计算机语言即数字构成的，你只要进入它的后面改动一个数字，它外面的图像就彻底地变了。假想一下，人类这个世界就是一台电脑，那么我们的程序在哪儿呢？

马：在哪儿呢？是语言吗？

杨：我们的程序就是语言。所以我们写诗的目的，我认为就是要超越语言，因为它超越了人类，超越了大限。我们追求的不是要超越大限吗？一切之宗教，一切之文化的本质，以及一切之科学的本质，都不能超越无限，因为它们都处在语言的范围之内。我就是在这个前提下开始思考的，然后我发现诗歌是唯一能够超越和突破语言限制的，它是从语言开始的嘛，它一开始就站在语言的最上面，它超越了语言。那么这之后，我强调诗歌，它的本质就是废话，就是超语义，就是超越语言，就是言之无物。

马：记得你跟韩东去年在橡皮论坛上，有过一段交流、梳理，或者说彼此澄清，也是关于语言的，我读那些帖子，当时的印象是有点玄，觉得难以进入，或者说没什么习得。我还注意到，当时的谈论或者说争论，也仅仅局限在你跟韩东之间，并没有引发其他人的参与。我甚至猜想，大家是不是跟我一样，觉得有点玄。

杨：不玄啊，哪点玄？实际上很简单嘛。老韩所承认的就是绝对、超自然、神秘力量，他跟我完全不一样，它认为是超自然在主宰、控制这个世界。而我认为，我是比较科学的，相反的，我认为我已找到世界的钥匙。当然，不管你觉得我是否真的找到、可不可笑，但是在方法上，我还是认为我找到了世界的钥匙。

马：艺术跟科学啊、钥匙啊有什么关系？

杨：我这个时候没谈艺术，我谈的是人的本学。有一种超出艺术啊、科学啊、政治啊、经济啊这之上的一种学问，它叫本学，根本的学问，人的学问。一个人活着以后，他与动物的最大的差异，就在于他要思考他为什么活着，他想方设法让自己活得更久更久，更长更长，实际上还是那句话，就是突破有限，超越大限，达到无限。就这么一句话，世界就是我的，我认为这也是很大一群人，那什么先哲、哲学家和人类的思想家、伟大的圣人，他们所思考的问题。这是本学的东西，跟艺术、科学没有关系。我想，一个人应该思考这些问题，一个人应该找到打开世界的钥匙。这到底是怎么回事？如果这个东西我想不清楚，那么我写诗干什么呢？

马：是啊，本学是个很深奥的东西，那我们写诗到底为什么呢？

杨：那么我们就要想清楚。我就认为，我写诗的目的就是这么明确：超越大限，达到无限。大限大限，它就是语义化的结果。没有了语义，哪里还有什么生和死？世间万物，不就是都被语言说出来的嘛。

比如我在《杨黎说：语言》中有一句话，我是这样说的，我认为很能表述我的这个想法，那就是"没有语言说不出的东西"。

4. 好好的三月

马：你算是琢磨透了啊。谈点别的。去年冬天的某一天，你送你的诗集《小杨与马丽》给我，在去什刹海酒吧的出租车上，你朗诵了你自己最喜欢的《非非一号》里面的《三月或预言》那段。很不好意思，我是第一次读或听到这首诗，我当时的感觉只有一个字，美。我说，这是杨黎创造的民谣，是人间的杰作。而你说，吴晨骏说此曲只应天上有。

杨：是吴晨骏说的吗？那我说错了，应该是闲梦说的，他也在南京。

马：这首诗也属于我们刚才谈的抒情诗。这是你最好的诗歌吗？

杨：不是。是这样的，实际上《小杨与马丽》是我对自己做的一个总结，也是我1996年之前的作品结集，但我只选了其中的三分之一，另外三分之一丢了，还有三分之一我没有要。比如，我认为早期我写得好的是1983年写的《看水的男人》，我就一直没有找到。找到了，我肯定要把它放在里面。最近我也重新反复地读了这个集子，就我自己到现在能够真正还觉得问心无愧的诗，也有几首，我也在家里选了一下，我选11吧，我比较喜欢11这个数字。这11首诗歌，才是我最喜欢的。

马：这个《三月》算一首？

杨：这个不算，《非非一号》不算。

马：那你当时说是你最喜欢的。

杨：我喜欢的是它里面的部分。实际上，我是不喜欢这首诗。

马：呵呵，你当时在出租车上念的时候，说这是你最好的诗歌。

杨：它是这样的，因为那是一首长诗，它有点杂，里面比如也提到了三月，那是很好的，但里面也有一些很不好的东西，有杂念和写作意图太明确的东西。

马：我带来了。像这样的句子多美啊。你看：在三月 / 我点一支烟 / 不再用火柴 / 不吃饭 / 也不知道饿……

杨：但是你再看，除了你说的这些东西，《非非一号》里面同样也有《十九个名词》这样的东西，这是我最遗憾的，感到很不应该的，这种东西今后不会再出现在我的诗歌中，后来也的确没出现过，这首诗它当然太弱（乱）了，不像其他诗那么单纯，比如说《西西弗神话》。那么是不是长的东西都不单纯，这个问题我们也可以一块讨论一下。

马：我觉得长的东西是很难单纯的，它趋向复杂，会想去整合某种结构力，比如爱伦·坡就认为诗歌在 100 行以内为好，而我曾经极端地认为，不超过 30 行更好。但我确实很喜欢这个《三月》，我再念一念吧——三月 / 我约了几个朋友 / 去喝酒 / 那是晚上 / 他们说 / 好吧！好吧！好吧！还有——三月 / 三月 / 树上开红花 / 地上长绿草。还有——三月 / 好好的三月 / 坐在茶园喝茶 / 坐在饭店吃饭 / 坐在床上 / 睡觉 / 三月 / 三月 / 旗帜飘在天空……

杨：别把它搞成诗歌朗诵会啊，我们还是谈其他问题吧。

马：当时你用四川话跟我念的嘛。

杨：这个问题我可以这样说一遍，就是我从来都用四川话念诗，因为我普通话说得不好，一些声母分不清，念的时候不仅不好听，而且自己情绪还因此会受到影响，所以我用成都话，这是其一。其二，我最反对朗诵，很多人都在做戏嘛。要么就像中央人民广播电台，像孙道临，像赵丹，要么就像摇滚，在朗诵中加入很多插科打诨的东西，搞成行为艺术。朗诵是一门独立的艺术，朗诵得好与不好，和诗歌好与不好根本没有关系。像赵丹，他能把菜单都朗诵得像一首诗。而我们诗人开个诗歌朗诵会，只是对朗诵原意的借用，它的含义应该叫读诗会，我们一块读吧，我把我的诗读给你听，你把你的诗读给我听，我读你的诗也是这样读，这样就达到交流。

读，就是一个字一个字把它念出来：天，天空的天；地，大地的地，就是这样，而不需要任何嘴巴上的加工、用气上的加工以及神态上的加工，更不需要做动作。

马：不过我倒没想这么多，我只是那次听你读觉得特别有意思，让我一下子很喜欢四川话，当然主要是很喜欢那首诗，你什么时候能不能录一盒读诗的带子给我，我把它藏起来。

杨：可以啊，这个随时可以满足你的愿望。我以前是见到人就要读诗给他听的，以前没有网络嘛，手稿又乱七八糟不愿拿给人看，我最大的满足就是别人到我这玩，听我读诗。

马：是作为传播还是……

杨：它有点另外的，但主要是传播。那时在成都嘛，很舒服。

马：回到前面去，你刚才提到诗集《小杨与马丽》中有 11 首自己满意的作品，它们具有经典的意义吗？

杨：不具有，因为我不喜欢经典这个词。经典总是拿来吓别人的，是对真正的诗歌，或者说写作的反动。80 年代的时候，就有人说我的《怪客》已经是经典了。我先还高兴，后来一想就觉得不是滋味。经典是什么？经典就是把血和肉抽干，然后挂在树上面的躯体。有经典，就有人要为经典写作。你想，这是多么可怕的写作？

马：那你怎么说？

杨：我说喜欢。

马：那你能不能把你喜欢的那 11 首诗歌帮我勾一下……

杨：也只是我自己认为的嘛，当时是这样想的，可能过些日子又要变。比如说《红灯亮了》《西西弗神话》《英语学习》《大声》《木头》《高处》《深秋致爱》……差不多了吧。

马：是这样的，最近有一家诗歌刊物，他们搞了个“经典存盘”的栏目，让我推荐作品，你这下可帮我省点懒了。

杨：还是经典，这些媒体啊。

5.100 首诗和 100 万字作品

马：你这次（过完年后）什么时候回北京的？

杨：2 月 25 号。

马：写东西了吗？

杨：这次没写，乱七八糟的，主要是为那个长篇小说出版做准备。

马：《向毛主席保证》？

杨：对。

马：那次是什么时候来北京的？就是决定来北京生活的那次。

杨：2001 年 8 月 10 号左右吧，反正是我过完生日，满了 39 岁以后。

马：到北京以后，诗歌方面除了刚才谈到的那 11 首充满回忆的抒情诗，就开始转入《早课》系列的写作吗？这两者之间是否存在某些风格上的变化？

杨：诗歌这一年多来写得比较多嘛，刚来的时候写的那 11 首，何小竹不是说废话也抒情吗？后来又写了很多其他的诗。《早课》仅仅是去年 5 月底开始写的。最近我不是有一本新诗集《打炮》？其中的三分之二就是在北京写的。

马：《早课》是每天醒来时写的吗？

杨：是每天睡觉前或起来后写的：如果我是在深夜两三点钟睡觉，就睡前写，写了再睡；如果睡得早，就第二天起来时写。北京阳光很好，我每天起床后心情也很好。所以，我觉得《早课》写得非常愉快。反正每天一首，都是上网在线写的，应该说是和网络与时俱进了一把，呵呵。

马：《早课》系列你自己满意吗？

杨：应该说除了这个名字之外，我非常喜欢这组诗。在我新编的《打炮》中没有这组诗，那是因为我想为它单独出一本，另外还要写一些，现在主要是还没想到好的名字。"早课"这个名字过于比喻了，过于强调它的写作意图、目的什么，这不好，实际上我写诗是没有动机的。但这个名字无形中构成了某种动机，特别是冠以"早课"这个名字后，总显得有点像和尚做功课、念经那种感觉。

马：我理解你是把《早课》当作自我修习、自我教育的一部分。不过，当时好像也引来了一些跟随者，什么《晚课》啊，《日课》啊，

《午间操》啊，一时间橡皮论坛上像在搞诗歌竞赛，但又让人觉得是在互相攀比炮制水平似的。

杨：呵呵，每天写一首，诗歌是写不完的，也没有这种写得完写不完的感觉，一个人应该认为，生命常在，诗歌写作就常在。诗歌没有一种过去时，诗歌是必须永远写的。你说你杨黎曾经写过诗，那完全跟我没什么关系，它们仅仅因为是我写的，只有当我重读它们的时候，它们才跟我发生关系，这是外在关系，而内在关系是要解决当时的问题。我为什么要经常写诗呢？它跟一个人天天要吃饭是一个道理，如果哪个人想一顿吃完所有的饭，那是不可能的。

马：那组诗在网上，一些人认为特别好，一些人则认为过于简单，不太饱满。

杨：对，我知道，我太知道了。那些说三道四的东西，我心里很明确，我知道我自己在干什么，我知道他们会有什么反应，或者某些人、哪些人会有什么反应。喜欢我诗歌的人，我知道他喜欢我什么，为什么喜欢。刚才我也隐约听到你谈到变化，我认为在我的诗歌写作道路上，到现在没有变化可言，我完全是随我的心情，孤独的时候就抒发一点感情，活得平静的时候也影响到诗歌的平静，这也跟吃饭喝酒一样，今天胃口好饭菜可口，我就多吃点，一起喝酒的人舒服我就多喝几杯。这不涉及我对诗歌最根本的理解和认识。在这种情况下，我恰好是最不教条的。

马：除了诗歌，在北京还写了些什么？

杨：哦，那太多了，我给你掰手指算吧。说正规写作，非正规的我完全不算。

马：也一起算算吧。

杨：谋生计的那些就免了我吧，那东西没意义嘛。首先诗歌，写了有100来首吧，肯定不低于100这个数。这个也可以不谈了，诗歌近乎另外一种生存，必须写的。那就说小说吧。写了三个短篇，短篇写得少，包括《一根皮筋》《一路狂奔》《两三个东西》。中篇写了一个，就是《双抠》。另外就是两个长篇，《关于我的小说〈睡觉〉》和

《向毛主席保证》。还写了一个话剧，最主要还写了一本《灿烂》，是关于第三代诗歌运动代表人物的追踪访谈。

话剧本来是帮别人写的，但写着写着就变成了我自己的东西，别人不是很满意，等这个关系理顺了，我会把它当作自己的东西拿出来的。

马：是改编自张小波的小说《法院》吗？一开始不是准备上演吗？

杨：是的。那么就是这么多吧。你看，《灿烂》有50万字，《睡觉》和《向毛主席保证》各20万，再加上那些中短篇，百来万字吧，是写得多了点，我都觉得不好意思。

马：据说还写了几个电影剧本，那是纯粹为了谋生？

杨：这些我们就不谈了嘛，还写了多着呢，每天没事嘛，就坐在那儿写。为书商写书啊，编东西啊，这样那样，都是为了挣钱吃饭。主要是，来北京这么一年多时间，除诗歌外，我那100万字写得是多了点，所以准备再慢些。

6. 写作：把字写得没有意义

马：我可没说多，我说灿烂，确实够灿烂的，你是天才嘛。在这样的时代，如狄更斯在《双城记》开篇所说，我们的时代，是最伟大的时代，也是最痛苦的时代，我们很快就要上天堂了，也要下地狱了。诗歌会让你上天堂吗？或者让我换一种说法，在这么复杂的时代，诗歌怎么套现？诗歌可以套利吗？

杨：这个问题很复杂也很简单。如果说能，我认为这句话是空话，是错的；如果说不能，这句话就不是空话了吗？怎样套现跟诗歌没有关系，只跟操作者有关。假如说我现在很有钱，我可以包装一些人，比如竖、乌青，还有长得漂亮的那几个，像蝈蝈他们，我就可以把他们包装成新时代另类明星，这样他们也可以赚钱，但这跟诗歌没有关系，诗歌跟世界、时代永远没有关系。

马：诗歌是（或者假定是）一种文化稀缺资源，按照经济学原理，稀缺资源必然带来高额利润甚至暴利，可这个逻辑在诗歌市场行不通，为什么？

杨：我知道你喜欢用经济学解释文学，用经济学的观点来谈论文化，你这个说得很对。但是诗歌不是文化的一部分，它更不是文化的稀缺资源，所以你这个假设是错误的。

马：当然，我是从智慧的角度或者说大文化概念、范畴来谈论的。

杨：大的文化概念……从你这个观点反证了另外一点，在大的文化概念里，它也不是，因为人类不需要诗歌，不管稀缺的还是看得着的、普遍的，它的前提是人们的需求，在这点上……

马：人们不需要诗歌？

杨：不需要，人们要诗歌干什么呢？人类从来就不需要真正的诗歌。

马：你说得好。唐代可能是个例外，唐代以诗取士，也刺激了诗歌……所以这也是你转向小说的一个原因？

杨：不是啊，总体上不能这么讲，当然这肯定是原因之一，因为小说套利的可能性是存在的，而且是有这种可能性，仅仅是看谁套住了而已，对不对？诗歌是没这种可能性，套不住的。因为诗歌是反世界的。

马：那你为什么写小说？是赶诗人小说家时髦，还是表达一种愤怒？那么多蠢货小说家横行，我杨黎为什么不入局洗牌？好像劣币驱逐良币，现在轮到良币反攻劣币了。

杨：这一点我已经在回答乌青的问题中说了，因为我认为小说和诗歌是一样的，写小说也好，写诗歌也好，都是在写字，那么我带着这样一种可能进行写作，小说写作和我的诗歌写作，就是字写得多和写得少的问题。但是我是不太喜欢读小说的，因为这些小说的目的是在告诉我这样的事：一、贾宝玉……我们不举名著，我虚拟一下吧。一、马策今天来找我；二、马策没有找到我；三、马策反身出来在街上碰上一个女人；四、那个女人突然之间和马策产生某种感觉；五、马策跟着这个女人到了远方饭店，他们坐在大厅的茶室里喝了一个下午的茶；六、马策晚上打电话告诉杨黎，问："我能不能到你这里住一住？"我说："行啊。"马策说："不是我一个人。"然后我犹豫了一下……兄弟啊，马策是我的朋友，我要为他人的性生活做出应有的贡献，我就答应了他——那么这个小说，你要是就这样告诉我，告诉我这样一件事的话，那我读起来索然无味。人生中最好的故事，你这样讲我认为都是索然无味的。我小的时候，老师指着一位同学和我说，你没有表现力，而杨黎有表现力，同是记一件事，我的作文显得很有趣，而他写得干瘪瘪的，顶多就是，我们错了，我们不应该去偷农民的土豆。

那你想一想，在这个问题上，小说和诗歌还是有点差异的，小说是在写一件事，没有事我写什么啊？但我既然是写这件事，就更多是落实在写的问题上，而你读这件事的人，主要落实在读的问题上。比如评书讲《水浒》，很多人都听过，但还是想听，哦，今天又新出了个评书大师，那师傅讲得特棒。为什么呢？因为他讲-得-棒！这是一个前提。一个小说家，你得把这个事件用文字处理好，让别人读起来有味道。这可能是我的怪癖，我看见谁的标点符号没有打到位，我都不想看。对于诗的，包括小说的阅读，一个字没有说清楚，我都不想看。

马：就是怎么写的问题，而怎么写也是故事的一部分。你刚才虚拟的是一个故事，那小说的本质不是故事吗？尤其是当你想从人民手中套现的时候。

杨：小说的本质肯定不是故事。小说的本质和诗歌的本质是一样的。

我唯一写的关于小说的文字，也是我到北京来以后写的第一篇文章，就是《小说就是讲故事》，讲，怎么讲，讲出什么水平，讲出什么理由，讲出什么兴趣，天下所有的故事其实都是爱情的、生死的和差不多的，就看你怎么讲。

马：有一种说法，故事决定世界，比如政治是一个故事，经济是另一个故事，叙事其实就是故事，世界就是故事本身。这也许太牵强了点。但是，战争也是一个故事吧，你愿意谈谈伊拉克危机吗？

杨：谈吧，伊拉克很热门啊。

马：为什么美国对伊拉克还不开战，你主战还是主和？呵呵，像不像联合国投票？

杨：这个肯定是要打的嘛。在我的绝对原则上，我肯定是不主战的，世界应该和平共处。但人类是复杂的，有的东西不打怎么可能呢，当某种东西危害人类正常发展，对人类和平构成威胁，它就要被打。在这个问题上很简单，就是看是否有利于文明的发展，这时候我们是以人的方式面临世界，而不是诗歌的方式。当然，战争会给无辜的人带来伤害，这个问题很复杂。

马：你说的就像是诗歌，废话诗。不知道你关不关心新闻，我平时没事就看报。我预测，这一仗很可能打火新华社《国际先驱导报》，就像1999年科索沃战争打火了人民日报社《环球时报》，"9·11"事件也让凤凰卫视资讯台火了一把，搜捕本·拉登又让卡塔尔半岛电视台声名大噪，还有更早的海湾战争，直接造就了美国CNN，战争会成全新闻和媒体。我们还是接着谈小说吧。你去年在回答《城市画报》记者采访时说，小说就是一堆堆的文字，前些日子在回答乌青关于小说的提问时，又说小说就是长诗，这中间的连续性在哪里？

杨：还是那个意思嘛，我所理解的小说和我所理解的诗歌是一样的，写小说和写诗歌没有本质上的差异，都是在写字。写作就是写字，写字就是把这个字写得没有意义，因为字都是有意义的，那我就把它写得没有意义，它让我达到我所要达到的东西。

7. 和小说相互生长的阅读

马：好，你的观点总是那么先锋、锐利。我们不妨说，从杨黎开始的新写作，就是写字，就是把字写得没有意义。另外，你还提出，好的小说并不是一口气读完的小说，这个观点你在回答乌青时没有展开，今天能不能具体谈谈？

杨：这个问题我可以正面跟你谈谈，我本来想就此写一篇文章，既然你提到了，就别写了。我就跟你说嘛。第一，这句话本身是一种姿态，它有反对的东西，一个人说话都是这样的，有反对才显得有力量，才有说头。

因为我反对好小说就是一口气读完的小说那样一种说法，这种说法最少有两点站不住脚:其一,能否一口气读完它根据长度而定,比如《战争与和平》我相信谁也不可能一口气看完。其二,它作为衡量好坏的标准太过于简单了。比如我读《知音》杂志上的东西就能够一口气读完,难道它是好的小说吗?为什么不这样反问一下呢?以上为第一点。第二点,我是在谈我自己的阅读经验,我在读到好东西的时候,哪怕是很短很短的东西,我读了两三句的时候,都有一个停顿,都有一个愿意想象的时间。不是我对作品有什么看法,而是阅读本身让我觉得好东西应有好心情阅读,我这种停顿就是为了保留这种好,甚至是让好更加深远,或者说让好生长下去,然后反过身来再继续看。我长期以来读书都是这样的,读书读得很慢就是这个原因,尤其我特别喜欢的书就读得特别的慢,睡觉前读,上厕所读,没事的时候读,专门读的时候也是这样读,保持停顿,保持间隙,只有这样,我才觉得作品和我有一种互相生长的感觉。第三点,就是阅读的目的和意义。一口气读完,并不意味着是一种良好的阅读习惯。为了想看一件事,为了读一个东西,为了寻找某种期待,如此等等。我讲个笑话给你听。我读高中的时候,在我们成都春熙路书店旁边,形成了一个自由交换的书市,那时候渴望知识,渴望阅读,新华书店书卖得很俏,因为有限,人们排队到天亮购买,比如一套巴尔扎克的小说,规定一人买两本,轮到我时就只有《搅水女人》了,我排了一晚的队,还不是要买两本,因为有人买了两本《高老头》,这样就可以互相交换阅读了。当时,在那个交换书的书市上,我有一本元代戏曲方面的书,一个中年人特别想要跟我买,我不肯,他就用《少年维特之烦恼》跟我交换,我当时还不知道有这本书,他就说哪个少女不怀春,哪个男子不钟情之类的话,吹这本书怎么怎么好,还说男孩子看了会跳楼,我当时就以为是一本黄色小说。我就给他换了。然后我在课堂上偷偷摸摸地一口气把它读完了,很难看嘛,但是我总想,可能下一页就开始了,可能下一页就开始了,我就这样带着期待把枯燥无味的维特一口气读完了。小说总以为它会有搞的事嘛。

马:这是你唯一一次一口气读完的书吗?

杨：当然不是。金庸的书我也可以一口气读完，难道你说它是好小说吗？我就是要说这个问题，有的时候你进入作者编造的故事环境之中，以人物的生死命运、情仇别离为自己的某种心情跟着走，一口气把它读完，实际上也不好看，看完以后就看完了，而我们所需要的共呼吸、共患难的东西没有落实。所以我强调好小说并不是一口气读完的小说，它既有针对性，同时也是我个人的阅读经验。我今天把它说出来，也供大家理解，我们在这个问题上不要去较劲，什么是一口气读完的，什么不是一口气读完的，我们只是明白一个道理。我的习惯就这么简单，我最喜欢的几个作家的书，都没有一口气读完，有时甚至几本书一块读，连自己都搞混了，几本内容融合在一块，总觉得很舒服。还有，我还认为好的小说，可以从任何一个句子开始看，这点很重要，比如我走在街上，一个人都没有，秋天的那种萧瑟，偶尔一股风吹来，卷起地上的纸屑，其中有一片纸，在我的脚边晃动一下又被卷走，我赶紧抓住它，看着上面的字很舒服。好的小说，哪个人看，从哪儿开始看都可以，就是这个意思。

马：像某种新奇事物的不期而至，好的东西就是新奇事物的不断降临，不断地引人入胜。

杨：对，是新奇嘛。它本身就说明了一点，一部小说，它完整的时候是一部大书，不完整的时候是一部小书，拆开来它就是一部分行的书。好书是可以随时进入的，为什么要从头开始看呢，这至少不是我的阅读习惯，只能说它的目的和我不一样。

马：你刚才谈的这些，不影响你再写文章啊，可以写得更细致些，当然本身也谈得很有条理了。

杨：我是不喜欢写文章，没办法时才写一点，写文章很功利的。

8. 最好的叙事方式就是流水账

马：我有一个朋友，读过你去年发表在《芙蓉》上的《关于我的小说〈睡觉〉》这篇小说，他是非写作圈的，但对艺术有些见解。他认为"睡觉"那不叫小说,除了内容涉及一些知名和不知名的作家生活对读者有些好奇感以外,基本就是流水账。巧得很,最近何小竹评韩东的《扎根》,也用了"流水账"这个词。你认为小说的本质不是故事而是怎么讲故事,那么这个"讲"字,在你具体的写作实践上就是流水账吗?

杨:我好像在答乌青问中也提到,流水账既是技巧也是本质。我认为最好的叙事方式就是流水账。你那个朋友,写作圈也好,非写作圈也好,关注文学也好,不关注文学也好,他都是受过多年教育的,文化对他很有影响,这当然包括了他对小说的理解。说到《芙蓉》上"睡觉"的那一章节,其实还没到他说的流水账的程度,没那么好。他为什么有这样的问题?那个小说本身有很多构思,甚至有很多想把自己搞得很有想象力的那种构思,让他得出那种感觉,肯定是我的文笔,近似于流水账的文笔,所以说文章没有光彩嘛,形容词少,比喻少,排比句子又没有,所有修辞手法都被我拒绝了,更没有他想学习的警句和格言,他怎么会喜欢呢?说到流水账,我在《睡觉》上还没有达到,你那个朋友高抬我了。当然,有一些句子,比如,他喝了水又把水加上,他站起来说,我要走,然后他就走了——这一点上,我已经达到了流水账。但那个小说还有错误,我为什么不太爱说这个小说呢,就是太有构思嘛,太有很文学的成分,如果它真的是按部就班地叙事,那就很好了,问题就在我动用了一些所谓小说的元素,比如说构思、编故事,我编了兰、南南、橡皮的姑娘这同为一个人的三个身份,她们与我、杨黎、王二麻子也是三个身份同为一个人的纠缠,这个小说道理就在这里。

马:就是有点人为的复杂化。

杨:问题就是在这里,所以恰好不是流水账那么回事。你朋友指责的,刚好是我没达到的,我正在努力的,我认为亮点的地方。他所认为的,恰好就是他所未能看见的。

马:套用一种时髦的说法,你已经成为诗歌、小说的"意见领袖",或者"观点提供商",从这点上来说,你才是最民间的,也是最先锋的，同时也是唯一的、绝对的。我注意到，你也提到两部古书，《世说新语》按传统说法，是笔记体小说，但我也可以把它当作评论来读，因为它臧否事物；《闲情偶记》实际上更靠近评论，中国古代的评论很少讲究体系，大多片言只语，而你却把它当小说读，在你的理解中，是否说明好的文本是没有体裁分别的，就像你说的小说就是长诗。

杨：就是这样的，没有什么区别的。

马：那么流水账是不是也可以理解成某种真实、自由、平等、民主的写作精神？首先它强调了一种记录性……

杨：你也可以这样理解，但说到底，它还有另外一层意思，我强调小说和诗歌一样，没什么区别——比如我们现在在写诗，有人用口水诗来指责，为什么？因为我们写作剔除了很多东西，很多人认为，他的那种写作想象力是丰富的，比喻很有光彩，修辞手法用得很好，我看了就烦。我更喜欢老老实实地告诉我，他在抽烟，他在吃饭，而不是怎么怎么抽着烟，烟雾飘出来形成了什么什么，像什么什么的，它就是这种面对文体本身的差异，这种差异构成了我们对世界理解的差异，难道不能把语言还原到最简单的程度吗？光彩夺目的文笔我不是没有，那样傻干吗呢，一定要还原到最基础的句子结构里面去。

马：强调记录性是不是也成了现代叙事的某种特点？比如，在第六代电影导演张元、贾樟柯的影像语言里，最主要的特点就是记录性。

杨：对这些人的东西我不太熟悉，但据说贾樟柯的东西文学性很强，有文学性就是非记录性嘛。有感动中国的地方，怎么会有记录性呢？

马：如果有人说，杨黎代表了中国新小说写作方向，或者把杨黎称为中国的罗布-葛里耶，你感觉如何？

杨：我感觉难受。认为这个不准确嘛，肯定不准确，但如果有人要这么说，我难道能封住他的嘴巴吗？但我知道，它完全不准确。

马：至少你是很喜欢罗布-葛里耶的。

杨：我肯定喜欢罗布-格里耶，他就像我初恋的情人一样，但现在不是我的老婆。我多次强调了这一点，我是怎么遭遇罗布-葛里耶的。我强调阅读的缘分，而恰好罗布 - 葛里耶和我有这个缘分，这是其一。其二，我个人喜欢他是有原因的，说一句让大家满足的话，也有他影响我的地方。

马：罗布 - 葛里耶属于那种纯客观的物记录，或者用你的话说叫作"流水账"的写法？

杨：他那个写法就不叫流水账了，所以他还差了一点。他是纯客观的写作，但不是流水账，他是另一种文学化的写作，我们是读翻译本，法文到底怎么回事，我不知道。图森也是从翻译本上看的，但他的写作有近似流水账的感觉。

马：图森的《照相机》《浴室》什么的我也看过，很喜欢，他被称为极少主义，好像代表了当下法国新小说的最新势力。

杨：对啊。只有他的写作有点像流水账，但真正像流水账的写作，可能也就是从我们这一批开始的作家，会达到一种高度……

马：图森也跟你说的这一代作家一般年纪吧。

杨：是的。年龄是的。

马：那你说的一种高度……

杨：那就是为写而写吧，而不是为了传达某种信息，比如我写这句话，或者刻画这个人物——马策用左手在抽烟，或者我看见马策用右手在抽烟，我认为这样写是应该的，而不是要对读者刻画马策此刻在抽烟的心理，他有什么心理呢？以及传达马策抽烟的意义，他有什么意义呢？我认为他没有，你认为他有，那是你的事。我就这样写，多舒服啊。风一吹树就动了，这一动很多人就想入非非了，是不是太主观了？这是一种移情。我所以喜欢阿兰·罗布 - 葛里耶这个人，我从他的理论上得到一个体会，就是反人道主义眼光、角度。山睡了，你用睡觉来形容山，说明你太人道主义化了，太以人为中心了嘛。山就是山嘛，它怎么睡了呢？最早，葛里耶给了我这些。

马：应该说，你的诗歌大家耳熟能详，已有公论，你认为你的小说相对于你的诗歌，在中国文学格局中可能处于什么位置？

杨：我希望是并重，我自认为事实也是并重。但它能不能并重呢，因为你这是个外部性问题，所以需要在外部解决，从写作本身来讲，我认为我的小说跟我的诗歌一样好。

9. 向毛主席保证

马：来北京这么久，也写了这么多，出版的情况怎么样了？

杨：具体的出版还在努力中。只有《小杨与马丽》出了，但它跟北京写作也没什么关系。《灿烂》本来去年年底出，现在拖到今年，六七月吧。

马：当时"灿烂"采访的时候还拍了DV吧。

杨：我手上有很多带子，其实是很值钱的，现在也全部交给万夏了，因为书是由他出的。

马：书和带子涉及中国诗歌激情年代的一些秘密，的确很值钱，这些版权都归万夏了吗？

杨：书的版权归他，带子版权我和他共有，由他处理。然后就是长篇小说《向毛主席保证》，正在努力中，可能最近会有消息。

马：《打炮》（小说）呢？

杨：这个我觉得没办法，怎么出呢？谁出呢？想看的人倒好办，网上到处都是。

马：《早课》呢？

杨：《早课》继续写，明年出嘛。诗我自己出，可能这几天就印完《打炮：杨黎诗集》。但是这次回北京后，没心情写诗。

马：《向毛主席保证》是写的什么？听上去很有趣，为什么叫这个名字？

杨：在我们少年时代，向毛主席保证是一句经常说到的口头禅，它相当于诅咒、发誓，而且是很大的诅咒、发誓，我这么说，肯定不骗你，向毛主席保证，我是怎么想的、做的，等等。小说写的就是1975—1976年的事，我十三四岁吧。那时候，我们都说这样的话，所以它很自然就成了我小说的名字。

马：实际上就是写了那个年代的真实，或者隐喻真实，因为保证啊，发誓啊，都涉及我们说了真话，做了真事，在那个年代，在毛主席面前，我们是不能，也不会说假话的，或者正相反，即使说了假话，也要找个最大的招牌来掩盖，总之，我们想很"真实"。是这样吗？

杨：真实吗？真实的含义是什么呢？

马：个人经验的真实。当然我还没读过。

杨：它和我的个人经验没有直接关系，我是以第一人称写的，主人公甚至没有名字，他就叫"我"，但它不是自传，也不是自传体。它是一种"我"和其他人的语言的关系。人们看起来，觉得它像真的。它确实是真的，可是和我没有关系。我在最后一章，反跳出来消解了可能造成的自传体意思。我说，实际上在我（作家）的1975年和1976年，没有这么回事。"我"的生命中不是有小玉、丁小燕和五姐这三个人物吗？但她们不是我的，仅仅是"我"的，这些只是我杨黎的幻想，一个少年在成长为男人时的性幻想。

马：主要写性幻想？

杨：哪里啊。写了一个院子，写了"我"和小玉这几个人，写了1975年和1976年，你甚至可以说写了"我们那一转"，一些其他的事，还有那个年代闹地震等事情，周总理和毛主席逝世的事情，都挺烦琐的，但是弥漫着浓浓的性苦闷。

马：苦难年代的……

杨：好像是这样。三十好几的人了，还没有日批，是不是有点苦难？但是，"我"和我无所谓苦难。我以为它就是中国应该出现的一个年代，经历过它的人也就经历过了，没有经历的就永远都不会再经历。如果要说我写了什么，我就是记录了发生在1975年、1976年成都某个革命大院里的事。

马：它跟一个苦难或严酷的时代背景没有关系吗？

杨：它苦难吗？我再说一下，至少我在那个时候没有苦难，我才十三四岁的人，如果有苦，那就是早晨不想起床的苦，难就是面对小玉的大奶奶而又摸不到的难。我不是以今天的眼光反过去看那段历史的苦难和辉煌，在我们置身的那个年代的时候，我没这种感觉。在这件事上，我首先反对的是自我感动。比如一个出生在 40 年代、50 年代的人，他也经历过 1975 年、1976 年，他写出来的东西就有苦难感，因为他本身就是大人了，他知道思考那个时代，那我们是小孩啊，我们不知道思考，对不对？

马：实际上你这样谈，就是我理解的真实。你刚才谈的第一人称"我"的写法是技术问题，而我赞同你强调的十三四岁少年的个人经验的真实，它跟一段特殊的灾难的历史时期形成反差，就是你说的没有苦难。就像去年获诺贝尔文学奖的匈牙利作家凯尔泰斯，他的《没有命运》以奥斯维辛为题材，在所有关于大屠杀内容的作品中，只有他把集中营生活，描绘成一种也有快乐和幸福的正常生活，这样就区别于《索菲的选择》《辛德勒的名单》等的真实，成为人类另一种经验价值。刚好《没有命运》的主人公也是十四五岁。凯尔泰斯认为，命运是个人自由的对立面，没有命运就是获得自由。所以我猜想，你的"向毛主席保证"的真实，是否也隐含了自由和快乐。

杨：你谈的是获诺贝尔文学奖作家，我又不是为诺贝尔写作。没错，你说的也对，他也有他的道理。而我的主人公在那个时代，他就那样生活着。我的小说也呈现了那个时代的某些东西，从成立革命大院到反击右倾翻案风，到毛主席逝世，到民兵联防等，这些事都记录在里面，我是记录嘛。我今天为这个小说写的广告里面，也谈到小说有一种魅力，就在于它的误读和歧义。我肯定不主张这些，但人们阅读或许会因为这些而喜欢，那和我没有关系。就像一棵树在那里，它不是为了一个女人靠在上面，但是有女人就爱靠在上面，那就是另外一件事了。我写的那些事，你说命运啊，你再用更概括的语言总结它嘛，它表现了苦难年代的快乐等，那都是评论家的事、读者的事，对我个人来说，从我开始写的时候，我的笔就跟着语言自己在走，我尽量想的是，仅仅是写作进程能够呈现我对语言的态度。

马：我不是总结，你也别挖苦我嘛，我连作品都还没读，有机会我再来"总结"嘛。

10. 我像个天才

马：杨黎，有必要轻松一下，现在我们做一个游戏。请你两只手十指互插，自然地交叉在一起，看看你是左手的大拇指还是右手的大拇指在上面。

杨：右手的在上面。

马：据说，左手的大拇指在右手的大拇指上面，表示你形象思维很强；右手的在左手的在上面，表示你逻辑思维很强。这是据说的。

杨：那你觉得我哪个思维更强？

马：这个问题是应该我问你的，游戏表明，你逻辑思维更强，你自己认为呢？当然，我也可以谈我的看法，你的形象思维很强，这句话等于没说，因为你的写作实践明摆在那里，大家都看得见。你的逻辑思维很强，这不仅仅是我对这次谈话的体会，你对诗歌、小说、语言的理解，建立在你对世界理解的基础上，并把这种理解上升为本学，这是杨黎超乎常人的本体论。因为超出常人，所以难免遭到误解，相信越来越多的人，会触摸到你这种抽象事物能力的边界。

杨：我们就当着游戏说下去，那么我觉得我的理性思维的确是很强。如果生长在一个热爱学习的年代，我可能会成为一个数学家。1977 年、1978 年的时候，有几件事能证明我这方面的能力很强。我实质上是个不怎么爱学习的人，成绩也不怎么好，但我平时比较喜欢看课外书，旁人就认为我文化比较高。有几个初中生，他们的父母总是叫他们有不懂的东西就问我，书拿来的时候我怎么会懂呢，我就说你把书放下来，我现在在洗脚，你先回去，那么我脚泡在盆里就琢磨这本书，上下左右看一看，等他回来后，我就基本上能够讲出个道道来。还有，那时候，报纸上喜欢搞智力测试题，其实没什么智力，就是另一种形式的数学题，比我大好多的老青年，经常说："你做得起吗？做得起就给你一毛钱。"第二天，我做的跟报纸上的答案一样，我是用另外一种方式做出来的，就拿他一毛钱，这样坚持了十天半个月的时间，所以我觉得我还是逻辑思维要强一点。实际上，这都是说得好玩的嘛，一个人没有那么简单的逻辑思维，也没那么简单的形象思维，人有的只是自我暗示。比如有些恶习，好像觉得天才也就这么样，于是就跟着模仿，这种模仿到最后，就真的成了他的毛病。对我来说，哪有什么形象思维和逻辑思维的分别呢。

马：很多人都称你为天才，感觉你好像也最敢于当仁不让，你自己以为呢？

杨：面对很多称之为天才的人，我比较汗颜，但面对自己的成长，我很自信。我就想不清楚，人的才华的部分它来自哪儿呢？但也有机遇刺激，面临很多事。如果说天才就是天赐的才能，我真的有点恐慌，孔夫子说生而知之上也，他又说他自己也是学而知之的，生而知之仅仅是孔夫子形而上的命题，他承认这种绝对。比如说我杨黎，也不是生而知之的，我怎么能叫天才呢？

马：既然有人承认了绝对，世界上就有天才了？

杨：肯定有嘛。所谓一个人的天才，我是这样理解的，我举个例子吧。你一开始提到食指……

马：是这样的，今天我是跟你谈杨黎的北京进行时，谈杨黎在北京，很自然就想起了食指的那首诗，几点几点的北京。

杨：好啊……

那么，我对食指他们是很不以为意的。70年代末的时候，我看到一本杂志，可能就是《中国青年》，到我手上已经很破烂了，里面有一篇文章是批判"垮掉一代"的，说他们在服食大麻以后这样写诗，"我看见我三条腿在走路"，这句话我当时也记住了，但对我的写作没产生影响。当时我还在弄七句八句，"清平乐""沁园春"那种东西，1980年，我突然想写新诗的时候，这个句子一下就跳出来了——"我看见我二条腿在走路"——就这个句子，启发了我诗歌最初的写作形式、陈述的方式以及选择语言的方式。这首诗相信很多人都看到过，食指他们一帮人是应该看过的，而且他们有更多该看过的东西，但他们实际上写得很差。食指的诗歌，我不做横向比较嘛，他总是说他是1962年写的、1972年写的，那你和四十年代人写的比一比，都比你写得好，这种伪造的历史观，其目的只有一个，那就是塑造自己。所以我很不喜欢"朦胧诗"那批人，很多人没有接受过他们的影响，这点上，我很同意很多人的观点，我认为"朦胧诗"就是一个中国现象嘛，对中国每一个具体写诗的人来说，他未必就和"朦胧诗"有什么关系。比如我自己就是受惠特曼的影响开始的，刚才说的金斯堡的那句话，仅仅是一句话对我的启迪。我还曾经坐在别人家门前看了十多分钟的《草叶集》，我叫他卖给我，他不肯，我就回去了。一两个月后我开始写诗的时候，惠特曼的影响就咚咚咚地跳了出来，就这么简单。所以你说到天才，天才是对才华的一种尊称，说到这种情况，我肯定是有才华的，我像个天才；如果说天生的才华，也许吧，可能吧，就像我天生要遇见马策，可能吧，也许吧，仅仅是我在 39 岁以后才见到你而已。

11. 北京的风很大

马：呵呵，遇见就是缘啊。现在请你谈谈北京生活吧。

杨：好啊，其实我最愿意跟你谈生活，拉家常什么的，刚才有些问题有些复杂。

马：北京的风大吗？

杨：呵呵，你这个问题……不大的，我告诉你。

马：对不起，我套用了那个小有名气的影碟名字提问，一不留神像个知识分子。

杨：我知道，那我就老实告诉你嘛，不大的，因为它比我想象的小多了。去年春天的时候，刮沙尘暴，有一天天昏地暗的，我就打电话问万夏，这就是沙尘暴吗，万夏说刚开始，好戏还在后面。

马：今年好像还没开始吧。

杨：还没有。所以我就等了很久，后来夏天来了，美丽的秋天也过去了，大沙尘暴还没有刮起来。去年就这么一天。我一方面好像跟自然随意而处，一方面又有点压制它的东西。2001 年我写了一首诗《我等待着北京今年的一场大雪》，其实那年的冬天北京一直没有下雪。12

月初，我从成都回来，当天北京突然一场大雪，造成交通混乱，我就把这场雪和北方的大雪连起来，结果那场雪之后再也没下了。我感觉北京的冬天温暖得像春天，经常出汗，然后穿着 T 恤在家里跑来跑去。

马：那是室内有暖气，热的。如果把你在北京的写作，看成是在北京造风，你觉得这个风大吗？

杨：这个应该很大嘛，希望大家帮我吹吹气，把它扇起来，这样风就更大了。

马：现实的风不大，写作的风却很大，这样很好啊。除了写作，平常怎样生活？看碟吗？

杨：很少，找不到买碟的地方，也找不到租碟的地方，跟我同居的看的碟，我又不怎么喜欢，她兴趣和我有差异，所以我就变成一个不爱看碟的人了。

马：北京生活跟成都生活哪儿好？

杨：我在成都生活了三十九年，可能最多就写了 50 万字，在北京生活了一年零几个月，写了近百万字，我发现一个太舒服、闲适的地方，它不利于写作。但是人活着就是为了写东西吗？这也是个很奇怪的事情。反正我在北京没有什么娱乐。

马：在成都呢？

杨：在成都我生活得很愉快，每天中午 11 点钟左右起来，可以写点东西，吃过早饭加中饭之后，下午 2 点左右，三四个朋友就吆喝着去茶坊、茶铺，因天气而异，有太阳就去茶铺，没太阳就去茶坊，而成都是经常不出太阳的，所以我们经常在茶坊里喝茶，下棋，打牌，然后等待晚上吃饭。

马：吃完饭以后干吗啊？

杨：泡酒吧。

马：喝什么酒？

杨：喝啤酒，也喝洋酒，根据经济而定。

马：都跟哪些人在一块？

杨：我朋友实际上是很广的，所以每天有得喝，跟一帮纯粹的朋友，有的是从小长大的，有的是中途认识的，做生意的朋友，社会上的朋友，各界的嘛。还有一种就是写作圈内的朋友，比如何小竹、石光华等一大群。

马：就是闲聊为主的聚集。

杨：对，闲聊啊。在成都有一个县，那里的土话管喝茶叫吹茶，吹牛的吹，来，马策，吹茶，我们叫吹瞌子，谈话嘛，也就是摆龙门阵，人都需要交流嘛。

马：打发时光，也是一种很感性、很日常、很舒服的世俗生活，我也很喜欢这种生活。

杨：时光就是用来慢慢打发的。不然你说时间拿来干啥子？

马：在北京呢？都跟哪些人交往？

杨：在这里我交往很少。

马：没法找到成都的感觉吗？

杨：找不到了。这里有这里的喝法，有这里的舒服，每个地方待着的人都有他们的道理，我只是没找到嘛。我在北京主要是靠很多新朋友在活。

马：哪些啊？

杨：像华秋啊，竖啊，张三张肆啊，他们基本上是我去年最好的朋友。

马：也是你的小兄弟。

杨：我不喜欢用这种词语评说我的朋友。

马：这个没有评说色彩嘛。

杨：就是写作的朋友，橡皮的朋友，围绕着橡皮写作的朋友，包括你嘛，你到了北京以后，我们也愉快地相处嘛。

马：当时是怎么想到来北京生活的？

杨：爱情嘛，网恋嘛，这是最主要原因。

马：说说看。

杨：这没什么好说的，大家都知道啊。另外就是想换个地方待一段。

我在成都实在待得太久了，从生下来一直待到 2001 年 8 月，整整三十九年，这期间我没有本质意义上的离开成都，出去旅游不算嘛，总的加起来也没有离开过三个月啊，就是说没在另外一个地方待过。

马：还有个想法就是到北京写作?

杨：写作在哪都行，现在我回到成都也可以写。写作的障碍，我以前理解成这样那样的原因，其实最主要的障碍就是写字工具的原因。我以前的理解，甚至包括韩东他们对我的理解都是错误的。并不是因为喝酒、喝茶太多了，实际上我在北京发呆的时候也很多，喝酒的时候也不少，它不影响写作的，以前仅仅是因为没有电脑，用笔写字写得很难受，就这么简单，我字又写得不好。

马：韩东大致是说你一天到晚在茶馆、酒桌上泡，浪费时间，影响了一个天才的劳动吧。

杨：这是韩东的那什么鞭策嘛，我今天可以借你这个机会告诉韩东，告诉何小竹，告诉我所有的朋友，当我学会电脑以后，我发现，写东西就完全走上了高速公路。

马：在北京怎么生活? 这次我是指经济来源。

杨：一点稿酬嘛，再加上我跟女朋友同住……

马：节约了生活成本。

杨：床虽然是两张，哈哈哈，房子就不需要一人租一间了嘛。

马：金钱上会觉得紧吗?

杨：太紧了。我不同啊，向毛主席保证，说句真心话，我的紧张不是来自我个人，而是主要来自我的……算，说这些干啥呢? 我相信我会好起来，认为我是一个很潇洒的人。

马：所以对《向毛主席保证》的稿费抱有很高的期望?

杨：不仅仅是对《向毛主席保证》这本书，而是对我的《长东西》这一系列的书，第二本、第三本、第四本，对这一整套抱着很高的期望。我认为它们基本上是我下半生的摇钱树，不用摇很多钱，而是把生活摇够了这种要求，但不小心得个金娃娃，我也是很高兴的。

马：这套书岂不是三部曲、四部曲? 有了大致的设想吗?

杨：没有。我是这样想的，小说写这几部就够了。

马：这套书写完，你的小说写作可以告一段落了。如果还有个远景规划什么的，到那时你最想干什么？

杨：耍。

马：写不写诗？

杨：写诗歌也是耍。

马：呵呵，是。抽根烟，就最后两根了，真叫烟不欺人啊。你平常抽什么烟？

杨：我是那样的，对酒啊、烟啊好像没有固定的爱好，必须抽那种的，必须喝那种的，现在主要抽中南海，因为它合适，便宜。

马：一天抽多少？

杨：我烟瘾比较大，一天三包。你看我这包抽完了，是我自己抽完的，你那包抽完了，是我帮你抽完的。

马：描述一下杨黎在北京一天的生活状态吧。

杨：哪一天？

马：随便那一天。

杨：比如说今天吧。今天早晨挺早就醒来了，因为前天我睡得太多了。前天晚上我一个人喝了三瓶啤酒，然后8点多钟就睡觉了，睡到10点多钟时朋友打来电话，我说天都没亮你打电话来干什么啊，把别人吓了一跳，他说你睡这么早干什么，10点多钟就说这种梦话。所以我前天睡得太多，昨天晚上就睡不着，5点多钟就醒来了，但没起来，在床上浮想联翩，然后9点多钟为《向毛主席保证》写了一个类似广告一样的推荐文，贴在橡皮上。后来张三打电话过来，问我在干吗，我说在家里，他说干吗啊，我说待着，他说写东西啊，我说这两天没有什么好写的，他说那我过来，我说那就过来玩嘛。但我跟你是约好的嘛，然后你就过来做这个采访，反正等下晚上我们再找个地方喝点酒。

马：哈哈哈，你描述的是一篇很不错的流水账……中午吃饭了吗？自己做的？

杨：平时基本上自己做饭吃，但今天中午恰好没做，在外面吃了点水饺。

马：你觉得现在最缺什么？

杨：钱。

马：女人不缺？

杨：我现在基本没考虑这个问题，饱暖思淫欲，我饱暖没解决的时候，淫欲这个东西对我来说有点像别人的生活。

马：还想在北京生活下去吗？

杨：刚才也说了，来北京是为了爱情，实际上在哪里生活我个人无所谓，只要身边有朋友，只要能待得下去。说更现实一点的，来北京十多个月，我还没有找到待下去的方式。我可能随时都会回成都的。我是不是比较笨？

12. 一个备注

这个谈话到这里基本上结束了。当然还有一些问题，但我在整理录音的时候，发现带子空转，发不出声音来，可见，剩下的那些话未能被记录，它们好像没被谁说出过。还有，我也只记得最后一个问题了——这很奇怪——那也是个游戏，我写了20个词，分别写在小纸片上，并团成20个小纸团，让杨黎随意挑选11个，然后即兴说出它们对他意味着什么。这些词是：市场、橡皮、光熙门北里、2003、他们，等等。很可惜，这个有趣的回答没有了。杨黎说，没有了肯定是有原因的。我认为，这的确很符合杨黎为人、为文的自在方式。所以我们没做补充。

图书在版编目（CIP）数据

灿烂：第三代人的写作和生活 / 万夏主编.
-- 北京：中华工商联合出版社, 2014.1
ISBN 978 - 7 - 5158 - 0774 - 4

Ⅰ.①灿… Ⅱ.①万… Ⅲ.①作家 - 访问记 - 中国 -
现代 Ⅳ.①K825.6

中国版本图书馆CIP数据核字（2013）第249121号

灿 烂

作　　者：杨 黎
责任编辑：于建廷　方 伟
封面设计：紫图装帧
出版发行：中华工商联合出版社有限责任公司
印　　刷：北京联兴盛业印刷股份有限公司
版　　次：2014年6月第1版
印　　次：2014年6月第1次印刷
开　　本：889mm×1194 mm　1/32
字　　数：420千字
印　　张：21.5
书　　号：ISBN 978-7-5158-0774-4
定　　价：68.00元

服务热线：010 - 58301130
销售热线：010 - 58302813
地址邮编：北京市西城区西环广场A座
　　　　　19 - 20层，100044
http：//www.chgslcbs.cn
E-mail：cicap1202@sina.com（营销中心）
E-mail：gslzbs@sina.com （总编室）

工商联版图书
版权所有 盗版必究